Apprentissage du cinéma français

Livre de l'étudiant

Apprentissage du cinéma français

Livre de l'étudiant

Alan Singerman
Davidson College

Focus Publishing / R. Pullins Co.
Newburyport, MA

ISBN 10: 1-58510-104-4
ISBN 13: 978-1-58510-104-7

10 9 8 7 6 5 4 3

0611TS

Pour Matt et Jeanne

Apprentissage du cinéma français
Livre de l'étudiant

Table des matières

Illustrations ix

Remerciements xi

Introduction 1

Lexique technique du cinéma 3

Histoire du cinéma I: les débuts..9

Histoire du cinéma II: les années vingt...15

Lecture du film 27

Le Réalisme poétique...45

Jean Vigo, *Zéro de conduite* (1933)..47

Jean Renoir, *Partie de campagne* (1936, 1946) 63

Jean Renoir, *La Grande Illusion* (1937) 81

Jean Renoir, *La Règle du jeu* (1939) 101

Marcel Carné, *Le Jour se lève* (1939) 123

Marcel Carné, *Les Enfants du paradis* (1945) 141

Jean Cocteau, *La Belle et la Bête* 163

René Clément, *Jeux interdits* (1952) 179

Jacques Tati, *Les Vacances de M. Hulot* (1953) 191

Robert Bresson, *Un condamné à mort s'est échappé* (1956) 207

La Nouvelle Vague 229

François Truffaut, *Les 400 Coups* (1959)..233

Alain Resnais, *Hiroshima mon amour* (1959) 253

Jean-Luc Godard, *A bout de souffle* (1960)..271

François Truffaut, *Jules et Jim* (1962).. 287

Eric Rohmer, *Ma Nuit chez Maud* (1969)... 305

Alain Resnais, *Mon oncle d'Amérique* (1980)... 329

Agnès Varda, *Sans toit ni loi* (1985) 347

Contexte historique des films... 369

Pour vos recherches personnelles sur les films français................................... 371

Pour approfondir vos connaissances sur le cinéma français. 373

Index de noms 378

Credits.. 387

Illustrations

1. Louis et Auguste Lumière, inventeurs du Cinématographe.

2. Le Cinématographe, première caméra-projecteur (1895).

3. Georges Méliès, *Voyage dans la lune*, (1902).

4. Luis Buñuel et Salvador Dalí, *Un chien andalou* : La scène de l'œil coupé au rasoir.

5. Jean Vigo, *Zéro de conduite* : la bataille de traversins.

6. Jean Renoir, *Partie de campagne* : Henri (Georges Darnoux) et Henriette (Sylvia Bataille) dans l'île.

7. Jean Renoir, *La Grande Illusion* : Le lieutenant Maréchal (Jean Gabin) et le capitaine de Boëldieu (Pierre Fresnay) arrivent au premier camp d'officiers.

8. Jean Renoir, *La Règle du jeu* : Christine (Nora Grégor) accueille au château André Jurieu (Roland Toutain) et Octave (Jean Renoir).

9. Marcel Carné, *Le Jour se lève* : François (Jean Gabin) et Valentin (Jules Berry) s'affrontent au sujet de Clara (Arletty).

10. Marcel Carné, *Les Enfants du paradis* : Baptiste (Jean-Louis Barrault) et Nathalie (Maria Casarès), sa future épouse.

11. Jean Cocteau, *La Belle et la Bête* : Belle (Josette Day) au château de la Bête (Jean Marais).

12. René Clément, *Jeux interdits* : Michel (Georges Poujouly) et Paulette (Brigitte Fossey) jouent ensemble.

13. Jacques Tati, *Les Vacances de M. Hulot* : Hulot (Jacques Tati) administre un coup de pied au photographe-"voyeur".

14. Robert Bresson, *Un condamné à mort s'est échappé* : Fontaine (François Leterrier) dans sa cellule au Fort de Montluc.

15. François Truffaut, *Les Quatre Cents Coups* : Antoine (Jean-Pierre Léaud) contronté à ses parents (Albert Rémy et Claire Maurier) après avoir mis le feu chez lui.

16. Alain Resnais, *Hiroshima mon amour* : "Elle" (Emmanuelle Riva) et "Lui" (Eiji Okada) sur les lieux du tournage du film contre la bombe atomique.

17. Jean-Luc Godard, *A bout de souffle* : Patricia (Jean Seberg) embrasse Michel (Jean-Paul Belmondo) dans la rue.

18. François Truffaut, *Jules et Jim* : Catherine (Jeanne Moreau) fait des « têtes » pour Jules (Oscar Werner) et Jim (Henri Serre).

19. Eric Rohmer, *Ma nuit chez Maud* : Jean-Louis (Jean-Louis Trintignant) rejoint Maud (Françoise Fabian) sur son lit.

20. Alain Resnais, *Mon oncle d'Amérique* : René Ragueneau et Vcestrate se battent au Bureau (métaphoriquement).

21. Agnès Varda, *Sans toit ni loi* : Mona, la vagabonde (Sandrine Bonnaire), fait la route.

Remerciements

Je voudrais exprimer ma profonde reconnaissance à tous ceux qui m'ont soutenu et encouragé, de près ou de loin, pendant les quatre ans de gestation de ce manuel. Parmi ceux-ci, je tiens à remercier tout particulièrement Brigitte Humbert de Middlebury College, mon soutien le plus précieux et le plus fidèle depuis le début de ce projet. Ses lectures sans concession de chaque chapitre m'ont obligé maintes fois à reformuler l'expression des idées dans l'intérêt de la clarté du texte. Je ressens une dette importante également envers Michèle Bissière de l'Université de Caroline du Nord à Charlotte pour ses lectures très minutieuses de la plus grande partie du manuscrit et pour ses conseils stylistiques. J'ai profité des conseils et du soutien moral d'un grand nombre de collègues spécialistes du cinéma, parmi lesquels Rebecca Pauly de West Chester University, Marc Buffat de l'Université de Paris VII, Jean Mottet de l'Université de Tours, Laurent Déchery de Gustavus Adolphus College, Alan Williams de Rutgers University, Rémi Fournier Lanzoni de Elon University, Roch Smith de l'Université de Caroline du Nord à Greensboro et Jonathan Walsh de Wheaton College. Je voudrais reconnaître ici, en outre, tout ce que je dois à Franck Curot de l'Université de Montpellier, mon directeur de mémoire de maîtrise, qui m'a appris le B-A-BA, et bien d'autres choses, sur l'analyse de films.

Je voudrais exprimer toute ma gratitude également au personnel— toujours sympathique, compétent et serviable—de la Bibliothèque du Film (BIFI) à Paris, ainsi qu'à Bernard Roemer du Centre National de la Cinématographie (CNC), Joe Gutekanst du service "prêt-inter" de la bibliothèque de Davidson College, Raymond Cauchetier, André Heinrich, et Agnès Varda (qui a passé en revue avec moi tout le chapitre consacré à son film !). J'ai été très sensible aussi à la gentillesse de tous les studios et toutes les revues et maisons d'éditions, trop nombreux pour les énumerer ici, qui m'ont autorisé à reproduire, certains à titre gracieux, soit des photogrammes, soit des extraits d'articles et de livres portant sur les films présentés dans ce manuel.

Je reconnais que ce livre n'aurait pas vu le jour sans mes étudiants de cinéma à Davidson College qui ont supporté plus ou moins patiemment mes tatonnements et mes expériences pédagogiques pendant les nombreuses incarnations du cours de cinéma français. Je remercie aussi Davidson College de m'avoir accordé à plusieurs reprises des bourses me permettant de mener des recherches essentielles à la BIFI et d'obtenir les autorisations nécessaires à la publication de ce livre. J'ai beaucoup apprécié, dans la préparation du manuscrit, le soutien moral et pratique de Ron Pullins de Focus Publishing, ainsi que de ses co-équipières, Linda Robertson et Cindy Zawalich.

Je garde pour la fin ceux à qui je dois le plus : les membres de ma famille, qui ont supporté sans trop se plaindre des années de visionnements sans fin, sur le poste de télévision du salon, des films français que j'enseignais dans mes cours. Et dans le milieu familial, je dois remercier tout particulièrement ma femme, Véronique, la première lectrice et critique de mes manuscrits en français depuis un quart de siècle. Son soutien inconditionnel m'a permis de surmonter bien des doutes et de mener ce projet jusqu' à son accomplissement.

Introduction

Ce livre est né du désir de mettre à la disposition des étudiants un manuel qui les aide à mieux connaître les grands réalisateurs de films français et à réfléchir de manière approfondie sur leurs meilleures oeuvres. Ce manuel leur permet, de surcroît, de développer leurs réflexions autour de chaque film *en français*, donc de perfectionner en même temps leur niveau de langue, ce qui est toujours un des objectifs de nos cours avancés de littérature et de culture.

Bien que cet ouvrage commence par deux chapitres sur les débuts du cinéma français et mondial, *Apprentissage du cinéma français* n'est pas un livre sur l'histoire du cinéma, comme ce n'est pas l'étude de telle époque du cinéma, de tel genre de film, ou de tel thème. Ce livre propose l'étude en profondeur d'un certain nombre de chefs-d'œuvre qui figureraient normalement dans un cours portant sur le film français. Plus précisément, chaque chapitre présente une synthèse de la pensée critique qui entoure le film présenté, suivie d'une fiche pédagogique pouvant orienter la réflexion des étudiants ; le chapitre se termine par un dossier critique composé d'un choix d'extraits des meilleurs articles et livres découverts au cours de recherches que j'ai menées principalement à la Bibliothèque du film (BIFI) à Paris. Ces extraits sont offerts aux étudiants pour nourrir encore davantage leur réflexion sur les films au programme en les encourageant à tenir compte de points de vue critiques très variés et parfois très divergents.

Il est entendu que chaque professeur qui se sert de ce manuel dans son cours de cinéma fera lire à ses étudiants les chapitres les plus pertinents à son programme particulier. Pour commencer, le nombre de chefs-d'œuvre du cinéma français présentés dans ce livre — dix-sept, si nous comptons le court métrage *Un chien andalou* — est trop important pour qu'on étudie tous ces films dans un seul cours semestriel. J'ai donc voulu donner à l'enseignant un choix de films, au lieu de lui dicter le contenu du cours. D'autre part, certains collègues, qui s'intéressent moins au cinéma des premiers temps, préféreront peut-être sauter un des chapitres, sinon les deux, sur les origines et les débuts du cinéma du 19e siècle jusqu'à la fin des années vingt. Il me semble très important, pourtant, quel que soit le programme établi, d'inclure le chapitre sur la "Lecture du film", où l'étudiant apprendra le vocabulaire et les concepts techniques essentiels à l'analyse de films.

Ce livre n'a pas la prétention de présenter tous les chefs-d'œuvre du cinéma français, ce qui serait, évidemment, impossible. J'ai été obligé de faire un tri parmi les grandes œuvres consacrées par la tradition, en me laissant guider par les critères de la richesse du contenu et de l'originalité formelle du film, c'est-à-dire son intérêt thématique et esthétique dans l'histoire du cinéma français et mondial. Il est évident que le choix des films dans ce livre n'est aucunement limitatif, et il serait tout à fait normal que chaque professeur inclue dans son programme de cours d'autres films — des films français plus récents, par exemple — qui lui sembleraient particulièrement importants ou intéressants, quitte à laisser de côté certains films présentés ici. Que chacun suive, dans ce domaine, la devise de l'Abbaye de Thélème : "Fais ce que voudras" !

Quant à la manière d'utiliser en classe les trois parties de chaque chapitre, voici la méthode que j'emploie avec mes étudiants. Pour commencer, je leur demande de lire l'introduction avant de voir le film, pour focaliser aussitôt leur attention sur les éléments les plus intéressants lors du visionnement du film. Cette lecture préalable serait moins importante si les étudiants avaient le temps de voir chaque film plusieurs fois, mais ils ont rarement ce luxe. A la suite de la projection du film (mais pas forcément le même jour), nous discutons le contenu thématique, après quoi je demande aux étudiants de lire la fiche pédagogique et le dossier critique et d'étudier les extraits du film que je mets à leur disposition. De retour en classe, nous abordons les aspects formels du film (en analysant ensemble les extraits), ainsi que le rapport entre la forme et le contenu thématique. J'ai tâché de présenter dans ce manuel un matériel pédagogique et critique suffisamment abondant et varié pour que l'enseignant puisse choisir entre les exercices. Il est difficile de tout discuter, et l'enseignant est libre de privilégier tel ou tel élément dans les devoirs donnés aux étudiants et dans les discussions en classe. C'est un choix qui est dicté, tout naturellement d'ailleurs, par l'orientation particulière que chacun veut donner à son cours.

Alan J. Singerman
Davidson College

Lexique technique du cinéma

Accéléré (m.) : Effet obtenu en projetant à vitesse normale (24 images/ seconde) des images prises à vitesses inférieures. Si on tourne à 8 images par seconde, par exemple, l'action se déroule trois fois plus vite à la projection.

Angle de prise de vue (m.) : Perspective sous laquelle le réalisateur choisit de montrer le champ visuel. Elle dépend à la fois de la position de la caméra et de l'objectif utilisé (distance focale).

Cache (f.) : Dispositif opaque que l'on met devant l'objectif de la caméra en tournant ; une partie de la surface du dispositif est transparent, permettant d'impressionner une partie déterminée de la pellicule. On utilise une cache surtout pour présenter des images multiples, côte à côte, dans le même champ.

Cadrage (m.) : Action qui consiste à organiser ce qu'enregistre la caméra à un moment donné. Elle comprend l'angle de prise de vue et la disposition de tout ce qui se trouve à l'intérieur du champ filmé (personnages et objets). On dit aussi **cadrer** quelque chose ou quelqu'un.

Cadre (m.) : Limite rectangulaire du champ filmé. Le cadre correspond à l'image entière que le spectateur voit sur l'écran.

Caméra subjective (f.) : Prise de vues où la perspective est censée représenter le point de vue d'un personnage du film.

Carton (m.) : Texte inséré entre les plans d'un film. Dans les films muets, le dialogue était présenté sur des cartons, mais il peut s'agir aussi de renseignements pour faciliter la compréhension de l'action d'un film. On dit aussi **intertitres** (m.).

Champ (m.) : Portion d'espace filmé par la caméra lors du tournage d'un plan. Dans un même plan, un personnage peut «entrer ou sortir du champ», c'est-à-dire qu'il entre ou sort de l'image.

Champ-contrechamp (m.) : Technique employée surtout pour filmer les dialogues ; dans une séquence où dialoguent deux personnages A et B, champs et contrechamps alternent. Les plans qui cadrent A sont les champs, ceux qui cadrent B, les contrechamps.

Contreplongée (f.) : Voir **plongée**.

Cut : Voir **montage** *cut* .

Découpage (m.) : Dernier stade de la préparation écrite d'un film. Le récit y est fragmenté en séquences et en plans numérotés. Le découpage "technique" est un document où les indications techniques (cadrages, mouvements d'appareil, etc.) sont encore plus élaborées.

Distribution (f.) : Ensemble des acteurs qui interprètent un film (ou une pièce de théâtre).

Doublage (m.) : Technique sonore où l'on remplace la bande sonore originale d'un film par une autre bande qui donne les dialogues dans une autre langue, en coordonnant la bande sonore et l'image de façon à ce que les paroles correspondent aux mouvements des lèvres des acteurs.

Faux raccord (m.) : Voir **raccord**.

Flash (m.) : Plan très bref que l'on introduit afin d'obtenir un effet brutal, rapide et expressif.

Flash-back (m.) : Retour en arrière.

Flash-forward (m.) : Bond temporel en avant.

Fondu au noir (m.) : Procédé qui consiste à faire disparaître l'image progressivement jusqu'au noir (forme de ponctuation pour terminer une séquence); cf. **ouverture en fondu** (f.) : procédé contraire qui consiste à faire apparaître l'image progressivement, à partir du noir (et qui marque, normalement, le commencement d'une nouvelle séquence).

Fondu enchaîné (m.) : Ponctuation visuelle où l'image disparaît progressivement tandis qu'apparaît en **surimpression** l'image suivante (marque généralement un écoulement du temps).

Générique (m.) : Partie d'un film où sont indiqués le titre, le nom des acteurs, des membres de l'équipe de réalisation, et de tous les collaborateurs, au début ou à la fin (le plus souvent les deux).

Insert (m.) : Très gros plan d'un objet ou d'un personnage que l'on introduit au montage pour faciliter la compréhension de l'action.

Iris (m.) : La "fermeture en iris" se dit quand la disparition de l'image à la fin d'une séquence se présente comme un cercle noir qui envahit l'écran jusqu'à ce qu'il ne reste qu'un point lumineux, qui disparaît à son tour. L'ouverture en iris (à partir d'un point lumineux) est le procédé contraire, pour introduire une nouvelle séquence.

Hors-champ (m.) : Espace contigu au champ filmé, non visible à l'écran mais qui existe dans l'imagination du spectateur. Un personnage ou un object qui se trouve dans cet espace est "hors champ"

Intertitre (m.) : Voir **carton**.

Maquette (f.) : Décor ou élément de décor construit en réduction, et qui donne l'illusion du décor reél.

Mixage (m.) : Opération consistant à mélanger des diverses bandes-son d'un film (paroles, musique, bruits) et à doser l'intensité de chacune selon son importance à un moment donné. Du mixage résulte une bande sonore unique et définitive, synchrone à la bande image.

Montage (m.) : Consiste à assembler, dans l'ordre de la narration, les différents plans d'un film, en veillant à la justesse des transitions et du rythme de l'oeuvre (longueur respective des plans). Il y a divers styles de montage : montage rapide (ou "court"), lent, alterné, parallèle, etc.

Montage alterné (m.) : Plans montés de façon à montrer alternativement des actions qui se déroulent simultanément.

Montage parallèle (m.) : Plans montés côte à côte pour suggérer un rapport symbolique ou métaphorique.

Montage *cut* (m.) : Passage "sec" d'un plan au suivant (sans ponctuation optique, comme les fondus) ; se dit aussi "coupe franche".

Panoramique (m.) : Mouvement de la caméra pivotant horizontalement ou verticalement sur l'un de ses axes, le pied restant immobile. Le panoramique sert surtout à balayer un décor ("panoramique descriptif") ou à suivre un déplacement ("panoramique d'accompagnement").

Panoramique filé (m.) : Type de raccord qui consiste à passer d'une image à l'autre au moyen d'un panoramique très rapide qui produit un mouvement horizontal flou à l'écran.

Penché (m.) : Une prise de vues où la caméra est penchée sur le côté, vers la gauche ou vers la droite.

Plan (m.) : L'unité dramatique du film. C'est une suite ininterrompue d'images, le fragment de film compris entre un départ ("Moteur"!) et un arrêt ("Coupez"!) de la caméra. Voici la définition des différentes grosseurs de plans utilisées dans un découpage :

Plan général ou **plan de grand ensemble** : espace lointain, avec ou sans personnages.

Plan d'ensemble : espace large mais où les personnages sont identifiables (p. ex. une scène de rue).

Plan moyen : personnages cadrés en pied.

Plan américain : personnages cadrés à mi-cuisse.

Plan rapproché : personnages cadrés à la ceinture ou à hauteur du buste.

Gros plan : personnage cadré au visage.

Très gros plan : plan insistant sur un détail, tel qu'un objet ou une partie du visage.

Plan fixe : Plan tourné par une caméra fixe, immobile.

Plan-séquence : Séquence tenant tout entière en un plan unique exceptionnellement long (comporte souvent des mouvements d'appareil et l'emploi de la **profondeur de champ**).

Plongée (f.) : Plan dans lequel la caméra est placée au-dessus du sujet filmé. L'effet contraire est obtenu par **contreplongée**, en plaçant la caméra plus bas que le sujet à filmer.

Postsynchronisation (f.) : procédé qui consiste à ajouter le son et la parole après le tournage d'un film.

Profondeur de champ (f.) : Technique qui permet d'obtenir une image aussi nette au premier plan qu'à l'arrière-plan. Cette netteté des diverses parties de l'image permet des effets dramatiques jouant précisément sur l'utilisation de la «profondeur» et recréant ainsi l'illusion des trois dimensions.

Raccord (m.) : Passage d'un plan au plan suivant en conservant la cohérence de leurs éléments respectifs de sorte que le spectateur n'est pas gêné par la transition. Les raccords portent sur le décor, les costumes, les mouvements des acteurs, le rythme général du film, etc. On parle de **faux raccord** lorsque le raccord n'est pas respecté selon les conventions.

Ralenti (m.) : Procédé technique permettant de ralentir la durée de l'action filmée (par une accélération de la prise de vues, le film étant ensuite projeté à la vitesse normale). Si l'on enregistre par exemple une action à la vitesse de 96 images/ seconde, et qu'on le projette ensuite à la vitesse normale de 24 images/seconde, on aura ralenti de quatre fois sa durée réelle.

Recadrage (m.) : Emploi de mouvements d'appareil (panoramiques, travellings) au lieu d'un changement de plan pour modifier le cadrage ou l'angle de prise de vues (typique des plans-séquences).

Saute (f.) : Raccord brutal entre deux plans qui fait qu'on "saute" brusquement d'un plan au suivant, brisant la continuité de l'action (*jump cut*, en anglais).

Scénario (m.) : Récit écrit du film, fragmenté en scènes et comportant des dialogues. Par extension, on appelle "scénario" le sujet d'un film.

Scripte (f.) : La personne qui est responsable, pendant le tournage, des raccords entre les plans ; elle minute tous les plans pour pouvoir calculer, au fur et à mesure, la durée du film.

Séquence (f.) : Suite de plans formant une unité narrative ; elle est à la structure dramatique du film ce qu'est le chapitre au roman (toutes proportions gardées).

Son direct (m.) : procédé qui consiste à enregistrer le son et les paroles en même temps que les images.

Surimpression (f.) : Procédé technique permettant d'enregistrer sur une première image une seconde image, les deux images se fondant en une seule (p. ex., apparition des titres génériques sur une image en mouvement, apparitions surnaturelles, fantômes...).

Synopsis (m.) : Récit écrit du film, sous une forme résumée (afin d'en permettre une lecture rapide et facile).

Transparence (f.) : Projection sur écran derrière les acteurs, permettant de tourner une scène en studio, alors que le spectateur aura l'illusion qu'elle l'a été en extérieurs.

Travelling (m.) : Mouvement de caméra où celle-ci se déplace sur un chariot, sur une grue, ou à la main. On distingue travelling avant, arrière, latéral.

Truc(age) à arrêt (m.) : Procédé où l'on arrête la caméra après avoir tourné un plan pour pouvoir placer un nouveau sujet devant l'appareil ou pour enlever tout simplement le premier sujet. A la projection, on a l'impression, dans le premier cas, que le sujet a été transformé par magie, dans le deuxième, que le sujet a disparu subitement.

Voix *off* (f.) : Voix d'un personnage qui est situé hors champ, ou qui se trouve dans l'image mais ne parle pas. La voix *off* exprime souvent les réflexions d'un personnage qu'on voit à l'écran et sert aussi de forme de narration.

Volet (m.) : Effet de balayage d'un plan par le suivant indiquant un changement de sujet, de lieu, ou de temps.

Zoom ou travelling "optique" (m.) **:** Effet visuel qui simule le mouvement de travelling, à l'aide d'un objectif à focale variable, sans bouger la caméra.

Louis et Auguste Lumière, inventeurs du Cinématographe. Courtesy of Museum of Modern Art Film Stills Archive

Le Cinématographe, première caméra-projecteur (1895). Courtesy of Museum of Modern Art Film Stills Archive

Histoire du cinéma I :
les débuts

Quelques repères technologiques

L'invention du cinéma est tout d'abord une question de découvertes technologiques permettant de profiter d'un phénomène psychologique et optique reconnu dès les années 1820 : la persistance de l'image dans la mémoire. Du fait de la mémoire visuelle à court terme, la perception d'une image persiste en fait une fraction de seconde après la disparition de l'image, de telle sorte que l'on peut avoir une impression de continuité entre deux images séparées si elles se suivent assez rapidement. Ainsi, comme l'a démontré un médecin anglais en 1823, si l'on fait tourner rapidement un disque ayant d'un côté l'image d'un oiseau, de l'autre une cage, on voit l'oiseau dans la cage. Dans le cas d'une série d'images décomposant un mouvement, il suffit de faire défiler 16 images par seconde pour créer l'illusion d'un mouvement continu, malgré la discontinuité véritable des images. L'illusion est parfaite à partir de 24 images-seconde, ce qui est devenu le standard du cinéma moderne. C'est un physicien belge, Joseph Plateau, qui réussit le premier à faire la synthèse artificielle du mouvement en inventant, en 1832, un jouet qu'il baptise le *phenakistiscope* (un composé des mots grecs pour "tromper" et "observer"). Celui-ci fonctionne de la manière suivante : "Un disque fenêtré tourne rapidement autour de son axe. Au verso sont disposés des dessins qui se reflètent dans un miroir. En l'observant par les fentes, on voit bouger les dessins à cause du phénomène de la persistance rétinienne combinée à l'étroitesse des fentes" (Prédal, p. 16). Au cours du 19e siècle, l'appareil de Plateau sera progressivement perfectionné, notamment par un nommé Hoerner, qui invente le *zootrope* dont le physiologiste français Etienne-Jules Marey et le photographe américain Eadweard Muybridge se servent en 1878 pour étudier les mouvements d'un cheval au galop et le vol des oiseaux. L'utilisation d'images photographiques à la place de dessins représente un grand pas en avant dans l'invention du cinéma.

Quelques années plus tard, en 1882, Marey ira encore plus loin dans ce sens en inventant le *fusil photographique*, qui lui permet d'obtenir en une seconde douze images successives sur une plaque ronde. En 1888, profitant de l'invention du film en celluloïde par l'Américain George Eastman quelques années plus tôt, il remplace la plaque par une bande de film dans un nouvel appareil, le *chronophotographe*, qui est l'ancêtre immédiat de la caméra. Ce qui manque encore, c'est la perforation de la bande sur les côtés, permettant l'entraînement régulier de la pellicule dans l'appareil de prise de vues. C'est le célèbre inventeur américain, Thomas Edison, qui réalise cet exploit (créant en 1889 des bandes de film perforées d'une largeur de 35 mm) qu'il met en oeuvre dès 1891 dans son *kinetographe* ("écrire le mouvement"), la première caméra du monde. Cette invention est suivie de près (1893) par celle du *kinetoscope* ("observer le mouvement"), une grande boîte à l'intérieur de laquelle le film défile, produisant des images animées — dont l'inconvénient majeur, à part leur petite taille, est qu'elles ne peuvent être regardées que par un seul spectateur à la fois, à travers un viseur. Si Edison réussit à inventer le premier appareil de prise de vues, avec un dispositif de griffes pour faire avancer le film, il ne trouve pas la solution du problème de la projection des images sur un écran, qui est la condition essentielle de la création du cinéma en tant que spectacle "grand public".

Ce pas est franchi, successivement, par deux savants français. D'abord, le principe des perforations marginales est découvert en 1889 (la même année qu'Edison) par un physicien français, Emile Reynaud, qui s'intéresse surtout à la projection de bandes dessinées en papier. Son appareil, le *praxinoscope*, adaptant le mécanisme de la bicyclette (une roue dentée entraîne la bande d'images perforées), lui permet de projeter devant un public nombreux une série de bandes dessinées – ce qui fait de lui, également, le créateur du dessin animé. Si son invention a un succès immense - entre 1892 et 1900, 12 800 séances au Musée Grévin vues par un demi-million de spectateurs (*Emile Reynaud*, p. 8) – le mérite de l'invention de l'appareil qui marque la véritable naissance du cinéma moderne revient, en 1895, à un autre Français, Louis Lumière, épaulé par son frère aîné, Auguste, fils d'un grand fabricant de plaques photographiques à Lyon. Le *Cinématographe* des frères Lumière est une caméra convertible en projecteur qui utilise le film de celluloïd (perforé) d'abord pour l'enregistrement, ensuite pour la projection des images, s'inspirant à la fois des travaux de Marey, d'Edison et de Reynaud. Son nom, comme celui du *kinetographe* d'Edison, vient du grec *kinêma* (mouvement) et *graphein* (écrire).

La grande trouvaille de Louis Lumière assure pour la première fois la perfection du mouvement et la stabilité de l'image à la projection. Voici comment il la décrit lui-même : "Une nuit où je ne dormais pas, la solution se présenta clairement à mon esprit. Elle consistait à adapter aux conditions de la prise de vues le mécanisme connu sous le nom de pied de biche dans le dispositif d'entraînement des machines à coudre" (Sadoul, "La Dernière Interview de Louis Lumière"). Le mécanisme de la machine à coudre (remplaçant celui de la bicyclette) permet l'avance intermittente et régulière de la pellicule. Voici, en termes simples, son mode de fonctionnement, tant dans l'appareil de prise de vues que dans le projecteur : des griffes s'engagent dans les perforations marginales et entraînent le film en avant, puis lâchent le film pour remonter, dans un mouvement circulaire, vers les perforations suivantes. Pendant le temps de la montée des griffes (1/32 de seconde), au moment où le film est immobile, l'obturateur de l'objectif (une plaque tournante semi-circulaire) laisse entrer la lumière pour enregistrer l'image. L'obturateur se ferme ensuite pendant que les griffes font avancer de nouveau le film (toujours 1/32 de seconde) pour préparer la prochaine impression. Il en résulte la prise de 16 vues par seconde. Le dispositif fonctionne de la même manière pour projeter les images : l'appareil étant placé devant une source lumineuse, l'avance intermittente du film ne laisse passer la lumière, chaque fois, qu'au moment où une image photographique est immobile devant l'objectif. Pour la première fois on réussit à projeter une série d'images photographiques (16 par seconde), parfaitement stables, sur un écran. C'est pour cette raison que beaucoup d'historiens considèrent Louis Lumière comme le véritable inventeur du cinéma. Une première projection publique a lieu le 22 mars 1895 devant les membres de la Société d'Encouragement à l'Industrie nationale, suivie le 28 décembre, date historique, de la première représentation publique payante du Cinématographe Lumière, dans le sous-sol du Grand Café à Paris. Trente-cinq personnes paient un franc pour voir dix bandes de moins d'une minute chacune. Ce jour-là est né l'industrie du cinéma en tant que spectacle public.

Georges Méliès, *Voyage dans la lune*, (1902). Courtesy of Museum of Modern Art Film Stills Archive

Le cinéma français du premier temps : Lumière et Méliès

Louis Lumière fait lui-même ses premiers films, des reportages sur la vie quotidienne, tournés en plein air. Les plus célèbres de ces petits films, réalisés entre 1895 et 1896, sont *La Sortie des usines Lumière à Lyon*, *Arrivée d'un train en gare de La Ciotat*, et *Le Déjeuner de bébé*. Bien que ces films comportent souvent une mise en scène élémentaire, ils sont généralement considérés comme les premiers documentaires. Lumière ajoutera rapidement un deuxième genre de film à son répertoire, des actualités, envoyant des opérateurs dans le monde entier filmer des personnages et des événements publics importants, tels que *Le Roi et la Reine d'Italie montant en voiture* ou *Le Couronnement du tsar Nicolas II*. Par ailleurs, Lumière réalisera parmi ses tout premiers films, le premier "film de fiction", un petit sketch comique connu sous le titre de *L'Arroseur arrosé*. C'est un des opérateurs de Lumière, Alexandre Promio, qui a produit le premier *travelling* jamais réalisé en plaçant sa caméra dans une gondole pour filmer *Le Grand Canal à Venise* en 1897, ainsi que la première *projection à l'envers* en montrant au public, à la même époque, des plongeurs remonter de l'eau au plongeoir, les pieds les premiers, dans *Les Bains de Diane à Milan* (Mitry, I, p. 113). Entre 1895 et 1900, il produira plus de deux mille films, dont beaucoup constituent, incidemment, un document sur l'existence de la bonne bourgeoisie de l'époque.

Si Lumière se cantonne dans le film documentaire et les actualités, c'est un de ses compatriotes qui va exploiter la mise en scène, créant ainsi le véritable film de fiction. **Georges Méliès**, prestidigitateur et directeur de théâtre à Paris, assiste aux premières représentations du Cinématographe Lumière au Grand Café. Comprenant d'emblée le potentiel de cette invention dans le domaine du spectacle, il commence dès 1897 à adapter au cinéma ses tours de prestidigitation les plus spectaculaires. Il est reconnu comme l'inventeur de la plupart des effets spéciaux, ou *trucages*, utilisés au cinéma : le *truc à arrêt* ou *à substitution* (où l'on arrête la caméra pendant la prise de vues pour substituer un nouveau sujet à celui qui était devant l'objectif), les *surimpressions* (deux ou plusieurs images superposées), les *caches* (qui permettent la prise de vues multiples, côte à côte, dans le même cadre), les *fondus au noir* et les *fondus-enchaînés* (où l'image disparaît ou est remplacée progressivement par une autre), les *flous*, les *accélérés*, les *ralentis* . . . Outre les tours ingénieux, comme *L'Homme à la tête de caoutchouc* (1901), les films les plus célèbres de Méliès sont les voyages imaginaires, tels que *Le Voyage dans la lune* (1902) et *A la conquête du pôle* (1912), les actualités reconstituées, dont la mieux connue reste *L'Affaire Dreyfus* (1899), les diableries comme *Les Quatre Cents Tours du diable* (1906) et les féeries, dont *Cendrillon* (1899), *Barbe Bleue* (1901) et *Le Royaume des Fées* (1903).

Par rapport aux films de Lumière, certaines réalisations de Méliès sont déjà des "longs métrages", *L'Affaire Dreyfus* durant douze minutes, *le Voyage dans la lune* seize. Plus important encore : la grande réussite des films de fiction de Méliès, et surtout celle du *Voyage dans la lune*, comme le remarque Sadoul, "imposa universellement la pratique de la mise en scène" (*Georges Méliès*, p. 43), ce qui sera la voie principale du cinéma moderne. En ce qui concerne la cinématographie de Méliès, les théoriciens classiques (Sadoul et Mitry, notamment) ont été surtout frappés par les similarités entre les films de Méliès et les productions théâtrales, à tel point qu'ils parlent volontiers de "théâtre photographié" et de "tableaux". Ils insistent sur le fait que Méliès utilise surtout des plans moyens fixes, le point de vue que donne sa caméra étant le plus souvent celui d'un spectateur assis au milieu de l'orchestre. Les interprètes entrent en scène le plus souvent comme s'ils sortaient des coulisses. Les chercheurs plus récents, tel que Pierre Jenn, trouvent ce point de vue sur le cinéma de Méliès trop catégorique, estimant que les notions de "théâtralité de cadrage" et de "point de vue unique" ne sont en fait que des « mythes ». Jenn signale, par exemple, le rôle des déplacements en profondeur des personnages, qui parfois s'approchent de la caméra jusqu'au gros plan ou qui s'en éloignent (ce qui est impossible au théâtre) et cite des exemples de variation de la grosseur des plans dans certains films, tels *le Voyage dans la lune* et *Cendrillon ou la pantoufle mystérieuse* (pp. 20-24, 47-54).

Il est certain que les films de Méliès sont moins subordonnés à l'esthétique théâtrale que l'on a pu penser. Toujours est-il que la pratique de Méliès reflète les conventions cinématographiques de son époque, et s'il se sert même de travellings et de panoramiques de temps en temps, il n'a pas encore entrevu l'emploi du langage narratif du cinéma au sens moderne du terme, ce qui implique l'exploitation à des fins expressives de toute l'échelle des plans (y compris le gros plan), ainsi que le montage narratif et l'ellipse, entre autres procédés. La plupart de ces techniques sont déjà utilisées, à la vérité, par les premiers cinéastes anglais, ceux de l'Ecole de Brighton (1896-1905), mais ne s'imposeront définitivement qu'à partir du triomphe du cinéma américain, c'est-à-dire des films de **D.W. Griffith**, de **Thomas Ince**, et de **Mack Sennett**, aux alentours de la Première Guerre mondiale.

Triomphe et déclin du cinéma français

a) Les maisons de production

La production de Lumière et de Méliès reste au stade artisanal. La phase industrielle, qui garantira la domination du cinéma français à l'époque des pionniers, est lancée par un troisième Français, **Charles Pathé**. Fondée en 1896, la maison de production de la société Pathé Frères va bientôt monopoliser le cinéma en France et s'imposer dans le monde entier : "Non seulement il fabrique le matériel de prise de vues et de projection, mais aussi la pellicule vierge : il construit des usines pour le traitement des films, installe des studios un peu partout, assure la distribution de ses films, possède de nombreuses salles de projection" (Betton, p. 7). Malgré la médiocrité générale de leurs réalisations, les studios de Pathé à Vincennes produisent une quantité énorme de films en tous genres à partir de 1900, qui sont vendus chacun "à plusieurs centaines de milliers d'exemplaires à travers le monde", si bien qu'en 1908 "Pathé vend aux USA un métrage de film deux fois supérieur à l'ensemble de la production américaine" (Prédal, p. 22).

La réussite de Pathé fait aussi des émules, et on voit bientôt la création de maisons de production concurrentes telles que celle de **Léon Gaumont** et la société des films Éclair, parmi d'autres. La supériorité commerciale du cinéma français va durer jusqu'en 1913, année où "sur les 2 754 films comptabilisés dans le monde, il y en a 882 français [contre] 643 italiens, 576 américains, 308 allemands, 268 anglais" (Prédal, p. 32).

b) Les films français

Le cinéma français s'illustre surtout, à cette époque, dans trois genres : le théâtre filmé, les films comiques et les ciné-romans. La vogue du théâtre filmé, appelé le "Film d'art", relève de l'ambition de donner du prestige au cinéma, qui, après avoir été un vulgaire spectacle forain, était dominé par les mélodrames et les films loufoques. On filme des pièces de théâtre où jouent les grandes vedettes de la Comédie française, telles que Sarah Bernhardt et Réjane. Le plus célèbre de ces films, réalisé en 1908, reste *L'Assassinat du duc de Guise* (15 mn et en couleur), dont la musique originale est composée par un grand musicien – une première pour le cinéma - Camille Saint-Saëns. Par ailleurs, dans le même but de valorisation du cinéma, d'autres maisons de production tournent des adaptations de grands romans tels que *L'Assommoir* de Zola, un film de 45 minutes considéré comme le premier long métrage français (Prédal, p. 33), et *Les Misérables* de Hugo (1912), d'une durée de … trois heures.

Parallèlement aux films "littéraires", on assiste à un grand épanouissement du cinéma comique, qui dominera bientôt la production française. L'école comique française produit la première grande vedette de cinéma internationale, **Max Linder**, qui triomphe à partir de 1910—par exemple, en 1913, *Max professeur de tango* et *Max toreador*—et dont l'admirateur le plus célèbre fut Charles Chaplin, qui reconnaît volontiers l'influence du comique français. Simultanément, d'ailleurs, s'impose la mode des ciné-romans, des films à épisodes ou "serials", dont les plus célèbres sont les *Nick Carter*, la première série policière (dès 1908) de Victorin Jasset, et les feuilletons de **Louis Feuillade**, *Fantômas* (1913-1914), *Les Vampires* (1915-1916) et *Judex* (1916). Longtemps méconnus, les films de Feuillade sont aujourd'hui reconnus comme des chefs-d'oeuvre du cinéma des pionniers.

c) *Le cinéma à l'étranger*

Cette première période (1895-1914), où le cinéma français s'impose à travers le monde, peut être considérée comme son "âge d'or". On n'oublie pourtant pas que, en même temps, le cinéma se développe rapidement dans d'autres pays : aux Etats-Unis, notamment, mais aussi en Italie, en Russie, en Allemagne, en Grande-Bretagne, et au Danemark, pour ne mentionner que les principaux pays producteurs . C'est surtout **D.W. Griffith** qui s'impose en Amérique, entre 1908 et 1913, période pendant laquelle il réalise des centaines de films de tous genres pour la maison de production Biograph. Griffith est généralement reconnu comme celui qui a contribué le plus, à cette époque, au perfectionnement du langage cinématographique narratif du cinéma muet en banalisant l'utilisation de toute l'échelle des plans (du gros plan au plan général) dans le montage narratif, les ouvertures et fermetures à l'iris ou au noir, les filtres devant l'objectif, le montage alterné (pour représenter la simultanéité des actions), l'ellipse et même la représentation d'images mentales, y compris le flashback. En 1914, devenu indépendant, Griffith réalise son film le plus célèbre, *Naissance d'une nation* (*The Birth of a Nation*), le plus grand succès commercial du cinéma américain jusqu'à *Autant en emporte le vent* en 1939. Deux ans plus tard il réalise son oeuvre la plus monumentale, *Intolérance*. Son oeuvre cinématographique exercera une influence déterminante sur les cinéastes les plus importants du monde entier. En même temps, deux autres grands réalisateurs américains affinent leurs talents, l'un dans le western (**Thomas Ince**), l'autre dans le comique (**Mack Sennett**).

Si le triomphe du cinéma français était grisant, la chute sera d'autant plus brutale. Dès le début de la Première Guerre mondiale, qui s'avérera désastreuse pour la France, la production du cinéma français (comme celle de l'Italie) décline rapidement. Bien que les années de guerre (1914-1918) permettent à un jeune réalisateur d'avenir, **Abel Gance**, de faire ses gammes (17 films), c'est la production du cinéma américain, dominée par Griffith, Ince, Sennett et **Charles Chaplin** qui inonde le marché international. Pathé se voit obligé de vendre son usine à la compagnie Kodak de George Eastman, et les producteurs français en sont réduits, pour la plupart, à importer des films étrangers, principalement américains.

OUVRAGES CONSULTÉS

Betton, Gérard. *Histoire du cinéma*. Paris: Presses universitaires de France, 1984.

Emile Reynaud. Peintre de films. Paris: Cinémathèque française, 1945.

Franju, Georges. *Le Grand Méliès*. Armor Films. New York: Interama Video Classics, 1994.

Jenn, Pierre. *Georges Méliès, cinéaste*. Paris : Albatros, 1984.

La Bretèque, François de. "Les Films Lumière : des témoins de la fin de siècle"? *Cahiers de la Cinémathèque* 62 (mars 1995), 7-15.

Mitry, Jean. *Histoire du cinéma*, I. Paris: Editions universitaires, 1967.

Prédal, René. *Histoire du cinéma*. Condé-sur-Noireau: CinémAction-Corlet, 1994.

Sadoul, Georges. *Georges Méliès*. Paris: Seghers, 1961.

.... *Le Cinéma français*. Paris: Flammarion, 1962.

.... "La Dernière Interview de Louis Lumière", *L'Ecran français* 155 (15 juin 1948).

Histoire du cinéma II : les années vingt

Le cinéma à l'étranger

L'après-guerre et les années vingt introduisent une période d'intense créativité et d'innovation dans le monde du cinéma. C'est l'époque où le cinéma muet s'épanouit, atteint sa maturité et devient un véritable art qui sait mettre en oeuvre tous ses moyens. Les premiers grands courants européens sont nés: l'**expressionnisme** et le *Kammerspiel* en Allemagne et l'école du **montage** en Union soviétique.

Les films de **Robert Wiene** (*Le Cabinet du Dr Caligari*, 1920), de **F.W. Murnau** (*Nosferatu le vampire*, 1921) et de **Fritz Lang** (*Le Dr Mabuse*, 1922, *Die Niebelungen*, 1923-1924, *Métropolis*, 1926) éblouissent le public et font du cinéma allemand le premier du monde jusqu'à la grande crise économique que subit le pays à partir de 1924. L'expressionnisme allemand tourne le dos au réalisme en faveur du surnaturel morbide (fantômes, vampires) et de la subjectivité. Il réinvente la mise en scène, faisant du décor construit — déformé et stylisé — une expression métaphorique ou symbolique d'états psychologiques aberrants. Le chef d'oeuvre du *Kammerspiel* (caractérisé par son retour au réalisme), *Le Dernier des hommes* de Murnau (1925), est accueilli aux Etats-Unis comme "le meilleur film du monde" (Betton, p. 20).

En Union soviétique, **Lev Koulechov** explore dans son école de Moscou tout le potentiel du montage dans la création de la signification au cinéma, s'inspirant des films de Griffith. **Dziga Vertov** met en oeuvre les trouvailles du montage en réalisant des documentaires sophistiqués, dont le plus célèbre, *L'Homme à la caméra* (1929) constitue une réflexion sur la représentation du réel au cinéma. **Sergei Eisenstein**, son élève le plus célèbre, transforme le langage cinématographique, amenant l'art du montage à sa perfection avec la réalisation de son grand chef-d'oeuvre, *Le Cuirassé Potemkine* (1925) et d'*Octobre* (1927). Parallèlement, ses compatriotes **V. Poudovkine** (*La Mère*, 1926) et **A. Dovjenko** (*La Terre*, 1930) réalisent des oeuvres exceptionnelles, chargées d'émotion et d'un grand lyrisme.

Le cinéma américain continue de triompher dans le monde entier, et notamment dans le genre comique. **Charles Chaplin** réalise ses premiers longs métrages, des succès monumentaux : *Le Gosse* (*The Kid*, 1921), *La Ruée vers l'or* (*The Gold Rush*, 1925) et *Les Lumières de la ville* (*City Lights*, 1930). A côte de Chaplin d'autres grands comiques se distinguent, comme **Harry Langdon, Harold Lloyd** et surtout **Buster Keaton**, qui tourne *Le Mécano de la "Générale"* (*The General*) en 1926. Par ailleurs, les documentaires de **Robert Flaherty**, dont *Nanouk l'esquimau* (1921), connaissent un succès très vif, ainsi que les westerns de **John Ford**, dont on retient surtout, de cette époque, *Le Cheval de fer* (*The Iron Horse*, 1924) et *Les Trois Sublimes Canailles* (*Three Bad Men*, 1926) et les films à grand spectacle de **Cecil B. De Mille**, qui triomphe avec *Les Dix Commandements* en 1923. De grands réalisateurs européens, attirés par Hollywood, offrent également des films importants au cinéma américain.   On compte parmi ceux-ci le célèbre film naturaliste du réalisateur autrichien **Erich Von Stroheim**, *Les Rapaces* (*Greed*, 1924), *L'Aurore* (*Sunrise*, 1927) de **Murnau**, *Le Vent* (*The Wind*, 1928) du Suédois **Viktor Sjöstrom**, et les comédies de l'Allemand **Ernst Lubitsch**.

Le cinéma en France

Abel Gance

Si *L'Atlantide* (1921) de Jacques Feyder fut le premier grand film français de l'après-guerre (Mitry, II, p. 435), le réalisateur français le plus important entre la fin de la Grande Guerre et le début du film parlant (1927) est sans doute **Abel Gance**, dont les films les plus marquants sont *J'accuse* (1918), *La Roue* (1921-23) et, surtout, *Napoléon* (1925-27), fresque immense de presque quatre heures qui présente quelques épisodes marquants de la vie de l'empereur.   Sous l'influence du cinéma de Griffith, comme de celui de Murnau, et avec une hardiesse tout à fait personnelle, Gance pousse la technique narrative bien au-delà de ce que l'on a connu jusque-là dans le cinéma français.   Après avoir exploité, dans *La Roue*, la technique du montage métrique (une suite de plans de plus en plus courts produisant une impression d'accélération), c'est dans *Napoléon* que Gance se montre le plus novateur.   "Cinéaste du paroxysme et de la démesure", comme le dit Prédal (p. 54), il réussit à créer une ambiance survoltée par l'emploi de multiples surimpressions, de flous, de mouvements d'appareil et du montage rapide.   Comme Eisenstein, il crée des métaphores frappantes grâce à l'utilisation du montage parallèle (par exemple, la "tempête" qui ballotte à la fois la Convention, au moment de la Révolution, et le petit bateau de Napoléon lorsqu'il traverse la mer en fuyant la Corse).   Ses innovations les plus frappantes sont, d'ailleurs, la technique de la caméra subjective (qui donne le point de vue d'un personnage) liée aux travellings, ainsi que l'utilisation du triple écran pendant le dernier volet du film, la campagne d'Italie.

Grâce à l'invention en France de caméras ultra-légères portatives, libérées des contraintes de la manivelle tournée à la main, Gance a pu intégrer au film le point de vue de personnages s'adonnant à toutes sortes de mouvements.   Lisons la description qu'en fait Sadoul : "Dans la poursuite en Corse, une caméra fut placée sur un cheval au galop, pour obtenir le point de vue de Bonaparte fuyant. On prit ensuite un autre appareil automatique, enfermé dans un caisson étanche, et on le précipita du haut des falaises, dans la Méditerrannée, pour enregistrer le point de vue de Bonaparte plongeant.   Quand on en vint au siège de Toulon, un portatif miniature fut enveloppé dans un ballon de football qu'on envoya violemment en l'air : on eut ainsi le point de vue d'un soldat projeté par un boulet" (*Le Cinéma français*, pp. 32-33).   Quant au triple écran, la "polyvision", Gance a eu l'idée d'employer trois écrans à la fois, lui permettant de juxtaposer trois sujets différents, comme, par exemple, l'armée en marche (la conquête de l'Italie), des images de Joséphine (les pensées de Napoléon, sa vie sentimentale), et une image du globe terrestre (les ambitions de l'empereur).   A certains moments, Gance va encore plus loin, multipliant les images sur chacun des trois écrans en utilisant des caches ou des surimpressions pour former, comme le dit Sadoul, "une symphonie visuelle" (p. 32).   Prédal, en parlant du film en général, n'hésite pas à le qualifier de "feu d'artifice visuel qui marque un des sommets de l'art muet" (p. 55).

Si les films de Gance brillent par leurs innovations dans le domaine de la narration, les années vingt en France sont surtout une période de révolte, de provocation, d'expérimentation et d'innovations formelles qui se placent en dehors de l'évolution de l'art narratif en tant que tel. C'est l'époque de l'impressionnisme, du dadaïsme et du surréalisme.

L'impressionnisme

Pour les cinéastes de l'école impressionniste, le courant le plus "poétique" de l'avant-garde, ce qui importe le plus, c'est de peindre une atmosphère ou d'évoquer un phantasme ou un fragment de rêve plutôt que raconter une histoire. On se lance ainsi dans des recherches plastiques (visuelles et rythmiques) de toute sortes. Les traits les plus caractéristiques du mouvement sont l'emploi systématique du montage rapide et du flou (ce qui est nouveau au cinéma, dans les deux cas), du ralenti, des surimpressions, des déformations, des jeux de lumière, et de la caméra subjective (qui met en valeur le point du vue d'un personnage). Sous l'égide de **Louis Delluc**, le premier véritable critique-théoricien français du cinéma, les impressionnistes s'efforcent de mettre en relief dans leurs films la spécificité de l'art filmique, son autonomie par rapport à la littérature (la narration, le théâtre), en insistant sur son potentiel poétique, ainsi que ses rapports avec la peinture comme mode d'expression artistique. Parmi les réalisateurs et les films "impressionnistes" les plus importants, on compte **Germaine Dulac** (*La Fête espagnole*, 1919, *La Souriante Madame Beudet*, 1922), **Delluc** lui-même (*Fièvre*, 1921, *La Femme de nulle part*, 1922), **Marcel L'Herbier** (*Eldorado*, 1921) et **Jean Epstein** (*Coeur fidèle*, 1923) sans oublier l'admirable *Crainquebille* (1922) de **Jacques Feyder**, avant-coureur du réalisme poétique qui s'imposera aux années trente. Le tout premier film de **Jean Renoir**, *La Fille de l'eau* (1924) est également animé de l'esprit impressionniste. Parallèlement au courant impressionniste, qui se poursuivra jusqu'à la fin des années vingt, on voit se développer en France, sous l'influence des réalisateurs allemands, un cinéma qui verse dans l'abstraction et dont l'ambition (peu réaliste) est de se rapprocher de la composition musicale en se servant de formes en mouvement pour représenter, visuellement, le rythme pur. En 1925 Germaine Dulac, la théoricienne du "cinéma pur", résume bien cette ambition : "Le film intégral que nous rêvons tous de composer, c'est une symphonie visuelle faite d'images rythmées, et que seule la sensation d'un artiste coordonne et jette sur l'écran" (citée par Mitry, II, p. 444). Parmi les réalisateurs les plus connus de films abstraits, on note **Fernand Léger** et **Dudley Murphy**, *Ballet mécanique* (1924), **Jean Grémillon** (*Photogénie mécanique*, 1925), **Henri Chomette** (*Cinq minutes de cinéma pur*, 1926), **Marcel Duchamp** (*Anemic cinéma*, 1925) et **Germaine Dulac** (*Disque 957*, 1927).

Le dadaïsme – René Clair, Entr'acte *(1924)*

Le mouvement "dadaïste", qui a marqué à la fois la poésie, le théâtre, la peinture et le cinéma, n'a vécu qu'un court moment en France, au début des années vingt. C'est l'expression la plus éclatante de l'esprit de révolte qui caractérise les milieux littéraires et artistiques de cette époque : révolte contre les conventions, contre les bienséances et le confort du monde bourgeois, contre la sclérose intellectuelle en général. Les dadaïstes veulent surtout surprendre, choquer et provoquer pour sortir leur public de ses habitudes. Le chef-d'oeuvre du cinéma "dadaïste" (et le seul film de ce courant que l'on regarde toujours aujourd'hui), c'est incontestablement *Entr'acte* (1924) de **René Clair**.

Acteur et critique de cinéma, puis cinéaste, René Clair est le réalisateur français le plus connu et le plus populaire au début des années trente, c'est-à-dire au commencement du cinéma parlant. Ayant connu un grand succès populaire avec l'adaptation d'une comédie loufoque d'Eugène Labiche, *Un chapeau de paille d'Italie* (1927), il devient célèbre avec trois grands films parlants, *Sous les toits de Paris* (1930), *Le Million* (1931) et *A nous la liberté* (1931). Après 1935 il quitte la France pour tourner d'abord en Grande-Bretagne, puis aux Etats-Unis pendant l'Occupation. Revenu en France après la guerre, il ne retrouve plus le succès qu'il a connu au début de sa carrière. Si les grands films de Clair ont quelque peu vieilli, son tout premier film, *Entr'acte*, ne cesse d'amuser et d'intriguer.

Court métrage d'environ quinze minutes, *Entr'acte* est réalisé pour servir d'intermède à *Relâche,* un ballet dont le scénario est écrit par le poète-peintre Francis Picabia et la partition par Erik Satie pour une représentation des Ballets suédois de Rolf de Maré à Paris en 1924. L'intention provocatrice du film de Clair ne laisse aucun doute, comme le souligne Mitry : "*Entre'acte* avait été fait, il faut bien le dire, pour 'choquer', pour gifler le spectateur, pour le surprendre, l'estomaquer, le mystifier et le démystifier tout à la fois. C'était une sorte de manifeste, une manière de révolte contre l'académisme bourgeois, contre l'art obligatoire, contre l'art tout court, un élan contre tout ce qui était 'pour', pour tout ce qui était 'contre'" (II, p. 447). Non sans humour, d'ailleurs, et Picabia dira du film qu'"il ne respecte rien si ce n'est le désir d'éclater de rire…" (René Clair, "Picabia, Satie et la première d'*Entr'acte*, p. 7). La distribution du film (l'ensemble des acteurs) est composée des auteurs, Picabia et Satie, du producteur, Rolf de Maré, et de leurs amis avant-gardistes, dont, notamment, le photographe-cinéaste Man Ray, le peintre-cinéaste Marcel Duchamp et le dramaturge-scénariste Marcel Achard.

Qualifié d'"images en liberté" par Clair, *Entr'acte* est en fait un montage savant et très calculé d'images destinées à tourner en ridicule ce que révère le public bourgeois, tout en amusant celui-ci. Le film se moque, pour commencer, du ballet lui-même, filmant au ralenti (et finalement par en-dessous) les jambes d'une danseuse qui s'avère être … un homme qui porte une barbe noire et un pince-nez. Dans la séquence principale du film, Clair ridiculise une cérémonie sacrée, des obsèques, en mettant en scène un corbillard tiré par un dromadaire et suivi d'une cohue de messieurs en chapeau haut de forme et habit noir, courant au ralenti... Plus loin, le corbillard se détache du chameau et s'emballe, entraînant derrière lui dans une course folle — en accéléré de plus en rapide — toute la bande. A un certain moment, la caméra s'offre une promenade sur des montagnes russes (le "scénic-railway" de Luna Park), ce qui transforme le convoi funèbre en "un toboggan qui dévale sur la pente vertigineuse, se précipite, bondit sur les hauteurs, vire, plonge et engloutit les lignes obliques du paysage dans des embardées hyperboliques. L'aller et le retour, l'envers et l'endroit se confondent, se bousculent dans un tohu-bohu époustouflant. Happant, broyant, malaxant les profondeurs du vide, le vertige éclate et s'éparpille en une gerbe étincelante" (Mitry, II, p. 447). Et pour faire bonne mesure, l'un des personnages en abat un autre d'un coup de fusil – ce qui n'empêche pas celui-ci de ressusciter à la fin du film pour faire disparaître d'un coup de baguette (en une série de trucages par substitution) tous les autres personnages … et lui-même.

En réalisant cette oeuvre hallucinante, bardée de gags amusants, Clair met en oeuvre toute la gamme des procédés spécifiquement cinématographiques, tels que le ralenti et l'accéléré, le travelling (avant et arrière), les panoramiques filés, la surimpression, les expositions multiples (caches), le fondu-enchaîné, la projection à l'envers, le trucage par substitution, le penché, la plongée et la contre-plongée, le flou, la caméra subjective et, bien sûr, le montage accéléré. Contrairement à la plupart des autres films de l'avant-garde, *Entr'acte* jouit d'un grand succès tant auprès du public qu'auprès des critiques de cinéma de l'époque. Benjamin Péret évoque le caractère poétique du film et la nouveauté des images, tandis que Paul Souday constate le "mérite technique considérable" du film, en ajoutant que "c'est d'une cocasserie et d'une loufoquerie vraiment étourdissante". Robert Desnos, le grand poète, ne cache pas son enthousiasme : "*Entr'acte* est le plus beau film de l'année" (critiques cités dans René Clair et Francis Picabia, *L'Avant-Scène Cinéma*, p. 7). Le succès du film de Clair, comme le remarque Prédal, fera beaucoup "pour populariser les recherches souvent moins attractives des cinéastes se réclamant du dadaïsme ou du surréalisme" (p. 50). Parlons donc, pour finir, du cinéma surréaliste.

Le surréalisme – Buñuel et Dalí, Un chien andalou *(1929)*

Le surréalisme est un mouvement artistique (politiquement engagé à gauche) fondé par le poète-essayiste **André Breton** et défini en 1924 dans son premier *Manifeste du surréalisme* : "Automatisme psychique pur par lequel on se propose d'examiner, soit verbalement, soit par écrit, soit de toute autre manière, le fonctionnement réel de la pensée. Dictée de la pensée, en l'absence de tout contrôle exercé par la raison, en dehors de toute préoccupation esthétique ou morale" (p. 37). Ralliant un groupe de poètes (parmi lesquels Louis Aragon, Phillipe Soupault, Robert Desnos et Paul Eluard) qui ont, comme lui, rompu avec le mouvement dadaïste en 1922, Breton s'inspire des écrits de Freud et du poète Lautréamont pour donner une nouvelle conception de la poésie, qui deviendrait une "écriture automatique" dont le but serait de reproduire le contenu et la démarche de la pensée inconsciente en libérant son pouvoir expressif de l'emprise de la logique ou de la morale. La poésie doit donc devenir, ainsi que le rêve selon Freud, l'expression de la réalité psychologique profonde de l'être humain. Comme le dit Breton dans son *Manifeste* : "Je crois à la résolution future de ces deux états, en apparence si contradictoires, que sont le rêve et la réalité, en une sorte de réalité absolue, de *surréalité*, si l'on peut ainsi dire" (pp. 23-24). Comme le rêve est le lieu du langage de l'inconscient, il appartient donc à la poésie de reproduire ce langage.

Aujourd'hui il paraît inévitable que le cinéma s'intéresse au surréalisme, compte tenu du rôle central de l'image et dans les rêves et sur l'écran. Il y eut pourtant peu de films véritablement "surréalistes" ; tout au plus pourrait-on évoquer deux petits films de **Man Ray**, dont surtout *Etoile de mer* (1928), "cinépoème" basé sur le poème du même nom de Robert Desnos, et, surtout, deux films de l'Espagnol **Luis Buñuel**, *Un chien andalou* (1928), sur un scénario écrit avec le peintre **Salvador Dalí**, et *L'âge d'or* (1930). André Breton lui-même, en sortant de la première projection d'*Un chien andalou*, a décerné au film le titre de "surréaliste", et on est allé jusqu'à y voir "l'équivalent cinématographique de l'écriture *automatique* chère aux surréalistes" (Kyrou, "Un itinéraire exemplaire", p. 9). Peu de films ont soulevé autant de controverse quant à leur interprétation qu'*Un chien andalou*, ce court métrage (moins de 17 minutes) tourné en quinze jours au Havre et qui tire son titre, sans rapport avec son contenu, d'un recueil de poèmes de Buñuel, *Le Chien andalou* (1927). Si tout le monde est d'accord sur le caractère provocateur du film, qui "bouscule le confort moral de la société bourgeoise" (Prédal, p. 51) avec ses images troublantes, sinon choquantes, on diffère singulièrement sur l'exégèse que l'on peut faire du contenu du film. De quoi s'agit-il donc?

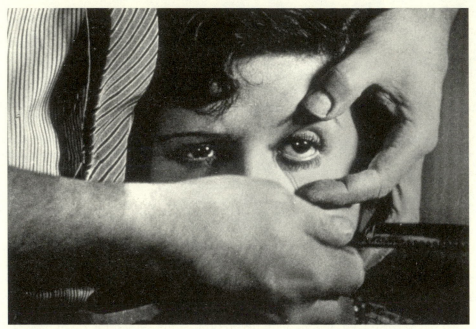

Luis Buñuel et Salvador Dalí, *Un chien andalou* : La scène de l'œil coupé au rasoir. © Les Grands Films Classiques F-Paris

Un chien andalou commence par un carton, "Il était une fois …". Ensuite, dans un court "prologue", on voit un homme (Luis Buñuel) trancher en deux d'un coup de rasoir l'oeil d'une femme, après avoir regardé la lune traversée par un nuage de forme allongée. Après un second carton, "8 ans après", un jeune homme portant costume (Pierre Batcheff), affublé de mantelets de toile blanche (de caractère féminin), descend une rue à bicyclette sous la pluie. A son cou pend une boîte à rayures en diagonale. Dans une chambre la jeune femme du prologue (Simone Mareuil) est assise en train de lire un livre de peinture, qu'elle jette sur un divan pour aller regarder par la fenêtre ; elle voit le cycliste se laisser tomber dans la rue devant son immeuble. Elle descend et le couvre de baisers.

De retour dans la chambre elle ouvre la petite boîte et en retire une cravate, également rayée. On la voit ensuite debout devant le lit en train de regarder les accessoires que portait le jeune homme, disposés sur le lit comme s'il les portait toujours. La femme se retourne et remarque que l'homme est en train de regarder sa main ; un gros plan montre sa main, où l'on voit sortir des fourmis d'un trou noir au centre.

On retrouve ensuite l'homme et la femme devant la fenêtre où ils regardent une espèce d'androgyne — une femme coiffée et habillée en homme — qui remue avec un long bâton une main coupée gisant dans la rue. Un agent de police met la main dans la boîte rayée que nous connaissons et la donne à la femme. Celle-ci est écrasée par une voiture, ce qui semble exciter sexuellement l'homme dans la chambre, qui attrape la jeune femme et lui pelote les seins à travers sa robe. Dans son imagination (apparemment), il caresse ses seins nus, qui se transforment sous ses mains en fesses nues ; ses traits se tordent et il se met à baver. Lorsque la femme s'échappe et se défend, l'homme s'attèle à des cordes attachées à une série d'objets comprenant des bouchons, des melons, deux frères des écoles chrétiennes allongés par terre et deux pianos à queue encombrés de charognes d'ânes pourries. Il essaie de toutes ses forces de les tirer en direction de la femme.

Celle-ci s'échappe dans une autre chambre de l'appartement, poursuivie par l'homme dont la main reste prise dans la porte qu'elle essaie de fermer derrière elle. On revoit des fourmis sortir du trou dans la main coincée dans la porte. Tout à coup la femme se retourne et voit l'homme allongé sur le lit, paré de nouveau des mantelets de toile blanche, la boîte rayée sur la poitrine.

Un carton, "Vers 3 heures du matin", précède l'arrivée d'un homme plus âgé, peut-être le père du héros, qui gronde vertement celui-ci. Il lui arrache ses accoutrements féminins et la boîte, les jetant au fur et à mesure par la fenêtre, puis l'envoie au piquet contre le mur. Intervient un nouvel intertitre, "16 ans avant", après lequel le nouveau personnage (qui paraît identique à present au héros) prend deux livres sur un pupitre, ordonne au jeune homme de se mettre les bras en croix et lui pose un livre dans chaque main en guise de punition. Le jeune homme se révolte ; les deux livres se transforment en revolvers, avec lesquels il abat de plusieurs coups de revolver … son double. Celui-ci s'écroule dans un parc, à côté d'une femme à demi nue ; un groupe de promeneurs arrivent et emportent son cadavre.

De nouveau dans la chambre, il s'ensuit une confrontation entre la femme et l'homme pendant laquelle la bouche de celui-ci disparaît pour être remplacée par une touffe de poils venant de l'aisselle de la femme… L'air dégoûté et méprisant, la jeune femme lui tire la langue et se sauve de la chambre, qui s'avère donner à présent sur une plage où elle court à la rencontre d'un autre homme (Albert Duverger). Ils s'y promènent ensemble, découvrant les débris de la boîte rayée, des morceaux de toile blanche et de bicyclette. Un dernier carton, "Au printemps" introduit la dernière image du film, où nous voyons le personnage principal (ou est-ce le nouvel amant?) et la jeune femme aveugles, en haillons, enterrés jusqu'à la poitrine dans le sable.

Que comprendre? *Un chien andalou* a été l'objet d'innombrables études depuis sa sortie, proposant les interprétations les plus diverses et souvent inconciliables — à l'instar, d'ailleurs, des commentaires du réalisateur lui-même. Buñuel brouille les pistes exégétiques à loisir, affirmant, par exemple, que "rien dans le film ne symbolise aucune chose", mais en ajoutant tout de suite après que "la seule méthode d'examen des symboles serait, peut-être, la psychanalyse" (Buñuel, "Notes", p. 30). Nous savons aussi que Buñuel et Dalí, fidèles à l'esprit du surréalisme, se sont mis d'accord, avant de commencer l'écriture du scénario, sur une règle simple, exprimée ainsi par Buñuel : "n'accepter aucune idée, aucune image qui pût donner lieu à une explication rationnelle, psychologique ou culturelle. Ouvrir toutes les portes à l'irrationnel. N'accueillir que les images qui nous frappaient, sans chercher à savoir pourquoi" (Blanco, p. 64). Les auteurs recourent ainsi à la méthode préférée de tous les artistes surréalistes, celle de l'"écriture automatique", c'est-à-dire la libre association d'idées et d'images. Voici d'ailleurs ce que Buñuel raconte sur ses débuts dans le groupe surréaliste à Paris en 1929 : "Comme j'étais le seul cinéaste du groupe, j'ai décidé de porter l'esthétique du surréalisme à l'écran" (Aranda, p. 17). Mais nous savons aussi qu'il a déclaré en 1929, dans un numéro de *La Révolution surréaliste*, qu'il ne s'agissait pas d'un essai d'esthétique, mais d'"un désespéré, un passionné appel au meurtre' (Kyrou, "Un itinéraire exemplaire", p. 9).

Il y a là de quoi décourager tous les exégètes potentiels, et certains, comme Sadoul, se contentent d'affirmer qu'il ne faut chercher aucune trame logique dans le film : "L'univers du film, qui est poétique, transpose les sentiments ou les états d'âme, à l'aide de métaphores, qui cherchent surtout à surprendre et à choquer"

(*Le Cinéma français*, p. 38). Buñuel indique pourtant, comme par mégarde, quelques pistes, en remarquant : "*Un chien andalou* n'essaie pas de raconter un rêve, mais il procède d'un mécanisme analogue à celui du rêve" (Liebman, p. 155) et "les actes des protagonistes sont déterminés par des pulsions" (Aranda, p. 17) — ce qui autorise assez clairement des hypothèses d'ordre psychanalytique. Aranda estime, ainsi, que dans le film de Buñuel "on trouve un amalgame de l'esthétique surréaliste et des découvertes de Freud" (p. 17). On sait, d'ailleurs, qu'avant d'écrire le scénario d'*Un chien andalou*, Buñuel et Dalí avaient décidé de se raconter leurs rêves, et que de là est née l'idée de faire un film (Blanco, p. 64). On peut estimer, comme le fait Kyrou, que la représentation du rêve chez Buñuel n'est qu'une "expression de l'angoisse humaine" (p. 19) ; cependant, si l'on se rappelle que le langage du rêve, selon Freud, est le langage de l'inconscient (et que le titre primitif du film était *Il est dangereux de se pencher au dedans*), il n'est pas interdit de se servir des thèses de Freud comme grille de lecture du film. Certains motifs, comme la célèbre mutilation de l'oeil dans le prologue, les vêtements féminins du héros, la scène de l'agression sexuelle, la punition du héros et le meurtre de son "double", peuvent s'interpréter dans le contexte des théories de Freud sur le complexe d'Oedipe — le désir inconscient d'union avec la mère, le fétichisme, la peur de la castration (chez l'enfant mâle qui craint d'être châtié par le père pour son désir de la mère) et le souhait de la mort du père — ainsi que sur le rapport entre Eros et Thanatos (le désir sexuel et la mort). En ce qui concerne le plan de l'oeil tranché, par exemple, on se rappelle le mot de Freud : "L'étude des rêves, des fantasmes et des mythes nous a encore appris que la crainte pour les yeux, la peur de devenir aveugle, est un substitut fréquent de la peur de la castration", en rappelant le geste ultime d'Oedipe (cité par Dubois, p. 42). Le thème de la castration est de nouveau évoqué, d'ailleurs, par la main tranchée dans la rue. Les accoutrements féminins que porte le personnage principal suggèrent le fétichisme que Freud interprète comme un signe du refus de la différence entre l'enfant mâle et sa mère, et l'homme qui gronde le héros, l'obligeant à se débarrasser des mantelets et de la boîte, évoque la peur du châtiment du père (relié au surmoi) qui fait partie intégrante du complexe d'Oedipe. Le thème du rapport entre l'érotisme et la mort est véhiculé par la musique du film où alternent un tango argentin (la danse dans les rêves évoquerait les rapports sexuels) et des passages du *Liebestod* ("mourir d'amour") dans l'opéra de Wagner, *Tristan et Iseult*. Le "mécanisme du rêve" est suggéré, au demeurant, par le traitement du temps dans le film, le va et vient, sans logique apparente, entre le présent, le passé et le futur (l'indifférenciation temporelle caractéristique du rêve). D'un autre côté, le film est truffé d'objets dont le symbolisme sexuel, tel que Freud le déchiffre, ne peut être un effet du hasard. Dans la classification des objets qui paraissent régulièrement dans les rêves, par exemple, Freud distingue entre les objets qui représentent le sexe masculin et ceux qui évoquent le sexe féminin. Parmi ceux-ci, tout ce qui est concave, comme les boîtes et la bouche, mais aussi les livres et les paysages ; parmi ceux-là, tout ce qui a une forme allongée, comme les bâtons, les cravates, les revolvers et certains membres du corps. Ainsi, dans la scène où la boîte que porte le héros s'avère contenir une cravate ou dans celle où la main tranchée est mise dans la boîte et donnée à l'androgyne, le mélange des signes sexuels semble lourd de signification. L'ensemble des motifs freudiens conduit certains critiques, telle Linda Williams (à qui l'analyse psychanalytique précédente doit beaucoup), à déceler dans *Un chien andalou* un texte latent dont la "logique" est assez claire, à savoir une évocation des "états successifs du développement psycho-sexuel du personnage" ("La Rhétorique de l'inconscient," p. 56) – ce qui rejoint dans une certaine mesure l'hypothèse de Renaud selon laquelle *Un chien andalou* serait "l'aventure d'un homme aux prises avec ses instincts homosexuels et ses désirs ordinaires" (p. 150).

A côté des thèses psychanalytiques, que semble autoriser Buñuel lui-même, les divers motifs d'*Un chien andalou* ont été l'objet d'une multitude d'interprétations. A commencer par la signification de l'oeil tranché, "l'une des plus célèbres images de toute l'histoire du cinéma" (Leutrat, p. 94), que Buñuel a obtenue en tranchant l'oeil d'un veau mort, après l'avoir maquillé avec du rimmel. Le cinéaste prétend qu'il ne s'agit que d'un rêve qu'il a fait où il a vu la lune traversée par un nuage et un oeil sectionné ; ce ne serait donc que des images librement associées —mais qui vont constituer "une des plus célèbres métaphores surréalistes" (Williams, p. 47). S'il a tourné le plan de l'oeil coupé, dira-t-il plus tard, c'était uniquement pour "produire un choc traumatique" chez le spectateur, dès le début du film, pour le disposer à "accepter le développement ultérieur" (Blanco, p. 65). Pour le cinéaste Jean Vigo, par contre, l'image a un sens concret : il s'agit de faire comprendre au spectateur "que, dans ce film, il s'agira de voir d'un autre oeil que de coutume" (p. 10). Hypothèse qui semble confortée, d'ailleurs, par le fait que c'est le cinéaste lui-même qui joue le role de l'homme qui sectionne l'oeil. Pour tel autre "l'oeil tranché peut représenter l'ouverture à la vie sexuelle, la défloraison avec son côté insoutenable …" (Renaud, p. 151). Leutrat nous rappelle, au demeurant, que "l'association de l'organe de la vue et du sexe féminin attire beaucoup de ceux qui évoluent autour du Surréalisme à la fin des années 1920 et au début des années 1930" (p. 94). Par ailleurs, faisant abstraction des idées de Freud sur le symbolisme sexuel des objets apparaissant dans les rêves, Leutrat déclare, à propos de la boîte à rayures, qu'"elle ne semble pas avoir d'autre signification que le mystère dont son périple surprenant et les objets qu'elle renferme la dotent" (p. 96).

On a proposé également de multiples interprétations de la séquence des ânes et des pianos à queue, considérée tantôt négativement comme une expression "du poids mort du passé du héros, de son enfance, de son éducation" (Drummond, p. 120) ou de la désapprobation morale et culturelle du désir sexuel, tantôt positivement : "L'homme offre à la femme qu'il veut conquérir et aimer son passé (fait de conventions) afin que leur amour se réalise sans aucune restriction" (Renaud, p. 152). D'autres interprétations frisent le délire, comme celle qui voit dans l'association entre les ânes ("asses") et les pianos à queue ("queue" étant un terme argotique pour le sexe masculin) un jeu de mots international faisant référence à la sodomie … (*loc. cit.*).

De plus en plus, aujourd'hui, la critique se met d'accord sur le principe qu'il est impossible de cerner avec certitude la signification d'*Un chien andalou*. Certains commencent à s'intéresser davantage aux questions formelles telles que l'organisation de l'espace dans le film et les variations sur certains motifs, comme la "chaîne d'yeux détruits" dans le film (Drummond, p. 124), ou l'image de renversement/ retournement, figure du tango qui, selon Leutrat "devient le principe de tout le film, dans ses plus petites unités comme dans les plus grandes, à commencer par la jeune femme coiffée à la garçonne, proprement renversée par une voiture" (p. 96).

Ce qui est certain, c'est qu'*Un chien andalou* a étonné tout le monde à l'époque de sa réalisation et qu'il continue à fasciner aujourd'hui. Si Buñuel utilise des techniques mises en valeur par l'avant-garde cinématographique en general — les surimpressions, les fondus-enchaînés, le truc à arrêt, le flou, le ralenti, l'iris — son film tranche fortement avec les expériences à caractère purement formel de ses prédécesseurs impressionnistes et dadaïstes. Comme le remarque Renaud, "Si *Un chien andalou* occupe une place importante dans l'histoire du cinéma, c'est moins par la technique employée (qui reste élémentaire) qu'en raison de l'expression – originale pour l'époque – d'une idée, d'une situation et d'une trame à l'aide d'images n'ayant, en apparence, rien de commun avec le thème proposé" (p. 156). En démontrant que le cinéma français était capable de traiter les sujets les plus sérieux et les plus complexes, de rivaliser avec la poésie la plus subtile, Buñuel a contribué à mettre le "septième art" sur un pied d'égalité avec les genres littéraires et artistiques consacrés.

Malgré son importance, le film de Buñuel ne fait pas école. De surcroît, son long métrage surréaliste de l'année suivante, *L'Age d'or*, dédié à l'amour fou et à la révolte — et bien que truffé d'images et de thèmes scandaleux — est un échec cuisant (qui a failli, s'il faut en croire Buñuel, conduire à l'excommunication de son commanditaire, le vicomte de Noailles…). C'est, d'ailleurs, le début d'une nouvelle ère. La fin des années vingt coïncide avec la fin de l'époque du cinéma muet, la parution du premier film parlant, *The Jazz Singer* (1927) de l'Américain Alan Crosland, sonnant le glas du film muet. Le chef-d'oeuvre de **Carl Dreyer**, *La Passion de Jeanne d'Arc* (1928), rangé parmi les "douze meilleurs films de tous les temps" en 1958, restera comme un monument définitif à l'art du muet. A partir des années trente commence le règne du film parlant et le triomphe progressif du grand courant de l'"âge classique" du cinéma français, le **réalisme poétique**. Ce "mouvement", qui comprend des films de caractère très divers, se distingue surtout par une grande richesse à la fois humaine, thématique et métaphorique. Les premiers chapitres portant sur des films particuliers seront donc consacrés à plusieurs réalisateurs français dont l'oeuvre relève, chacune à sa manière, du réalisme poétique : **Jean Vigo, Jean Renoir** et **Marcel Carné**. Mais parlons d'abord de l'analyse du film en général.

OUVRAGES CONSULTÉS

Aranda, Juan Francisco. "La Réalisation d'*Un chien andalou*", *Revue belge du cinéma* 33-35 (1993), 17-21.

Betton, Gérard. *Histoire du cinéma*. Paris: Presses universitaires de France, 1984.

Blanco, Manuel Rodriguez. *Luis Buñuel*. Paris: BiFi-Durante, 2000.

Breton, André. *Manifestes du surréalisme*. Paris: Gallimard, 1977.

Buñuel, Luis. "Notes on the making of *Un chien andalou*" in Stauffacher,   Frank, ed. *Art in Cinema*. San Francisco: SanFrancisco Museum of Art, 1947 (pp. 29-30).

Buñuel, Luis et Salvador Dalí. "Un Chien andalou" (scénario et découpage). *L'Avant-Scène Cinéma* 27-28 (juin 1963), 3-22.

Clair, René. "Picabia, Satie et la première d'*Entr'acte*", *L'Avant-Scène Cinéma* 86 (novembre 1968), 5-7.

Clair, René et Francis Picabia. *Entr'acte* (découpage). *L'Avant-Scène Cinéma* 86 (novembre 1968), 3-18.

Drummond, Phillip. "L'Espace textuel : la séquence des ânes et des pianos", *Revue belge du cinéma* 33-35 (1993), 119-126.

Dubois, Philippe. "Plans de coup(e) d'oeil", *Revue belge du cinéma* 33-35 (1993), 40-42.

Kyrou, Ado. *Luis Buñuel*. Paris: Seghers, 1962.

.... "Un itinéraire exemplaire", *L'Avant-Scène Cinéma* 27-28 (juin 1963), 9-10.

Leutrat, Jean-Louis. "Liberté grande", *Revue belge du cinéma* 33-35 (1993), 93-98.

Liebman, Stuart. "Le Traitement de la langue", *Revue belge du cinéma* 33-35 (1993), 155-161.

Mitry, Jean. *Histoire du cinéma*, II. Paris: Editions universitaires, 1969.

Prédal, René. *Histoire du cinéma*. Condé-sur-Noireau: CinémAction-Corlet, 1994.

Renaud, Pierre. "Symbolisme au second degré : *Un chien andalou*", dans *Etudes cinématographiques* 20-23 (1963), 147-157.

Sadoul, Georges. *Le Cinéma français*. Paris: Flammarion, 1962.

Vigo, Jean. *"Un chien andalou"*, *Avant-Scène Cinéma* 27-28 (juin 1963), 10.

Williams, Linda. "La Rhétorique de l'inconscient", *Revue belge du cinéma* 33-35 (1993), 47-60.

.... *Figures of Desire*. Urbana, IL: University of Illinois Press, 1981.

La Lecture du film

Dans leur *Précis d'analyse filmique*, Vanoye et Goliot-Lété rappellent que le film est "un produit culturel inscrit dans un contexte socio-historique" (p. 43), en précisant le caractère des rapports qu'un film entretient avec son contexte:

> Dans un film, quel que soit son projet (décrire, distraire, critiquer, dénoncer, militer), la société n'est pas à proprement parler *montrée*, elle est mise en scène. En d'autres termes, le film opère des choix, organise des éléments entre eux, découpe dans le réel et dans l'imaginaire, construit un monde possible qui entretient avec le monde réel des relations complexes [...]. Reflet ou refus, le film constitue un *point de vue* sur tel ou tel aspect du monde qui lui est contemporain. Il structure la représentation de la société en spectacle, en drame (au sens général du terme), et c'est cette structuration qui fait l'objet de l'analyste (pp. 44-45).

Cette conception de l'objet de l'analyse de films, très juste, implique, évidemment, la description par l'analyste de cette "structuration" de la représentation qui est opérée par le film, que ce soit une représentation de la société ou de la vie intérieure d'un personnage, ou de n'importe quel univers diégétique (fictif) mis en scène par le réalisateur. S'il est convenu que "l'analyse des films est une activité avant tout descriptive" (Aumont et Marie, p. 11), cette entreprise n'est pas pour autant simple. Comme le reconnaissent de nombreux théoriciens, parmi lesquels Aumont et Marie, le travail de description est en même temps une activité interprétative. Pour décrire un film—c'est-à-dire pour l'analyser—on est obligé, dans un premier temps, de le décomposer en ses éléments constitutifs ; dans un deuxième temps, il faut tâcher de comprendre les rapports entre ces éléments pour apprécier la façon dont le film produit ses diverses signfications. Cette activité de reconstruction est elle-même productrice de sens, tant et si bien que le point de vue du lecteur du film (informé par sa culture personnelle, ses opinions, ses préjugés) vient se superposer au point de vue qui est inscrit dans le film. Si j'évoque d'emblée cette complication, c'est pour insister à la fois sur le rôle de la description dans l'analyse du film et sur l'importance de garder constamment à l'esprit les perspectives qui sont développées dans le film, en ses propres termes, en évitant d'y substituer nos centres d'intérêt personnels. Aumont et Marie proposent comme règle générale de "ne jamais réaliser une analyse qui perde de vue totalement le film analysé, mais au contraire d'y revenir chaque fois que possible" (p. 56). Ou, comme le disent Vanoye et Goliot-Lété, "le film est donc le point de départ et le point d'arrivée de l'analyse" (p. 10). Ceci dit, qu'entend-on, précisément, par la "description" d'un film?

Le "langage" cinématographique

Introduisons tout de suite la notion de "langage filmique". Pour certains, comme André Bazin ou Marcel Martin, le cinéma est un véritable langage, dans la mesure où il dispose d'"innombrables procédés d'expression qui sont utilisés par lui avec une souplesse et une efficacité comparables à celles du langage verbal" (Martin, p.15). Martin précise (en citant Alexandre Arnoux) que "le cinéma est un langage d'images avec son vocabulaire, sa syntaxe, ses flexions, ses ellipses, ses conventions, sa grammaire" (*loc. cit.*), tout en reconnaissant que le langage cinématographique ressemble le plus au langage poétique (domaine où l'image est reine aussi). Pour les linguistes, pourtant, les éléments de base de la représentation cinématographique ne peuvent équivaloir aux unités élémentaires de signification des langages naturels (phonèmes, morphèmes ou même mots), de par le caractère analogique des images et la "continuité" du signifiant visuel. Comme un langage naturel (l'anglais, le français, etc.) n'est ni analogique (pour la plupart, les mots ne "ressemblent" pas à ce qu'ils signifient) ni continu (c'est une suite de phonèmes discrets), il ne peut s'agir là que d'une métaphore. Comprise littéralement ou métaphoriquement, la notion de "langage cinématographique", en tant qu'ensemble de procédés techniques utilisés au cinéma, est infiniment pratique pour discuter la lecture du film. Comme le langage narratif verbal, qui se divise en unités de signification allant du simple mot à tout un roman, en passant par les phrases, les paragraphes et les chapitres, le film aussi se prête à une segmentation—on dit *découpage*—en unités signifiantes, ce qui est le point de départ obligatoire dans la description d'un film.

L'image filmique

Martin a raison d'insister là-dessus : "*Il faut apprendre à lire un film*, à déchiffrer le sens des images comme on déchiffre celui des mots et des concepts, à comprendre les subtilités du langage cinématographique" (p. 29). Il en va du cinéma comme de n'importe quel autre domaine de savoir (les mathématiques, la biologie, la psychanalyse, la linguistique, etc.) : pour le comprendre, il faut apprendre son langage, parce qu'en même temps que son langage on apprend ses concepts fondamentaux. L'élément de base du cinéma, c'est l'*image*. En termes narratifs, l'image est l'équivalent (métaphorique) du mot, et c'est sur l'image, conjuguée au son, que se construira le film. Remarquons tout de suite que l'image filmique a sa propre spécificité : elle est toujours "au présent" (le passé au cinéma se construit mentalement par le spectateur, à partir du contexte ou d'indices techniques) ; elle est "réaliste"—c'est-à-dire qu'elle crée, grâce au mouvement, comme le signale le sémioticien Christian Metz, une "impression de réalité" (pp. 16-19) ; elle est polysémique (elle renferme des significations multiples) et se prête donc à des interprétations diverses, bien que son sens soit ancré, partiellement du moins, par son contexte, par le son et par son articulation avec d'autres images (le montage, dont nous parlerons plus bas). Etant donné le caractère polysémique de l'image, il est généralement convenu que l'analyse d'un film n'est jamais finie, son sens n'est jamais "épuisé" par un commentaire quelconque.

Pour finir cette introduction à l'image, notons que l'image au cinéma est toujours délimitée par un *cadre*, tout comme une photographie. Quand le chef-opérateur (ou caméraman) "cadre" une portion d'espace, cet espace (qui correspond à l'image que nous voyons sur l'écran) s'appelle le *champ*. Lorsqu'on discute une image, on parle de ce qui se trouve dans le champ et, éventuellement, de ce qui est *hors-champ*. Le hors-champ est le prolongement du champ visible ; c'est l'espace, invisible à l'écran, où se trouve "l'ensemble des éléments (personnages, décors, etc.) qui, n'étant pas inclus dans le champ, lui sont néanmoins rattachés imaginairement" par le spectateur (J. Aumont et al., *Esthétique du film*, p. 15). Dans un film, la *voix off* (une voix qu'on entend mais dont on ne voit pas la source sur l'écran), par exemple, appartient souvent à un personnage situé "hors-champ".

Plan, séquence, scène

Si l'on poursuit la comparaison avec le modèle langagier, comme les mots se combinent pour faire une phase, les images individuelles se combinent pour former une unité plus grande qu'on appelle un *plan*, ce qui est la portion du film comprise entre la mise en marche et l'arrêt de l'appareil de prise de vues (la caméra). Une suite de plans qui forment une unité dramatique distincte (comme une "scène" au théâtre) s'appelle une *séquence*, qui peut être comparée aussi soit à un paragraphe soit à un chapitre dans un texte narratif écrit. Un seul plan peut composer, d'ailleurs, une unité dramatique du film ; c'est ce qu'on appelle un *plan-séquence*, technique qui est perfectionnée par Jean Renoir, comme nous le verrons dans les chapitres qui lui sont consacrés. A partir des travaux de Metz, on reconnaît souvent une autre distinction technique utile, entre la séquence et la *scène*. Celle-ci indique, dans la taxonomie metzienne, un type de séquence qui se déroule en temps réel, tandis que le terme "séquence" est réservé aux séquences qui comportent des ellipses temporelles (pp. 130-131). L'ensemble des séquences constitue, finalement, le film entier, comme l'ensemble des chapitres compose le roman. Pour comprendre la structure dramatique d'un film, il faut savoir commenter son découpage, c'est-à-dire, repérer dans le film les diverses séquences qui le composent et constater leur articulation. Pour pouvoir apprécier les nuances du style du réalisateur, il faut pouvoir distinguer également les plans qui constituent telle séquence et savoir les décrire, ainsi que la manière dont les plans sont raccordés (reliés les uns aux autres). Dans les paragraphes qui suivent, nous parlerons des caractéristiques fondamentales des divers types de plans, y compris l'échelle (grosseur relative) et la durée, les angles de prises de vues, les mouvements de la caméra, les divers raccords utilisés entre les plans, et, pour finir, les ressources de la profondeur de champ et du son.

La durée du plan

Commençons par la *durée* du plan. Si la durée "moyenne" d'un plan est de 8 à 10 secondes, celle-ci peut varier d'une fraction de seconde à toute une bobine (ce qui est quand même archi-rare!). La durée des plans détermine le rythme du film : une suite de plans très brefs crée, par exemple, une ambiance de nervosité, de tension, voir de choc, tandis qu'un plan très long, qui met en valeur le découlement du temps réel, peut donner l'impression, par exemple, du calme, de la réflexion ou de la monotonie … ou il peut créer du suspense. Un analyste professionnel, travaillant sur une table de montage, ira jusqu'à chronométrer chaque plan pour pouvoir tirer des conclusions quant au style rythmique du film.

L'échelle des plans

Parmi les composantes du plan, on doit être sensible à la *grosseur*, qui est déterminée, de manière générale, par la distance entre la caméra et le sujet filmé. On parle souvent de l'*échelle des plans*, qui fait allusion à toute la gamme des plans qu'on trouve dans les films, du gros plan au plan de grand ensemble. La "rhétorique" conventionnelle du film, établie très tôt dans l'histoire du cinéma, dictait qu'on commence par un *plan général* qui révélait au public le contexte géographique de l'action. Dans un western, par exemple, cela pouvait être une grande plaine avec des buttes. Le plan général était suivi d'un *plan d'ensemble* qui montrait, normalement, des personnages dans le décor ; par exemple, une ville du Far-West avec des gens dans les rues. Et à celui-ci succédait un plan de *demi-ensemble* qui cadrait certains personnages dans un décor plus précis (comme l'intérieur d'un saloon). C'est un peu l'équivalent de la description du milieu qui sert d'entrée en matière dans un roman de Balzac. Evidemment, cette convention est dépassée depuis longtemps, et on voit de nombreux films qui ne commencent pas par un plan général (*La Grande Illusion* de Renoir, commence, par exemple, par un gros plan sur un disque qui tourne). C'est en se plaçant par rapport aux personnages que l'on comprend le mieux la série des plans plus rapprochés. Par ordre de grosseur décroissante, on passe du plan de demi-ensemble au *plan moyen*. Un personnage filmé en plan moyen est montré "en pied", c'est-à-dire en entier, de pied en cap. On appelle *plan américain* un plan qui cadre les acteurs à mi-cuisses ; c'est le plan le plus typique de la comédie américaine des années trente, le plan qui s'avère être, selon André Bazin, "le plus conforme à l'attention spontanée du spectateur" (p. 72).

Un *plan rapproché* cadre le comédien à hauteur de la poitrine, tandis que le *gros plan* isole son visage et le *très gros plan* (ou *insert*) un petit détail du visage (comme l'oeil larmoyant d'Henriette dans le célèbre plan vers la fin de *Partie de campagne* de Renoir). Il est bien entendu que cette échelle de plans (à part le plan américain) s'applique aussi bien aux décors et aux objets qu'aux personnages.

Parmi les diverses grosseurs de plans, il faut signaler le caractère et le rôle particuliers du *plan général* d'un côté, et du *gros plan* de l'autre, les deux types de plans les plus spécifiques au cinéma dans la mesure où il n'y a pas d'équivalent au théâtre. Le plan général sert avant tout à inscrire l'homme dans le monde, à l'objectiver, à le réduire à ses justes proportions, tout en créant les ambiances les plus diverses, tantôt pathétique ou menaçante, tantôt dramatique ou comique, tantôt lyrique ou épique. Le plan général donne souvent le ton. Quant au gros plan, c'est un des moyens les plus puissants et les plus expressifs du cinéma. Comme le remarque Martin, "c'est dans le gros plan du visage humain que se manifeste le mieux la puissance de signification psychologique et dramatique du film" (p. 42). Lorsque la caméra s'approche du visage d'un personnage jusqu'au gros plan, nous avons l'impression de pénétrer dans sa vie intérieure ; par ailleurs, le gros plan du visage suggère souvent "une forte tension mentale chez le personnage" (p. 44), sinon de l'angoisse, comme on le voit dans le cas de François, dans *Le Jour se lève* de Marcel Carné, avant que l'ouvrier ne parte dans ses souvenirs pour chercher à comprendre son acte meurtrier. De même, les plans très rapprochés et les gros plans créent une tension chez le spectateur : les films de Hitchcock ont démontré sans contredit que le suspense monte à mesure que la caméra s'approche d'un personnage (surtout si c'est au milieu de la nuit dans une forêt…). Dans le cas d'un objet, le gros plan dramatise sa présence, le charge de signification — même si l'on ne sait pas encore de quelle signification — comme la main de l'amant japonais dans *Hiroshima mon amour* d'Alain Resnais.

Les angles de prises de vues

En plus de la grosseur du plan à tourner, le réalisateur doit choisir l'angle de prise de vues le plus approprié à son sujet, c'est-à-dire la perspective particulière sous laquelle il va montrer le sujet. Si la caméra est positionnée au-dessus du sujet (au-dessus du niveau normal du regard), de telle sorte que le point de vue est plongeant, il s'agit d'une prise de vue en *plongée* (ou tout simplement d'une *plongée*). Par contre, si la caméra est placée au-dessous du sujet, nous avons affaire à une *contre-plongée*. Sans que ce soit une règle générale, les angles de prises de vues qui s'écartent du niveau habituel du regard peuvent avoir une fonction psychologique particulière. Une contre-plongée, quand il s'agit de personnages, donne au sujet une position nettement dominante par rapport à celui qu'il regarde ; l'objet de son regard (ainsi que le spectateur) tend à se sentir écrasé. Inversement, dans le cas de la plongée, c'est le sujet de la prise de vue qui est dominé par le regard, qui est rapetissé ; le spectateur se trouve du côté de celui qui regarde, en position supérieure. Dans les cas extrêmes, pour produire des effets de choc, il peut y avoir des plongées ou des contre-plongées verticales. Dans la célèbre séquence du dortoir dans *Zéro de conduite*, par exemple, Jean Vigo monte sa caméra au plafond pour filmer en plongée quasi-verticale les enfants courant sur les lits. René Clair, dans *Entr'acte*, filme une danseuse par en-dessous, en contre-plongée verticale, à travers un plancher en verre, pour épater le spectateur bourgeois … .

On peut distinguer, finalement, dans le domaine des angles de prises de vues, deux sortes de cadrages plutôt rares : les *cadrages penchés*, où la caméra est basculée sur le côté, vers la gauche ou vers la droite, et ce que Martin appelle des *cadrages désordonnés* où la caméra est carrément secouée en tous sens. Un cadrage penché, dans le cas de la caméra "subjective", peut traduire un état psychologique ou moral aberrant, un personnage ivre ou détraqué, par exemple. Quant au cadrage désordonné, Abel Gance en donne un bel exemple en mettant sa caméra dans un ballon de foot qu'il lance en l'air pour simuler le point de vue d'un soldat propulsé en l'air par un obus qui éclate!

Les mouvements de caméra

Au début de l'histoire du cinéma, la caméra était fixe, immobile. Elle enregistrait tout simplement l'action qui se déroulait devant elle. "L'histoire de la technique cinématographique, dit le théoricien Alexandre Astruc, peut être considérée dans son ensemble comme l'histoire de la libération de la caméra" (cité par Martin, p. 32). Qui dit libération dit mouvement : la caméra est devenue mobile, pouvant s'assimiler désormais aussi bien au regard du spectateur qu'à celui d'un personnage de film. Il y a deux types de mouvements d'appareil : le *panoramique* et le *travelling*. Le panoramique est une rotation de la caméra autour de son axe vertical ou horizontal sans déplacement du pied sur lequel l'appareil est monté. Autrement dit, en exécutant un panoramique, la caméra pivote vers la droite, vers la gauche, vers le bas ou vers le haut. Les panoramiques, qui ne font souvent qu'accompagner le mouvement (d'un personnage, d'un véhicule), peuvent avoir une fonction descriptive importante. Celle-ci peut être soit *objective* (l'oeil de la caméra balaie un espace, comme dans la séquence de la description de la chambre de Rauffenstein à Wintersborn dans *La Grande Illusion*), soit *subjective* (le regard d'un personnage se promène, comme celui d'Antoine qui parcourt le commissariat de police à travers les barreaux de sa cellule dans *Les 400 Coups* de François Truffaut).

Le *travelling* est un déplacement de la caméra, qui quitte son axe horizontal ou vertical pour se rapprocher ou s'éloigner de son sujet, ou encore pour l'accompagner. Si la caméra s'approche du sujet, il s'agit d'un *travelling avant* ; si elle s'en éloigne, c'est un ***travelling arrière***. Si l'appareil effectue un mouvement parallèle à un sujet immobile, on l'appelle un ***travelling latéral*** ; si le travelling accompagne un objet en mouvement, c'est, très logiquement, un ***travelling d'accompagnement***. Dans le cas des travelling avant et arrière, le mouvement de l'appareil peut être simulé par des moyens optiques (un objectif à focale variable), qui permettent de s'approcher ou de s'éloigner du sujet sans que la caméra se déplace. On parle dans ce cas-là de ***travelling optique*** ou de ***zoom***. Comme le panoramique, un travelling peut être objectif ou subjectif. Dans le cas où la caméra se substitue au regard d'un personnage, on peut parler de ***travelling subjectif***, ce qui se voit très fréquemment au cinéma. Les travellings de toutes sortes--y compris des travellings verticaux—ont envahi le cinéma, à des fins tant descriptives que dramatiques. Le travelling avant jusqu'au gros plan sur le visage d'un personnage, comme nous l'avons vu dans le cas de François dans *Le Jour se lève*, a pour effet de matérialiser son état d'esprit, de suggérer une grande tension psychologique. Le travelling arrière produit des effets divers, selon son contexte, y compris l'impression de solitude ou d'aliénation, comme dans la fameuse séquence du fourgon, dans *Les 400 Coups*, où Antoine suit du regard, en travelling arrière, son éloignement du quartier de Pigalle qu'il habitait.

Pour conclure, il faut remarquer que le panoramique et le travelling peuvent se conjuguer en un mouvement relativement compliqué que Martin traite de ***trajectoire***. La "trajectoire" s'emploie surtout au début d'un film, pour nous introduire dans le monde diégétique (pendant le générique, par exemple). Ainsi, au début des *400 Coups* la caméra parcourt les rues de Paris à toute vitesse, balayant en même temps les façades des immeubles, avant de contourner la Tour Eiffel, en panoramiquant pour la prendre en contre-plongée. Chez Renoir les panoramiques se combinent souvent avec des travellings, en une savante chorégraphie, comme dans la séquence bien connue de la "Danse macabre" au château de La Colinière dans *La Règle du jeu*.

Le montage

Comme la syntaxe est à la base de l'ordre logique des mots et des phrases dans un texte écrit, le montage est à la base de la construction chronologique et logique d'un film. "Le montage, déclare Gérard Betton, est l'élément le plus spécifique du langage cinématographique" (p. 72), dans la mesure où il préside à l'organisation du réel. Dans son acception la plus élémentaire, le montage est l'assemblage des plans d'un film dans l'ordre voulu par le réalisateur. Dans le cas du ***montage narratif***, le genre de montage le plus répandu, il s'agit d'établir une suite de plans qui garantisse la progression logique de l'action. Si les plans et les séquences sont présentés en ordre chronologique, on parle de ***montage linéaire***. Le montage linéaire peut comporter l'emploi du ***montage alterné***, où il s'agit de l'alternance d'actions qui se passent en même temps, comme dans certains westerns où (pour créer du suspense) il y a un va-et-vient entre les plans qui montrent un fort attaqué par les Indiens et ceux qui nous font voir la cavalerie qui arrive à bride abattue pour sauver les gens assiégés. Dans d'autres cas, l'ordre chronologique de l'action peut être bouleversé, le plus souvent par un ou plusieurs retours en arrière (*flashbacks*), entremêlant le passé et le présent ; on peut parler, en ce cas, de "montage inversé".

Outre la cohérence narrative du film, le montage crée son rythme par le choix de la longueur et de la grosseur des plans. Comme nous l'avons indiqué plus haut, plus les plans sont courts, plus ils sont intenses, dynamiques ; les suites de plans courts ont tendance à dominer, par exemple, dans un film d'action. Inversement, les plans longs mettent en relief le plus souvent l'état d'esprit des personnages (tristesse, ennui, introspection, etc.) ; on trouve souvent des successions de plans longs dans les films à tendance psychologique. Le niveau d'intensité varie également selon la grosseur des plans, ceux-ci provoquant un choc psychologique d'autant plus grand que le plan est plus rapproché (plus gros).

Il est généralement convenu que c'est le cinéaste américain D.W. Griffith qui a "découvert" le montage narratif, c'est-à-dire, qui en a exploité toutes les ressources, l'a conduit à sa forme moderne en variant la durée et la grosseur des plans à des fins narratives et expressives. Sur le plan expressif, pourtant, c'est surtout l'école soviétique qui a montré la voie au monde entier en démontrant que le montage n'est pas seulement l'organisation logique des plans en vue de raconter une action dramatique : c'est l'art de la confrontation des plans entre eux pour faire ressortir des émotions et des idées. Comme le dit Sergei Eisenstein, le théoricien et cinéaste soviétique le plus célèbre, "Le montage est l'art d'exprimer ou de signifier par le rapport de deux plans juxtaposés, de telle sorte que cette juxtaposition fasse naître l'idée ou exprime quelque chose qui n'est contenu dans aucun des deux plans pris séparément. L'ensemble est supérieur à la somme des parties" (cité par Betton, *Esthétique*, p. 75). Ou plus simplement, "le montage [est] une idée qui naît du choc de deux éléments distincts" (Eisenstein, p. 49). La découverte que la confrontation de deux plans peut produire une signification qui ne se trouve pas dans les plans pris séparément revient, d'ailleurs, à Lev Koulechov, un des maîtres d'Eisenstein, qui a mené une expérience célèbre. Il a fait un montage où alternaient un plan du visage inexpressif de l'acteur Ivan Mosjoukine — toujours le même plan — et des plans qui montraient une assiette de soupe fumante, puis un revolver, un cerceuil d'enfant et une scène érotique (selon une des versions). Le public qui a été invité à la projection de cette courte séquence a été étonné par la subtilité des jeux de physionomie de Mosjoukine dont le visage (parfaitement inexpressif, on se le rappelle) semblait exprimer successivement la faim, la peur, la tristesse et le désir. Une signification a donc été créée par la seule juxtaposition des plans : c'est le fameux "effet Koulechov".

Eisenstein édifie toute une théorie du montage où il élabore les différentes méthodes de montage possibles en précisant l'effet voulu sur le spectateur. Il distingue ainsi entre le *montage métrique*, fondé sur la longueur des plans, le *montage rythmique*, fondé à la fois sur la longueur des plans et le mouvement dans le cadre, le contenu du plan, le *montage tonal* basé sur la "résonance émotionnelle", la "tonalité générale" du plan et, finalement, le *montage intellectuel*. Ce dernier, décrit par Eisenstein comme "la combinaison conflictuelle d'affects intellectuels concommitants" (p. 71) est à la base du *montage idéologique* pour lequel le réalisateur soviétique est le plus célèbre. Il s'agit d'un rapprochement de plans qui fait surgir soit un sentiment, soit une idée précise par le choc de leur juxtaposition. Le *montage parallèle*, par exemple, est un cas particulier de montage idéologique où il s'agit du rapprochement symbolique de deux ou plusieurs actions. Un des exemples les plus célèbres se trouve dans le tout premier film d'Eisenstein, *La Grève* (1924) : un plan qui montre des ouvriers fusillés est immédiatement suivi d'un plan où l'on voit des animaux égorgés dans un abattoir. Le spectateur en tire les conclusions qui s'imposent. Dans ce cas, le montage parallèle des deux plans produit une métaphore, ce qui fait qu'on parle aussi de *montage métaphorique*. Si cette taxonomie du montage, et la réflexion qu'elle comportait, est "largement dépassée" aujourd'hui, comme le constatent J. Aumont et al., (p. 49), elle garde son importance en ce qui concerne la prise de conscience des moyens spécifiques dont le cinéma dispose pour narrer une histoire, produire des significations et créer des ambiances.

Les raccords

Pour pouvoir parler du montage dans un film, il faut comprendre, évidemment, comment se fait la transition entre deux plans ou entre deux séquences. Une telle transition s'appelle un *raccord,* et les procédés utilisés à cette fin constituent la "ponctuation" du film. En ce qui concerne la succession des plans, le type de raccord le plus élémentaire et le plus courant est la *coupe franche,* c'est-à-dire, la simple juxtaposition de deux plans, la substitution brusque d'une image à la précédente. C'est ce qu'on appelle couramment le *montage cut*. En principe, le montage *cut* est neutre ; il n'ajoute pas de signification supplémentaire au passage d'un plan à un autre. Mais la coupe franche, par son caractère brusque, peut avoir un effet de choc, et ce n'est pas par hasard que les films d'Eisenstein, où le choc produit par la rencontre des images est producteur de sens, sont dominés par des *coupes franches* entre les plans comme entre les séquences.

Dans le cas des raccords entre les séquences, plusieurs sortes de liaisons s'emploient couramment dans le cinéma classique. Et lorsque la liaison entre deux séquences se fait par un procédé technique particulier, c'est toujours (au moins dans les bons films) pour produire un effet particulier, pour signifier quelque chose. Pour indiquer la fin d'une séquence, par exemple, on utilise souvent le *fondu au noir* (la disparition progressive de l'image jusqu'au noir). C'est une marque de ponctuation très forte qui nous fait comprendre que c'est la fin d'un segment du récit. Inversement, l'*ouverture en fondu* (l'apparition progressive de l'image à partir du noir) indique le commencement d'une nouvelle action, à la suite de celle qui vient de clore. Dans les vieux films, à l'époque du cinéma muet surtout, on utilisait souvent les *iris*, forme particulière de fermeture et d'ouverture où le passage d'une image à la suivante se faisait au moyen d'une ouverture circulaire qui diminuait jusqu'au noir (fin de la séquence) ou grossissait à partir du noir (ouverture de la séquence suivante). Cette technique, passée de mode depuis longtemps, se voit parfois dans des films modernes lorsque le réalisateur veut évoquer les origines du cinéma (ou thématiser le cinéma lui-même), comme dans *A bout de souffle* de Jean-Luc Godard (1960). Un des procédés de transition les plus usités et les plus expressifs dans le cinéma classique est le *fondu enchaîné,* où l'image disparaît progressivement tandis qu'apparaît en surimpression l'image suivante. Le fondu enchaîné indique le plus souvent un écoulement du temps en passant d'une séquence à la suivante. Il s'agit normalement d'une simple progression dans le temps (avec ellipse), mais le fondu enchaîné (surtout lorsqu'il se prolonge) peut aussi introduire un retour en arrière, comme dans le cas de François dans *Le Jour se lève*. On voit aussi, d'ailleurs, l'utilisation du fondu enchaîné à l'intérieur d'une même séquence, comme dans la séquence du train dans *La Grande Illusion*, où la longue série de fondus enchaînés indique à la fois le passage du temps et le transfert des officiers français de prison en prison. Ou encore, comme dans la séquence de l'interview avec la psychologue dans *Les 400 Coups*, où une série de fondus enchaînés sur le visage d'Antoine ("plan sur plan") implique des ellipses temporelles malgré la continuité du dialogue. Il faut signaler aussi l'utilisation du *fondu enchaîné sonore,* où la liaison entre deux séquences se fait par une musique ou un bruitage qui remplace progressivement l'effet sonore qui accompagnait l'image précédente. On en voit un très bel exemple à la fin de la séquence du *Jour se lève* où François, perdu dans le souvenir de sa première confrontation avec Valentin, au cabaret, revient lentement au présent.

La profondeur de champ

Quand on parle de la "profondeur de champ" en photographie, il s'agit de l'étendue du champ de netteté d'une image donnée. S'il y a très peu de profondeur de champ, les personnages ou objets qui se trouvent à l'avant-plan ou à l'arrière-plan de l'image seront flous. Tourner en profondeur de champ signifie donc que tout ce qui est dans l'image sera dans le champ de netteté. L'utilisation de la profondeur de champ, connue depuis les débuts du cinéma, prendra une signification particulière par rapport au passage de l'esthétique du cinéma muet à celle du film parlant aux années trente et quarante. S'il faut en croire André Bazin, "le parlant a sonné le glas d'une certaine esthétique du langage cinématographique" (p. 78). Le cinéma muet avait, en effet, amené l'art du montage à son apogée. Or, le propre du montage est la fragmentation de l'espace, ce qui, toujours selon Bazin, nuit à la représentation réaliste du monde, que celui-ci présente comme le but principal du cinéma. Le monde créé par le montage est un monde plus intellectuel, plus abstrait. La profondeur de champ (souvent conjuguée aux mouvements d'appareil et aux déplacements des personnages), dans la mesure où elle respecte l'intégralité de l'espace, "place le spectateur dans un rapport avec l'image plus proche de celui qu'il entretient avec la réalité" (p. 75). Par ailleurs, la profondeur de champ aurait un effet libérateur sur le spectateur, liberté dont il est privé par le découpage classique, qui dirige sans cesse son attention et impose certaines significations. Le montage s'oppose, par là même, à un aspect essentiel de la réalité, à savoir son ambiguïté fondamentale. Le cinéma d'Eisenstein, fondé sur le principe du montage, a tendance justement, comme le remarque Roland Barthes, à détruire l'ambiguïté du réel (cité par Aumont et al., p. 59). La profondeur de champ (et son corollaire, le plan-séquence) accorderaient ainsi au spectateur une plus grande liberté, tout en sollicitant sa participation active à la construction du sens du film.

Tout le monde n'est pas d'accord, d'ailleurs, sur la fonction libératrice de la profondeur de champ. Marcel Martin, notamment, exprime des réserves en ce qui concerne la liberté véritable offerte au spectateur par la profondeur de champ (pp. 197-198). De multiples procédés — tels que les paroles et les déplacements des personnages, ainsi que les emplacements des objets — servent en fait à fixer l'attention du spectateur et à ancrer certaines significations . (On en voit un bon exemple dans la séquence du repas des domestiques dans *La Règle du jeu*, dont on trouvera une analyse à la fin de ce chapitre.) Martin cite d'autres avantages de la profondeur de champ, pourtant, comme la possibilité de représenter plusieurs actions en même temps (en avant-plan et en arrière-plan) et de valoriser le drame psychologique en "incrustant" les personnages dans le décor en de longs plans fixes (p. 194). Mais l'importance de la profondeur de champ dans l'évolution du cinéma ne laisse de doute pour personne, car, comme le dit Martin, "elle implique une conception de la mise en scène et même une conception du cinéma" (p. 189). Entre les mains d'un grand réalisateur, tel Renoir (ou encore, Orson Welles), l'utilisation consciente de la profondeur de champ tend à créer "un récit cinématographique capable de tout exprimer sans morceler le monde, de révéler le sens caché des êtres et des choses sans en briser l'unité naturelle" (Bazin, p. 78).

Quoi qu'il en soit, l'opposition entre le parti-pris esthétique de Bazin, fondé sur la représentation de la réalité, et celui d'Eisenstein, fondé sur la construction du sens, traduit un des débats idéologiques les plus importants de l'histoire du cinéma mondial. Il y va de la conception même du cinéma, car la théorie de Bazin sousentend une certaine "transparence" du récit cinématographique (toute l'attention du spectateur est dirigée vers l'illusion de la réalité), tandis que le montage eisensteinien met en valeur le cinéma lui-même, attirant l'attention du spectateur sur les moyens spécifiques du septième art (Aumont et al., p. 52).

Le son

Les grands maîtres du cinéma muet se sont acharnés sur le cinéma parlant à ses débuts, vers la fin des années vingt, lui reprochant de nuire aux moyens les plus spécifiques du cinéma. Chaplin l'accusait ainsi d'abîmer l'art de la pantomime sur lequel reposait le cinéma muet, tandis qu'Eisenstein et ses confrères soviétiques lui reprochaient de détruire l'art du montage. Personne ne doute plus aujourd'hui de l'apport précieux du son au cinéma ; il en est devenu un des moyens les plus fondamentaux. Si nous n'avons parlé jusqu'ici que de l'image dans les films, le son n'en fait pas moins partie intégrante du cinéma ; son avènement "a bouleversé profondément l'esthétique du cinéma", comme le remarque Marcel Martin (p. 122). A ce titre, il mérite quelques réflexions.

Martin signale, par exemple, que la bande sonore contribue fortement à créer l'impression de réalité qui caractérise le cinéma en général, comme elle renforce l'impression de continuité de la bande images (discontinue par nature). L'utilisation des bruits et de la parole a permis de supprimer les intertitres (les cartons où étaient inscrites les paroles des personnages ou des explications) du cinéma muet, comme la nécessité de recourir à des métaphores ou à des symboles visuels pour communiquer certaines idées (comme les mains qui secouent un shaker pour évoquer la sonnerie de la porte dans *Un chien andalou*). La voix *off* (hors-champ), de son côté, "ouvre au cinéma le riche domaine de la psychologie en profondeur en rendant possible l'extériorisation des pensées les plus intimes" (Martin, p. 130). Le son *off* enrichit en général la représentation cinématographique, en valorisant le hors-champ de manière bien plus précise et plus variée que le cinéma muet. La musique, finalement, joue un rôle primordial dans le film parlant — dans la mesure, toutefois, où elle n'est pas une simple paraphrase de l'image (comme c'est trop souvent le cas). Dans le meilleur des cas, soit la musique a une fonction dramatique, puisqu'elle crée une ambiance qui soutient l'action représentée, soit elle constitue elle-même une source de significations complémentaires à celles qui sont véhiculées par la bande image. Des exemples de musiques qui sont absolument essentielles à la réussite de telle ou telle scène, si ce n'est d'un film entier, abondent dans le cinéma français, à commencer par la célèbre musique de Maurice Jaubert dans la scène du dortoir de *Zéro de conduite* de Jean Vigo, la musique du même compositeur dans *Le Jour se lève* de Marcel Carné, celle de Joseph Kosma dans *Partie de campagne* de Jean Renoir, *Danse macabre* de Saint-Saëns dans la séquence de la fête au château dans *La Règle du jeu* de Renoir, ou encore, un peu plus récemment, la partition de Giovanni Fusco pour *Hiroshima mon amour* d'Alain Resnais, pour ne citer que quelques musiques de film parmi les plus renommées.

Commentaires de séquences

Nous présentons ici, à titre d'exemple, trois analyses de séquences (ou de sous-séquences), où nous montrons la mise en pratique de quelques-uns des concepts présentés dans cette introduction à la lecture du film. Nous avons choisi des extraits de trois grands films : *La Règle du jeu* de Jean Renoir (1939), *A bout de souffle* de Jean-Luc Godard (1960), et *Les 400 Coups* de François Truffaut (1959). L'extrait de *La Règle du jeu*, la séquence du repas des domestiques, est un exemple frappant du plan-séquence, technique pour laquelle Renoir est célèbre, où l'utilisation de la profondeur de champ et des mouvements de la caméra joue un rôle primordial. Par contre, dans *A bout de souffle* nous avons choisi un extrait où l'esthétique du montage atteint une sorte d'apogée ; c'est la sous-séquence vers le début du film où le protagoniste, Michel, tue le policier (le motard qui l'avait pris en chasse) d'un coup de revolver. La séquence des *400 coups*, finalement, celle de l'incarcération d'Antoine, obéit à une esthétique plus "classique", intégrant un certain nombre de plans moyennement longs dans une mise en scène plus conventionnelle mais dominée par des mouvements de caméra. A moins d'une indication contraire, les raccords entre les plans sont des coupes franches (montage *cut*).

Séquence 1. Le repas des domestiques dans La Règle du jeu.

Le début du repas des domestiques montre que le monde de ceux-ci est une réplique très fidèle de celui des maîtres, dans la mesure, du moins, où il est structuré par le même genre de hiérarchie. Le maître d'hôtel, Corneille, règne sur ce monde, tandis que Lisette, la femme de chambre de Madame (l'épouse du marquis), occupe le deuxième rang. Lisette ira jusqu'à répondre en anglais (en parfaite snob!) quand un des domestiques demande de la moutarde ; son "If you please" rappelle la conversation en anglais entre les deux aristocrates, Boëldieu et Rauffenstein, dans *La Grande Illusion* (1937), du même réalisateur. La conversation des domestiques à table, avant le début de l'extrait que nous commentons ici, reflète, au demeurant, le même souci des convenances—et les mêmes préjugés— qui caractérisent la société des maîtres. Il n'est question que de l'inconvenance de la présence au château du célèbre aviateur, André Jurieu, que tout le monde considère comme l'ancien amant de Madame, ainsi que des préjugés à l'égard du marquis, qui est "métèque", c'est-à-dire étranger et, qui plus est, d'origine juive allemande. C'est le contexte du remarquable plan-séquence de presque deux minutes qui commence par l'arrivée du garde-chasse, Schumacher, le mari de Lisette. Au cours de la scène, Schumacher va s'en aller au moment même où arrive Marceau, un braconnier que le garde-chasse déteste mais que le marquis vient de prendre à son service.

La table où dînent les domestiques est située à l'avant-plan d'une grande salle qui donne sur les cuisines, qu'on aperçoit dans le fond du plan. Pendant la plupart de la scène dont il est question, qui se passe en temps réel, Renoir jouera sur la grande profondeur de champ pour mieux intégrer l'action dans le monde des domestiques, qui est celui, justement, des cuisines et du service.

Plan 1 (1 min. 50 sec.) : Plan moyen en contre-plongée sur Schumacher qui s'arrête dans l'escalier pour répondre à une question qu'on lui a posée. Schumacher : "*Je ne sais pas de quoi tu parles ; j'arrive*". Panoramique vers le bas et à droite suivant la descente de Schumacher dans la salle. Léger travelling avant pour accueillir le chef-cuisinier qui s'arrête en plan rapproché juste derrière deux domestiques assis à table. Derrière le chef, on aperçoit de temps en temps, pendant qu'il parle, un cuisinier qui se déplace dans les cuisines tout au fond, mettant en relief la grande profondeur de champ. Le chef : "*A propos de Juifs, avant de venir ici, j'étais chez le baron d'Epinay. Je vous garantis que là, il n'y en a pas. Mais je vous garantis aussi qu'ils bouffaient comme des cochons. C'est d'ailleurs pour ça que je les ai quittés*". Tandis que le chef s'éloigne vers le fond, court panoramique vers la droite pour cadrer Schumacher en plan rapproché derrière Lisette. Schumacher : "*Tu en as pour longtemps, Lisette*"? Lisette : "*Je ne sais pas. Madame a encore besoin de moi*". Panoramique en sens inverse pour recadrer le chef qui revient, s'arrête de nouveau en plan rapproché devant la table, et reprend son discours : "*La Chesnaye, tout métèque qu'il est, m'a fait appeler l'autre jour pour m'engueuler pour une salade de pommes de terre. Vous savez, ou plutôt vous ne savez pas, que pour que cette salade soit mangeable, il faut verser le vin blanc sur les pommes de terre lorsque celles-ci sont encore absolument bouillantes — ce que Célestin n'avait pas fait parce qu'il n'aime pas se brûler les doigts. Eh bien, lui, le patron, il a reniflé ça tout de suite! Vous me direz ce que vous voudrez, mais ça, c'est un homme du monde*". Pendant que le chef parle, Schumacher s'éloigne de la table pour remonter l'escalier. Lorsque le chef s'éloigne encore une fois, panoramique vers la gauche accompagnant le départ de Schumacher, qui croise Marceau dans l'escalier. Bref arrêt des deux hommes, ainsi que de la caméra ; échange de regards, puis le panoramique reprend pour accompagner la descente de Marceau qui remonte ensuite vers la caméra jusqu'au plan américain. Pendant l'arrivée de Marceau, on entend en voix *off* un domestique qui demande : "*Qui c'est, celui-là*?" Marceau : "*Je voudrais parler à M. Corneille*". Corneille : "*Vous désirez, mon ami*"? Marceau : "*Je suis le nouveau domestique. M. le Marquis, il a dû vous parler de moi*". Corneille : "*Qu'est-ce que vous savez faire, mon ami*"? Marceau : "*Moi? Oh, ben, je ne sais pas moi, moi… un petit peu de tout*". Corneille : "*Vous savez graisser les bottes, mon ami*"? Marceau : "*Ah oui, M. Corneille, moi, pour tout ce qui est de la toilette, je suis comme qui dirait un spécialiste*"! Corneille : "*Bon, eh bien, demain matin, vous irez prendre les bottes devant les portes des chambres et vous vous en occuperez*". Marceau : "*Bien, M. Corneille*". Pendant cet échange, la domestique qui sert à table remonte du fond de la salle ; on voit dans le fond le va et vient du chef et de l'autre cuisinier dans les cuisines. Comme nous l'avons souligné plus haut, Renoir tient visiblement à insister sur la globalité de l'espace, à ne pas sevrer l'action de son contexte socio-culturel. Marceau, se penchant vers Corneille : "*C'est là qu'on dîne*"? Corneille : "*Oui, mon ami*". Panoramique vers la droite, s'arrêtant sur le domestique assis à côté de Lisette. Celui-ci se lève, en disant : "*Il faut que j'aille prendre mon service*". Léger recadrage vers la gauche pour rencontrer l'arrivée de Marceau à côté de Lisette. Celle-ci demande à la serveuse de mettre une assiette pour Marceau, puis lui demande : "*Comment vous appelez-vous*"? Marceau : "*Marceau. Et vous, Mademoiselle*"? Lisette : "*Madame. Je m'appelle Lisette. Je suis Mme Schumacher*". Marceau tique très fort, commence à s'éloigner. Lisette le rappelle en riant : "*Oh! ben, il faut pas que ça vous empêche de vous asseoir*"! A ce moment, le champ est découpé en trois parties, ce qui accentue sa profondeur, par l'arrivée de la serveuse du côté droit, à mi-chemin entre l'avant-plan où se trouvent Lisette et Marceau et l'arrière-plan occupé par le chef et les cuisines. Marceau revient s'asseoir. Voix *off* de deux domestiques qui parlent de la chasse. Leurs paroles servent de raccord sonore avec le plan qui suit.

Plan 2 (7 sec.) : Plan rapproché sur les deux domestiques à table, qui continuent de parler (en voix *in* cette fois). Léger travelling avant, puis court panoramique vers la gauche pour recadrer Lisette qui regarde en souriant Marceau, dont la tête apparaît en amorce (coupée par le cadre) à gauche, au premier plan.

Plan 3 (10 sec.) : Contrechamp sur Marceau, cadré en plan rapproché, avec la tête de Lisette en amorce à droite. Sourire coquin de Marceau, qui mange.

Plan 4 (3 sec.) : Gros plan sur un poste de radio, avec fondu enchaîné sur une pendule de cheminée qui sonne, nous ramenant au monde des maîtres.

Cette séquence de deux minutes dix secondes, qui est dominée par le grand plan-séquence d'une minute cinquante au début, ne comporte que quatre plans. Pour apprécier l'exploit de Renoir, et l'esthétique du plan-séquence, il faut comprendre que dans un film qui obéit au découpage classique (c'est-à-dire, la plupart des films de cette époque), les plans ne durent que de cinq à dix secondes. Une séquence comme celle-ci, traitée par un réalisateur conventionnel, aurait été composée d'une vingtaine de plans, morcellant sans arrêt l'espace. Renoir refuse, dans la mesure du possible, ce morcèlement, pour les raisons que nous avons indiquées. Son procédé est très risqué, pourtant, car il implique toute une chorégraphie de mouvements et de paroles, d'entrées et de sorties du champ, et des mouvements d'appareils mettant en valeur ce "ballet". Si la prise est ratée, il faut tout recommencer — et cela coûte cher. Pour Renoir, le jeu en vaut la chandelle, parce qu'il tient avant tout à représenter le monde réel, et moins il y a de raccords (qui rappellent que c'est du cinéma), plus la représentation est réaliste. Ce qui ne l'empêche pas de faire du montage classique lorsqu'il le faut, à commencer par le champ-contrechamp à la fin de la séquence, où il s'agit de mettre en relief l'attirance réciproque entre Marceau et Lisette qui va provoquer le drame qui coûtera la vie à Jurieu.

Séquence 2. Le meurtre du motard dans **À bout de souffle.**

Le meurtre du motard survient à la fin de la deuxième séquence du film, où Michel, ayant volé une voiture à Marseille, file vers Paris sur la Nationale 7. Dans la première partie de la séquence, le caractère de Michel est établi — c'est un petit voyou arrogant, misogyne, mais sentimental et attachant. Au début du film, il dit "*Je fonce, Alphonse*" ; c'est quelqu'un qui, effectivement, "fonce" dans la vie ; il semble être obsédé par la vitesse. Mais la vitesse ne laisse pas le temps de réfléchir, et on a l'impression que tout l'épisode du meurtre du motard, dont les effets de montage accentuent la rapidité, se passe sans réflexion, comme si un destin maléfique dictait les gestes de Michel.

L'extrait qui nous intéresse ici, composé de dix-neuf plans, est précédé d'un moment de ralentissement dans l'action : Michel doit ralentir pour des travaux sur la route. Mais il ronge son frein, et à la première occasion, il double.

Plan 1 (1 sec.) : Dans ce plan très bref, qui commence la sous-séquence, on voit en plan rapproché l'avant de la voiture qui fonce, traversant en même temps la ligne continue. Ce détail est significatif, parce que c'est cet acte qui matérialise le statut de hors-la-loi de Michel. Il "traverse la ligne" et entre publiquement dans le domaine de l'interdit, domaine dont il ne sortira qu'en mourant à la fin du film.

Plan 2 (2 sec.) : Plan subjectif où nous épousons le regard de Michel, qui voit à travers le pare-brise, sur le bord de la route, deux motards de la gendarmerie. Michel : "*Merde, la flicaille*"!

Plan 3 (4 sec.) : La voiture de Michel qui double un camion, cadré en plan rapproché et accompagné d'un panoramique latéral rapide.

Plan 4 (1 sec.) : Plan d'ensemble sur le camion qu'on voit à travers la vitre arrière.

Plan 5 (3 sec.) : Plan d'ensemble sur les deux motards qui prennent la voiture de Michel en chasse. Le raccord avec le plan précédant se fait par une "saute" ("jump cut" en anglais), une coupe franche qui choque, tant elle contrevient au principe du montage classique, qui veut que les raccords passent inaperçus. A la fin du plan, panoramique latéral de la vitre arrière jusqu'au dos de Michel.

Plan 6 (1 sec.) : Plan moyen sur la voiture de Michel, accompagnée d'un panoramique de gauche à droite pendant qu'elle dépasse une autre voiture.

Plan 7 (2 sec.) : Plan d'ensemble, avec panoramique, sur les deux motards qui filent de droite à gauche - donc *en sens inverse* , et à l'encontre, évidemment, de toutes les conventions gouvernant le montage.

Plan 8 (5 sec.) : Plan rapproché sur la voiture de Michel qui quitte la route, entre dans un petit chemin (panoramique d'accompagnement) et s'arrête. Michel : *"Oh! le crocodile a sauté"*.

Plan 9 (1 sec.) : Plan d'ensemble sur la route, vue du chemin. Un motard passe.

Plan 10 (4 sec.) : Plan américain sur Michel, qui ouvre le capot de la voiture. Michel : *"Piège à con"*!

Plan 11 (1 sec.) : Reprise du plan 9 : le second motard passe sur la route.

Plan 12 (4 sec.) : Plan américain sur Michel qui essaie de réparer le fil électrique dont il s'est servi pour voler la voiture.

Plan 13 (3 sec.) : Même plan d'ensemble sur la route ; le second motard a fait demi-tour et entre dans le chemin où se trouve la voiture de Michel.

Plan 14 (3 sec.) : Plan rapproché sur Michel, puis panoramique latéral le suivant jusqu'à la porte de la voiture. Vu de dos, il se penche, à travers la vitre ouverte, vers l'intérieur. La voix *off* du motard fait le raccord (sonore) avec le plan suivant, sur lequel la phrase se termine : *"Ne bouge pas ou je te brûle"*!

Plan 15 (1 sec.) : Panoramique descendant en très gros plan sur Michel (vu de profil), du chapeau jusqu'au bras.

Plan 16 (1 sec.) : Saute, très gros plan sur le bras de Michel, panoramique latéral jusqu'à sa main, qui tient le revolver.

Plan 17 (1 sec.) : Très gros plan sur le barillet du revolver. On entend un déclic très fort ; panoramique jusqu'au canon. Bruit du coup de revolver qui fait un raccord sonore avec le plan suivant.

Plan 18 (2 sec.) : Plan américain sur le motard qui tombe à côté d'un arbre. A noter qu'il s'agit ici d'un *faux raccord* (sans doute voulu par Godard), puisque le coup qui part est accompagné d'un panoramique vers la droite, tandis que le motard tombe vers la gauche (Marie, p. 82).

Plan 19 (14 sec.) : Plan général en légère plongée avec panoramique accompagnant Michel qui court à travers les champs. La caméra s'immobilise en plan fixe tandis que Michel s'éloigne dans le crépuscule. Fondu au noir. Sur la bande-son, une musique de jazz très forte traduit le caractère dramatique de l'action.

On peut difficilement pousser plus loin l'esthétique du montage. On constate que ces dix-neuf plans, dont onze ne dépassent pas deux secondes, ne durent que 54 secondes en tout. La conjugaison du montage rapide, des mouvements d'appareil, des sautes et des mouvements en sens inverse achève d'étourdir le spectateur. Nous entrons d'autant plus dans l'univers de Michel, avec lequel nous nous identifions (nous épousons son regard) depuis le début de la séquence. La vitesse et l'intensité de l'action créent l'impression d'un engrenage infernal où, comme nous l'avons indiqué plus haut, la réflexion est interdite. Michel ne pense pas à ce qu'il fait ; il réagit à la situation qu'il a déclenchée en cédant à son désir d'aller vite, de vivre "à bout de souffle". La mort du motard est le signe du destin de Michel ; tout le reste du film est la chronique d'une fatalité qui le traquera jusqu'à son accomplissement.

Séquence 3: L'incarcération d'Antoine dans Les 400 Coups.

La sous-séquence que nous commentons ici fait partie de la grande séquence où Antoine entre dans l'univers carcéral vers la fin du film. Celle-ci commence par l'entretien du père d'Antoine avec le commissaire de police, suivi par la déposition d'Antoine où il reconnaît avoir volé une machine à écrire. Il est conduit ensuite au sous-sol où se trouvent les cellules où l'on garde les prisonniers en attendant leur transfert en prison. Antoine est enfermé dans une grande cage avec un autre homme. La caméra s'éloigne sur un travelling arrière qui se termine par un fondu enchaîné. C'est là où commence notre séquence (treize plans), dans laquelle nous verrons l'arrivée de trois prostituées, le changement de cellule d'Antoine, et son transfert à la prison en attendant son affectation dans un centre pour jeunes délinquants.

Plan 1 (35 sec.) : Le fondu enchaîné se termine en gros plan sur les mains de deux agents de police en train de faire une partie de petits chevaux (jeu d'enfants). Travelling arrière, puis panoramique vers la droite où l'on voit d'abord un troisième agent qui lit le journal, puis un monte-charge qui remonte vide. Le mouvement de la caméra s'arrête devant la cage où l'on voit en plan rapproché, à travers le grillage, l'homme endormi, assis sur le banc. Léger travelling avant, qui se transforme en panoramique vers la gauche et vers le bas pour cadrer Antoine, endormi sur un autre banc, en plan rapproché et en plongée, toujours à travers le grillage. On entend le bruit off d'un véhicule qui arrive, d'un moteur qui tourne. Un agent (hors-champ) : *"Tiens, voilà les chéries"*.

Plan 2 (22 sec.) : Plan américain cadrant de dos trois prostituées et un agent qui les suit et les fait entrer dans la cage où se trouvent Antoine et l'homme. Première prostituée, en s'asseyant : *"Moi, j'ai vu un commissariat dans un film ; c'était drôlement plus propre"*. Une musique commence, très douce, mélodieuse. Deuxième prostituée : *"Moi, j'en ai vu un plus sale"*. Troisième prostituée : *"Ben moi, des plus gais"*. Lent travelling avant jusqu'à un plan rapproché sur les occupants de la cage, puis panoramique vers la gauche pour suivre Antoine qu'on sort de la grande cage pour l'enfermer dans une cage plus petite où il s'assied. L'agent (poussant Antoine) : *"Avance"*.

Plan 3 (20 sec.) : La musique continue, sans autre bruit. Plan subjectif où nous épousons le regard d'Antoine. Panoramique latéral vers la droite : nous voyons d'abord l'homme assis, en plan rapproché (à travers les deux grillages, celui de la cage d'Antoine et celui de la grande cage) ; le panoramique (le regard d'Antoine) descend vers le bas pour passer sur les prostituées, toujours en plan rapproché, puis remonte légèrement vers le haut pour cadrer sur le mur une affiche sur la dératisation avant de redescendre en oblique derrière le dos d'un agent assis (plan très rapproché) pour s'arrêter en plan rapproché sur le jeu de petits chevaux en amorce (une partie du jeu est hors-champ) sur la droite. La musique s'arrête juste avant la fin du plan.

Plan 4 (16 sec.) : Plan rapproché serré sur Antoine, avec léger travelling arrière. A travers le grillage, on voit Antoine assis dans sa cellule. Bruits *off* de pas, puis de moteur. Antoine a froid, relève le col roulé de son pull sur sa bouche et croise les bras.

Plan 5 (26 sec.) : Panoramique vers la droite suivant en plan rapproché un agent qui, prenant sa mitraillette, va à la cage d'Antoine ; un deuxième agent se met debout au moment où le premier agent s'arrête et accompagne le panoramique, qui continue sa course vers la droite. Le mouvement s'arrête en plan rapproché devant la grande cage, d'où sortent les prostituées en passant devant la caméra en plan rapproché serré. Panoramique vers la gauche suivant la sortie de l'homme qui partageait la cage avec les prostituées ; la caméra s'immobilise pour laisser l'homme passer devant, également en plan rapproché serré. Un agent dit à Antoine, qui commence à suivre les autres : *"Enfile ton blouson"*. Celui-ci s'exécute en passant devant la caméra en plan très serré, accompagné d'un panoramique.

Plan 6 (20 sec.) : Plan d'ensemble en extérieurs, dans la rue devant le commissariat. Le groupe commence à monter dans le fourgon de la police, garé à côté du trottoir. Léger travelling avant jusqu'au plan rapproché sur Antoine qui remonte la fermeture éclair de son blouson, monte dans le fourgon et s'assied sur une banquette à côté du prévenu et un des agents. Plan rapproché fixe sur la porte arrière, qui se ferme en claquant ; on voit Antoine, et les deux hommes derrière lui sur la banquette, à travers les barreaux de la porte. Le claquement de la porte semble déclencher une musique de fond qui accompagne le départ du fourgon qui s'éloigne devant la caméra toujours immobile. Cette musique, très sentimentale, va durer jusqu'à la fin de la séquence.

Plan 7 (5 sec.) : Plan subjectif (regard d'Antoine), avec travelling arrière (la caméra est dans le fourgon) sur le bitume mouillé de la rue. Légère plongée, puis panoramique vers le haut et à gauche (toujours suivant le regard d'Antoine) pour cadrer et balayer les bâtiments dont le fourgon s'éloigne.

Plan 8 (18 sec.) : Travelling avant en plan rapproché sur Antoine derrière les barreaux (la caméra suit le fourgon à présent) ; la caméra, ballottée sans arrêt (visiblement tenue à la main), s'éloigne un peu du fourgon ; Antoine fait un geste de la main comme pour dire à l'appareil de se rapprocher de lui, ce qu'il fait, jusqu'au plan rapproché serré à travers les barreaux. (On remarque ici un faux raccord flagrant : les deux hommes assis à côté d'Antoine ont été remplacés par deux prostituées.)

Plan 9 (14 sec.) : Travelling arrière de nouveau, la caméra dans le fourgon mais à côté cette fois d'Antoine, dont nous voyons le visage en amorce sur la gauche, comme si nous étions à côté de lui. Il regarde toujours la rue. Une voiture qui suit de près le fourgon commence à doubler.

Plan 10 (3 sec.) : Plan très rapide avec raccord sur le mouvement de la voiture qui doublait le fourgon dans le plan précédent. Prise de vue très rapprochée du fourgon qui passe devant la caméra, produisant l'effet d'un panoramique filé, accentué par un panoramique d'accompagnement très rapide sur le fourgon, que l'on voit ensuite s'éloigner.

Plan 11 (20 sec.) : Plan rapproché sur Antoine à travers les barreaux (reprise du plan 8) avec les prostituées derrière lui en train de fumer à présent ; pendant le travelling avant, la caméra s'approche et s'éloigne de lui très légèrement dans un ballottement qui semble épouser le rythme de la mélodie sentimentale.

Plan 12 (7 sec.) : Reprise du plan 9, travelling arrière avec le visage d'Antoine toujours en amorce sur la gauche, fixant les rues et les bâtiments. On voit, avec lui, les grandes affiches en néons des boîtes de nuit de Pigalle, "Les Nus les plus osés du monde" et "Narcisse".

Plan 13 (20 sec.) : Plan rapproché sur Antoine à travers les barreaux (reprise du plan 11). La caméra, ballottant toujours, s'approche du visage d'Antoine jusqu'au gros plan. Le ballottement s'arrête subitement et on voit des larmes couler sur les joues d'Antoine. Fondu enchaîné avec panoramique vers la droite sur le mur noirci d'un couloir de prison. La musique ne s'arrêtera qu'au début du plan suivant le fondu enchaîné.

Dans une analyse remarquable, Anne Gillain fait ressortir la grande originalité de Truffaut dans cette séquence. En jouant sur les mouvements d'appareil incessants, comme sur des effets musicaux et d'autres motifs habiles, Truffaut réussit à escamoter le côté sordide de l'épisode de l'incarcération d'Antoine (pp. 106-111). Dès le premier plan, en remplaçant le traditionnel jeu de cartes des agents par un jeu de petits chevaux, Truffaut met tout l'épisode sous le signe de l'enfance : que nous regardions Antoine ou que nous épousions son regard, il s'agit de vivre l'expérience avec lui, de son point de vue. Le jeu des mouvements de caméra, l'absence complet de plans fixes, rend la scène plus vivante, l'empêche de sombrer dans la morosité. Comme la caméra de Renoir, celle de Truffaut donne l'impression qu'il y a un invité invisible à côté des personnages du film, un invité curieux et compatissant qui bouge sans arrêt, suit les mouvements de tout le monde et particulièrement d'Antoine, jusqu'à ce qu'il s'identifie totalement à lui en le rejoignant derrière les barreaux et en épousant son regard. Cet invité, c'est nous, le spectateur, et c'est peut-être la sollicitude de notre regard, rejointe par celle de l'agent qui dit à Antoine d'enfiler son blouson, qui produit "le caractère étrangement réconfortant de cette séquence", constaté par Gillain (p. 109).

Pour dédramatiser davantage cet épisode, Truffaut fait aussi des allusions au cinéma, que ce soit la remarque de la prostituée, la présence de Jacques Demy (un metteur en scène bien connu) dans le rôle d'un des agents, ou, plus subtilement, la "citation" d'un film célèbre de Renoir, *La Chienne*, qui commence par un plan sur un monte-charge dans un restaurant. Toujours est-il que nous avons l'impression qu'Antoine vit cette expérience dans une sorte de sérénité, comme s'il n'avait pas encore compris le drame qui lui arrive, son exclusion de la société. La musique qui accompagne l'arrivée des prostituées (puis le regard d'Antoine dans sa cage, ainsi que tout le trajet en fourgon) contribue puissamment, par son caractère de rengaine mélancolique, à l'adoucissement de la réalité dans cette séquence. Si bien que l'épisode du commissariat baigne dans une atmosphère irréelle qui traduit sans doute l'état d'esprit d'Antoine, qui ne s'est pas encore rendu compte de la gravité de sa situation.

La prise de conscience se produira à la fin de l'épisode du fourgon, où Antoine voit s'éloigner inexorablement le quartier de Pigalle, le monde où il a vécu jusque-là. Là encore, nous sommes soit à côté de lui (dans le fourgon), soit ses témoins compatissants, qui le suivent de près derrière le fourgon. La musique mélancolique souligne la nostalgie qui gagne Antoine au fur et à mesure qu'il s'éloigne de la ville qu'il aime, jusqu'à ce que les larmes brillant sur ses joues trahissent l'émotion qui finit par le submerger. L'intermède (le sursis?) féerique créé par Truffaut est fini. La musique s'arrêtera avec l'entrée officielle d'Antoine dans l'univers carcéral, de l'autre côté du fondu enchaîné... Réduit au silence pendant toute cette séquence (séquence quasiment muette, d'ailleurs), Antoine avait déjà perdu le droit à la parole ; avec son emprisonnement il perd tous ses autres droits.

OUVRAGES CONSULTÉS

Aumont, Jacques et Michel Marie. *L'Analyse des films*. Paris: Nathan, 1989.

Aumont, Jacques, Alain Bergala, Michel Marie et Marc Vernet. *Esthétique du film*. Paris: Nathan, 1983.

Bazin, André. *Qu'est-ce que le cinéma?* (pp. 63-80). [Paris]: Editions du Cerf, 1981.

Betton, Gérard. *Esthétique du cinéma*. Paris: Presses universitaires de France, 1983.

Eisenstein, S.M. *Le Film: sa forme, son sens*. Paris: Christian Bourgeois, 1976.

Gillain, Anne. *Les 400 Coups*. Coll. "Synopsis". Paris: Nathan, 1991.

Marie, Michel. *A bout de souffle*. Coll. "Synopsis". Paris: Nathan, 1999.

Martin, Marcel. *Le Langage cinématographique*. Paris: Les Editeurs Français Réunis, 1977.

Metz, Christian. *Essais sur la signification au cinéma*, I. Paris: Klincksieck, 1978.

Vanoye, Francis et Anne Golio-Lété. *Précis d'analyse filmique*. Paris: Nathan, 1992.

Le Réalisme poétique

Il est convenu d'appeler la première grande époque du cinéma français, du début du cinéma parlant (1930) jusqu'à la Libération (1945), celle de l'"Ecole française", ou, évoquant l'une de ses tendances les plus prononcées, celle du "réalisme poétique". A l'instar de l'expression "Nouvelle Vague" trente ans plus tard, le réalisme poétique n'est au fond qu'un terme général (d'origine littéraire, d'ailleurs) qui sert à unir de façon très lâche une dizaine de "cinéastes poètes" qui ont dominé une période où le cinéma français s'impose comme un des tout premiers du monde : René Clair, Jean Vigo, Jean Grémillon, Julien Duvivier, Jean Renoir, Marcel Carné, Jacques Becker, Jacques Feyder, Marcel Pagnol, Sacha Guitry. De la fantaisie des films de René Clair, comme *Le Million* (1931), au pessimisme noir du tandem Marcel Carné-Jacques Prévert dans *Quai des brumes* (1938) ou *Le Jour se lève* (1939), en passant par l'humanisme de Jean Renoir dans *Toni* (1934) ou *La Grande Illusion* (1937), le réalisme poétique comprend les courants les plus variés, les préoccupations les plus personnelles, les influences les plus diverses. Chez les uns, comme Jean Vigo notamment, c'est l'héritage du surréalisme des années vingt — l'étrangeté et la bizarrerie — qui se fait sentir dans *Zéro de conduite* (1933) comme dans *L'Atalante* (1934) ; chez d'autres, Renoir par exemple, c'est la peinture impressionniste qui laisse son empreinte (*Partie de campagne*,1936), ou encore le populisme et le naturalisme littéraires d'Emile Zola (*La Bête humaine*, 1938). Quant à Carné et Prévert, c'est plutôt l'expressionnisme, avec sa création de décors évocateurs et d'atmosphères prégnantes, qui se fait sentir dans tous leurs films.

Si l'on voulait à tout prix dégager quelques traits principaux de cette "école", on pourrait constater d'emblée la richesse thématique qui caractérise ses chefs-d'oeuvre. Dans le "réalisme poétique", la réalité sert constamment de "support" aux thèmes, qui sont souvent véhiculés par des métaphores et des symboles — c'est la "poétisation" de la réalité. On pense tout de suite — c'est l'embarras du choix — au thème de la liberté dans *Zéro de conduite*, au motif de la pêche dans *Partie de campagne* ou à celui du théâtre dans *La Grande Illusion*, à l'ours en peluche et à la broche du *Jour se lève* ou aux poupées mécaniques de la *Règle du jeu*. Mais l'image de marque du réalisme poétique repose principalement sur une thématique particulière que l'on retrouve chez plusieurs réalisateurs, et d'abord chez Jacques Feyder, qui développe dans ses films (par exemple, *Pension Mimosa*, 1935) un réalisme social sordide et pessimiste. Ce pessimisme, qui n'est certes pas étranger aux troubles économiques, sociaux et politiques très graves des années trente, se retrouve surtout chez Julien Duvivier (*La Belle Equipe*, 1936, *Pépé le Moko*, 1937) et dans les films de Marcel Carné et son scénariste attitré, Jacques Prévert. Malgré l'espoir qu'apporte, momentanément, l'arrivée de la Gauche au pouvoir (le Front populaire, 1936-37), la menace nazie qui se profile sur toute l'Europe assombrit singulièrement les esprits. On en voit les séquelles jusque dans le plus grand chef-d'œuvre de Jean Renoir, *La Règle du jeu* (1939).

C'est Carné (qui préfère, d'ailleurs, le terme "fantastique social" au "réalisme poétique") et Prévert qui réalisent ensemble les films qui sont considérés comme les plus caractéristiques de ce courant : *Quai des Brumes* (1938) et *Le Jour se lève* (1939). Chez Carné, le pessimisme se mue carrément en désespoir, et celui-ci devient une affaire de destin : ses héros, gens du peuple, sont condamnés au malheur par une fatalité tenace ; l'aspiration vers le bonheur, par l'amour, est toujours vouée à l'échec. René Prédal résume bien le réalisme poétique de Carné-Prévert en constatant que leurs films fondent "une thématique (poids du destin, passions malheureuses, échec), une atmosphère (huis clos, décors poisseux, villes vides et mouillées, nuits grises) et un style (dialogues ciselés, mouvements d'appareils somptueux) spécifiquement cinématographiques… " (p. 76). Mais c'est surtout l'idée de la chiennerie de la vie, où les crapules triomphent sur les braves gens, où l'évasion vers le bonheur est impossible, qui se dégage de cette collaboration.

Pendant l'Occupation, pour terminer, ce qu'on appelle toujours le réalisme poétique revêt un tout autre caractère. Répondant au besoin des Français d'échapper à leur existence pénible à cette époque, les cinéastes qui continuent de tourner en France, parmi lesquels Carné, Jean Delannoy et Jean Cocteau, se lancent dans un cinéma d'évasion, cultivant tantôt le fantastique situé à des époques éloignées, tantôt l'esthétisme. Avec Jean Cocteau comme scénariste, Delannoy réalise ainsi *L'Eternel Retour* (1943), une version modernisée du mythe médiéval de Tristan et Iseut, tandis que Carné triomphe avec *Les Visiteurs du soir* (1942), dont l'action se situe dans un Moyen-Age fabuleux, et avec son plus grand chef-d'œuvre, *Les Enfants du paradis* (1945), une histoire d'amour malheureuse doublée d'une réflexion sur les rapports entre le théâtre et la vie. Ce sont les plus grands succès, avec *La Belle et la Bête* de Jean Cocteau (1946), de cet ultime avatar du réalisme poétique.

OUVRAGES CONSULTÉS

Betton, Gérard. *Histoire du cinéma*. Paris: Presses Universitaires de France, 1984.

Mitry, Jean. *Histoire du cinéma*, IV. Paris : Delarge, 1980 (" Le réalisme poétique en France ", pp. 325-352).

Prédal, René. *Histoire du cinéma*. Courbevoie: CinémAction-Corlet, 1994.

Sadoul, Georges. *Le Cinéma français*. Paris: Flammarion, 1962.

Sadoul, Georges. *Histoire du cinéma mondial des origines à nos jours*, 9e éd. Paris : Flammarion, 1949 (" Le réalisme poétique français ", pp. 267-293).

Jean Vigo

Zéro de conduite

(1933)

Jean Vigo, *Zéro de conduite* : la bataille de traversins. © Gaumont

Sous-titre ...."Jeunes diables au collège"
Réalisation..Jean Vigo
Scénario original et dialogues.. Jean Vigo
Chef-Opérateur .... Boris Kaufman
Musique... .Maurice Jaubert
Chansons.. Charles Goldblatt
Montage...Jean Vigo
Son..Royné et Bocquet
Production... Argui-Films
Durée .... 43 minutes

Interprètes

Louis Lefèbvre (*Caussat*), Coco Golstein (*Bruel*), Gilbert Pruchon (*Colin*), Gérard de Bedarieux (*Tabard*), Jean Dasté (*le nouveau surveillant Huguet*), Delphin (*le Principal*), Robert Le Flon (*le surveillant Parrain, dit "Pète-Sec"*), Blanchar (*le Surveillant général dit "Bec de Gaz"*), Léon Larive (*le Professeur de chimie*), Mme Emile (*Mme Colin, dite "Mère Haricot"*), Louis de Gonzague-Frick (*le Préfet*).

Synopsis

C'est la fin des vacances scolaires. Deux élèves, Caussat et Bruel, se retrouvent dans le train pour rentrer dans leur collège privé en province. Ils se montrent leurs nouveaux jouets, s'amusent à des jeux enfantins, fument des cigares. Dans leur compartiment, un homme dort.

Arrivés à la gare, ils sont pris en charge par un surveillant, M. Parrain. L'homme qui dormait se présente : c'est le nouveau surveillant, M. Huguet. Un autre élève, René Tabard, cheveux et vêtements efféminés, arrive accompagné de sa mère.

Au dortoir, au moment du coucher, trois élèves (Caussat, Bruel, Colin) sont punis injustement. Le matin, comme ils refusent d'obéir à l'ordre de se lever, ils reçoivent tous les trois un "zéro de conduite" et sont privés de sortie le dimanche suivant.

Dans la cour de récréation, les trois garçons, outrés d'être collés chaque dimanche, complotent contre le pouvoir ; ils préparent un projet de vengeance et d'évasion. Le nouveau surveillant, Huguet, se montre complice en se mettant devant eux pour cacher leur plan aux autres surveillants, puis se met à jouer avec les enfants et à imiter la démarche de Charlot (Charles Chaplin). Pendant ce temps, le surveillant général "Bec de Gaz" entre dans la salle d'étude, fouine dans les affaires des élèves, et vole du chocolat et d'autres petits objets.

Après la récréation Caussat découvre le vol du chocolat ; furieux, il vide des pots de colle dans la cachette. Huguet surveille les élèves, puis les divertit en marchant sur les mains. Toujours sur les mains, monté sur son bureau, il fait un dessin du surveillant général qui s'anime, se transformant d'abord en femme puis en Napoléon.

Les enfants partent en promenade avec Huguet, tandis que le principal, un nain, s'entretient dans son bureau avec le surveillant général, s'inquiétant des rapports, trop intimes à son goût, entre Tabard et Bruel. En ville, Huguet se promène en rêvassant pendant que les élèves s'échappent dans tous les sens avant de rejoindre sagement Huguet qui suit une jolie femme dans la rue. Au retour de la promenade, le principal convoque Tabard dans son bureau pour le mettre en garde contre les tentations de son âge. Il réussit à le culpabiliser profondément, sans que l'enfant comprenne bien de quoi il s'agit.

Caussat passe l'après-midi du dimanche chez son correspondant, où il se prête aux jeux enfantins d'une petite fille. Pendant ce temps, Bruel persuade Colin d'accepter Tabard parmi les comploteurs. Au réfectoire le soir, le repas dégénère en chahut : les élèves se révoltent contre la mauvaise nourriture et se lapident avec des haricots jusqu'à ce que Caussat et Bruel arrêtent le vacarme, se rendant compte que la cuisinière, "Mère-Haricot", est la mère de leur copain Colin... Le lendemain matin, pendant le cours de chimie, le professeur voit que Tabard ne prend pas de notes. Il lui caresse les cheveux, puis pose la main sur celle de l'enfant. Celui-ci, traumatisé par les avertissements du principal, s'énerve et crie *"Je vous dis merde!"* au professeur. Sommé par le principal de faire des excuses en public, devant toute l'école réunie, Tabard renâcle et répète son insulte.

Le dortoir, la nuit : les enfants déclarent la révolte et se déchaînent, courant partout, défaisant les lits. Le surveillant Parrain essaie en vain de les faire arrêter. Monté sur le toit, Tabard fixe le drapeau de la révolte, avec sa tête de mort, à une cheminée. Les enfants se livrent à une bagarre de traversins ; ceux-ci se déchirent, remplissant la salle de plumes. La scène finit par un cortège fantasque d'enfants en chemise de nuit, avançant au ralenti à travers un nuage de plumes et accompagné d'une musique étrange, surréelle. Le lendemain matin, dans un simulacre de crucifixion, les quatre meneurs ficellent le surveillant Parrain, endormi, dans son lit, qu'ils dressent en position verticale et devant lequel ils placent une double lanterne vénitienne.

C'est la fête annuelle du collège. Lorsque les invités d'honneur arrivent, les quatre enfants, embusqués sur le toit de l'école, bombardent l'assemblée d'objets hétéroclites, soutenus par les autres élèves en bas et encouragés par le surveillant Huguet. Quand les officiels montent au grenier pour attraper les enfants rebelles, les quatre garçons, chantant en choeur, "s'évadent" en gravissant le toit vers le ciel.

La reception

Présenté le 7 avril 1933, en séance privée devant des distributeurs, des gérants de cinéma, et des membres de la presse, ainsi que les membres de l'équipe (y compris les enfants du film et leurs amis), *Zéro de conduite* est très mal accueilli. Un spectateur racontera, deux ans après, que "les spectateurs étaient très choqués dans leurs sentiments bourgeois par le comportement des enfants, tel que le montre Vigo. Pendant la projection, il a fallu allumer plusieurs fois, et la séance s'est presque terminée dans une bagarre" (Salès Gomès, p. 154). Ces propos seraient assez exagérés, selon les dires encore de Salès Gomès, qui précise qu'"en vérité presque tous les distributeurs et gérants de cinéma étaient choqués, mais plutôt par l'absence de qualités commerciales du film que pour des raisons morales" (p. 154). Toujours est-il que les quelques articles de journaux consacrés au film dans les jours suivant sa présentation sont peu enthousiastes, voire hostiles dans l'ensemble, comme en témoigne l'opinion suivante:

> "Une oeuvre exceptionnelle, que l'on va siffler et discuter. Un film dont on ne comprend pas qu'un grand circuit commercial [Gaumont] se soit assuré la distribution. Haineux, violent, destruct-eur, rancunier, il semble gonflé de toute l'amertume que son auteur doit garder d'un misérable passé de pensionnaire. Infecté de grossièretés, nocif et âpre, il stigmatise les pédagogues vicieux et bornés et chante avec désespoir un hymne à la liberté. Photographie confuse et mauvaise, qui ajoute à l'angoisse de l'histoire. Oeuvre ardente et hardie" (citée par Salès Gomès, p. 156).

Aucun critique de l'époque n'a reconnu le caractère poétique de *Zéro de conduite*, ni son intérêt stylistique. Par contre, la presse catholique, dont la réaction violente ne se fait pas attendre, relève "les idées subversives" du film et estime qu'il porte atteinte à la morale en dénigrant les enseignants. Sous la pression du gouvernement, craignant apparemment que le film ne nuise au maintien de l'ordre, la commission de censure interdit tout bonnement sa projection publique, prévue plusieurs jours plus tard. L'interdiction du film, auquel on reproche son "esprit anti-français", serait dûe, en partie du moins, à l'identité de Vigo, bien connu en tant que fils d'un anarchiste célèbre mort en prison dans des circonstances équivoques (voir ci-dessous).

La carrière commerciale de *Zéro de conduite* étouffée par la censure française, il ne lui reste que les projections par les ciné-clubs, et cela jusqu'en novembre 1945, date de sa première sortie publique en France. En Belgique, pourtant, où l'on s'intéresse vivement à l'oeuvre de Vigo, les critiques sont plus "lucides", et *Zéro de conduite* est projeté pendant un mois en automne 1933 dans un cinéma de Bruxelles avant d'être repris par les ciné-clubs belges. Le film de Vigo ne sera vraiment réhabilité en France qu'à partir des années cinquante, époque où le cinéaste maudit sera de plus en plus connu comme le "Rimbaud du cinéma". Les jeunes critiques des *Cahiers du cinéma* (voir l'Introduction à la Nouvelle Vague), à commencer par François Truffaut et Jean-Luc Godard, reconnaîtront en Vigo un précurseur du réalisme poétique et verront dans son oeuvre une expression du surréalisme (par son esprit de révolte surtout) et le modèle d'un cinéma autobiographique dont s'inspireront certains réalisateurs de la Nouvelle Vague. La diffusion répétée des oeuvres de Vigo par la télévision française feront connaître *Zéro de conduite*, ainsi que les autres films de Vigo, à un public de plus en plus plus large.

Avant et après *Zéro de conduite*

L'oeuvre cinématographique totale de Jean Vigo ne comprend que deux heures quarante minutes de pellicule, le jeune réalisateur étant mort à l'âge de 29 ans après une longue maladie. Vigo a été fortement influencé par les idées politiques de son père, Miguel Vigo, dit Almereyda, militant anarchiste et antimilitariste notoire, ainsi que par les théories de montage du metteur en scène soviétique, Sergei Eisenstein (voir « La Lecture du film», pp. 33-34). Il réalise à l'âge de 25 ans un premier film, à caractère politique, un court métrage intitulé *A propos de Nice* (1930). Il s'agit d'un documentaire "social", ou ce que Vigo préfère appeler un "point de vue documenté", sur la ville de Nice qui met en relief le contraste entre la vie des grands bourgeois des beaux quartiers et celle des habitants des quartier pauvres. Le film est bien accueilli par les critiques mais ne rapporte que très peu d'argent.

Après avoir tourné un autre court métrage, un film de commande sur un champion de natation, *Taris ou la natation* (1931), Vigo réalise *Zéro de conduite* (1933), suivi l'année d'après par son seul long métrage, *L'Atalante*, une évocation lyrique de la vie d'un marinier et de sa femme, nouveaux mariés, sur une péniche de la Seine. Cette histoire d'"'amour fou", d'une grande poésie malgré sa mutilation par le distributeur, est l'objet d'éloges nombreux de la part des critiques de cinéma mais ne connaît qu'un succès très médiocre auprès du public. Gravement malade, Vigo, qui quitte son lit pour assister à la première du film, meurt le mois suivant d'un empoisonnement du sang (septicémie).

La genèse du film

Lorsque Jean Vigo a douze ans, en 1917, vers la fin de la "Grande Guerre" (la Première Guerre mondiale, 1914-18), son père est accusé — faussement, de toute évidence — d'intelligence avec l'ennemi. Arrêté et incarcéré à la prison de Fresnes, il est trouvé mort, pendu, quelques jours plus tard. On n'a jamais pu savoir s'il s'agissait d'un suicide ou d'un assassinat. Pour sa protection, dans l'ambiance surchauffée de l'après-guerre, l'enfant est inscrit sous un pseudonyme, Jean Salles, au collège de Millau où il sera pensionnaire pendant quatre ans. Dans *Zéro de conduite* (intitulé primitivement *Les Cancres*), Vigo évoque son existence de "potache", la vie des élèves des établissements de l'enseignement privé en province vers 1920, qu'il qualifie de "mesquine, malsaine, parfois cruelle" (Sand, p. 14). Il garde le souvenir du "zéro de conduite" et de l'inévitable sanction, "Consigné dimanche", qui l'empêchait, lui et ses camarades, de sortir ce jour-là. Au collège de Millau, Vigo a connu Caussat et Bruel, tandis que Colin, le troisième comparse du film, est un ami du lycée de Chartres transplanté au collège. On a reconnu dans chacun des enfants, et surtout chez Tabard, des traits de Vigo lui-même, et celui-ci confirmera, pendant le tournage du film, son caractère autobiographique : "Ce film, c'est tellement ma vie de gosse que j'ai hâte de faire autre chose" (André Négis, p. 68). Quant aux personnages adultes du film, on sait que les sobriquets de Bec-de-Gaz et Pète-Sec évoquent des surveillants (des "pions") de Millau, mais tellement transformés par l'imagination du réalisateur qu'on n'a pu identifier leurs modèles : "Vigo, pour créer ses personnages adultes, a pris son point de départ dans la réalité, mais une réalité vue par des yeux d'enfant rebelle ou meurtri qui, devenu homme, prenait sa revanche par la satire" (Salès Gomès, p. 121). On reconnaît bien le modèle du principal dans celui du lycée de Chartres, tout petit et barbu, mais plutôt brave homme — à l'encontre du personnage pompeux et ridicule du film de Vigo — ainsi que celui du pion sympathique, Huguet, dans un surveillant de Millau qui n'était resté que quelques semaines au collège.

Le tournage, la distribution, le montage

Les studios Gaumont, co-producteurs du film, n'accordent à Vigo que huit jours de studio pour le tournage des intérieurs, pendant la dernière semaine de décembre 1932 et la première semaine de janvier 1933. Vigo est ainsi obligé de travailler dans une précipitation extrême et de supprimer un certain nombre de séquences, ce qui donnera un caractère décousu et parfois brouillon à la version finale du film. Les dialogues qu'il avait écrits pour le scénario original s'avérant insuffisants, Vigo en écrit de nouveaux chaque matin, au fur et à mesure du tournage, dans le train qu'il prend pour aller au studio. Comme chef-opérateur, Vigo engage Boris Kaufman (le frère du célèbre cinéaste et théoricien soviétique, Dziga Vertov), qui a déjà réalisé avec lui *A propos de Nice* et qui restera auprès de lui pour tourner *L'Atalante.*

Pour jouer les rôles principaux, Vigo embauche des garçons de son quartier de Paris et des enfants d'amis. Le rôle de Caussat échoue à Louis Lefèvre, "la terreur de tout le quartier et un être délicieux, fantasque et grossier" (Salès Gomès, p. 124). Les élèves de la figuration, une vingtaine, viennent également de divers quartiers populaires de Paris, surtout du 19e arrondissement, où les enfants très animés et rebelles ne manquent pas. Le rôle du surveillant général, Bec-de-Gaz, est incarné par M. Blanchar (le gérant de l'immeuble où habite Vigo), la mère Haricot, la cuisinière, par Mme Emile (la patronne du bistro où l'équipe du tournage prend ses repas), d'autres rôles d'adultes par des amis du réalisateur. Dans la distribution il n'y a que trois acteurs de cinéma professionnels, ceux qui tiennent les rôles du surveillant Parrain (Pète-Sec), du professeur de chimie répugnant, et du principal du collège. Le rôle du nouveau surveillant Huguet sera tenu par Jean Dasté, un acteur de théâtre talentueux qui commence dans *Zéro de conduite* une longue carrière au cinéma ; on le retrouvera, notamment, dans *L'Atalante* de

Vigo, dans *La Grande Illusion* de Renoir (1937), et même dans *Mon oncle d'Amérique* d'Alain Resnais en 1980.

Etant donné le temps de studio très réduit dont dispose l'équipe, le rythme de travail est intense. Comme Vigo ne dispose que d'un découpage très rudimentaire, il sera obligé d'improviser sans arrêt. Les enfants de la figuration, de vrais garnements dont certains recrutés dans la rue, sont rebelles à la discipline et difficiles à diriger. Leur mauvaise diction, conjuguée à la qualité défectueuse des prises de son, résulte en une bande-son plus que problématique. La santé de Vigo, très fragile, se ressent de la fatigue du tournage ; à la fin du mois de décembre il est grippé et n'a plus de voix. Pour les scènes du dortoir, il est réduit à chuchoter ses ordres dans l'oreille d'un de ses assistants qui les transmet en hurlant aux gosses. Fiévreux, épuisé, guetté par la pneunomie, Vigo est alité pendant cinq jours et ne termine le travail en studio que le 6 et 7 janvier. Pour finir à temps, la plupart des plans ne sont tournés désormais qu'une seule fois, tandis que certains sont carrément supprimés du scénario.

Les extérieurs sont tournés en dix jours, entre le 10 et le 22 janvier, dans une gare de la banlieue parisienne, pour les scènes du début, et dans la ville de Saint-Cloud, où Vigo avait vécu enfant, ainsi qu'au collège de Saint-Cloud. La pluie et la neige ayant interrompu le tournage par moments, créant des problèmes financiers, Vigo est encore obligé de supprimer des scènes et, vers la fin (comme pour le tournage en studio), de tourner de manière précipitée, une seule fois chaque plan.

Quand Vigo passe au montage, à la fin du mois de janvier, il est encore obligé d'amputer des scènes, le film étant toujours trop long par rapport aux limites qu'on lui a imposées. Pour que le film reste compréhensible, il est obligé d'ajouter quelques intertitres explicatifs. Le montage est terminé dans les premiers jours de mars, la musique de Maurice Jaubert et la sonorisation à la fin du même mois. Le film est prêt début avril.

La structure

Zéro de conduite est organisé, de manière assez lâche, en quatre grandes parties. La première partie, précédée par un insert où l'on lit "Finies les vacances. La Rentrée", commence dans le compartiment du train, où les deux élèves, Caussat et Bruel, se livrent à des jeux enfantins. Elle se termine le lendemain matin au dortoir lorsque ces deux garçons et Colin, les trois trublions de l'école, se voient infliger un *"zéro de conduite"* et sont *"consignés dimanche"*. Un nouvel insert, "Complots d'Enfants", annonce le début de la deuxième partie, dans la cour de récréation, où les trois élèves, écoeurés d'être *"collés chaque dimanche"*, préparent leur révolte contre une autorité qu'ils ressentent comme abusive. Dans cette partie sont développés, en plus, la complicité du nouveau "pion", Huguet, qui se range du côté des enfants, et le caractère odieux du surveillant géneral, "Bec-de-Gaz".

La troisième partie, qui n'est précédée d'aucune annonce, aurait pu être intitulée "Soupçons d'Adultes", en réplique aux "Complots d'Enfants". La scène de la promenade des enfants avec Huguet, animée d'un esprit de liberté et d'innocence, est présentée en montage alterné avec celle du bureau du principal, où celui-ci exprime des soupçons quant aux relations entre Tabard et Bruel, qui se donnent des marques publiques d'amitié. Cette partie se termine par la scène où le principal culpabilise Tabard, suivie par le refus de celui-ci de s'asseoir à côté de Bruel dans la salle d'étude.

Après une sorte d'intermède, où Caussat passe le dimanche chez son correspondant à jouer gentiment avec une petite fille, et une scène dans la cuisine de la Mère Haricot, qui sert de prélude au chahut du réfectoire, on passe à la quatrième partie du film, qui se déroule entièrement sous le signe de la Révolte. Le chahut des enfants, dégoûtés par la mauvaise nourriture, présage la révolte ouverte provoquée par le geste exaspéré de Tabard qui dit "Merde"! au professeur de chimie, avant de répéter son défi aux professeurs réunis en conseil de discipline. La révolte générale éclate le soir au dortoir, où Tabard déclare la guerre aux pions, réclamant *"la liberté ou la mort"*. Elle s'achève le lendemain matin, le jour de la fête du collège, quand les quatre comploteurs, montés sur le toit de l'école, bombardent l'assemblée *"de vieux bouquins, de vieilles boîtes de conserve, de vieilles godasses"* qu'ils ont cachés dans le grenier.

Les thèmes

Le thème principal de *Zéro de conduite* est tout à fait explicite : c'est le besoin de liberté chez les enfants, brimés par le monde adulte. Et c'est au nom de cette liberté, considérée comme essentielle au bonheur des enfants, que ceux-ci fomentent la révolte, autre thème majeur, qui se prépare presque dès le début du film. "Film de révolte absolue, explosion lyrique d'une libération qui trouve en elle-même sa raison d'être et son aboutissement" (Lherminier, p. 72), *Zéro de conduite* se rattache clairement au courant surréaliste (sans que son réalisateur ait jamais appartenu officiellement au groupe d'André Breton), comme l'indique la définition bien connue du surréalisme par Gaëtan Picon : "Refus de la condition humaine, et de la condition sociale, le surréalisme naît dans la révolte, il dénonce une société faite de freins, d'interdictions, et aussi d'injustices...".

Quant à la question autobiographique, si Vigo prend comme point de départ son expérience au collège, son film dépasse largement le côté personnel pour devenir l'expression du monde même des enfants et, surtout, de leur vie intérieure, de leur imagination, de leur fantaisie, de leur besoin d'épanouissement. Au monde des enfants, où règnent à la fois la pureté et le besoin quasi-anarchique de liberté, Vigo oppose le monde des adultes, où tout est défense, injustice, et répression. Pire, les adultes projettent sur le monde innocent des enfants une ombre de culpabilité, traitant d'équivoque les simples liens d'amitié qui se nouent entre ceux-ci. La révolte des enfants est nourrie d'un sentiment d'injustice qui est, lui aussi, érigé en thème majeur au moment où les enfants posent devant le surveillant Parrain, "crucifié" dans son lit, la double lanterne vénitienne qui évoque la balance de la justice. A côté de ces grands thèmes, on remarque également le motif du jeu, dont l'importance dans la vie des enfants est établie dès la première séquence, ainsi que les thèmes du complot, de l'amitié enfantine et de l'équivoque homosexuelle — celle-ci présentée comme un fruit de l'esprit corrompu des adultes.

Le style

Malgré son caractère indiscutablement autobiographique, il ne faut pas voir en *Zéro de conduite* un documentaire "réaliste", ni sur les écoles privées de province, ni sur les adultes. On n'oublie pas que Vigo transpose son expérience de pensionnaire, qu'il la fait passer par le filtre de la perspective des enfants, ce qui produit un portrait extrêmement caricatural des adultes et du régime de l'internat. Comme le remarque Pierre Lherminier, "Parti d'une certaine réalité vécue dont il veut à la fois témoigner et se délivrer (sa 'vie de gosse'), il nous décrit en fait un univers onirique et mythique qui n'a plus que peu de chose à voir avec elle" (p. 62). De son côté, Jean Mitry voit dans le film de Vigo "un poème savoureux, tout à la fois caricatural et onirique, une sorte de cauchemar éveillé où viennent s'entrechoquer les souvenirs et leurs déformations psychiques. Le réel et l'imaginaire se fondent en une vision globale..." (p. 333). Ce mélange de réel et d'imaginaire caractérise le mieux le style de *Zéro de conduite*, dont on a souvent loué le caractère à la fois réaliste et poétique. Rattaché au mouvement surréaliste par son cri de révolte, le film de Vigo n'en est pas moins considéré, à juste titre, comme un précurseur du courant du "réalisme poétique" qui dominera le cinéma français des années trente, et surtout les films de Jean Renoir et de Marcel Carné.

Le style de *Zéro de conduite*, à la fois poétique et loufoque — les gags s'enchaînent sans fin — s'impose dans le film par le culte de l'insolite et du merveilleux, que ce soit dans le caractère fantaisiste des jeux des enfants au début du film, dans les angles de prises de vues dans le dortoir, ou dans l'utilisation du trucage à substitution (le ballon qui disparaît et réapparaît dans la main de Caussat). Insolite encore le comportement de Huguet qui marche sur les mains dans la salle d'étude, puis, sans changer de position, fait un dessin caricatural de Bec-de-Gaz, dessin qui s'anime, se transformant d'abord en femme, puis en Napoléon. Non moins insolite ce "jeu de massacre", avec ses grandes poupées grotesques assises dans la tribune d'honneur de l'école juste derrière les officiels — pour ne pas parler du portrait férocement caricatural, lourdement ironique, des personnages adultes du film, assimilés finalement aux pantins qu'ils côtoient sur les bancs. La dérision a rarement été poussée aussi loin dans un film.

Mais aucune scène du film n'illustre mieux le côté poétique du style de *Zéro de conduite* que la célèbre séquence de la révolte au dortoir, évoquée par tous les commentateurs du film : le montage singulier de la scène où les élèves se déchaînent, puis le cortège d'enfants en chemise de nuit, avançant au ralenti comme dans un rêve, à travers les plumes qui remplissent l'espace et accompagné de la musique hallucinante de Jaubert — toute la séquence a été traitée, à juste titre, de "paroxysme lyrique" (Lherminier, p. 68). C'est le sommet de l'insolite du film et l'emblême de son style.

La musique

La musique fait partie intégrante du style de *Zéro de conduite*. Si, comme le dit Gilles Jacob, "l'un des premiers, Vigo perçoit l'importance de la musique au cinéma" (p. 90), on ne saurait trop insister sur la contribution du compositeur, Maurice Jaubert, à la réussite du film. Afin de créer la musique pour le moins étrange de la séquence du dortoir, par exemple, Jaubert a eu l'idée de faire jouer et d'enregistrer sa partition à l'envers (les musiciens renversant l'ordre des notes, en commençant par la fin). Inversée ensuite, au moment de la sonorisation du film, pour remettre le thème "à l'endroit", la partition produit l'effet irréel, "surréel", d'un monde autre, de l'univers du rêve. L'union de la musique et de l'image, pour créer l'ambiance souhaitée, a rarement atteint un tel degré de perfection. Le génie de Jaubert éclate également dans d'autres séquences, comme celle de la promenade en ville ou celle du train au début du film : "A une époque où l'on aimait à s'enivrer des bruits de la réalité [...], oser remplacer le classique bruitage du train de *Zéro de conduite* par un leit-motiv de Jaubert était d'un téméraire novateur" (Jacob, p. 90). Comme l'ajoute Salès Gomès, "La partition de *Zéro de conduite* fut une réussite totale, et il était clair que Jaubert était en France désormais le premier musicien de film" (p. 135).

FICHE PÉDAGOGIQUE

Propos de Jean Vigo

"La fantaisie, c'est la seule chose intéressante de la vie. Je voudrais la pousser jusqu'à la loufoquerie".

"Et alors, je me sens pris d'angoisse. Vous allez voir *Zéro de conduite*, je vais le revoir avec vous. Je l'ai vu grandir. Comme il me paraît chétif! Pas même convalescent, comme mon propre enfant, il n'est plus mon enfance. C'est en vain que j'écarquille les yeux. Mon souvenir se retrouve mal en lui. Est-ce donc déjà si lointain? [...] Sans doute, je retrouve dans le compartiment qui sème les vacances les deux amis de la rentrée d'octobre. Bien sûr il se dresse là, avec ses 30 lits identiques, le dortoir de mes huit années d'Internat, et je vois aussi Huguet que nous aimions tant et son collègue le pion Pète-Sec, et ce surveillant général muet aux semelles crêpe de fantôme. A la lumière du bec de gaz demeuré en veilleuse, le petit somnambule hantera-t-il encore mon rêve cette nuit? Et peut-être le reverrai-je au pied de mon lit comme il s'y dressait la veille de ce jour où la grippe espagnole l'emportait en 1919 [...].

"Oui, je sais, les copains Caussat, Bruel, Colin, le fils de la cuisinière, et Tabard, que nous appelions la fille, et que l'administration espionnait, torturait, alors qu'il eut besoin d'un grand frère, puisque Maman ne l'aimait pas [...].

"Tout est représenté, le réfectoire aux haricots, la classe et l'étude où l'un de nous dit un jour tout haut et deux fois ce que nous pensions tous.

"J'assisterai donc encore à la préparation du complot qui nous donna tant de mal, la nuit au grenier, au chahut qu'il fut, à la crucifixion de Pète-Sec telle qu'elle fut, à la fête des officiels que nous avons troublée en ce jour bien nommé de la Sainte-Barbe.

Partirai-je encore du grenier, notre unique domaine, par les toits vers un ciel meilleur"?

(Extrait de la "Présentation de *Zéro de conduite*" à Bruxelles, le 17 octobre 1933.)

Extraits à discuter

Extrait 1 (1'00-4'00): La séquence du début, dans le compartiment du train (les deux garçons essaient de s'épater l'un l'autre avec leurs jouets).

Extrait 2 (12'30-13'10): La cour de récréation (le complot des enfants, la complicité du nouveau surveillant Huguet).

Extrait 3 (14'10-14'25): Le surveillant Huguet et Charlot.

Extrait 4 (16'40-18'30): Acrobaties de Huguet dans la salle d'étude.

Extrait 5 (20'00-24'35): Le bureau du principal et la promenade en ville.

Extrait 6 (34'20-37'40): La séquence du dortoir (la révolte des enfants, la procession au ralenti).

Extrait 7 (40′10-43′00): La fête du collège (bombardement des officiels, dénouement).

Citations à commenter

Caussat: "Mes amis, voilà le plan : le complot est prêt. On est collés chaque dimanche... il faut se sauver".
Bruel: "Par le grenier"?

* * *

Le Principal: "...ce que vous m'en dites m'inquiète...Pour conclure, monsieur Sant..., selon vous, monsieur le Surveillant général... Tabard et Bruel se conduiraient comme des petits enfants, des gamins... Pas sérieux, pas sérieux du tout... [Plans de Huguet et les enfants en promenade en ville.]...et envisagez-vous toute notre responsabilité au point de vue moral? [Retour des enfants sous la pluie, Tabard et Bruel ensemble sous une cape.] Ça y est! Encore ensemble. Cette amitié devient excessive. Monsieur le Surveillant général, vous avez raison...Il faut les surveiller".

* * *

Le Professeur de chimie: "Eh bien! mon petit garçon, tu ne prends pas de notes, ce matin"?
(Nerveusement, Tabard sort son cahier et commence à écrire. Le professeur pose alors sa main grasse, moite et luisante sur la main gauche de Tabard.)
Le Professeur: "A la bonne heure"!
(D'un geste brusque, Tabard furieux dégage sa main.)
Tabard: "Laissez-moi"!
Le Professeur: "Ah! mon petit, je ne te dis que ça"!
(Tabard, au comble de l'exaspération, se lève brusquement et fixant droit le professeur.)
Tabard: "Eh bien, moi, je vous dis... Je vous dis merde"!

* * *

Carton: "Le lendemain matin, la fatigue, complice des quatre..."
Surviennent Caussat, Tabard, Bruel et Colin déjà habillés. Sans réveiller Parrain, ils le ficellent dans son lit à l'aide d'un cache-nez, puis dressent le lit en position verticale et placent devant lui, toujours endormi, une double lanterne vénitienne pour simuler une balance : celle de la justice aveugle?!...
("*Zéro de conduite*" (découpage), © *L'Avant-Scène Cinéma*, pp. 21, 22).

Sujets de réflexion

1. L'évocation du monde des enfants dans la séquence du train.
2. Le rapport entre "Zéro de conduite" ("Consigné dimanche") et la révolte des enfants (le sentiment des enfants devant le pouvoir des adultes).
3. L'introduction du thème de la révolte (à quel moment?).
4. La représentation des adultes (et du collège) dans le film.
5. Le personnage du nouveau surveillant Huguet. Son rôle dans le film.
6. Le personnage de Tabard et son amitié avec Bruel.
7. L'incident qui déclenche la révolte.
8. La séquence du dortoir : angles de prises de vues, accessoires, effets

spéciaux, musique.

9. Le dénouement du film (optimiste? pessimiste? "lyrique"?).

10. Le "réalisme poétique" : réalisme et poésie dans *Zéro de conduite*.

DOSSIER CRITIQUE

James Agee — Un poème cinématographique

Zéro de conduite est l'un des rares grands poèmes cinématographiques : c'est un film qui crée son propre monde librement et sûrement, du début à la fin et de l'intérieur vers l'extérieur (*"Zéro de conduite* et *L'Atalante"*, p. 75).

André Négis — La galère du tournage

Nous sommes aux studios Gaumont et Jean Vigo tourne les intérieurs de son film *Zéro de conduite*, qu'on verra prochainement [...].

Ce n'est pas rien, je vous jure, que de conduire, discipliner, que de tirer quelque chose de ces vingt gosses recrutés un peu partout, arrachés à l'arrière-boutique, à l'école, à la mansarde, au trottoir. Vigo les a longuement triés sur le volet de Paris. Il lui est arrivé d'en suivre dans la rue, au risque de passer pour un individu de mœurs douteuses. Mais ce que ce petit bonhomme veut, il le veut bien.

Ainsi, à cette minute, avec ses yeux caves, ses joues creusées, sa toux de grippé, ses trente-neuf de fièvre, c'est dans son lit qu'il aurait dû rester. Mais on tourne, les frais courent et il est là aphone, agacé, pestant, jurant. Comme il n'a plus un son de voix, Riera lui prête la sienne qui est magnifique : un vrai haut-parleur électrodynamique. Vigo dit la phrase dans l'oreille de Riera et Riera la hurle :

— Couchés les gosses, n... de D...! couchés et les yeux fermés!! Ça y est?...Alors on répète une dernière fois"!

Sunlights. Moteur. On croit que ça y est et ça n'y est pas. Il faut encore refaire la scène, donner une forme sûre à cette pâte qui n'est guère ductile : des mômes qui n'ont jamais joué et qui font une longue partie de rigolade [...] ("On tourne *Zéro de conduite*", p. 66).

Pierre Lherminier — L'enfance absolue

Parti d'une certaine réalité vécue dont il veut à la fois témoigner et se délivrer (sa "vie de gosse"), [Vigo] nous décrit en fait un univers onirique et mythique qui n'a plus que peu de chose à voir avec elle. On peut se contenter de trouver dans le film une sorte de document au vitriol sur certaines méthodes d'éducation naguère en usage dans les collèges — et c'est bien ainsi que l'ont vu les censeurs de 1933 qui l'ont condamné pour douze ans à la clandestinité parce que ce qu'il avait à leurs yeux de "réaliste" leur semblait porter atteinte, pour le moins, à l'honneur et au moral des pédagogues... Mais c'est passer — à leur exemple — du côté du véritable caractère du film et de son sens profond. *Zéro de conduite* est, bien sûr, un pamphlet, une mise en accusation d'un système d'éducation et de ses praticiens emportés par leur zèle, mais ce n'est là en fin de compte, que le prétexte du film, son support anecdotique, dont Vigo a su très vite s'éloigner pour nous ouvrir de tout autres perspectives. La meilleure preuve en est que ce film n'a rien perdu de sa virulence et qu'il nous touche peut-être plus encore aujourd'hui qu'il ne pouvait le faire il y a dix, vingt, ou trente ans, alors que son sujet apparent, si nous nous en tenions à lui, pourrait nous sembler d'un autre temps. C'est en vérité un film toujours plus jeune dont seule l'usure de la pellicule trahit l'âge, alors qu'un film vraiment *réaliste* serait depuis longtemps dépassé.

Jugé selon les seuls critères du réalisme, *Zéro de conduite* ne serait qu'un film excessif et faux. S'il n'est ni l'un ni l'autre, et nous paraît au contraire d'une criante vérité, c'est que nous ne le rapportons pas à la réalité extérieure qu'il est censé décrire, mais à une autre réalité, qu'il ne décrit pas, dont il est en quelque sorte l'épreuve en creux, et qui est la réalité intérieure et secrète de l'auteur. Rien n'est vraiment *réel*, ici : ni les personnages, caricaturaux, schématiques, dessinés à gros traits et dont la psychologie est déjà tout entière dans l'aspect du corps, la démarche et le geste, comme il en va dans les univers du mélodrame, de la féerie, du ballet, et du dessin animé [...] ; Non, rien n'est réel ici ; mais tout est *vrai*, ne serait-ce que parce que *nous y sommes*, et que nous *en* sommes [...].

D'ailleurs, n'y avons-nous pas vécu en effet? Nous retrouvons dans ce film le monde oublié ou méconnu qui continue de survivre pourtant au fond de nous-mêmes et qui est, encore une fois, celui de l'enfance ; non pas un monde fabriqué où nous distinguerions quelque chose qui ressemblerait aux vagues souvenirs de notre enfance et qui n'éveillerait en nous qu'un attendrissement diffus au goût amer, mais *le* monde même de l'enfance même, l'enfance idéale et éternelle, dont Vigo fixe pour nous les élans et la révolte essentiels, nous les révélant peut-être si, comme il arrive, nous avons négligé de les vivre lorsqu'il était temps. Loin d'être réaliste, *Zéro de conduite* est à ce titre le plus beau des films abstraits [...]. Choisissant de réaliser ce film, Jean Vigo n'a pas opté pour la facilité mais pour le plus grand risque, celui de rester prisonnier du passé qui l'inspirait. Sa réussite est d'y avoir au contraire échappé. Née de la mémoire, l'oeuvre s'épanouit dans l'invention, le récit se fait création ; l'anecdote, poésie ; la réalité, désintégrée, devient vérité. Au-delà de l'enfance de Jean Vigo, *Zéro de conduite* nous dit l'enfance absolue (*Jean Vigo*, pp. 62-63).

Jean-Paul Marquet — L'optimisme de Vigo

Lorsque le fils de la cuisinière (la Mère Haricot) cache sa tête dans ses mains et pleure, pendant que les gosses révoltés dans le réfectoire se jettent les assiettes au visage et qu'on entend crier : "La Mère Haricot!"...tout le Vigo enfant est dans cette détresse, comme tout l'homme est dans l'amertume mêlée à l'esprit de révolte qui jaillit de la bouffonnerie cruelle, animant tout le film, y faisant représenter le principal par un nain, montrant un pion voleur de casse-croûtes et finissant par un jeu de massacre. Jeu de massacre à la seconde puissance puisque le film massacre comme par jeu les démons de l'enfance de l'auteur.

Mais plus que cette bouffonnerie, ce qui nous touche c'est l'amour profond de Vigo pour les enfants et une espèce d'optimisme qui, ici, transfigure tout. Si les hommes salissent ce qui est pur, les enfants se sauvent, sont victorieux du monde des grands. C'est la seule attitude possible, en face de la laideur du monde qui nous est imposée. Elle seule est purificatrice : si les enfants nous paraissent au début avilis, laids, vicieux, ils sont, à la fin merveilleusement épurés, angélisés, par leur révolte, par leur victoire sur le monde des grands, notre monde ("Optimisme et pessimisme chez Vigo", p. 93).

Philippe d'Hugues — La caricature chez Vigo

Comme de la peinture de l'humanité à sa caricature, il n'y a qu'un pas, il suffit à Vigo d'accentuer un peu le geste au-delà de la limite habituelle, de hausser le ton d'une note, d'outrer une attitude banale jusqu'à ce qu'elle devienne autre, pour trouver une des clés de son art, un art qui va créer la beauté en déplaçant les lignes. Allant dans cette voie plus loin que nul cinéaste, Vigo, en ses débuts, commence par donner libre cours à cette verve crispée qui est ce qu'on perçoit en premier lieu chez lui, et c'est *Zéro de conduite* ou le souvenir d'une jeunesse révoltée. Mais la caricature ne doit pas nous abuser ; elle est le moyen pour Vigo de révéler les choses sous leur vrai jour, mais aussi de nous les rendre supportables, en nous faisant rire d'elles, même si c'est à contre-coeur, et nous touchons du même coup à l'une des formes supérieurs de l'ironie. Le directeur de l'école est-il terrible parce que c'est un nain et qu'il a une grande barbe? Bien plutôt, c'est un nain et il a une barbe parce qu'il est déjà terrible ; qu'il nous suffise de l'imaginer sans ces singularités, et nous n'avons plus envie de sourire. Mais en le rendant dérisoire par son apparence physique, Vigo entend nous révéler sa nature véritable et en même temps porter un jugement sur elle. Ainsi la caricature, ambiguë de nature, est-elle l'instrument de la satire, et ouvre-t-elle la voie à une morale : celle d'un monde où la laideur est la punition de la méchanceté mais aussi la méchanceté punition de la laideur. Dans l'instant qu'ils nous sont montrés, les personnages sont déjà jugés ("La Fièvre de Jean Vigo", p. 96).

Paulo Emilio Salès Gomès — La scène du dortoir

...Le principal, impatient, insiste : *"Dis ce que tu as envie de dire, voyons!"* Et une nouvelle fois Tabard éclate : *"Monsieur le professeur, je vous dis... merde!"*

A l'image suivante nous sommes au dortoir en pleine effervescence. Entouré de tous les enfants, Tabard lit une proclamation dont on n'entend que des bribes parce que sa diction est mauvaise et le son plus mauvais encore : *"A bas les pions! A bas les punitions! Vive la révolte!...Notre drapeau sur le toit du collège! Nous bombarderons à coup de vieux bouquins!"*...

Affolé, en chemise de nuit, Pète-Sec se hâte d'intervenir mais en est empêché par les élèves. Tabard lit la proclamation révolutionnaire jusqu'au bout et un invraisemblable chahut commence. Les lits sont mis sens dessus dessous, des pots de chambre, en grappe, sont traînés par terre, on lance tout ce qu'on peut à travers le dortoir. Les enfants se battent avec les traversins et des édredons qui se crèvent. C'est à travers un nuage de plumes que Pète-Sec, à bout de forces, cherche une chaise pour s'asseoir. On lui retire la chaise et il tombe par terre. La musique de Jaubert donne le ton au désordre.

A ce moment deux événements extraordinaires se produisent : la musique et les images changent. Le mouvement des images est ralenti et, tandis qu'un enfant acrobate fait une roue, le corps un moment dégagé de la chemise de nuit, et vient atterrir, sexe à l'air, sur la chaise retirée à Pète-Sec, la musique prend un volume étrange, comme aspiré. Pour trouver la parfaite équivalence musicale du mouvement ralenti par les images, Jaubert avait écrit le thème qui avait été enregistré à l'envers. La "boucle-son" a ensuite été inversée au montage.

Ce fantôme de musique continue à accompagner la retraite aux flambeaux, toujours au ralenti, qui se forme derrière l'acrobate emporté sur sa chaise. Tous les petits êtres sont dans leur chemise de nuit, comme plongés dans une sorte d'extase, entourés par le doux mouvement des plumes. La marche est fermée par un petit fantôme, un enfant empêtré dans les rideaux de la cabine du surveillant (*Jean Vigo*, pp. 146-147).

Pierre Lherminier — La révolte des enfants et le lyrisme

Ainsi *Zéro de conduite*, s'il témoigne bien de l'esprit de revanche du jeune Vigo à l'égard de tout ce qui a tenté de l'écraser après avoir eu raison de son père, est aussi et surtout, plus loin et plus haut, le film de la révolte ontologique de l'enfance et du même coup de tout ce qui dans l'homme, est au niveau de l'enfance, c'est-à-dire *disponible*. J'ai parlé de *révolte sans cause* : "l'intrigue" de *Zéro de conduite*, en effet, ne fait pas apparaître que Bruel, Caussat, Colin, Tabard et leurs troupes aient un motif direct précis, logiquement explicable, de se lancer à l'assaut du collège et de tout ce qui y incarne l'autorité. Le prétexte immédiat de leur révolte est mince et en fait il ne compte pas. Ce qui compte, c'est que cette révolte ait lieu, parce qu'elle ne peut pas ne pas avoir lieu. Parce qu'elle est *la* revolte, qu'elle les représente toutes, et remplit simplement ici son office. Les collégiens de Vigo n'ont pas pour tâche de triompher de difficultés anecdotiques, mais celle d'exercer toute la plénitude de leur fonction de rebelles. Ils se révoltent parce qu'ils sont. Ils incarnent l'enfance en tout ce qu'elle a de non aligné, sa remise en question fondamentale et radicale du monde, son appétit de tout détruire pour tout recommencer, son besoin profond, et logique, et *normal*, de refaire le monde à son image, c'est-à-dire d'en récuser tout ce qui existait avant elle, tout ce qui prétend organiser ce monde sans elle et lui faire adopter des formes qu'elle n'a pas elle-même créées.

Dans cette direction, Vigo va jusqu'aux extrêmes limites. La révolte absolue de ses collégiens chargés de la mission suprême, il lui faut la consolider, la pérenniser, la *fixer*, l'empêcher de se renier jamais, interdire une fois pour toutes qu'elle puisse être jamais remise en cause, et menacée par les compromis. C'est dans le lyrisme qu'il en trouve le moyen. Un lyrisme qui n'est pas ici le lyrisme du *chant* (qu'il sera plus tard dans *L'Atalante*) mais le lyrisme du *cri*. Un lyrisme qui est littéralement un *lyrisme de fixation* [...].

C'est bien entendu dans l'extraordinaire séquence de l'émeute du dortoir que Vigo atteint à cet égard le sommet. Le ralenti de l'image et la parfaite musique de Jaubert donnent à cette séquence tout son sens et tout son poids : la révolte parvenu à son paroxysme, Vigo la fixe sur cette orbite extrême et lui donne le mouvement de l'éternité [...]. Différemment, les images finales du film le confirment : après s'être livré à l'encontre de toutes les autorités constituées à un irrémédiable jeu de massacre, les collégiens enfin libres s'enfuient par les toits, vers le sommet, vers l'azur, c'est-à-dire nulle part et partout à la fois, affirmant par cela même que ce qui pour eux importe n'est pas n'importe quelle liberté mais la liberté même, pure et nue, sans rivage et sans forme comme tout ce qui commence à naître ; non pas la liberté à tout prix quelle qu'elle soit, mais la liberté la plus totale payée du prix le plus haut ; non pas la liberté de changer de vie pour essayer à tout hasard celle qui apparaît au-delà des grilles, mais la liberté de changer *la* vie et de la recommencer au point *zéro* (*Jean Vigo*, pp. 77, 79).

Bruno Voglino — La révolte des enfants et le choc des cultures

Il s'agit, dans *Zéro de conduite*, de figures allégoriques plutôt que de personnages vrais, construits sur un développement psychologique où entre en jeu la dialectique des faits et des expériences. En effet, les uns, vus sous la lentille déformante de la caricature, sont des morts vivants, défendant une culture et morale ridicule et odieuse ; les autres sont le symbole d'une culture et d'une morale nouvelles. Leur "angélisation" abstraite et anarchisante trouve son expression la plus heureuse avec le célèbre ralenti de la procession dansante — légère, pure, impalpable — dans le dortoir mis à sac par la rébellion [...].

Il ne s'agit heureusement pas, pour Vigo, de "s'évader de la condition humaine", ou plus modestement du salon de papa, mais bien de détruire la prison d'une société historiquement déterminée, de se révolter contre certains principes d'éducation, de rejeter telles règles de conduite pour en élaborer d'autres : en somme, de construire la vie d'une façon différente [...].

L'opposition entre univers des grands — interdit, mesquin, égoïste — et celui des enfants — libre, sain, créateur — n'est pas le simple contraste "éternel", non historique, entre le monde des adultes et celui des petits, l'antinomie idéale entre l'univers aride et incompréhensif des grands et la spontanéité romantique de l'enfance [...]. En réalité, le film est la représentation du choc entre deux cultures. La révolte des quatre gosses, c'est le renoncement d'un groupe à une société où il est contraint de vivre, dans lequel on veut l'intégrer selon les normes de la classe au pouvoir. Vigo rejette le monde des grands (et son regard, comme son jugement ne font souvent qu'un avec les regards et les jugements de ses jeunes protagonistes), car il y reconnaît la stratification et la cristallisation d'un ordre social criminel, qui étouffe l'homme dans l'enfant, pour étouffer dans l'homme le devenir de l'histoire.

Zéro de conduite n'est donc pas l'itinéraire d'une adolescence "difficile", mais le combat entre deux conceptions opposées de la vie, qui se heurtent l'une pour survivre, l'autre pour commencer à être ("Un réalisme poétique", pp. 101-102).

FILMOGRAPHIE DE JEAN VIGO

1930   *A propos de Nice*
1931   *Taris ou la natation*
1933   *Zéro de conduite*
1934   *L'Atalante*

OUVRAGES CONSULTÉS

Agee, James. "*Zéro de conduite* et *L'Atalante*", *Premier Plan*, 19 (nov. 1961), 74-76.

Bost, Pierre. "*Zéro de conduite*", *Premier Plan*, 19 (nov. 1961), 72-73.

D'Hugues, Philippe . "La Fièvre de Jean Vigo", *Premier Plan*, 19 (nov. 1961), 96-97.

Jacob, Gilles. "Saint Jean Vigo, Patron des Ciné-Clubs", *Premier Plan*, 19 (nov. 1961), 89-93.

Leutrat, Paul. "Comme une sentinelle...", dans Buache, Freddy, Vinicio Beretta et Franco Vercelotti, ed., *Hommage à Jean Vigo*. Lausanne: La Cinémathèque suisse, 1962.

Lherminier, Pierre. *Jean Vigo*. Paris: Pierre Lherminier, 1984.

Marquet, Jean-Paul. "Optimisme et pessimisme chez Vigo", *Premier Plan*, 19 (nov. 1961), 93.

Négis, André. "On tourne *Zéro de conduite*", *Premier Plan*, 19 (nov. 1961), 66-68.

Salès Gomès, Paulo Emilio. *Jean Vigo*. Paris: Seuil, 1957.

Storck, Henri. "Naissance de *Zéro de conduite*", *Premier Plan*, 19 (nov. 1961), 78-80.

Vigo, Jean. "Mon Journal. Ma petite vie au collège de Millau et pendant les vacances", *Positif*, 7 (mai 1953), 88-93.

.... "Présentation de *Zéro de conduite*" (17 octobre 1933, à Bruxelles), *Positif*, 7 (mai 1953), 41-45.

.... "*Zéro de conduite*" (découpage), *L'Avant-Scène Cinéma*, 21 (15 déc. 1962), 1-28.

Voglino, Bruno. "Un réalisme poétique", *Premier Plan*, 19 (nov. 1961), 100-104.

Jean Renoir

Partie de campagne

(1936, 1946)

Jean Renoir, *Partie de campagne* : Henri (Georges Darnoux)
et Henriette (Sylvia Bataille) dans l'île. © Films du jeudi

Réalisation.. Jean Renoir
Scénario et dialogues... Jean Renoir
Assistants Réalisateurs............Jacques Becker, Henri Cartier-Bresson
Chef-Opérateur .... Claude Renoir
Musique..Joseph Kosma
Montage.....................Marguerite Houllé-Renoir, Marinette Cadicqx
Décors ....Robert Gys
Accessoires et costumes ....Luchino Visconti
Son...Joseph de Bretagne
Production...Pierre Braunberger
Durée .... 36 minutes

Interprètes

Sylvia Bataille (*Henriette*), Georges Darnoux (*Henri*), Jacques B. Brunius (*Rodolphe*), Jane Marken (*Juliette Dufour*), André Gabriello (*Cyprien Dufour*), Paul Temps (*Anatole*), Jean Renoir (*le père Poulain*), Marguerite Houllé-Renoir (*la servante*), Gabrielle Fontan (*la grand-mère*), Alain Renoir (*le petit pêcheur*).

Synopsis

C'est un dimanche de l'été 1860. M. Dufour, quincaillier à Paris, emmène à la campagne sa femme et sa fille, ainsi que sa belle-mère et son commis, Anatole. Ils décident de déjeuner à l'auberge du père Poulain, les hommes attirés par la proximité d'une rivière, où ils pourront peut-être faire une partie de pêche, les femmes par la présence de balançoires.

A l'intérieur de l'auberge, deux canotiers, Rodolphe et Henri, qui s'apprêtent à déjeuner, se plaignent de voir leur tranquillité dérangée par l'arrivée d'une famille de Parisiens. Cependant, lorsque Rodolphe voit la belle jeune fille, Henriette, en train de se balancer debout sur une balançoire, il tombe sous son charme et conçoit le projet de la séduire. Il propose à son ami de prendre en charge la mère, une grosse femme réjouissante chez qui l'on perçoit encore les traces d'anciens charmes.

Le repas commandé, M. Dufour et Anatole s'en vont au bord de la rivière discuter de la pêche, tandis que Mme Dufour et sa fille cherchent un endroit pour déjeuner sur l'herbe. Emoustillée par ce contact inhabituel avec la nature, Henriette avoue son émotion à sa mère, émotion à laquelle celle-ci n'est pas moins sensible. Cet intermède lyrique est interrompu par les cris d'Anatole, que les deux femmes rejoignent pour admirer deux belles yoles qu'il a découvertes. Cherchant le moyen d'aborder les deux femmes, Rodolphe s'installe avec Henri à la place que celles-ci viennent de quitter, en s'accaparant du chapeau oublié par Henriette. Ce dernier servira de prétexte pour faire connaissance.

Malgré l'orage qui s'annonce, Henriette tient toujours à déjeuner sur l'herbe. Pour se faire bien voir, Rodolphe et Henri cèdent la place choisie par les deux femmes, en rendant à Henriette son chapeau. Celle-ci est visiblement attirée par Henri. La famille Dufour et le commis s'installent pour manger. Le repas terminé, on retrouve M. Dufour et Anatole endormis, en train de cuver leur vin. Chatouillée par ses désirs et frustrée par l'état somnolent de son mari, la mère se montre sensible aux avances des deux canotiers, qui proposent aux deux femmes une promenade en bateau. Enthousiastes, la mère et la fille ne peuvent pourtant pas accepter sans l'autorisation du père. Pour rendre la chose plus aisée, Rodolphe "séduit" les deux hommes avec des cannes à pêche. Pendant que M. Dufour et Anatole s'en vont pêcher, Henri attrape la main d'Henriette et l'entraîne ; Rodolphe se dévoue en prenant la mère. Les deux couples montent dans les yoles et s'éloignent sur l'eau.

D'abord récalcitrante, puis encouragée par l'enthousiasme de sa mère, Henriette accepte de visiter une île où Henri l'emmène dans son "cabinet particulier", un petit fourré au milieu des arbres, à l'abri des regards. Rodolphe, de son côté, aborde sur la même île avec la mère, qu'il lutine sans merci en faisant le satyre. Henri essaie d'enlacer, puis d'embrasser Henriette. Très émue, celle-ci résiste cependant, puis se laisse aller à une étreinte passionnée avec le canotier. L'orage qui menace depuis un moment finit par éclater, la pluie tombant lourdement sur la rivière.

Quelques années après, Henri se rend seul dans l'île pour regagner son "cabinet particulier". Il y retrouve, à sa grande surprise, Henriette et son mari...Anatole. Il confie à la jeune femme qu'il est resté très attaché à cet endroit ; celle-ci, en proie à une émotion très vive, avoue qu'elle *"y pense tous les soirs"*.

La réception

Tourné en 1936, mais monté seulement en 1946 (voir ci-dessous la genèse du film), *Partie de campagne* sort enfin, à Paris, au mois de décembre 1946. La réaction de la presse est plutôt mitigée. Les critiques se plaignent de la mauvaise qualité du son et du caractère "inégal" du jeu des acteurs, tout en se montrant très élogieux à l'égard de l'interprétation touchante de Sylvia Bataille. On évoque le caractère poétique de *Partie de campagne*, et certains y voient déjà un "chef-d'oeuvre inachevé". Difficilement commercialisable, comme tous les moyens métrages, le film sera diffusé surtout dans les ciné-clubs pendant les années cinquante et soixante. Paradoxalement, l'absence des scènes non tournées ne nuit pas au film, comme le souligne André Bazin : "La partie non tournée et qui se serait déroulée principalement dans la boutique de M. Dufour (rue des Martyrs) est insignifiante dans la nouvelle et l'on peut dire donc que *Une Partie de Campagne* est un film parfaitement terminé" (p. 47). Un consensus se forme peu à peu parmi les critiques de cinéma, qui s'accordent à voir dans *Partie de campagne* un pur joyau, un des films les plus attachants de Renoir, et un modèle d'adaptation au cinéma d'une oeuvre littéraire.

La genèse et la distribution

L'histoire du film est plutôt rocambolesque. Le projet de tourner une adaptation d'*Une partie de campagne*, nouvelle de Guy de Maupassant publiée en 1881, naît principalement du désir qu'a Renoir de donner un rôle vedette à une jeune comédienne, Sylvia Bataille, qui avait joué un petit rôle dans *Le Crime de Monsieur Lange* et pour qui il a une grande admiration. (Pour un compte rendu de l'oeuvre de Renoir avant *Partie de campagne*, voir l'introduction de *La Grande Illusion*, "Avant *La Grande Illusion*", p. 84). Il trouve le rôle qu'il cherchait dans le personnage d'Henriette. Par ailleurs, Renoir est très attiré par le récit de Maupassant, remarquant qu'"'il y a peu d'histoires d'amour aussi touchantes" et qu'"'il y a tout, il y a des tas de problèmes, une partie du monde est résumé là-dedans". Il a envie aussi de tourner un film d'époque, dans un cadre pastoral, loin des studios et d'un mode de production qu'il trouve encombrant. Il choisit donc un coin de campagne près de Fontainebleau — cette même campagne qui a inspiré à son père, Auguste Renoir, certaines de ses toiles — au bord du Loing, où il a une maison de famille.

Renoir passe environ deux mois (mai-juin 1936) à mettre au point le scénario et à préparer le tournage du film, aidé de son équipe technique. Il entoure Sylvia Bataille de deux actrices de cinéma expérimentées, Jane Marken et Gabrielle Fontan, dans les rôles de la mère et de la grand-mère d'Henriette. Celles-ci seront rejointes par un artiste de music hall, André Gabriello, dans le rôle du père, l'administrateur de la production, Jacques B. Brunius, dilettante génial, dans celui de Rodolphe, et Georges Darnoux, assistant de Renoir pour plusieurs films précédents, dans celui d'Henri. La distribution est complétée par des débutants : Paul Temps (Anatole), Marguerite Houllé-Renoir, la scripte du film et la compagne de Renoir (la servante), et Alain Renoir, le fils de Renoir, dans le rôle du petit garçon qui fait de la pêche au début du film. Renoir lui-même joue le rôle de l'aubergiste, le père Poulain, quelques amis incarnant les rôles du curé et des séminaristes qui passent au moment de la scène de la balançoire.

Le tournage et le montage du film

Malgré l'ambiance de "partie de campagne" familiale dans laquelle évolue la petite troupe, dès le début du tournage (le 27 juin), les choses se gâtent. Renoir tient à tourner surtout en extérieurs, procédé très rare à cette époque, avec des prises de son en direct. Or, le travail est interrompu sans arrêt par la pluie, et le tournage, qui ne devait prendre qu'une semaine et demie, n'est toujours pas fini, un mois et demi plus tard, à la mi-août. Obligés de passer des journées à attendre un rayon de soleil, les membres de l'équipe commencent à s'énerver, les rapports se tendent de plus en plus, comme en témoigne Sylvia Bataille elle-même : "Ah! ça n'était pas joli, je vous assure, les derniers jours. Plus personne ne pouvait se voir, l'atmosphère était haineuse... Pourquoi? Rendez-vous compte ce que c'est qu'une équipe contrainte d'attendre, des jours et des jours, sur le tas, le soleil et l'argent" (Philippe, p. 75)! Ce qui n'arrange pas les choses, Georges Darnoux, qui joue le rôle d'Henri, affectionne un peu trop la boisson et, toujours selon Sylvia Bataille, est "ivre dès le matin"...

Renoir, de son côté, a hâte d'en finir pour se consacrer à son prochain long métrage, *Les Bas-Fonds*, dont il prépare déjà le tournage. Les dernières prises du film, dans la deuxième semaine du mois d'août — comprenant notamment l'embarquement des dames dans les yoles, presque tous les plans sur l'eau, et la danse de Rodolphe faisant le satyre — sont en fait effectuées par les assistants de Renoir, d'après des indications précises de la part de celui-ci (Curchod, p. 21). S'inquiétant des dépassements considérables du devis initial, comme de la dégradation des rapports entre les membres de l'équipe, le producteur, Pierre Braunberger, finit par arrêter le tournage le 15 août. On n'aura tourné ni la scène qui devait commencer le film (le départ de Paris de la famille Dufour), ni celle qui devait intervenir juste avant la scène finale dans l'île (Henri s'arrête à la quincaillerie Dufour, où il apprend le mariage d'Henriette avec le commis, Anatole). Malgré les efforts désespérés de la part de Braunberger pour "sauver" le film en le transformant en un long métrage, à partir d'un scénario proposé par Jacques Prévert, le film reste inachevé.

Les bobines de *Partie de campagne* vont dormir dans leurs boîtes dix ans, jusqu'à la Libération. A cette époque, sans se concerter avec Renoir (toujours aux Etats-Unis, où il s'était réfugié en 1940 pour fuir l'Occupation nazie de la France), Braunberger se rend compte qu'il suffira, pour achever le film de manière cohérente, d'ajouter deux cartons pour remplacer les deux scènes non tournées, celle du début et celle qui précède le dénouement dans l'île. Il confie le montage du film, effectué de novembre 1945 à janvier 1946, à Marguerite Houllé-Renoir, qui, on s'en souvient, avait servi de scripte lors du tournage du film. Pour la musique, il fait appel à Joseph Kosma, un collaborateur fidèle de Renoir qui a composé la musique de beaucoup de ses films, y compris certains de ses plus grands chefs-d'oeuvre, *La Grande Illusion* (1937), *La Bête humaine* (1938), et *La Règle du jeu* (1939). Notons en passant qu'au générique, dans la version finale du film, on constate une légère modification du titre : intitulé primitivement *Une partie de campagne*, comme la nouvelle de Maupassant, le film s'appelle à présent *Partie de campagne* tout court (ce qui explique l'existence des deux titres dans la littérature consacrée à ce film). Projeté d'abord au festival de Cannes en septembre 1946, *Partie de campagne* est enfin présenté au public, au mois de décembre, dans une salle des Champs-Elysées.

La Structure

Renoir avait l'intention de réaliser, comme il le dit, "un film court qui serait complet et aurait le style d'un film long". Ainsi, *Partie de campagne* devait se dérouler, tout à fait classiquement, en cinq mouvements, comprenant un prologue (le départ de Paris des Dufour), la partie principale en trois volets, et l'épilogue dans l'île (les retrouvailles pathétiques d'Henri et d'Henriette). Le prologue, qui ne sera pas tourné, est remplacé, comme nous l'avons vu, par un carton qui donne le contexte de l'action (bien qu'on puisse considérer comme un court prologue l'arrivée de la carriole sur le pont). Le premier volet du corps du film comprend la présentation du groupe Dufour arrivant à l'auberge, celle des deux canotiers s'apprêtant à déjeuner à l'intérieur de l'auberge, et le projet de séduction conçu par Rodolphe en regardant Henriette sur la balançoire. Dans le deuxième, M. Dufour et Anatole s'émerveillent des mystères du monde naturel en discutant de la pêche, tandis que Mme Dufour et Henriette, assises sur l'herbe à l'endroit où elles veulent déjeuner, s'attendrissent au contact de la nature. Henriette ayant oublié son chapeau par terre, les deux canotiers en profitent pour faire connaissance avec les Dufour, qui s'installent pour déjeuner. La troisième partie, commençant après le déjeuner, est consacrée à la séduction des deux femmes : désirs contrariés de Mme Dufour, proposition de promenade en bateau, autorisation du père, les deux "aventures" dans l'île. En schématisant, on peut considérer que la première grande séquence oppose les canotiers sans cavalières et les hommes du groupe Dufour accompagnés de la mère et de la fille; dans la deuxième, les canotiers font connaissance avec les femmes et les hommes Dufour ; au cours de la troisième, les canotiers remplacent les hommes Dufour auprès des femmes.

Thèmes, métaphores, symboles

Tant sur le plan des personnages que sur celui des thèmes, le corps principal de *Partie de campagne* est structuré selon une série d'oppositions binaires. Les Parisiens, dont les vêtements évoquent la ville, sont opposés d'emblée aux canotiers et à la campagne qui leur sert de cadre naturel. Les canotiers eux-mêmes présentent une nouvelle opposition, la désinvolture et l'entrain de Rodolphe faisant contraste avec le sérieux et l'air désabusé d'Henri. Dans la deuxième partie, Renoir développe une opposition majeure entre les thèmes de la connaissance et de l'ignorance de la nature qui met en relief, à la fois, le parallèle et le contraste de deux couples à l'intérieur du groupe Dufour. D'une part les hommes : M. Dufour étale son savoir sur la nature (la pêche) devant Anatole, dont l'ignorance prend la forme de la niaiserie. D'autre part les femmes : Mme Dufour incarne la "connaissance" des impulsions naturelles, le plaisir de la chair, par rapport à sa fille, dont l'ignorance n'est que la marque de son innocence, de sa pureté. En même temps, les deux couples sont fortement opposés par le caractère ridicule des deux hommes, leur côté burlesque (qui n'est pas sans rappeler Laurel et Hardy...) et la tendresse, la sensibilité qui caractérisent les rapports entre la mère et la fille et avec la nature. Il est vrai que dès la sortie du film en 1946 les critiques ont été frappés par le mélange, inhabituel, des genres, des épisodes burlesques alternant avec des scènes d'une grande sensibilité.

Dans la troisième partie, les oppositions se construisent et prolifèrent, à partir du motif de la pêche qui sous-tend le film entier. Les deux canotiers se livrent à une partie de "pêche" (métaphore développée longuement dans le film) dont les deux femmes Dufour sont les proies. Parallèlement, M. Dufour et Anatole rêvent d'une vraie partie de pêche — qui leur sera offerte par les canotiers en échange de la promenade en bateau avec les deux femmes. Aux autres opposition s'ajoute donc, sur le plan de la rhétorique, celle des registres littéral et figuré. Une fois dans l'île, une nouvelle opposition s'annonce entre le couple Rodolphe-Mme Dufour, dont les rapports grossièrement lubriques et ludiques ramènent le ton burlesque du film, et le couple Henri-Henriette, qui vivent une brève aventure dramatique remplie de sentiment et de passion. Les deux aventures n'en sont pas moins mises en parallèle : il s'agit dans les deux cas de désir, de sensualité, et de séduction, développés sur des modes différents.

Une dernière opposition, très pénible, termine le film de Renoir. Le mariage d'Henriette à Anatole, que nous apprenons dans l'épilogue, en même temps qu'Henri, met en relief l'opposition entre la loi de la Nature (l'attirance naturelle entre Henri et Henriette) et la loi de la Société (le mariage d'Henriette au successeur de son père). La présence des cannes à pêche dans cette dernière scène souligne, ironiquement, que c'est le commis grotesque, Anatole, qui a fini par attraper le gros poisson ; la loi sociale l'emporte…

A côté de la métaphore de la pêche, les intempéries qui gênent le tournage donnent lieu à la naissance, dans *Partie de campagne*, d'une deuxième métaphore importante en rapport avec l'eau (elle-même métaphore évidente de la fuite du temps…) : celle de l'orage. Renoir, célèbre pour son talent d'improvisation, réussit en fait à intégrer le temps pluvieux dans la grille thématique de son film. L'orage qui menace semble être un signe avant-coureur des passions auxquelles les deux couples vont donner libre cours dans l'île : les forces de la nature vont se déchaîner. Ainsi, la série de plans rapides sur les arbres et les roseaux pliés par le vent et sur le ciel lourd de nuages, suivis par les longs travellings arrières sur l'eau martelée par la pluie, ont pu être interprétés comme une métaphore de l'acte sexuel (Sesonske, p. 252). D'un autre côté, comme le remarque André Bazin, la pluie battante sur la rivière, qui clôt l'aventure d'Henri et d'Henriette, semble exprimer "tout le désenchantement ou plutôt la tristesse pathétique après l'amour" (p. 47). Le temps maussade, le sentiment de tristesse qu'il évoque , présagent, de ce point de vue, le dénouement lugubre du film.

Certains thèmes, finalement, sont véhiculés par des symboles. Renoir reprend, par exemple, le rossignol de la nouvelle de Maupassant, emblême traditionnel de l'amour, mais trouve lui-même l'idée de transformer les costumes des femmes — de la robe blanche d'Henriette au vêtement noir de la grand-mère, en passant par les habits gris de la mère — en symboles de l'usure de la vie, du destin triste de la femme petite-bourgeoise (Arnault, p. 152). La robe sombre que porte Henriette dans l'épilogue confirme assez clairement le caractère symbolique de l'habillement des femmes…

Le style et la musique

On ne peut parler du style de *Partie de campagne* sans évoquer ses rapports avec la peinture impressionniste. La composition picturale des plans n'échappe à personne, et Curchod signale "les mille rapprochements qui s'imposent — de Manet à Pissarro, de Caillebotte à Sisley, de Renoir à Monet" (p. 74), tout en insistant sur le fait que Renoir n'essaie nullement d'imiter les tableaux de ceux-ci. Les rapports avec l'oeuvre de son père sont pourtant évidents pour certains : "Renoir a su retrouver la palette de son père ; l'impressionnisme d'Auguste Renoir est présent derrière les images du fils ; la même poésie, la même sensualité vibrent avec les mêmes touches, les mêmes sentiments fluides et brefs" (Allombert, p. 7). On pense fatalement aux "Canotiers" (1868) et à "La Grenouillère" (1869), mais surtout à "La Balançoire" (1876), à laquelle la scène où Henriette se balance debout sur l'escarpolette sert de réplique — le mouvement en plus — comme si le fils, tout en rendant hommage à l'art de son père, voulait revendiquer sa propre singularité (supériorité?) par rapport à celui-ci. Toujours est-il que l'on retrouve de façon indéniable dans le film de Renoir les traits les plus caractéristiques du mouvement impressionniste : le culte de la nature, avec ses paysages et ses rivières, le déjeuner sur l'herbe et la promenade sur l'eau, ainsi que l'accent mis sur le mouvement (la balançoire, les barques, l'eau de la rivière) et les jeux de lumière.

L'impression de mouvement est renforcée par un style cinématographique qui est propre à Renoir, style où les mouvements de caméra jouent un rôle majeur. Panoramiques ou travellings, faisant contraste avec les nombreux plans fixes, accompagnent les déplacements des personnages, tandis que de multiples recadrages atténuent le morcellement de l'espace. Quant aux panoramiques les plus remarqués, voici ce qu'en dit Curchod:

> Sur l'ensemble du film, les mouvements de caméra esquissent un harmonieux ballet de rimes dont la plus fameuse associe la rencontre d'Henriette et de Rodolphe (travellings convergents), l'entrée dans le cabinet particulier (travelling latéral à gauche accompagnant le couple) et les retrouvailles finales (identique travelling allant quérir la jeune fille pour la ramener en sens inverse devant Henri). Au cours de la scène de séduction, un bref et unique panoramique, ébauché à l'unisson de la jeune fille se rejetant dans l'herbe afin de fuir les caresses de son compagnon, atteste, par les plans fixes qui l'enserrent, la vanité de cette échappatoire (p. 82).

Les mouvements d'appareil compensent en quelque sorte, dans *Partie de campagne*, le manque de plans-séquences, dont l'utilisation fréquente deviendra bientôt une des signatures du style de Renoir (voir les chapitres sur *La Grande Illusion* et *La Règle du jeu*). On constate, cependant, l'importance que prend déjà chez Renoir la profondeur de champ (qui conserve l'intégrité, le caractère "réaliste" de l'espace), et dont l'exemple le plus frappant est la scène où Rodolphe, attablé à l'intérieur de l'auberge, pousse le volet pour découvrir, en arrière-plan, Henriette prenant son envol debout sur la balançoire.

Quant à la musique de Joseph Kosma, qui fait partie du style du film, écoutons encore une fois Sylvia Bataille pour comprendre son importance : "Après la guerre, quand Braunberger nous a montré le montage sans musique, du film, personne n'a cru que c'était possible de sortir ça [...]. Mais vraiment, quand Kosma a mis là-dessus sa merveilleuse partition, le film s'est bâti d'un seul coup, sans failles... une vraie surprise" (*Premier Plan*, p. 226). Ajoutée en 1946, sans le concours de Renoir, la musique de Kosma sert, d'une part, à suppléer aux déficiences d'une bande-son que le réalisateur n'a pas eu le temps de mettre au point, ayant abandonné le film avant la phase de la post-production où l'on aurait enregistré les sons "naturels" qui manquaient. D'autre part, la musique "introduit une intensité dramatique qui se nuance de mélancolie" (Le Loch, p. 27), dès le début du film ; elle en donne le ton, l'ambiance, et la texture émotionnelle, en faisant alterner des mélodies gaies et tristes, les thèmes de la joie et de l'amertume, au gré de l'action. Trouvaille géniale, un chant à bouche fermée de Germaine Montero, qui accompagne le premier travelling sur la rivière (du point de vue de la barque où se trouvent Henri et Henriette), produit un surcroît de sentiment qui prépare l'aventure de ceux-ci dans l'île. L'accompagnement musical crée pourtant un effet de mélancolie, teinté d'ironie, quand le même chant revient au moment de la séparation définitive des deux amants à la fin du film.

L'adaptation de la nouvelle de Maupassant

Les nombreux commentateurs de *Partie de campagne* ont fouillé jusque dans le moindre détail le travail d'adaptation remarquable de Renoir. Bien que la nouvelle de Maupassant, comme le remarque Curchod, "[ait] fourni au cinéaste toute sa matière dramatique" (p. 45), la brièveté de l'œuvre littéraire, le manque de développement des personnages, permet au cinéaste de "broder", comme il le dit, sur le canevas créé par l'écrivain. Tout en restant fidèle, pour l'essentiel, à la lettre comme à l'esprit de l'oeuvre littéraire — il conserve tel quel le fil de l'intrigue et la caricature des petits bourgeois, exprime la même chaleur humaine, la même émotion, et partage le pessimisme, sinon le cynisme, de l'auteur — Renoir approfondit considérablement le caractère des personnages. Il dote les deux canotiers, peu développés chez Maupassant, de personnalités individuelles, contrastées par surcroît, et donne du relief à celle d'Anatole, qui n'a même pas de nom dans la nouvelle. A cet effet, il invente des dialogues et des scènes entières : le repas des canotiers à l'intérieur de l'auberge, l'épisode des volets révélant Henriette debout sur la balançoire, la scène au bord de l'eau où M. Dufour étale ses "connaissances" sur la pêche, le colloque entre Mme Dufour et sa fille sur la sensualité de la nature et le "désir vague", et la scène de la sieste, entre autres. S'il ne fait que reprendre la séduction des deux femmes telle que la représente Maupassant, il l'entoure de la riche métaphore de la "pêche", en ajoutant celle de l'orage — le déchaînement de la passion — qui remplace le chant du rossignol, métaphore plus qu'évidente de l'acte sexuel dans la nouvelle. Il introduit également le numéro de faune de Rodolphe, dont la personnalité désinvolte et badine, comme le caractère guignolesque de M. et Mme Dufour et d'Anatole, relèvent de l'invention de Renoir. Celui-ci développe ainsi dans son film toute une dimension comique qui est à peine suggérée dans le conte. Il en résulte des effets de contraste tout à fait "shakespeariens" entre le dramatique et le burlesque : l'opposition, par exemple, entre la cour cocasse que Rodolphe fait à la mère et la séduction d'Henriette par Henri, mais surtout le contraste frappant entre le caractère léger et amusant du début du film et le ton grave, voire pathétique, du dénouement. En matière de "broderie", on ne peut nier la richesse et la justesse des inventions de Renoir, dont le film semble être un épanouissement tout à fait naturel du récit de Maupassant.

FICHE PÉDAGOGIQUE

Propos de Jean Renoir

"Il y avait très longtemps que j'avais envie de tourner un court métrage qui serait aussi soigné qu'un long métrage. D'habitude, les courts métrages se font en quelques jours, sont bâclés, sont quelquefois tournés avec des acteurs pas très bons, avec des moyens techniques inférieurs. Il me semblait que si l'on tournait un court métrage avec soin, ce court métrage pourrait peut-être entrer dans un programme composé de plusieurs courts métrages [...] Donc, il s'agissait au fond d'un premier pas dans l'idée du programme à sketches.

J'ai joué du Maupassant pour une raison très simple, c'est que j'aime Maupassant et qu'il me semble que dans une petite histoire comme la *Partie de campagne* il y a tout, il y a des tas de problèmes, une partie du monde est résumée là-dedans. Il est évident qu'il y a peu d'histoires d'amour aussi touchantes que la *Partie de campagne* [...].

Autre chose : cette histoire extrêmement courte ne me lie pas, ce n'est pas comme une pièce de théâtre qui m'imposait des dialogues. La *Partie de campagne* ne m'imposait rien. Elle ne m'imposait qu'un cadre idéal me permettant de broder [...]

L'incident le plus important de la *Partie de campagne*, c'est que j'avais écrit le scénario pour le soleil. J'avais écrit le scénario pour être assis dans la poussière et pour transpirer. Or, il n'a pas arrêté de pleuvoir. J'ai tout de même pu voler un peu de soleil entre les averses mais, étant donné que les averses persistaient, j'ai fini par décider de transformer le scénario et d'en faire un scénario de pluie. Et ces longues scènes de pluie que vous voyez, elles sont tout simplement une accommodation aux circonstances" (*Entretiens et propos*, pp. 142-144).

"Ce film est venu de mon désir de faire quelque chose avec Sylvia Bataille ; il m'a semblé qu'un film en costumes lui conviendrait [...] ; j'ai eu l'idée de ce conte de Maupassant parce que j'y voyais des choses à dire qui iraient bien à sa voix [...]. Pour en revenir à la *Partie de campagne*, si certains paysages et certains costumes peuvent rappeler les tableaux de mon père, c'est pour deux raisons : d'abord, parce que cela se passe à une époque et dans des lieux où mon père a beaucoup travaillé, à l'époque de sa jeunesse ; ensuite, c'est parce que je suis le fils de mon père, et qu'on est forcément influencé par ses parents [...]. Je suis le fils d'un peintre, je suis forcément plus ou moins influencé par les peintres qui ont entouré ma personne, ma petite personne, lorsque j'étais jeune" (*Entretiens et propos*, p. 156).

Extraits à discuter

Extrait 1 (3'25-5'55): Rodolphe et Henri se plaignent de l'arrivée des Parisiens ; Rodolphe pousse le volet pour révéler Henriette debout sur la balançoire ; Henriette représentée comme l'objet (de convoitise) de regards multiples.

Extrait 2 (8'40-11'25): M. Dufour et Anatole discutent de la pêche ; Henriette découvre la sensualité au contact de la nature, discute de ce "désir vague" avec sa mère.

Extrait 3 (16'15-18'10): Après le repas, Mme Dufour a des envies ; énervée par la torpeur digestive de son mari, elle prend prétexte du hoquet d'Anatole pour piquer une crise de nerfs.

Extrait 4 (27'30-31'45): Henri et Henriette descendent la rivière en yole ; Henriette veut rentrer mais accepte d'aborder sur l'île avec Henri lorsque sa mère déclare qu'elle va continuer la promenade "jusqu'au bout" avec Rodolphe ; les deux couples dans l'île ; l'orage éclate.

Extrait 5 (33'00-34'40): Une tranche de l'épilogue dans l'île, plusieurs années plus tard.

Citations à commenter

Henri : Moi, qu'est-ce que tu veux, mon vieux! j'ai une âme de père de famille. Les putains m'ennuient… les femmes du monde encore plus et les autres… j'trouve ça trop dangereux.

Rodolphe : Oui, tu as peur des maladies.

Henri : Non, des responsabilités. Suppose que t'arrives à plaire à cette petite fille qui s'balance si gentiment! Ben, qu'est-ce que t'en ferais?

Rodolphe : Je l'inviterais à faire un tour en yole. Nous aborderions dans l'île. Et puis l'barrage de la fabrique. Une fois là, à moi les folles voluptés!

Henri : Si tu lui fais un enfant?

Rodolphe : Oh! Si on devait faire un enfant chaque fois qu'on s'amuse un peu…, la terre serait surpeuplée!

…

Henri : […] Naturellement, tu ne donneras pas suite, et puis de l'autre côté, voilà une vie brisée, gâchée, quoi… Ça vaut pas la peine, mon vieux!

* * *

Henriette : Dis donc, maman, quand tu étais jeune… enfin… quand tu avais mon âge, est-ce que tu venais souvent à la campagne?

Mme Dufour : Non, pas souvent! Comme toi!

Henriette : Est-ce que tu te sentais toute drôle… comme moi aujourd'hui?

Mme Dufour : Toute drôle?

Henriette : Enfin, oui… Est-ce que tu sentais une espèce de tendresse pour tout, pour l'herbe, pour l'eau, pour les arbres? Une espèce de désir vague, n'est-ce pas? Ça prend ici, ça monte, ça vous donne presque envie de pleurer. Dis, maman, tu as senti ça quand tu étais jeune?

Mme Dufour : Mais ma petite fille, je l'sens encore! Seulement… je suis plus raisonnable!

* * *

Rodolphe : Dis donc, puisque tu es d'accord pour cette… heu…partie de pêche! Si nous choisissions nos engins!

Henri : On pêchera au lancer. C'est le grand chic!

Rodolphe : Au lancer! Avec un mort? Avec un vif? Ou avec un leurre artificiel?

Henri : Pour les femmes avec un leurre parbleu!

Rodolphe : Mais pêcherons-nous du bord ou en bateau?

Henri : En bateau, mon vieux, c'est plus chic!

* * *

Henriette : Dis papa, tu veux bien que maman et moi nous fassions un tour sur l'eau avec ces messieurs?

Monsieur Dufour : Sur l'eau?

Henriette : Oui, un tour en yole!

Monsieur Dufour : En yole!

Rodolphe, *tendant les cannes à pêche*. Tenez, monsieur, si vous aimez la pêche, voilà de quoi vous amuser.

…

Henriette : Alors, papa, c'est oui ou non.

Monsieur Dufour : Quoi?

Henriette : On peut y aller?

Monsieur Dufour : Où ça?

Henriette : En yole!

Monsieur Dufour : Ah! Avec ces messieurs? Oh! Oui, bien sûr, je suis tranquille avec ces messieurs!

* * *

Indications scéniques: *Plan moyen d'Henri cherchant à embrasser Henriette qui se refuse. Elle se renverse en arrière. Il se couche sur elle. On reprend en plan rapproché leurs visages, Henri cherchant la bouche d'Henriette qui enfin s'abandonne. Gros plan de leur baiser. Très gros plan du visage d'Henriette, soutenu par la main d'Henri.*

Fondu enchaîné sur un plan moyen d'Henriette, allongée à côté d'Henri.

Viennent différents plans du paysage, annonçant la pluie. Des roseaux agités, des nuages noirs dans le ciel. La campagne assombrie. De hauts peupliers courbés par le vent. Des roseaux agités. De gros nuages noirs. Pour terminer par un long travelling sur la rivière. Les gouttes de pluie frappent l'eau.

Fondu au noir.

* * *

Henri : Je viens souvent ici. Tu sais, j'y ai mes meilleurs souvenirs.

Henriette : Moi, j'y pense tous les soirs.

© *L'Avant-Scène Cinéma*

Sujets de réflexion

1. Décrire le caractère des personnages du film.

2. Commenter la constitution et la reconstitution des couples dans le film.

3. Quelles sont les oppositions thématiques qui structurent *Partie de campagne*?

4. Comment la peinture impressionniste est-elle évoquée dans *Partie de campagne*?

5. Démontrer l'importance de la sensualité (évocation des plaisirs des sens) dans ce film.

6. Commenter le mélange des genres (le comique et le sérieux).

7. Discuter les deux métaphores principales du film, la pêche et l'orage.

8. L'eau joue un rôle important dans beaucoup de films de Renoir. Quel rôle joue-t-elle dans ce film?

9. Comment le style cinématographique de Renoir contribue-t-il à l'impression de mouvement qui domine le film?

10. Quels sont les apports principaux de Renoir dans son adaptation cinématographique de la nouvelle de Maupassant?

DOSSIER CRITIQUE

Hubert Arnault — La cinématographie

Mis à part les quelques plans d'intérieur dans l'auberge de M. Poulain, la *Partie de Campagne* est un film composé uniquement de vues prises en extérieur.

La profondeur de champ de la presque totalité des plans ajoute à la nature cette troisième dimension qui saisit les Dufour "devant l'éloignement des horizons".

Les arbres aux feuilles brillantes, l'herbe, la rivière, le soleil, les roseaux, les individus, prennent une particulière importance par la qualité lumineuse de la photographie.

Cette clarté illumine l'écran et donne au film une unité de ton qui fait contraste avec l'épilogue traité en plus sombre.

La photographie des plans de la sieste a une luminosité vaporeuse : il s'en dégage "une chaleur vraiment pas naturelle".

La photographie de la *Partie de campagne* pour ces raisons est remarquable.

Les déplacements de la caméra sont discrets et justifiés. Ils ne créent jamais une action; ils soulignent simplement les déplacements des personnages. Ce sont des mouvements d'accompagnement.

Il faut citer avec une mention particulière la partie d'escarpolette d'Henriette. La caméra, rivée à la balançoire, accompagne Henriette en légère contre-plongée. Il en découle un doux chavirement qui grise le spectateur sensible. Henriette, souriante, heureuse, se trouve ainsi mêlée intimement à la nature rayonnante de lumière.

La caméra glisse souvent sur les rails de travelling. Sur ces déplacements se greffent simultanément des mouvements panoramiques : le déroulement de l'action se fait ainsi sans rupture de plans.

Cela est particulièrement net dans l'épilogue, lorsque Henri avance sous les frondaisons de l'île: la caméra le suit, le quitte, découvre Henriette assise auprès d'Anatole, accompagne Henriette par un travelling arrière et finit par cadrer les deux amants en plan moyen fixe.

Un tel déplacement complexe de la caméra met en valeur l'attachement inoubliable des deux êtres.

Cette rencontre, traitée en plans fragmentés, aurait été une erreur.

Quelques rares mouvements ont cependant un rôle dramatique propre. Le long travelling sur la rivière amorce quelques virages vers la berge et trahit ainsi l'envie d'Henri de faire visiter l'île à Henriette ("*Partie de campagne* (1936-1946) de Jean Renoir", pp. 151-152).

Jacques Doniol-Valcroze — Sylvia Bataille

Mais seule Sylvia Bataille, autant si ce n'est plus que la rivière, les herbes tièdes, les nuages alanguis, est le coeur même de cette partie de campagne à la fois objet et cause de son trouble.

Ce trouble, cette sensualité confuse, ce panthéisme naïf, cette émotion du corps et cet exquis brouillard de l'esprit, elle les communique à l'oeuvre tout entière avec une jeunesse presque bouleversante. Rien d'artificiel, aucun procédé, juste un regard un peu étonné, une voix un peu sourde, à peine articulée, quelque chose de contracté et d'offert dans le geste. Sa scène d'amour, silencieuse, au bord de l'eau, parmi les feuillages gonflés par l'orage qui roule dans le lointain est, candide et perverse, une des plus jolies de notre anthologie cinématographique ("Une esquisse", pp. 70-71).

Guy Allombert — Amour et tragédie

Renoir a réalisé cette "tragédie" — car c'en est bien une — avec une telle légèreté de touche, une telle délicatesse dans la peinture de l'éveil de l'amour entre une fille et un garçon qu'il est impossible de résister à l'émotion. Henriette, extraordinaire personnage frais et pur, porte en elle toutes les grâces de la jeunesse, tandis qu'Henri, qui joue les cyniques, se révèle bientôt comme un être romantique et sensible. Renoir les place dans un cadre tel qu'ils vont véritablement s'éveiller à la nature, s'accorder au frémissement de la vie ambiante, se sensibiliser aux éléments, dans une sorte d'opéra cosmique où les sentiments humains s'intègrent à la luxuriante joie d'une nature toute en sensations. Le caractère joyeux de leur rencontre n'est qu'une image fugitive ; la nature qui leur sourit par le soleil va également les séparer par la pluie. Et c'est là que la *Partie de campagne* atteint à la tragédie. Le fleuve peut miroiter de mille feux et le vent jouer délicieusement à la surface de l'eau et dans les joncs, il est indifférent à la vie des humains, et passe, impassible et toujours recommencé. Renoir a su retrouver la palette de son père ; l'impressionnisme d'Auguste Renoir est présent derrière les images du fils ; la même poésie, la même sensualité vibrent avec les mêmes touches, les mêmes sentiments fluides et brefs.

Poème visuel d'une remarquable beauté, le film de Renoir allie la joie de vivre et la mélancolie des amours perdues à peine entrevues ; dans peu de films, une telle amertume est mêlée à une telle jouissance de vie. Rarement les brefs sentiments qui guident les êtres se sont pareillement fondus dans l'espace infini de la nature ; et qui a vu la *Partie de campagne* n'oubliera jamais Sylvia Bataille découvrant l'amour dans un baiser après avoir suivi le cheminement de ses sentiments vers une angoisse à laquelle elle ne peut résister. La photographie de Claude Renoir et la musique de Joseph Kosma contribuèrent à faire de cette oeuvre un parfait hommage à Maupassant où tous les thèmes de Renoir étaient portés à leur plus haut degré de perfection : sens de la nature, thème de l'eau, érotisme léger et sensualité profonde, amour de la vie, des êtres, du monde… ("Variations cinématographiques sur des thèmes de Maupassant", p. 7).

André Bazin — La scène d'amour dans l'île

La scène d'amour dans l'île est l'un des moments les plus atroces et les plus beaux du cinéma universel ; elle doit sa fulgurante efficacité à quelques gestes et à un regard de Sylvia Bataille d'un réalisme affectif déchirant. Ce qui est exprimé là c'est tout le désenchantement ou plutôt la tristesse pathétique après l'amour. Encore fallait-il le transcrire visuellement au cinéma, c'est l'admirable séquence de l'orage (*Jean Renoir*, p. 47).

Hubert Arnault — Le personnage d'Henri

Bien qu'il ne s'en rende pas compte, Rodolphe est dominé par Henri. Henri, s'il semble s'effacer derrière Rodolphe est beaucoup plus habile et rusé. Henri exploite les réactions de Rodolphe qu'il provoque à son gré. D'un tempérament taquineur, Henri ne dépasse jamais la dose qui romprait la camaraderie qui les lie

[...]. Henri n'agit qu'après coup, Rodolphe perturbe tout ce beau monde ; Henri n'a plus qu'à analyser la situation et à choisir sans difficulté ce qui lui plaît . . . aux dépens de son copain. Le faible Rodolphe accepte d'ailleurs sans mauvaise grâce.

Henri aime intensément. C'est un sentimental renfermé, sincère et sensible. La première apparition d'Henriette active la circulation de son sang. Son être, en face de tant de jeunesse, de beauté et d'innocence juvénile se laisse envahir par un désir charnel. Henri n'a plus qu'à laisser cheminer son envie et à séduire Henriette. Il le fait avec beaucoup de tact, de douceur et de ferme résolution. Son "âme de père de famille" lui refuse de briser une vie ; cette rencontre d'un amour voué à durer est l'aboutissement d'une attente pendant laquelle Henri chercha auprès des putains comme des femmes du monde un bonheur équilibré jusqu'ici irréalisé. En la personne d'Henriette, il trouve la Femme qui correspond à ses aspirations. "Je la vois très bien ce matin en train d'épingler ces petites fleurs avant de partir. Elle se tient rudement bien. Elle t'a parlé avec une aisance qui m'a surpris. Elle est gentille cette fille…"

Cependant ce bonheur sera brisé par la bêtise d'autres hommes. Les contingences sociales feront que cette union ne se fera pas. Henri et Henriette continueront cependant de s'aimer en silence ("*Partie de campagne* (1936-1946) de Jean Renoir", p. 151).

Claude Gauteur et al. — Le rôle de la Nature

Les deux oeuvres insistent ainsi sur le caractère actif de la nature dans l'éveil de la sensualité. Dans la nouvelle, dès l'arrivée à Bezons, M. Dufour, émoustillé par la campagne, pince vivement le mollet de sa femme. Renoir, quant à lui, établit un parallèle très précis entre l'émoi des petites bêtes qui, dans l'herbe, entourent invisiblement Henriette et sa mère, et l'amollissement sensuel qui fait que les deux femmes se sentent "toutes drôles". Dans le film, la rivière joue à cet égard un rôle prépondérant : tandis que les deux amoureux glissent en yole et qu'ils jouissent du silence, une musique langoureuse se fait entendre, qui est comme le chant de l'eau. Renoir a trouvé ce moyen plein de poésie pour exprimer ce qui, dans la nouvelle, passait à travers une véritable personnification de la nature. L'émotion d'Henriette y est en effet indissociable des éléments. Ceux-ci, à la fois cause et écho de son trouble, sont omniprésents dans la phrase. "Elle était, écrit le conteur, troublée dans ce tête-à-tête *sur l'eau*, au milieu de ce pays dépeuplé par l'incendie *du ciel*, avec ce jeune homme [. . .] dont le désir était pénétrant comme *le soleil*".

[La nature] a toutefois dans les deux oeuvres un effet final destructeur. La nature n'est douce, accueillante, excitante que pour parvenir à ses fins. Elle n'est, pour reprendre les termes du philosophe Schopenhauer, qu'un "vouloir vivre", qui broie les êtres dans la spirale d'un désir sans fin et sans objet.

On observe ainsi, dans la nouvelle comme dans le film, que la nature propice aux amours s'altère aussitôt qu'elle a accompli son grand oeuvre en rapprochant les sexes. Chez Maupassant, tout change dès cet instant ; non pas d'ailleurs objectivement, mais de façon subjective, le paysage étant complètement intériorisé. "Le ciel bleu, écrit-il, leur paraissait obscuri ; l'ardent soleil était éteint pour leurs yeux ; ils s'apercevaient de la solitude et du silence". La nature n'a plus d'effet à exercer, elle ne subsiste plus que dans l'âme des personnages et elle est noire.

Renoir va prendre au pied de la lettre cette intériorisation subjective du paysage, suivant là encore le texte de très près. Dans le film, en effet, l'orage monte immédiatement après la scène d'amour. Et l'on a une série de onze plans courts montrant la tempête qui se lève et la rivière qui change d'aspect. De gros nuages passent dans le ciel ; les rives deviennent sombres ; le vent agite les herbes. Le dernier plan de cette sequence, où s'expriment à la fois la désillusion de l'amour et la félonie de la nature, montre la rivière, en travelling arrière rapide, non plus lisse comme précédemment, mais grêlée par les ronds d'une pluie qui se met à tomber à grosses gouttes. Cette pluie, dont on accentuera l'effet négatif par un fondu au noir, n'existait pas dans le texte de Maupassant (*Une partie de campagne Maupassant, Partie de campagne Renoir*, pp. 66-68).

Claude Gauteur et al. — Les formes du comique

Renoir, parce qu'il aime les acteurs et qu'il recourt largement aux dialogues, introduit une certaine théâtralité comique dans son film. Celle-ci résulte d'abord d'un accent plus fort mis sur le caractère vaudevillesque de la situation : le film est, beaucoup plus que la nouvelle, l'histoire d'un mari trompé par une femme qui a tout à la fois l'allure d'une boutiquière et celle d'une cocotte. En outre, l'invention scénaristique de Renoir a été d'équilibrer très exactement le couple sentimental par le couple parodique constitué de Mme Dufour et de Rodolphe, le canotier égrillard. Cette exploitation d'une simple virtualité du texte (Rodolphe n'a pas de nom dans la nouvelle et guère de présence personnelle) introduit donc dans le film une référence forte au théâtre comique classique qui, de Molière à Marivaux, se plaît à ces effets de miroir et de contrepoint.

Au théâtre de boulevard, Jean Renoir emprunte également la réplique construite sur le calembour ou l'à peu près ("Mais non pas un cheval! Anatole, vous êtes insupportable! Un chevesne"!), ou encore, reprenant une plaisanterie populaire éculée ("On vous écrira", répond M. Dufour à sa belle-mère qui est sourde comme un pot).

Tout cela, dont on constate la grande efficacité en projection publique, est également responsable d'une certaine outrance de jeu des acteurs. Rodolphe, lorsqu'il découvre la jeune fille ou qu'il entraîne Mme Dufour dans le sous-bois, devient ainsi une manière de mime : il papillonne des yeux, lisse sa moustache, esquisse un pas de danse où son grand corps mobile parodie la lubricité du faune.

Mais, bien entendu, ce sont surtout M. Dufour et Anatole que Renoir a le plus chargés. Ici, la référence n'est plus seulement théâtrale. Le cinéaste a en effet choisi de faire de ces deux pitres, un couple burlesque évoquant, à bien des égards, les personnages de Laurel et Hardy. Cette parenté s'exprime sur de nombreux plans : opposition du gros et du maigre; costume bourgeois de Dufour-Hardy, costume trop grand et quasi clownesque d'Anatole-Laurel ; et surtout association d'un fort et d'un faible. En outre, comme dans le célèbre duo, le gros homme qui domine et qui sait sera finalement supplanté par le simplet : M. Dufour perd objectivement sur toute la ligne, tandis qu'Anatole, comme il arrive souvent à Laurel, gagne sournoisement à la fin du film. En outre, Renoir a délibérément souligné dans sa mise en scène le caractère de numéro comique de certaines séquences de M. Dufour et Anatole. Ainsi, dans le passage où le duo disserte sur les mystères de la rivière, le cinéaste choisit-il de filmer ses acteurs frontalement (comme s'ils étaient vus d'un fauteuil d'orchestre) et de leur faire effectuer des entrées et des sorties de champ latérales, analogues à celles d'artistes sur une scène (*Une partie de campagne Maupassant, Partie de campagne Renoir*, pp. 61-62).

Olivier Curchod — Un "cinéma impressionniste"

Inspiration de la nature, saisie au vol de l'instant éphémère, impression de mouvement, on a tôt fait de voir dans *Partie de Campagne* le modèle d'un "cinéma impressionniste" — comme si, malgré le paradoxe, une référence picturale authentifiait le "naturalisme" du film. Certes, par ses paysages (pont, guinguette, bord de rivière et autres sujets campagnards) ou par les situations qu'il met en scène (déjeuner sur l'herbe, parties de canotage, promenades sentimentales), le film rejoint les préoccupations d'Auguste Renoir et de ses amis. Certes, la photographie de Claude Renoir (petit-fils du peintre) s'amuse à rendre le chatoiement de la lumière mouchetant la robe des dames ou la surface des eaux. Certes, à l'instar de certains peintres, le cadreur coupe un objet ou un visage, les rejetant au bord du cadre. Mais ce sont là des procédés fréquents de l'art cinématographique. En lieu et place des citations que se plairont à égrener des commentateurs cultivés, Renoir dispose des clins d'oeil parodiques qui valent comme autant d'antidotes contre le lieu commun du cinéaste fils de son père. Marchant sur les brisées paternelles, Renoir n'a de cesse, dès qu'une toile se présente à son esprit, d'en falsifier la teinte, d'en modifier le cadre, d'interchanger les personnages, bref de brouiller la rime par de constants et subtils effets de gauchissement. Wolfram Nitsch a bien montré que la scène de la balançoire, refusant l'hommage compassé, fait littéralement éclater le motif peint par Auguste Renoir en autant de plans et de cadres contradictoires, au point que la balançoire du film, comparée à celle du peinture, devient pour lui "un mobile de facture futuriste ou cubiste". Organisant comme un trompe-l'oeil une impression d'impressionnisme, le cinéaste cherche à se dégager de la figure paternelle et affirme les prérogatives de son art. Que l'esthétique impressionniste, née dans la mouvance de la photographie, se soit démarquée de cette dernière pour affirmer la recomposition du réel, voilà sans doute le lien profond qui unit formellement le peintre et le cinéaste. *Partie de campagne* est une illusion (*Partie de campagne. Jean Renoir*, pp. 79-80).

Jacques Gerstenkorn — "A chacun sa partie de pêche"

Dès le premier plan d'une *Partie de campagne*, inopinément surgie du bas du cadre, une canne à pêche fait irruption dans le paysage, troublant le calme de la vue. La référence au tableau et à la peinture de papa ("La rivière vue du pont du Père Poulain") s'efface pour laisser place au cinéma selon Jean Renoir : un gamin habile et tondu comme un oeuf vient de prendre un poisson.

"*Ça mord*?", s'esclaffe Madame Dufour depuis la voiture.

La prise n'a pas échappé aux Parisiens du dimanche, qui flairent le bon coin et s'arrêtent à l'auberge avoisinante pour y manger une petite friture.

D'entrée de jeu, Monsieur Dufour, flanqué de son commis malingre, n'a qu'une idée en tête, ramener du poisson à Paris. Dans cette perspective, le programme narratif suit une ligne toute tracée, qu'on pourrait tout aussi bien intituler : Laurel et Hardy s'en vont pêcher. On se souvient de "maitre Dufour", au bord de l'eau, épatant Anatole par sa science des secrets de la nature, puis des mines empruntées des compères en quête de cannes, enfin de leur déconvenue lorsqu'ils s'aperçoivent, véritable gag de bande dessinée, que la grosse prise du jour n'est qu'un vulgaire godillot usagé.

Parallèlement, *Partie de campagne* propose un autre programme narratif, une seconde partie de pêche, toute métaphorique celle-là, qui prend vite le pas sur la première (ou la véritable). Au cours du déjeuner, Rodolphe et Henri sont beaucoup plus intéressés par les envolées d'Henriette, à l'escarpolette, spectacle dont ils ne perdent pas une miette, que par l'omelette à l'estragon du Père Poulain. A l'issue du repas, Rodolphe formule le programme sur le mode métaphorique: *"Dis-donc, est-ce que tu es d'accord pour cette. . . . partie de pêche? Si nous choisissions nos engins"*, demande-t-il à Henri.

Après avoir filé allègrement la métaphore, les complices s'accordent sur le fait que *"le premier travail, c'est d'appâter"*. Le chapeau d'Henriette, que la jeune fille a oublié sous le cerisier, est un appât de choix. Rodolphe, toujours lui, continue à tendre ses filets rhétoriques, en employant des termes techniques qui finissent par ennuyer son ami, manifestement plus sentimental [...]. Un peu plus tard, Rodolphe invite Henri à "ferrer" puis, constatant l'empressement de son ami à l'égard de la jeune fille, l'accuse de "braconner dans ses eaux"... Le filage métaphorique n'est pas seulement une coquetterie de langage, ou plutôt, il accompagne, ponctue et structure une ligne de conduite, il modèle les comportements, apparente la conquête érotique à un savoir-faire, conjurant les aléas de la séduction par la maîtrise d'une pratique plus assurée.

La composition d'une *Partie de campagne* ne procède pas seulement de ce filage insistant et précis, elle participe plus encore d'un tressage entre les deux parties de pêche que je viens de décrire brièvement. Ce tressage tend à prendre la forme, puisqu'il s'agit d'un film, d'un montage alterné, sans qu'on puisse pour autant l'identifier comme tel, dans la mesure où le filet métaphorique recouvre l'ensemble du récit, et non une séquence en particulier, dans la mesure également où ce filet présente du *jeu*, en ce qu'il possède un caractère tout à la fois souple et ludique, comme si Renoir s'était méfié d'une composition systématique, d'une forme rigide et par trop rhétorique, justement. Le tressage entre les deux parties de pêche trouve son point d'intersection, qui est un contrepoint d'ironie, lorsque les séducteurs apportent aux boutiquiers leurs cannes, ce qui leur permet d'attirer les dames dans leurs canots. A chacun sa partie de pêche, nous dit Renoir de ses personnages. Par là même, le film emprunte des chemins bien différents de ceux de la nouvelle, d'où le motif de la pêche est absent : à chacun sa partie de campagne, nous dit au fond Renoir à l'adresse, cette fois, de Maupassant (*La Métaphore au cinéma*, pp. 96-98).

OUVRAGES CONSULTÉS

Allombert, Guy. "Variations cinématographiques sur des thèmes de Maupassant", *Image et son* 110 (mars 1958), 4-7.

Amengual, Barthélemy. *Une partie de campagne* : Un film de Guy de Maupassant et Jean Renoir", *CinémAction TV*, 5 (avril 1993), 36-42.

Arnault, Hubert. *"Partie de campagne* (1936-1946) de Jean Renoir", *Image et son*, 150-151 (avril-mai 1962), 121-153.

Bazin, André. *Jean Renoir*. Paris: Champ libre, 1971.

Berthomé, Jean-Pierre. "Voir un peu d'herbe avant de mourir... Prévert et sa *Partie de campagne*, *Positif*, 408 (février 1995), 84-89.

Bourget, Jean-Loup. "Le fragment, le tableau, le triptyque", *Cahiers de la Cinémathèque*, 62 (mars 1995), 31-35.

Comolli, Jean-Louis. "En revoyant *Une partie de campagne...*", *Cahiers du cinéma*, 299 (avril 1979), 39-40.

Curchod, Olivier. *Partie de campagne. Jean Renoir*. Coll. "Synopsis". Paris: Nathan, 1995.

Doniol-Valcroze, Jacques. "Une esquisse", *La Revue du cinéma*, 4 (janvier 1947), 70-71.

Gauteur, Claude, Annie Mottet, Claude Murcia, Francis Ramirez, Christian Rolot. *Une partie de campagne Maupassant, Partie de campagne Renoir*. Coll. "Profil d'une oeuvre" 185-186. Paris: Hatier, 1995.

Gerstenkorn, Jacques. *La Métaphore au cinéma*. Paris: Méridiens Klincksieck, 1995.

Le Loch, Raymond. *Une partie de campagne. De Maupassant à Jean Renoir*. Paris: Bertrand-Lacoste, 1995.

Maupassant, Guy de. *Une partie de* campagne suivi de *Une partie de campagne*, scénario et dossier du film de Jean Renoir. Henry Gidel, ed. Paris: Librairie Générale Française, 1995.

Pagliano, Jean-Pierre. "Entretien avec Sylvia Bataille", *Positif*, 408 (février 1995), 90-93.

Philippe, Pierre. « Sylvia Bataille ou l'absence », *Cinéma 61*, 58 (juillet 1961), 69-78.

Renoir, Jean. *Entretiens et propos*. Paris: Editions de l'Etoile, Cahiers du cinéma, 1979.

.... *Une partie de campagne* (découpage). *L'Avant-Scène Cinéma* 21 (15 déc. 1962), 29-42.

Sesonske, Alexander. *Jean Renoir. The French Films, 1924-1939*. Cambridge, MA: Harvard University Press, 1980 (pp. 234-256)

"Une Partie de campagne", *Premier Plan* 22-23-24 (mai 1962), 212-226.

Webster, Robert M. "Renoir's *Une Partie de campagne*: Film as the Art of Fishing", *The French Review*, 64, No. 3 (février 1991), 487-496.

Jean Renoir

La Grande Illusion

(1937)

Jean Renoir, *La Grande Illusion* : Le lieutenant Maréchal (Jean Gabin) et le capitaine de Boëldieu (Pierre Fresnay) arrivent au premier camp d'officiers. © Studio Canal Image

Réalisation	Jean Renoir
Scénario et dialogues	Charles Spaak, Jean Renoir
Assistant Réalisateur	Jacques Becker
Conseiller Technique	Carl Koch
Chef-Opérateur	Christian Matras
Caméraman	Claude Renoir
Musique	Joseph Kosma
Son	Joseph de Bretagne
Montage	Marguerite Houllé-Renoir
Décors	Eugène Lourié
Costumes	René Decrais
Scripte	Françoise Giroud (Gourdji)
Production	Frank Rollmer, Albert Pinkévitch
Durée	1 h 53

Interprètes principaux

Jean Gabin (*lieutenant Maréchal*), Pierre Fresnay (*capitaine de Boëldieu*), Marcel Dalio (*lieutenant Rosenthal*), Erich von Stroheim (*capitaine puis commandant von Rauffenstein*), Julien Carette (*Cartier, l'acteur*), Gaston Modot (*l'ingénieur*), Jean Dasté (*l'instituteur*), Dita Parlo (*Elsa*), Carl Heil (*Krantz, dit "Arthur"*), Sylvain Itkine (*lieutenant Demolder*), la petite Peters (*Lotte*).

Synopsis

En 1916, l'avion du capitaine de Boëldieu et de son pilote, le lieutenant Maréchal, est abattu, lors d'un vol de reconnaissance, par le capitaine von Rauffenstein de l'armée allemande. Celui-ci reçoit les deux officiers français dans la popote (cantine) des officiers allemands et les invite à leur table. Le repas est interrompu par un soldat allemand qui arrive pour prendre en charge les prisonniers et les emmener dans une prison pour officiers à Hallbach.

A Hallbach, Maréchal et Boëldieu se retrouvent dans une chambrée avec d'autres officiers français, de toutes les provenances sociales, parmi lesquels un acteur de music-hall (Cartier), un instituteur de province, un ingénieur et un riche couturier parisien juif (Rosenthal). Les Français sont en train de creuser un tunnel pour tenter de s'évader, en même temps qu'ils préparent, avec des codétenus anglais, un spectacle de variétés. Le soir de la représentation, à laquelle les officiers allemands sont conviés, le spectacle est interrompu brusquement par Maréchal qui annonce la nouvelle de la reprise du fort de Douaumont aux forces allemandes. Les Anglais et les Français narguent leurs geôliers en entonnant ensemble "La Marseillaise". Maréchal est puni par quelques semaines de cachot, rejoignant ses compagnons la veille de leur tentative d'évasion, pour apprendre avec eux qu'ils seront tous transférés le lendemain dans d'autres camps.

Plusieurs mois plus tard, Maréchal et Boëldieu sont incarcérés à la forteresse médiévale de Wintersborn, d'où "personne ne s'échappe", chacun ayant tenté auparavant de s'évader de plusieurs autres camps d'internement. Le commandant de la forteresse n'est autre que l'ancien aviateur, Rauffenstein, réduit à cette fonction par des blessures de combat très graves. Les deux officiers français y retrouvent également Rosenthal, qui met sur pied une nouvelle tentative d'évasion.

Rauffenstein essaie de se lier avec Boëldieu, jouant sur la solidarité de classe, mais celui-ci reste fidèle à ses camarades et organise une diversion pour faciliter l'évasion de Maréchal et de Rosenthal. Rauffenstein, contraint de tirer sur Boëldieu, le blesse mortellement et assiste, affligé, à ses dernier moments.

Plusieurs jours plus tard Maréchal et Rosenthal, épuisés et affamés, manquent de se brouiller mais se raccommodent et finissent par trouver refuge dans une ferme allemande où Rosenthal pourra se remettre d'une mauvaise entorse à la cheville. Ils y sont accueillis par une jeune paysanne veuve, Elsa, qui vit seule avec sa petite fille, Lotte, et dont Maréchal devient l'amant la veille de Noël. Bientôt après, Maréchal repart avec Rosenthal, en promettant de revenir retrouver Elsa après la fin des hostilités. A la fin du film, les deux hommes franchissent la frontière suisse, échappant de justesse aux tirs d'une patrouille allemande qui renonce à les poursuivre.

La réception

Sorti à Paris le 9 juin 1937, au moment du bref règne du Front populaire (gouvernement de gauche, de mai 1936 à avril 1938) et dans l'ambiance de l'Exposition universelle de Paris, *La Grande Illusion* remporte un triomphe immédiat, tant auprès de la critique que du grand public. Comme le remarque Olivier Curchod, le film, "projeté sans interruption de 10 heures à 2 heures du matin, fait salle comble à chaque séance et battra tous les records de fréquentation : 1,55 million de francs en quatre semaines, 200 000 spectateurs en deux mois dans une seule salle, meilleure recette pour 1937 et meilleur film de l'année d'après un sondage de *La Cinématographie française*" (p. 16). A l'étranger, *La Grande Illusion* se voit décerner la coupe du meilleur ensemble artistique au Festival de Venise en septembre 1937 ("prix inventé exprès pour éviter d'avoir à nous donner la coupe Mussolini", précise Renoir) et le prix du meilleur film étranger à New York (décembre 1938), où il reste à l'affiche trente-six semaines dans la même salle. Il sera, par la suite, nominé aux Oscars parmi les meilleurs films, une distinction remarquable, si l'on considère, comme le signale Priot, que "c'est la première fois qu'un film étranger rentre dans cette liste jusque-là exclusivement américaine" (p. 17). On sait, par ailleurs, que le président Roosevelt a demandé une projection spéciale de *La Grande Illusion* à la Maison Blanche, à l'occasion de l'anniversaire de sa femme, déclarant par la suite que "tous les démocrates du monde devraient connaître ce film". Renoir connaît la gloire internationale.

Par contre, la plupart des pays européens dotés de régimes fascistes, ainsi que le Japon, censurent ou interdisent rapidement le film de Renoir, dont l'internationalisme et le pacifisme gênent considérablement. Goebbels, à la tête de la propagande nazie, qualifie *La Grande Illusion* d'"ennemi public cinématographique numéro un". Dès la déclaration de guerre à l'Allemagne à l'automne 1939, les autorités françaises interdisent à leur tour *La Grande Illusion*, réprouvant l'image sympathique des militaires allemands — ce qui n'empêchera pas les Allemands de censurer le film pour son excès de patriotisme. L'interdiction sera maintenue sous le régime de Vichy et même après la Libération, jusqu'en 1946, sous prétexte que le film était antisémite et proallemand.

A sa seconde sortie, en août 1946, quoique tronqué de plusieurs scènes, le film "bat tous les records de recettes depuis la Libération" (Viry-Babel, p. 49), tout en soulevant l'indignation de l'ancienne presse résistante qui déplore la naïveté de l'image des Allemands devant les horreurs perpétrées par le régime nazi. Le film est traité au demeurant de "pacifiste" (ce qu'il est certainement), mais aussi de "collaborationniste" et de "raciste"...

Ce nonobstant, à partir de 1952 *La Grande Illusion* connaît la consécration définitive, ayant été proclamé par 54 cinéastes, *ex-aequo* avec *Les Lumières de la ville* de Chaplin, quatrième meilleur film de tous les temps. Ce jugement sera confirmé peu avant la troisième sortie du film, en version intégrale cette fois, en octobre 1958 : 117 cinéastes et critiques du monde entier, à l'occasion de l'Exposition internationale de Bruxelles, désignent le film de Renoir comme le cinquième meilleur film du monde. S'il est vrai que la communauté critique internationale finit, ultérieurement, par reconnaître en *La Règle du jeu* le meilleur film de Renoir, classé devant *La Grande Illusion* parmi les dix meilleurs films du monde, celle-ci, comme le remarque Curchod, "demeure, aux yeux du grand public, le chef-d'oeuvre de Jean Renoir" (p. 19).

Avant *La Grande Illusion*

Né à Paris le 15 septembre 1894, Jean Renoir est le deuxième fils du célèbre peintre impressionniste, Auguste Renoir. Après s'être essayé au métier de la céramique pendant un temps, l'héritage que lui laisse son père, mort en 1919, lui permet de réaliser ses premiers films, à l'époque du muet, dont surtout une adaptation du roman de Zola, *Nana* (1926) et du conte de fées d'Andersen, *La Petite Marchande d'allumettes* (1928), ce dernier d'une grande qualité poétique. Après plusieurs autres films muets qui ne rapportent pas grand-chose, Renoir connaît un petit triomphe commercial avec son premier film parlant, une adaptation vite faite d'une farce de Georges Feydeau, *On purge bébé* (1931). Il trouve sa vraie voie, d'ailleurs, dans son premier grand film parlant, *La Chienne* (1931). Celui-ci fait scandale par son amoralité flagrante avant de s'imposer par le génie de sa conception, sa grande maîtrise technique et la peinture savoureuse des personnages, dont "Legrand", incarné magistralement par un des acteurs fétiches de Renoir, Michel Simon.

Suit une longue série de films qui portent tous la "griffe" de Renoir, qui affine de plus en plus son art, mais dont les plus mémorables sont certainement *Boudu sauvé des eaux* (1932), avec Michel Simon de nouveau, *Madame Bovary* (1933), *Toni* (1934), *Le Crime de Monsieur Lange* (1935) et *Partie de campagne* (1936, monté 1946). Entre *Partie de Campagne* et *La Grande Illusion*, Renoir réalise une adaptation du roman de Maxime Gorki, *Les Bas-Fonds* (1936), avec deux grands acteurs, Jean Gabin et Louis Jouvet. Quand Renoir abordera le tournage de *La Grande Illusion*, en février 1937, il aura déjà réalisé dix-sept films.

La genèse du film

La Grande Illusion s'inspire, à l'origine, des évasions multiples d'un aviateur français, l'adjudant Pinsard, que Renoir avait connu en 1916 quand il était lui-même pilote. Pinsard avait été abattu et fait prisonnier sept fois et avait réussi l'exploit de s'évader chaque fois. Quand Renoir le rencontre de nouveau, lors du tournage de *Toni* en 1934, il demande à l'ancien aviateur, devenu général, de lui raconter encore une fois ses aventures de guerre : "J'ai dit à Pinsard : 'Eh bien mon vieux! raconte-moi donc encore tes histoires d'évasion. Je pourrai peut-être en faire un film'. Alors, il m'a raconté des histoires que j'ai mises sur du papier, qui n'ont rien à voir avec le film que vous connaissez, mais qui m'étaient un point de départ indispensable" (cité par Viry Babel, p. 40).

Renoir prend des notes, crayonne une histoire sous le titre de "L'Evasion de Pinsard", qui est déjà devenu "Les Evasions du capitaine Maréchal" lorsqu'il l'apporte au scénariste-dialoguiste chevronné, Charles Spaak. Les deux hommes rédigent ensemble un synopsis assez détaillé, le premier état du scénario, qui est reçu on ne peut plus mal par les producteurs et distributeurs auxquels il est proposé : "Aucun distributeur ne voulut consentir de crédit à une production qui ne contenait pas d'histoire d'amour" (Priot, p. 6). Renoir se plaint d'avoir cherché en vain, pendant trois ans, un producteur. Pendant ce temps il tourne quatre autres films et tente, en désespoir de cause, de troquer le scénario de *La Grande Illusion* contre celui de *La Belle Equipe* que Spaak prépare pour Julien Duvivier. Lorsque Spaak propose le marché à Duvivier, celui ci renâcle : "Vous vous foutez de moi! Une histoire de prisonniers de guerre, ça n'attirera personne! Vous pouvez vous la mettre où je pense, et je suis poli" (cité par Priot, p. 6).

En 1936, ayant enfin réussi à intéresser un producteur, les deux hommes écrivent ensemble un premier scénario dialogué qui devient *La Grande Illusion* et où il ne reste que quelques traces des souvenirs de Pinsard (l'épisode du cachot, l'évasion d'une forteresse, la cheville foulée du compagnon). Par contre, on constate des emprunts importants à un roman contemporain, *Kavalier Scharnhorst* (1931), dont l'auteur intentera un procès en plagiat — vite débouté — contre Renoir, Spaak et la maison de production du film dès sa sortie en salle. Dans cette deuxième version, plusieurs scènes ont disparu, dont notamment, celle où les deux évadés (Maréchal et Dolette, un jeune intellectuel) partagent les faveurs sexuelles de la paysanne allemande (remplacée par l'histoire d'amour entre Maréchal et Elsa), tandis qu'on voit l'apparition de plusieurs nouveaux personnages, de véritables "types" sociaux, dont surtout l'acteur, l'instituteur, l'ingénieur et le couturier juif, Rosenthal. D'autres modifications et ajouts — la popote allemande, le géranium, la crèche comestible, l'entonnement de *La Marseillaise*, par exemple — peuvent être attribués tant à Renoir qu'à divers membres de l'équipe, y compris les comédiens. Curchod évoque très justement "la remarquable capacité de Renoir à intégrer avant tournage les suggestions de chacun" (p. 42).

Dans la version quasi définitive du scénario (le découpage technique rédigé quelques mois plus tard par Renoir et Spaak), le personnage de Dolette disparaît du film, assimilé par Rosenthal, dont le personnage prend plus d'ampleur. Sont supprimées également plusieurs autres scènes, dont le combat aérien où l'avion de Maréchal et Boëldieu est abattu, jugé trop coûteux. Le dénouement est modifié complètement : on supprime une scène finale chez Maxim's, très pessimiste, où les deux évadés se donnent rendez-vous le soir de Noël 1918, rendez-vous auquel ni l'un ni l'autre ne se rend (première version) ou auquel Maréchal se rend et attend son camarade en vain (deuxième version). Renoir est prêt à tourner.

Les acteurs

La distribution de *La Grande Illusion* comprend quelques-uns des plus grands noms du cinéma français des années trente. Le rôle principal, celui du lieutenant Maréchal, est tenu par Jean Gabin, une des plus grandes vedettes du cinéma français d'alors, qui a remporté des triomphes dans des films à grand succès tout récents de Julien Duvivier, tels que *La Bandera* (1934), *Pépé le Moko* (1935) et *La Belle Equipe* (1936). Gabin joue également le rôle du protagoniste des *Bas-Fonds* (1936) de Renoir, film auquel est décerné le premier prix Louis Delluc. La légende de Gabin ne fera que croître dans les dernières années avant la guerre, où il accumulera succès sur succès dans les grands films du "réalisme poétique" de Marcel Carné et Jacques Prévert (*Quai des brumes*, 1938, *Le Jour se lève*, 1939*)* et dans les films de Jean Grémillon (*Gueule d'amour*, 1937, *Remorques*, 1939-41), en n'oubliant pas *La Bête humaine* de Renoir (1938). Le rôle du capitaine de Boëldieu est incarné par Pierre Fresnay, un homme de théâtre renommé, sociétaire de la Comédie française, mais qui n'est guère connu au cinéma que pour son rôle dans *Marius* (1929) de Marcel Pagnol. Les deux grandes vedettes françaises sont entourées d'acteurs français qui sont presque tous déjà, ou seront bientôt, bien connus du public du cinéma : Marcel Dalio (Rosenthal), Julien Carette (Cartier), Gaston Modot (l'ingénieur) et Jean Dasté (l'instituteur), ce dernier ayant joué le rôle du surveillant Huguet dans *Zéro de conduite* (1933) et celui du marinier dans *L'Atalante* (1934), tous deux de Jean Vigo. Dalio et Carette viennent surtout du théâtre, Dasté à la fois de la scène et du cinéma. Gaston Modot fréquente les plateaux de cinéma depuis l'époque du muet, ayant tourné d'abord dans les films de l'avant-garde française des années vingt. Carette se retrouvera l'année suivante aux côtés de Gabin dans *La Bête humaine* (1938), tandis que le trio Dalio-Modot-Carette sera réuni sur le plateau l'année d'après, avec Renoir lui-même cette fois, dans le plus grand film de celui-ci, *La Règle du jeu* (1939).

En face des monstres sacrés français, Gabin et Fresnay, il fallait dans la distribution des comédiens allemands de taille, pour créer, selon les voeux de Carl Koch, le conseiller technique allemand de Renoir, "une parité entre les points de vue français et allemand", nécessaire à l'équilibre général du film (Priot, p. 8). On avait déjà engagé une grande vedette allemande, Dita Parlo, pour le rôle d'Elsa, ce qui a amené les scénaristes à étoffer considérablement son personnage, à approfondir l'histoire d'amour avec Maréchal et à lui donner une fille, Lotte. Quelques jours avant le début du tournage, sans doute par opportunisme, le directeur de production, sans consulter ni Renoir ni Spaak, engage le réalisateur et acteur autrichien légendaire, Erich von Stroheim, pour tenir le rôle très mineur de l'officier allemand qui abat l'avion des Français au début du film et les invite à sa table, quitte à disparaître du film par la suite. D'abord consternés par ce tournant inattendu, Renoir et Spaak font preuve de génie, fusionnant en un seul personnage, incarné par Stroheim, cet officier allemand et le commandant de la forteresse de Wintersborn : c'est la naissance du capitaine von Rauffenstein. Renoir, fasciné par la personnalité de Stroheim, permet à celui-ci de créer son personnage comme il l'entend, de choisir ses costumes, décors, et accessoires divers, y compris la célèbre minerve, et de participer à la rédaction de ses propres dialogues. Il décide d'importantes modifications dans le scénario pour tirer parti de ce nouvel élément, d'où la célèbre conversation entre Rauffenstein et Boëldieu à Wintersborn, sur l'aristocratie, la blessure mortelle infligée à celui-ci par le commandant allemand et la scène de l'agonie de l'officier français. Avec l'intégration de Stroheim dans l'équipe, le scénario prend sa forme définitive et le tournage commence.

Le tournage

Le tournage de *La Grande Illusion* débute au mois de janvier 1937 en Alsace (Colmar) avec les extérieurs, qui exigent une architecture à caractère germanique. Après les scènes de caserne (le premier camp d'officiers dans le film), l'équipe déménage au château de Haut-Königsbourg pour les extérieurs de la forteresse de Wintersborn. Les conditions sont très pénibles, comme le rappelle Françoise Giroud, scripte du film : "Dieu, qu'il faisait froid et qu'elles furent dures ces nuits glaciales, pendant lesquelles ont été tournés les épisodes où Pierre Fresnay joue de la flûte pour que ses camarades s'évadent. L'un de nous, d'ailleurs — je crois que c'est Claude Renoir, qui tenait la caméra — tomba assez gravement malade" (p. 23).

Début mars le tournage reprend en studio, à Paris, pour finir les intérieurs : les deux cantines du début du film, les scènes de chambrée et le spectacle au premier camp, les intérieurs de la forteresse, y compris la célèbre chapelle qui sert de chambre à Rauffenstein. La dernière séquence du film, l'"épilogue", a été tournée en deux temps, les gros plans de Maréchal et de Rosenthal d'abord en studio (où le décorateur, Eugène Lourié, a construit un trou qu'il a entouré de sel d'Epsom pour simuler la neige), la traversée de la frontière suisse ultérieurement, dirigée en Alsace par Jacques Becker, l'assistant réalisateur, sans Gabin ni Dalio, avec des doublures filmées de derrière. *La Grande Illusion* est montée au mois d'avril par la compagne de longue date de Renoir, Marguerite Houllé (dite Marguerite Renoir, puisqu'elle avait fini par prendre le nom du cinéaste).

La structure

La Grande Illusion se répartit clairement en trois parties, correspondant aux trois lieux où se passe l'action principale du film : le premier camp d'officiers à Hallbach, la forteresse de Wintersborn, la ferme d'Elsa. Ces trois "actes" sont encadrés par un court "prologue" (les cantines française et allemande) et un "épilogue" encore plus court (la traversée de la frontière suisse). Les lieux de l'action sont reliés entre eux par des scènes de transition, soit des transferts par le train, soit la fuite de Maréchal et de Rosenthal — qui pourrait être, vu son développement, considérée comme un épisode à part entière.

A l'intérieur de chaque partie, les diverses séquences se découpent nettement en autant de tableaux, de "petits films à part" (Curchod, p. 45), une caractéristique que l'on retrouvera chez l'un des plus grands admirateurs de Renoir, François Truffaut (voir le chapitre sur *Jules et Jim*, pp. 293). On n'a qu'à penser aux séquences qui composent l'épisode de Hallbach, telles que le repas offert par Rosenthal, la mise en scène élaborée du creusement du tunnel, la préparation du spectacle de variétés, le spectacle lui même, et la séquestration de Maréchal au cachot.

Le film s'organise également — et ici la question de la structure rejoint clairement le côté thématique de l'oeuvre — selon une série de parallèles et d'oppositions de caractère national, social, ou racial dont le paradigme est établi d'emblée, de façon magistrale, dans le film. Dans la cantine allemande, l'opposition entre l'officier français de Boëldieu et l'officier allemand von Rauffenstein est escamotée par la similarité de leurs origines aristocratiques, origines qui sont mises en opposition avec la classe sociale de Maréchal et de son homologue ouvrier allemand — dont la mise en parallèle fait pendant à celle du couple Boëldieu-Rauffenstein. On retrouvera le même motif à Hallbach, dans la série d'oppositions socio-professionnelles mise en relief dans le repas de Rosenthal, ainsi que dans l'opposition avec les Allemands et dans l'opposition/ parallèle avec les officiers anglais. Le thème est formalisé dans les dialogues de l'épisode de Wintersborn, notamment dans la complicité de classe recherchée par Rauffenstein avec Boëldieu, mais aussi dans l'opposition de celui-ci et de Maréchal. Il ressurgit dans la brouille à caractère racial pendant la fuite de Maréchal et de Rosenthal et, dans le dernier mouvement du film, dans le parallélisme de classe sociale qui rapproche Maréchal et Elsa malgré l'opposition de nationalités "ennemies". Nous reparlerons de cet aspect thématique du film plus bas, mais il suffit de remarquer ici la parfaite adéquation de la forme et du fond de *La Grande Illusion*, une des marques certaines d'un chef-d'oeuvre artistique.

Les thèmes

"Parce que je suis pacifiste, j'ai réalisé *La Grande Illusion*" déclare Renoir lors de la présentation de son film au public américain en 1937. Il est impossible de séparer le film de Renoir de son époque, dont il reflète fidèlement certaines préoccupations majeures, à commencer par la menace de la guerre avec l'Allemagne nazie qui se précise de plus en plus. Comme beaucoup d'intellectuels des années trente, Renoir est alors un compagnon de route des communistes, dont il partage justement le pacifisme et l'idéal de la fraternité internationale. En 1936, pendant la campagne pour les législatives qui mènera au victoire du Front populaire (voir ci-dessus, p. 83), il tourne même un film de propagande électorale, *La Vie est à nous*, pour le compte du Parti communiste français. En 1938 il tourne *La Marseillaise*, film sur la Révolution française de 1789, financé par une souscription de la C.G.T., syndicat ouvrier communiste. Par delà la politique, cependant, Renoir prône un humanisme pur et simple, s'intéressant avant tout à l'être humain en tant que tel. Interviewé en 1928 sur ses principes de réalisateur, Renoir affirmait déjà, "Je considère l'élément humain comme le principal" ("Propos", p. 20) et aimait à citer la phrase de Pascal, "Ce qui intéresse le plus l'homme, c'est l'homme" (Truffaut, p. 8).

Renoir restera fidèle à ce principe, et nulle part plus clairement que dans *La Grande Illusion* où il refuse de privilégier les uns par rapport aux autres : le portrait des geôliers allemands est à peine moins sympathique que celui de leurs prisonniers français. Le film de Renoir, qui semble faire abstraction des horreurs de la guerre, a éte souvent traité de naïf. Il est vrai que ce qu'on appelle la "Grande Guerre" a été une véritable héctacombe, faisant presque neuf millions de morts (et vingt-deux millions de blessés) entre 1914 et 1918. Mais le propos de Renoir est ailleurs, comme il l'explique avant même la première sortie du film en 1937 : "Ce n'est pas un film de guerre. J'ai voulu montrer la camaraderie qui liait les deux officiers français, malgré leur différence de classe, et l'estime mutuelle qu'il y avait pendant la guerre entre les aviateurs ennemis" ("Propos", p. 29). C'est une leçon d'égalité et de fraternité humaine que Renoir entend proposer au public. La guerre, elle, reste hors champ.

En fait, le film fait ressortir surtout les différences qui séparent les classes et les catégories socio-professionnelles auxquelles appartiennent les Français qui partagent les dortoirs à Hallbach et à Wintersborn. Maréchal, l'ouvrier mécanicien, n'a strictement rien en commun avec Boëldieu l'aristocrate, ni avec le riche couturier parisien Rosenthal. Les clivages ne sont guère moins nets entre ces personnages, malgré les liens d'amitié qui se développent ou l'esprit de solidarité nationale qui les anime tous, et les autres "types" sociaux qui sont représentés : le comique de music-hall, l'ingénieur, l'instituteur de province, "Pindare" l'érudit... Comme nous le rappelle Bazin, Renoir a souvent insisté sur la théorie selon laquelle "les hommes sont moins séparés par les barrières verticales du nationalisme que par le clivage horizontal des cultures, des races, des classes, des professions, etc." (pp. 59-60) — ce qui explique le jeu des parallèles et des oppositions, évoqué plus haut, dès le début du film. Par ailleurs, la création du personnage du juif Rosenthal (absent de la première version du scénario) enrichit la texture thématique du film en ajoutant aux oppositions de classe chez les Français des antagonismes de race.

Le titre du film annonce sans ambages le thème qui apparaît en filigrane à travers l'oeuvre entière, celui de "la grande illusion". Lorsqu'on demande à Renoir, au moment de la réalisation du film, ce qu'est la "grande illusion", celui-ci répond sans hésiter : "La guerre! Avec ses espérances jamais réalisées, ses promesses jamais tenues" ("Propos", p. 29). Cette réponse, dans l'esprit de la pièce récente de Jean Giraudoux, *La Guerre de Troie n'aura pas lieu* (1935), ne saurait rendre compte de la multiplicité des "illusions", dont certaines "grandes", qui sont suggérées dans *La Grande Illusion* (voir l'extrait d'André Bazin, dans le *Dossier critique*, "Le réalisme de *La Grande Illusion*"). La référence la plus explicite est sans doute la réplique de Rosenthal, à la fin du film, quand Maréchal remarque qu'*"il faut bien qu'on la finisse cette putain de guerre...en espérant que c'est la dernière "*. *"Ah, tu te fais des illusions"*! On a beau fermer les portes de la guerre, comme le fait Hector dans la pièce de Giraudoux, elles se rouvriront.

A côté de la "grande illusion", il y a donc des illusions de toutes les tailles dans ce film, comme celle de Maréchal, qui pense (en 1916) que la guerre sera finie dans quelques semaines : *"Tu te fais des illusions"*, lui répond l'ingénieur... . Le motif du théâtre, qui est évoqué à plusieurs endroits du film et dont la spécificité même est l'illusion, met également en relief ce thème, que ce soit par rapport aux projets frustrés d'évasion (le tunnel à Hallbach), au spectacle de variétés (les prisonniers anglais travestis en femmes), ou au numéro de flûte de Boëldieu qui facilite l'évasion de Maréchal et de Rosenthal. A la fin du film, le projet de Maréchal de revenir chercher Elsa après la guerre ne serait peut-être, lui aussi, qu'une simple illusion.

Sur le plan socio-politique, le sacrifice de Boëldieu est relié à un thème vaguement révolutionnaire, dans la mesure où l'on peut considérer que, métaphoriquement, la noblesse qu'il incarne s'efface devant les intérêts de la bourgeoisie et des classes populaires que représentent visiblement Rosenthal et Maréchal. L'idylle entre Maréchal l'ouvrier français et Elsa la paysanne allemande peut suggérer, de la même façon, un idéal de solidarité prolétarienne au-delà des clivages nationaux et des obstacles linguistiques. La communication qui s'établit entre Maréchal et Elsa, malgré la différence de langue, met un point final optimiste au thème des problèmes de communication si évidents dans *La Grande Illusion*, que ce soit dû à l'incompréhension de langues étrangères (français, allemand, anglais, russe) ou aux obstacles d'ordre purement socioculturel.

Pour finir, il faut constater que l'intérêt thématique de *La Grande Illusion* évolue au fil des sorties multiples du film en exclusivité. En 1937, c'est son côté à la fois pacifiste et tant soit peu patriote qui frappe le plus les esprits ; en 1946, à la suite des horreurs perpétrées par le nazisme, quelques-uns lui reprochent sa germanophilie et lui imputent, injustement, de l'antisémitisme ; en 1958, au moment de la création du Marché commun, Renoir ne manquera pas d'évoquer l'esprit "européen" du film... .

Le style

L'un des principes stylistiques les plus inconditionnels de *La Grande Illusion* est sans doute "le souci constant de ne jamais séparer par la prise de vues le centre d'intérêt dramatique du cadre général dans lequel il est inséré (physique et humain)" (Bazin, p. 58). Ce souci se traduit par un parti-pris d'intégrité en ce qui concerne le traitement du temps et de l'espace, c'est-à-dire un refus du morcellement systématique du montage. Renoir substitue à celui-ci, d'une part, l'utilisation de la profondeur de champ, qui lui permet de mieux situer le sujet dans son contexte, que ce soit par rapport à l'espace physique ou par rapport aux autres personnages dans sa sphère d'activité. D'autre part, et pour sensiblement les mêmes raisons, il recourt aux recadrages et aux plans-séquences (plans longs) pour réduire au minimum la fragmentation inévitable des changements de plans. Ainsi, dans le premier plan du film, dans le bar d'escadrille français, les panoramiques se relaient dans tous les sens pour conserver, sans coupure, les liens entre Maréchal et son milieu. De la même manière, dans le plan-séquence des préparatifs pour le spectacle, la profondeur de champ et les recadrages permettent de relier en un espace- temps continu la répétition du numéro musical des officiers anglais et le déballage des costumes par les Français. A Wintersborn, encore, le long panoramique en gros plan sur la chapelle qui sert de chambre à Rauffenstein crée le personnage à travers les éléments du décor, qui reflètent visiblement son caractère. "Ainsi se retrouve au niveau de la technique de la mise en scène, précise Bazin, cette recherche de la vérité des relations entre les homme et le monde dans lequel ils sont plongés" (pp. 58-59).

Parfois les mouvements d'appareil, conjugués avec le décor, servent à relier des espaces particulièrement hétéroclites, insistant à la fois sur leur différence et leur appartenance à la même réalité générale. Le plan-séquence où l'ingénieur lave les pieds à Maréchal commence sur l'acteur dehors, dans la cour du camp, suivi d'un travelling arrière qui passe par la fenêtre pour cadrer dans la chambre Maréchal et l'ingénieur, qui continuent leur discussion de Rosenthal avant d'enchaîner sur Boëldieu, sujet introduit par l'acteur au début du plan. Ici comme ailleurs, chez Renoir, la fenêtre sert de trait-d'union explicite entre l'intérieur et l'extérieur, diversifiant l'espace et suggérant son étendue (Masson, pp. 70-72). Le monde ne s'arrête pas aux murs du pavillon et le travelling inscrit les deux hommes dans un contexte plus riche.

La prédilection du plan-séquence chez Renoir s'explique aussi par l'importance que le cinéaste prête au jeu des acteurs, et cela depuis le début de sa carrière : "En résumé, l'élément essentiel d'un film, c'est l'interprétation. Son choix et sa conduite, voilà le rôle principal d'un réalisateur" ("Propos", p. 19). Pour permettre aux comédiens de développer plus librement leur personnage, mais sans avoir recours aux plans moyens, trop statiques, Renoir adopte une technique qui consiste à "prendre les acteurs en gros plan, puis à les suivre dans leurs mouvements" (Renoir, p. 143). *"La Grande Illusion* est peut-être le film dans lequel j'ai appliqué cette dernière méthode avec le plus de bonheur", ajoute-t-il, en se référant à la séquence du repas de Rosenthal et à celle du chant de la Marseillaise (voir *Propos de Jean Renoir*, ci-dessous).

FICHE PÉDAGOGIQUE

Propos de Jean Renoir

"Parce que je suis pacifiste, j'ai réalisé *La Grande Illusion*. Pour moi, un vrai pacifiste c'est un Français, un Américain, un Allemand authentique. Un jour viendra où les hommes de bonne volonté trouveront un terrain d'entente. Les cyniques diront, qu'à l'heure actuelle, mes paroles révèlent une confiance puérile, mais pourquoi pas? Aussi gênant soit-il, Hitler ne modifie en rien mon opinion sur les Allemands.

"Depuis ma plus tendre enfance j'ai aimé et estimé ce peuple : si par exemple une affection de toujours me liait à un ami et qu'il devient syphilitique, serait-ce une raison suffisante pour lui retirer mon amitié? De tout mon coeur, et par tous les moyens, j'essayerais de lui rendre la santé.

"Dans *La Grande Illusion*, je me suis efforcé de montrer qu'en France on ne hait pas les Allemands. Le film a eu un gros succès. Non, il n'est pas meilleur qu'un autre, mais traduit simplement ce que le François moyen, mon frère, pense de la guerre en général.

"On s'est longtemps représenté le pacifiste sous les traits d'un homme aux cheveux longs, aux pantalons fripés qui, juché sur une caisse à savon, prophétisait sans relâche les calamités à venir et entrait en transes à la vue d'un uniforme. Les personnages de *La Grande Illusion* n'appartiennent pas à cette catégorie. Ils sont la réplique exacte de ce que nous étions, nous, la "classe 14". Car j'étais officier pendant la guerre, et j'ai gardé un vif souvenir de mes camarades. Aucune haine ne nous animait contre nos adversaires. C'étaient de bons Allemands comme nous étions de bons Français..." ("*La Grande Illusion*", *Premier Plan*, p. 239).

"L'histoire de *La Grande Illusion* est rigoureusement vraie et m'a été racontée par plusieurs de mes camarades de guerre... je parle évidemment de celle de 1914, notamment par Pinsard. Pinsard était dans la chasse, moi, dans une escadrille de reconnaissance. Il m'arrivait d'aller prendre des photos des lignes allemandes. Il m'a plusieurs fois sauvé la vie en intervenant au moment où les chasseurs allemands devenaient trop insistants. Lui-même à été descendu sept fois, il a été fait prisonnier sept fois et s'est évadé sept fois. Ses évasions sont à la base de l'histoire de *La Grande Illusion* [...].

"Excusez-moi si j'insiste encore sur l'authenticité des faits relatés dans *La Grande Illusion*, mais certaines scènes, surtout celles décrivant les rapports des Français et des Allemands, peuvent surprendre. C'est qu'en 1914, il n'y avait pas encore eu Hitler. Il n'y avait pas eu les Nazis qui ont presque réussi à faire oublier que les Allemands sont aussi des êtres humains. En 1914, l'esprit des hommes n'avait pas encore été faussé par les religions totalitaires, et par le racisme. Par certains côtés, cette guerre mondiale était encore une guerre de messieurs, une guerre de gens bien élevés, j'ose presque dire une guerre de gentilshommes : ça ne l'excuse pas. La politesse, voire même la chevalerie, n'excusent pas le massacre.

"Une histoire d'évasion, même passionnante, ne suffit pas pour faire un film. Il faut en faire un scénario. Pour cela, Charles Spaak m'apporta sa collaboration. Cette collaboration fut facile, sans histoire. Aux liens de notre amitié s'ajoutait celui de notre foi commune, de notre croyance profonde dans l'égalité et dans la fraternité des hommes.

"*La Grande Illusion*, c'est l'histoire de gens comme vous et moi, perdus dans cette navrante aventure qu'on appelle la guerre [...] (extrait de la bande annonce réalisée par Renoir pour la sortie du film en 1958, *Premier Plan*, pp. 241-242).

"Ce thème du rassemblement des hommes par métiers ou par intérêts communs m'a poursuivi toute ma vie et me poursuit encore. C'est le thème de *La Grande Illusion*. Il figure plus ou moins dans chacun de mes ouvrages" (*Ma Vie et mes films*, p. 260).

"Une autre de mes préoccupations était et est d'échapper au morcellement de la prise de vues, en procédant par plans de plus long métrage, de donner à l'acteur la possibilité d'établir sa propre progression dans son interprétation du dialogue. C'est pour moi la seule façon d'arriver à un jeu sincère. Pour obtenir ces plans de métrage plus long, il y a deux moyens. On peut, en oubliant les gros plans, utiliser le plus possible de plans moyens, voire de plans généraux, mais alors le public est éloigné des acteurs et ne peut suivre leur expression en raison de leur distance de la caméra. L'autre moyen, qui me semble supérieur, consiste à prendre les acteurs en gros plan, puis à les suivre dans leurs mouvements. Cela demande une habileté extrême de la part du cadreur, mais le résultat est parfois enthousiasmant. Personnellement, cette poursuite du sujet par la caméra m'a donné quelques-unes de mes plus grandes émotions, aussi bien dans mes films que dans ceux des autres.

"*La Grande Illusion* est peut-être le film dans lequel j'ai appliqué cette dernière méthode avec le plus de bonheur. Bien entendu, cette technique, pour être parfaite, doit être invisible, comme toute technique d'ailleurs. Le spectateur ne doit pas remarquer que la caméra se livre à un véritable ballet, passant subtilement d'un acteur à l'autre, d'un accessoire à l'autre. Un plan de ce genre, bien réussi, doit être comme un acte en lui-même, et cela sans oublier les arrière-plans, d'autant plus difficiles à caser que le sol est encombré de materiel d'éclairage.

"Je m'en réfère à deux plans de *La Grande Illusion* tournés suivant ce principe : le plan du repas dans la chambre des prisonniers du premier camp, où la caméra caresse les éléments de la scène et n'interrompt son travail de liaison qu'avec la fin de la prise. L'autre plan est celui du chant de la Marseillaise dans le théâtre des prisonniers. Ce plan commence sur Gabin, dressé au milieu de la scène du petit théâtre, et se termine sur les spectateurs après avoir raflé tous les éléments importants en un panoramique de 180°. Le cadreur à qui je dois ces plans est mon neveu Claude Renoir. Il était vif comme une anguille et ne reculait devant aucune acrobatie" (*Ma Vie et mes films*, pp.142, 143).

"J'ai passé mon temps à essayer des styles différents. Ces changements se réduisent à ceci : ils reflètent mes différents essais pour arriver à la vérité intérieure, la seule qui compte pour moi" (*Ma Vie et mes films*, p. 258).

"Dans *La Grande Illusion*, j'étais encore très préoccupé de réalisme. Je suis allé jusqu'à demander à Gabin de porter ma propre tunique d'aviateur que j'avais gardée après avoir été démobilisé. En même temps, je n'hésitai pas à renforcer certains points d'une manière fantaisiste afin d'en augmenter l'effet, par exemple, l'uniforme de Stroheim. Son rôle, insignifiant au départ, avait été décuplé à son usage car je craignais que, vis-à-vis de la masse qui lui opposaient Gabin et Fresnay, son personnage ne manquât de poids. En art comme dans la vie tout est une question d'équilibre. Le problème est de maintenir au même niveau les deux plateux de la balance. C'est pourquoi je pris à l'égard de l'uniforme de Stroheim des libertés peu compatibles avec mes théories réalistes du moment. Sa tenue est authentique, mais d'une richesse flamboyante inconnue chez un commandant de camp de prisonniers pendant la grande guerre. J'avais besoin de cette richesse théâtrale pour contrebalancer la grandeur de la simplicité des Français. *La Grande Illusion*, malgré ses apparences rigoureusement réalistes, offre des exemples de stylisation qui nous ramènent vers la fantaisie. Ces ouvertures vers l'illusion, je les dois en grande partie à Stroheim. Je lui en suis profondément reconnaissant. Je suis incapable de réussir un bon spectacle si je ne le laisse plus ou moins envahir par la féerie" (*Ma vie et mes films*, pp. 145-146).

Extraits à discuter

Extrait 1 (1'25-2'35): A la popote des officiers français.

Extrait 2 (3'30-6'10): A la popote des officiers allemands.

Extrait 3 (7'15-7'25): Boëldieu et Maréchal (manières).

Extrait 4 (12'50-14'30): Le repas offert par Rosenthal ; un microcosme social.

Extrait 5 (14'30-15'15): L'ingénieur lave les pieds de Maréchal ; le travelling et l'intégrité de l'espace (dehors/dedans) ; classes sociales (ingénieur/ouvrier).

Extrait 6 (25'45-28'35): Préparation du spectacle ; le plan-séquence; on rêve aux femmes.

Extrait 7 (37'25-38'45): Le spectacle — *La Marseillaise* (panoramique-travelling).

Extrait 8 (46'10-47'50): Série de fondus enchaînés représentant les ellipses temporelles entre les incarcérations dans des camps différents avant d'arriver à Wintersborn.

Extrait 9 (47'50-49'00): La chambre de Rauffenstein dans la chapelle ; panos et travellings descriptifs.

Extrait 10 (1h16'40-18'40): L'évasion — Boëldieu et la flûte.

Extrait 11 (1h29'10-32'10): Maréchal et Rosenthal en fuite ; la brouille.

Extrait 12 (1h45'40-46'40): On annonce le départ à Elsa (profondeur de champ, la fenêtre).

Citations à commenter

Boëldieu: "Me permettez-vous une question? Pourquoi avez-vous fait pour moi une exception en me recevant chez vous?"

Rauffenstein: "Pourquoi? Parce que vous vous appelez de Boëldieu, officier de carrière dans l'armée française, et moi, von Rauffenstein, officier de carrière dans l'armée impériale d'Allemagne".

Boëldieu: "Mais...tous mes camarades sont aussi des officiers".

Rauffenstein: "Un Maréchal et un Rosenthal...officiers"?

Boëldieu: "Ils sont de très bons soldats".

Rauffenstein: "Oui!...Joli cadeau de la Révolution française".

Boëldieu: "Je crains que nous ne puissions rien pour empêcher la marche du temps".

Rauffenstein: "Je ne sais pas qui va gagner cette guerre, mais je sais une chose : la fin, quelle qu'elle soit, sera la fin des Rauffenstein et des Boëldieu".

Boëldieu: "Mais on n'a peut-être plus besoin de nous".

Rauffenstein: "Et vous ne trouvez pas que c'est dommage"?

Boëldieu: "Peut-être"!

* * *

Maréchal: "Ecoutez, quoi qu'il arrive, je voudrais tout de même que vous sachiez...

Boëldieu: "Mais...je ne fais rien pour vous personnellement. Nous risquerions de nous attendrir".

Maréchal: "Il y a, tout de même, des moments dans la vie..."

Boëldieu: "Evitons-les, voulez-vous"?

[...]

Maréchal: "Non, mais j'avoue que, mettre des gants blancs pour ce genre d'exercice, c'est une idée qui ne me viendrait pas".

Boëldieu: "Chacun son point de vue".

Maréchal: "[...] Ça fait dix-huit mois que nous ne nous sommes pas quittés et nous nous disons vous..."

Boëldieu: "Je dis vous à ma mère et vous à ma femme".

Maréchal: "Non"!... [...]

Boëldieu: "Une cigarette"?

Maréchal: "Le tabac anglais me gratte la gorge. Ah! décidément, votre tabac, vos gants, tout nous sépare".

* * *

Maréchal: "Tu as glissé! On le sait que t'as glissé! Et si on se fait pincer à trainer comme ça, tu leur expliqueras que t'as glissé? Maladroit! On n'a plus rien à bouffer, autant se rendre tout de suite"!

Rosenthal: "Volontiers, car, moi aussi, j'en ai marre. Marre! marre! marre! Si tu savais ce que je te déteste"!

Maréchal: "Je te jure que j'te le rends bien, va! Veux-tu que je te dise ce qu't'es pour moi? Un colis! Oui, un colis, un boulet que je traîne au pied! D'abord, j'ai jamais pu blairer les juifs, t'entends"?

Rosenthal: "Un peu tard pour t'en apercevoir. Mais file donc! Qu'est-ce que tu attends pour me lâcher? T'en crèves d'envie".

Maréchal: "Faudrait pas que tu me le dises deux fois"!

Rosenthal: "Fous le camp! Fous le camp! Mais fous le camp...vite! Que je ne voie plus ta sale trogne"!

Maréchal: "Bon, je m'en vais! Débrouille-toi tout seul! Au revoir".

* * *

Rosenthal: "Ne t'inquiète pas : la frontière est là, dessinée par les hommes...bien que la nature s'en foute"!

Maréchal: "Moi aussi, je m'en fous...Et, quand la guerre sera finie, je viendrai chercher Elsa".

Rosenthal: "Tu l'aimes"?

Maréchal: "Ah! je crois que oui"!

Rosenthal: "Attention! Si nous passons la ligne, tu vas retourner dans une escadrille, moi, dans une batterie".

Maréchal: "Il faut bien qu'on la finisse, cette putain de guerre...en espérant que c'est la dernière"!

Rosenthal: "Ah! tu te fais des illusions!...

© *L'Avant-Scène Cinéma*

Sujets de réflexion

1. Pourquoi ce film est-il considéré comme un exemple de "réalisme poétique"?

2. Les oppositions et les parallèles fondamentaux qui structurent *La Grande Illusion*.

3. La signification sociale des personnages français secondaires du film : l'acteur, l'ingénieur, l'instituteur (de province), le professeur.

4. Le thème du théâtre dans le film : exemples, importance thématique.

5. L'utilisation du "plan-séquence" dans *La Grande Illusion* : donner un bon exemple et commenter.

6. La signification des accessoires suivants : le monocle, les gants blancs de Boëldieu, la "minerve" de Rauffenstein, le géranium, l'écureuil dans la cage.

7. Le thème du langage.

8. La signification du sacrifice de Boëldieu vers la fin du film.

9. Le couple Maréchal-Elsa : signification.

10. Le personnage de Rosenthal et la représentation des Juifs dans *La Grande Illusion*. L'accusation d'"antisémitisme" est-elle justifiée?

11. Comment les idéaux du Front Populaire de 1936-38 (union des classes, internationalisme, pacifisme) sont-ils reflétés dans le film de Renoir?

12. Le sens du titre du film : interprétations possibles.

DOSSIER CRITIQUE

André Bazin — Le "réalisme" de *La Grande Illusion*

Je ne suis pas sûr que *La Grande Illusion* soit le plus réaliste des films de Renoir, mais il est certain que si son efficacité est demeurée intacte, c'est d'abord à sa composante réaliste qu'il le doit. Les signes en sont nombreux et d'abord le plus visible : la pluralité des langues [...]. Bien avant le néo-réalisme donc, Renoir fonde son film sur l'authenticité des rapports humains à travers le langage [...]. Ici le trait de génie qui donne à la trouvaille toute sa saveur humaine, c'est l'usage de la troisième langue, l'anglais entre von Rauffenstein et de Boïeldieu, non plus langue nationale mais langue de classe qui isole les deux aristocrates du reste de la société plébéienne.

Cette invention d'un troisième terme paraît d'ailleurs l'une des données les plus heureuses de la structure de *La Grande Illusion* aussi bien pour le scénario que pour la mise en scène. Nous avons vu le dédoublement du thème de la noblesse entre Fresnay et Stroheim, mais il est bon de savoir aussi qu'au départ Rosenthal n'existait pas. Or, son personnage qui vient ajouter l'idée de race à l'idée de classe approfondit de façon essentielle le sens du film tout en contribuant également à éviter le caractère schématique de l'antithèse Fresnay-Gabin.

Réalisme aussi des rapports humains ou disons vérité ou mieux encore véracité [...] de ceux que Renoir a su créer entre le premier plan des protagonistes et tout le second plan des comparses : les gardiens allemands, simples soldats, sous-officiers et officiers sont dessinés avec, ne disons plus une vérité, ce qui est encore relatif à l'expérience de chacun, mais une véracité confondante. Ce réalisme n'est pas celui de la copie, mais une réinvention de l'exactitude sachant, hors de toute convention, donner le détail à la fois documentaire et significatif. L'invention d'un personnage comme M. Arthur et de la subtile complicité qu'il entretient avec ses prisonniers est une création qui touche au sublime. Son jeu de scène, quand Carette, devant la fête, lui lance par-dessus la tête des officiers supérieurs : "Tu piges, Arthur" est un instant génial de cinéma pur. Et que dire aussi des plans assez brefs où nous apercevons les officiers anglais : toute une civilisation est évoquée en quelques secondes sans qu'aucun des détails qui nous l'imposent ne fasse jamais "typique" ou attendu.

C'est en effet d'invention qu'il faut parler ici et non d'une simple reproduction documentaire. L'exactitude du détail est chez Renoir autant le fait de l'imagination que de l'observation de la réalité dont il sait toujours dégager le fait significatif mais non conventionnel. La séquence la plus exemplaire de ce point de vue est sans doute la célèbre scène de la fête avec l'annonce de la reprise de Douaumont. Sur cette brillante idée, un metteur en scène habile ne pouvait manquer de réaliser de toute façon un morceau de bravoure. Mais Renoir y ajoute dix trouvailles qui en font quelque chose de bien plus important qu'un morceau d'anthologie, un seul exemple : l'idée de faire entonner *La Marseillaise* non par un Français, mais par un officier anglais déguisé en femme.

C'est la multitude de ces inventions réalistes qui fait la solidité de l'étoffe de *La Grande Illusion* et qui, aujourd'hui conserve intact son brillant.

Réalisme aussi de la prise de vues ou plus exactement du "découpage technique". Mais il est certain que la vérité de *La Grande Illusion* ne serait pas la même si Renoir n'avait d'abord tourné tous les extérieurs (et même une partie des intérieurs) en décors réels. Faute de pouvoir le faire en Allemagne, il choisit l'Alsace, le plus près possible de la frontière. Enfin — et bien que Renoir ait poussé plus loin cette technique en d'autres de ses films — on observera le souci constant de ne jamais séparer par la prise de vues le centre d'intérêt dramatique du cadre général dans lequel il est inséré (physique et humain). Cette volonté s'exprime par divers procédés :

La profondeur de champ, naturellement, mais surtout les recadrages substitués aux changements de plans et qui obligent à traiter les scènes non plus par fragments, mais réellement dans leur ensemble. Un exemple : pour certaines scènes de chambrée qui pouvaient être tournées en studio, Renoir a fait dresser dans la cour de la caserne des demi-décors mobiles lui permettant d'avoir ses acteurs "à l'intérieur" et de découvrir simultanément par la fenêtre le va-et-vient du camp (scène de l'exercice des jeunes recrues). Ainsi se retrouve au niveau de la technique de la mise en scène cette recherche de la vérité des relations entre les hommes et le monde dans lequel ils sont plongés.

Sans attacher plus d'importance qu'il ne convient à un titre, peut-être pouvons-nous d'abord nous interroger sur celui-ci : *La Grande Illusion*! Historiquement il s'explique par le dénoument de la première version du scénario. Les deux rescapés s'étaient donné rendez-vous chez Maxim's pour le premier réveillon de la paix, mais lors de ce Noël 1918 leur table longtemps retenue à l'avance reste vide. A cette leçon pessimiste sur la grande illusion de l'amitié, on voit que Renoir a substitué un message beaucoup plus optimiste. Certes, il est encore possible de discerner une sorte d'éparpillement du thème de l'illusion dans les divers épisodes du film (celle de la sexualité avec les travestis, celle même de l'amour avec l'idylle aux improbables lendemains, celle de la paix prochaine, celle de la liberté avec les évasions manquées), illusions toutefois plus bénéfiques que néfastes dans la mesure où elles aident les hommes à surmonter les épreuves et leur donnent le courage de persévérer.

Mais il faut sans doute prendre l'idée de plus haut et donner au mot "illusion" un sens résolument positif et même militant. Les grandes illusions, ce sont d'un côté sans doute les rêves qui aident à vivre, fût-ce une simple manie comme la pyrogravure ou la traduction de Pindare, mais c'est surtout la grande illusion de la haine qui divise arbitrairement des hommes que rien réellement ne sépare, les frontières et la guerre qui en découle, les races, les classes sociales. Le message du film est donc une démonstration *a contrario* de la fraternité et de l'égalité des hommes. La guerre, fruit de la haine et de la division, révélant paradoxalement la fausseté de toutes les frontières morales intérieures à la conscience.

Si néanmoins les frontières sont abattues, c'est qu'elles existent. Ici se dégage un autre thème cher à Renoir et qu'il a souvent exprimé dans ses entretiens. C'est que les hommes sont moins séparés par les barrières verticales du nationalisme que par le clivage horizontal des cultures, des races, des classes, des professions, etc.

De ces divisions horizontales, il en est une à laquelle *La Grande Illusion* fait un sort privilégié, c'est l'opposition peuple-noblesse. Dans toute son oeuvre d'avant guerre ou d'après-guerre, Renoir ne cessera d'exprimer à la fois son respect de la noblesse mais de la vraie noblesse, avec ou sans titre, de cette aristocratie du coeur, de la sensibilité et surtout de l'art ou simplement du métier qui met à égalité ici Boïeldieu et Maréchal. A la différence de Rauffenstein, Boïeldieu le sait et l'admet. Il comprend aussi que les signes extérieurs de son aristocratie sont désormais anachroniques et condamnés. C'est pourquoi sa façon suprême d'affirmer sa noblesse est de se sacrifier à Maréchal (*Jean Renoir*, pp. 56-60).

Un autre point de vue — le réalisme escamoté

A Paris, en 1937, le film passait pour pacifiste, mais sans pour autant choquer les patriotes, et chacun y trouvait son compte, la gauche comme la droite.

Essayons de voir clair dans cette mosaïque de significations :

1) *La Grande Illusion*, c'est d'abord la guerre en dentelles. L'anecdote est transfigurée par le recul du souvenir. L'océan de boue, d'ennui, de sueur et de mort que furent les années 14, devient une sorte de chevalerie. Il est vrai qu'en 37, les anciens combattants allaient vers la cinquantaine. Le côté hideux de la guerre, ils le scotomisaient. Renoir fabule, comme sa génération.

2) Les camps de prisonniers sont donnés pour des foyers de patriotisme. On annonce la prise de Douaumont et les gars se figent au garde-à-vous, "chiquement", à la française, en entonnant l'hyme national. Or, en 16 et en 17, le moral de la troupe était extrêment bas. Des régiments entiers refusaient de combattre. Les mutineries étaient noyées dans le sang et les fusillés, pour l'exemple, payaient le prix d'une guerre qui ne les concernaient pas.

3) La démagogie tricolore est associée à un aimable populisme. Ça jacasse. Carette fait l'idiot, un autre bouffe, le troisième lit Pindare. C'est le petit monde de Jean Renoir ; des rouspéteurs, bien sûr, mais comme dit la chanson, "tout ça, ça fait d'excellents Français..."

4) Les séquences du Haut Koenigsbourg ont brusquement plus de rigueur. Renoir s'est surveillé. Il travaillait sous l'oeil d'un des géants du cinéma, Stroheim, qui a visiblement joué le rôle d'un substitut du Père. Le film se transforme, comme si chacun, sur le plateau, s'efforçait d'être digne du grand aîné. Il y a moins de complaisances dans le dialogue, moins de laisser-aller dans la mise en scène. Pierre Fresnay lui-même, qui incarnait jusque-là les petits coqs gaulois, acquiert une certaine vérité, et son personnage d'aristocrate condamné par le flux de l'Histoire se précise en fonction du contexte Stroheim.

5) La fin est bonne. Gabin et Dalio, qui étaient des silhouettes, prennent consistance humaine. Ils s'aident et se haïssent, sont libres et prisonniers d'eux-mêmes [...] ils vivent la dialectique du racisme. Et l'idylle de Gabin et de Dita Parlo a lieu hors de la guerre, contre la guerre. Même si Renoir, vingt ans plus tard, lui a donné le sens imbécile d'un préambule à l'Europe des Six, elle nous ravit ("La Grande Illusion", *Premier Plan*, pp. 235-236).

Olivier Curchod — Le style de Renoir (le découpage)

Pour Renoir, le style sert la dramaturgie et porte la signification, mais aussi conditionne la créance du spectateur. C'est d'abord au niveau de la scène, close sur elle-même que se définit l'économie formelle de *La Grande Illusion*.

Les choix de découpage (longueur des plans, taille du cadre, champs-contrechamps, mouvements d'appareil, profondeur de champ, etc.) procèdent de la dramatisation d'une scène. Au cours de la perquisition de la chambrée à Wintersborn, Renoir emploie deux fois le plan long, la première pour capter l'agitation fébrile qui s'empare de Maréchal et de Rosenthal inquiets que leur corde ne soit découverte, la seconde pour suivre la fouille raide et méthodique des soldats allemands ; à l'inverse, plans brefs et champs-contrechamps soulignent les interventions de Boëldieu (qui cache la corde) et de Rauffenstein (qui vient demander à Boëldieu sa parole d'honneur) : les différences de classes et de tempéraments sont inscrites dans la conception formelle de la scène. De la même façon, lors du déjeuner à la popote allemande, chaque couple (Rauffenstein et Boëldieu, Maréchal et le soldat de chez Gnôme) est isolé de l'autre par un effet de cadrage et de montage, seule l'entrée hors champ d'une couronne mortuaire les réunissant à l'image. Renoir usera d'un procédé analogue pour filmer les propos de table au repas des Français à Hallbach (le champ-contrechamp oppose d'un côté Boëldieu et Rosenthal parlant du Fouquet's, de l'autre Maréchal et l'instituteur). Mais lors de l'annonce de la chute de Douaumont, l'antagonisme national est exprimé en un plan-séquence qui confronte, par un mouvement d'appareil à 180°, le chauvinisme des Allemands chantant *Die Wacht am Rhein* et la déception revancharde des six Français postés à leur fenêtre. Là comme ailleurs, il n'y a pas de signification univoque de la figure. A la fin de la veillée de Noël, dans une scène qui se conclura par le baiser d'Elsa à Maréchal, un dispositif savant fait croire à un plan-séquence : au début du plan, après le départ de Rosenthal, la caméra montre Elsa et Maréchal restés seuls devant la table puis, suivant une trajectoire circulaire, accompagne celui-ci de la salle à sa chambre en passant par celle de Rosenthal, pour le ramener finalement aux côtés d'Elsa, à l'endroit précis où on l'avait laissée, triste et esseulée ; mais un discret raccord sur Maréchal, à l'instant où celui-ci ferme sa porte de communication avec Rosenthal, a pris soin d'exclure ce dernier de l'idylle qui va suivre.

Lorsqu'il filme les groupes, Renoir s'en approche progressivement, laissant d'abord libre cours à ce qu'il appelle lui-même le "ballet" des comédiens, comme au début de la scène nocturne du percement du tunnel où les Français se dressent sur leurs lits puis bouchent la fenêtre d'une couverture tandis que l'instituteur va chercher le matériel. Lors du déballage des costumes au théâtre, un travelling balaie le groupe des Anglais occupés à répéter *Tipperary* et finit par trouver nos amis penchés sur la panière. La conversation qui s'engage ensuite sur les femmes, devenue plus intime, est filmée en plans de plus en plus serrés au point que la caméra doit panoramiquer pour intégrer à ce groupe un nouveau venu, le soldat Maisonneuve, qui se travestira, précisément, en femme. On voit comme le découpage est dépendant d'une mise en place chorégraphique des comédiens, sans pour autant se réduire à un pur ornement. Ainsi le prêtre qui vient d'administrer l'extrême-onction à Boëldieu exécute-t-il devant Rauffenstein un véritable pas de deux, se tournant tantôt à droite pour accueillir la génuflexion de Rauffenstein ou le saluer, tantôt à gauche pour recevoir son manteau ou quitter la pièce ; or ce faisant, il empêche le commandant de se retourner vers ce lit hors champ où agonise son ami.

Les fréquents gros plans (le film en compte plusieurs dizaines, principalement sur des objets), outre leur évidente valeur descriptive (popotes française et allemande, chambre de Rauffenstein, salle chez Elsa) ou symbolique (les crucifix, la corde tressée, l'écureuil en cage), résument un personnage par l'objet auquel il est identifié en un procédé digne de Balzac [...]. (*La Grande Illusion*, pp. 76-79).

Olivier Curchod (suite) — Le style de Renoir (le hors-champ)

En confiant fréquemment au hors-champ le soin d'intéresser ou d'orienter l'attention du spectateur, Renoir dévoile une clé de sa mise en scène, que résume incidemment la phrase prêtée à Maréchal à l'adresse du soldat Maisonneuve :

"Laisse-nous rêver un peu, toi. Si on te voit, tu vas nous retirer l'imagination." Ainsi la couronne mortuaire de la popote allemande, s'imposant hors champ aux convives à la faveur d'un bref recadrage, brise les propos de Maréchal (*"Moi aussi je suis dans la méca...nique"*) et rappelle les antagonismes nationaux, de même que, bien plus tard, lorsque Maréchal viendra rechercher Rosenthal qu'il a injurié et abandonné, on ne verra de lui que le pan de son manteau à l'extrême bord droit du cadre, comme si le remords reléguait momentanément hors champ le reste de sa personne. Fréquemment, en un procédé que l'on pourra qualifier de théâtral, les personnages révèlent ainsi leur présence tout en restant "en coulisse", qu'il s'agisse de l'ingénieur auquel Cartier pose une question (*"Il est pas là, 'le monocle'?"*) ou de Rauffenstein interpellant *off* son ordonnance qui lui montre une paire de gants — et, quoiqu'on n'ait pas revu Rauffenstein depuis le prologue, sa voix immédiatement identifiable, invite le spectateur à résoudre l'énigme de cette surprenante réapparition. Le son concourt ainsi, de façon discrète autant que singulière, à l'économie dramatique de *La Grande Illusion* : qu'il faille montrer le passage à tabac de Maréchal au cachot, l'entraînement des jeunes recrues dans la cour de la caserne, la mort de Boëldieu, l'approche menaçante d'une colonne allemande, c'est le son *off* que choisit Renoir, préférant recueillir sur le visage des personnages demeurés à l'image l'impact fugitif du drame qui se joue hors champ. Mais lorsque le soldat Maisonneuve révèle aux prisonniers stupéfaits sa silhouette "féminine", lorsque les sentinelles cernent Boëldieu sur les hauteurs de la fortresse, une brève plage de vide sonore souligne l'extrême tension dramatique de la scène (*La Grande Illusion*, pp. 79-80).

FILMOGRAPHIE DE JEAN RENOIR
(FILMS PRINCIPAUX)

1926   *Nana* (muet)

1928   *La Petite Marchande d'allumettes* (muet),
         Tire au flanc (muet).

1931   *La Chienne*

1932   *Boudu sauvé des eaux*

1933   *Madame Bovary*

1934   *Toni*

1935   *Le Crime de Monsieur Lange*

1936   *Partie de campagne* (montée et sortie 1946)

1936   *Les Bas-fonds, La Vie est à nous*

1937   *La Grande Illusion*

1938   *La Bête humaine, La Marseillaise*

1939   *La Règle du jeu*

1941   *L'Etang tragique /Swamp Water* (USA)

1945   *L'Homme du Sud /The Southerner* (USA)

1946   *Le Journal d'une femme de chambre /The Diary
         of a Chambermaid* (USA)

1950   *Le Fleuve / The River* (Inde)

1952   *Le Carrosse d'or* (Italie)

1954   *French Cancan*

1956   *Elena et les hommes*
1959   *Le Déjeuner sur l'herbe*
1962   *Le Caporal épinglé*
1969   *Le Petit Théâtre de Jean Renoir*

OUVRAGES CONSULTÉS

Bazin, André. *Jean Renoir*. Paris: Champ libre, 1971 (surtout pp. 50-60).

Braudy, Leo. *Jean Renoir: The World of His Films*. New York: Doubleday, 1972.

Curchod, Olivier. *La Grande Illusion*. Paris: Nathan, 1994.

Durgnat, Raymond. *Jean Renoir*. Los Angeles: University of California Press, 1974.

Faulkner, Christopher. *The Social Cinema of Jean Renoir*. Princeton, N.J.: Princeton University Press, 1986.

Giroud, Françoise. "Ce jour-là", *L'Express* 382 (9 oct. 1958), 22-24.

Leprohon, Pierre. *Jean Renoir*. Paris: Seghers, 1967.

"*La Grande Illusion*" in "Jean Renoir", *Premier Plan* 22-24, numéro spécial (mai 1962), pp. 235-250.

Masson, Alain. "*La Grande Illusion*. Fenêtres", *Positif* 395 (jan. 1994), 70-72.

Priot, Franck. "*La Grande Illusion* : histoire du film en dix chapitres", *Archives* 70 (fév. 1997), 3-13, 15-21.

Renoir, Jean. *La Grande Illusion* (découpage), *L'Avant-Scène Cinéma*, 44 (jan. 1965).

.... *Ma Vie et mes films*. Paris: Flammarion, 1974.

.... "Propos (1925-1937)", *La Revue du cinéma* 296 (mai 1975), 18-29.

Serceau, Daniel. *Jean Renoir, l'insurgé*. Paris: CinémAction, 1981.

Sesonske, Alexander. *Jean Renoir: The French Films (1924-1939)* Cambridge, MA: Harvard University Press, 1980.

Truffaut, François. Préface à *La Grande Illusion*. Paris : Balland, 1975 (pp. 7-13).

Viry-Babel, Roger. "*La Grande Illusion* de Jean Renoir", *Cahiers de la cinémathèque* 18-19 (printemps 1976), 37-63.

Jean Renoir

Le Règle du jeu

(1939)

Jean Renoir, *La Règle du jeu* : Christine (Nora Grégor) accueille au château André Jurieu (Roland Toutain) et Octave (Jean Renoir). © Les Grands Films Classiques F-Paris et Janus Films N.Y.

Production...............N.E.F. (1939), Les Grands films classiques (1959)

Réalisation.. Jean Renoir

Scénario et dialogues.. Jean Renoir

Assistants réalisateurs..........André Zwobada, Henri Cartier-Bresson

Chef-Opérateur .... Jean Bachelet

Musique...Roger Desormières

Son...Joseph de Bretagne

Montage.......................................Marguerite Houllé-Renoir

Décors ....Eugène Lourié

Robes.. Coco Chanel

Scripte .... Dido Freire

Durée 1h52

Interprètes principaux

Marcel Dalio (*Le marquis Robert de La Chesnaye*), Nora Grégor (*Christine, sa femme*), Mila Parély (*Geneviève, sa maîtresse*), Roland Toutain (*André Jurieu*), Jean Renoir (*Octave*), Paulette Dubost (*Lisette, servante de Christine*), Gaston Modot (*Schumacher, le garde-chasse, mari de Lisette*), Julien Carette (*Marceau, le braconnier*), Odette Talazac (*Charlotte*), Pierre Magnier (*Le général*), Pierre Nay (*Saint-Aubin*), Richard Francoeur (*La Bruyère*), Claire Gérard (*Mme de La Bruyère*), Eddy Debray (*Corneille, le majordome*), Anne Mayen (*Jackie, nièce de Christine*), Léon Larive (*le cuisinier*).

Synopsis

Fin des années trente. Un avion atterrit à l'aéroport du Bourget au milieu des acclamations de la foule. L'aviateur, André Jurieu, vient de battre le record de vitesse de la traversée de l'Atlantique. Interviewé tout de suite à la radio, il fait des reproches publics à Christine, la femme qu'il aime, pour qui il a accompli son exploit, et qui ne s'est pas déplacée pour l'accueillir à l'aéroport. Celle-ci écoute l'émission dans son hôtel particulier, comme le fait son mari, le marquis Robert de La Chesnaye. Christine fait comprendre à son mari que Jurieu se méprend sur la nature de leurs rapports, qui ne sont, selon elle, qu'amicaux. Sous l'impulsion d'un renouveau de tendresse pour sa femme, Robert décide de rompre avec Geneviève, sa maîtresse de longue date, dès le lendemain.

Au désespoir, après son indiscrétion scandaleuse à la radio, Jurieux tente de se suicider dans sa voiture, en compagnie d'Octave, son meilleur ami. Celui-ci, qui n'apprécie pas, lui reproche sévèrement son manque de respect pour les règles du grand monde auquel appartient Christine. Cédant pourtant aux supplications de Jurieu, Octave s'engage à l'aider à revoir celle-ci, qu'il connaît depuis son enfance, ayant longuement fréquenté son père, chef d'orchestre à Vienne. Il réussit, effectivement, à convaincre Christine et Robert d'inviter Jurieu à participer à une partie de chasse dans leur propriété de La Colinière en Sologne, avec d'autres invités appartenant soit à la vieille noblesse, soit à la grande bourgeoisie.

Aussitôt arrivé au château, Robert doit faire face au conflit qui oppose son garde-chasse alsacien, Schumacher, et un marginal, Marceau, qui braconne sur sa propriété. Trouvant le braconnier sympathique, il résoud le problème en offrant à celui-ci une place de domestique au château. Lorsqu'Octave et André Jurieu arrivent, l'aviateur est accueilli en héros par les autres invités. Christine profite de l'occasion pour insister publiquement sur le caractère purement amical de leurs rapports, ce qui lui attire des félicitations mais ne convainc personne. Soulagé, cependant, son mari propose de faire, après la partie de chasse, une grande fête en l'honneur de Jurieu où tout le monde se déguisera et jouera la comédie… . A l'étage en-dessous, Marceau rejoint les domestiques à table et commence à flirter avec Lisette, femme de chambre de Christine et épouse de Schumacher.

Le film enchaîne sur la partie de chasse. Des batteurs débusquent des faisans et des lapins qui viennent mourir sous le tir des chasseurs cachés derrière des affûts. Après la chasse, lorsque Robert apprend à Geneviève sa décision de mettre fin à leur liaison, celle-ci demande qu'il l'embrasse une dernière fois. Leur baiser d'adieu est surpris par Christine, qui les voit par hasard à travers une lunette d'approche et se méprend sur le sens du geste. Elle est choquée par la découverte de cette liaison qui n'était pourtant un secret pour personne depuis des années.

Le soir de la fête, décidée à se venger, Christine flirte avec un de ses soupirants, Saint-Aubin, qui se prête volontiers au jeu. Pendant qu'on présente dans l'obscurité une mise en scène de *La Danse macabre* de Saint-Saëns, Jurieu tient jalousement à l'oeil Christine et Saint-Aubin, tandis que Schumacher cherche Lisette, qui est en train de flirter avec Marceau. Jurieu finit par confronter Saint-Aubin, avec qui il se bagarre, avant d'être confronté lui-même par Robert. Pendant que Jurieu et le marquis se battent, Schumacher poursuit Marceau — qu'il avait surpris dans la cuisine avec Lisette — à coups de revolver. On finit par maîtriser Schumacher, qui est congédié, ainsi que Marceau, par le marquis. Celui-ci a composé avec Jurieu et accepte, en homme du monde, que sa femme parte avec lui.

Pendant ce temps, Christine est sortie du château avec Octave, qui déclare, lui aussi, son amour pour elle. Elle lui demande de l'emmener sur-le-champ. Ils sont surveillés dans l'obscurité de la nuit par Schumacher et Marceau, qui, prenant Christine pour Lisette (elle porte la pèlerine de sa servante), décident de se venger en tuant Octave. Etant rentré au château chercher son manteau, celui-ci se laisse dissuader par Lisette de partir avec Christine et donne son manteau à André, qu'il envoie auprès de Christine à sa place. Prenant André pour Octave, deuxième quiproquo, Schumacher l'abat d'un coup de fusil. Marceau annonce l'événement tragique au château, puis quitte les lieux, ainsi qu' Octave. Robert déclare aux invités réunis qu'il s'agit d'un "déplorable accident", le garde-chasse ayant cru avoir affaire à un braconnier. L'affaire est close et tout le monde rentre au château.

La réception

Lorsqu'on voit *La Règle du jeu* aujourd'hui, on a du mal à s'imaginer l'accueil houleux qui lui fut réservé à sa sortie le 7 juillet 1939 dans deux salles parisiennes. Dans une étude remarquable sur la réception du film, André G. Brunelin raconte l'expérience du producteur, Camille François, ce soir-là :

> Quand Camille F... entra dans la salle, la fête de *La Règle du jeu* battait son plein. A l'orchestre, le tumulte était à son comble. On ne pouvait presque rien entendre du dialogue, tant les cris, les sifflets étaient assourdissants. Certains spectateurs cassaient les fauteuils de rage, d'autres mettaient le feu à des exemplaires de *L'Action française*, puis s'en servaient comme des torches, sur lesquelles le personnel du cinéma se précipitait pour les éteindre [...].
>
> Camille F... sortit précipitamment du "Colisée". Il en avait assez vu, assez entendu pour se faire une idée. Il courut jusqu'à sa voiture et, soudain pris de panique, fonça à toute allure vers le boulevard des Italiens, à l'"Aubert-Palace". Quand il arriva, c'était presque la fin de la séance. L'accueil était sensiblement le même. Le public était plus populaire et, s'il y avait moins de violence, les sifflets, les rires goguenards, les lazzis n'en étaient pas moins nombreux (pp. 40-41).

Le rejet du film par les spectateurs fut si complet qu'on a pu croire, à l'époque, à une cabale montée par l'extrême-droite pour faire tomber le film de Renoir — dont les sympathies de gauche étaient bien connues . Et pourtant, les remarques captées par Renoir lui-même, dans une brasserie en face du "Colisée" où il s'était réfugié à la fin de la projection, sont révélatrices :

— C'est une honte! dit quelqu'un. Ce film est une ordure. La société française est traînée dans la boue. Et qu'est-ce que c'est que cette histoire du marquis dont la mère est juive?...

— Je me fous pas mal de vos histoires juives, dit un autre, pour moi ce film est une merde : il est mauvais, mauvais, que c'en est pas croyable! D'abord, à la fin, on n'y comprend rien (p. 41).

Ces quelques phrases résument les réactions du public confronté au film de Renoir : le patriotisme offensé, l'incompréhension, l'antisémitisme chez certains. On ne s'étonne pas que le public français de 1939, nourri de thèmes chauvins dans les films populaires de l'époque, angoissé par la menace nazie, supporte mal un portrait satirique, foncièrement négatif, de l'élite sociale en France. Ni que ce même public reste perplexe devant l'enchevêtrement des intrigues multiples, la subtilité thématique et la morale ambiguë du film — pour ne pas parler du mélange des genres, comique et tragique, auquel le public français est peu habitué. Comme la publicité le clamait, *La Règle du jeu* était "un film pas comme les autres", et le public n'était pas d'humeur, dans ces temps troubles, à supporter un tel défi. La critique, elle, est mitigée : quelques voix s'élèvent pour défendre le film, mais la grande presse populaire, plutôt de droite, s'y montre résolument hostile, comme le démontre Claude Gauteur (voir *Ouvrages consultés*).

Renoir tente désespérément de sauver la situation en supprimant les plans et séquences qui semblent provoquer l'ire des spectateurs. Le film est ainsi ramené, de coupure en coupure, de 1h40 à 1h30, certaines copies à 1h25 ; rien n'y fait. Attendue comme l'événement cinématographique de l'année, *La Règle du jeu* est retirée de l'affiche à Paris après trois semaines. Le rejet du film n'est pas moins net dans les salles provinciales, et les distributeurs étrangers, effarés, dénoncent leurs contrats. C'est un désastre financier pour Gaumont, et la nouvelle société de production de Renoir, la N.E.F., fait faillite. Deux mois après sa sortie *La Règle du jeu* est interdite par le gouvernement, avec d'autres films français considérés comme "démoralisants". L'interdiction sera reconduite par les Allemands dès leur arrivée à Paris, et cela jusqu'à la Libération.

L'histoire de *La Règle du jeu* et de sa réception se poursuit après la Libération et prend les allures d'une véritable saga. Trois versions du film circulent en France, surtout dans les ciné-clubs, des versions d'1h30, 1h25, et même 1h20. Ce n'est qu'en 1956 que des chercheurs cinéphiles, au prix de plusieurs mois de travaux minutieux, réussissent à reconstituer la version d'1h40 de la première du film, puis, conseillés par Renoir lui-même, la version originale d'1h53. Projetée au Festival de Venise en 1959, celle-ci ne soulève pas d'enthousiasme particulier chez le grand public par la suite. Cependant, le film est encensé, depuis le début des années cinquante, par André Bazin et ses jeunes émules aux *Cahiers du cinéma*. En 1952 *La Règle du jeu* est dixième au classement des meilleurs films de tous les temps ; en 1962 elle sera troisième. Avec le recul du temps, le public finit par se rallier au point de vue des critiques de la nouvelle génération, et au mois d'avril 1965 le film connaît un triomphe éclatant au Studio Médicis à Paris. En 1972 *La Règle du jeu* est classée deuxième meilleur film du monde, place qu'elle occupe encore aujourd'hui.

La genèse et la distribution

Juste avant de se lancer dans l'aventure de *La Règle du jeu*, Renoir vient de connaître un grand succès critique et populaire avec *La Bête humaine* (1938), une adaptation du roman célèbre d'Emile Zola. C'est le point culminant du courant "naturaliste", plutôt noir, chez le cinéaste, courant qui compte, notamment, *La Chienne* (1931), *Madame Bovary* (1933), *Toni* (1934) et *Les Bas-Fonds* (1936). (Pour un compte rendu plus complet de l'œuvre de Renoir avant *La Règle du jeu*, se référer au chapitre sur *La Grande Illusion*", pp. 84, 87-88.) Renoir a envie de tourner la page, de faire peau neuve, comme il le remarque en parlant de *La Bête humaine* :

> Néanmoins, travailler à ce scénario m'a inspiré le désir de donner un coup de barre, et peut-être m'évader assez complètement du naturalisme, pour essayer d'aborder un genre plus classique et plus poétique ; le résultat de ces réflexions a été *La Règle du jeu* [...]. Pour m'aider à penser à *La Règle du jeu*, j'ai relu assez attentivement Marivaux et Musset [...]. Je pense que ces lectures m'ont aidé à établir un style, à cheval sur un certain réalisme — pas extérieur, mais réalisme tout de même — et une certaine poésie ; tout au moins, j'ai essayé (Rivette et Truffaut, p. 4).

D'un autre côté, Renoir cite la musique baroque comme une influence importante dans la conception même du film : "On passe une soirée à écouter des disques et ça finit par un film. Je ne peux pas dire que la musique baroque française m'ait inspiré *La Règle du jeu*, mais elle a contribué à me donner l'envie de filmer des personnages se remuant suivant l'esprit de cette musique" (*Ma Vie et mes films*, p. 154). Quoi qu'il en soit, pour se libérer de ses habitudes, Renoir désire tourner "un drame gai", dans le style des classiques. Au départ il s'agit d'une simple transposition des *Caprices de Marianne* (1833) d'Alfred de Musset dont l'action serait située à l'époque contemporaine et dont Renoir écrit un premier scénario. De celui-ci il ne restera pratiquement rien, si ce n'est le motif de la méprise tragique, qui est au centre du dénouement de la pièce de Musset (un mari jaloux fait assassiner, en se trompant de cible, celui qu'il prend pour l'amant de sa femme). Dans la version suivante, proche du scénario définitif, Renoir s'inspire davantage des classiques du dix-huitième siècle, tels que *Le Jeu de l'amour et du hasard* (1730) de Marivaux, où les parallèles – le jeu de miroirs – entre maîtres et domestiques jouent un rôle important, et *Le Mariage de Figaro* (1784) de Beaumarchais, avec ses quiproquos, sa mise en valeur de l'opposition maîtres-serviteurs, et son portrait critique de la classe dominante.

La genèse de *La Règle du jeu* sera profondément affectée par le choix des acteurs. A l'origine, Renoir avait eu l'intention de confier le rôle de la femme du marquis à Simone Simon, avec Fernand Ledoux dans le rôle du garde-chasse ; il aurait donc réuni dans la distribution deux grandes vedettes de *La Bête humaine*. Simon, de retour d'Hollywood, s'avère "trop chère", et Renoir finit par donner le rôle de Christine à une actrice néophyte dont l'allure racée le séduit, Nora Gregor (une princesse autrichienne qui s'est exilée en France dès l'arrivée des Nazis dans son pays). Mais Nora Gregor est une femme mûre, la trentaine, qui n'a rien de la gamine capricieuse de Musset — et qui parle français avec un lourd accent allemand. On confie le rôle du marquis à Marcel Dalio, le Rosenthal de *La Grande Illusion*, qui incarne, pour le public français, le type même du juif, tout au moins le type du "métèque" (étranger méditerranéen). Renoir sera obligé, évidemment, de modifier en conséquence la biographie de ses personnages. Le couple au sommet de l'élite sociale française sera donc un marquis à moitié juif et son épouse autrichienne, ce qui non seulement change le caractère du film, mais sera ressenti comme une pure provocation, une insulte, par le public français de 1939. Comme le remarque Pierre Guislain en ce qui concerne le personnage du marquis : "En pleine montée de l'antisémitisme en Europe, seul Renoir pouvait oser mettre en scène, comme le dira plus tard Dalio, 'un marquis aux cheveux frisés et à l'air oriental', personnage non seulement invraisemblable, mais tout simplement scandaleux pour la majeure partie du public de l'époque" (p. 92).

On n'a pas manqué de relever les choix singuliers de Renoir dans la distribution des rôles de *La Règle du jeu*, tous les acteurs apparaissant mal choisis, du côté des maîtres du moins, pour le personnage qu'ils incarnent (Guislain, pp. 93-95). Outre le choix de Dalio, on note la décision, controversée, de Renoir d'incarner lui-même le personnage d'Octave, au lieu de le confier à son frère Pierre, un acteur chevronné qui avait brillé dans le rôle de Louis XVI dans un autre film de Renoir, *La Marseillaise* (1938). Le jeu amateur de Renoir va ahurir les producteurs (et n'est apparemment pas étranger à la décision de Simone Simon de ne pas accepter le rôle de Christine...). Par ailleurs, Renoir se rend compte trop tard que l'actrice qui joue le rôle de la maîtresse du marquis, Mila Parély, aurait été bien meilleure que Nora Gregor dans le rôle de la femme du marquis. Il sera donc amené à étoffer de plus en plus le rôle de Geneviève, très mineur à l'origine, ainsi que celui de Lisette, incarnée par Paulette Dubost, dont le jeu admirable fait ressortir toute la médiocrité de celui de la princesse. Le miracle, c'est que la distribution décidée par Renoir, peut-être à cause même des contre-emplois, produit une impression d'étrangeté, une ambiguïté, une sorte de malaise ou d'ambiance prémonitoire dont s'imprègne le film tout entier et qui sous-tend la thématique sociale et sentimentale.

Le tournage

Le 15 février 1939 l'équipe de Renoir quitte Paris pour gagner le château de La Ferté-Saint-Aubin, en Sologne, où seront tournés les extérieurs de *La Règle du jeu*. Il faudra attendre environ quinze jours pour commencer le tournage, car la pluie n'arrête pas de tomber. Renoir profite de ces deux semaines pour mettre au point une partie de son scénario, mais le tournage prend du retard en raison, d'une part, de la pluie, et d'autre part de l'improvisation continuelle du réalisateur, rendue nécessaire par l'état inachevé du scénario. L'improvisation est inhérente, d'ailleurs, c'est bien connu, à la mise en scène de Renoir, qui considère les acteurs comme des partenaires à part entière dans la création du film et tient à profiter de leurs trouvailles au moment du tournage. Comme il le reconnaîtra en parlant de *La Règle du jeu* : "Oui, j'ai beaucoup improvisé : les acteurs sont aussi les auteurs d'un film, et quand on se trouve en leur présence, ils apportent des réactions que l'on n'avait pas prévues ; ces réactions sont très souvent bonnes, et on serait bien fou de ne pas en profiter" (Rivette et Truffaut, p. 4).

Toujours est-il que, le tournage traînant en longueur, le devis original est vite dépassé. Les collaborateurs de Renoir trouvent des capitaux supplémentaires, mais on l'oblige à regagner rapidement les plateaux du studio de Joinville à Paris, laissant derrière lui ses assistants, Zwoboda et Cartier-Bresson, pour tourner, d'après des indications précises, la fameuse séquence de la chasse. Celle-ci s'avère extrêmement difficile et exige des solutions ingénieuses. Pour obtenir les effets voulus, sans mettre en danger la vie du caméraman, on imagine de construire une sorte de blockhaus mobile où l'on enferme l'opérateur et son appareil :

Le tireur put alors se placer à une distance normale pour abattre un lapin sans risquer d'en faire de la charpie. La formule se révéla valable et les petits lapins vinrent mourir sagement devant la caméra, d'une manière aussi photogénique que le souhaitait Renoir, tandis que les plombs qui ne les avaient pas atteints se répercutaient allègrement contre le blockauss (Brunelin, p. 53).

On finit par obtenir la séquence souhaitée par Renoir, mais après plus de deux mois d'efforts et au prix de plusieurs centaines de lapins. (Les spectateurs de l'époque, tout en admirant le caractère "documentaire" de la séquence de la chasse, n'en furent pas moins choqués par le massacre des lapins... .)

Il ne faut pas oublier qu'au moment du tournage du film de Renoir, la menace nazie grandissante crée un climat d'appréhension et d'instabilité à travers le pays. Le gouvernement français décrète une mobilisation partielle, ce qui fait qu'on commence à manquer de techniciens dans les studios. Renoir termine malgré tout le tournage des intérieurs mais hésite sur la manière de finir son film. Dans le doute il tourne deux fins, la première au moment où Octave et Marceau s'en vont dans la nuit, la deuxième celle qu'on connaît. Epuisé, il confie le montage du film à Marguerite Houllé, quitte à lui envoyer des indications détaillées. La première version du film, l'originale, dure 1h53. Sous la pression des producteurs, qui craignent un échec commercial, on coupe sept scènes, dont plus de la moitié avec Octave, pour obtenir la version d'1h40 qui sera projetée quelques jours plus tard au "Colisée" — avec l'accueil haineux qu'on sait. Neuf semaines plus tard, au début du mois de septembre, la France déclare la guerre à l'Allemagne, qui vient d'envahir la Pologne.

La structure

Sachant que Renoir s'inspire du théâtre français classique, on ne s'étonne pas de constater que *La Règle du jeu* semble se répartir, comme le constate Francis Vanoye (pp. 29-30), en cinq actes bien délimités :

Acte I. Présentation des personnages principaux et de leurs relations.

Acte II. Réunion à La Colinière de tous les personnages.

Acte III. La partie de chasse et la matinée qui suit.

Acte IV. La fête.

Acte V. Le dénouement.

Outre l'attrait de son "classicisme", cette conception de la structure du film rejoint et renforce l'opposition fondamentale du film entre l'ordre social et le désordre des passions qui le menace. Vanoye distingue ainsi cinq "temps" du film, correspondant aux cinq actes, où l'ordre (social, conjugal) est alternativement menacé et rétabli, à plusieurs reprises, chez les maîtres ou chez les domestiques, du début jusqu'à la fin du film (pp. 31-32). Il est possible aussi de structurer le film selon une dialectique, en quatre temps, entre la modernité et l'ancienneté, où l'opposition initiale cède la place à la coexistence, puis à la suprématie de la modernité avant que l'ancienneté prenne le dessus à la fin du film (Marty, pp. 22-23).

D'autres schémas structuraux sont, d'ailleurs, tout aussi envisageables pour rendre compte de ce film complexe : une division en trois actes (au lieu de quatre ou cinq), par exemple, où le premier acte contiendrait toujours l'épisode parisien, le deuxième comprendrait toute l'action de l'arrivée au château jusqu'à la préparation de la fête après la partie de chasse, et le troisième réunirait la fête et le dénouement tragique (Vanoye, p. 31). La répartition en trois actes a l'avantage de mettre en valeur le resserrement progressif de l'action et surtout son accélération dans le troisième acte qui, à l'encontre des deux premiers actes, ne comporte pas d'ellipses apparentes, donnant ainsi l'impression de se dérouler en temps réel. Pour Renoir lui-même, d'ailleurs, la structure de *La Règle du jeu* est encore plus simple, consistant en deux grandes parties séparées par le pivot que constituent la partie de chasse et la découverte par Christine de l'infidélité conjugale de son mari, qui va faire basculer le film dans le drame. Quelle que soit la structure que l'on préfère, on peut également considérer, comme le fait André Bazin, que *La Règle du jeu* est essentiellement composée comme une symphonie ou un tableau :

> Renoir est parvenu à s'y passer totalement de structures dramatiques, le film n'est qu'un entrelacs de rappels, d'allusions, de correspondances, un carrousel de thèmes où la réalité et l'idée morale se répondent sans défaillance de signification et de rythme, de tonalité et de mélodie ; mais film pourtant merveilleusement construit dont nulle image n'est inutile ni placée à contretemps. C'est une oeuvre qu'il faut revoir comme on réécoute une symphonie, comme on médite devant un tableau, car on en perçoit mieux chaque fois les harmonies intérieures (p. 76).

La notion de "symphonie" fait surtout allusion au côté thématique du film, qui est le sujet que nous abordons maintenant.

Thèmes et métaphores

L'ensemble des thèmes de *La Règle du jeu* s'organise par rapport à un milieu social particulier, le "monde", composé d'aristocrates et de grands bourgeois. La microsociété que présente Renoir est peuplée surtout par des gens très fortunés et oisifs dont l'occupation principale est la recherche de distractions pour remplir une vie par ailleurs assez vide. Le personnage principal de cet univers est le marquis Robert de La Chesnaye, qui trouve le moyen de se divertir en collectionnant des automates musicaux anciens, symboles évidents d'une période depuis longtemps révolue, d'un mode de vie virtuellement disparu avec l'Ancien Régime. L'opposition thématique fondamentale du film est établie d'emblée avec l'arrivée d'André Jurieu, un homme d'action, dans son avion, symbole du monde moderne. Le symbolisme de l'avion rejoint celui de la radio, autre emblème de la modernité, pour créer un contraste immédiat avec le caractère suranné, anachronique, du monde de Robert et de sa femme. Les automates servent, en même temps, de métaphores pour les personnages qui habitent le "monde", dans la mesure où ceux-ci *imitent* les gestes de la vie, en l'absence de tout véritable sentiment humain, de toute "sincérité".

Au thème de l'anachronisme confronté à la modernité, qui sous-tend le film entier, viennent s'ajouter dès le début les oppositions, tout aussi fondamentales, entre la vérité et le mensonge, les apparences et la réalité, le public et le privé. Jurieu révèle la réalité, la vérité de ses sentiments envers Christine, publiquement, dès son atterrissage ; celle-ci sauve les apparences d'abord devant son mari, puis devant le "monde" réuni à La Colinière, en (se?) mentant, apparemment, quant à ses rapports réels avec Jurieu. Plus loin, c'est le problème de la confusion entre les apparences et la réalité qui est soulevé, après la partie de chasse, dans la scène de la lunette d'approche (métaphore pour la caméra?), où Christine se méprend complètement sur le sens de "l'image", certes ambiguë, qu'elle capte, le baiser d'adieu que son mari donne à Geneviève. Le thème des apparences et du mensonge se trouve, bien évidemment, à la base de la notion même de "règle du jeu": la règle du jeu de ce monde, c'est la discrétion absolue, la sauvegarde des apparences — par le mensonge si nécessaire ; il faut éviter à tout prix le scandale. Les déclarations "scandaleuses" de Jurieu, qui violent les règles qui séparent la vie privée de la vie publique, indiquent d'entrée de jeu son incompatiblité avec le monde de Christine, incompatibilité qui sera confirmée par les bagarres qui éclateront pendant l'épisode de la fête au château. En même temps, les propos de Jurieu, suivis de ceux de Christine, mettent au centre du film le thème de l'amour, ou, plus généralement, la question des rapports entre les hommes et les femmes.

Le faux pas de Jurieux, le scandale qu'il provoque, introduit également, dès le début, le thème du désordre, en opposition avec l'ordre établi par la société de Robert et de Christine. Le même thème sera incarné plus tard par Schumacher, le seul autre personnage véritablement passionné du film : les deux éléments "étrangers" (par leur sincérité même) font éclater le désordre dans ce monde bien ordonné lors de la fête à La Colinière. Le célèbre "limonaire" (orgue mécanique), la pièce maîtresse de la collection d'automates de Robert, tous symboles de l'ordre, de la vie "bien réglée", se transforme en métaphore du désordre en se détraquant au moment où le chaos atteint son apogée pendant la fête.

A l'intérieur de ce cadre thématique de base, d'autres thèmes foisonnent, soutenus par de multiples métaphores. Parmi celles-ci, l'idée du "spectacle" domine, dans sa double acception de "jeu théâtral" et de "comédie humaine". Dans un monde où seules les apparences comptent, comment distinguer entre le jeu et la réalité, ou, encore, entre la vérité et le mensonge? Cette problématique sera mise en relief, notamment, dans l'épisode de la fête où la comédie passe de la scène à la salle, le jeu envahissant l'espace social lorsque Christine décide de se laisser courtiser par Saint-Aubin, en même temps que Marceau et Lisette donnent libre cours au jeu du flirt. Le caractère métaphorique du spectacle s'impose dans la déclaration de Christine ("*J'en ai assez de ce théâtre, Octave*"!), comme dans l'échange entre Robert et son maître d'hôtel au beau milieu du chaos ("*Corneille, faites cesser cette comédie*"! "*Laquelle, Monsieur le marquis*"?). Le dilemme d'Octave, qui n'arrive qu'avec grande peine à se débarrasser de son costume d'ours, prend aussi des allures métaphoriques si l'on considère que son problème suggère toute la difficulté qu'on rencontre à vouloir arrêter de "jouer", à redevenir soi-même — c'est-à dire sincère — quand on a pris l'habitude de faire semblant dans la vie, de mentir et de se mentir.

"Renoir joue sur toutes les oppositions possibles", constate Jean Roy (p. 45), bien trop nombreuses pour qu'on les évoque toutes ici. Un dernier contraste thématique majeur qu'il faut mentionner, pourtant, c'est celui qui oppose les maîtres aux serviteurs dans ce film. D'ailleurs, il faudrait parler plutôt ici de parallèle que d'opposition, car maîtres et domestiques se ressemblent pour l'essentiel dans *La Règle du jeu*, comme l'observe Esnault : "Les chassés-croisés des salons aux cuisines révèlent une identité de nature entre des êtres que la société a différemment pourvus" (p. 10). En effet, le propos de Renoir dans *La Règle du jeu* n'est aucunement politique, et les domestiques prennent modèle, sans ambages, sur leurs maîtres. Malgré la vacuité de l'existence de ceux-ci, le portrait que nous en propose Renoir, comme celui des serviteurs, reste foncièrement sympathique, et on n'oublie pas la célèbre phrase d'Octave-Renoir, qui résume l'humanisme du cinéaste : "*Tout le monde a ses raisons*". Comme le dit Renoir lui-même, en parlant de son film, "Les personnages sont de simples êtres humains, ni bons ni mauvais, et chacun d'entre eux est fonction de sa condition, de son milieu, de son passé" (Esnault, p. 10).

Et pour en finir : le thème de la mort. Introduit dès le début du film — le danger de l'exploit de l'aviateur, l'accident de voiture — le thème de la mort s'impose progressivement à partir de l'arrivée à La Colinière. On entend au loin des coups de fusil, qui seront suivis, bientôt, par la fusillade de la fameuse partie de chasse, qui présage, c'est Renoir qui le dit, la mort de Jurieu. Thématiquement, elle n'est pas moins présagée par la fête qui la précède, et surtout par la mise en scène de la "Danse macabre" de Saint-Saëns, danse qui est déclenchée par un piano mécanique, évoquant ainsi cette "mécanique de mort" (Guislain, p. 117) qui se met en branle. Les spectres, incarnations de la mort, se répandent dans la salle, avant que les personnages eux-mêmes, maîtres et serviteurs, prennent le relais et entament leur propre danse de la mort, ponctuée par les coups de revolver de Schumacher à la poursuite de Marceau.

Rétrospectivement, il est tentant d'interpréter la partie de chasse, le massacre des lapins innocents, dans son contexte historique précis. Ce carnage peut paraître, sur le plan métaphorique, comme "l'image la plus saisissante du danger ressenti par tous en 1939" devant la menace nazie (Vanoye, p. 55). Renoir avoue, effectivement, que "sachant que nous allions avoir la guerre, en étant absolument convaincu, mon travail en était imprégné malgré moi" (Rivette et Truffaut, p. 6). Il précisera, d'ailleurs, dans une autre interview : "Mon ambition en commençant ce film était d'illustrer ce mot historique : 'Nous dansons sur un volcan'" (Guislain, p. 61). Toute l'ambiance du film se ressent du climat pessimiste et prémonitoire qui règne en France entre les accords de Munich de septembre 1938 et la déclaration de guerre un an plus tard, époque justement où Renoir rédigeait le scénario et tournait *La Règle du jeu.* La mort rode partout en Europe.

Quoi qu'il en soit, la fonction métaphorique du massacre des lapins en tant que présage de l'assassinat de Jurieu est rendue explicite dans le film par la réflexion de Marceau sur la manière dont l'aviateur est mort : *"Il a boulé comme un lapin"*. Au fond, Jurieu est victime des apparences qui, ironiquement, prennent le pas sur la réalité, comme dans la scène de la lorgnette. Ici c'est la pèlerine de Lisette, prêtée à Christine, qui incarne le motif des apparences et de leur danger. Mais pourquoi faut-il que Jurieu meure? Bien sûr, la mort de Jurieu peut être considérée comme l'aboutissement "logique" de la folie meurtrière qui s'empare de la petite société réunie au château. Mais élément perturbateur, ainsi que Marceau et Octave, Jurieu doit être supprimé pour rétablir l'ordre. Il sert, en quelque sorte, de bouc émissaire ; son assassinat serait, pour certains, une sorte d'"exutoire" pour évacuer les pulsions violentes de ce groupe social (Guislain, p. 119). Jurieu l'intrus mort, Octave et Marceau (les deux "marginaux") exclus, le "monde" retrouve sa cohésion, tout rentre dans l'ordre, tout est en "règle".

Le style

Comme dans *La Grande Illusion*, on constate dans *La Règle du jeu* un refus du morcellement de l'espace (refus du montage) en faveur de plans-séquences qui respectent, comme le dit Bazin, "l'unité naturelle" des êtres et des choses : "Jean Renoir [est] le seul dont les recherches de mise en scène s'efforcent, jusqu'à *La Règle du jeu,* de retrouver, au-delà des facilités du montage, le secret d'un récit cinématographique capable de tout exprimer sans morceler le monde, de révéler le sens caché des êtres et des choses sans en briser l'unité naturelle" (*Qu'est-ce que le cinéma?*, p. 78). Le tournage en profondeur de champ, ainsi que les mouvements de la caméra (panoramiques, travellings), mettent en valeur à la fois l'évolution des personnages dans leur milieu physique et social et les relations entre des actions qui se déroulent simultanément (en avant-plan et en arrière-plan) — tout en permettant au comédien de s'épanouir librement dans son rôle. En même temps, en évitant le dirigisme du montage, qui oriente sans cesse le regard du spectateur, l'utilisation de la profondeur de champ libère celui-ci (du moins partiellement) et encourage sa participation à la construction du sens des séquences. Le panoramique surtout, conjugué à la profondeur de champ, donne à la mise en scène de Renoir cette impression de mouvement incessant et de complexité qui la caractérise : "Le panoramique est le principal mouvement de caméra de *La Règle du jeu*. Il met en place la largeur du champ par opposition à la profondeur de champ qui souligne toutes les actions lisibles du plus près ou au plus loin de la caméra. Le panoramique donc associé à la profondeur de champ permet à Renoir de donner à sa mise en scène le maximum de liberté, de rapidité et de vie dans le maximum de complexité. Profondeur de champ, panoramique, vitesse" (Guislain, p. 148). La seule exception notable à ce parti-pris esthétique, c'est la partie de chasse, où Renoir choisit un montage très rapide de plans brefs, montage qui met en relief, avec son effet de choc, toute la violence de cette tuerie.

Quand on veut donner des exemples de plans-séquences frappants dans *La Règle du jeu*, on n'a que l'embarras du choix. On peut toutefois citer, dans la séquence du repas des domestiques, le plan-séquence long de presque deux minutes qui joue à la fois sur la profondeur de champ (la tablée en avant-plan, la cuisine en arrière-plan) et les mouvements d'appareil qui suivent d'abord l'arrivée de Schumacher, puis celle de Marceau pendant l'intégration de celui-ci dans le groupe de domestiques à table (voir notre analyse de cette séquence dans "La Lecture du film", pp. 37-39). Plus loin, lors de "La Danse macabre", le plan-séquence est amené au sommet de l'art. Une série de travellings-panoramiques saisit d'abord Schumacher pénétrant dans l'espace des spectateurs (à la recherche de Lisette), nous fait découvrir ensuite Christine qui flirte avec Saint-Aubin, puis, inversant la direction du pano-travelling, nous montre Marceau et Lisette en train de se bécoter, puis Jurieu qui tient à l'oeil Christine et Saint-Aubin, avant que le mouvement de la caméra rebrousse chemin pour rejoindre Schumacher, qui emmène Lisette au moment où elle tente de s'éclipser avec Marceau, et pour retrouver, en fin de course, Christine qui s'échappe avec Saint-Aubin. La mobilité de la caméra de Renoir, ici comme dans toutes les séquences du château, revêt un caractère humain : "Durant toute la dernière partie de *La Règle du jeu*, la caméra se comporte comme l'invité invisible, se promenant dans le salon et les couloirs, regardant avec curiosité mais sans autre privilège que son invisibilité" (Bazin, "Renoir français", p. 25).

Comme il travaille surtout en profondeur de champ, les gros plans sont peu nombreux dans *La Règle du jeu*, comme dans le reste de l'oeuvre de Renoir. Pourtant, Renoir renverse souvent la rhétorique classique du cinéma en partant du détail, donc du gros plan, pour arriver au plan d'ensemble qui situe le détail dans son contexte. Comme dans *La Grande Illusion*, qui commence par un gros plan du disque qui tourne suivi par des mouvements d'appareil, toujours dans le même plan, qui finissent par révéler la popote des officiers français, la séquence de la "Danse macabre" commence par un gros plan du clavier du piano mécanique, avant que la caméra recule en travelling, puis panoramique pour encadrer le petit théâtre. Dans chaque cas, les mouvements de la caméra intègrent immédiatement l'objet isolé par le gros plan dans son environnement, mettant en relief la continuité de l'espace, son caractère "réaliste" — au lieu de le fragmenter par le montage. On constate le même procédé, d'ailleurs, au début du film, où la caméra cadre en gros plan l'ensemble des fils électriques avant de révéler, en se déplaçant, la journaliste de la radio sur la piste d'atterissage ; la séquence suivante est mise en parallèle avec la première, d'ailleurs, précisément par le gros plan des tubes électroniques de la radio suivi par un panoramique vers le haut cadrant Christine et Lisette en profondeur de champ. Renoir se sert rarement du gros plan pour produire un simple effet de surcharge affective dans ses films.

FICHE PÉDAGOGIQUE

Propos de Jean Renoir

"Mon intention première fut de tourner une transposition des *Caprices de Marianne* à notre époque. C'est l'histoire d'une tragique méprise : l'amoureux de Marianne est pris pour un autre et abattu dans un guet-apens. Je n'essaierai pas de préciser l'intrigue : je l'ai entourée de tant d'éléments divers que l'histoire à proprement parler n'est plus qu'une trame. Un élément important est l'honnêteté sentimentale de Christine, l'héroïne du drame. Les auteurs de films ou de livres étant en général des hommes, ils racontent des histoires d'hommes. Moi j'aime décrire les femmes. Un autre élément important est la pureté de Jurieu, la victime, qui, en essayant de s'immiscer dans un monde dont il ne fait pas partie, ne respecte pas la règle du jeu. Pendant le tournage, je fus ballotté entre mon désir de faire de la comédie et celui de conter une tragique histoire. Le résultat de mes doutes fut le film tel qu'il est" (*Ma Vie et mes films*, p. 155).

Questions posées à Renoir

"Que sera au juste *La Règle du jeu*?

"Une description exacte des bourgeois de notre époque. Je veux démontrer que pour tout jeu, il y a une règle. Si on joue autrement, on perd la partie [...].

"Et vous-même, quel rôle tiendrez-vous?

"Celui d'un raté! J'aurais voulu devenir musicien, mais je suis trop paresseux. Alors, je me contente d'être critique musical. Et je donne des conseils à tout le monde, d'où naissent les pires ennuis et les complications les plus impossibles" ("Jean Renoir, *La Règle du jeu*", pp. 276-277).

"Dans le film *La Règle du jeu* le milieu choisi est un milieu extrêmement riche, extrêmement mondain ; pas un milieu de parvenus, mais de bonne, authentique et ancienne bourgeoisie.

La règle du jeu de ces gens est donc particulièrement sévère. Certains tentent parfois de s'évader. Peut-être notre aviateur [...] a-t-il cru briser les contraintes en entreprenant son grand raid autour du monde? En réalité, il n'a rien brisé du tout. Ce raid a fait de lui un héros, mais ce héros n'en demeure pas moins un grand bourgeois.

[Christine] ne croit pas à cette règle. Elle se figure qu'elle pourra suivre les élans de son coeur, demeurer une épouse fidèle ou prendre un amant, de la manière et quand ça lui plaira. Comme elle se trompe. Les questions sentimentales ou disons plus simplement les relations entre hommes et femmes jouent un grand rôle, on peut même dire un rôle social, dans notre milieu, mais elles sont également, et sans rémission possible, soumises à la règle du jeu.

Le mari de [Christine] est d'ailleurs un tenant impitoyable de cette règle, et dans son entourage, toutes les actions humaines [...] sont soumises à une étiquette moins apparente mais aussi rigoureuse qu'à la cour de Louis XIV" (Gauteur, *Positif*, p. 37).

"En réalité elle [*Christine*] ne le dit pas, on ne le montre pas, je n'ai aucun plan expliquant ce sentiment, mais je crois que cette femme est en train d'être brusquement mise en face de certaines réalités de la vie et de réalités qu'elle ne trouve pas belles. C'est une femme qui, bien que n'étant pas toute jeune, était probablement assez innocente et c'est pour cela que ça m'intéressait beaucoup d'avoir une Viennoise pour jouer le rôle, assez romantique. Et brusquement ce romantisme, l'amour pur, l'amour éternel, les promenades au clair de lune en se donnant la main, tout ça, brusquement, c'est remplacé par une réalité beaucoup plus brutale, par le besoin purement physique d'être bousculée sur un canapé et de faire l'amour qu'elle lit chez ce monsieur, chez les autres, chez les gens qui lui courent autour [...]. Cette fête — que j'ai essayé de faire un peu irréelle — cette fête est une ouverture à la réalité, pour Christine, et de là immédiatement ça détermine un changement de conduite complet chez elle. Puisque la vie c'est comme ça, allons-y et je veux faire l'amour avec le premier venu, je ne l'aime pas mais je fais ça, puisque la règle est comme ça, eh bien je vais l'appliquer, la règle, et plus que les autres encore" (*Entretiens et propos*, p. 123).

"Ça, c'est trop net pour ne pas être voulu [*le parallèle de la mort du lapin et de la mort de Jurieu*]. C'est évident. Maintenant, j'ai eu l'idée de la mort de Jurieu telle qu'elle est faite — Jurieu était condamné dès avant que je commence le film — mais l'idée de le faire mourir comme il meurt m'est venue de la mort du lapin, que j'avais filmée d'abord. Dans mon idée, toute la chasse, primitivement, préparait la mort de Jurieu, Jurieu c'était l'innocent, l'innocence ne pouvait pas vivre là-dedans. C'est un monde romantique et pourri. Il se trouve qu'on a à faire avec deux êtres extrêmement innocents, elle et lui, Christine et Jurieu. Faut un sacrifice. Si on veut continuer, faut en tuer un, le monde ne vit que de sacrifices, alors il faut tuer des gens pour apaiser les dieux. Là, cette société va continuer encore quelques mois, jusqu'à la guerre et même plus tard, et cette société va continuer parce que Jurieu a été tué, Jurieu est l'être qu'on a sacrifié sur l'autel des dieux pour la continuation de ce genre de vie" (*Entretiens et propos*, p. 125).

"On ne sait vraiment ce qu'est un film qu'après en avoir terminé le montage. Dès les premières projections de *La Règle du jeu*, je me sentais assailli de doutes. C'est un film de guerre, et pourtant, pas une allusion à la guerre n'y est faite. Sous son apparence bénigne, cette histoire s'attaquait à la structure même de notre société. Et, cependant, j'avais voulu au départ présenter au public non pas une oeuvre d'avant-garde, mais un bon petit film normal. Les gens entraient dans le cinéma avec l'idée qu'ils allaient se distraire de leurs soucis. Pas du tout, je les plongeais dans leurs propres problèmes. L'imminence de la guerre rendait les épidermes plus sensibles. Je dépeignais des personnages gentils et sympathiques, mais représentais une sociéte en décomposition. C'étaient d'avance des vaincus [...], et ces vaincus, les spectateurs les reconnaissaient. A vrai dire, ils se reconnaissaient eux-mêmes. Les gens qui se suicident n'aiment pas le faire devant témoins (*Ma Vie et mes films*, pp. 156-157).

"Dans *La Règle du jeu*, je n'ai pas volontairement cherché à faire un film difficile à être accepté par le public. Au contraire, j'étais persuadé que les gens aimeraient beaucoup cette histoire [...].

Il faut croire que je me suis trompé puisque les gens ont accueilli le film comme lorsqu'on reçoit vraiment des coups de fouet. Si *La Règle du jeu* avait été traité comme un film romantique, si j'avais présenté des gens qui fondent en larmes et qui prennent leur coeur pour le tendre au public [...], si j'avais usé de tout l'arsenal romantique, je suis persuadé que la même histoire aurait été valable. Mais l'esprit classique, qui est un esprit dans lequel on essaie de garder les choses plus intérieurement que de les montrer extérieurement, est apparemment un esprit extrêmement difficile à saisir de nos jours par un public qui, depuis cent ans, est submergé de larmes romantiques. Le classicisme est un chemin très pénible, et je vous assure que je prends constamment des coups sur les doigts avec cela [...].

Je pense que, pour arriver à ce classicisme, nous devons établir une distinction entre le réalisme intérieur et le réalisme extérieur. Je ne peux pas m'empêcher de penser à Molière : Molière n'a jamais fait du réalisme extérieur. Il a appelé ses personnages Philinte, Orgon, Cléante, au lieu de les appeler Dupont, Durand, Dubois ; il les a habillés de costumes qui n'étaient même pas des costumes réalistes [...] ; Néanmoins, les pièces de Molière sont probablement parmi les plus réalistes. Un homme comme Chaplin n'a jamais sacrifié au réalisme extérieur : Chaplin joue un chercheur d'or, mais il est habillé avec un petit chapeau melon, ses grandes chaussures et une canne, et il cherche de l'or au milieu de la neige. S'il était réaliste, il aurait une fourrure et tout ce qu'il faut pour ne pas redouter le froid. Néanmoins M. Chaplin, avec son petit chapeau melon, me semble beaucoup plus vrai que quantité de cabots qui ont de vraies défroques de chercheurs d'or ; ils ont l'air de quoi? Ils ont l'air de crabes avec leurs magnifiques déguisements ; Chaplin, au contraire, avec ses grandes chaussures et son petit chapeau, a l'air d'un véritable chercheur d'or.

Personnellement, j'ai fait beaucoup de films du genre 'réalisme extérieur'. J'ai essayé humblement — peut-être sans y réussir toujours — d'y adjoindre le réalisme intérieur. Je dois vous dire qu'au fond ce réalisme extérieur a toujours été pour moi, un moyen d'essayer de parvenir au réalisme intérieur. Il me semblait que si je racontais l'histoire d'une blanchisseuse en plaçant cette blanchisseuse dans sa vraie boutique, avec un vrai fer à repasser, dans son vrai costume de blanchisseuse [...], il me semblait que, peut-être grâce à ces attributs extérieurs, je pourrais peut-être, avec ces armes extérieures, arriver à la connaissance plus intime de cette personne.

Mais je crois que les gens tout à fait grands, Chaplin, Shakespeare, Molière, n'ont pas besoin de ce réalisme extérieur et qu'ils peuvent connaître intimement la blanchisseuse sans avoir besoin d'un vrai fer à repasser.

Personnellement, je voudrais bien échapper au réalisme extérieur" (*Ecrits 1926-1971*, pp. 227-228).

Extraits à discuter

Extrait 1 (1'40-4'50): Le début du film, à l'aéroport et chez Christine (rôle de la radio, opposition pubic/privé).

Extrait 2 (7'05-8'45): Chez Robert — la radio et les poupées mécaniques (opposition monde moderne/monde ancien).

Extrait 3 (32'40-34'30): Arrivée d'André Jurieux au château ; la caméra comme invité invisible (travelling autour de la colonne).

Extrait 4 (37'35-39'40): Le repas des domestiques (plan-séquence, profondeur de champ et mouvements de la caméra). ***Voir notre commentaire de cette séquence dans « La Lecture du film," pp. 37-39.**

Extrait 5 (47'45-49'10): La partie de chasse - montage "rapide", tuerie.

Extrait 6 (51'55-55'00): Scène de la lunette d'approche — modernité, thème des apparences, évocation métaphorique de la caméra.

Extrait 7 (1h00'20-01'30): La fête — la salle et la scène, parallèle vie-théâtre, (jeu de l'amour).

Extrait 8 (1h02'35-04'50): La séquence de la "Danse macabre"; thème de la mort.

Extrait 9 (1h12'50-13'55): La scène de l'orgue mécanique.

Extrait 10 (1h20'00-22'00): Schumacher poursuit Marceau à coups de revolver; l'orgue mécanique détraqué (le désordre).

Extrait 11 (1h37'50-40'05): Scène de la serre ; meurtre de Jurieu (apparences, quiproquo tragique).

Citations à commenter

Jurieu: "Je lui dis publiquement qu'elle est déloyale"!

* * *

Octave (à Jurieu): "Quand tu n'es pas en avion, tu ne fais que des gaffes [...]. C'est une femme du monde, et le monde a ses règles — des règles très rigoureuses".

* * *

Octave (à Robert): "Tu comprends, sur cette terre, il y a une chose effroyable, c'est que tout le monde a ses raisons".

* * *

Robert: "Et bien, moi, je suis d'avis de donner une fête, une grande fête en l'honneur de Jurieu [...]. Nous jouerons la comédie, nous nous déguiserons".

* * *

Robert: "Corneille! Faites cesser cette comédie"!
Corneille: "Laquelle, Monsieur le marquis"?

* * *

Christine: "Pendant trois ans mon existence a été basée sur le mensonge. Cette pensée ne me quitte pas depuis que je les ai vus ensemble, à la chasse, et que j'ai brusquement compris".
Octave: "Ecoute, Christine, ça aussi, c'est un truc de notre époque. On est à une époque où tout le monde ment : les prospectus des pharmaciens, les gouvernements, la radio, le cinéma, les journaux... . Alors pourquoi veux-tu qu'nous autres, les simples particuliers, on ne mente pas aussi"?

* * *

Marceau (au sujet de la mort de Jurieu): "Il a boulé comme un lapin".

* * *

Robert: "Messieurs, il s'agit d'un déplorable accident et rien de plus! Mon garde Schumacher a cru voir un braconnier, et il a tiré comme c'était son droit. La fatalité a voulu qu'André Jurieu soit victime de cette erreur..."

Sujets de réflexion

1. Décrire le caractère des personnages principaux du film : Robert de La Chesnaye, Christine, André Jurieux, Octave, Schumacher, Lisette, Marceau.
2. Décrire les rapports entre les personnages principaux.
3. Commenter le rôle de la radio au début du film.
4. Quels sont les parallèles et les oppositions qui structurent *La Règle du jeu*?
5. Décrire un plan-séquence particulièrement réussi dans ce film.
6. Donner un exemple de l'utilisation de la profondeur de champ.
7. Approfondir les thème du "jeu" et du quiproquo dans *La Règle du jeu*. Quelle est "la règle du jeu"?
8. Commenter les métaphores dominantes du film : la radio, le jeu (et le théâtre), les poupées (et l'orgue) mécaniques, la partie de chasse, la lunette d'approche, le braconnage, l'orage (etc.?).
9. Discuter le mélange des genres dans *La Règle du jeu*.
10. Commenter la mort d'André Jurieu : une conséquence de quoi? une fatalité?

DOSSIER CRITIQUE

Jean Fayard — "Quel étrange mal..."

Comment un homme de talent peut-il se tromper à ce point? [...] On se prend la tête entre les mains. On se demande anxieusement quel étrange mal a pu saisir tout à coup un homme intelligent et doué [...]. N'insistons pas, avec trop de cruauté. Mais vraiment, avec la meilleure volonté du monde, je ne trouve rien à dire pour la défense de l'accusé. Ou alors il faudrait plaider l'irresponsabilité!..." (*Candide*, 12 juillet 1939).

Fauteuil 22 — "Ni intelligence ni talent"

Comme ratage, on ne fait pas mieux. Il serait difficile de trouver semblable accumulation d'inepties et de mauvais goût [...]. Je ne trouve pas la moindre explication ni la moindre excuse à cette basse manière d'attiser les préjugés. M. Jean Renoir se comporte là comme s'il n'avait ni intelligence ni talent" (*La Croix*, 16-17 juillet 1939).

Marcel Pierre — Le mélange des genres

A mon avis, ce qu'il y a de nouveau dans le film de Renoir, c'est la preuve qui est faite de la conjonction de genres jusqu'ici séparés. Renoir a montré que la "comédie humaine" n'enferme pas ses divers épisodes dans des genres bien définis. Dans la vie, le burlesque s'amalgame avec le tragique, le bouffon avec l'héroïque. Le grand mérite de *La Règle du jeu* est d'avoir réussi cette synthèse de genres que l'on croyait inconciliables" (*Bordeaux-Ciné*, 28 juillet 1939).

Nino Frank — "Peut-être une date dans l'histoire du cinéma..."

La Règle du jeu est le type même du film dont il est malaisé de rendre compte en cinquante lignes, mais au sujet duquel on pourrait écrire très facilement plusieurs longs articles. C'est un film d'une telle richesse, et si déroutant qu'il ne suffit pas de le voir une fois pour en comprendre le caractère et les dimensions ; on risque même, quand on sort de la projection, d'en méconnaître l'importance.

Quelle est l'impression que garde le spectateur qui vient de le voir? Que c'est un ouvrage copieux, trop même, très complexe et profondément intelligent d'un bout à l'autre : mais que cette richesse même, cette humanité à l'état pur, cette abondance d'intentions ont entraîné l'auteur trop loin, et qu'il n'a pas réussi à maîtriser complètement le magnifique matériau qu'il avait inventé. On compare *La Règle du jeu* à une de ces rivières au cours capricieux, aux nombreux détours et aux largeurs étales, qui paraissent nous offrir l'image même du désordre de la nature.

Eh bien! gardons cette comparaison : après coup, on est bien forcé de constater que le désordre de la nature est tout de même un peu plus intelligent que notre petit sens critique, et que ce désordre, en dernière analyse, est un ordre qui relève d'un esprit supérieur... . C'est ainsi qu'on est amené à réviser son jugement hâtif sur une oeuvre comme celle-ci, et à se dire un certain nombre de choses : que *La Règle du jeu* est peut-être une date dans l'histoire du cinéma [...] ; qu'il est, sans contredit, le film le plus important qu'ait fait Renoir et qu'on en parlera sans doute encore dans dix ans ; que voilà enfin, et pour la première fois, un film qui n'est pas "du cinéma", mais de la vie à l'état pur, avec ses mélanges de cafouillages et de drame, de ridicule et de profond sérieux ; qu'on trouve enfin dans un ouvrage de cinéma, non le rythme artificiel de la composition romanesque, mais le rythme ample, puissant et apparemment désordonné des grands romans... Mais peut-être tout cela n'est-il qu'hypothèses, et *La Règle du jeu* un film raté. Nous ne serons fixés là-dessus que dans quelques semaines, ou peut-être dans quelques années (*Pour Vous*, 12 juillet 1939).

Pierre Leprohon — "Quel jeu"?

Il s'agit bien d'un "divertissement", dans un certain esprit XVIIIe, sensible par la structure même de l'ouvrage, le parallélisme de sa double intrigue et même la musique de Mozart qui vient souligner par instants ce ballet tragico burlesque [...].

Quel est ce divertissement? "De quel jeu est-il donc question? écrit Jean Prat, dans la fiche filmographique [de l'I.D.H.E.C.] qu'il consacre au film. De la vie, mais de la vie d'une société parvenue au terme de sa décomposition et qui ne sait prolonger son existence ennuyée et inutile qu'au prix d'une discipline de tous les instants, d'une règle absolue, le mensonge. Mensonge dans les propos, mensonge dans les sentiments, mensonge dans les actes, étouffement de toute spontanéité sous une couche de frivolité et de politesse. Couche fragile cependant, et toujours à la merci d'une explosion de sincérité : un tel accident forme le sujet du film" (*Jean Renoir*, p. 83).

Pierre Guislain — Maîtres et serviteurs

L'excessive générosité qui caractérise le chef de clan incarné par Dalio est encore soulignée dans les scènes suivantes, qui permettent à Renoir d'introduire un nouveau personnage principal (un de plus), le braconnier Marceau, dont le rôle est interprété par Carette [...] ; il accepte de prendre le braconnier à son service et de lui offrir une place de domestique au château. Vif, impertinent, entretenant des relations de complicité avec son maître à qui il n'hésite pas à dire ses quatre vérités, Marceau correspond en tout point à l'archétype du valet de comédie, personnage essentiel du théâtre classique. Avec l'entrée en scène de ce Figaro, la structure du film achève de s'aligner sur celle des pièces de Beaumarchais et Marivaux. Comme ces auteurs, Renoir va en effet décrire parallèlement deux microsociétés, société des maîtres d'un côté, société des valets de l'autre, qui sont l'endroit et l'envers d'un même monde. Comme ces auteurs, il va, en décrivant cette société de valets, révéler les fondements de la société des maîtres. Soit indirectement, par analogie, soit directement, en laissant comme dans la comédie, le soin au valet de dire cette vérité que le maître est par essence incapable d'énoncer.

Mis à part Robert et Christine, tous les aristocrates aux noms ronflants invités au château se comportent exactement comme ces nouveaux riches ou bourgeois parvenus dont ils ont adopté tous les tics, les manies, les sujets de conversation. Dans ce petit monde qui cherche par tous les moyens à tromper l'ennui, les femmes parlent de régimes alimentaires (uniquement à base de sel marin), les hommes des performances de leur automobile. En soulignant la perte d'identité de cette aristocratie qui est effectivement en train de se fondre dans la bourgeoisie, Renoir fait ressortir par contraste la noblesse authentique, et de ce fait totalement anachronique, du couple de "métèques" (un juif, une Autrichienne) que forment les La Chesnaye. Rebondissant dans les cuisines, autour de la table où ont pris place, selon leur rang, les domestiques, le débat sur les origines de Robert va permettre à Renoir de s'attaquer de front à un antisémitisme particulièrement virulent à l'époque (*La Règle du jeu. Jean Renoir*, pp. 105-106).

André Bazin — La profondeur de champ

Il faut bien enfin, ne fût-ce que pour mémoire, montrer pourquoi et comment ce parti pris de réalisme qui dépasse le contenu de l'image pour intéresser les structures mêmes de la mise en scène, a conduit Renoir, dix ans avant Orson Welles, à la profondeur de champ [...] : "plus j'avance dans mon métier, plus je suis amené à faire de la mise en scène en profondeur par rapport à l'écran. Plus ça va, plus je renonce aux confrontations entre deux acteurs placés sagement devant l'appareil comme chez le photographe. Cela m'est commode de placer plus librement mes personnages à des distances différentes de la caméra, de les faire bouger. Pour cela j'ai besoin d'une grande profondeur de champ...". Cette explication modestement technique n'est évidemment que la conséquence immédiate et pratique de la recherche de style que nous nous sommes efforcés de définir. La profondeur de champ tout court n'est que l'autre dimension de cette liberté "latérale" dont Renoir a besoin. Simplement notre commentaire part de l'écran alors que celui de Renoir, à l'autre bout de la création, ne songe d'abord qu'à ses acteurs.

Mais la netteté en profondeur de l'image témoigne pourtant d'une recherche supplémentaire que n'implique pas nécessairement la mobilité latérale déterminée surtout par le jeu des interprètes, elle confirme l'unité du décor et de l'acteur, la totale interdépendance de tout le réel, de l'humain au minéral, elle est dans la représentation de l'espace une modalité nécessaire de ce réalisme qui postule la sensibilité constante au monde mais qui ouvre sur un univers d'analogies, de métaphores et, pour employer dans un autre sens, mais non moins poétique le mot baudelairien : de correspondances ("Renoir français", pp. 28-29).

Pierre Leprohon — Une oeuvre directe de cinéma

La Règle du jeu est surtout une oeuvre directe de cinéma, en ce sens qu'elle est pensée cinégraphiquement, qu'elle n'illustre pas un récit préalable. D'où la liberté du style, la vivacité du rythme, l'étroite union des éléments audio-visuels. Jamais Renoir n'a atteint une telle maîtrise dans l'ordonnance d'une action qui jongle avec les motifs, procède par bonds, par chocs, par symboles, le tout avec une justesse de ton à peu près sans exemple. Le dialogue repousse toute intention explicative ou dramatique. Il est à la fois réaliste — par sa vérité dans la futilité des propos — et symbolique — par ce qu'il révèle des personnages qui l'expriment. Le refus presque constant du gros plan, du champ-contrechamp, au bénéfice d'une prise de vues qui s'opère essentiellement dans la profondeur de champ, l'intelligence du son direct et de la musique assurant, avec une savante ambiguïté, le double aspect du film : réalisme et fantaisie, humour et drame, cette nouveauté dans la technique, cette subtilité de la forme soutenant l'originalité du thème, si elles expliquent le désarroi du public de 1939, et celui d'une partie de la critique, exigent aujourd'hui encore de ne pas juger une oeuvre si complexe sur une seule vision. Elle était, bien entendu, en avance sur son temps ; et si elle fait charnière dans l'oeuvre de Renoir, elle le fait aussi dans l'évolution générale du cinéma. Le film moderne lui doit peut-être l'essentiel de ses découvertes" (*Jean Renoir*, p. 85).

Pierre Guislain — La lunette d'approche

C'est à la fin de cette longue partie de chasse qu'intervient cette scène pivot, dite scène de la lorgnette, qui va à nouveau faire basculer le film. En observant avec une lunette d'approche des écureuils qui grimpent dans les arbres, Christine surprend par hasard les touchants adieux de Robert et de sa maîtresse Geneviève. A cet instant, le personnage qui apparaît entre tous comme le plus sincère, le plus naïf, le plus authentiquement romantique, donc le plus totalement aveugle ("Les romantiques sont aveugles", dit Renoir), commence brutalement à y voir clair. Mais ce nouveau et décisif moment de vérité se produit comme il se doit, dans cet univers où tout est depuis longtemps décalé, désynchronisé, à contretemps. Seule à ignorer l'existence d'une liaison qui dure depuis des années, Christine découvre que son mari la trompe au moment précis où celui-ci, par amour pour elle, est en train de rompre avec sa maîtresse. Suprême paradoxe, en découvrant la vérité, elle ne fait ainsi que tomber plus profondément encore dans l'erreur.

C'est en mettant innocemment l'oeil sur la lunette d'approche que lui tend Octave/Renoir que Christine va voir enfin la réalité, une réalité qu'elle trouve évidemment beaucoup plus laide que celle qu'elle se plaisait à imaginer. Comme nous le disons au début de ce texte, ce "merveilleux instrument" qui permet d'observer à distance, sans les effaroucher, non seulement de petits animaux sauvages mais aussi, on le voit, des êtres humains, en "pénétrant dans leur intimité", ressemble à s'y méprendre à une caméra. Plus qu'une allégorie, cette scène est une formidable leçon de cinéma [...]. La caméra/lunette d'approche apparaît ici autant comme un instrument de révélation du réel que de son occultation. Grâce à elle en effet, Christine voit bien "quelque chose" (le baiser d'adieu entre Robert et Geneviève), mais elle se méprend radicalement. Et c'est ici que commence la leçon de cinéma. Christine croit voir (enfin) "une image juste", comme dirait Godard, alors que ce qu'elle a vu, c'est "juste une image", qui plus est une image sans son. Contrairement à nous, spectateurs, qui avons suivi depuis le début cette scène de rupture, qui savons depuis longtemps qu'elle doit avoir lieu, qui avons entendu chaque phrase du dialogue qui a précédé ce baiser, la jeune femme ne peut que se tromper sur le sens de ce geste pour le moins ambigu (rien ne distingue extérieurement un baiser d'adieu d'un autre baiser!). Ce que dit Renoir est clair : aucune image, fût-elle la plus réaliste, la plus documentaire, ne dit en soi la vérité. On peut même faire dire à une image, quelle qu'elle soit, une chose et son contraire, son sens n'étant induit que par celles qui la précèdent et vont lui succéder. C'est là d'ailleurs le secret du montage au cinéma (*La Règle du jeu. Jean Renoir*, pp. 111-112).

Marcel Dalio — L'antisémitisme chez les critiques de l'époque

Mon rôle, naturellement, est l'objet de soins particuliers. Dans *Les Annales*, Intérim (quelle signature courageuse!) écrit : "Le choix des acteurs aggrave encore l'étrangeté de l'entreprise. M. Dalio interprète le rôle du marquis ; pour camper un nobliau de terroir, on est allé prendre le petit officier israélite de *La Grande Illusion!*"

Nous y voilà! Mais ce sont Bardèche et Brassillach, qui, dans *L'Action française*, expriment encore le mieux ce que certains disent tout bas : "Un Dalio etonnant, plus juif que jamais, à la fois attirant et sordide, derrière tout cela, comme un ibis bossu au milieu des marécages ; lui est un homme d'une autre planète, non seulement étrange, mais étranger à cette règle du jeu qui en vérité n'est pas la sienne.

Une autre odeur monte en lui du fond des âges, une autre race qui ne chasse pas, qui n'a pas de château, pour qui la Sologne n'est rien et qui regarde. Jamais peut-être l'étrangeté du juif n'avait été aussi fortement, aussi brutalement montrée" (*Mes années folles*, pp. 132-133).

Alain Marty — Un point de vue idéologique

Dans la France de l'immédiate avant-guerre, le fait majeur fut le Front Populaire et ses suites sociales et politiques.

Par ses luttes le mouvement ouvrier remporta d'incontestables succès (semaine de 40 heures, sans diminution de salaire, congés payés, augmentation des salaires, en particulier les plus bas...). Mais surtout les conventions collectives mettaient fin à l'isolement des travailleurs en leur permettant d'améliorer le rapport de force avec le patronat.

La bourgeoisie livra par la suite une contre-offensive contre le mouvement ouvrier pour lui enlever ses acquis : le Régime de Vichy en fut l'achèvement.

Les intellectuels se rallièrent massivement au Front Populaire en se mettant à la disposition des organisations ouvrières. Ainsi Renoir et une partie de son équipe qui réalisa plus tard *La Règle du jeu*, produisirent *La Vie est à nous*, commandité par le P.C.F. et *La Marseillaise*, dont le finacement résultat d'une souscription publique appuyée par les organisations démocratiques et ouvrières [...].

Le Front Populaire représentant seulement pour ces intellectuels les forces de changement, son "échec" sera pour eux la victoire du vieux monde. Seul ce point de vue idéologique nous permet de comprendre la problématique, et le choix des signes est déterminé par lui. Le film nous présente une société divisée en maîtres et domestiques. Les domestiques totalement soumis à leurs maîtres, et les maîtres, la classe dirigeante, mi-aristocrate, mi-bourgeoise, enfermée dans un monde clos, dont la seule activité est de se divertir et de s'occuper de ses loisirs. Seules

les couches moyennes (Jurieu, Octave, Marceau) sont porteuses de changement, mais celui-ci s'avère impossible. Cette vision pessimiste et immobile que donne le film de la réalité provient d'une appréhension non scientifique : la lutte de classe n'existe pas (l'entente est parfaite entre maîtres et domestiques) [...].

Le film, produit culturel, nous sera présenté comme critique à l'égard de [la classe dirigeante]. Mais cette critique, car critique il y a, se situe à l'intérieur de l'idéologie dominante : loin de mettre en péril la classe au pouvoir, il renforce sa domination puisqu'il affirme que rien ne peut être changé. Le film abaisse la conscience politique du spectateur par rapport à la lutte de classes et enferme sa critique dans une impossibilité de lutter ("L'Analyse du film", pp. 26-28).

FILMOGRAPHIE DE JEAN RENOIR
(FILMS PRINCIPAUX)

1926   *Nana* (muet)

1928   *La Petite Marchande d'allumettes* (muet),
       Tire au flanc (muet)

1931   *La Chienne*

1932   *Boudu sauvé des eaux*

1933   *Madame Bovary*

1934   *Toni*

1935   *Le Crime de Monsieur Lange*

1936   *Partie de campagne* (montée et sortie 1946)

1936   *Les Bas-fonds, La Vie est à nous*

1937   *La Grande Illusion*

1938   *La Bête humaine, La Marseillaise*

1939   *La Règle du jeu*

1941   *L'Etang tragique / Swamp Water* (USA)

1945   *L'Homme du Sud / The Southerner* (USA)

1946   *Le Journal d'une femme de chambre / The Diary
       of a Chambermaid* (USA)

1950   *Le Fleuve / The River* (Inde)

1952   *Le Carrosse d'or* (Italie)

1954   *French Cancan*

1956   *Elena et les hommes*

1959   *Le Déjeuner sur l'herbe*

1962   *Le Caporal épinglé*

1969   *Le Petit Théâtre de Jean Renoir*

OUVRAGES CONSULTÉS

Bazin, André. "Renoir français", *Cahiers du cinéma* 8 (janv. 1952), 9-29.

.... *Jean Renoir*. Paris: Gérard Lebovici, 1989.

.... *Qu'est-ce que le cinéma?* Paris: Cerf, 1985.

Braudy, Leo. *Jean Renoir: The World of His Films*. New York: Doubleday, 1972.

Brunelin, André G. "Histoire d'une malédiction", *Cinéma 60* 43 (février 960), 36-64.

Dalio, Marcel. *Mes années folles*. Paris: J.-C. Lattès, 1976.

Durgnat, Raymond. *Jean Renoir*. Los Angeles: University of California Press, 1974.

Esnault, Philippe. "Le Jeu de la vérité", *L'Avant-Scène Cinéma* 52 (oct. 1965), 7-15.

Faulkner, Christopher. *The Social Cinema of Jean Renoir*. Princeton, N.J., Princeton University Press, 1986.

Gauteur, Claude. "*La Règle du jeu* et la critique en 1939", *La Revue du cinéma* 282 (mars 1974), 49-73.

.... "Jean Renoir. *La Règle du jeu*", *Positif* 257-258 (juillet-août 1982), 35-50.

Guislain, Pierre. *La Règle du jeu. Jean Renoir*. Paris: Hatier, 1990.

"Jean Renoir, *La Règle du jeu*". *Premier Plan* 22-24, numéro spécial (mai 1962), 274-293.

Leprohon, Pierre. *Jean Renoir*. Paris: Seghers, 1967.

Marty, Alain. "L'Analyse du film", *La Revue du cinéma. Image et Son* 266 (déc. 1972), 3-28.

Renoir, Jean. *Ecrits 1926-1971*. Paris: Pierre Belfond, 1974.

.... *Entretiens et propos*. Paris: Editions de l'Etoile, Cahiers du cinéma, 1979.

.... *La Règle du jeu* (découpage). *L'Avant-Scène Cinéma* 52 (oct. 1965).

.... *Ma Vie et mes films*. Paris: Flammarion, 1974.

Rivette, Jacques et François Truffaut, "Entretien avec Jean Renoir", *Cahiers du cinéma* 34 (avril 1954), 3-22.

Roy, Jean. "La Règle du jeu à la télévision", *Cinéma 78* (avril 1978), 33-46.

Sesonske, Alexander. *Jean Renoir: The French Films (1924-1939)* Cambridge, MA: Harvard University Press, 1980.

Vanoye, Francis. *La Règle du jeu*. Paris: Nathan, 1989.

Marcel Carné

Le Jour se lève

(1939)

Marcel Carné, *Le Jour se lève* : François (Jean Gabin) et Valentin (Jules Berry)
s'affrontent au sujet de Clara (Arletty). Courtesy of Collection André Heinrich

Réalisation	Marcel Carné
Scénario	Jacques Viot
Adaptation et dialogues	Jacques Prévert
Chef-Opérateur	Curt Courant, assisté de Philippe Agostini
Musique	Maurice Jaubert
Montage	René Le Henaff
Son	Armand Petitjean
Décor	Alexandre Trauner
Costumes	Boris Bilinsky
Scripte	Jeanne Witta
Production	SIGMA
Durée	1 h 29

Interprètes principaux

Jean Gabin (*François*), Jacqueline Laurent (*Françoise*), Arletty (*Clara*), Jules Berry (*Valentin*), Mady Berry (*la concierge*), René Genin (*le concierge*), Bernard Blier (*Gaston*), Marcel Péres (*Paulo*), Jacques Baumer (*le Commissaire*), René Bergeron (*le patron du café*),Gabrielle Fontan (*la dame de l'escalier*), Arthur Devère (*Monsieur Gerbois*), Georges Douking (*l'aveugle*).

Synopsis

Le Jour se lève commence par la fin : au cours d'une dispute violente dans une chambre d'hôtel, François tire un coup de feu sur Monsieur Valentin. Celui-ci sort de la chambre et meurt en s'écroulant dans l'escalier. Lorsque la police arrive, François réagit en tirant des balles à travers la porte ; ce n'est qu'après que les agents ont battu en retraite que nous rencontrons enfin, dans la chambre, le fauteur de troubles. La police cerne rapidement l'immeuble, interroge les habitants, puis commence à tirer des coups de feu à travers la fenêtre de la chambre. Bloqué dans cette chambre, au sixième et dernier étage de l'immeuble, sans le moindre espoir de s'échapper, François s'évade dans ses souvenirs, se remémorant, pendant la nuit qui commence, les événements principaux qui ont conduit au drame. Ces épisodes du passé sont entrecoupés, à plusieurs reprises, par des retours au présent où François doit reprendre conscience chaque fois de sa situation dramatique. Ayant empêché la police de pénétrer dans la chambre en condamnant la porte avec une lourde armoire normande, il fume des cigarettes sans arrêt en se recueillant sur son passé.

Ouvrier dans une usine métallurgique dans la banlieue d'Amiens, François tombe amoureux d'une petite fleuriste, Françoise, élevée comme lui dans un établissement public pour enfants abandonnés (l'Assistance Publique). Il a envie de l'épouser, mais celle-ci se dérobe. Le soir même de sa demande, il découvre, en suivant la jeune femme, qu'elle avait rendez-vous dans un cabaret avec Valentin, un dresseur de chiens. Pendant le numéro de celui-ci, François fait la connaissance de Clara, l'ancienne maîtresse du saltimbanque, qui vient de le quitter après une liaison de trois ans, écoeurée par son comportement. Lorsque son ancien amant vient s'expliquer avec elle à la fin de son numéro, François prend la défense de Clara, ce qui lui vaut l'inimitié de Valentin. Fortement déçu de découvrir les rapports entre Valentin et Françoise, François devient l'amant de Clara, sans cesser pour autant d'aimer Françoise.

Après quelques mois de liaison, pendant lesquels François refuse de s'installer chez Clara, Valentin vient demander une "explication" à François au sujet de Françoise, que l'ouvrier continue de voir. Au cours de leur entretien, Valentin laisse entendre qu'il est le père de Françoise, ce qui lui donne des "droits". Lorsque François revoit Françoise, celle-ci lui fait comprendre que Valentin n'est pas du tout son père ; c'est tout simplement quelqu'un qui aime mentir. Ayant renoué avec Françoise, qui lui donne comme gage de son amour une broche, François annonce à Clara son intention de rompre leur liaison. Celle-ci, dépitée, se venge en lui montrant qu'elle a la même broche: Valentin en offrait une à chacune de ses maîtresses…

De retour au présent, François crie son désespoir et rejette les appels de la foule d'amis qui s'est rassemblée dans la rue devant l'hôtel, craignant qu'il ne saute. Il ne voit même pas Françoise, qui crie son nom, puis s'écroule dans la rue. Clara vient au secours de la jeune femme, qu'elle fait monter dans sa chambre.

Au petit matin, maintenant, François part une dernière fois dans ses souvenirs, se rappelant le moment où Valentin arrive dans sa chambre pour reprendre, ostensiblement, l'explication au sujet de Françoise. En fait, il vient provoquer François en lui tenant des propos offensants sur son état d'ouvrier, puis en évoquant grossièrement sa propre liaison avec Françoise. Poussé à bout, François attrape un revolver que Valentin avait posé sur la table et lui tire une balle dans le ventre. Ayant rejoint le début du film, l'action reprend au présent jusqu'à la fin du film.

Dans la chambre de Clara, celle-ci veille sur Françoise, qui délire en évoquant l'amour qu'elle partage avec François. Des policiers sur le toit de l'immeuble de l'ouvrier se glissent vers la fenêtre de sa chambre avec des grenades à gaz lacrymogène. François se suicide d'une balle dans le coeur juste avant qu'un policier ne lance une grenade par la fenêtre. Le réveille-matin du héros sonne pendant que le gaz remplit la chambre. Le jour se lève...

La réception

Sorti au "Madeleine" à Paris le 17 juin 1939, *Le Jour se lève*, s'il "fut reconnu tout de suite comme un chef-d'oeuvre par les plus avisés de ses spectateurs" (Pérez, p. 65), n'en a pas moins suscité des réactions très diverses et assez ambivalentes. Tout en louant "la maîtrise du découpage", "la beauté des images" et "la qualité du dialogue" de ce film "extrêmement attachant et fort", René Lehmann, par exemple, ajoute qu'"on n'aimera peut-être pas [sa] substance" (*L'Intransigeant*, 1939). Georges Altman, qui admire cette "oeuvre d'art sans défaillance ni concession", souligne pourtant son caractère rébarbatif : "Le travail-bagne, la vie sans âme, l'amour fané, les ciels de plomb, l'air suffocant des villes, la détresse moderne donnent à ce film une valeur qui, on le conçoit, n'a rien d'apéritif ni de digestif..." (*La Lumière*, 1939). Du point de vue purement commercial, il est certain que Carné a très mal choisi son moment pour sortir un film aussi lugubre : son échec, malgré le prestige que lui a valu l'immense succès de *Quai des brumes* (non moins déprimant) l'année précédente, n'est sans doute pas sans rapport avec la menace nazie qui pèse sur le pays — comme il le reconnaît lui-même : "*Le Jour se lève* [...] ne venait pas à une époque propice, chacun recherchant plutôt la gaîté et l'oubli des menaces proches... . Aussi les files de spectateurs ne s'allongeaient-elles pas devant le *Madeleine Cinéma* qui projetait un film porteur de mélancolie et de mort" (Carné, *La vie à belles dents*, p.108).

Par ailleurs, Carné estime que le style de son film "troublait et dérangeait" les spectateurs de l'époque, à la fois par sa construction inhabituelle et par "une manière assez nouvelle dans le jeu des acteurs" (p. 108). Le producteur, persuadé que l'échec du film venait du fait que les retours en arrière déroutaient le public, ajoute au film, à l'insu de Carné, un carton préliminaire : *Ce film est l'histoire d'un homme enfermé dans sa chambre, et qui revoit son passé...* . Par la suite, pour faciliter la compréhension des spectateurs, on ajoutera au film, au moment où Gabin part pour la première fois dans ses souvenirs, la voix *off* de celui-ci qui chuchotte : "*Et pourtant, hier encore, souviens-toi...*".

De toute manière, on coupe court à l'exploitation commerciale du film en France dès le commencement de la "drôle de guerre" au mois de septembre. Interdit par la censure militaire comme "démoralisant", en même temps que *La Règle du jeu* de Renoir, *Le Jour se lève* n'en connaîtra pas moins, pendant la guerre, une assez belle carrière à l'étranger — aux Etats-Unis, en Grande-Bretagne et en

Suède, entre autres. C'est après la Libération, cependant, que le film de Carné sera reconnu comme un véritable chef-d'oeuvre, et ceci grâce surtout aux commentaires enthousiastes d'André Bazin, le futur fondateur et rédacteur en chef des *Cahiers du cinéma*, qui en fait un sujet de prédilection de ses présentations de ciné-clubs à la fin des années quarante. Jean Mitry, le grand historien du cinéma, se ralliera à l'opinion de Bazin, déclarant que *"Le Jour se lève* est un chef-d'oeuvre. *Le* chef-d'oeuvre français, européen même, du réalisme poétique", en ajoutant que "du strict point de vue formel, *Le Jour se lève* domine toute la production française des années trente" (p. 342). Le cinéaste Claude Sautet suggère, de son côté, la fascination que ce film a pu exercer lorsqu'il est ressorti après la guerre : "De *Citizen Kane* aux chefs-d'oeuvre de Renoir, beaucoup de films m'ont écrasé par leur puissance, leur maîtrise, leur modernité, mais, à l'époque, il s'en est trouvé un que j'ai vu dix-sept fois en un mois : *Le Jour se lève*" (p. 126).

Avant *Le Jour se lève*

Né en 1909, Marcel Carné réalise son premier film, *Nogent, Eldorado du dimanche*, à l'âge de 20 ans. Ce court métrage documentaire, composé d'une série de vignettes montrant les Parisiens s'amusant un dimanche aux bords de la Marne, connaît un modeste succès d'estime auprès de la critique. Lui-même lauréat d'un concours de critiques, Carné est engagé par l'hebdomadaire *Cinémagazine*, dont il finit par devenir le rédacteur en chef, et écrit régulièrement des articles pour plusieurs autres revues de cinéma. En même temps, il devient l'assistant du célèbre réalisateur René Clair, ainsi que de Jacques Feyder, un des créateurs du "réalisme poétique". Carné participe comme assistant au tournage de plusieurs films de Feyder, y compris *Pension Mimosa* (1935), dont le réalisme du décor et le caractère "naturaliste" du sujet (des petites gens, des voyous, le tragique du destin) exerceront sur lui une influence durable.

Dès 1936, Carné commencera une longue et fructueuse collaboration avec le poète-scénariste Jacques Prévert en réalisant son premier long métrage, *Jenny*, un mélodrame dont l'action se situe déjà, comme ce sera souvent le cas chez Carné-Prévert, dans un milieu populaire assez louche (une boîte de nuit, mi-tripot, mi-bordel…). L'année d'après, Carné et son scénariste attitré réalisent une comédie dramatique à la fois loufoque et sérieuse, *Drôle de drame*, avant de connaître la réussite et la célébrité en 1938 avec un premier chef-d'œuvre, *Quai des brumes*, qui se voit décerner le Prix Louis Delluc, le Grand Prix national du Cinéma français, le Prix Méliès et, aux Etats-Unis, le Prix du Meilleur film étranger. Le climat à la fois sordide et tragique, le populisme, les personnages victimes ou ignobles et le pessimisme foncier du film créent l'image de marque du tandem et en font une référence du "réalisme poétique" (ou du "film noir") en France. (Certains déplorèrent le caractère démoralisant du film, allant jusqu'à déclarer, absurdement, après la défaite en 1940 : "C'est la faute à *Quai des brumes* si nous avons perdu la guerre"!) Si la même formule, appliquée une deuxième fois la même année dans *Hôtel du Nord*, sans Prévert toutefois, donne des résultats moins heureux, elle sera menée à la perfection l'année suivante dans *Le Jour se lève*. La collaboration entre Carné et Prévert se poursuivra en France pendant l'Occupation avec *Les Visiteurs du soir* (1942), une fable médiévale, suivie, à la Libération, de leur œuvre la plus célèbre, *Les Enfants du paradis* (1945). L'année d'après ils feront leur dernier film ensemble (très mal accueilli), *Les Portes de la nuit*.

La genèse, la distribution, le tournage

Comme le raconte Carné dans ses mémoires, l'idée du *Jour se lève* lui est venue de son voisin de palier à Paris, un certain Jacques Viot, qu'il ne connaissait que par sa réputation d'"aventurier" et d'amateur d'art. Viot lui apporte à lire un jour un synopsis de quelques pages qui provoque chez lui un véritable "coup de foudre". Carné est séduit d'emblée par l'idée, assez insolite à cette époque, d'une histoire qui commence par la fin et se déroule, ensuite, à la faveur de *flashbacks* (retours en arrière). Après avoir persuadé Jacques Prévert et le producteur de l'intérêt du projet, il réussit à obtenir pour le rôle principal, condition essentielle, Jean Gabin, la vedette de *Quai des brumes* et le plus grand héros de cinéma des années trente en France (à peu près comme Jean-Paul Belmondo le sera pendant les années soixante). La distribution sera complétée par une interprète fétiche de Carné, une des actrices les plus populaires de l'époque, Arletty, dans le rôle de Clara, et par Jules Berry, célèbre pour ses incarnations de personnages scélérats, dans celui de l'ignoble Valentin. Jacqueline Laurent, une jeune comédienne sans beaucoup d'expérience, est engagée pour le rôle de Françoise à la demande de Prévert qui a, paraît-il, un petit sentiment pour elle ; c'est pour elle, en fait, s'il faut en croire Carné, qu'il écrit le rôle. Viot et Prévert se partagent le travail d'écriture du film, le premier développant le scénario tandis que ce dernier invente le dialogue.

Le film est tourné en février et mars 1939 aux studios de Billancourt à Paris, dans un décor entièrement construit en studio par Alexandre Trauner — après Prévert le collaborateur-clé de Carné dans sa carrière de réalisateur (Henri Agel dira que "Trauner et Carné forment un tout indissoluble", p. 174). La place où est situé l'hôtel qu'habite François, comme la petite rue où se trouve la maison de Françoise, tout est créé à partir de photographies d'édifices authentiques, avec le souci minutieux du détail réaliste qui caractérise tous les films de Carné. Si les avis sont partagés quant à l'utilisation de décors chez Carné dans certains films, ce n'est pas le cas ici, et surtout s'agissant de l'immeuble où habite François. Comme le dit J. B. Brunius : "Il suffit de jeter un coup d'oeil sur la maquette, ou sur une photo de l'admirable décor de Trauner, pour constater que Carné avait raison : aucun immeuble réel n'aurait pu être aussi expressif ni aussi vrai que cette quintessence de banlieue industrielle" (p. 6). La chambre où s'enferme François pose un problème particulier. Comme l'explique Carné, il voulait "un décor absolument clos afin de donner l'impression d'un homme muré en quelque sorte dans cette chambre, où il passait sa dernière nuit à l'image d'un condamné à mort dans sa cellule" (p. 107). Pour cela, il fallait que la chambre ait quatre murs, et non pas les trois cloisons ordinaires qui permettent l'accès du décor aux membres de l'équipe. Pour résoudre ce problème, il a fallu, en fin de compte, que tout le monde entre et sorte de la chambre par le… plafond, c'est-à-dire par une échelle qui descendait des passerelles des électriciens suspendues au-dessus du plateau (voir les "Propos" de Carné dans la *Fiche pédagogique*).

La mise en scène du *Jour se lève* est effectuée avec l'extrême rigueur pour laquelle Carné est devenu célèbre. Rien n'est laissé au hasard dans la composition des images, dont la beauté, la perfection formelle, est reconnue par tout le monde. On sait, par exemple, que Carné consacre cinq heures, tout un après-midi, à mettre au point la scène où Gabin, suivi par la caméra, quitte la fenêtre, ramasse le petit ours par terre et retourne à la fenêtre… Quant à la dernière scène, celle du meurtre de Valentin, il la fait répéter à Gabin et Berry, elle aussi, un après-midi entier avant de la tourner pendant les deux journées suivantes. "Toute cette scène, observe Jean

Quéval, de l'arrivée du saltimbanque au coup de revolver, est l'une des meilleures qui aient été écrites pour le cinéma, et elle n'a été écrite qu'à la dernière minute [...] A l'écran, elle est d'une tension et d'une cruauté à peine supportables, et elle 'passe' admirablement, malgré son volume verbal ; cela, grâce à la perfection du jeu [...], grâce à la discrète transcendance de la mise en scène..." (pp. 39-40).

Les thèmes, le symbolisme

Histoire d'amour malheureux, certes, mais surtout "tragédie de la pureté et de la solitude" comme le conclut André Bazin dans l'étude la plus célèbre du *Jour se lève* (1948), élaborée peu après la Libération, au cours d'une tournée de ciné-clubs et d'usines. L'analyse de Bazin, magistrale, reste incontournable, et tous les commentaires contemporains du film, y compris celui-ci, lui sont largement redevables (voir les extraits dans le *Dossier critique*). Le thème tragique domine *Le Jour se lève* dès les premiers plans, où l'on voit l'aveugle monter l'escalier ; celui-ci incarne clairement le Destin, évoquant la fatalité des tragédies grecques, et en particulier *Oedipe roi*, où l'aveuglement du héros, conjugué à la colère, précipite le geste qui scelle son sort. C'est le sens qu'on peut donner au geste fatidique de François, le coup de revolver au début du film : tout le reste du film n'est que la mise en scène de l'engrenage qui conduit le héros inexorablement à cet acte fatal. Tragédie de la "pureté" parce que c'est cela que François croyait trouver chez Françoise, avant d'apprendre qu'elle avait été séduite, souillée, par cet être vil, le dresseur de chiens Valentin. François, qui voyait en Françoise une chance inattendue d'atteindre au bonheur, de transcender le bagne de son existence sans joie, ne supporte pas la pensée de la déchéance de celle-ci. Une fois de plus, le thème de l'impossibilité d'atteindre au bonheur dans ce monde s'inscrit dans l'oeuvre de Carné. Le meurtre de Valentin est un suicide à peine dissimulé ; Françoise corrompue, son espoir perdu, François n'a plus envie de vivre. C'est tout son désespoir qu'il hurle devant la foule rassemblée sur la place devant son immeuble, foule qui n'est pas sans évoquer le choeur des tragédies antiques : "Dans la scène où François, de sa fenêtre, apostrophe la foule, Prévert a trouvé un lyrisme familier qui marque encore l'aspect tragique du *Jour se lève*. Il y a une reprise volontaire des dialogues antiques du héros avec le choeur très habilement adaptée" (Damas et Tournier, *Fiche I.D.H.E.C.*, No. 19). Quant à Clara, c'est une femme "marquée", trop compromise par la vie pour satisfaire à la soif de pureté du héros. Comme souvent dans les films que Carné fait avec Prévert, le tragique s'accompagne ici d'une opposition nette entre le bien et le mal. La vision du monde du scénariste est foncièrement manichéenne, et Landry n'hésite pas à affirmer que "les films de Prévert sont des mélodrames qui mettent aux prises des bons sans défauts et des méchants sans vertu" (p. 104). Face à l'innocence de François, le personnage de Jules Berry est clairement "diabolique", une incarnation du Mal, et les amateurs des films de Carné n'ignorent pas que le même acteur incarnera le Diable lui-même dans son film suivant, *Les Visiteurs du soir* (1942).

Le thème de la fatalité est relié à la thématique sociale du film. Tous deux enfants de l'Assistance Publique, François et Françoise vivent sous une espèce de "malédiction" : abandonnés par leurs parents, mal-aimés, ils sont voués au malheur. A cette malédiction originelle vient s'ajouter, pour François du moins, la question de classe sociale. Ouvrier sableur dans une usine, François est condamné par un métier qui lui abîme peu à peu les poumons. L'injustice sociale est un thème cher à Prévert, et le héros du *Jour se lève* sera fatalement victime d'une injustice réservée par la société à la classe ouvrière à laquelle il appartient. Françoise, elle, sevrée d'affection dès sa petite enfance, nourrie d'images d'Epinal et de rêves d'évasion, succombe facilement à la faconde de Valentin, à son charme mondain et sans scrupules.

Le décor du film de Carné, créé par le génial Trauner, joue un rôle primordial sur le plan thématique, réalisant un idéal de Bazin selon lequel "le cinéma doit traiter le décor en acteur du drame" (p. 61, note 1). Le cadre général de l'action, cette banlieue ouvrière, produit d'emblée une ambiance inquiétante qui "pèse de tout son poids d'obscurité trouble sur les épaules de ses habitants" (Landry, p. 69). L'immeuble lui-même, surplombant les autres maisons sur la place, se détachant sur le ciel, frappe l'imagination du spectateur, se désignant comme le théâtre d'événements dramatiques. Le décor de la chambre aide, de son côté, à constituer le caractère et les goûts des personnages, comme le ballon de football et le pédalier de vélo dans la chambre de François ou les cartes postales chez Françoise. D'autre part, le décor reflète les thèmes principaux : la plupart des objets qui entourent François, "objets jouant" (signifiants) dans le parler du cinéma, symbolisent clairement ses souvenirs amoureux et servent donc à éclairer son comportement dans la chambre et à motiver les retours en arrière. On est surtout frappé, dans ce domaine, par la parfaite adéquation des plans littéral et figuré du film, où l'on constate qu'il existe "une synthèse unique entre le symbolisme et le réalisme. Rien, pas un objet, pas un être qui ne signifie plus que ce qu'il est, pas un pourtant qui soit autre chose que lui-même" (Bazin, p. 74). Certains objets, comme le petit ours en peluche et la broche, évoquent clairement, pour François comme pour le spectateur, des aspects essentiels du passé du héros — le premier son amour pour Françoise, le second la souillure de celle-ci par Valentin. D'autres ont une fonction signifiante plus subtile, comme les cigarettes, qui, outre leur côté réaliste, en viennent à représenter, de façon métaphorique, la consommation de la vie même du héros. Tant que sa cigarette ne s'éteint pas (il allume une cigarette au bout de l'autre, faute d'allumettes) il restera en vie ; dès qu'elle s'éteint, nous comprenons que c'est la fin : il va s'éteindre à son tour. Comme l'acte de fumer, le geste qu'accomplit François en poussant la grande armoire normande contre la porte a un sens à la fois réaliste (il fortifie la porte contre l'attaque des policiers) et symbolique (il se mure dans la chambre comme dans un tombeau…). La glace, objet des plus banals dans une chambre, évoque la confrontation entre François et lui-même (ses souvenirs), avant de devenir, au moment où il la fracasse, un présage de son suicide. Le réveille-matin, finalement, objet non moins usuel dans une chambre, évoque l'ironie qui entoure la mort du héros. Non seulement il sonne tout de suite après la mort de François, qui ne se réveillera plus, mais il sert dans le film à souligner le fait que le héros provoque lui-même son sort tragique : "N'est-ce pas *Gabin lui-même* qui remontait son réveil quand Berry est entré, lui-même qui ainsi innocemment fixait l'heure de sa mort!" (Bazin, cité par Chazal, p. 148).

La structure, le style, la musique

On a souvent remarqué le "classicisme" du film de Carné, qui semble respecter la fameuse "règle des trois unités" illustrée par les tragédies raciniennes : l'unité de temps, de lieu et d'action (voir surtout Landry, pp. 61-75). Abstraction faite du temps et des lieux des souvenirs de François, toute l'action du *Jour se lève* se passe en moins de 24 heures (de la tombée de la nuit à l'aurore) ; elle se déroule en un seul lieu (la chambre du héros, l'immeuble et la place où celui-ci se trouve) ; il n'y a qu'une seule intrigue principale (le drame de François). Quelle que soit la validité de cette analogie, l'unité parfaite du film — les personnages, le décor, le dialogue, la musique — est indéniable. La concentration dramatique, ce "désir de resserrer au maximum l'action dans le temps" (Landry, p. 63), ce qui est l'objet principal d'ailleurs de l'esthétique classique, n'est pas moins évidente dans ce film, dont toute l'action, tant au présent qu'au passé, conduit inéluctablement à la fin tragique de François, inscrite dès les premiers plans.

La structure est organisée selon l'alternance rigoureuse de quatre grandes séquences qui se passent au présent et trois retours en arrière qui sont introduits par les objets chargés de signification mentionnés ci-dessus — l'ours en peluche et la broche, mais aussi les cartes postales et les photos de Françoise. S'il est vrai que Carné n'a pas inventé le flashback, aucun réalisateur avant lui n'était allé aussi loin dans son utilisation. Comme le remarque Brunius, "jamais avant *Le Jour se lève* ce procédé de narration n'avait été intimement intégré de façon aussi dramatique aux images du présent, au point qu'il est presque impossible d'imaginer le film sous une autre forme, dans l'ordre chronologique par exemple. Jamais le cinéma n'avait encore si intégralement accompli sa destinée, pourtant évidente, de constituer le miroir le plus fidèle qui soit de la représentation mentale…" (p. 6).

Pour distinguer entre les changements de plans au présent et les passages du présent au passé, Carné établit un simple code binaire. Lorsqu'il s'agit de changer de lieu au cours d'une séquence au présent (par exemple, de passer de la chambre de François à la place de l'hôtel), il se sert de "volets" rapides, c'est-à-dire de traits verticaux qui balaient l'écran, la nouvelle image chassant, en quelque sorte, la précédente. Pour faire la transition entre le présent et le passé, quand François part dans ses souvenirs (ou lorsqu'il en revient), il utilise chaque fois des fondus enchaînés d'une longueur exceptionnelle, accompagnés d'effets musicaux, "comme si le réel immédiat s'évanouissait dans la rêverie" (Mitry, p. 343). La caméra de Carné est rigoureuse dans ses mouvements, que ce soit les lents travellings avant sur le visage du héros pour nous rapprocher de son drame intime ou les panoramiques et travellings calculés au millimètre près qui le traquent dans ses allées et venues dans la chambre.

On ne peut pas conclure sans parler de la musique, la dernière musique de film de Maurice Jaubert, "peut-être le plus grand musicien du cinéma jusqu'à ce jour" (Bazin, p. 56). La musique du *Jour se lève* n'est pas réduite à la redondance, à la paraphrase, comme c'est souvent le cas de la musique de film ; elle sert à préciser le sens du film, n'intervenant que "là où elle ajoute à la psychologie ou à l'action" (p. 57). Elle comporte deux thèmes principaux, un thème sentimental porté par la flûte ou le hautbois et un thème lourd et oppressant rendu par les basses et les instruments à percussion — deux thèmes qu'on n'entend pratiquement qu'au présent et qui associent le spectateur intimement à la vie intérieure du héros, aux émotions poignantes qu'éprouve celui-ci claustré dans sa chambre. Lorsque la musique s'arrête au présent, c'est presque toujours dû à un incident violent, une rafale de balles par exemple, qui fait brusquement sortir le héros de ses ruminations. L'absence de la musique au passé (sauf la musique réelle, "diégétique", celle qui fait partie de l'action elle-même, tel un musicien des rues) souligne ainsi la distinction entre les scènes du passé et celles du présent. A la fin du film, unique concession au public, la musique éclate, triomphante, "comme si, 'l'âme' du héros enfin délivrée, cette espèce de double sonore qui émanait de lui se déployait dans la sérénité de la mort" (Bazin, p. 57).

FICHE PÉDAGOGIQUE

Propos de Marcel Carné

"L'atmosphère et les personnages comptent pour moi plus que l'intrigue elle-même. Une histoire originale ne vaudra rien si les personnages sont conventionnels" (interview avec Chazal, p. 98).

"La seule chose que je respecte scrupuleusement, c'est le dialogue. C'est pourquoi je n'accepte pas que les acteurs le modifient en cours de tournage" (Chazal, p. 100).

"Il n'y a pas que le climat artistique, il y a aussi le climat social. Ainsi *Le Jour se lève* n'était pensable qu'à une époque où l'on venait précisément de prendre conscience d'une certaine solidarité ouvrière [...]

Je n'ai donc jamais fait de cinéma "engagé", mais souvent du cinéma influencé par le contexte social, ce qui est fréquent chez beaucoup d'entre nous, et ce qui est, d'évidence, une des missions du cinéma. A condition, toutefois, de ne jamais oublier que la transposition est telle que l'oeuvre filmée ne peut donner qu'une indication, une impression et non un compte rendu exact" (Chazal, pp. 99-100).

"Je ne suis pas un pessimiste. Je ne suis pas un maniaque du film noir. Mais les films que l'on tourne sont toujours un peu le reflet du moment. L'immédiat avant-guerre n'était pas spécialement une époque optimiste. Un monde allait s'écrouler. Et l'on en avait vaguement conscience..." (Chazal, p. 28).

"Quelques jours avant la sortie du film en public, j'avais organisé une projection pour Jacques [Prévert], Trauner, Gabin et Viot. A la fin, les deux premiers s'éloignèrent après quelques phrases incertaines. Quant à Gabin, il me dit, assez rogue : 'Ça vaut pas *L'Quai*...' A cela je répondis sur le même ton : 'Tu te trompes. C'est supérieur au *Quai*. En tout cas, c'est un film qui vieillira moins vite.' Le lendemain, je recevais de Viot une très longue lettre. Sa pensée sur le film se résumait en deux mots soulignés à la fin de la dernière page : 'Quel avortement!' [...]" (Carné, *La Vie à belles dents*, p.108).

"Quant à moi, j'ai toujours eu à propos de ce film un petit regret : dans la dernière scène entre Gabin et Berry, lorsque ce dernier jette le revolver sur la table, on ne comprend pas toujours son intention. Il le fait exprès, il n'attend plus rien de la vie et veut se faire tuer par son rival. Gabin ainsi sera compromis, ira en prison, perdra la fille. Je reconnais que, là, il manque un plan sur Berry soulignant la raison de son geste" (*op. cit.*, p. 109).

"... D'ordinaire, le décor d'une chambre est fait de trois 'feuilles' figurant les trois murs de la pièce. S'il se révèle, comme c'est parfois le cas, qu'une quatrième feuille soit indispensable pour un contre-champ, elle est mobile et permet l'accès du décor aux acteurs, techniciens et ouvriers indispensables au tournage, ainsi qu'au matériel électrique et à celui de la prise de vues. Or, je voulais un décor absolument clos afin de donner l'impression d'un homme muré en quelque sorte dans cette chambre, où il passait sa dernière nuit à l'image d'un condamné à mort dans sa cellule. Il me fallait le montrer allant et venant de la porte à la fenêtre, et du lit à la commode qui lui faisait face dans un décor complètement fermé, la caméra découvrant les quatre murs dans un même mouvement d'appareil.

"Au début, il n'en résulta que peu de complications : seuls les techniciens et ouvriers nécessaires devaient se déplacer en même temps que la caméra, se tenir constamment derrière celle-ci, ou s'allonger sur le sol lorsqu'elle panoramiquait sur une glace au-dessus de la cheminée. La scène terminée, on sortait tout simplement du décor par la fenêtre ou par la porte. Il en alla tout autrement quand on commença de tirer à balles réelles. La fenêtre fut condamnée la première : les vitres à demi brisées, tenant par miracle, interdisaient qu'on y touchât. Puis ce fut le tour de la porte, derrière laquelle les policiers, dans le dessein de faire sauter la serrure, tiraient par rafales, toujours à balles réelles. Le panneau et le montant complètement déchiquetés, la serrure à demi arrachée, la porte devenait à son tour impraticable à l'équipe.

"Quand je songe à cette scène de fusillade et à mon inconscience… Afin de filmer en gros plan la serrure contre laquelle venaient frapper les balles, la caméra était placée à moins d'un mètre de celle-ci, à l'intérieur de la chambre, les policiers tirant du dehors. Seuls quelques sacs de sable entassés sur une hauteur de soixante à soixante-dix centimètres du sol nous protégeaient des balles. Derrière la porte, le bruit de la fusillade était tel qu'un assistant souffrit d'une demi-surdité durant huit jours! A dater de cette minute, ne pouvant utiliser ni la porte ni la fenêtre, nous nous trouvâmes en quelque sorte prisonniers dans le décor. C'est alors que nous imaginâmes de sortir de celui-ci par le plafond. Des passerelles surplombant le studio et servant aux électriciens pour accrocher leurs gamelles, on descendrait le long d'une échelle aboutissant au centre du décor. Nous nous amusions de cette manière de faire, sauf Gabin qui grognait pour le principe…" (*op. cit.*, pp. 106-107).

Extraits à discuter

Extrait 1 (6'30-7'45): François rentre dans sa chambre ; les objets (l'ours, la glace, la broche, la nouvelle cravate, etc.) ; le premier volet (changement de séquence au présent)

Extrait 2 (10'00-13'40): Première cigarette de François, coups de fusil, musique ; le premier fondu enchaîné très long.

Extrait 3 (35'10-36'50): François et Clara au bar du cabaret, fondu enchaîné visuel et sonore, le retour de la musique dans la chambre.

Extrait 4 (39'35-41'25): Le mégot, les tirs de la police, l'armoire normande, les photos de Françoise.

Extrait 5 (1h07'00-10'15): Clara montre les broches à François, fondu enchaîné extrêmement long sur le visage de Clara ; François jette la broche, brise la glace avec la chaise.

Extrait 6 (1h19'55-23'00): Valentin provoque François, le meurtre, le mégot éteint.

Extrait 7 (1h26'00-29'10): Le dénouement (suicide de François) ; rôle de la musique.

Citations à commenter

Françoise: "… je n'ai pas de parents".
François: "T'es orpheline"?
Françoise: "Non, je suis de l'Assistance".
François: "Ça alors!… Moi aussi, j'suis de l'Assistance! C'est marrant. On est de la même famille, puisqu'on n'en a pas… de famille… Et puis, juste aujourd'hui… c'est notre fête à tous les deux".

* * *

Françoise: "Vous ne devriez pas fumer, puisque ça vous fait tousser".
François: "C'est pas la fumée… c'est le sable".
Françoise: "Pourquoi riez-vous?… C'est beau, la Riviéra, vous savez…
François: "T'y as été"?
Françoise: "Non… mais on m'a raconté, alors je connais un peu… Il y a des grands rochers rouges et puis la mer… la mer avec des casinos tout autour […] Là-bas, il y a toujours du soleil… et puis des fleurs, même en hiver… des mimosas".
François: "[…] La Riviéra… les mimosas, tout ça, c'est du rêve… de la musique…".
Françoise: "Peut-être, mais il y a des jours où c'est tellement triste ici…".

* * *

François: "[…] Mais qu'est-ce qu'il veut, ce type-là? Qu'est-ce qu'il cherche?… Et toi, qu'est-ce que tu fabriques avec lui?… Pourquoi tu continues à le voir?…
Françoise: "[…] Il a toujours été gentil avec moi… C'est le seul, avant vous, qui ait jamais été gentil avec moi… Chaque fois qu'il revient, il m'apporte quelque chose… Il m'écrit…"
François: "Ah! oui, les cartes…"

* * *

Clara: "Et c'est formidable ce qu'il cause bien, cet homme-là… Il a une façon de remuer les mains en parlant… Ses boniments, on croirait qu'il les sort de ses manches… Il peut raconter n'importe quoi et tout de suite on croit que c'est arrivé… Tenez la Côte d'Azur, par exemple, il n'a qu'à en parler et on y est… On est dedans… jusqu'au cou. C'est comme ça qu'il m'a eue : avec des mimosas".
François: "Des mimosas?…"

* * *

François: "[…] Tu vas voir comment on va être heureux… J'ai pas été tellement heureux, t'sais… mais j'étais tout seul […]. Et puis tout, quoi… Le chômage, ou bien le boulot… Ah! j'en ai fait des boulots… jamais les mêmes, toujours pareils […]. Je laissais aller… Ça allait mal […]. Mais maintenant, tu es avec moi… tout ça va changer…"

* * *

François: "[…] je voudrais que tu gardes tout de même un bon souvenir de moi… parce que, tu sais, moi, je ne t'oublierai pas…"
Clara: "Moi, si je pouvais t'oublier, je t'oublierai tout de suite, je te le garantis… Un bon souvenir, des souvenirs… Est-ce que j'ai une gueule à faire l'amour avec des souvenirs? […] Tiens, je vais t'en donner, moi, un souvenir… un cadeau, pour que tu penses à moi… (Elle lui montre une broche.) C'est Valentin qui me l'a donnée… Ça te choque? Il en avait un stock […] Tiens, regarde, c'est beau comme tout… Il en donne une à chaque femme qui couche avec lui… Elle en a une aussi, la petite, hein"?

* * *

François (à la foule): "[…] Allez, débinez… débinez… débinez! Laissez-moi tout seul… puisque je suis tout seul. Je ne demande rien, à personne. Qu'on me foute la paix… Je suis fatigué, fatigué, fatigué!… Abîmé. C'est fini… J'ai plus confiance […]. François? Qu'est-ce que c'est que ça, François?…Connais pas… Connais pas! C'est fini, il n'y a plus de François… Il n'y a plus rien, plus personne, nulle part"… Allez-vous-en… Allez-vous-en!… Laissez-moi…

Laissez-moi…"!

Valentin: "Curieux! Je croyais que les gens qui exerçaient un métier manuel n'étaient pas nerveux…

François: "Tu vas te taire"?

Valentin: "Vous êtes nerveux parce que vous êtes inquiet […] parce qu'il y a des choses qui vous échappent…C'est compliqué, les femmes, hein? C'est mysterieux, les jeunes filles…"

Valentin (désignant la broche): "Joli bijou… Joli cadeau à faire à une enfant"!

* * *

François: "Qu'est-ce que tu veux dire"?

[…]

Valentin: "C'est surprenant comme les gens simples se font des idées étonnantes sur les femmes… l'amour… la romance […]. Bien sûr qu'elle t'aime. Ah! c'est beau d'être aimé… Moi, on ne m'aime pas, mais je plais… Tout est là : plaire! Alors, comme je lui plaisais, tu comprends, la petite et moi… j'aurais eu tort de me gêner… J'aime bien la jeunesse, moi… Ça t'intéresse… tu veux des détails"?

François: "Tu vas la taire, ta gueule"! (Il tire sur Valentin.) "Te voilà bien avancé, maintenant"!

Valentin: "Et toi?…"

© *L'Avant-Scène Cinéma*

Sujets de réflexion

1. Quel est le rôle métaphorique de l'aveugle qui découvre le corps de Valentin au début du film? Quel est son rapport avec l'acte de François (le meurtre de Valentin)?

2. Commenter le personnage de François (milieu social, mode de vie, caractère). Dans quel sens est-ce un "héros tragique"?

3. Qu'est-ce que François et Françoise ont en commun?

4. La représentation de la femme dans *Le Jour se lève* : l'opposition entre Françoise et Clara.

5. Commenter le personnage de Valentin. Pensez-vous que la citation suivante s'applique au *Jour se lève*? "Les films de Prévert sont des mélodrames qui mettent aux prises des bons sans défauts et des méchants sans vertu" (B.-J. Landry).

6. Quel est le rôle des "objets jouant" suivants : les fleurs de Françoise (lors de la première rencontre), l'ours en peluche, la broche, la glace, les cigarettes, l'armoire, le réveille-matin?

7. Quelle est l'importance de la scène de la serre?

8. Décrire la structure temporelle du film.

9. Par quels moyens Carné distingue-t-il entre la représentation des actions au présent et celles du passé?

10. Quel est le rôle de la musique dans ce film? (Précisez le rôle des instruments principaux.) De manière générale, quand est-ce que la musique de fond (non-diégétique) accompagne l'action, par rapport à la structure temporelle du film?

DOSSIER CRITIQUE

Claude Sautet — "Un sommet ... et donc un point final"

Il y a un an, j'ai revu *Le Jour se lève* avec la crainte habituelle d'être déçu. Le mirage s'était-il évanoui? Ne s'agissait-il que d'une fascination de jeunesse? Non. L'effet crépusculaire était toujours là. Intact. A son apogée, dans tous les sens du terme : historique, politique et esthétique. Un sommet… et donc un point final. Et c'est sans doute pourquoi cet "objet parfait" ne pouvait faire école, et les cinéastes qui l'ont regardé comme un modèle se sont tous fourvoyés, tandis que d'autres, au contraire, l'ont rejeté comme un produit figé. Mort. Une sorte de repoussoir académique. Polémique inusable, compréhensible et maintenant dépassée.

J'ai toujours souffert du succès public et médiatique rencontré inlassablement par *Le Quai des brumes* et *Les Enfants du paradis* alors que *Le Jour se lève*, resté dans l'ombre, reste pour moi, et de loin, le plus accompli des films du fameux tandem Carné-Prévert […]

Les modes passent et *Le Jour se lève* reste un chef-d'oeuvre toujours noyé dans sa gloire obscure. Ainsi vogue le navire (*"Le Jour se lève"*, p. 126).

André Bazin — François et la pureté

La pureté de François, son besoin de croire dans la pureté de Françoise vont se retourner contre lui-même. Françoise à sa manière, on ne sait trop quelle duplicité naïve, va incarner la négation de l'espoir irréversible que François a placé en elle. Car la pureté de Françoise, la pureté native et comme virginale de Françoise, voilà qu'elle se révèle équivoque et complice de la suprême impureté de Berry. Le drame, ce n'est pas que Françoise ait (peut-être) trompé François avec Berry — si c'était, François pourrait se détacher d'elle — c'est que peut-être elle l'ait fait sans cesser d'être pure. Comment? C'est là le mystère dont devra mourir Gabin […]. L'âme simple de Gabin ne pouvait être sauvée que par la simplicité de la pureté et voici que se révèle en Françoise une pureté à double sens, une pureté inconcevable qui semble complice de ce qui pour Gabin est le symbole même de l'impureté. L'erreur de François c'est de ne pas apercevoir le piège métaphysique que lui tend la pureté de Françoise. François pourrait être sauvé s'il renonçait à l'être par le mirage de la pureté, s'il acceptait le salut de Clara, car Clara est de la race de Gabin, mais elle sait vivre avec l'impur. Après François elle retournera à un quelconque dresseur de phoques, non qu'elle n'ait point vraiment aimé François, mais simplement parce qu'elle a vraiment décidé de vivre. La pureté de Clara est une sagesse. Clara n'était pas indigne de François, mais François ne sait pas voir la pureté réelle de Clara, fasciné par le mirage toujours insaisissable de la pureté de Françoise (*Le Cinéma français de la Libération à la Nouvelle Vague*, p. 66).

Pierre Leprohon — Jean Gabin et le destin tragique

Or, cette conception dramaturgique du film est exactement celle d'*Oedipe-Roi*, dans laquelle tous les événements sont accomplis quand le rideau se lève. Ainsi peut-on dire que ces films sont autant de tragédies à la faveur desquelles le personnage créé par Gabin devient l'illustration d'une sorte de damnation.

Ce personnage est le criminel sans être le coupable. Mais les circonstances, les hommes, la société sont contre lui. S'il est traqué […] par les policiers, par l'appareil judiciaire, il l'est d'abord et surtout par le destin.

Le fait est particulièrement sensible dans *Le Jour se lève* , qui restera l'un des meilleurs films de Carné et Prévert par la science et la portée de sa construction dramatique. Le sableur du *Jour se lève*, pas plus que le légionnaire de *Quai des brumes*, n'est une nature mauvaise. Le destin l'a pris dans un engrenage et le conduit au crime auquel s'opposent à la fois sa nature et sa raison, mais qu'il sera amené presque nécessairement à accomplir. Le meurtrier devient ainsi la victime du destin, celle que la justice des hommes, même si elle devait l'absoudre, ne pourrait sauver. Car si la rancune d'une petite gouape n'abattait le déserteur [dans *Quai des brumes*], si l'ouvrier traqué dans sa chambre ne se suicidait pas, le bonheur de l'un et de l'autre n'en serait pas moins impossible — leur vie est finie. Cette tragédie du héros est, dans *Le Jour se lève*, explicitement formulée dans la scène où Gabin crie, de sa fenêtre, à la foule assemblée, à la fois son malheur et sa colère ; par le fait de certains plans, ce n'est pas seulement à la foule qu'il s'adresse, mais aux spectateurs du film, à chacun de nous qui sommes les témoins de son drame (*Le Monde du cinéma*, pp. 105-106).

André Bazin — Réalisme et symbolisme du décor

Vous avez pu remarquer dans ce film le rôle joué par la cigarette de Gabin, la combustion du paquet de cigarettes de Gabin marque en quelque sorte le déroulement du temps. L'obligation de Gabin d'allumer ses cigarettes l'une à l'autre, faute d'allumettes, le condamne à une attention vigilante, et lorsque par mégarde il oubliera de maintenir sa cigarette allumée nous en éprouvons une étrange peine, comme si cette négligence marquait un moment décisif de la tragédie qui se déroule dans le même temps. Il semble que Gabin était condamné au désespoir quand le paquet de cigarettes serait épuisé. Lui seul, ce dernier et dérisoire plaisir, lui permettrait de continuer à vivre. Encore n'a-t-il même pas pu aller jusqu'au bout de sa chance, et l'inattention qui a permis à la cigarette de s'éteindre n'était peut-être au fond qu'un renoncement à la lutte : l'acte manqué révélateur […].

Le symbolisme dramatique d'un élément de décor comme la cigarette, dont le sens est très clairement perçu par le spectateur, est sans doute plus subtil dans l'utilisation de l'armoire. Cette fameuse armoire normande que Gabin pousse devant la porte et qui donne lieu à un savoureux dialogue dans la cage de l'escalier entre le commissaire et le concierge, nous n'y voyons naturellement qu'un détail de l'intrigue qui nous captive surtout par son réalisme. Nous imaginons en effet assez bien cet épisode dans un fait divers. En réalité le symbolisme implicite de cette armoire est aussi nécessaire et rigoureux que celui d'un symbole freudien. Ce n'est pas la commode, la table ou le lit que Gabin pouvait mettre devant la porte. Il fallait que ce fut cette lourde armoire normande qu'il pousse comme une énorme dalle sur un tombeau. Les gestes avec lesquels il fait glisser l'armoire, la forme même du meuble font que Gabin ne se barricade pas dans sa chambre : il s'y mure. Même si le résultat matériel est le même et si nous n'y voyons consciemment aucune différence, la tonalité dramatique est tout autre […].

On voit comment le réalisme de Carné sait, tout en restant minutieusement fidèle à la vraisemblance de son décor, le transposer poétiquement, non pas en le modifiant par une transposition formelle et picturale, comme le fit l'Expressionnisme allemand, mais en dégageant sa poésie immanente, en le contraignant à révéler de secrets accords avec le drame. C'est en ce sens qu'on peut parler du "réalisme poétique" de Marcel Carné […]. La perfection du *Jour se lève*, c'est que la symbolique n'y précède jamais le réalisme, mais qu'elle l'accomplit comme par surcroît (*Le Cinéma français de la Libération à la Nouvelle Vague*, pp. 61-63).

André Bazin — Le décor, "un étonnant documentaire social"

Rôle dramatique du décor, disions-nous, mais en fonction de ce qu'il faudrait appeler la psychologie du décor. Le décor sert à constituter les personnages tout autant que le jeu des acteurs eux-mêmes. Le décor du *Jour se lève* constitue un étonnant documentaire social. Par exemple, quand nous voyons Berry mort sur le lit de la concierge, il est allongé sur des journaux. On imagine pourquoi. La concierge n'a pas voulu qu'on mette ce type qu'elle ne connaissait pas sur son dessus de lit, le sang au surplus aurait pu le tacher, elle est allée chercher de vieux journaux sur son armoire et les a étalés préalablement. Ce simple détail du décor en dit plus sur la psychologie de la concierge qu'un long dialogue. C'est avec de tels détails, autant qu'avec l'action elle-même qu'on pose un personnage. Mais c'est surtout à l'égard de Gabin que le décor nous intéresse. Cette chambre, pourtant presque nue, nous permet de reconstituer non seulement la vie, mais les goûts et le caractère de François. Sa seule distraction est le sport : vélo et football [...]. Les objets sportifs sont à peu près le seul désordre qu'il s'autorise dans sa chambre parce qu'il ne les considère pas comme désordonnés [...]. Il y fait régner une propreté sourcilleuse, comme le prouve ce réflexe mécanique qui lui fait accomplir après le meurtre de Berry le geste rituel de faire tomber de la main la cendre de cigarette dans le cendrier (geste qu'il achève, même après les coups de feu) et ranger soigneusement sa cravate après en avoir enlevé l'étiquette. (Ces gestes ont une valeur dramatique, accomplis à cet instant, mais en même temps ils définissent la psychologie de François.) C'est que François est un vieux garçon. Habitué depuis son enfance à la solitude, il a appris à se débrouiller tout seul (*Le Cinéma français de la Libération à la Nouvelle Vague*, pp. 63-64).

André Bazin — La musique du *Jour se lève*

On peut indiquer deux thèmes principaux, celui, sentimental, de la petite flûte, et celui, dramatique et oppressant, des basses et des instruments à percussion. Ces deux thèmes sont mêlés ou séparés, mais toujours subtilement. Le thème du hautbois est en contrepoint musical et logique avec le thème des timbales. C'est un thème aigu et très mélodique, tandis que les timbales sont au contraire lourdes et exclusivement rythmiques. Or, chaque fois que l'on passe d'une scène passée à une présente ou réciproquement, il y a un changement dans la musique, ou simplement l'apparition de l'élément musical, ce qui correspond psychologiquement à une espèce de renversement des valeurs. Il y a même des passages où la musique semble avoir été mise à l'envers. Grâce à la musique il y a une ambiance sonore qui donne physiquement le sentiment d'un renversement de la nature des choses.

Si Marcel Carné n'avait eu à sa disposition que le fondu enchaîné, les changements de temps de l'action seraient beaucoup moins admissibles. C'est en grande partie grâce à la musique d'une nature particulière de Maurice Jaubert, que le spectateur est psychologiquement préparé à cette sorte de chavirement dramatique qui correspond à l'évocation des souvenirs [...].

La musique ne constitue nullement un accompagnement, elle est incorporée à l'action ; elle constitue pour son propre compte une action. Il s'agissait que le spectateur sentît toujours clairement le poids du passé, que le présent, lorsqu'on y revient, n'échappât pas à l'emprise du passé. Quand l'action que nous voyons sur l'écran est passée, il n'y a pas de musique (sauf dans la scène d'amour de la serre, nous verrons pourquoi), mais quand nous retrouvons Gabin au présent dans sa chambre, la musique rentre dans le jeu et s'y maintient tant que nous sommes au présent ; très vite, grâce à la répétition du procédé, mais surtout à la qualité de la musique, nous l'identifions avec l'imagination de Gabin. Elle nous habite comme sa mémoire habite le héros. Une scène très caractéristique à ce point de vue : vers la fin du film, Gabin obsédé s'arrête devant la glace, prend une chaise et la lance, fracas de verre brisé, la musique s'arrête, comme si cet acte de colère avait libéré le héros de sa hantise, comme si le miroir était la mémoire même de Gabin, mais il n'en était que le symbole. Après quelques instants de silence, le thème lancinant et sourd des timbales reprend peu à peu possession de l'espace dramatique, puis celui du hautbois s'insinue irrésistiblement dans cette masse sonore et impose à son tour le souvenir de Françoise […].

Quand nous disions qu'il n'y a pas de musique au passé, nous exceptons évidemment la musique réelle, comme celle du café-concert. Une seule exception : la scène d'amour dans la serre où nous retrouvons précisément à l'état pur le thème du hautbois. Mais c'est que cette scène est privilégiée, qu'elle se situe en quelque sorte hors du temps. Il fallait marquer sa différence de nature avec le réalisme des autres (*Le Cinéma français de la Libération à la Nouvelle Vague*, pp. 56-58).

FILMOGRAPHIE DE MARCEL CARNÉ
(LONGS MÉTRAGES)

1936 *Jenny*
1937 *Drôle de drame*
1938 *Quai des brumes, Hôtel du Nord*
1939 *Le Jour se lève*
1942 *Les Visiteurs du soir*
1945 *Les Enfants du paradis*
1946 *Les Portes de la nuit*
1949 *La Marie du port*
1951 *Juliette ou la clé des songes*
1953 *Thérèse Raquin*
1954 *L'Air de Paris*
1956 *Le Pays d'où je viens*
1958 *Les Tricheurs*
1960 *Terrain vague*
1962 *Du Mouron pour les petits oiseaux*
1965 *Trois Chambres à Manhattan*
1968 *Les Jeunes Loups*
1971 *Les Assassins de l'ordre*
1974 *La Merveilleuse Visite*

OUVRAGES CONSULTÉS

Agel, Henri. *Le Cinéma*. Paris: Casterman, 1954.

Bazin, André. *Le Cinéma français de la Libération à la Nouvelle Vague (1945-1958)*. Paris: Editions de l'Etoile, 1983.

Brunius, Jacques B. "Un des jalons majeurs de l'histoire du cinéma". *L'Avant-Scène Cinéma* 53 (1965), 6.

Carné, Marcel. *Le Jour se lève* (découpage). *L'Avant-Scène Cinéma* 53 (Nov. 1965), 1-40

.... *La Vie à belles dents. Souvenirs*. Paris: Pierre Belfond, 1989.

Chazel, Robert. *Marcel Carné*. Cinéma d'aujourd'hui. Paris: Seghers, 1965.

Damas, Georges et Jacques Tournier. *Fiche I.D.H.E.C.* No. 19 (dans *Le Jour se lève*, *L'Avant-Scène Cinéma* 53 (1965), 43.

Landry, Bernard-G. *Marcel Carné*. Paris: Jacques Vautrain, 1952.

Leprohon, Pierre. *Le Monde du cinéma*. Paris: Pierre Waleffe, 1967.

Mitry, Jean. *Histoire du cinéma*, IV. Paris: Editions universitaires, 1980.

Pérez, Michel. *Les Films de Carné*. Paris: Ramsey, 1994.

Quéval, Jean. *Marcel Carné*. Paris: Editions du Cerf, 1952.

Sautet, Claude. "*Le Jour se lève*". *Positif*, 400 (juin 1994), 126-127.

Schimel, Monique. "L'Homme et son destin ou évolution de l'oeuvre de Marcel Carné". *Image et son*, 55 (juillet 1952), 7-9.

Marcel Carné

Les Enfants du paradis

(1945)

Marcel Carné, *Les Enfants du paradis* : Baptiste (Jean-Louis Barrault) et Nathalie
(Maria Casarès), sa future épouse. Courtesy of Collection André Heinrich

Réalisation	Marcel Carné
Scénario et dialogues	Jacques Prévert
Chef-Opérateur	Roger Hubert, Philippe Agostini
Musique	Maurice Thiriet (Joseph Kosma*)
Musique des pantomimes	Georges Mouqué (Joseph Kosma*)
Montage	Henry Rust
Son	Robert Teisseire
Décor	Léon Barsacq, Raymond Gabutti (Alexandre Trauner*)
Costumes	Antoine Mayo
Production	Société Nouvelle Pathé-Cinéma (André Paulvé*)
Durée	3 h 00

*Joseph Kosma, Alexandre Trauner et André Paulvé, ont été tous interdits d'activité professionnelle pendant l'Occupation à cause de leurs origines juives. Thiriet et Mouqué (musique) et Barsacq (décors) ont prêté leur nom à la production du film, tout en mettant en oeuvre les conceptions de Kosma et de Trauner. La contribution personnelle de Barsacq au film est pourtant considérable. Paulvé, de son côté, a dirigé toute la préparation du film avant d'en être écarté par les occupants nazis en automne 1943.

Interprètes principaux

Arletty (*Garance*), Jean-Louis Barrault (*Baptiste Deburau*), Pierre Brasseur (*Frédérick Lemaître*), Marcel Herrand (*Lacenaire*), Louis Salou (*le comte Edouard de Montray*), Pierre Renoir (*Jericho, le marchand d'habits*), Maria Casarès (*Nathalie*), Fabien Loris (*Avril*), Etienne Decroux (*Anselme Deburau, père de Baptiste*), Gaston Modot (*Fil de Soie, l'aveugle*), Jane Marken (*Madame Hermine*), Marcel Pérès (*le directeur des Funambules*), Paul Frankeur (*l'inspecteur de police*), Auguste Boverio (*1er auteur*), Paul Demange (*2e auteur*), Jean Diener (*3e auteur*), Rognoni (*le directeur du Grand Théâtre*), Louis Florencie (*le gendarme*).

Synopsis

Les Enfants du paradis se divise en deux "époques", "Le Boulevard du Crime" et "L'Homme blanc", l'une commençant vers 1827, l'autre sept ans après. L'action se déroule principalement dans le quartier du boulevard du Temple à Paris, surnommé "Boulevard du Crime" à cause des mélodrames et des drames sanglants qu'on y proposait chaque soir à un public surtout populaire. Deux théâtres se distinguent : le Théâtre des Funambules où l'on offre des spectacles de pantomime (la parole y étant interdite par les autorités) et le Grand Théâtre, qui a le monopole des pièces dialoguées. Au début du film, Frédérick Lemaître, un jeune cabotin, dragueur invétéré, qui rêve de "jouer la comédie" au théâtre, rencontre et lutine Garance, une très belle femme qui gagne sa vie en exhibant ses charmes dans une baraque foraine. Garance rend visite ensuite à l'une de ses connaissances, Lacenaire, un anarchiste révolté, personnage orgueilleux et dangereux, qui travaille comme écrivain public, ce qui lui sert de couverture pour des activités plus que louches. Peu de temps après, alors qu'elle écoute un bonimenteur (le père de Baptiste) devant le Théâtre des Funambules, elle se voit accusée du vol d'une montre, subtilisée en fait par Lacenaire. Baptiste, habillé en Pierrot, la tire d'affaire en mimant la scène du vol, dont il a été témoin. Pour le jeune homme, c'est à la fois le coup de foudre — il tombe éperdument amoureux de Garance — et la révélation d'un grand talent, d'une véritable vocation de mime.

Le père de Baptiste est acteur aux Funambules. La fille du directeur du théâtre, Nathalie, qui fait de la pantomime aussi, est amoureuse de Baptiste. Avant la représentation, un marchand d'habits, Jéricho, lit dans les lignes de sa main qu'elle épousera l'homme qu'elle aime. Le marchand d'habits, personnage louche et désagréable, fait des apparitions du début jusqu'à la fin du film, et surtout à des moments importants qui ont un rapport avec l'avenir des autres personnages. Lorsqu'une bagarre éclate entre les comédiens, ce soir-là, Baptiste et Frédérick réussissent à calmer les spectateurs en improvisant un numéro, ce qui sauve la recette de la journée. Parmi ces spectateurs, les plus enthousiastes sont assis au "paradis", le dernier étage des balcons du théâtre, où se situent les places les moins chères.

Plus tard, pendant la soirée, Baptiste remarque Garance, accompagnée de Lacenaire et de ses comparses, dans une gargote, "Le Rouge-Gorge". Il s'attire des ennuis en invitant Garance à danser, mais il s'en sort et finit par partir avec celle-ci, qu'il amène loger à la même pension (Le Grand Relais) que lui et Frédérick. Lui ayant déclaré son amour, il s'enfuit de sa chambre, bien qu'elle se soit offerte à lui… . Frédérick n'a pas les mêmes scrupules : lorsqu'il entend chanter Garance dans la chambre d'à côté, il n'hésite pas à la rejoindre chez elle.

Baptiste est devenu la vedette des Funambules, jouant des scènes muettes aux côtés de Garance et de Frédéric. Il est tourmenté par leur liaison, tandis que Nathalie, persuadée que Baptiste et elle sont "faits pour vivre ensemble", souffre du fait que celui-ci ne l'aime pas. Garance reçoit dans sa loge la visite du comte Edouard de Montray, un riche dandy cynique qui lui offre sa fortune pour devenir sa maîtresse. Rebutée par sa personne, elle se moque de ses propositions — ce qui n'empêche pas le comte de lui offrir sa protection en cas de besoin. Soupçonnée injustement à la suite d'une tentative de vol et d'assassinat commise par Lacenaire et son complice Avril, elle sera, effectivement, obligée de faire appel à la protection du comte de Montray pour éviter l'arrestation. La première partie du film se termine sur cette péripétie.

La deuxième époque du film, "L'Homme blanc", reprend quelques années plus tard. Frédérick, qui joue au Grand Théâtre, connaît la célébrité. Homme à bonnes fortunes, il est criblé de dettes; il se permet pourtant de saccager la pièce médiocre dans laquelle il joue en la tournant en ridicule le soir de la première. Les auteurs, outrés, le provoquent en duel. De retour dans sa loge, il se trouve en face de Lacenaire, venu dans l'intention de l'assassiner. Auteur dramatique dilettante, l'anarchiste finit par se lier d'amitié avec Frédérick et lui sert de second le lendemain matin, lorsque l'acteur se rend au duel, ivre mort.

Baptiste, lui, triomphe toujours aux Funambules. En s'y rendant le lendemain du duel, Frédéric retrouve Garance, qui est rentrée à Paris après avoir parcouru le monde avec le comte de Montray, qui l'entretient. Elle assiste incognito aux représentations tous les soirs depuis son retour pour pouvoir voir jouer Baptiste, qu'elle n'a pas cessé d'aimer. Frédérick connaît les affres de la jalousie, qu'il trouve "désagréables" mais, tout compte fait, "utiles" : il va enfin pouvoir jouer Othello, ayant fait l'expérience du sentiment qui motive le comportement de celui-ci… . Garance demande à Frédérick d'informer Baptiste de sa présence, mais c'est Nathalie, devenue la femme de Baptiste, qui est prévenue d'abord, par Jéricho. Celle-ci envoie leur fils dans la loge de Garance lui annoncer le bonheur de leur petite famille. Quand Baptiste arrive peu de temps après, la loge est vide. En rentrant chez elle, à l'hôtel luxueux du comte, Garance y retrouve Lacenaire qui l'attend. Le comte s'irrite de trouver chez lui un tel individu et le traite de haut, s'attirant des menaces de la part de l'anarchiste. Après le départ de celui-ci, Garance révèle au comte qu'elle ne pourra jamais l'aimer, étant déjà amoureuse d'un autre homme.

Frédérick joue enfin Othello. Le comte de Montray, qui y assiste en compagnie de Garance, se persuade que l'acteur est l'homme que celle-ci aime. A la fin de la pièce, quand il essaie de provoquer Frédérick en duel en se moquant de lui, il est pris à partie par Lacenaire, qu'il insulte. Celui-ci se venge en le traitant de cocu et en lui faisant découvrir Baptiste en train d'embrasser Garance sur le balcon. Les deux amoureux passent la nuit ensemble dans l'ancienne chambre de Garance au Grand Relais.

Le lendemain matin, aux bains turcs, Lacenaire assassine le comte pour l'avoir humilié la veille en le faisant jeter dehors, puis fait venir lui-même la police pour accomplir son "destin" sur l'échafaud. Nathalie, s'étant rendue au Grand Relais, surprend Baptiste dans les bras de Garance, qui avait pris la décision de s'en aller. Garance monte dans un carrosse et s'éloigne dans la foule déchaînée du Carnaval, une mer de masques et de Pierrots, qui emporte Baptiste, l'empêchant de la rejoindre.

La réception

La réaction de la presse spécialisée à la sortie du film le 15 mars 1945, comme le démontre le dossier de presse dans *L'Avant-Scène Cinéma* (pp. 101-104), est plutôt euphorique : "Le chef-d'oeuvre de Marcel Carné, le chef-d'oeuvre de Jacques Prévert […]. Ce film est l'un des plus importants qui aient été faits dans le monde depuis dix ans" (Georges Sadoul, *Lettres Françaises*, 17 mars 1945). La plupart des autres critiques crient aussi au chef-d'oeuvre, louant la perfection de la reconstitution historique (Denis Marion, *Combat*, 20 mars 1945), la mise en scène, la photographie, la brillance des dialogues : "Photos, dialogues, rythme, interprétation, figuration, tout s'accorde, tout est soigné, tout est remarquable" (Jean-Jacques Gautier, *Le Figaro*, 10 mars 1945). L'un d'eux proclame, sans fioritures, "Voici le monument du cinéma français" (Jacques Natanson, *L'Ordre*, 16 mars 1945), tandis qu'un autre devient tout à fait dithyrambique en traitant le film de "joyau d'art pur, incomparable, le plus grand peut-être que la France ait jamais réalisé" (Jean-Paul Sassy, *Volontés*, 20 mars 1945). Compte tenu du contexte historique — c'est la France de la Libération — on ne s'étonne pas de la ferveur patriotique qui se mêle parfois aux éloges du film, Sadoul n'hésitant pas à affirmer, dans le commentaire déjà cité, que "sa qualité sert la grandeur et la puissance de notre pays".

D'un autre côté, comme nous le dit Carné lui-même, la presse "fut loin d'être unanime dans l'éloge" (*La Vie à belles dents*, p. 172). Quelques réserves, certes légères pour la plupart, se font entendre, comme celle de Georges Charensol, qui trouve que l'interprétation, bien qu'éblouissante, "pèche — comme les auteurs — par excès d'intelligence" et que la mise en scène manque de naturel (*Les Nouvelles Littéraires*, 12 avril 1945). D'autres critiquent "le caractère théâtral" du film ou "sa perfection plastique aux dépens du dynamisme de l'action" (cité par Chardère, p. 48), et tel autre se plaint de ce que le film ne soit pas contemporain, qu'il ne reflète pas la réalité rude du jour (François Chalais, *Carrefour*, 17 mars 1945), ou encore qu'il suscite "plus d'admiration que d'émotion" (Jean Gély, *La Marseillaise*, 22 mars 1945). Quoi qu'il en soit, *Les Enfants du paradis* connaît un succès sans précédent, tant en France qu'à l'étranger : le film tient l'affiche en première exclusivité à Paris pendant 54 semaines, malgré le prix élevé des places (le double du tarif normal) et "fait un malheur" à Marseille comme dans les autres grandes villes de province (*L'Avant-Scène Cinéma*, p. 108). Il devient, en effet, un "monument" du cinéma français. Objet d'un véritable culte, il survit à l'épreuve du temps : "Actuellement encore, près de vingt ans après sa sortie, remarque Robert Chazel, il est projeté sans arrêt et reste un grand succès dans le *présent* […] on voit mieux aujourd'hui […] ses richesses profondes" (p. 46). A la même époque, bien que Carné ne jouisse plus de la faveur des critiques, on évoque toujours, en parlant des *Enfants du paradis*, "la grandeur indiscutable de la mise en scène, la beauté des décors et des costumes, la précision de la direction d'acteurs, et un des meilleurs dialogues de Prévert" (cité par Sellier, p. 122). Et un demi-siècle après sa première, on l'entend désigner comme "le plus beau film français de tous les temps" (p. 121) et reconnu comme "le film le plus universellement célèbre de l'histoire de notre cinéma" (Pérez, p. 6).

Le cinéma et l'Occupation

Paradoxalement, malgré le départ de nombreux comédiens et réalisateurs, parmi les plus grands, vers les Etats-Unis et d'autres pays, le cinéma français est resté très dynamique pendant l'Occupation par l'Allemagne nazie (1940-1944). Comme ce fut le cas dans beaucoup de pays pendant la Grande Dépression des années trente, le cinéma est devenu la principale distraction du public français à cette époque. Les films réalisant des bénéfices considérables, les producteurs soutiennent volontiers les projets de films. Si la production annuelle baisse de moitié pendant les quatre ans de l'Occupation, l'activité cinématographique est très élevée, et surtout à Nice, comme nous le signale Gili : "A l'exception de René Clair, de Jean Renoir et de Jacques Feyder, les plus grands noms du cinéma français ont travaillé à Nice, à un moment ou à un autre, dans les années 1939-1945. Julien Duvivier, Jean Delannoy, Jean Cocteau, Abel Gance, Marcel L'Herbier, Marc et Yves Allégret, Jean Grémillon [...], René Clément, Jacques Prévert, Marcel Carné, pour ne citer que les plus importants, ont animé de leur travail Nice et ses environs" (p. 196). Qui plus est, l'absence des plus grands réalisateurs consacrés permet à des néophytes talentueux, tels Jacques Becker, Robert Bresson, Claude Autant-Lara, et Henri-Georges Clouzot, de faire leurs premiers films. L'industrie du film n'en est pas moins étroitement surveillée, tant par les occupants que par leurs collaborateurs de Vichy, et soumise à une censure très dure. On interdit tout projet de film, à part les films de propagande nazie, qui aurait traité de l'actualité socio-politique. Il en résulte un grand nombre de comédies et de drames médiocres faits pour distraire uniquement, des "films d'évasion". Les réalisateurs les plus doués se réfugient donc dans le passé — soit dans l'évocation de figures célèbres de l'histoire artistique et littéraire française, soit dans le merveilleux, soit dans la mythologie. Ainsi, parmi les meilleurs films de l'époque on compte le film du tandem Carné-Prévert, *Les Visiteurs du soir* (1942), comme celui de Jean Delannoy et de Jean Cocteau, *L'Eternel Retour* (1943). *L'Eternel Retour* propose une version moderne du mythe médiéval de Tristan et Iseut, tandis que le film de Carné, qui se déroule au 15e siècle, présente une histoire d'amour et de sorcellerie dans une atmosphère de mystère et de drame. *Les Visiteurs du soir*, le premier film de Carné-Prévert depuis *Le Jour se lève* (1939), connaît un immense succès critique et commercial, obtenant le Grand Prix du cinéma français, ce qui fait que le producteur, André Paulvey, accueille à bras ouverts le prochain projet de Carné-Prévert, pourtant extrêmement coûteux. Il s'agit d'une grande fresque de la période romantique (1820-1840) qui se passe au quartier des théâtres populaires et qui, empruntant le nom d'une des salles de spectacle, s'intitule dans un premier temps *Les Funambules* — avant de devenir *Les Enfants du paradis*.

La genèse, l'équipe, la distribution

L'idée des *Enfants du paradis*, c'est bien connu, naît d'une anecdote que Jean-Louis Barrault raconte un jour à Carné et à son scénariste, Jacques Prévert, lors d'une rencontre fortuite à Nice. Il s'agit d'un épisode de la vie d'un célèbre mime du 19ème siècle, Baptiste Deburau, qui fut traduit devant les assises pour le meurtre — apparemment accidentel — d'un ivrogne qui insultait grossièrement sa femme dans la rue. Carné fut séduit par l'idée de faire revivre l'époque romantique et le milieu théâtral où vécut Deburau, surtout ce boulevard du Crime foisonnant de vie et de couleur locale. En faisant des recherches dans l'histoire du théâtre, il découvre que "le menu peuple de l'époque appelait l'amphithéâtre [le dernier balcon] d'une salle de spectacle le Paradis" (*La Vie à belles dents*, p. 160). Par ailleurs, comme Carné l'explique dans une interview, il y avait à Paris, dans le quartier de la Madeleine, un magasin de jouets qui s'appelait "Le Paradis des Enfants", ce qui a contribué aussi au choix définitif du titre du film (Stonehill, p. 59). Pour Carné, au demeurant, les "enfants du paradis" peuvent indiquer soit les spectateurs du "poulailler", soit les comédiens qui jouent pour ceux-ci . . . .

Prévert et Carné décident d'inventer une histoire qui mettra en scène non seulement Deburau, mais deux autres personnages réels de l'époque romantique : le grand acteur des théâtres de Boulevard, Frédérick Lemaître, et un célèbre anarchiste assassin, Pierre-François Lacenaire — poète par-dessus le marché — dont le personnage romanesque fascine Prévert. Certains aspects de la carrière des trois personnages sont repris, de façon un tant soit peu stylisée, dans le film de Carné. La création de *L'Auberge des Adrets* au Grand Théâtre, par exemple, où Lemaître, dans le personnage du brigand Robert Macaire, saccage le mélodrame, a eu lieu réellement — mais en 1823 et non au milieu des années 1840, comme le veut Carné. De même, la pantomime *'Chand d'habits*, dans la deuxième "époque" du film, a été créée en 1842 en réalité et probablement par Paul Legrand, un jeune mime aux Funambules, plutôt que par Deburau lui-même (Turk, p. 255).

Prévert met six mois à écrire le scénario du film, avec le concours de Carné et d'autres membres de l'équipe. Prévert en est bien l'auteur, pourtant, et son influence sur toute la conception du film est telle que Mitry affirmera — un peu abusivement, selon Quéval (pp.51-52) — que "c'est bien moins un film de Marcel Carné dialogué par Prévert qu'un film de Jacques Prévert mis en scène par Carné" (p. 251). Quoi qu'il en soit, Prévert y ajoute deux personnages de fiction, Garance, une "sirène gouailleuse, racée, mystérieuse et mélancolique" (Siclier, p. 167), et le comte de Montray, un dandy aristocrate pétri de morgue et de cynisme, ainsi que l'histoire d'amour qui est le noeud dramatique du film. La richesse du sujet, tel que Prévert le développait, fait craindre, à juste titre, un film d'une longueur démesurée. Paulvé propose donc d'en faire carrément deux films, suggestion qui est à l'origine de la division des *Enfants du paradis* en deux "époques" distinctes.

Il reste à réunir l'équipe technique et les acteurs. Outre Prévert, dont c'est le sixième film avec Carné, le réalisateur fait appel à son décorateur habituel, Alexandre Trauner, et, pour la musique, à Joseph Kosma ; tous deux viennent de collaborer, clandestinement, à la réalisation des *Visiteurs du soir*. Comme nous l'avons indiqué plus haut, il leur a été interdit, comme à tout Juif sous l'Occupation, d'exercer un métier de cinéma. Cachés à la campagne près de Nice, ville où débutera le tournage, Trauner et Kosma participeront donc au film sans que leurs noms paraissent au générique. Leurs conceptions seront exécutées par Léon Barsacq, pour les décors, et par Maurice Thiriet pour la musique (celui-ci ayant déjà prêté son nom et son talent à la musique des *Visiteurs du soir*). Dans les deux cas, mais surtout dans celui de Barsacq, l'apport personnel des prête-noms est loin d'être négligeable. Carné fera régulièrement le trajet entre Nice et la petite auberge de montagne où sont "planqués" Trauner et Kosma pour recevoir les consignes de ceux-ci.

Quant aux comédiens, Jean-Louis Barrault est tout désigné pour le rôle du mime Debureau, qu'il acceptera de tenir malgré un engagement auprès de la Comédie française qui l'obligera à faire la navette entre Paris et Nice! Arletty, qui avait acquis sa réputation grâce à trois grands films de Carné — *Hôtel du nord*, *Le Jour se lève* et *Les Visiteurs du soir* — est choisi pour le rôle de Garance (et ceci à l'âge de 46 ans), tandis que, pour incarner Frédérick Lemaître on engage Pierre Brasseur, l'un des acteurs préférés de Prévert, spécialisé dans la création de "personnages veules ou égarés, fantaisistes ou cyniques, toujours excessifs" (Chardère, p. 28). Quoiqu'il ait tourné dans de nombreux films, ce sera sans doute son rôle le plus célèbre. On peut en dire autant, d'ailleurs, de l'incarnation de Lacenaire par Marcel Herrand, un acteur de théâtre expérimenté qui avait tenu un rôle, lui aussi, dans *Les Visiteurs du soir*, comme de celle du comte de Montray par Louis Salou, acteur prolifique des années quarante. La distribution principale est complétée par Maria Casarès (actrice de théâtre et de cinéma qui fera une carrière remarquable par la suite), qui tient son premier rôle à l'écran en incarnant Nathalie, et par Pierre Renoir, acteur chevronné (le frère aîné de Jean) dans le rôle du marchand d'habits receleur et délateur, Jéricho. Il est généralement convenu qu'on a rarement réuni une distribution aussi parfaite pour une oeuvre cinématographique.

Le tournage, la sortie du film

Il est impossible d'évoquer le tournage des *Enfants du paradis* indépendamment de l'Occupation. Pour réaliser son film, Carné a été obligé de faire face à un nombre d'obstacles peu commun, d'ordre tant politique que purement matériel. Qu'il ait réussi son pari relève tout simplement du miracle. En août 1943 les Allemands occupent la France depuis plus de trois ans. Le pays est divisé en deux grandes zones : la moitié nord de la France, la "zone occupée", sous administration allemande, et la moitié sud, dite "zone libre". Celle-ci est soumise à l'autorité du gouvernement de Vichy, mené par le maréchal Pétain et son bras droit, Pierre Laval, qui collaborent avec les occupants. La politique des occupants à l'égard du cinéma comporte à la fois des avantages et des inconvénients. D'une part, les Allemands ont interdit tous les films américains et britanniques en France, ce qui a supprimé en même temps la plupart de la concurrence à laquelle les producteurs français devaient faire face auparavant. D'autre part, tous les films, de la production à la diffusion, sont soumis à un contrôle politique et économique qui limite sévèrement la liberté des réalisateurs.

Comme la présence des Allemands est ressentie moins lourdement en zone libre, Nice est devenu un centre d'activité cinématographique. C'est là, aux Studios de la Victorine, que Carné et Prévert tournent *Les Visiteurs du soir*, sorti l'année précédente, et c'est là également que sera créé un des décors les plus monumentaux et les plus chers (près de cinq millions de francs) de toute l'histoire du cinéma français, celui des *Enfants du paradis*. Il s'agit non seulement du Boulevard du Temple, mais aussi des intérieurs des deux théâtres, de la gargotte "Le Rouge-Gorge", de l'hôtel particulier du comte de Montray, et des bains turcs, pour ne mentionner que les éléments les plus importants.

L'histoire du tournage est riche en péripéties. Commencé le 17 août 1943 à Nice, le tournage est interrompu moins d'un mois plus tard, le 12 septembre, dès que l'Italie demande l'armistice à la suite du débarquement des Alliés en Sicile. Carné avait à peine commencé (trois jours) le tournage des scènes du "Boulevard du Crime", qui exigeait jusqu'à 1 800 figurants, quand il a reçu l'ordre de rentrer, avec toute son équipe, à Paris. Le tournage y reprend en novembre 1943, mais sans la participation du producteur, André Paulvé, écarté de l'entreprise sous prétexte de lointaines origines juives. Les intérieurs, surtout les séquences aux Funambules et au Grand Théâtre, seront donc tournés à Paris, aux studios de la société de production Pathé, qui a accepté de prendre la relève.

Quand Carné et son équipe repartent à Nice en février 1944 (les Alliés se trouvant toujours loin) pour reprendre le tournage des extérieurs, ce sera en présence des Allemands, qui avaient étendu l'Occupation à la zone sud et remplacé les Italiens à Nice. L'équipe retrouve, par ailleurs, le grand décor du boulevard du Crime gravement endommagé par un orage, ce qui nécessite deux mois de réparations et quelques huit cent mille francs de frais non prévus. En plus, l'acteur qui jouait à l'origine le rôle de Jéricho, Robert Le Vigan, ne redescend pas à Nice : antisémite et collaborateur, il avait été obligé de fuir la France, avec d'autres collaborateurs notoires, devant la perspective de la défaite des Allemands. Pierre Renoir remplace Le Vigan dans le rôle du marchand d'habits, ce qui oblige Carné à retourner quelques scènes. On termine le tournage à Nice fin mars, puis à Paris à la mi-avril 1944, dans des conditions très difficiles (pénurie de matériels de construction, interdiction de tourner la nuit à cause du couvre-feu). Il reste encore quelques plans à tourner en studio, mais dès le débarquement des Alliés en Normandie, le 6 juin 1944, Carné ne pense qu'à faire retarder la sortie du son film jusqu'à la Libération de la France : "En effet, sitôt que j'appris la nouvelle du débarquement, je n'eus plus qu'un désir : faire traîner le plus longtemps possibles les travaux de finition du film, afin qu'il soit présenté comme le premier de la paix enfin retrouvée" (*La Vie à belles dents*, p. 169).

La plus grande production française de l'Occupation, *Les Enfants du paradis* sort enfin, Carné ne pouvant plus tergiverser, au mois de mars 1945. Paris, comme la plupart de la France, est libéré, mais les combats contre l'occupant, très durs, continueront jusqu'à la capitulation des Allemands le 8 mai. Carné est obligé de mener ses propres combats contre les dirigeants de Gaumont, qui, en raison de la longueur du film, veulent projeter les deux parties du film simultanément, dans deux salles parisiennes différentes. Carné s'y oppose "avec véhémence" et finit par obtenir gain de cause : le film entier est projeté en exclusivité, dans les deux salles en même temps. Pour compenser la réduction du nombre normal de séances quotidiennes de cinq à trois, les distributeurs doublent le prix des places, ce qui n'empêche pas le public parisien d'affluer, et cela, comme nous l'avons noté plus haut, pendant 54 semaines d'exclusivité. Le film fera ensuite le tour de la France et partira à l'étranger, accueilli partout avec le même enthousiasme.

Pour la petite histoire, on note qu'à la Libération Carné a été critiqué, comme la plupart des metteurs en scène et interprètes qui ont exercé leur métier en France pendant l'Occupation. Une "commission d'épuration" lui a infligé un "blâme" pour avoir signé un contrat avec la Continental, la société de production allemande la plus puissante en France — quoiqu'il n'ait jamais fait de film pour elle. Il s'est défendu en faisant valoir son rôle dans la défense du cinéma français en l'absence de ses confrères qui s'étaient réfugiés à l'étranger : "Pendant quatre années, je suis resté ici. J'ai fait de mon mieux pour la cause de notre cinéma" (Sellier, p. 14). Quant à Arletty, qui avait affiché ouvertement une liaison avec un officier allemand, celle-ci a été arrêtée et tondue, comme ce fut la coutume dans ces cas-là, avant d'être jugée et condamnée à dix-huit mois de résidence surveillée — ce qui l'a empêchée d'assister à la première des *Enfants du paradis*… . Malgré son statut de monstre sacré, sa carrière au cinéma est effectivement brisée ; bien qu'elle paraisse dans une vingtaine de films après la Libération, elle sera cantonnée généralement dans de petits rôles.

La structure

Comme nous l'avons noté ci-dessus, le film est divisé en deux grands volets : "Le Boulevard du Crime" et "L'Homme blanc". Chaque partie est encadrée par un lever et une chute de rideau, ce qui crée d'emblée un parallèle entre le cinéma et le théâtre — souligné, d'ailleurs, par les trois coups traditionnels qu'on entend avant le début de l'action. La scène d'ouverture sur le Boulevard du Crime, avec son caractère panoramique, fait penser pourtant (de nombreux critiques l'ont constaté) à l'entrée en matière d'un grand roman de Balzac ou de Stendhal aux environs de 1830, au moment où le romantisme bat son plein. Comme les romans de Balzac, *Les Enfants du paradis* présente une grande fresque historico-sociale qui évoque, à sa manière, la "comédie humaine". Le film procède, au demeurant, comme le remarque Pérez, par "chapitres" (une succession de scènes) plutôt que par "actes" (p. 82), malgré l'évocation explicite du genre dramatique au début.

Les rapports amoureux entre Baptiste et Garance sont au centre des deux volets du film, à tel point qu'on a pu observer que "l'action de ces deux 'époques' chargées en personnages et en événements, se noue en effet sur une nuit d'amour qui *n'a pas eu lieu* entre Debureau et Garance, et elle se dénoue sur cette nuit d'amour qui a lieu quelques années plus tard, dans la même chambre, entre les mêmes' (Chion, p. 14). De manière plus générale, l'action est clairement organisée dans la première partie du film autour du personnage de Garance, objet du désir des quatre personnages masculins principaux. Après son apparition au début du film dans le rôle de la "Vérité", elle joue des scènes, tour à tour, avec Frédérick, Lacenaire, et Baptiste, des scènes qui révèlent la "vérité" justement (Chion, p. 14) de chacun des protagonistes. Après l'épisode de la bagarre aux Funambules, Baptiste retrouve Garance au "Rouge Gorge" et l'installe à la même pension que lui et Frédérick. Lorsque l'idéalisme et la timidité de Baptiste l'empêchent de devenir l'amant de Garance, Frédérick occupe vite la place. C'est la fin du premier mouvement du "Boulevard du Crime".

Le deuxième mouvement commence par la représentation métaphorique, sous forme de pantomime, des rapports qui se sont établis entre Garance et les deux interprètes. Dans *Le Palais des mirages ou l'Amoureux de la lune*, Pierrot idolâtre Phoebé, déesse de la Lune (lire : Baptiste, qui idéalise l'amour, met Garance sur un piédestal), tandis qu'Arlequin fait descendre la déesse du piédestal et part avec elle (lire : Frédérick, réaliste, traite Garance en simple femme disponible). Dans la deuxième partie de la pantomime, on voit la "déesse" s'en aller en bateau avec Arlequin, ce qui provoque le désespoir de Pierrot. Quand il essaie de se pendre, pourtant, une petite fille lui prend sa corde et la transforme en corde à sauter, puis une jeune blanchisseuse (Nathalie) la transforme en corde à linge, dont Baptiste tient un bout pendant qu'elle pend le linge. Il s'agit ici d'une représentation de l'état d'esprit de Baptiste, mais aussi d'un présage de son avenir. Garance étant devenue la maîtresse de Frédérick, le mime sombre dans un désespoir suicidaire. Mais la promenade en bateau semble évoquer aussi le départ en voyage de Garance avec le comte de Montray, ce qui va prolonger le désespoir de Baptiste. Si celui-ci finit par épouser Nathalie, avec qui il partage la vie domestique (évoquée dans la pantomime par l'enfant et les tâches ménagères), il n'en vit pas moins dans une profonde tristesse. Le départ de Garance s'esquisse, en effet, à la fin de la première époque, lorsque l'héroïne doit faire appel à la protection du comte ; il deviendra réalité, comme le mariage et la paternité de Baptiste, pendant l'entr'acte ; c'est-à-dire, dans l'intermède de sept ans entre les deux époques. La première époque est constituée ainsi, dans ses grandes lignes, de deux formes de récit — l'une littérale (l'action du film), l'autre figurée (la pantomime) — qui narrent, successivement, la même histoire d'amour malheureux.

La deuxième "époque" du film, "L'Homme blanc", qui est organisée autour du retour de Garance, est rythmée par trois représentations théâtrales qui mettent en valeur le génie de Frédérick et de Baptiste. Entre la parodie de *L'Auberge des Adrets* par Frédérick et la pantomime de Baptiste dans *'Chand d'habits* survient la rencontre entre l'acteur et Garance dans la loge aux Funambules. Cette rencontre, ou plutôt le sentiment de jalousie qu'elle fait naître chez Frédérick, donnera lieu à la création d'*Othello* par celui-ci. Le spectacle de pantomime permet encore une fois de représenter, de façon stylisée, la situation actuelle de Baptiste et de son état d'esprit. Comme le marchand d'habits refuse de lui laisser le nouveau costume dont il a besoin pour rejoindre dans sa demeure luxueuse la belle dame qui vient d'arriver, il finit par l'assassiner. On comprend que Baptiste se révolte ici contre son destin cruel, incarné par le marchand d'habits (voir "Thèmes" plus bas), destin qui l'a séparé de Garance, qui vit à présent avec le comte dans un grand hôtel particulier.

Ainsi que la première partie du film, la seconde comporte une série de rencontres entre Garance et tous les protagonistes masculins. La seule différence, c'est que les trois hommes du début ont à présent réalisé leur destin : Frédérick et Baptiste sont au comble de la gloire professionnelle et Lacenaire s'est fait une réputation de hors-la-loi redoutable, d'assassin. Après l'entretien avec Frédérik, on retrouve Garance chez elle en tête-à-tête avec Lacenaire, puis avec le comte, et enfin, après la représentation d'*Othello*, avec Baptiste. La scène la plus dramatique du film, la confrontation provoquée par le comte après la pièce, réunit pour la première fois, dans le même lieu, Garance et les quatre hommes qui sont amoureux d'elle, et ceci dans une ambiance de jalousie et d'animosité et avec un esprit de vengeance qui prépare le dénouement à la fois melodramatique et tragique : le meurtre du comte et le départ de Garance (qui, ignorant le sort de son protecteur, croit sauver ainsi la vie de Frédérick en empêchant le duel avec le comte).

Les thèmes

Georges Sadoul, qui considère *Les Enfants du paradis* comme "le film le plus riche et le plus parfait de Carné et de Prévert" retrouve dans l'oeuvre leurs thèmes favoris: "l'impossibilité du bonheur et d'un grand amour dans un monde mal fait" (p. 95). Ce sont, effectivement, les thèmes essentiels du réalisme poétique, du moins le courant profondément pessimiste développé dans les films de Carné-Prévert. Mais à côté de cette grande idée, qui sous-tend tout le film, il y a un foisonnement de thèmes dont la variété et l'entrelacement crée une texture étonnamment riche qu'évoque bien Mitry : "Il y a donc tout à la fois une description extrêmement vivante des milieux du théâtre, une étude de moeurs et, derrière cette description — ou la suscitant — un drame évoquant la solitude des êtres, leur isolement, leur incommunicabilité malgré l'amour qui les unit ou les désunit" (p. 250).

Si le théâtre est à la fois le sujet et le contexte de l'action du film, c'en est aussi un des thèmes principaux. Comme *Les Enfants du paradis* commence par le lever du rideau sur le Boulevard du Temple, le théâtre devient une métaphore pour la vie : la vie est un grand spectacle, une "comédie". Le film nous montre, selon Pérez, la "passion forcénée [de l'homme] de s'offrir en représentation à ses semblables" (p. 75). Il met en relief les rapports étroits entre théâtre et vie en les entrelaçant sans cesse, à commencer par le numéro de "séduction" que Frédérick joue aux jolies femmes qu'il rencontre sur le Boulevard du Crime. Le personnage de Frédérick incarne, d'ailleurs, "l'Acteur", que ce soit au théâtre ou dans la vie, comme Baptiste incarne "le Mime", celui qui reste au niveau des gestes, dans la pantomime comme dans ses rapports avec Garance, au lieu de s'engager dans la vie réelle. Le personnage le plus "théâtral", d'ailleurs, c'est sans doute Lacenaire, l'assassin poète — malgré sa ressemblance avec le grand criminel des romans de Balzac, Vautrin. Lacenaire, c'est celui qui écrit des pièces de théâtre, des pièces dont l'intrigue ressemble étrangement à celle du film. C'est également celui qui met en scène le grand "coup de théâtre" vers la fin du film en tirant le rideau pour révéler Garance dans les bras de Baptiste sur le balcon du Grand Théâtre. Et c'est celui, enfin, qui vit sa propre vie comme la mise en scène d'un mélodrame sanglant dont il est le héros, ce qui devient explicite lorsqu'il dit à son complice, après avoir assassiné le comte : "*Mon pauvre Avril! La pièce est finie, tu peux t'en aller ...*". Lacenaire semble incarner ainsi, à la fois, l'auteur dramatique, le metteur en scène et même l'acteur. Compte tenu de la fascination, bien connue, que ce personnage exerçait sur Prévert, il n'est pas interdit de voir en Lacenaire une mise en abyme du scénariste lui-même, dans la mesure où celui-ci partage son anarchisme, sa révolte contre la société. Mais on peut voir en lui également, en tant que metteur en scène, une référence à Carné lui-même (Sellier, p. 112) ; le réalisateur, dont personne n'ignore l'homosexualité, a pu s'identifier, par ailleurs, aux moeurs du personnage (historiquement établies mais seulement suggérées dans le film), comme à la marginalité que celles-ci impliquent à l'époque de Carné (Turk, p. 277).

Toujours dans le domaine du théâtre, l'opposition entre le théâtre français et les pièces de Shakespeare, qui rappelle la querelle passionnée qui mettait aux prises les classiques et les romantiques dans les années 1820, évoque aussi le conflit, au vingtième siècle, entre le théâtre consacré (représenté par la Comédie française) et le théâtre d'avant-garde, pour lequel luttait, justement, Jean-Louis Barrault. "Le film est un hommage fasciné, soutient Sellier, au théâtre le plus novateur, comme celui que Barrault avait appris chez son maître Dullin" (p. 49). On note enfin un autre thème "esthétique" important dans l'opposition entre la pantomime et le théâtre dialogué, contraste qui évoque, justement, celui du cinéma muet et du cinéma parlant. Le notion de deux "époques" soutient cette idée, d'autant plus que la deuxième époque commence par la pièce dialoguée au Grand Théâtre. Carné, qui a commencé sa carrière de cinéaste à l'époque du film muet avant de prendre son envol avec le film parlant, semble mettre sur un pied d'égalité les deux formes d'expression cinématographique.

Mais c'est l'intrigue amoureuse — il faut y venir — qui lie ensemble toutes les parties du film, et l'amour, dans ses avatars divers, qui constitue le thème majeur. La constellation des soupirants qui entourent Garance offre, en effet, quatre types d'amour différents, comme l'observe Chardère (pp. 41-42). Baptiste (dont le caractère rêveur, "lunaire", se confond avec celui de Pierrot, son personnage sur scène) incarne l'amour passionné, un amour absolu qui idéalise la femme aimée, tandis que Frédérick représente, tout simplement, l'amour sensuel, l'érotisme. Le cas de Lacenaire est plus compliqué ; il fait preuve, à plusieurs reprises, de mépris pour les femmes mais reconnaît qu'il "désire" Garance. Son amour, plutôt "intellectuel", n'est peut-être qu'une forme d'admiration pour la seule femme qu'il considère comme son égale, "le seul être libre qu'il ait jamais connu" (Pérez, p. 87), et une manière de (se?) dissimuler son attirance pour les jolis garçons, comme Avril (dont la rose derrière l'oreille, et l'admiration béate pour Lacenaire, suggèrent la féminité). Le comte de Montray, finalement, incarne l'amour vénal :

il veut posséder Garance comme une femme-objet, un objet précieux qu'on peut acheter et garder pour soi. Et il est vrai que Garance, tout en se présentant comme une femme toute simple, n'hésite pas à se qualifier d'"objet d'art" (ironie voulue?) au moment de l'erreur judiciaire qui va l'obliger à devenir la maîtresse du comte. L'opposition entre Garance et Nathalie, dans leurs rapports respectifs avec Baptiste, met en valeur finalement la différence entre l'exaltation d'un couple uni par un grand amour partagé et la vie domestique triste à laquelle se réduit l'existence de couple en son absence. Ce qui est très dur pour le personnage de Nathalie, souvent traité d'"ingrat" par la critique...

Comme dans tous les grands films de Carné et Prévert (c'est un trait constant de leur réalisme poétique), le "destin" est un thème essentiel des *Enfants du paradis*. Et comme souvent, ce thème est incarné par un personnage : c'est le rôle, principalement, de Jéricho, le marchand d'habits, individu sinistre, omniprésent et affublé d'identités multiples, dont l'arrivée est souvent annoncée par un coup de trompette, évocation, peut-être, du cor qui sonne le destin dans la grande pièce ("manifeste" du romantisme) de Victor Hugo, *Hernani* (1830). Les apparitions de Jéricho, singulièrement immotivées par l'action dramatique, sont liées (comme nous l'avons noté plus haut) à l'avenir des personnages : la carrière criminelle de Lacenaire, l'avenir conjugal de Nathalie, le départ en voyage de Garance, le premier baiser entre celle-ci et Baptiste, leur rencontre manquée après le retour de Garance, la séparation définitive à la fin du film. C'est ce qui explique l'antipathie violente que ressent Baptiste à l'égard de Jéricho, ainsi que son assassinat du marchand d'habits dans le spectacle *'Chand d'habits* : Baptiste se révolte contre un destin malveillant qui s'acharne sur lui pour l'empêcher de s'unir à la femme qu'il aime. (Le fait que le marchand d'habits assassiné est joué par le père de Baptiste, qui avait maltraité son fils au début du film, a amené certains critiques, tels Turk et Sellier, à y voir un réglement de compte symbolique de Carné avec son propre père, avec qui il avait depuis longtemps de très mauvais rapports.) A la différence du *Jour se lève*, plusieurs personnages semblent partager ici le rôle du destin. Outre Jéricho, il y a le faux aveugle, Fil de Soie, qui amène Baptiste au Rouge-Gorge où il retrouve Garance, et il y a Garance elle-même : "Au passage de Garance, les existences s'épanouisssent [...], mais elles trouvent toutes leur véritable sens, au point qu'on peut se demander si elle n'est pas, elle aussi, l'un des avatars de ce Destin qui ne sait pas encore sous quels traits s'incarner définitivement" (Pérez, p. 76). Il est vrai aussi que Garance ressemble, la coquetterie en moins, à l'Héléne de *La Guerre de Troie n'aura pas lieu* de Giraudoux (1935), cet "otage du destin" auquel on ne touche qu'à ses risques et périls... .

On ne peut s'empêcher, étant donné le contexte historique du film, de se demander s'il n'y a pas d'allusions à la situation des Français sous l'Occupation dans *Les Enfants du paradis*. Dans *Les Visiteurs du soir*, on a cru voir une oeuvre qui "sous couvert d'une fable médiévale, raconte la défaite des pouvoirs traditionnels de la France face à la force "diabolique" d'Hitler, mais aussi l'émergence d'une résistance morale incarnée par les amoureux pétrifiés dont le coeur continue à battre sous la pierre" (Sellier, p. 65). Carné nie que lui et Prévert aient eu cette intention en faisant le film, mais ils ont "accepté cette interprétation, qui correspondait [...] à un besoin réel chez une partie du public, fin 1942" (*La Vie à belles dents*, p. 156). Certains critiques n'ont pas hésité à soumettre *Les Enfants du paradis* à une exégèse semblable, voyant dans le personnage de Garance une métaphore de la France occupée : quoique ce soit une femme entretenue (par le comte), elle a gardé sa liberté morale — tout comme la France, soumise aux Allemands mais "libre" intérieurement... (Turk, p. 247; Sellier, p. 67). Au lieu de se rebeller, "elle ruse avec son protecteur-oppresseur […] et attend patiemment…" (Sellier, *loc. cit.*), comme la plupart des Français qui attendaient que l'Occupation prenne fin, renfermant leur révolte dans leur coeur… . Jéricho, de par sa turpitude morale, incarnerait les délateurs et les profiteurs du marché noir sous l'Occupation (Turk, p. 250). Ces hypothèses, pour alléchantes qu'elles soient, restent sujettes à caution. Comme le dit Carné lui-même, dans ses mémoires, leur souci principal était "d'éviter les foudres de la censure de Vichy" (p. 157) en se réfugiant dans le passé. Carné ne pensait qu'à éviter les ennuis avec les autorités pour pouvoir mener à bien la réalisation de son film (interview avec Stonehill, p. 60). Il n'était pas question, pour lui, de faire de la politique, à la différence de Jean-Paul Sartre, par exemple, qui, dans *Les Mouches* (1943), s'en prend à la politique du remords de Vichy et incite ses compatriotes à la résistance. Ceci dit, rien n'empêche les spectateurs du film d'y voir des significations qui dépassent les intentions (conscientes) des auteurs.

Le style

Il y a, dans *Les Enfants du paradis* (comme dans d'autres films de Carné-Prévert) une adéquation remarquable entre le sujet du film et sa forme. Il s'agit ici d'une évasion non seulement dans le passé mais aussi dans le monde de l'illusion, c'est-à-dire dans l'univers du théâtre. Rien n'évoque mieux cet univers que le dialogue de Prévert, un dialogue tant soit peu ampoulé, rempli de réparties percutantes et de mots d'auteurs savoureux. Si c'est le style qui a toujours caractérisé les dialogues de Prévert (et qu'on a souvent critiqué comme trop "littéraire"), ce n'est que dans *Les Enfants du paradis* qu'il trouve son accomplissement : "Dans un film qui se veut hommage au théâtre, constate Chardère, les dialogues devront avoir un caractère 'théâtral'" (p. 42). Prévert en est bien conscient, lui qui fait dire à Garance, lors de son premier entretien avec Lacenaire : "*Vous parlez tout le temps ; on se croirait au théâtre*". Le style du film est donc volontairement "théâtral", ce qui est souligné aussi par le statisme général de la caméra et le cadrage des personnages, souvent filmés en plan américain, "ce qui permet d'apprécier leur costume et leurs gestes pendant qu'ils disent leur texte" (Sellier, p. 76). Les mouvements d'appareil sont réduits au minimum, et surtout dans la première époque du film, où l'exemple le plus frappant est la grande pantomime de Baptiste, *Le Palais des mirages*. La caméra étant placée au premier rang des fauteuils d'orchestre, Carné offre au spectateur le point de vue idéal pour assister à une pièce de théâtre. La structure dramatique du film, dominée par une succession d'entretiens ou de confrontations entre deux ou trois personnages, achève de créer cette impression de "théâtralité" qui émane du film entier.

FICHE PÉDAGOGIQUE

Propos de Marcel Carné

"Depuis plusieurs mois [en septembre 1940 à Paris], théâtres et cinémas avaient rouvert leurs portes. On y donnait, à vrai dire, des spectacles assez anodins. Tous mes films avaient été interdits par le régime de Vichy, sans d'ailleurs aucune justification. J'en connaissais cependant la raison principale : les uns étaient interprétés par des comédiens qui, dans les derniers temps de la guerre, avaient gagné les Etats-Unis comme Gabin, Michèle Morgan ou Jouvet ; et surtout la plupart, pour ne pas dire tous, avaient été réalisés avec le concours de techniciens israélites, tels Kosma et Trauner.

"Enfin, tous également, à l'exception d'un seul, *Le Jour se lève*, avaient été financés par des producteurs juifs qui avaient, comme je l'ai dit, quitté l'Allemagne à l'arrivée du nazisme. De plus, depuis quelque temps, une rumeur d'une incroyable sottise circulait avec persistance. Dans le but de justifier une défaite dont ils étaient seuls responsables, les milieux gouvernementaux et militaires qui trônaient à Vichy n'avaient rien trouvé de mieux que de lancer le bruit que 'si nous avions perdu la guerre, c'était la faute au *Quai des brumes*" (*La Vie à belles dents*, pp. 125-126)!

"Que l'auteur, le réalisateur et le décorateur soient réunis dans un même lieu, c'était idéal. Nous travaillions vraiment en commun, chacun interrogeant l'autre dès qu'une difficulté se présentait, ou qu'il sentait la nécessité d'avoir son avis. Malheureusement, écrire un scénario, en effectuer le découpage technique et dessiner les maquettes des costumes, ce n'est pas tout. Il faut également se livrer à la préparation proprement dite, et faire appel aux acteurs et aux techniciens. Au bout de quelques semaines, je dus repartir pour Paris afin de contacter les uns et les autres. Avant mon départ je m'étais mis d'accord sur l'interprétation du film. Une interprétation prestigieuse s'il en fût jamais! Impossible de composer une plus talentueuse affiche : Arletty, Barrault, Brasseur, Salou, Herrand, pour ne citer qu'eux" (*La Vie à belles dents*, pp. 160-161).

Comment vous travaillez avec Jacques Prévert?

"C'est simple. Nous collaborons étroitement, de la permière version du scénario jusqu'au découpage ultime. Sur le plateau, je ne change pas un mot et je veille au respect absolu de son texte par les acteurs. Il arrive que je sois contraint de couper : je ne le fais jamais sans son accord" (Chardère, *Les Enfants du paradis*, p. 47).

"… un régisseur vint me prévenir qu'on demandait un figurant au bureau de la régie […] je me méfiai. J'interrogeai mon collaborateur. Qui le demandait et pourquoi? Il me répondit que la femme du figurant ayant eu un accident grave avait manifesté le désir de voir son mari, qu'étaient venus chercher deux voisins […] j'hésitai un instant avant de répondre : 'Dites qu'il ne s'est pas présenté ce matin.' Le régisseur revint quelques instants plus tard. 'Les gars insistent, dit-il. La femme renversée par un tramway a eu les deux jambes sectionnées. Elle veut voir son mari avant de mourir.' Je ne sais que faire. Je me tourne vers le décor du boulevard du Crime. Une répétition est en cours. On chante, on danse, on rit […]. 'Ont-ils un accent étranger? — Non.' Je ne sais toujours pas quoi faire. Et si c'était vrai? Et si cet homme qui rit et s'amuse sans doute parmi la foule ne me pardonnait jamais de l'avoir empêché de voir sa femme une dernière fois? La pitié prend soudain le pas sur la crainte. Je porte le mégaphone à ma bouche, commande le silence et prononce cette phrase que je ne me suis jamais pardonnée : 'On demande M. X. au bureau de la production.'

"Cinq minutes plus tard, le régisseur devait s'approcher de moi de nouveau. Cette fois, blanc comme un mort : 'Ils l'ont emmené, déclara-t-il d'une voix sans timbre. C'étaient deux flics français. Probablement au service de la Gestapo'" (*La Vie à belles dents*, pp. 168-169).

Carné est convoqué par une commission d'épuration à la Libération

"Enfin on m'interrogea, tel un prévenu devant ses juges : 'Vous avez travaillé pour la Continental?' C'était donc ça! Toutefois, mon interlocuteur était mal renseigné. 'Non, répliquai-je. — Mais vous avez signé un contrat! — C'est exact. Mais je n'ai pas fait de film. — Ouais.'

"On me rendit mes contrats. Puis il y eut un silence. Je compris que l'entretien était terminé sans qu'on pût vraiment dire qu'il avait commencé. Je repartis comme j'étais venu. Cette fois, sans saluer. J'appris quelques jours plus tard qu'on m'avait infligé un blâme pour avoir collaboré avec la Continental. Alors que certains de mes collègues ayant tourné plusieurs films pour la même société n'étaient nullement inquiétés […].

"En réalité, ce que d'aucuns ne me pardonnaient pas, c'était d'avoir réalisé deux films qui, malgré l'Occupation, avaient eu un rentissement considérable. Je ne suis pas sûr qu'un cinéma français à l'agonie les eût tellement chagrinés. Cela, en tout cas, eût répondu davantage à leur politique du pire, alors que notre cinéma connut durant la guerre un essor et un rayonnement exceptionnels. On devait se plaire à le reconnaître quelques années plus tard" (*La Vie à belles dents*, p. 179).

Extraits à discuter

Extrait 1 (2′30-5′40) : Le début du film — le Boulevard du Crime, Garance, Frédérick et le théâtre.

Extrait 2 (9′30-11′10): Lacenaire et Garance ; l'anarchiste romantique.

Extrait 3 (15′50-18′50): Baptiste mime le vol de la montre.

Extrait 4 (25′35-27′35) : La bagarre aux Funambules.

Extrait 5 (58′30-1h03′20) : Baptiste dans la chambre de Garance ; Frédérick et Garance.

Extrait 6 (1h03′50-8′55) : La première pantomime de Baptiste aux Funambules, *Le Palais des mirages ou l'Amoureux de la lune* (le premier acte).

Extrait 7 (1h09′00-13′30): *Le Palais des mirages ou l'Amoureux de la lune* (le deuxième acte)

Extrait 8 (1h48′15-51′40): Frédérick saccage *L'Auberge des Adrets* au Grand Théâtre.

Extrait 9 (2h04′45-8′30): La deuxième pantomime, *Chand d'habits*.

Extrait 10 (2h41′50-45′00): Frédérick, le comte, Lacenaire (la confrontation après *Othello*) ; le "coup de théâtre" de Lacenaire.

Extrait 11 (2h54′25-59′45): Le dénouement — Nathalie confronte Baptiste et Garance dans la chambre au Grand Relais ; le départ de Garance ; Baptiste perdu dans la foule des pierrots.

Citations à commenter

Garance : "Toujours cruel, Pierre-François?…".

Lacenaire : "Je ne suis pas cruel. Je suis logique. Depuis longtemps, j'ai déclaré la guerre à la société".

Garance : "Et vous avez tué beaucoup de monde ces temps-ci, Pierre-François"?

Lacenaire : "Non, mon ange! […] Mais rassurez-vous, Garance, je prépare quelque chose d'extraordinaire… . Vous avez tort de sourire, Garance, je vous assure. Je ne suis pas un homme comme les autres […]. Avez-vous déjà été humiliée, Garance"?

Garance : "Non, jamais".

Lacenaire : "Moi non plus… mais "ils" ont essayé, et c'est déjà trop pour un homme comme moi… […] Mais quelle prodigieuse destinée!… N'aimer personne… être seul… n'être aimé de personne… être libre… . C'est vrai que je n'aime personne. Pas même vous, Garance, et pourtant, mon ange, vous êtes la seule femme que j'aie jamais approchée sans haine ni mépris"!

* * *

Le Marchand d'habits : "Voyons, ma belle, montrez patte blanche. (Il lui prend la main et regarde la ligne.) Quelle étonnante ligne de chance!

Nathalie : "Oh! la chance et moi!…

Le Marchand d'habits : "Ne dites pas de bêtises. Tout s'arrangera, c'est écrit… C'est un "bon vieux papa" qui vous le dit…, vous épouserez celui que vous aimez".

Nathalie : "Vous croyez"?

Le Marchand d'habits : "J'en suis sûr, c'est gravé…"

* * *

Baptiste : "Je tremble parce que je suis heureux… Et je suis heureux parce que vous êtes là… tout près de moi… Je vous aime… et vous, Garance, m'aimez-vous"?

Garance : "Vous parlez comme un enfant… C'est dans les livres qu'on aime comme ça, et dans les rêves. Mais dans la vie!…

Baptiste : "Les rêves, la vie, c'est pareil… ou, alors, ça ne vaut pas la peine de vivre […]".

* * *

Garance : "Je vous en prie, Baptiste, ne soyez pas si grave. Vous me glacez. Il ne faut pas m'en vouloir, mais je ne suis pas, enfin… comme vous rêvez. Il faut me comprendre, je suis simple, tellement simple… Je suis comme je suis. J'aime plaire à qui me plaît. C'est tout. Et quand j'ai envie de dire oui…, je ne sais pas dire non… J'aime mieux la lumière de la lune… et vous"?

Baptiste : "La lune, bien sûr!… la lune! Mon pays, la lune! […] Oh! Garance, vous ne pouvez pas savoir! Je voudrais, oui, je voudrais tellement que vous m'aimiez comme je vous aime".

* * *

Garance : "Qui vous dit, Baptiste, que je ne vous aime pas"?

Nathalie : "Moi, je le dis".

Garance : "Qu'est-ce que vous en savez"?

Nathalie : "Tout ce qui touche Baptiste, je le sais, je le vois, je le comprends, je le devine"!

Baptiste : "Nathalie, je te défends"!

Nathalie : "C'est comme cela, c'est vrai, tu n'as rien à dire, tais-toi! (*A Garance.*) Bien sûr, je ne dis pas que vous mentez, mais je sais. Oui, je sais que tout l'amour qu'il y a dans le monde pour Baptiste, c'est moi, vous entendez, c'est moi qui l'ai… Il n'y a pas de place pour personne. C'est gravé, c'est marqué. J'ai tout pris, je le sais. C'est une chose qui est"!

* * *

Le Commissaire : "Comment vous appelez-vous"?
Garance : "Moi, je ne m'appelle jamais, je suis toujours là. J'ai pas besoin de m'appeler. Mais les autres m'appellent Garance, si ça peut vous intéresser".
Le Commissaire : "C'est pas un nom, ça"!
Garance : "C'est un nom de fleur. Mais mon vrai nom, mon nom de jeune fille, c'est Claire".
Le Commissaire : "Claire comment"!
Garance : "Claire comme le jour, Claire comme de l'eau de roche…"

* * *

Frédérick : "Ah!… vous êtes un auteur!… Et méconnu, sans aucun doute"?
Lacenaire : "Oui, méconnu. […] Pourtant j'ai fait une petite chose à laquelle j'ai la faiblesse de tenir. Un petit acte plein de gaîté et de mélancolie. Deux êtres qui s'aiment, se perdent, se retrouvent et se perdent à nouveau… "

* * *

Frédérick : "Guéri! Pourquoi veux-tu que je guérisse si vite? Et si cela me plaisait, à moi…, si cela m'etait utile, à moi, d'être jaloux…, utile et même nécessaire? Merci, Garance… Grâce à toi, grâce à vous tous, je vais enfin pouvoir jouer Othello! Je cherchais le personnage, mais je ne le sentais pas : c'était un étranger. Ça y est ; maintenant, c'est un ami, c'est un frère. Je le connais, je le tiens! Othello!… Le rêve de ma vie…".

* * *

Le Comte : "Je voudrais que vous m'aimiez".
[…]
Garance : "Vous êtes extraordinaire, Edouard. Non seulement vous êtes riches, mais encore vous voulez qu'on vous aime "comme si vous étiez pauvre"! Et les pauvres, alors! Soyez un peu raisonnable, mon ami, on ne peut tout de même pas tout leur prendre, aux pauvres"!
[…]
Garance : "…si cela peut vous plaire, demain tout Paris saura que non seulement je vous aime, mais que je suis folle de vous! […] Mais à vous…, à vous tout seul, mon ami, je vous dirai ceci : j'ai aimé un homme et je l'aime encore. Je suis revenue à Paris pour le revoir. Il m'a fait dire qu'il m'avait oubliée… et maintenant, je n'ai plus qu'une idée, repartir…, m'en aller"!

© *L'Avant-Scène Cinéma*

Sujets de réflexion

1. Qu'est-ce que c'est que le "paradis"? Qui sont les "enfants"?

2. Quelle signification peut-on attribuer à chacun des personnages principaux du film : Garance, Baptiste, Frédérick, Nathalie, Lacenaire, le comte de Montray?

3. Le traitement des thèmes de l'amour et du bonheur dans le film.

4. Les rapports entre le théâtre et la vie.

5. La première pantomime de Baptiste aux Funambules : *Le Palais des mirages ou l'Amoureux de la lune*. Signification?

6. Lacenaire et le théâtre.

7. Les apparitions de Jéricho à certains moments du film. Baptiste tue son père dans le rôle du marchand d'habits lors de la deuxième pantomime, *Chand d'habits*. Signification?

8. Le rapport entre la pièce *Othello* et l'intrigue du film?

9. Le dernier acte de Lacenaire, son comportement.

10. Le sens du dénouement du film.

DOSSIER CRITIQUE

Jacques Siclier — "L'événement cinématographique de 1945"

Dans ce recours au XIXe siècle, Prévert et Carné avaient retrouvé l'essence, l'atmosphère du "réalisme poétique" originel. Le romantisme de 1830, avec son spleen, son goût de l'amour absolu et la mort, rejoignait notre avant-guerre et bouclait la boucle, par dessus l'époque Pétain. Carné fit évoluer magistralement des centaines de figurants dans un monde à la fois réaliste et fabuleux, recréa un climat d'entre jour et nuit. Prévert fit parler ses personnages mieux que jamais. Ses dialogues étaient une oeuvre littéraire en eux-mêmes […].

Evénement cinématographique de 1945, *Les Enfants du paradis* doit être porté au crédit du cinéma français d'occupation […]. Que ce film soit apparu dans la France libérée deux mois avant la capitulation de l'Allemagne nazie, c'était aussi pour nous un signe. Quand on a connu directement, vécu cela, on ne peut pas s'empêcher de garder pour *Les Enfants du paradis* un profond attachement sentimental (*La France de Pétain et son cinéma*, pp. 168-169).

Georges Sadoul — "Un soliloque esthétique"

Cette oeuvre magnifique et somptueuse fut un apologue philosophique et un soliloque esthétique sur les rapports entre l'art et la vie, la comparaison des différentes formes de l'art entre elles. Tour à tour apparaissaient les principaux genres de l'époque romantique : la parade foraine, le mélodrame, la parodie bouffe, la grande pantomime dramatique, la tragédie shakespearienne. La description de chacun de ces genres correspondait au climat dramatique où parvient alors l'action proprement dite. Sous l'angle esthétique, le dénouement peut être interprété comme une fusion de l'homme dans une sorte de spectacle universel, où le créateur et le public se confondent dans une même comédie humaine. A toutes ces formes de l'art du spectacle, s'ajoutait, en arrière-plan, une comparaison entre le film et le théâtre, le cinéma muet et le cinéma parlant… Ces considérations subtiles et pertinentes importèrent moins au public que les prétextes pris par Prévert et Carné pour développer leurs métaphores : les splendeurs du romantisme dans un Paris venu de Balzac et d'Eugène Sue (*Le Cinéma français*, p. 96).

Michel Pérez — "Hommage au spectacle"

Hommage au spectacle, *Les Enfants du paradis* magnifie des hommes de spectacle qui ne sont jamais eux-mêmes qu'en se mettant en scène. Baptiste, lorsqu'il s'arrache à la scène pour rejoindre Garance (quittant les Funambules en pleine représentation de *'Chand d'habits*) commet un acte sans lendemain : la pantomime a besoin d'un Baptiste malade d'amour malheureux pour survivre, et l'amour malheureux le lui rendra, pour la plus grande gloire de l'art et de l'artiste. Frédérick, amant volage et superficiel, a besoin de ressentir les morsures de la jalousie face à Garance retrouvée pour comprendre enfin intimement le rôle d'Othello et se décider à le jouer. Il a besoin de faire de Garance un personnage de théâtre pour l'aimer avec gravité, douloureusement. En fait, c'est Desdémone qu'il aime, il nie la réalité de la femme pour magnifier la sienne propre. Lacenaire, dans son projet d'assassiner Frédérick, provoque les interférences les plus plaisantes entre la fiction théâtrale et le réel, la scène et les coulisses, enrichissant par là le seul épisode franchement comique du film d'un prolongement du meilleur pittoresque […]. Cette première tentative d'assassinat de Lacenaire, ce "premier état" d'une oeuvre à venir inaugure une complicité d'interprète à auteur entre Frédérick et l'assassin qui mène tout droit à la séquence de la première d'*Othello* où se défait ce monde qui ne résiste pas aux coups de théâtre d'un assassin professionnel […] : lorsque Lacenaire tire le rideau qui découvre Garance et Baptiste enlacés aux yeux du comte, le spectacle envahit le pauvre monde réel déjà bien peu solide. C'est, en fin de compte, le théâtre qui a raison de tout. Rien d'étonnant à ce que les dernières images laissent la marée des masques du carnaval submerger l'écran (*Les Films de Carné*, pp. 86-87).

Jean Mitry — Le symbolisme dans *Les Enfants du paradis*

Le romantisme qui mêle le climat des *Mystères de Paris* [Eugène Sue, 1842-1843] au symbolisme des individus est intéressant et coloré, mais toujours le symbole dont on revêt l'action et les personnages prend le pas sur la vie. Le leitmotiv du film, sa clef de voûte est de l'opposition, de la compénétration du théâtre et de la réalité qui empiètent l'un sur l'autre, entremêlant leurs effets et leurs causes à tel point qu'on ne sait plus très bien si le théâtre n'est pas dans la vie avec ses mensonges et ses cabotinages et la vie sur les planches avec sa sincérité sous le masque. Mais tout est théorique. L'action se déploie autour de Garance, lieu géométrique de passions qui ne sont que des "idées de passion". Des symboles s'agitent autour d'elle : Deburau, symbole de la flamme intérieure, de l'amour maladroit incapable de se réaliser par excès d'idéalisme. Frédérick Lemaître, symbole de la truculence avantageuse, du cabotinage, du mensonge théâtral, mais qui s'affirme et se réalise de par sa superficialité même. Montray, symbole de la supériorité aristocratique et glacée. Le faux aveugle, symbole du destin et du hasard complaisant. Le danseur de corde, symbole de la marche périlleuse de l'homme sur le fil de sa destinée. Enfin Lacenaire, symbole de l'acte gratuit, figuration de l'absurde qui s'affirme par le crime et se réalise dans le meurtre, ajoutant une note d'existentialisme convenable à cette galerie de figures théoriques qui portent leur propre symbole accroché à leur front comme le croissant dans les cheveux de Garance. Le tout agrémenté d'un carnaval qui est lui-même la figuration symbolique des masques, de l'apparence, de l'illusion et de la vanité qui entraîne le monde dans sa giration diabolique (*Histoire du cinéma*, p. 252).

La construction du Boulevard du Crime

Le boulevard du Crime fut construit en plein air, aux studios de la Victorine. 35 tonnes d'échafaudages apportées (non sans mal, en raison de l'époque toublée et des restrictions) de Paris fournirent l'ossature de plus de cinquante façades de théâtres et de maisons dont le revêtement ne nécessita pas moins de 350 tonnes de plâtre [...]. Pour équiper 300 fenêtres, on trouva, avec les difficultés qu'on imagine, 500 mêtres carrés de vitres. La profondeur du décor, supérieure à 160 mêtres, est augmentée par une maquette complétant admirablement cet ensemble impressionnant dans lequel évoluèrent plus de 1.500 figurants [...]. Deux spécialistes, charpentiers de la capitale, mirent en place les échafaudages. Ce fut l'affaire de quarante jours seulement. Quinze menuisiers travaillèrent d'arrache-pied pendant quatre-vingt-dix jours ; cinquante machinistes et un nombre égal de staffeurs, pendant soixante jours ; vingt plâtriers, pendant quarante-cinq jours. On évalue à 67.500 heures de travail l'ensemble de la main-d'oeuvre (texte d'une revue de l'époque, *Ciné-Miroir*, cité par *L'Avant-Scène Cinéma*, p. 106).

Carné et l'obsession du réalisme

L'an dernier, j'étais allé voir tourner *Les Enfants du paradis* et j'ai assisté à une petite colère de Carné. Le décor était celui dans lequel Frédérick Lemaître-Brasseur tourne en ridicule *L'Auberge des Adrets*. Je vis Carné s'approcher de la fosse de l'orchestre où marinait une douzaine de braves types.

– Vous êtes musiciens?

– Non. On est des figurants. On fait semblant de jouer, quoi!...

Carné se fâcha.

– Ah! vous faites semblant! Eh bien, je veux des musiciens, moi, de vrais musiciens!

– Mais, intervint le régisseur du plateau, ce n'est pas la peine, puisqu'on enregistre la musique à part!

– M'est égal. J'exige de vrais musiciens!

Et Carné ne consentit à tourner que lorsqu'il eut, dans la fosse de l'orchestre, de vrais musiciens qui feraient semblant de jouer de la vraie musique. Le plus beau de l'histoire, c'est que, dans le film, on ne voit de l'orchestre que son chef. Quant aux "vrais musiciens", on ne distingue d'eux qu'un bout d'archer par-ci, par-là...(*L'Avant-Scène Cinéma*, p. 107).

FILMOGRAPHIE DE MARCEL CARNÉ (LONGS MÉTRAGES)

1936 *Jenny*

1937 *Drôle de drame*

1938 *Quai des brumes, Hôtel du Nord*

1939 *Le Jour se lève*

1942 *Les Visiteurs du soir*

1945 *Les Enfants du paradis*

1946 *Les Portes de la nuit*

1949 *La Marie du port*

1951 *Juliette ou la clé des songes*

1953 *Thérèse Raquin*

1954 *L'Air de Paris*

1956 *Le Pays d'où je viens*

1958 *Les Tricheurs*
1960 *Terrain vague*
1962 *Du Mouron pour les petits oiseaux*
1965 *Trois Chambres à Manhattan*
1968 *Les Jeunes Loups*
1971 *Les Assassins de l'ordre*
1974 *La Merveilleuse Visite*

OUVRAGES CONSULTÉS

Carné, Marcel. *La Vie à belles dents. Souvenirs.* Paris: Pierre Belfond, 1989.

Carné, Marcel et Jacques Prévert. *Les Enfants du paradis* (découpage), *L'Avant-Scène Cinéma* 72-73 (juillet-sept., 1967), 1-106.

Chardère, Bernard. *Les Enfants du paradis.* Paris: Jean-Pierre de Monza, 1999.

Chazal, Robert. *Marcel Carné.* Paris: Seghers, 1965.

Chion, Michel. "Le Dernier Mot du muet", *Cahiers du cinéma* 330 (déc. 1981), 5-15.

Gili, Jean A. *Le Cinéma à Nice de 1939 à 1945.* Nice: Faculté des Lettres, 1973.

Mitry, Jean. *Histoire du cinéma*, V. Les années 40. Paris: Jean-Pierre Delarge, 1980.

Pérez, Michel. *Les Films de Carné.* Paris: Ramsey, 1994.

Quéval, Jean. *Marcel Carné.* Paris: Editions du Cerf, 1952.

Sadoul, Georges. *Le Cinéma français.* Paris: Flammarion, 1962.

Sellier, Geniève. *Les Enfants du paradis.* Paris: Nathan, 1992.

Siclier, Jacques. *La France de Pétain et son cinéma.* Paris: Henri Veyrier, 1981.

Stonehill, Brian. "Forbidden Games" (interview avec Marcel Carné), *Film Comment* XXVII, no. 6 (nov.-déc. 1991), 58-61.

Turk, Edward Baron. *Child of Paradise. Marcel Carné and the Golden Age of French Cinéma.* Cambridge, MA: Harvard University Press, 1989.

Jean Cocteau

La Belle et la Bête

(1946)

Jean Cocteau, *La Belle et la Bête* : Belle (Josette Day) au château de la Bête (Jean Marais). © Société Nouvelle de Cinématographie

Réalisation..Jean Cocteau
Scénario, adaptation, dialogues.......................................Jean Cocteau
Chef-Opérateur ....Henri Alekan
Musique.. Georges Auric
Décors .... Christian Bérard
Costumes.. Marcel Escoffier
Montage...Claude Ibéria
Son...Jacques Lebreton, Jacques Carrère
Eclairage ....Raymond Méresse
Conseiller technique...René Clément
Scripte ....Lucile Costa
Production...André Paulvé
Durée .... 1 h 32

Interprètes principaux

Jean Marais (*Avenant, la Bête, le Prince*), Josette Day (*Belle*), Marcel André (*le Père de Belle*), Mila Parély (*Félicie*), Nane Germon (*Adélaïde*), Michel Auclair (*Ludovic*), Raoul Marco, avec la voix de Jean Cocteau (*l'usurier*).

Synopsis

Un marchand ruiné a trois filles. Adélaïde et Félicie, plutôt belles mais méchantes, supportent mal la pauvreté et ne rêvent qu'argent, toilettes et vie mondaine. La troisième, très bonne et si belle qu'on l'a surnommée "Belle", est la servante de ses soeurs. Le marchand a un fils, Ludovic, qui vit également avec lui. Un ami de Ludovic, Avenant, est amoureux de Belle et veut l'épouser. Celle-ci repousse ses ouvertures parce qu'elle ne veut pas quitter son père qui souffre de ses revers de fortune. Revenant une nuit de la ville, après avoir appris que sa ruine est confirmée, le marchand doit traverser une grande forêt où il se perd. Il découvre par hasard le château merveilleux de la Bête où il dîne et passe la nuit. Le matin, sur le point de partir, il cueille au jardin une rose pour l'offrir à Belle, qui en avait demandé une. La Bête surgit, furieuse, et le condamne à mourir à moins qu'une de ses filles ne prenne sa place. Belle, se sentant coupable, se dévoue. Malgré l'opposition d'Avenant, elle va vivre au château de la Bête, qui s'avère d'une courtoisie sans faille à son égard. Chaque soir, pourtant, son hôte lui demande si elle veut être sa femme. Quoique Belle refuse chaque fois, elle devine peu à peu les grandes qualités — la bonté, la générosité, la noblesse de sentiment — qui sont cachées sous les dehors repoussants de la Bête. Apprenant que son père est tombé malade, elle supplie un soir la Bête de la laisser rentrer chez elle pour huit jours. Comme elle promet de revenir une fois ce délai écoulé, celle-ci accepte, tout en lui faisant comprendre qu'elle mourra de chagrin si Belle ne revient pas. La Bête lui remet, avant son départ, la clé d'or du pavillon de Diane où sont enfermés ses trésors, ainsi qu'un gant magique qui lui permet de voyager entre le monde du château et le monde réel.

Le père de la Belle guérit en la revoyant. Mais ses soeurs, jalouses de ses richesses et de son bonheur, s'ingénient à la retenir chez elle au-delà du délai convenu dans l'espoir que la Bête la dévorera pour la punir. En outre, Félicie vole la clé d'or pour permettre à Avenant et Ludovic de s'emparer des trésors de la Bête après l'avoir tuée. Cependant, ayant vu dans un miroir magique la Bête sur le point de mourir, Belle s'empresse de retourner au château. Elle lui montre son amour, par un regard attendri, au moment où Avenant pénètre dans le pavillon de Diane. La Bête se transforme aussitôt, redevenant le Prince Ardent, tandis qu'Avenant, transpercé par une flèche tirée par la statue de Diane la Chasseresse, devient la Bête en mourant. La Belle s'envole avec le prince, qui l'emmène dans son royaume où elle deviendra sa femme.

La Réception

La Belle et la Bête, qui connaît un très vif succès auprès du grand public, est mal accueilli par les critiques de cinéma à sa sortie à Cannes en 1946. Comme Cocteau le rappelle dans ses *Entretiens sur le cinématographe*, "le premier contact public au festival de Cannes avait frisé le désastre. La terrible élite des juges estimait que le film passerait par-dessus la tête des enfants et semblerait un enfantillage aux grandes personnes" (p. 46). Dans les comptes rendus de l'époque (voir *L'Avant-Scène Cinéma*, pp. 44-46), on retient "prétentieux ratage", "guindé", "puéril", "fausse ingénuité", "froideur", "inhumain", "esthétisme", "échec", et j'en passe. Même André Bazin et Georges Sadoul, parmi les critiques dont le goût est le plus sûr, sont sévères pour le film de Cocteau à sa sortie, celui-ci lui reprochant une "esthétique périmée", celui-là déplorant "un symbolisme plastique trop conscient". D'autres voix, pourtant, et non pas des moindres, prennent la défense du film. Alexandre Astruc prend ainsi à partie la critique : "Tout occupée à condamner la façon dont le poète manie ses armes, elle ne voit pas que le coup est déjà parti et que c'est un coup au but [...]. Rien ne dérange plus qu'une certaine aristocratie de ton, surtout au cinéma. C'est pourquoi on parle d'esthétisme, d'orgueil peut-être ; de prétention". Certains, tels Jean Vidal, prennent "l'esthétisme" de Cocteau du bon côté : "Il reste que *La Belle et la Bête* est une oeuvre d'art, un poème plastique d'une rare perfection. La beauté pure y est présente à chaque instant, une beauté qui ne prend sa source ni dans le coeur, ni dans la nature, une beauté froide, cruelle, intellectuelle et, si j'ose dire, mathématique ... ". Pierre Lagarde traite le film de Cocteau d'"éclatante réussite", en affirmant, avec prescience, que "c'est une oeuvre qui sera classique demain", avis auquel fait écho le jugement de Jean Morienval : "*La Belle et la Bête* apparaît un de ces films par lesquels on construit le cinéma. Attendons quelques années, et vous le verrez qualifier de chef-d'oeuvre". L'ambivalence de la critique est bien résumée par René Gilson : "*La Belle et la Bête* fut, ou bien accepté pour sa seule splendeur formelle, ou refusé à cause de cette beauté qui, paraît-il, aurait glacé, pétrifié l'oeuvre ; pour les uns, la mariée était très belle, et l'on oubliait sa naissance et ses tares, pour les autres, elle était trop belle et sa beauté arrêtait tous les élans" (p. 45).

Malgré les grognements de la presse spécialisée, *La Belle et la Bête* obtient deux prix au Festival de Cannes (pour la production et pour la musique) et se voit décerner le prestigieux Prix Louis Delluc. Et Cocteau, président d'honneur au Festival de Cannes en 1957, de commenter, un brin ironique : "Le film de moi qui a fait une des plus grosses carrières et qu'on joue encore aux Indes et en Chine est *La Belle et la Bête*, qui a été fusillé ici" (*L'Avant-Scène Cinéma*, p. 52).

Avant *La Belle et la Bête*

Né le 5 juillet 1889, Jean Cocteau est sans doute l'homme de lettres le plus éclectique de la première moitié du vingtième siècle français. Se définissant essentiellement comme un poète, il est également romancier, dramaturge, peintre, dessinateur et librettiste, ainsi que scénariste, acteur, et cinéaste. Dans les premières décennies du siècle, c'est une des figures à la mode des salons parisiens, et il connaît une période d'intense créativité artistique entre les deux guerres. Il se distingue au théâtre avec *Les Mariés de la Tour Eiffel* (1924), *La Voix humaine* (1930), *La Machine infernale* (1934), *Les Parents terribles* (1938), *Les Monstres sacrés* (1940), *La Machine à écrire* (1941), *L'Aigle à deux têtes* (1946), et *Bacchus* (1952).

En 1930 il réalise son premier film, *Le Sang d'un poète*, fortement marqué par le surréalisme ambiant, avec tout ce que cela implique d'expérimental, mais frappant aussi par son caractère autobiographique. Les quelques films réalisés par Cocteau lui-même feront tous partie d'une sorte de "journal intime" où il consigne ses obsessions personnelles et ses réflexions sur son art, comme sur le rôle du poète dans le monde. Il considère le cinéma comme un des moyens d'exprimer "le personnage inconnu qui l'habite". Cocteau attend quinze ans avant de faire son prochain film, *La Belle et la Bête* justement, l'adaptation en costumes d'époque d'un conte de fées de Mme Leprince de Beaumont (1757). Entre-temps, à côté de ses autres entreprises artistiques, il écrit des scénarios ou des dialogues pour les films d'autrui, comme *L'Eternel Retour* (Jean Delannoy, 1943), une version moderne du mythe de Tristan et Iseut et *Les Dames du Bois de Boulogne* (Robert Bresson, 1945), la mise en scène modernisée d'un épisode du roman de Denis Diderot, *Jacques le fataliste et son maître* (ca. 1770).

La genèse et l'adaptation

Le projet est né au moment des fêtes de Noël 1943 quand Jean Marais, qui vit avec Cocteau, lui dit : "J'aimerais tellement que tu fasses un film avec *La Belle et la Bête*" (Philippe, p. 63)! L'idée fait son chemin, et Cocteau se met à écrire son adaptation du conte au printemps 1944 pendant que les bombardiers alliés traversent le ciel au-dessus de Paris, prélude du débarquement en Normandie le 6 juin. Cocteau ne cache pas le côté profondément personnel de l'entreprise, avouant : "J'ai adopté cette fable parce qu'elle correspondait à ma mythologie personnelle" (*Entretiens*, p. 46). Il se compare à un "archéologue" qui fouille en lui-même pour découvrir le film : "Le film existe (préexiste). Il me faut le découvrir dans l'ombre où il dort, à coups de pelle et à coups de pioche" (*Journal d'un film*, 7 octobre 1945). Ou encore : "Peu à peu je capte mes mythes et mes souvenirs de jeunesse" (9 octobre). Le monde de cette mythologie personnelle, c'est, comme le pavillon de Diane, "celui de toute l'enfance gardée et inviolable, qui ne peut être violé, mais seulement enrichi sans cesse de toute la part la plus secrète, la plus mystérieuse de nos mondes intérieurs, de notre sensibilité profonde, qui constitue particulièrement pour le poète, si elle n'est pas violée, une des sources intarissables de poésie" (Gilson, p. 50). Comme le dit plus simplement Cocteau, quelques semaines avant de finir son film : "Je me suis appliqué à faire un film pour 'enfants'. Je m'adresse à ce qui reste d'enfance dans chacun de nous" (*L'Avant-Scène Cinéma*, p. 53).

Dans ce processus d'introspection, le conte de fées de Madame Leprince de Beaumont subit des modifications critiques. Voici les inventions les plus importantes de Cocteau : le personnage, beau mais violent et débauché, d'Avenant (à la place des soupirants anonymes de Belle dans le conte) ; la mort d'Avenant et sa transformation en Bête à la fin ; le pavillon de Diane qui contient toutes les richesses de la Bête ; l'approfondissement des rapports entre Belle et la Bête ; le conflit qui déchire la Bête entre l'instinct animal et la noblesse humaine. Par ailleurs, on constate les différences suivantes : Belle n'a qu'un frère chez Cocteau (au lieu de trois dans le conte), et celui-ci est transformé en vaurien ; grâce à la générosité de la Bête, le marchand du conte de Beaumont a pu marier les deux soeurs de Belle (pour leur malheur), et celles-ci sont transformées en statues, à la fin, en guise de punition ; la bague magique qui permet à Belle de voyager entre les deux mondes chez Beaumont est remplacée dans le film par le gant de la Bête ; Cocteau invente Le Magnifique, le cheval blanc qui sert de moyen de transport entre le monde réel et celui du château de la Bête. Contrairement au conte, finalement, les fées (comme les rêves) ne jouent pratiquement aucun rôle dans le film de Cocteau ; comme il le dit, c'est un "conte de fées sans fées" (*Entretiens*, p. 45).

D'un autre côté, Cocteau garde intacte, dans ses grandes lignes, la structure du conte : le drame du marchand ruiné, l'épisode du château et de la rose; la situation dramatique de Belle qui se livre à la Bête pour sauver son père, puis en tombe amoureuse ; le retour chez son père et le complot des soeurs pour la retenir chez elle au-delà du délai convenu avec la Bête ; le retour de Belle au château juste à temps pour sauver la Bête qui se meurt ; la transformation de la Bête en prince. Le caractère des personnages principaux reste également inchangé : Belle bonne et vertueuse, ses soeurs orgueilleuses, envieuses et méchantes, la Bête bonne, courtoise et généreuse. Sans oublier, bien évidemment, les rapports entre Belle et son père, tout aussi équivoques dans le conte de Beaumont que chez Cocteau.

Les acteurs et le tournage

Cocteau trouve facilement des producteurs, alléchés par la participation de Jean Marais, déjà une grande vedette de théâtre et de cinéma, dans le rôle de la Bête. Ceux-ci hésitent, pourtant, s'il faut en croire Philippe (p. 66), en apprenant que le visage du héros serait dissimulé sous les traits d'un fauve… . Pour le rôle de Belle, Marcel Pagnol propose Josette Day, qui avait joué dans de nombreux films entre 1932 et 1940, avant de débuter au théâtre. Mais elle avait commencé sa carrière comme danseuse à l'Opéra de Paris, et c'est la grâce de sa démarche — très importante dans la scène où Belle court au ralenti dans le couloir du château — autant que ses dons de comédienne, qui séduit Cocteau. Le reste de la distribution est composé de comédiens expérimentés, tous habitués à la fois de la scène et de l'écran (sauf Michel Auclair, qui débute au cinéma). On reconnaît surtout, dans le rôle de Félicie, Mila Parély, qui a joué le rôle de Geneviève, la maîtresse de Robert de La Chesnaye, dans *La Règle du jeu* de Renoir (1939).

Pour le tournage, Cocteau réunit une équipe de spécialistes avec lesquels il a déjà travaillé, dont surtout Henri Alekan pour l'image, Christian Bérard pour le décor, et Georges Auric, qui composera la musique pour tous les films de Cocteau. N'ayant qu'une expérience très limitée de la mise en scène d'un film, Cocteau engage comme conseiller technique René Clément, qui termine à la même époque *La Bataille du rail* (1946). Après un an de préparatifs, Cocteau commence à tourner le 26 août 1945. Au cours du tournage il tient un journal où il décrit les progrès du film, document précieux qui sera publié en 1946 sous le titre *La Belle et la Bête : journal d'un film* . Dans son journal il nous fait suivre de jour en jour (jusqu'à la fin du tournage, le 1er juin 1946) la mise en scène du film, relatant les péripeties du tournage et nous livrant le secret des nombreux trucages dont il se sert pour créer l'ambiance du merveilleux qui règne au château de la Bête. Parmi ceux-ci, certains relèvent des techniques réservées au cinéma, tels que les ralentis (la course de Belle dans le Château de la Bête, la sortie de l'écurie du cheval Le Magnifique), la projection à l'envers (les candélabres qui s'allument, le collier de perles qui se forme dans la main de la Bête), le fondu enchaîné (l'apparition de Belle sur son lit au château ou chez son père) et la surimpression (la transformation d'Avenant en Bête). D'autres trucages sont des effets purement théâtraux ou mécaniques, comme les têtes de pierre (cariatides masculins) qui bougent sous la cheminée, le bras vivant qui verse le vin, l'arrivée de Belle qui avance dans le couloir du château tirée sur un chariot — ou encore, les oreilles de la Bête qui se dressent lorsque René Clément les anime par derrière avec une fourche de branche… ,

Les extérieurs du film sont tournés au Château de Raray, "le parc le plus bizarre de France" selon Cocteau (au nord de Paris), et en Touraine, à Rochecorbon (à quelques kilomètres de Tours), où Cocteau avait découvert, tout à fait par hasard, le manoir qui répondait parfaitement à son image de la ferme du marchand ruiné. Comme il le raconte lui-même, "nous trouvâmes les moindres architectures et les moindres lieux dont je redoutais d'avoir à les construire. Cette propriété commandait un style et c'est ce style qui entraîna le reste. Il y a plus dans la coïncidence : toutes les ferrures de cette gentihommière représentaient la Bête" (*Entretiens*, p. 49). Le maquillage de Jean Marais, le transformant en bête, durait chaque fois de trois à cinq heures et fut une épreuve terrible que Cocteau compare au passage traumatique du Dr Jekyll au personnage de M. Hyde : "Il s'y employait seul, collant poil après poil, ajustant l'appareil du dentiste, emboîtant les griffes sur ses ongles, changeant d'humeur au fur et à mesure qu'il changeait de règne [...]. Nous dûmes tourner la nuit. Vers six heures du matin, il devenait un animal douloureux. C'est grâce au supplice de la colle, des poils et de la fatigue que nous obtînmes l'extraordinaire prise de vue où la Bête regarde Belle et se meurt" (Philippe, p. 68). Marais a été obligé de garder son maquillage jusqu'à quinze heures de suite, ne pouvant avaler autre chose que des liquides ou de la purée, avec l'aide d'une paille.

Puisque Cocteau commence son tournage quelques mois à peine après la capitulation allemande (le 8 mai 1945), dans un pays ravagé par cinq ans d'occupation et par les combats de la Libération, les conditions matérielles sont extrêmement difficiles. Comme Cocteau le raconte dans son *Journal*, il était difficile d'obtenir du film de bonne qualité, il y avait sans arrêt des pannes d'électricité, et la qualité du travail des laboratoires était souvent mauvaise. En outre, plusieurs membres de l'équipe sont tombés malades pendant le tournage — Marais et Parély, mais surtout Cocteau lui-même, supplicié pendant des mois par une maladie de peau qui lui couvrait la figure de boursouflures et de croûtes, par des rages de dents et par une infinité d'autres maux physiques. Il sera hospitalisé toute une semaine, ce qui interrompt le tournage du 24 octobre au 1er novembre. Philosophe, Cocteau met ses afflictions sur le compte du long martyr de l'Occupation que les Français viennent de subir : "Nous sommes en train, tous, de payer cinq ans insupportables. 'Se faire du mauvais sang' n'est pas une façon de parler. Nous nous sommes fait du mauvais sang et ce mauvais sang nous désagrège. Cinq ans de haine, de craintes, de réveils en plein cauchemar. Cinq ans de honte et de boue. Nous en étions éclaboussés, barbouillés jusqu'à l'âme. Il fallait tenir. Attendre. C'est cette attente nerveuse que nous payons cher. C'est notre attente qu'il importe de rattraper quels que soient les obstacles. La France doit briller coûte que coûte" (*Journal*, 7 octobre 1945). *La Belle et la Bête*, c'est la contribution de Cocteau à la renaissance de la France.

Les thèmes et les symboles

La morale du conte de Madame Leprince de Beaumont est simple et claire : le seul bonheur durable est fondé sur la vertu et la bonté plutôt que sur la beauté ou sur l'esprit. Dans le film de Cocteau, qui ne contredit pas la morale du conte, le centre d'intérêt devient pourtant l'amour et/ou le désir sexuel. Dans les deux oeuvres nous sommes confrontés à plusieurs oppositions thématiques qui se réfèrent toutes à la dualité humaine : l'extérieur et l'intérieur, la beauté et la laideur, les apparences et la réalité. Ces oppositions sont assimilées, chez Cocteau, à l'antithèse principale du film entre le monde "réel", celui qu'habitent le marchand et sa famille, et l'univers enchanté du château de la Bête. La création du personnage d'Avenant par Cocteau achève la construction antithétique du film, introduisant dans le monde "réel" une contrepartie de la Bête, un reflet inverse où la laideur (le caractère d'Avenant) est intériorisée et où la beauté extérieure, comme l'apparence hideuse de la Bête, est réduite à l'état d'apparence trompeuse.

Le regard de Belle, guidé par l'amour, finira par triompher des apparences pour découvrir chez la Bête la beauté réelle, celle de l'âme. Tel est le sens le plus évident qu'on peut donner à la transformation de la Bête en prince : celle-ci est transfigurée aux yeux de Belle devenue amoureuse. Comme le dit le prince à la fin du film : *"L'amour peut faire qu'un homme devienne bête. L'amour peut faire aussi qu'un homme laid devienne beau"*. Le spectateur peut s'en tenir là, s'il le souhaite, en ce qui concerne la signification de *La Belle et la Bête*.

Mais il y a le père de Belle, ce qui, compte tenu de l'absence de la mère, complique étrangement l'histoire. Il est indéniable que Belle soit fortement attachée à son père, à tel point qu'elle préfère rester fille plutôt que de le quitter, ce qu'elle répète à trois reprises dans le film. De là à évoquer des thèmes freudiens, à parler de complexe d'Oedipe mal assimilé et de désirs incestueux, il n'y a qu'un pas, que de nombreux critiques franchissent. Cette optique est confortée, d'ailleurs, par le symbole principal du film, la rose que le marchand cueille dans le jardin de la Bête et qui est à l'origine du séjour forcé de Belle au château, c'est-à-dire à l'origine de ses rapports avec la Bête. La rose est un symbole consacré pour la femme aimée, ou pour la possession de la femme, et cela, en France du moins, depuis le Moyen-Age. Dans l'allégorie du *Roman de la Rose* (Guillaume de Lorris, vers 1236), par exemple, l'acte de cueillir la rose représente la conquête amoureuse, l'objectif de la *persona* du poème. A la lumière de ce symbolisme profondément enraciné dans la culture française, l'acte de Belle qui demande à son père de lui apporter une rose, et celui du père qui cueille la rose, deviennent forcément équivoques.

Mais si l'on convient que le personnage principal du film est Belle, on doit tenir compte aussi de ses rapports avec Avenant et avec la Bête. On constate que ces rapports sont associés, dans les deux cas, à la peur. Lorsqu'on voit Belle seule avec Avenant pour la première fois, il la serre dans ses bras de derrière, la tenant "prisonnière" avec la flèche qui vient de causer tant de frayeur en pénétrant dans la chambre par la fenêtre. Ce "dard", dont le sens phallique s'impose, semble suggérer que le refus de la proposition de mariage d'Avenant soit lié à la peur de l'acte sexuel, perçu comme un danger — ce qui pourrait expliquer le désir de Belle de "rester fille". La terreur de Belle, qui s'évanouit ensuite à la vue de la Bête, est susceptible de la même explication, dans la mesure où la laideur de la Bête peut être considérée comme une représentation métaphorique de la "laideur" des instincts libidinaux, du désir sexuel masculin (DeNitto et Herman, p. 217). Le sens métaphorique de la "bestialité" de la Bête est suggéré, de surcroît, par la honte évidente de celle-ci quand elle demande pardon à Belle après être parue devant elle couverte de sang. Belle: *"De quoi me demandez-vous pardon?"* La Bête: *"D'être une bête … Pardon"*. Belle: *"N'avez-vous pas honte"*? Honte, évidemment, de n'avoir pu dominer ses instincts animaux… .

Quant au dénouement, le pavillon de Diane, où sont enfermés tous les trésors de la Bête et qui est défendu par la déesse de la chasteté, paraît participer au même symbolisme sexuel que la rose. Dans la perspective psychanalytique freudienne, une boîte de bijoux évoque soit le sexe féminin, soit la virginité (le "trésor" de la jeune femme chaste), ce qui fait que la tentative d'effraction d'Avenant, qui lui coûte la vie, est assimilée de manière évidente à une tentative de viol — achèvant l'opposition entre la brutalité de la virilité d'Avenant, qui provoque la peur, et la grande courtoisie de la Bête, sa noblesse d'âme, qui inspirent la confiance et finissent par séduire Belle (c'est tout le symbolisme de la clé d'or). La scène où la Bête est transformée par le regard amoureux de l'héroïne représente, dans cette perspective, l'éveil de Belle à la vie sexuelle normale. Accédant à la maturité, elle surmonte ses craintes devant la virilité masculine, qu'elle trouve attirante à présent, ce que nous voyons lorsque le prince lui demande si elle a peur de voler avec lui dans les airs : "*J'aime avoir peur … avec vous*". La laideur de la Bête ne serait donc qu'une métaphore pour la "laideur" de la virilité masculine *telle que Belle la ressentait*, tout comme la métamorphose de la Bête ne serait qu'une représentation métaphorique de la "métamorphose" de l'attitude de Belle envers les hommes et envers sa propre sexualité (DeNitto, pp. 130, 144, 154).

Etant donné le caractère autobiographique de l'oeuvre de Cocteau, il est tentant de voir aussi dans *La Belle et la Bête* une représentation de la psyché du poète lui-même, de ses propres pulsions oedipiennes (Pauly, p. 341). Bien évidemment, l'hypothèse freudienne, quelle que soit son application, n'est qu'un point de vue parmi d'autres. Une lecture du film qui place la Bête et non pas la Belle au centre du récit, par exemple, peut nous amener à la mythologie personnelle de Cocteau le Poète sans avoir recours aux schémas psychanalytiques. Plutôt qu'une double image symbolique de l'homme, Avenant et la Bête ne sont peut-être que des avatars de la personnalité du poète, "cette suite 'd'autres' que doit vivre le poète ou tout homme épris de l'accomplissement de son être" (Gilson, p. 42). Dans cette perspective, il ne s'agit plus de métamorphose mais, comme le dit Gilson, de "phénixologie" : "la Bête est celle qui doit mourir, par et pour l'amour, [mais] de cette mort renaît le même être" (*loc. cit.*). Si la Bête est le personnage principal du film, il est possible également de l'identifier au poète en tant que "monstre". Selon cette interprétation, la Bête serait l'incarnation du poète rejeté, voire haï, par un public hostile et obtus. La transformation du monstre en Prince Ardent, par le regard d'amour de Belle (le public éclairé), signifierait la libération du poète de la malédiction de l'incompréhension (Popkin, p.105 ; voir le *Dossier critique*).

Le style et la musique

Dans un film où il s'agit de créer une atmosphère surnaturelle, "féerique", faite de mystère et de magie, le style joue un rôle primordial ; style et thème vont de pair. Paradoxalement, Cocteau le poète s'escrime avant tout, dans *La Belle et la Bête*, à éviter de faire de la "poésie poétisante" avec ses images. La poésie doit émaner de la réalité toute seule, et il peste contre "le genre artiste", les effets esthétiques recherchés au départ par son chef-opérateur Alekan, précisant : "Rien ne vaut la sublimation du style documentaire. C'est ce style que je veux obtenir de lui" (*Journal*, 5 octobre 1945). Il n'est pas moins exigeant avec ses interprètes, à qui il demande une discipline particulière dans leur jeu : "J'ai beaucoup de mal à faire comprendre aux artistes que le style du film exige un relief et un manque de naturel surnaturels. On y parle peu. On ne saurait se permettre le moindre flou. Les phrases sont très courtes et très précises" (*Journal*, 29 août 1945). Cocteau se garde de tout pittoresque, de toute tentation décorative, en faisant son film : "Si vous faites du pittoresque dans un conte de fées, vous êtes perdu. Il y a le réalisme de l'irréel. Une invraisemblance y est encore plus invraisemblable qu'ailleurs" (*L'Avant-Scène Cinéma*, p. 53). Il signale ici l'apport précieux du décorateur, Christian Bérard, qui a su éviter ce que le réalisateur appelle "le faux fantastique" : "C'était le seul à comprendre que la féerie s'accomode mal du vague et que le mystère n'existe que dans les choses précises" (Gilson, p. 48).

La rigueur dans la mise en scène du film commence par le style des prises de vues. Cocteau se fait comme un point d'honneur de réduire au strict minimum les mouvements de la caméra : "Ce film doit être la preuve qu'on peut éviter les mouvements d'appareil et s'en tenir aux cadres fixes" (*Journal*, 9 septembre 1945). Il insiste sur l'harmonie austère des plans fixes, longs, réglés au détail près (sans pour autant faire "tableau"), où le jeu restreint des acteurs — surtout leurs mouvements — prend toute sa valeur. Le décor sobre, sans excès, souligne le style du film : "aucune profusion, aucun délire, aucune pompe non plus" (Gilson, p. 46). Le manque de dialogue dans certains plans-séquences réserve à la musique de Georges Auric un rôle particulièrement important : "Mon film comporte des séquences très longues, sans paroles, où il ne se passe rien — un personnage va d'un point à un autre — , où il semble plutôt ne se passer rien. Et c'est là que je compte sur Georges Auric qui a fait l'admirable musique de *L'Eternel Retour* et du *Sang d'un poète*. Le film doit naviguer sur son eau" (Philippe, p. 74).

Les scènes au manoir du marchand contrastent fortement avec celles du château de la Bête pour souligner l'opposition du monde réel avec le monde surnaturel de la Bête. Dans les premières la lumière est naturelle, l'ameublement pauvre, réaliste, donnant une impression de nudité. Il n'y a pas de musique de fond, à quelques exceptions près et celles-ci toujours en rapport avec l'autre monde (par exemple, le retour de Belle, lorsqu'elle parle de la Bête). Les costumes, comme la composition des plans, créent une ambiance hollandaise, s'inspirant visiblement des tableaux de Vermeer et de Rembrandt, mais aussi de ceux de Le Nain pour les scènes à la taverne, marquées elles aussi du sceau du réalisme. Dans les scènes du château, par contre, il y a souvent une musique d'ambiance, y compris un chœur aux moments les plus dramatiques, ce qui ajoute à l'aura mystérieuse du lieu ; comme le royaume de la Bête est celui de la nuit, la lumière crue du jour est remplacée par la pénombre, troublée parfois par un brouillard, comme par un jeu d'ombre et de lumière ; les meubles et les costumes sont plus riches. Pour certains plans, comme la table de la salle à manger du château ou l'extérieur du pavillon de Diane, Bérard s'inspire des illustrations de contes de fées de Gustave Doré. A tout ceci s'ajoutent l'ensemble des effets spéciaux, certains d'inspiration surréaliste (la porte et le miroir qui parlent, les bras vivants qui éclairent et qui servent à table), qui mettent en relief l'étrangeté, l'irréalité, du monde de la Bête. Dans les propos suivants de Cocteau, tirés soit du journal du tournage, soit du découpage technique, le réalisateur nous livre certaines de ses réflexions sur le tournage du film, y compris le secret de quelques-uns de ses trucages les plus frappants.

FICHE PÉDAGOGIQUE

Propos de Jean Cocteau

"Premier truquage direct : le collier. On penche l'appareil. Le faux collier tombe hors champ, le vrai dans le champ. Ils ont l'air de se transformer pendant la chute" (7 septembre 1945).

"Premier plan de la journée. A onze heures : Jeannot [Jean Marais] et Michel [Auclair] quittent la grange sur Aramis [le cheval Magnifique]. Aramis se cabre. Il refusait de cabrer hier. L'appareil l'enregistre. La troisième fois le cheval sort de la grange, recule, y rentre, rue, vide Michel et réapparaît sans Michel en croupe. Dernier plan. A midi. Avenant avec Ludovic en croupe, doivent galoper, arriver sur nous, sortir du champ par la gauche et frôler l'appareil. Ici commencent des drames. Aramis rue ou s'emballe. Michel cramponné à Jeannot, sans selle, sans étriers, risque de se casser la figure et provoque le rire. Il recommence courageusement et ses voltiges deviennent si graves (Jeannot monte avec sa blessure ouverte) que j'ordonne d'interrompre. On les doublera […]. A trois heures, je tourne la galopade. L'écuyer se déguise en Avenant. Lucile (la scripte) en Ludovic. Aramis n'a plus le poids de Michel en croupe, mais ce double cavalier l'agace. Il fait des caprices. Enfin il galope et je suis sûr qu'à cette vitesse et dans ce mouvement on ne remarquera pas le subterfuge (12 septembre 1945).

"Je tourne le gros plan de Jeannot qui flaire le cerf. Clément, caché derrière sa collerette, anime ses oreilles avec une fourche de branche. Elles se dressent. L'effet est saisissant" (27 septembre 1945).

"Après le déjeuner, j'attaque le vestibule où les soeurs rentrent de l'écurie avec le miroir magique. J'ai terminé, à six heures, par le singe que Mila voit dans le miroir, à sa place. Le singe était charmant. Je l'ai pris derrière une vitre mise dans le cadre de la glace, coiffé d'un béguin comme celui des soeurs, le cou orné d'une fraise, juché sur un livre ouvert, à la Chardin. Je tournerai demain matin la vieille femme que voit Nane" (18 octobre 1945).

"Le miroir sera légèrement désorienté de façon à refléter non pas le visage d'Alélaïde, hors champ de l'appareil. La vieille femme avancera et se cadrera dans le miroir dans le même temps où Adélaïde se cadrera dans le champ en amorce" (découpage technique, dans Hammond, p. 333).

"Les jeunes figurants qui tiennent le rôle des têtes de pierre font preuve d'une patience incroyable. Inconfortablement installés, à genoux derrière le décor, les épaules dans une sorte d'armure, ils doivent appuyer leurs cheveux gominés […] contre le chapiteau et recevoir les arcs de face … (30 novembre 1945).

"La nuit dernière j'ai tourné les scènes de la Bête qui agonise. J'avais serré le cou des cygnes dans des colliers. Ils sont arrivés en une heure a les arracher […]. Le hasard m'a valu de véritables trouvailles d'écriture qui poseraient des problèmes insolubles si l'on s'avisait de les préméditer. Les cygnes se prirent de fureur contre cette bête inconnue dont la crinière et la patte pendaient dans l'eau. Ils l'attaquaient et soufflaient. Marais, avec son flegme habituel, ne bronchait pas et supportait leurs attaques. Ces cygnes attaquant leur maître malade, dépossédé de ses privilèges, ajoutaient à la scène une grande étrangeté" (28 décembre 1945).

"J'ai terminé hier les prises du Prince Charmant au bord de la source. Marais était prince et il était charmant. Je l'ai tourné à la fin tombant en arrière (ralenti à l'envers) pour qu'il se relève d'un seul coup avec une grâce d'un autre monde" (4 janvier 1946).

"La semaine prochaine, je commencerai le montage. C'est le véritable rythme de l'oeuvre. *Mon écriture*. (4 janvier 1946) […]. Le travail de montage est un des plus passionnants qui soient. A coups de ciseaux et de colle on corrige la vie qu'on a créée. On ajoute, on retranche, on déplace, on met des phrases sur des visages qui les écoutent, on saute d'un lieu à l'autre, on accélère une marche, on limite une gesticulation" (23 janvier 1946).

Le tournage des derniers plans

"Plan de trucage pour le manteau qui s'arrache du sol. Voici comment sera tourné ce plan. L'appareil prend le paysage vide à la place où étaient la Belle et le Prince sur le manteau. Il prend ce paysage de face et un peu en l'air. Au-dessus du cadre de l'opérateur, on construira une sorte de plongeoir et, sur le plongeoir, on rembourrera confortablement le mamelon de mousse. L'acteur et une acrobate (double vêtue comme l'actrice) attendront au bord de la passerelle, les pieds sur le manteau dont l'extrémité alourdie de poids pendra devant leurs pieds, au bord de la passerelle (hors champ). Au signal et lorsque l'appareil aura déjà commencé à tourner, les deux artistes sauteront en se tenant très droits, de la passerelle, de telle sorte que le bas du manteau alourdi entre le premier dans le champ et les artistes ensuite. Ils tomberont sur le mamelon d'herbe et s'y laisseront choir, le Prince tenant Belle par les épaules et Belle cachant son visage contre sa poitrine. Une fois tombés, ils resteront immobiles, l'appareil les tournera un bon moment dans leur pose de chute. Si l'acteur et l'actrice avant de sauter tiennent les bords du haut du manteau à bras tendus, ils pourront, une fois immobiles à terre, ramener les coins du manteau vers eux. On passera cette image à l'envers. On verra donc le Prince et la Belle étendus dans une pose étrange qu'ils prendront eux-mêmes [...] . Soudain, ils s'arracheront du sol et s'envoleront par le sommet de l'image. Peut-être faudra-t-il tourner au ralenti. On enchaîne sur les deux têtes (jusqu'à la poitrine) de la Belle et du Prince qui doivent avoir l'air étendus et tenant le haut du manteau tendu au-dessus d'eux. En réalité, cette image est prise, les deux acteurs debout devant la glace. Ventilateur de tempête. Sur la glace, on verra défiler des vues prises d'un avion, des côtes, les vagues, la mer [et] on finira sur le manteau de fée, de loin volant à travers les nuages [...]. On enchaîne sur les vues d'avion qui défilent et en haut de l'image le bas du manteau qui flotte" (découpage technique, dans Hammond, pp. 383, 385, 387, 389).

Extraits à discuter

Extrait 1 (6'35-8'30) : Avenant demande à Belle de l'épouser, la tenant "prisonnière" avec la flèche ; refus de Belle.

Extrait 2 (14'20-19'00) : Le père de Belle traverse la forêt la nuit, découvre le château de la Bête (effets spéciaux).

Extrait 3 (21'30-23'45) : Le père cueille la rose ; les réparations exigées par la Bête.

Extrait 4 (28'20-31'45) : Belle arrive au château (ambiance surnaturelle).

Extrait 5 (51'50-55'00) : Belle et la Bête ; attachement à son père ; la Bête arrive devant la porte de Belle au milieu de la nuit, couverte de sang ; la Bête humiliée.

Extrait 6 (1h01'05-03'45) : Belle rentre à la maison paternelle (trucage) ; ses larmes deviennent des diamants.

Extrait 7 (1h05'20-06'00) : Le collier de perles et la vieille corde (trucage).

Extrait 8 (1h25'30-31'30) : Le dénouement.

Citations à commenter

Avenant: "Je vous aime. Epousez-moi".
Belle: "Non, Avenant. Ne m'en parlez plus, c'est inutile".
Avenant: "Je vous déplais".
Belle: "Non, Avenant".
Avenant: "Alors"?
Belle: "Je veux rester fille et vivre avec mon père".

* * *

La Bête: "Mon coeur est bon, mais je suis un monstre".
Belle: "Il y a bien des hommes qui sont plus monstrueux que vous et qui le cachent".

* * *

Belle: "Que faites-vous devant ma porte à une heure pareille? Dieu! Vous avec du sang partout".

La Bête: "Pardon . . ."

Belle: "De quoi me demandez-vous pardon"?

La Bête: "D'être une bête . . . (il murmure). Pardon . . . "

Belle: "Ces paroles vous conviennent aussi mal que possible. N'avez-vous pas honte"?

* * *

La Bête: "Belle, une rose qui a joué son rôle . . . mon miroir, ma clef d'or, mon cheval et mon gant sont les cinq secrets de ma puissance. Je vous les livre".

* * *

Belle (en parlant de la Bête): "Il souffre, mon père. Une moitié de lui est en lutte contre l'autre. Il doit être plus cruel pour lui-même que pour les humains".

* * *

Le Prince: "L'amour peut faire qu'un homme devienne bête. L'amour peut faire aussi qu'un homme laid devienne beau".

* * *

Le Prince: "En route . . . Vous n'aurez pas peur"?

Belle: "Mais . . . j'aime avoir peur . . . (silence) . . . avec vous".

© *L'Avant-Scène Cinéma*

Sujets de réflexion

1. Les rapports entre Belle et son père, Belle et Avenant, Belle et la Bête ; hypothèses psychanalytiques (ou autres).

2. Le marchand cueille une rose, ce qui provoque la fureur de la Bête. Commenter.

3. Opposition du monde de la famille du marchand et de celui de la Bête.

4. Le rôle de la musique dans cette opposition (quand intervient-elle?) ; les trucages (effets spéciaux) et leur rôle.

5. L'opposition d'Avenant et de la Bête.

6. L'angoisse de la Bête lorsqu'elle vient trouver Belle après avoir chassé.

7. Valeur métaphorique des larmes transformées en diamants et du collier de perles qui devient une vieille corde brûlée.

8. La Bête et le poète : hypothèses autobiographiques.

9. Valeur symbolique des objets : la flèche, la rose, le miroir, le gant, la clé d'or, le cheval Le Magnifique, le pavillon de Diane.

10. Le dénouement : sort d'Avenant, transformation de la Bête, état d'esprit de Belle.

DOSSIER CRITIQUE

René Gilson — L'adaptation

Qui aurait pu prévoir que de ces vingt pages de Mme de Beaumont sortiraient des personnages tels que la Bête et la Belle de Jean Cocteau, les silhouettes plates et pastellisées du conte de fées, prenant les formes, les reliefs, les valeurs plastiques et morales de héros de la mythologie dramatique la plus singulière, la plus exceptionnelle de ce siècle, inscrits dans une somptuosité d'images magnifique et exemplaire de rigueur, d'ordonnance, de vérité supérieure dans le quotidien et dans le prodigieux (*Jean Cocteau*, p. 43).

Claude-Jean Philippe — "L'impossible de l'amour"

Toute son activité […] se découvre cohérente entre 1945 et 1950. D'un film à l'autre (*Les Parents terribles*, *L'Aigle à deux têtes*), et même lorsqu'ils sont réalisés par des metteurs en scène amis (*La Voix humaine* par Roberto Rossellini, *Les Enfants terribles* par Jean-Pierre Melville), Cocteau ne cherche qu'à exalter inlassablement les grandeurs, les merveilles, les excès, les infamies de la passion amoureuse considérée comme une possession sacrée. Le poète voit s'approcher le spectre de la soixantième année. Il est temps pour lui de célébrer l'impossible de l'amour même, que la laideur de la Bête manifeste avec tant d'éclat.

Impossible. Un possible . . .

Ce jeu phonétique suffirait à résumer le film. Il est inconcevable que Belle puisse aimer la Bête. En même temps chacune de leurs rencontres nous laisse espérer davantage qu'un jour viendra où ils ne feront qu'un.

Cocteau accentue l'impossibilité en refusant de transiger sur la bestialité de la Bête. L'habit royal du monstre ne doit pas nous tromper. Il s'agit bien d'un fauve, qui lape son eau à même le fleuve, dont les oreilles se dressent à la vue d'une biche, et que l'on voit frémir de férocité contenue à l'idée de la dévorer. La magnificence de la scène où il rugit de honte et de désespoir devant la porte de Belle est à la mesure de l'effroi qu'elle procure (*Jean Cocteau*, pp. 66-68).

René Gilson — La séquence des draps

Jean Cocteau a monté, et de ses propres mains, fichant en terre les perches, étendant les draps mouillés pour accroître leur transparence, fixant les épingles de jonc, un *décor* labyrinthe, un théâtre de perspectives blanches, d'une beauté d'abord presque provocante, ou qui le serait si la mise en scène jouait vraiment sur cette beauté. Or, elle n'en joue qu'avec une extrême tempérance, elle ne l'exalte pas, ne la transfigure pas, elle la donne pour ce qu'elle est, ce qui est bien mieux, et prend garde qu'on n'oublie pas que ce ne sont que des draps qui sèchent. Belle, en habits de princesse, arrive devant ces draps et s'écrie : *"Qui a fait ma lessive?"* — ce possessif est merveilleux! — *"… les draps sont mal pendus, ils traînent à terre"*, fait-elle remarquer. C'est elle qui affirme le réalisme de la scène et du décor, mais par un mot de vérité, un mot de caractère. Associée à cette vérité simple et par le refus de tout mouvement d'appareil, la sérénité plastique et rythmique de cette séquence des draps, après les scènes du château, prend sa vraie valeur (*Jean Cocteau*, pp. 46-47).

Jean Decock — Le regard

Le talisman qui sauve est le "regard d'amour" de Belle. Il suffit à sauver la Bête, alors que le conte classique requérait rien moins que la main de Belle au sens figuré du mariage public. La sémantique du verbe est transposée chez Cocteau en une sémiologie du regard. De fait, l'image a son pouvoir incomparabale pour exprimer, par exemple, la fascination de Belle lorsqu'elle surprend dans la scène muette de la fontaine, l'"allure triste et les yeux de la Bête" lappant l'eau, et s'éloigne rêveuse ; scène qui annonce celle où Belle offre à boire à la Bête dans ses mains. Le regard reprend chez Cocteau le sens premier de la brûlure et du viol, de la possession déjà. *"Belle, acceptez-vous que je vous voie souper"* ?— *"Vous êtes le Maître".* — *"Non, il n'y a ici de maître que vous".* La Bête, torturée, répète : *"Votre regard me brûle. Je ne supporte pas votre regard"* ("Surréalisme et symbolisme", p. 11).

Michael Popkin – "The Poet as Monster"

[...] A comparison between story and film shows that Cocteau, by identifying not with the young girl but with the monster, has used the story to deal not only with Belle's dilemma as an inexperienced girl but also with his own dilemma as a poet.

Why, for example, was la Bête placed under a curse? The explanation in the original story is that "a wicked fairy condemned me to keep this appearance until a beautiful woman agreed to marry me." This punishment is totally arbitrary, and serves to emphasize the importance of the free choice and ability to see beneath appearances, of the beautiful girl who will free the unfortunate prince from his spell. In the film the explanation is more elaborate: "My parents didn't believe in fairies, so the fairies punished them through me as a result. I could only be saved by the look of love". The idea that adults have to accept things with the same simple faith that children have, expressed in the introduction to the film, is more complicated than it might at first appear to be. The fascination that Cocteau's own childhood had for him has been amply discussed and has provided a great deal of fuel for various Freudian fires. But it is much easier to explain Cocteau's fondness for childlike faith by pointing out that such faith implies the absence of criticism. For Cocteau poetry has to be felt, not analyzed [...]. So Cocteau had an ideal arm with which to fend off criticism of his own work: one had to accept it with the simple faith of a child, and that was that [...].

Only if the Beast is supposed to stand for the poet, as Cocteau conceived the role of the poet, does it make it sense to see him as cursed because of a failure to believe in fairy tales. "Children believe what they are told and doubt it not," Cocteau tells his audience. "I am asking of you a little of this naivete now....". That kind of audience response — naive acceptance — is the only thing that can free either the poet or monster from the curse of incomprehension. Cocteau changes the Beast's salvation from the original story's marriage, which is Beauty's salvation as much as the Beast's, to "a look of love" because he is thinking of acceptance as a poet, a salvation in which Beauty is, like Eurydice [in *Orphée*], an instrument but not a participant ("Cocteau's *Beauty & the Beast,*" pp. 105-107).

FILMOGRAPHIE DE JEAN COCTEAU

1930 *Le Sang d'un poète*
1946 *La Belle et la Bête*
1947 *L'Aigle à deux têtes*
1948 *Les Parents terribles*
1950 *Orphée*
1960 *Le Testament d'Orphée*

OUVRAGES CONSULTÉS

Barchilon, Jacques. "'Beauty and the Beast' : From Myth to Fairy Tale," *Psychoanalysis and Psychoanalytic Review* 46 (1959), 19-29.

Cocteau, Jean. *Entretiens sur le cinématographe*. Paris: Pierre Belfond, 1973.

.... *La Belle et la Bête* (découpage). *L'Avant-Scène Cinéma* 138-139 (juillet-sept. 1973), 7-58.

.... *La Belle et la Bête. Journal d'un film*. Monaco: Editions du Rocher, 1958.

Decock, Jean. "Surréalisme et symbolisme", *L'Avant-Scène Cinéma* 138-139 (juillet-sept. 1973), 8-11.

DeNitto, Dennis. "Jean Cocteau's *Beauty and the Beast*," *American Imago* 33 (1976), 123-154.

DeNitto, Dennis et William Herman. *Film and the Critical Eye*. New York: Macmillan, 1975.

Gilson, René. *Jean Cocteau*. Paris: Seghers, 1964.

Hammond, Robert M., ed. *La Belle et la Bête*. New York: New York University Press, 1970 (scénario et dialogues en anglais et en français).

La Belle et la Bête. Paris: Balland, 1975.

Pauly, Rebecca M. *The Transparent Illusion. Image and Ideology in French Text and Film*. New York: Peter Lang, 1993.

Philippe, Claude-Jean. *Jean Cocteau*. Paris: Seghers, 1989.

Popkin, Michael. "Cocteau's *Beauty & the Beast*. The Poet as Monster", *Literature/ Film Quarterly* 10, no. 2 (1982), 100-109.

René Clément

Jeux interdits

(1952)

René Clément, *Jeux interdits* : Michel (Georges Poujouly) et Paulette (Brigitte Fossey) jouent ensemble. © Studio Canal Image

Réalisation...René Clément
Scénario .... François Boyer
Adaptation ....Jean Aurenche, Pierre Bost, René Clément
Dialogues ....Jean Aurenche, Pierre Bost, René Clément
Assistant réalisateur ....Claude Clément
Chef-Opérateur ....Robert Juillard
Son.. Jacques Lebreton
Musique et interprétation................................. Narciso Yepes
Montage..Roger Duyre
Décors .... Paul Bertrand
Scripte ....Yvette Vérité
Production................................Robert Dorfmann, Silver-Film
Durée .... 1 h 25

Interprètes principaux

Brigitte Fossey (*Paulette*), Georges Poujouly (*Michel Dollé*), Lucien Hubert (*le père Dollé*), Suzanne Courtal (*la mère Dollé*), Jacques Marin (*Georges Dollé*), P. Mérovée (*Raymond Dollé*), Laurence Badie (*Berthe Dollé*), André Wasley (*le père Gouard*), Amédée (*Francis Gouard*), Denise Perronne (*Jeanne Gouard*), Louis Saintève (*le curé*).

Synopsis

Juin 1940. C'est l'exode de la population civile vers le sud devant l'avance de l'armée allemande victorieuse. La colonne est bombardée par les avions allemands, et les parents de Paulette, petite parisienne de 5 ans, sont tués par une rafale de mitrailleuse. Son petit chien, tué en même temps, est jeté du haut d'un pont dans la rivière. En repêchant le corps du chien, Paulette s'éloigne de la colonne et descend un chemin de terre à la suite d'un cheval qui s'emballe en tirant sa charrette brisée.

Le cheval arrive dans un champ où travaille la famille Dollé. Quand le fils aîné, Georges, essaie d'attraper le cheval, il est blessé par un coup de pied au ventre. Son petit frère, Michel, 11 ans, parti à la poursuite d'une vache égarée, rencontre Paulette et l'emmène à leur ferme. Arrivé à la maison, il persuade son père d'accueillir la petite fille chez eux, en menaçant de l'emmener chez les Gouard, les voisins ennemis.

Soirée chez les Dollé. Gravement blessé, Georges passe une nuit blanche, tandis que Paulette se réveille en criant, son sommeil troublé par des cauchemars. Michel monte dans le grenier la consoler.

Etant allée chercher le corps de son chien le lendemain matin, Paulette est surprise par le curé, qui lui apprend à prier pour ses parents décédés et essaie de lui faire faire le signe de la croix. Avec l'aide de Michel, elle enterre son chien dans un vieux moulin à eau ; les deux enfants décident d'y construire un cimetière d'animaux.

Le soir, Michel attire sur lui la colère de son père en fabriquant des croix pour le cimetière à grands coups de marteau. Puni, il est privé de dîner puis obligé de prier pour Georges, qui agonise sur son lit dans la pièce principale et ne tarde pas à s'éteindre entouré de sa famille impuissante. Le lendemain matin, en aidant son père à réparer un vieux corbillard, Michel remarque des crucifix mal attachés sur le toit du véhicule.

Le fils des voisins, Francis Gouard, qui a déserté dans la confusion de la retraite de l'armée française, rentre à la maison. Il va retrouver Berthe Dollé ; les deux jeunes gens sont amoureux et veulent se marier malgré la haine qui sépare leurs familles. Michel montre à Paulette les croix qu'il a volées au corbillard.

Au moment de la messe pour le défunt, le père Dollé découvre la disparition des croix et se persuade que les Gouard sont les auteurs du vol. Plus tard, après s'être confessé au curé, Michel tente, en vain, de voler la croix de l'autel de l'église. Le curé l'attrape et lui administre une correction. Le soir, dans le grenier, Michel et Paulette fabriquent des étiquettes pour des animaux morts et décident de voler des croix au cimetière. En allant chercher la brouette pour transporter les croix à leur cimetière d'animaux, ils surprennent Berthe avec Francis dans la grange.

Dimanche matin la famille Dollé, suivie par la famille Gouard, se rend au cimetière, où elle découvre la disparition des croix de la famille. S'en prenant aux

Gouard, le père Dollé se met à briser les croix de ceux-ci, ce qui provoque une bagarre entre les deux pères de famille, qui finit au fond d'une fosse nouvellement creusée. Le curé met fin à la bagarre en dénonçant Michel, qui s'enfuit aussitôt. Le soir on essaie de persuader Paulette de révéler l'endroit où sont cachées les croix, mais elle se tait, soutenue par Michel qui est rentré en catimini dans le grenier.

Le lendemain matin, le père attrape Michel dans la grange et le bat pour le faire parler. Le garçon refuse jusqu'à l'arrivée des gendarmes, venus chercher Paulette. Lorsque son père semble d'accord pour garder celle-ci chez eux, il révèle l'endroit où se trouve les croix. Son père laisse quand même emmener la petite fille. Révolté par cette trahison, Michel s'en va détruire le cimetière des animaux en jetant les croix dans le ruisseau.

On retrouve Paulette au centre d'accueil de la Croix-Rouge, où une religieuse lui passe une étiquette autour du cou et lui demande d'attendre sagement. En entendant appeler "Michel!", elle se lève et disparaît dans la foule à la recherche de son ami.

*La version originelle du film est affublée d'un "prologue" plutôt mièvre où un garçon raconte une histoire à une fillette, et d'un "épilogue" où le garçon finit l'histoire devant la fillette en larmes. Clément expliquera qu'il les a ajoutés "pour obéir aux impératifs commerciaux du producteur".

La Réception

Sorti le 9 mai 1952, *Jeux interdits* suscite à la fois des critiques sévères et des éloges chaleureux. Pour certains, c'est "l'oeuvre la plus achevée de René Clément" (Kast, p. 64), pour d'autres, c'est "son film le moins réussi" (Fumet, p. 66). Le critique de la *Tribune de Genève*, après la parution des *Jeux interdits*, n'hésitera pas à déclarer que "ce jeune auteur s'impose comme l'un des meilleurs de sa génération et son oeuvre comme l'une des plus bouleversantes de l'après-guerre" (Monnet, p. 22). Si tout le monde s'accorde pour voir dans la séquence du début, les scènes de l'exode, un chef-d'oeuvre de réalisme, un morceau de bravoure, et "un grand moment du cinéma" (Queval, p. 508), on reproche à Clément de donner une image injuste, trop caricaturale, voire malveillante des paysans français. La presse catholique réagit violemment devant *Jeux interdits*, lui reprochant son caractère "sacrilège" ; on y a vu un pamphlet anticlérical, ainsi que "la plus violente satire que le cinéma ait peut être osée des formes extérieures [...] de la religion catholique et même de son rite le plus solennel" (Schimel, p. 8).

Par contre, on loue la représentation touchante de l'univers des enfants, ce "monde totalement clos et insaisissable" (Kast, p. 65) que Clément réussit à recréer dans son film. Si on critique la tendance à l'"exercice de style", le côté recherche esthétique qu'on rencontre souvent chez Clément, on ne manque pas d'apprécier "la qualité poétique" du film, ainsi que la beauté des images de Robert Juillard.

Jeux interdits n'est pas selectionné pour le Festival de Cannes 1952, ce qui provoque un petit scandale dans le monde du cinéma français. Présenté hors compétition à Cannes, le film de Clément reçoit, cependant, le Grand Prix indépendant et connaît un solide succès auprès du public. Par ailleurs, le film se voit également décerner en 1952 le prix féminin du meilleur film français et le prix de l'Association de la Critique, tous deux à Paris. Le film est bien reçu à l'étranger, obtenant le Grand Prix International au festival de Venise (1952) et le Prix du meilleur film étranger à New York (1952), où le New York Times estime que le film de Clément "montre de façon brillante et dramatique la fragilité humaine". A ce palmarès viendront s'ajouter l'Oscar pour le meilleur film étranger (Hollywood, 1953), le Prix de la Critique japonaise (Tokyo, 1953), le Prix du meilleur film mondial (Londres, 1953), et le Prix de la Critique Academy Award (Londres, 1954).

Avant *Jeux interdits*

Né à Bordeaux en 1913, Clément fait d'abord des études d'architecture mais s'intéresse très vite au cinéma. Opérateur au service cinématographique de l'armée, il tourne ensuite une trentaine de courts métrages documentaires dont les mieux connus sont *Au seuil de l'Islam* (1934), *L'Albigeois* (1935), *La Haute Garonne* (1935), *Le Triage* (1936), *Soigne ton gauche* (1936, avec Jacques Tati), *La Grande Chartreuse* (1937), *L'Arabie interdite* (1938), *La Grande Pastorale* (1942), et *Ceux du rail* (1943).

Son dernier court métrage, un documentaire sur la vie des cheminots, sera le prélude au premier grand film de Clément, *La Bataille du rail* (1945), qui mettra en scène une épopée de la résistance française. Ce film de fiction quasi-documentaire, dans le courant du néo-réalisme d'après-guerre (qui trouvera son terrain le plus fertile en Italie), sera primé à Cannes en 1946 et fera connaître Clément. Il sert de conseiller technique sur le tournage de *la Belle et la Bête* de Jean Cocteau la même année, puis tourne trois films au succès mitigé : *Les Maudits* (1947), *Au-delà des grilles* (1948, avec Jean Gabin), et *Le Château de verre* (1950, avec Michèle Morgan et Jean Marais). Que ce soit dans le genre du néo-réalisme, du réalisme poétique, ou du réalisme psychologique, on loue chez Clément les subtilités stylistiques et la grande qualité des images, tout en déplorant un certain manque d'inspiration quant au fond des films. *Jeux interdits*, par contre, est salué comme "l'une des oeuvres maîtresses du cinéma français d'après-guerre" (Schimel, p. 8).

La genèse, l'adaptation, la distribution, le tournage

En 1946, pour persuader les administrateurs de l'I.D.H.E.C. (Institut des Hautes Etudes Cinématographiques) de fonder une section de scénaristes, le romancier-scénariste François Boyer écrit un scénario qui s'appelle "Croix de bois, croix de fer". Comme il ne trouve pas de producteur qui s' intéresse à son scénario, malgré l'enthousiasme général que suscite celui-ci, et surtout chez René Clément, Boyer le transforme en roman, publié par les Editions de Minuit. Quatre ans après, Clément en tire *Jeux interdits*.

Pour la rédaction du scénario, ainsi que des dialogues, Clément fait appel au tandem de scénaristes le plus célèbre dans le monde du cinéma français à cette époque, Jean Aurenche et Pierre Bost, auteurs des meilleurs films dans la tradition de la "qualité française" depuis le début des années quarante. Le film garde du roman la situation de base et les événements principaux mais remplace l'analyse psychologique de la petite fille, qui marque fortement le roman de Boyer, par une étude de moeurs paysannes. Le dialogue sort presque entièrement du roman.

Suivant la pratique néo-réaliste, Clément n'engage aucune vedette pour *Jeux interdits*. Les rôles des adultes, comme ceux des enfants, sont joués par des acteurs peu ou pas connus. Les vedettes du film sont sans conteste les deux enfants, incarnés par Brigitte Fossey et Georges Poujouly, que Clément choisit après avoir interviewé plusieurs centaines d'enfants. Le jeu naturel des deux enfants sera loué par toute la presse de cinéma.

Le tournage du film a lieu entre le mois de septembre 1951 et le mois de mars 1952, principalement en extérieur et en décors réels, dans les alentours d'un village des Alpes-Maritimes (qui évoquent le Limousin où l'action du film est censée se dérouler). Certaines scènes dans l'église et au cimetière sont tournées en studio, dans un décor construit. Par souci de vérisme, les acteurs portent des habits appartenant aux paysans des environs, adaptés par des couturières du village, et s'entraînent longuement à vivre en paysan : "Plus de deux semaines avant le premier tour de manivelle, tous les acteurs se sont mis dans la 'peau' de leur personnage, portant les costumes de rôle, apprenant à manier la fourche, charger une charrette, harnacher un mulet ou un âne" (Fiche filmographique de l'IDHEC, p. 13).

Structure du film

Jeux interdits, qui commence par l'arrivée de Paulette dans le monde paysan et se termine par son départ, est organisé en sept parties courtes et distinctes. Les deux premières grandes séquences occupent la première journée tandis que, par la suite, la segmentation de l'action correspond à la succession des jours :

1) L'exode sur la route, la mort des parents de Paulette, l'éloignement de Paulette dans la campagne ; la blessure de Georges Dollé par le cheval emballé, la rencontre de Michel et de Paulette ;

2) L'accueil de Paulette chez les Dollé, la soirée chez les Dollé, la première nuit ;

3) Le lendemain : Paulette rencontre le curé, enterre son chien avec l'aide de Michel, naissance de l'idée du cimetière des bêtes, fabrication des croix en bois, punition de Michel, mort de Georges ;

4) Le 3ème jour : réparation du corbillard, retour de Francis Gouard et ses retrouvailles avec Berthe Dollé, Michel vole les crucifix du corbillard ;

5) Le 4ème jour : obsèques de Georges, le père découvre la disparition des crucifix du corbillard, Michel tente de voler la croix de l'autel, vol des croix au cimetière ;

6) Le 5ème jour : bagarre au cimetière, fuite de Michel et retour clandestin à la maison ;

7) Le 6ème jour : le père Dollé attrape et bat Michel, arrivée des gendarmes et départ de Paulette, Michel détruit le cimetière, Paulette se trouve au centre d'accueil de la Croix-Rouge.

A partir du deuxième jour, l'action principale du film est axée sur le projet du cimetière chez les deux enfants et les conséquences qui en découlent dans le monde des adultes. La structure dramatique de *Jeux interdits* s'organise autour de l'opposition du monde des adultes et de celui des enfants.

Thèmes

Jeux interdits se présente dans sa première séquence comme un film de guerre réaliste dont le sujet principal sera le massacre des innocents. Cette impression s'estompe rapidement, cependant, dès que Paulette entre dans le milieu campagnard ; le film de guerre cède le pas, d'une part, à un tableau de moeurs paysannes, d'autre part à une évocation de l'univers des enfants, avec tout ce que cela comporte d'innocence, de curiosité et d'incompréhension. La guerre ne disparaît pas pour autant ; elle sert de toile de fond tout au long du film, évoquée par les articles de journal, le retour du soldat Francis Gouard, les éclairs et les détonations d'obus — ainsi que par l'absence du médecin du village, mobilisé pour soigner les blessés du bombardement de la route. La guerre se mue, par ailleurs, en pure figure de rhétorique, en métaphore ironique pour la "guéguerre" locale, les rapports belliqueux qui opposent les familles Dollé et Gouard dans leur petit pays isolé du reste du monde. Bien que la représentation des paysans — grossiers, mesquins, bêtes, et brutaux — ait été beaucoup critiquée, le caractère grotesque du milieu des Dollé et des Gouard ne fait que répondre au caractère encore plus grotesque du monde extérieur où sévit la guerre avec toutes ses horreurs.

La liaison concrète entre le monde extérieur et le milieu paysan est établie par le thème de la mort, celle des parents de Paulette, puis celle de Georges Dollé, blessé par ce cheval qui "vient de la guerre", comme le dit la mère Dollé. Et c'est la découverte de la mort qui obsède et fascine les deux enfants ; introduite dans leur monde, elle est transformée en activité ludique. Par là même, la mort est banalisée par les enfants, tout comme elle est banalisée par la guerre, ce "jeu" meurtrier des adultes. Les rites sacrés de l'enterrement sont transformés en jeux désacralisés, en gestes et paroles vidés de leur sens et de leur sentiment religieux. C'est, pour certains, l'aspect "sacrilège" du film.

A côté du thème de la mort dans *Jeux interdits* se dessine celui de l'amour, où l'on retrouve l'opposition entre le monde enfantin et le monde adulte. Sevré d'amour dans sa famille, Michel "s'éprend" de Paulette, partageant avec elle une tendresse qui leur sert de bouclier contre la brutalité du monde des adultes. En même temps, Clément développe, sur un mode parodique, une histoire d'amour paysanne aux allures de Roméo et Juliette : Francis Gouard et Berthe Dollé s'aiment et veulent s'unir malgré l'inimitié mortelle qui sépare leurs deux familles.

Style et musique

Le style de Clément dans *Jeux interdits* frappe à la fois par son caractère réaliste et par le souci de la qualité esthétique des prises de vue, "la perfection formelle de chaque image" (Kast, p. 64). A l'encontre du style de Renoir, Clément emploie très peu de plans-séquences. Son film est dominé par des plans relativement courts où les mouvements d'appareil, panoramiques et travellings, sont réduits au minimum. L'utilisation de gros plans et de plans rapprochés est fréquente, surtout dans les séquences concernant les enfants. Le montage joue un rôle particulièrement important dans la séquence de l'exode au début du film, où la tension du bombardement est maintenue par une longue série de plans très brefs qui s'arrête net après la mort des parents de Paulette pour céder la place à un plan très long, très rapproché, du visage de la petite fille sous le choc de l'événement et qui essaie de comprendre ce qui est arrivé. Ici, comme souvent ailleurs, Clément place son appareil à la hauteur du regard enfantin pour insister sur la perspective des enfants, parce que "c'est à travers la vision des enfants que nous apparaît ici le monde des grandes personnes" (Mauriac). Comme le dit Clément lui-même, il tournait souvent "à 70 centimètres du sol".

La musique de Narciso Yepes, une mélodie simple et obsédante jouée à la guitare, s'attache au monde des enfants mais entoure surtout le personnage de Paulette, dont elle évoque la vie affective — la sensibilité enfantine, l'émoi, la souffrance.

FICHE PÉDAGOGIQUE

Extraits à discuter

Extrait 1 (2′00-6′55): Le début du film (l'exode, la mort des parents de Paulette sur le pont).

Extrait 2 (31′15-35′30): Paulette apprend ses prières, Michel puni.

Extrait 3 (59′30-1h00′15): Préparation des étiquettes pour les tombes, Michel tue le cafard, réaction de Paulette.

Extrait 4 (1h03′35-04′35): Sur la route la nuit avec les croix volées (présence de la guerre).

Extrait 5 (1h06′35-08′55): La bagarre au cimetière.

Extrait 6 (1h17′20-18′20): M. Dollé bat Michel dans le grenier, réactions de Paulette.

Extrait 7 (1h22′45-24′45): Dénouement — Paulette au centre d'accueil de la Croix Rouge.

Citations à commenter

Paulette: "Je veux mon papa et ma maman...Ils sont sur le pont".
Michel: "Y sont plus sur le pont".
Paulette: "Pourquoi?...Où est-ce qu'ils sont"?
Michel: "Dans un trou".
Paulette: "Dans un trou"?
Michel: "Oui".
Paulette: "Et hop..., comme des chiens"?
Michel: "Ben...oui".

* * *

Michel: "On va faire un beau cimetière".
Paulette: "Qu'est-ce que c'est un cimetière"?
Michel: "C'est là qu'on met les morts pour qu'ils soient tous ensemble".
Paulette: "Pourquoi qu'on les met ensemble"?
Michel: "Pour pas qu'ils s'ennuient".
Paulette: "Alors, mon chien, il va s'embêter tout seul"!

* * *

Paulette (enterrant son chien, en faisant des signes de croix rapides):
"Que le Bon Dieu le reçoive dans son paradis... Au nom du Père et du Fils...et du Saint-Esprit. Ainsi soit-il. Que le Bon Dieu le reçoive dans son paradis... Au nom du Père, du Fils et du Saint-Esprit"...

* * *

Le père Dollé (ramassant la croix que Michel a faite): "Et ça, c'est une prière? Tu fais des croix dans la maison d'un malade? Tu veux le faire mourir"?

* * *

Le Gendarme: "On n'a même pas son nom..."
La mère Dollé: "A moi, elle va le dire... Tu t'appelles Paulette comment?... Hein, Paulette comment"?

Paulette: "Dollé".
La mère Dollé: "Dollé!...Elle dit qu'elle s'appelle Dollé maintenant".
Paulette: "Je veux m'appeler comme Michel".

*   *   *

La Religieuse (à Paulette, dans le hall de la Croix-Rouge):
"Surtout ne bouge pas... Sois sage".
Une femme: "Michel!...Michel!"
Paulette: "Michel, Michel... (la femme court vers un homme, l'embrasse). Maman!
...Maman!...Michel, Michel" (elle court dans la foule, disparaît).

© *L'Avant-Scène Cinéma*

Sujets de réflexion

1.   Quel est le "sujet" du film? Y en a-t-il plusieurs?
2.   Le traitement du thème de la mort. Rapport entre la mort des parents et celle du petit chien? La mort du frère de Michel.
3.   Quels sont les "jeux interdits"? Pourquoi "interdits"?
4.   Les rapports entre Michel et Paulette.
5.   La représentation des gens de la campagne (caractère, moeurs, hygiène).
6.   La manifestation de la présence de la guerre dans le film.
7.   Le thème de la "guerre" comme métaphore (les Français et les Allemands, les Dollé et les Gouard).
8.   Le couple Francis Gouard —— Berthe Dollé : évocation de quel couple célèbre? Expliquer.
9.   Peinture de la religion dans le milieu campagnard.
10. Le sens du dénouement.

DOSSIER CRITIQUE

Monique Schimel — Les horreurs de la guerre

La première séquence du film est bâtie autour d'un pont, passage périlleux où tremblèrent ceux qui, en juin 1940, connurent l'exode sur les routes archicombles des campagnes françaises.

Par la véracité impitoyable et douloureuse de ses épisodes, par le choix des bruits, par le montage incisif et bref comme la mort elle-même que sèment en passant les Messerschmidt, elle est, à elle seule, un chef-d'oeuvre.

Cette séquence m'a rappelé la mort des cheminots de *La Bataille du rail* quand hurle la sirène d'une locomotive étrangement haute et grêle ; et que le dernier regard d'un homme soit d'admiration et de sympathie pour une araignée, frêle comme la vie, qui repose contre le mur où son cadavre, dans quelques secondes, s'affaissera : comme la poursuite du chien par l'enfant, et de l'enfant par la mère et le père, chacun n'ayant pas peur pour soi, mais pour un autre dans les *Jeux interdits*, sont deux importants exemples de la qualité majeure de Clément : l'amour de la vie, non point égoïste, jouisseur, mais l'amour généreux de la vie des autres, cette forme la plus haute de l'optimisme ("Après *Jeux interdits...*", p. 7).

R.M. Arlaud — Le royaume de l'enfance

Après cette ouverture en brutalité [la scène de l'exode], Clément pénètre dans un monde plus inconnu parce qu'oublié ; le royaume de l'enfance, le mélange des mondes de l'imagination mêlée au réel, du merveilleux mal séparé de la religion, des formules incantatoires et des amours naïves. L'auteur se glisse aussi délicatement qu'il le peut dans cet univers où tout est pur à ceux-là seuls qui sont purs, mais il reste ce qu'il est, même sous une forme poétique : un reporter ("Tribune libre autour de *Jeux interdits*", p. 68).

André Farwagi — Un "psychodrame libérateur"

La première séquence du film est un documentaire reconstitué à la manière de *La Bataille du rail* qui dénonce un état de fait, la guerre. C'est la réalité décrite. Mais tout de suite notre attention est fixée sur Paulette. Cette tuerie provoque en elle un traumatisme qui déclenche ses réflexes d'auto-défense qui, à leur tour, réagissent par un transfert. Au niveau de la conscience, toutes ces réactions en chaîne ont eu lieu simultanément. Paulette n'a pas vraiment réalisé que ses parents sont morts car, au moment du drame, tout s'est fixé sur le petit chien. Dès le départ, la fillette est plongée dans un état second qui à la fois détermine sa vision des choses et des adultes et explique ses réactions. Le jeu qu'elle inventera avec Michel sera une sorte de psychodrame libérateur. Disons tout de suite que l'organisme de Paulette a réagi sainement, car la violence du choc aurait pu causer une schizophrénie aiguë. Lorsqu'en fin de film Paulette se retrouve à l'orphelinat et éclate en sanglots, elle a résorbé le choc initial, il y a eu résurgence du moi, prise de conscience de ce qui lui est arrivé ; ce sont ses parents qu'elle pleure. Pendant toute l'histoire le point de vue sera donc celui de Paulette et accessoirement celui de son compagnon de jeu, Michel [...]. Les adultes sont directement responsables de l'aventure de ces enfants. C'est pourquoi la séquence d'ouverture est capitale ; sans elle, le film n'existerait plus. Constat d'un moment de guerre, ces jeux interdits sont avant tout ceux de la mort. On se souvient de cette image où l'on voit courir un cafard, et où, brandissant son porte-plume, Michel imite le bruit d'un avion en piqué et tue le cafard. Il joue à son échelle la tragédie qui se jouait non loin de la ferme, sur le pont. Le cafard mort, les enfants se hâtent de l'enterrer! Ils lui fabriquent une croix et la plantent sur sa tombe [...]. Dans un monde où les avions tuent à la mitraillette les civils, la morale ne peut survivre que dans le rite. La foi cède le pas au fétichisme. En imitant avec cette grave sincérité la cérémonie mortuaire des adultes, les enfants en dénoncent l'artifice et la simulation. Ce comportement révèle aussi que le sens du sacré est plus pur chez l'enfant. L'enterrement d'un poussin devient l'expression d'une sensibilité isolée et vulnérable qui vibre intensément au monde qui l'entoure. Paradoxalement, l'enterrement du grand frère de Michel, mort d'un coup de sabot reçu au bas-ventre, paraît grotesque comme sa mort (*René Clément*, pp. 46-47).

Max Egly — "Ni pervertis, ni innocents..."

Sous plus d'un aspect, l'histoire est neuve. Le refus des concessions et le parti pris de réalisme de René Clément a choqué plus d'un spectateur. Il est rare de rencontrer dans le cinéma (et singulièrement dans le cinéma français) ce thème d'un monde fermé de l'enfance qui se développe en marge de celui des adultes ; comme est rare cette tentative de peindre certains aspects du paysannat montagnard.

René Clément a réussi à rendre sensible la différence fondamentale qui sépare l'enfance des adultes. En général il est difficile, pour le réalisateur comme pour le spectateur, d'aborder les thèmes de l'enfance sans préjugés. On n'oubliera pas tout d'abord de souligner que le plus souvent lorsque l'écran présente des enfants c'est au titre de personnages secondaires [...]. Les rares films qui nous proposent des enfants héros, le font au mépris de la réalité : leurs personnages sortent de la bibliothèque rose, de la mythologie des enfants sages ou des bandes dessinées. Cher petit ange ou insupportable chenapan, il n'entre en jeu que dans la mesure où il attendrit ou appelle la protection. Trésor inépuisable de gentillesse ou graine de violence, l'enfant souffre de l'opposition brutale du bien et du mal si chère au cinéma. Or, à l'opposé de ces personnages, Paulette et Michel ne s'inscrivent dans aucune catégorie stéréotypée. Ils sont simplement eux-mêmes. Ni pervertis, ni innocents, ils demeurent purs dans la mesure où ils ne sont pas encore atteints des maux de l'âge adulte. Leurs actions ne peuvent être jugées à l'aide des morales des grandes personnes : ils les ignorent. C'est à leur manière qu'ils constituent leur existence, qu'ils inventent des moyens de lutter contre la mort en s'appropriant les symboles (croix, gestes, prières) des adultes. En ce sens, Michel, par son vol, ne commet pas de sacrilège (*"Jeux interdits"*, p. 20).

Pierre Kast — Le monde tel qu'il est

Le sujet même de *Jeux interdits* est la découverte des rites funéraires par deux enfants et la fabrication d'un nouveau rituel, à leur usage. L'étonnante astuce du sujet est de n'avoir pas deux enfants abstraits, citoyens d'une république de l'enfance-en-soi, mais deux enfants *mis en situation*, liés à un contexte politique, social, et moral parfaitement déterminé, et au fond, exprimant puissamment dans ce qu'on appelle leurs *jeux* les contradictions et les mystifications de ce contexte. Ainsi, il ne s'agit même plus de l'enfance seule, mais en vertu de la loi d'exemplarité, de ce qu'un monde fait de ses enfants. Au-delà du monde de l'enfance, le film vaut encore par la lumière brutale qu'il jette sur le monde des adultes. Les gens qui ont trouvé morbide le jeu de Michel et de Paulette avec la mort, ont du même coup prouvé qu'ils ne trouvaient pas morbide leur propre jeu avec la guerre, et la mort. Que Michel bombarde en piqué un scarabée ne démontre pas la cruauté de René Clément mais l'aveuglement de ceux qui consentent à l'existence des bombardements en piqué, ou éventuellement, les justifient. Il y a bien longtemps qu'on n'a vu un film français aussi courageux dans l'attaque contre le confort moral de ceux qui acceptent ce monde tel qu'il est" ("Le Jeu de grâce des petits anges", pp. 65-66).

FILMOGRAPHIE DE RENÉ CLÉMENT
(LONGS MÉTRAGES)

1945 *La Bataille du rail*

1947 *Les Maudits*

1948 *Au-delà des grilles*

1950 *Le Château de verre*

1952 *Jeux interdits*

1953 *Monsieur Ripois*

1955 *Gervaise*

1958 *Barrage contre le Pacifique*

1959 *Plein Soleil*

1960 *Quelle joie de vivre*

1962 *Le Jour et l'heure*

1964 *Les Félins*

1967 *Paris brûle-t-il?*

1970 *Le Passager de la pluie*

1971 *La Maison sous les arbres*

1973 *La Course du lièvre à travers champs*

1975 *La Baby Sitter*

OUVRAGES CONSULTÉS

Charensol, G. "*Jeux interdits*. Les Sept Péchés capitaux", *Les Nouvelles littéraires* du 15 mai 1952.

Clément, René. *Jeux interdits* (découpage), *L'Avant-Scène Cinéma* 15 (15 mai 1962).

Egly, Max. "*Jeux interdits*", *Image et son* 114 (juillet 1958), 20-21.

Farwagi, André. *René Clément*. Paris: Seghers, 1967.

Fumet, Stanilas et R.M. Arlaud. "Tribune libre autour de *Jeux interdits*", *Revue internationale du cinéma* 14 (1952), 65-69.

Kast, Pierre. "Le Jeu de grâce des petits anges", *Cahiers du cinéma* 13 (juin 1952), 64-67.

"*Jeux interdits* (1951)". Fiche filmographique de l'Institut des Hautes Etudes Cinématographiques (IDHEC) du 1er janv. 1961.

Mauriac, Claude. "Terre des Petits d'hommes", *Le Figaro littéraire* du 29 mai 1952.

Monnet, J. Revue des *Jeux interdits*, *Tribune de Genève* du 22 sept. 1952.

Queval, Jean, "*Jeux interdits*", *Mercure de France* (1er juillet 1952), 505-508.

Schimel, Monique. "Après *Jeux interdits* René Clément parmi les grands réalisateurs français", *Image et son* 56 (oct. 1952), 7-9.

Jacques Tati

Les Vacances de Monsieur Hulot

(1953)

Jacques Tati, *Les Vacances de M. Hulot* : Hulot (Jacques Tati) administre un coup de pied au photographe-"voyeur". © Les Films de Mon Oncle

Réalisation... Jacques Tati
Scénario original et dialogues .... Jacques Tati, Pierre Aubert,
Jacques Lagrange, Henri Marquet
Chef-Opérateur ....Jacques Mercanton, Jean Mousselle
Musique..Alain Romans
Décors .... Henri Schmitt, Roger Briaucourt
Montage...............Jacques Grassi, Ginou Bretoneiche, Suzanne Baron
Montage sonore...Michel-Ange
Son.. Jacques Carrère, Roger Cosson
Production.. Fred Orain
Durée .... 1 h 27

Interprètes principaux

Jacques Tati (*Monsieur Hulot*), Nathalie Pascaud (*Martine*), Michèle Rolla (*sa tante*), Valentine Camax (*l'Anglaise*), Marguerite Gérard (*la Promeneuse*), René Lacourt (*son mari*), André Dubois (*le commandant*), Lucien Frégis (*l'hôtelier*), Raymond Carl (*le garçon*), Georges Adlin (*le Latin Lover*), le mari de Nathalie Pascaud (*M. Schmutz, l'homme d'affaires*).

Synopsis

C'est le mois de juillet, le début des grandes vacances. Une foule de citadins attend l'arrivée du train pour partir vers les plages. Réagissant à la voix nasillarde et incompréhensible qui sort du haut-parleur, la foule court de quai en quai, en empruntant chaque fois le passage souterrain, jusqu'à ce qu'elle trouve, comme par hasard, le bon train. Ayant chargé sa cargaison d'estivants, le train repart, sillonne la campagne.

En même temps, d'autres vacanciers foncent vers les plages sur les routes, dans leurs voitures. Parmi ceux-ci, M. Hulot roule dans une petite voiture de sport des plus bizarres (un Amilcar), voiture qui avance par hoquets en pétaradant et en fumant et qui perd des morceaux de carosserie en traversant les rues pavées des villes.

Dans une ville, d'autres vacanciers s'entassent dans un autocar qui les emmènera à la petite station balnéaire où ils vont passer la quinzaine ou le mois. On arrive enfin à la station où se passe notre histoire. Au centre se trouve l'Hôtel de la Plage, où tous les clients, pour la plupart des gens modestes ou des familles nombreuses, passeront leurs soirées et prendront leurs repas pendant leur séjour au bord de la mer. Dans cette vague humaine qui déferle, et où il y a beaucoup d'Anglais, arrive une jolie blonde, Martine, qui s'installe dans sa chambre dans une villa qui donne sur la plage.

Dès son arrivée, Hulot se fait mal voir des autres estivants en laissant grand ouverte la porte du salon de l'hôtel, de sorte qu'un vent violent s'y engouffre, faisant s'envoler des papiers et semant le désordre partout. Malgré la grande courtoisie et la prévenance sans faille de Hulot, celui-ci va provoquer par sa maladresse et sa distraction, tout au long du séjour, une série d'incidents, petits et grands, qui vont lui mettre tout le monde à dos : le patron de l'hôtel, le garçon, le propriétaire d'un bateau, un officier militaire à la retraite, un chauffeur de bus, un homme d'affaires — M. Schmutz — qui n'arrête pas de travailler et surtout de recevoir des coups de téléphone du monde entier, et bien d'autres gens encore.

Seuls, ou presque, les enfants se réjouissent de la présence de Hulot, s'émerveillant de sa voiture comme de toute sa personne. Parmi les estivants adultes il n'y a guère qu'une vieille Anglaise sportive et "Henry", le vieux mari d'une autre Anglaise, qui semblent apprécier Hulot. Ce dernier couple se promène sans cesse, la femme toujours devant, le mari suivant à dix pas derrière ; celui-ci, très observateur, semble être le seul à constater régulièrement le comportement pour le moins singulier de Hulot et à deviner sa responsabilité dans certains incidents mystérieux qui viennent déranger le train-train de la communauté estivale.

Hulot agace le garçon de salle à manger en arrivant en retard pour les repas, puis gêne son voisin de table. Le soir il interrompt le calme du salon en passant très fort un disque de jazz. Le lendemain sur la plage, croyant bien faire, il donne à M. Schmutz un grand coup de pied au derrière, le soupçonnant, à tort, de faire du voyeurisme devant la cabine de bain de la jolie Martine qui se change… . Plus tard, il se promène sur l'eau dans un canoë qui soudain se plie en deux, l'emprisonnant et semant la panique sur la plage à cause de sa ressemblance à la gueule d'un requin géant. Le jour suivant il participe à une partie de tennis où il fait enrager tous ses adversaires, des joueurs expérimentés, qu'il bat en utilisant une technique de service complètement inédite, sous le regard de Martine qui commence à le trouver amusant. Le soir, en jouant au ping-pong, il dérange les joueurs de cartes au salon — et sème la zizanie — en cherchant parmi eux sa balle qui s'égare sans cesse.

Attiré par Martine, Hulot invite la jeune femme à une promenade à cheval — à laquelle il faut renoncer quand le cheval de Hulot se met en rogne contre lui, l'obligeant à se sauver. Martine finit par partir avec un autre cavalier. Hulot et Martine se retrouvent le soir, pourtant, au bal costumé, qui se déroule dans l'indifférence générale de la plupart des vacanciers. Les seuls adultes en costume, ils dansent longuement ensemble. Le lendemain, en route pour un grand pique-nique organisé, Hulot doit s'arrêter pour changer un pneu crevé. Lorsqu'il essaie de soulever la voiture avec le cric, elle tombe et lui échappe, avec deux dames assises dans le spider (un petit siège extérieur aménagé à l'arrière de la voiture). Rentrant tard, poursuivi par un chien, Hulot se réfugie dans une cabane où, ayant craqué une allumette, il déclenche un feu d'artifice spectaculaire qu'il n'arrive pas à éteindre, malgré ses tentatives frénétiques, et qui réveille tout l'hôtel.

Le lendemain matin, c'est la fin des vacances. Les autres estivants, fâchés, tournent le dos à Hulot au moment des adieux, à l'exception de la vieille dame anglaise et du mari de la promeneuse anglaise, qui sont tous deux reconnaissants à M. Hulot, comme le sont les enfants, d'avoir égayé des vacances qui s'annonçaient plutôt ennuyeuses. Le film se termine sur le départ de Hulot qui s'en va dans sa voiture, laissant derrière lui le paysage de bord de mer qui se fige en carte postale arborant un timbre poste… en couleur!

*Tati a refait le montage de son film plusieurs fois. Nous avons visionné pour ce chapitre la dernière version, celle qui est généralement disponible en vidéo.

La réception

Dans un article de fond paru dans *Esprit* (1953), André Bazin ne cache pas son admiration pour *Les Vacances de M. Hulot* : "Il s'agit non seulement de l'oeuvre comique la plus importante du cinéma mondial depuis les Marx Brothers et W.C. Fields, mais d'un événement dans l'histoire du cinéma parlant" (*Qu'est-ce que le cinéma?*, p. 43). Comme Bazin, d'autres critiques s'extasient sur le génie comique de Tati, certains le comparant favorablement à Chaplin et à Buster Keaton, ainsi qu'au grand comique français du premier quart du siècle, Max Linder, que Chaplin lui-même considérait comme son maître : "Mais tout en constatant que Tati est après Max Linder le premier grand comique français, on doit reconnaître que le réalisateur de monsieur Hulot est des deux comiques le plus grand" (*Filmforum*, juillet 1953; cité dans Agel, p. 111).

Si certains critiques reprochent aux *Vacances de M. Hulot* l'absence d'intrigue, un manque de "construction dramatique", le film est plébiscité par le public français qui lui fait un accueil chaleureux . Et s'il faut en croire Tati lui-même, "A l'étranger, gros succès : Angleterre, Allemagne, Suède, Italie, Espagne, partout…". Et en Amérique : "Formidable! Succès monstre! Les gens hurlent de rire aux endroits où l'on sourit en France […] Une presse déchaînée!" (Doisneau, pp. 46-47). En 1953, le film obtient le Grand Prix de la Critique Internationale à Cannes, ainsi que le Prix Louis Delluc et le Prix Fémina (décerné à Tati pour la meilleure interprétation). Il est primé à Bruxelles, à Berlin, en Algérie, en Suède et à Cuba. Aux Etats-Unis il est nominé aux Oscars, tandis qu'au Festival du film d'Edimbourg, Tati obtient le Golden Laurel Award. Au cours des années cinquante, le film est traduit dans une dizaine de langues à travers le monde entier.

Avant et après *Les Vacances de M. Hulot*

Jacques Tati (Tatischeff, à l'origine), est né le 9 octobre 1908, près de Saint-Germain-en Laye sur la route de Versailles. Il vient au cinéma par le biais du music-hall, où il se spécialise dans le mime de numéros sportifs (boxe, tennis, rugby, équitation). A partir de 1932, et jusqu'en 1938, il collabore comme scénariste et interprète à une série de courts métrages dont les mieux connus sont *Oscar, champion de tennis* (1932) et *Soigne ton gauche* (1936), une pantomime de la boxe mise en scène par René Clément.

Tati commence à réaliser lui-même des films en 1936, mais ses véritables débuts cinématographiques datent du tournage en 1947 d'un court métrage, *L'Ecole des facteurs*, où il crée un nouveau personnage comique, le facteur François. Le film reçoit le prix Max Linder en 1949. La même année il réalise son premier long métrage, *Jour de fête*, où son facteur, François, connaît un triomphe populaire et critique, tant aux Etats-Unis qu'en Europe (Prix du scénario à Venise en 1949, Grand Prix du cinéma français en 1950). Dans ce film burlesque François fait figure de bouffon, d'idiot du village, dans la petite commune où il exerce de manière très folklorique ses fonctions de facteur. Après avoir vu au cinéma un documentaire sur la rapidité des postes américaines, il fait sa tournée à toute vitesse sur son vélo, ce qui donne lieu à une série de gags et de scènes loufoques.

Devenu célèbre du jour au lendemain grâce au succès de *Jour de fête*, Tati refuse pourtant de faire une suite à ce film, avec de nouvelles aventures du facteur François — au grand dam des producteurs, qui en réclament. Comme Tati l'explique plus tard, "François était trop français. J'ai essayé de trouver une expression plus internationale" (Dondey, p. 88). Ce personnage à caractère "plus international", c'est-à-dire, qui ressemble plus à un type humain, dans la meilleure tradition classique, ce sera, évidemment, le héros des *Vacances de M. Hulot*. Ce que Tati a refusé au facteur, il l'accordera à M. Hulot : une série de suites, dont la première est *Mon Oncle* (1958), une satire de la modernisation et de la mécanisation de la vie qui obtient un prix spécial à Cannes en 1958 et l'Oscar du meilleur film étranger à Hollywood en 1959. *Mon Oncle* sera suivi de deux autres films avec M. Hulot, *Playtime* (1967), une vaste fresque ironique sur l'urbanisme moderne, dont les frais de production énormes mettent en faillite sa société de production, et *Trafic* (1971), une vision burlesque des salons d'automobile. Dans son dernier film, *Parade* (1974), un moyen métrage en vidéo pour la télévision suédoise, il quitte enfin le personnage de Hulot pour incarner un "Monsieur Loyal", maître de cérémonies d'un petit cirque suédois où il fait aussi des numéros d'imitation sportive. En 1977, la valeur de l'apport de Tati au cinéma français est reconnue par un César pour l'ensemble de son oeuvre.

La genèse, les acteurs, le tournage

L'origine des *Vacances de M. Hulot*, comme de tous les films de Jacques Tati, c'est l'observation de l'espèce humaine : "Je regarde vivre les gens. Je me promène, je vais aux matches, aux expositions, j'accepte quelques réceptions, je reste des heures sur l'autoroute pour voir les voitures défiler. J'écoute leurs dialogues, j'observe le tic, le détail, la manière d'être qui révèle de chaque individu la personnalité [...]. Voici ce qui me frappe, que j'aimerais exprimer de même que tout ce qui aboutit à la suppression de la personnalité" (Sadoul, p. 261). Tati a ainsi aperçu le héros de son film, un garçon coiffeur, lorsqu'il était au régiment (Kyrou, p. 14). Celui-ci ne s'appelait pourtant pas "Hulot" ; ce nom aurait été emprunté soit à un gérant d'immeubles que connaissait le réalisateur (Cauliez, p. 9), soit à un architecte de ses connaissances "dont la façon de marcher était très particulière" (Chion, p. 32).

A part lui-même dans le rôle de M. Hulot, Tati fait appel à des acteurs professionnels peu connus ou carrément à des néophytes. Nathalie Pascaud, par exemple, qui joue le rôle de Martine, la jolie blonde, n'a aucune expérience du cinéma. Comme elle hésitait à se séparer de son mari pendant le tournage, s'il faut en croire Dondey (p. 91), Tati a engagé son mari, "un industriel respectable", pour incarner Monsieur Schmutz, l'homme d'affaires qui passe ses vacances au téléphone. De manière générale, comme l'explique Tati, il choisit les comédiens pour ses films "d'après leur nature", expliquant, par exemple, que la vérité du jeu du vieux commandant vient du fait que "c'est un vrai commandant" (Henry et Le Péron, p. 12).

Tati explique qu'il a eu de grosses difficultés financières lorsqu'il a voulu faire *Hulot*. Comme il refusait de faire plaisir aux producteurs en donnant une suite à *Jour de fête*, il avait beaucoup de mal à réunir les capitaux nécessaires à son projet. Ayant commencé à tourner en 1951, après sept mois de repérages sur les côtes de la Manche et de l'Atlantique, à Saint-Marc-sur-Mer (près de Saint-Nazaire), il est obligé d'arrêter pendant toute une année faute d'argent. Le tournage reprend au mois de juillet 1952 — les extérieurs à Saint-Marc, les intérieurs aux studios de Billancourt à Paris — pour se terminer en octobre. Tati avait projeté de faire le film en couleurs, mais son budget ne le permettant pas, *Hulot* est tourné en noir et blanc.

Le tournage du film est compliqué par le fait que l'Hôtel de la Plage, pour lequel Tati a été obligé de faire construire une fausse entrée, reste ouvert aux clients, ce dont l'équipe s'accomode tant bien que mal (et réciproquement) : "Les vacanciers — les vrais — d'abord indulgents, bientôt moins patients, sont alternativement transformés en figurants ou priés d'aller bronzer en dehors du champ de la caméra. Les nouveaux venus empruntent, bien entendu, la fausse entrée de l'hôtel, et se heurtent à un panneau de contreplaqué" (Dondey, p. 91). Si le travail se fait dans la bonne humeur générale, le tournage des gags s'avère parfois exaspérant, exigeant des heures de préparation minutieuse dans certains cas et une perte de temps coûteuse que Tati ne peut pas se permettre. Comme le raconte Dondey, par exemple, pour la scène où Hulot entreprend de repeindre son canot, le pot de peinture se baladant au gré des vagues (en fait tiré par un fil de nylon), "Tati passera, sans succès, toute une journée sur cette séquence du pot de peinture, et quittera la plage excédé, sans dire un mot, intérieurement révolté que la manipulation de quelques accessoires lui coûte de si précieuses heures" (p. 92). Contrairement à Renoir, Tati évite à tout prix l'improvisation et n'aime pas être confronté à l'imprévu quand il tourne : "Je travaille beaucoup mon sujet. Mais je tourne sans scénario. Je connais le film par coeur et je tourne par coeur […] je n'improvise pas" (Bazin et Truffaut, p. 11).

Pour conclure ces remarques sur le tournage du film, il faut signaler que l'épisode du canoë qui se casse et se plie en deux dans la mer, évoquant la machoire d'un requin énorme, ne faisait pas partie du film tourné en 1952. Comme l'explique Jacques Kermabon (p. 103), c'est une séquence ajoutée une vingtaine d'années plus tard, après que Tati avait vu *Les Dents de la mer* de Spielberg (1975), et intégrée au film lors d'un nouveau montage. Par ailleurs, certains épisodes qui figuraient dans l'original ont été supprimés par la suite, comme une scène qui se moque d'un curé qui dort dans le jardin et le dénouement original où, dans le train de retour, on voit Martine sourire en regardant un album de photos de vacances — et surtout celles où figure Hulot.

Le son chez Tati

Il va sans dire que Tati ne tourne pas en son direct ; ses films sont entièrement post-synchronisés. Pour lui, la création de la bande sonore a autant d'importance que celle de la bande-images et exige un deuxième "tournage", scène par scène, dès que les prises de vues sont finies. Il en est de même pour le montage ; le montage de la bande-son, qui est tout aussi minutieux que celui des images, relève d'un génie tout à fait particulier et qui a fait l'objet de nombreux commentaires, à commencer par celui d'André Bazin, qui estime que la bande sonore est "la grande trouvaille de Tati et techniquement la plus originale" (p. 46 ; voir le *Dossier critique*). Ce qui frappe dans la bande sonore des *Vacances de M. Hulot*, c'est le mélange savant de bruits tout à fait réalistes : cris d'enfants et d'adultes, bribes de conversations ou d'émissions radiophoniques, réflexions diverses, cloche de l'hôtel, etc. Comme nous le dit Tati : "J'ai mis dans le film tout ce qu'on peut entendre en vacances. J'ai essayé de rendre l'ambiance …" (Kyrou, p. 15). Kermabon trouve pourtant chez Tati ce qu'il appelle "l'invention du burlesque sonore" (p. 11). L'écheveau sonore est complété par certains bruits rendus surréels par leur amplification, comme celui des vagues ou d'un grincement de porte ou, encore, d'une balle de ping-pong, et finalement par l'ajout de certains sons artificiels ou faux, comme les effets de mitraillette et de bombardement au moment du feu d'artifice déclenché par Hulot. Sans oublier la musique, cette mélodie à la mode que Tati qualifie de "rengaine un peu triste et un peu embêtante qui exprime bien l'ennui et la monotonie" (*loc. cit.*) et le jazz qui exprime si bien la joie de vivre — et le dérangement — qu'incarne le personnage de M. Hulot.

On n'est pas moins frappé par le fait que le héros du film ne parle presque jamais, se bornant à articuler son nom, non sans peine, deux fois au cours du film et à prononcer une petite phrase discrète au sujet du fils Schmutz : "*Il est si gentil!*". Il n'existe réellement que par sa présence physique, sa tenue vestimentaire pour le moins bizarre, sa pipe, ses gestes, sa démarche singulière. Et par la gêne qu'il provoque chez les autres. Quant à ceux-ci, leurs discours font souvent l'effet d'un simple brouillage. Leurs réflexions, lorsqu'elles sont intelligibles, sont tellement insignifiantes que la parole est réduite à une sorte de bruit de fond, "au même titre que le bruit des vagues déferlant sur la plage, la cloche de l'hôtel ou le disque-rengaine" (Parmion, p. 50). C'est ce qui amène Bazin à remarquer que "toute l'astuce de Tati consiste à détruire la netteté par la netteté. Les dialogues ne sont point incompréhensibles mais insignifiants et leur insignifiance est révélée par leur précision même" (p. 46). Tati explique, par ailleurs, que le son a des fonctions très particulières dans les *Vacances*. C'est par le son, nous dit-il, que "la voiture d'Hulot devient *un personnage* très important dans le film (Henry et Le Péron, p. 8), avant de signaler l'utilisation du son "pour permettre une certain profondeur de champ", comme dans le cas de l'amplification sonore des vagues de la plage lorsqu'elles sont au second plan (*ibid.*, p. 9; voir le *Dossier critique*).

La structure et les thèmes

Il n'y a pas d'intrigue à proprement parler dans *Les Vacances de M. Hulot* — à moins que l'on ne considère comme telle l'"idylle" ébauchée mais non réalisée entre Hulot et Martine. Tati, lui, traite son film tout simplement de "tranche de vie des vacances". Il s'agit, effectivement, pour citer Bazin, d'une "succession d'événements à la fois cohérents dans leur signification et dramatiquement indépendants" (p. 44). On a affaire à une série de gags, alternés toutefois avec des scènes descriptives, dont la plupart sont des déconvenues ou des incidents farfelus déclenchés de près ou de loin par l'étourderie ou l'inconscience d'Hulot. Evidemment, le film a une structure chronologique : l'arrivée des estivants, leur séjour à la plage, leur départ. Et l'on peut même concevoir la structure du film, quoiqu'un peu arbitrairement, selon le type d'activités du petit monde à l'hôtel (Agel, pp. 29-30) : 1) *la vie en vacances* (l'arrivée à l'hôtel, le repas du soir, la plage, le déjeuner, le match de tennis, la veillée, etc.) ; 2) *les distractions de M. Hulot* (l'incident du canoë, la scène du cimetière, le tennis, le ping-pong et les joueurs de cartes, la séance d'équitation, etc.); 3) *les activités collectives* (le bal masqué, le pique-nique, la panne de voiture, le feu d'artifice, etc.).

Quant aux "thèmes" du film, ceux-ci sont réduits à quelques motifs simples, dont le principal serait, évidemment, les vacances à la plage. Mais les vacances ne sont qu'une toile de fond pour faire ressortir un thème plus important, à savoir le caractère vide de l'existence des adultes en vacances (sinon de leur existence tout court…). Dans l'optique satirique de Tati, il s'agit d'individus tellement sclérosés dans leurs habitudes qu'ils ne savent pas s'amuser, gardant à la plage leur préoccupations et leurs manies de tous les jours : "Et les résidents de l'hôtel composent un échantillonnage savoureux de la gent vacancière : les dames, le commandant, le couple, le photographe, les enfants. Et tous ces gens-là, venus ici pour oublier leur existence laborieuse, reconstruisent une vie homologue, avec ses horaires et ses contraintes. A la limite, ils *pointeraient* à l'entrée et à la sortie…" (Cauliez, pp. 27-28). Dans *les Vacances*, comme ailleurs, Tati est particulièrement dur pour les couples mariés, représentés ici par les promeneurs anglais, qui vivent une solitude à deux : "Après le flirt, remarque Desbarats, la vie de couple est tissée d'incompréhension" chez Tati (p. 20). Ce monde adulte où règne l'ordre, mais aussi l'ennui, est bouleversé par l'arrivée de Hulot qui, lui, appartient plutôt à l'univers de l'enfance — "c'est l'esprit d'enfance, miraculeusement latent en chaque homme" (Cauliez, p. 36) — avec tout ce que cela implique d'innocence, d'inconscience et de... désordre. Si Tati ne ménage pas les couples, il déploie une grande tendresse à l'égard des enfants. L'enfance, c'est non seulement l'innocence, c'est une sorte d'"état de grâce", si on en juge par la scène du petit enfant portant les deux glaces : la boule de glace ne tombe pas (et elle devrait pourtant!) quand il tourne la poignée de la porte… .

Le contraste entre Hulot et ses co-vacanciers met en relief un autre thème important du film, ce que Bazin appelle "la sottise du monde" (p. 48), mais qui peut être considéré, tout simplement, comme le côté amusant du genre humain, tout l'humour qu'on peut déceler chez les gens dans la vie quotidienne : "Ce que j'ai essayé, pour ma part, c'est de prouver et faire voir que, dans le fond, tout le monde était amusant" (Bazin et Truffaut, p. 2). Ce qui nous amène au dernier sujet : le comique très particulier de Jacques Tati.

Le comique chez Tati

Geneviève Agel résume l'opinion générale en constatant que "le comique est ici d'une nature différente de ce qu'on a coutume de trouver dans ce genre" (p. 49). C'est surtout l'originalité du comique de Tati qui attire l'attention, qui fascine ceux qui se donnent la peine d'essayer de comprendre ce en quoi il consiste. Ce qui est sans doute le plus particulier dans le comique de Tati, c'est que, le réalisateur lui-même le dit, "Hulot n'est pas drôle en soi" (sauf, évidemment, lorsqu'il fait ses numéros de mime, comme dans les parties de tennis et de ping-pong). Comme on l'a souvent constaté, Hulot est surtout un catalyseur, le comique se développe autour de lui, c'est "quelqu'un qui traverse le monde et révèle les faiblesses d'un rituel artificiel. Celui des vacances ici…" (Chevassu, p. 108). Le comique est créé par la réaction des autres personnages, tels le garçon et le patron de l'hôtel, qui ont leur vie propre dans le film. Ou comme le dit Bazin, "le personnage créé par Tati est drôle, mais presque accessoirement et en tout cas toujours relativement à l'univers. Il peut être personnellement absent des gags les plus comiques, car M. Hulot n'est que l'incarnation métaphysique d'un désordre qui se perpétue longtemps après son passage" (p. 43). Pour Tati, dans le film comique idéal Hulot aurait tendance à disparaître : "Ce que je voudrais, c'est qu'on le voie de moins en moins, et qu'on voie de plus en plus les autres" (Bazin et Truffaut, p. 6).

D'un autre côté, on ne peut nier le caractère burlesque du comique développé par Tati, qualifié par Amengual de "burlesque supérieur" (p. 31), où il s'agit en fait d'une fusion originale du comique burlesque et du comique d'observation (comique de moeurs). Seulement, le comique dont il s'agit ici suscite plutôt le sourire — si ce n'est l'attendrissement, comme le rappelle Agel (p. 49) — plutôt que le franc rire, car les effets comiques ne dépendent pas de la "raideur" du personnage et de sa "chute", dans la tradition moliéresque (selon Bergson), mais se développent par petites touches humaines. A la différence de Chaplin, Tati n'exploite pas à fond les gags, préférant s'en tenir au gag lui-même, qu'il laisse dans une sorte d'"inachèvement", pour emprunter l'expression de Bazin (p. 43). "Ce qui est important chez Hulot, précise Tati, c'est qu'il n'y a pas de concussions. Une fois que le gag est fait, on ne va pas plus loin. On n'exploite pas la formule" (Bazin et Truffaut, p. 7).

Par ailleurs, le rire que provoque *Les Vacances de M. Hulot* , si rire il y a, est rarement un éclat de rire collectif. Comme Tati tourne surtout en plan moyen fixe, en jouant souvent sur la profondeur de champ pour présenter des actions simultanées en premier et en deuxième plan, les spectateurs ne trouvent pas forcément l'effet comique en même temps (Kermabon, p. 14). De là ce phénomène de "ricochet" décrit par Dondey où les rires, dispersés, "s'entraînent les uns les autres" (p. 97), en chapelet, au fur et à mesure que les spectateurs découvrent l'effet — souvent produit, au demeurant, par des gestes banals.

Pour préciser la particularité du procédé comique de Tati, on le compare souvent, comme nous venons de le faire, à celui de Chaplin. A commencer par Tati lui-même, qui soutient qu'il s'agit de deux écoles tout à fait différentes : "Chaplin construit ses gags en les fondant sur l'intelligence : Hulot ne serait-il pas plus spontané, plus direct? [...] Monsieur Hulot est toujours naturel" (Doisneau, p. 46). La grande différence entre Charlot et Hulot, c'est donc que chez Tati "le gag est dans la vie, il n'est pas 'séparé', il est intégré", sinon tout simplement "rencontré" (Agel, p. 52), tandis que chez Chaplin le gag est toujours *créé*. Ecoutons encore Tati : "Chaplin, devant une difficulté, un objet qui le gêne, a des idées, trouve quelque chose, modifie, interprète l'objet ... Hulot, lui, ne fait pas exprès [...]. Hulot doit faire des gags sans qu'il s'en aperçoive, sans faire un clin d'oeil au public comme Charlot" (Kyrou, p. 15). Le gag chez Tati est toujours un effet du hasard, du malentendu ou de la maladresse. Et Tati de citer le célèbre épisode du cimetière où la chambre à air, tombée par terre et couverte de feuilles mortes, est prise pour une couronne mortuaire que Hulot aurait apportée aux obsèques. Dans un film de Chaplin, cela se serait passé tout autrement : "Dans le cimetière, par exemple, si Chaplin s'était trouvé dans la même situation qu'Hulot, il aurait ramassé la chambre à air et y aurait collé lui-même les feuilles, tandis qu'Hulot ne s'en rend même pas compte" (*ibid.*, voir le *Dossier critique*). Charlot est inventif, Hulot est inconscient ; l'un construit, l'autre subit.

FICHE PÉDAGAGIQUE

Propos de Jacques Tati

"Je me suis dit ensuite : 'Il faut que ce soient mes acteurs qui évoluent, il ne faut pas que ma caméra bouge.' On m'a souvent reproché : 'Tati ne fait pas de technique!' Je m'excuse, je sais très bien ce qu'est un travelling, je peux aussi mettre une caméra sur une grue et la faire monter à cinq ou six mètres : il n'y a qu'à s'asseoir à côté de l'opérateur et à dire: 'On monte!' Et on peut panoramiquer, on peut suivre tout ce qu'on veut. Je ne dis pas que cette technique ne serve pas une construction dramatique dans un film qui en a absolument besoin et où il est indispensable de ramper avec un monsieur pour voir en rampant ce qu'il découvre. Mais mon histoire est tout à fait différente : c'est une histoire qui se passe dans deux décors et je veux voir les personnages évoluer dans les décors" (Bazin et Truffaut, p. 10).

"A ce moment-là, on pourrait mettre, comme vous le dites, les points sur les i parce qu'il est certain dans le cas des *Vacances de M. Hulot* qu'il est facile avec le dialogue et sans demander un effort au spectateur de dire : l'homme d'affaires a continué à faire ses affaires, le jeune intellectuel de gauche n'a pas arrêté de faire de la propagande contre la société, l'ancien colonel en retraite n'arrête pas d'empoisonner tout le monde avec ses faits d'armes, bon, et les femmes continuent à avoir le même comportement quand elles vont dans une soirée que quand elles sont sur la plage à exhiber le plus beau short et en fait il n'y a que trois personnages qui avaient envie de passer de bonnes vacances et ne plus s'occuper du tout de ce qu'ils avaient fait toute l'année dans leur bureau ou autre part. Hulot, on savait pas d'où il venait, l'Anglaise on sentait qu'elle n'était venue là que pour s'amuser et le retraité, on sentait qu'il était content de pas avoir à retourner dans la bureaucratie ; bon, donc si vous voulez, qu'est-ce qui est important, on n'en sait rien, mais c'est là (puisque vous êtes en train d'étudier le son) que c'est le genre de film qui au contraire a besoin de cette bande sonore, c'est son sujet, et c'est pas facile, je peux vous le dire, c'est son scénario et c'est pourquoi il faut choisir ses effets de son comme un autre metteur en scène choisit la qualité de ses acteurs" (Henry et Le Péron, p. 10).

"Hulot arrive au cimetière. Il a besoin de faire repartir sa voiture, cherche une manivelle dans le coffre arrière, en cherchant sa manivelle sort un pneu, ce pneu tombe par terre, les feuilles viennent se coller sur le pneu, le pneu est transformé en couronne mortuaire et, cette couronne, l'ordonnateur des pompes funèbres croit que Monsieur Hulot est venu l'apporter. Vous me direz là : "Hulot n'a pas trouvé de gag". C'est exact, il n'en a pas trouvé. Il a fait ce qui aurait pu arriver à un monsieur un peu étourdi, sans avoir l'invention comique. L'invention comique vient du scénariste ou de la situation, mais ce qui est arrivé à Hulot pourrait arriver à énormément de gens [...]. Il n'a rien inventé.

"Dans le cas de Chaplin, si Chaplin avait trouvé le gag suffisamment bon pour le mettre dans son film — ce dont je ne suis pas certain — il aurait fait la même entrée qu'Hulot, mais, voyant que la situation est catastrophique (il y a un service religieux et sa voiture gêne ce service), se trouvant, en ouvrant son coffre, avec une chambre à air, il aurait *pour le spectateur* , collé lui-même les feuilles sur la chambre, transformé la chambre en couronne. Et là, les spectateurs auraient trouvé le personnage merveilleux, parce que, au moment même où personne n'aurait rien su imaginer pour le sortir de cette situation, il aurait inventé, sur l'écran, pour les spectateurs, un gag. Et c'est ce gag qui aurait décroché le rire et qui aurait fait dire en plus : "Il a été formidable." On ne peut pas dire ça d'Hulot. Il n'a pas été formidable, puisque ça aurait pu arriver à vous, à tout le monde : on fouille dans une voiture, il tombe quelque chose, on le ramasse, c'est normal. C'est là où on sent vraiment qu'il y a deux écoles tout à fait différentes, tout à fait opposées. Car Hulot n'invente jamais rien" (Bazin et Truffaut, p. 4).

"Alors moi, pour prendre des exemples qui sont très précis, vous prenez *Les Vacances de M. Hulot*, bon, il n'y a pas de son, je le tourne comme eux [Chaplin, Buster Keaton] pouvaient le tourner et je vous donne la voiture de Hulot, muette, bon, elle va peut-être amuser pendant deux plans parce qu'elle a une silhouette marrante et ce qu'elle aura à exécuter pourra à la rigueur être drôle, mais par le son la voiture d'Hulot devient *un personnage* très important dans le film. Avec tout le mal que nous nous somme donnés pour faire ces petits échappements, ces hésitations, de *put, pat, pit, pouc, pan*, qu'elle réveille l'hôtel, elle emmerde ; cette voiture devient un personnage plus important que s'il y avait un type rond qui se mettait à chanter toutes les nuits pour réveiller l'hôtel. Donc la personnalité de la voiture d'Hulot est sonore [...]. Et souvent des gens vous diront : il y a un truc que j'ai gardé en mémoire c'est le son de la porte de l'hôtel des *Vacances de M. Hulot* parce que par dessus les commandes que le patron passait à ses serveurs, chaque fois qu'un type rentrait il était annoncé par le bruit de la porte. Donc utilisation du son. Bon. Vous savez, étant donné que vous devez vous douter qu'il n'y a pas de film comique qui ne soit pas contestataire [...], la porte par elle-même ne conteste rien mais le fait qu'elle dérange les estivants dans la salle à manger, elle fait partie de cette contestation, vous êtes tous en train de bouffer et *cloung!* Et ça permet également, ça c'est un truc qui peut vous intéresser, d'utiliser le son pour permettre une certaine profondeur de champ. Je vous donne là un truc que j'ai fait : j'ai donné plus d'importance sonore aux vagues de la plage qui se trouvent au second plan qu'à un petit effet sans importance qui est au premier plan. Bien. Parce qu'à ce moment-là c'est bien ce que l'on a visuellement et auditivement, c'est bien la mer. C'est la vedette. Vous arrivez sur une plage et tout de suite : ah, la mer! (Henry et Le Péron, pp. 8-9).

Extraits à discuter

Extrait 1 (9'00-11'40): L'arrivée de M. Hulot.

Extrait 2 (19'40-20'05): Le gag de la montre.

Extrait 3 (25'00-26'20): Hulot et la valise.

Extrait 4 (28'10-29'45): La scène du jazz ; l'hôtelier et l'aquarium.

Extrait 5 (34'10-35'10): Le coup de pied au derrière du "voyeur".

Extrait 6 (35'15-38'15): Le gag du pot de peinture ; le canoë-requin.

Extrait 7 (38'45-4'15): Le gag des pas mouillés.

Extrait 8 (53'30-56'20): La scène du ping-pong et des joueurs de cartes.

Extrait 9 (1h01'20-03'35): Le cheval et le spider ; le gag de la guimauve.

Extrait 10 (1h17'45-23'20): Suites de la scène du jazz ; certains attendent Hulot; le feu d'artifice.

Sujets de réflexion

1. La scène de la gare et l'utilisation du son.
2. Le personnage de M. Hulot : son apparence, son caractère.
3. Le rôle de la voiture de M. Hulot dans les gags.
4. L'arrivée de M. Hulot à l'hôtel ; l'effet sur les autres estivants.
5. L'utilisation de la parole et de la musique dans ce film.
6. L'épisode du cimetière ; le gag de la chambre à air-couronne mortuaire.
7. Les parties de tennis et de ping-pong ; le gag des joueurs de cartes.
8. Le portrait des vacanciers.
9. Hulot et les enfants ; la vieille anglaise, le mari promeneur.
10. Commenter le rôle de "catalyseur" de M. Hulot dans le comique de Jacques Tati.

DOSSIER CRITIQUE

Michel Chion — M. Hulot

L'image coutumière, le portrait-robot que l'on se fait de Hulot le montre grand, la pipe au bec, vêtu de pantalons trop courts laissant voir des chaussettes rayées — toujours correct au demeurant, qu'il soit en tenue de ville ou habillé sport, portant le noeud papillon ou le col ouvert, un trop court imperméable ou une veste d'été, mais souvent coiffé d'un chapeau qu'il soulève courtoisement, et armé d'un parapluie. Sa démarche est unique : tantôt, il avance à grandes enjambées déterminées, mû par une décision dont il ne dit mot ; tantôt c'est la valse-hésitation, et il fait des marches d'approche compliquées. Jamais il n'est vraiment en repos, même dans l'immobilité, toujours à prendre la position de celui qui va quelque part, véritable plaque tournante humaine. Son expression, voilée par la pipe, le chapeau et la distance, est indéfinissable, entre le tracas, la stupidité, et la neutralité polie. Dans son attitude comme dans ses gestes, il fait celui qui n'a l'air de rien, et qui ne l'a jamais. Hulot a toujours, en fait, l'air de quelque chose, mais sans que l'on sache de quoi (*Jacques Tati*, pp. 31-32).

Marc Dondey — "Cette incessante effervescence du détail"

Sur le quai de la gare, une foule agitée attend le train qui doit l'emmener sur la côte. Epuisettes et cannes à pêche se prennent dans les pieds des voyageurs : familles au grand complet, campeurs aux sacs à dos surchargés. [Une mère] gifle son fils. La poignée d'une valise lâche traîtreusement. Au son d'un haut-parleur nasillard, incompréhensible, les voyageurs se précipitent dans un souterrain pour refaire surface sur un autre quai. Un train entre en gare sur la voie dont ils viennent de s'éloigner. Nouvelle annonce, immédiatement suivie d'un mouvement de repli de la foule qui revient à son point de départ. Mais le train, déjà, est reparti. Les voyageurs essoufflés posent au sol leur encombrant attirail. Le haut-parleur grésille. Sur la voie la plus éloignée, au désespoir des vacanciers, un autre train s'est immobilisé. Ce ballet mi-humain, mi-mécanique entre la foule et les locomotives, réglé par un chef de gare invisible et confus, ce va-et-vient des vacanciers déferlant d'un quai à l'autre pour se retirer aussitôt, sont une malicieuse illustration des mouvements des vagues. L'effet comique de cette scène s'appuie à la fois sur l'émotion que ressent encore le spectateur et sur un foisonnement de détails extraordinairement justes.

Toutes les silhouettes réunies dans cette foule sont dessinées avec le soin d'une miniature. La gifle injuste, la courroie qui lâche, les deux parapluies dont les poignées s'entrelacent au moment où leurs propriétaires se croisent et qui tombés à terre indiquent deux directions diamétralement opposées, comme un absurde panneau de signalisation … autant de petits événements comiques qui fixent l'attention, autant de traits d'observation qui désarment le spectateur, à peine vus, sitôt disparus. Ce qui donne au tableau son unité, sa vie, sa saveur, c'est cette rencontre étincelante du comique et de la vérité, cette incessante effervescence du détail" (*Tati*, pp. 95-96).

François Chevassu — "Un chef-d'oeuvre du cinéma comique"

Il faut se méfier de Tati. L'humour n'est pas toujours où on le voit d'abord mais davantage dans ce départ du gag qui fait passer d'un effet comique presque usuel à une notation beaucoup plus subtile. Dans le salon de l'hôtel, Hulot entend sonner une pendule. Il pivote son poignet d'un demi-tour pour vérifier sa montre. Le serveur qui le regarde agit de même. Mais comme il a un verre à la main, il le renverse sur un client. Altercation… C'est bien fait, c'est drôle, mais on avait déjà vu ça chez Laurel et Hardy. On serait presque déçu. Un ou deux plans plus loin, le serveur sort en marmonnant, comme toujours, sur la porte du restaurant et regarde l'heure … à sa montre gousset.

La force de Tati, nous l'avons déjà vu dans *Jour de fête*, c'est aussi de ne pas tirer systématiquement les effets comiques à lui. Si Hulot est au centre de l'action, le monde qu'il traverse existe, ses personnages ont une épaisseur. Suffisamment pour que, vingt-quatre ans après, nous puissions encore les reconnaître sur les plages de l'été, aux nuances mode près. Le serveur a sa vie propre, il crée le comique. Il lui suffit pour cela de regarder sa montre, de jeter un oeil par-dessus l'épaule d'un client, de se planter devant un menu, de passer une porte à abattant au bruit insistant, et lorsqu'il est aux prises avec les traces énigmatiques de Hulot, il fait jeu égal dans la construction dramatique. La démarche de Tati consiste à nous apprendre à découvrir l'humour là où il est ; partout autour de nous ; en nous aussi. Hulot ne peut donc pas être l'objet exclusif du film, mais seulement un catalyseur, quelqu'un qui traverse le monde et révèle les faiblesses d'un rituel artificiel. Celui des vacances ici, d'autres plus tard" ("*Les Vacances de M. Hulot*", p. 108).

Ado Kyrou — "Moi et le monde extérieur"

Les grands films comiques doivent habituellement leur nature au personnage principal qui se trouve en butte avec le monde extérieur. Pour ce faire, la réalité est exagérée, distordue, retournée, ce qui ne veut absolument pas dire qu'elle soit trahie. Les objets offrent une résistance, les événements se précipitent suivant des règles inattendues, la surprise, le choc, le gag découlent de l'attitude prise par le héros. "Moi contre le monde extérieur" pourrait être la devise de presque tous les grands comiques. Keaton subit imperturbablement la lutte, Laurel et Hardy se défendent furieusement, provoquant ainsi de nouvelles réactions en chaîne, Chaplin se révolte poétiquement contre le monde, Langdon transforme la réalité selon ses propres conceptions, Fields et les Marx détruisent cette réalité.

La devise de Tati pourrait être "Moi et le monde extérieur". Ici — et lorque je dis "ici", je pense surtout aux *Vacances de Monsieur Hulot* — plus de distorsion de la réalité, mais au contraire, une description presque naturaliste du monde extérieur contre lequel le héros n'a même pas à s'insurger : s'il n'y a pas lutte, s'il n'y a pas exagération, d'où naît donc le rire?

Tati ne ferait pas rire s'il ne s'adressait pas à nous par le truchement du cinéma. Une séquence de Tati entr'aperçue dans la rue nous laisserait de glace. Tous, nous vivons quotidiennement les aventures de M. Hulot. Ces aventures sont si banales, qu'elles passent devant nos yeux de promeneurs ou de voyageurs de métro sans qu'elles soient même enregistrées. Tati nous montre ce qui se passe à chaque instant, n'importe où et qui reste inaperçu à cause, justement, de sa non-rareté […].

Le décalage — tant par rapport à la vie que par rapport au cinéma — le rire donc, naissent dans les films de Tati, parce que cet auteur nous montre au cinéma ce que l'on refuse systématiquement de nous montrer sur un écran, ce qui est pourtant la grande merveille de la vie, la réalité non tronquée, la réalité non seulement manifeste mais aussi sensible. Un bruit de porte, de la guimauve qui coule, un bal masqué raté, une poignée de mains gênée, sont des choses, à première vue, sans importance, mais qui peuvent prendre dans la vie d'un homme une valeur de terrifiant signe, qui sont en tout cas notre vie. Tati dédaigne la "tranche de vie" pour nous donner "la vie" ("Tati et le monde extérieur", pp. 9-11).

André Bazin — La bande sonore

Mais davantage que l'image la bande sonore donne au film son épaisseur temporelle. C'est aussi la grande trouvaille de Tati et techniquement la plus originale. On a parfois dit à tort qu'elle était constituée par une sorte de magma sonore sur lequel surnageraient par moment des bribes de phrases, des mots précis et d'autant plus ridicules. C'est seulement l'impression qu'en peut tirer une oreille inattentive. En fait, rares sont les éléments sonores indistincts (comme les indications du haut-parleur de la gare, mais alors le gag est réaliste). Au contraire, toute l'astuce de Tati consiste à détruire la netteté par la netteté. Les dialogues ne sont point incompréhensibles mais insignifiants et leur insignifiance est révélée par leur précision même. Tati y parvient surtout en déformant les rapports d'intensité entre les plans sonores, allant même parfois jusqu'à conserver le son d'une scène hors champ sur un événement muet. Généralement son décor sonore est constitué d'éléments réalistes : bouts de dialogues, cris, réflexions diverses, mais dont aucun n'est placé rigoureusement en situation dramatique. C'est en rapport à ce fond qu'un bruit intempestif prend un relief absolument faux. Par exemple, durant cette soirée à l'hôtel où les pensionnaires lisent, discutent ou jouent aux cartes : Hulot joue au ping-pong et sa balle de celluloïd fait un bruit démesuré, elle fracasse ce demi-silence comme une boule de billard ; à chaque rebond, on croit l'entendre grossir davantage. A la base de ce film, il y a un matériau sonore authentique, enregistré effectivement sur une plage, sur lequel se surimposent des sons artificiels non moins précis du reste, mais constamment décalés. De la combinaison de ce réalisme et de ces déformations naît l'irréfutable inanité sonore de ce monde cependant humain. Jamais sans doute l'aspect physique de la parole, son anatomie, n'avait été mise aussi impitoyablement en évidence. Habitués que nous sommes à lui prêter un sens même quand elle n'en a aucun, nous ne prenons pas sur elle le recul ironique qu'il nous arrive d'avoir par la vue. Ici les mots se promènent tout nus avec une indécence grotesque, dépouillés de la complicité sociale qui les habillait d'une dignité illusoire […]. Il arrive aussi que Tati introduise subrepticement un son totalement faux, sans que, emmêlés dans cet écheveau sonore, nous songions même à protester. Ainsi du bruitage du feu d'artifice dans lequel il est difficile d'identifier, si l'on ne s'y efforce volontairement, celui d'un bombardement. C'est le son qui donne à l'univers de M. Hulot son épaisseur, son relief moral. Demandez-vous d'où vient, à la fin du film, cette grande tristesse, ce désenchantement démesuré, et vous découvrirez peut-être que c'est du silence. Tout au long du film, les cris des enfants qui jouent accompagnent inévitablement les vues de la plage, et pour la première fois leur silence signifie la fin des vacances ("M. Hulot et le temps", pp. 46-47).

André Bazin — "L'envers d'une tragédie"

Comme tous les vrais et grands comiques, Tati nous fait rire de l'envers d'une tragédie ; ses vacances sont celles de l'imbécillité, de la cruauté, de la suffisance d'une humanité à laquelle seule l'inutilité et la "relaxation" estivale peuvent rendre une manière de grâce. Objectivement, il n'est sans doute pas de film noir plus amer que ce film comique. Pourtant, je ne sais quoi rachète ce monde trop stupide même pour s'ennuyer. La présence de M. Hulot y diffuse un amour maladroit mais irréfutable. Ses initiatives saugrenues ne troublent que le désordre établi, mais elles deviennent le plus souvent les coups du sort. Comme le paratonnerre qui attire la foudre et la neutralise. Blanc chevalier casqué de papier journal, armé de canne à pêche, toujours en quête d'on ne sait quel Graal, M. Hulot est le témoin d'une poésie et d'un idéalisme à la mesure de cette humanité où nous devons bien, en dépit que nous en ayons, nous reconnaître" (*Liens*, mai 1953, cité par Agel, *Hulot parmi nous*, p. 114).

FILMOGRAPHIE DE JACQUES TATI

Courts métrages (scénariste et interprète)

1932 *Oscar, champion de tennis*

1934 *On demande une brute*

1935 *Gai dimanche*

1936 *Soigne ton gauche* (mise en scène de René Clément)

Réalisateur, scénariste, interprète

1947 *L'Ecole des facteurs* (court métrage)

1949 *Jour de fête*

1953 *Les Vacances de Monsieur Hulot*

1958 *Mon Oncle*

1967 *Playtime*

1971 *Trafic*

1974 *Parade* (en vidéo)

OUVRAGES CONSULTÉS

Agel, Geneviève. *Hulot parmi nous*. Paris: Editions du Cerf, 1955.

Amengual, Barthélemy. "L'Etrange comique de Monsieur Tati", *Cahiers du cinéma* 32 (fév. 1954), 31-36.

Bazin, André. "M. Hulot et le temps" (paru dans *Esprit* 1953), article reproduit dans *Qu'est-ce que le cinéma?* Paris: Editions du Cerf, 1981 (pp. 41-48).

Bazin, André et François Truffaut. "Entretien avec Jacques Tati", *Cahiers du cinéma* 83 (mai 1959), 2-18.

Cauliez, A.-J. *Jacques Tati*. Cinéma d'aujourd'hui. Paris: Seghers, 1968.

Chevassu, François. *"Les Vacances de M. Hulot"*. *Image et son* 317 (mai 1977), 107-109.

Chion, Michel. *Jacques Tati*. Paris: Cahiers du cinéma, 1987.

Daney, Serge. "Eloge de Tati". *Cahiers du cinéma* 303 (sept. 1979), 5-7.

Decaux, Emmanuel. "Revoir *les Vacances de Monsieur Hulot*". *Cinématographe* 27, 32.

Desbarats, Carole. *Les Vacances de Monsieur Hulot*. Paris: Yellow Now,   1997.

Doisneau, Robert. "Jacques Tati". *Cinéma 55* 3 (janv. 1955), 43-47.

Dondey, Marc. *Tati*. Paris: Ramsay, 1989.

Henry, Jean-Jacques et Serge Le Péron. "Entretiens avec Jacques Tati". *Cahiers du cinéma* 303 (sept. 1979), 8-13.

Kermabon, Jacques. *Les Vacances de M. Hulot*. Paris: Yellow Now, 1988.

Kyrou, Ado. "Tati et le monde extérieur", suivi d'un "Entretien avec Jacques Tati" *Cinéma 56* 12 (oct.-nov. 1956), 9-16.

Parmion, Serge. "Enfin Tati revient". *Cahiers du cinéma* 22 (avril 1953), 49-50.

Sadoul, Georges. *Chroniques du cinéma français 1939-1967*. Paris: Union Générale d'éditions, 1979.

Villien, Bruno. "Entretiens. Jacques Tati". *Cinématographe* 27 (mai 1977), 30-31

Robert Bresson

Un condamné à mort s'est échappé

ou

Le Vent souffle où il veut

(1956)

Robert Bresson, *Un condamné à mort s'est échappé* : Fontaine (François
Leterrier) dans sa cellule au Fort de Montluc. © Gaumont

Réalisation..Robert Bresson
Assistants à la realisation...................Jean-Paul Clément, Louis Malle
Scénario et dialogues..Robert Bresson
Récit original... André Devigny
Chef-Opérateur ....Léonce-Henry Burel
Caméraman.. Henri Raichi
Décors ....Pierre Charbonnier
Son..Pierre-André Bertrand
Musique...Mozart, *Messe en ut mineur*

Montage..Raymond Lamy
Scripte ....Annie Dubouillon
Production.................. Société Gaumont-Nouvelles Editions de Films
Durée .... 1 h 39

Interprètes principaux

François Leterrier (*Fontaine*), Roland Monod (*le Pasteur*), Jacques Ertaud (*Orsini*), Jean-Paul Delhumeau (*Hébrard*), Roger Tréherne (*Terry*), Maurice Beerblock (*M. Blanchet*), Charles LeClainche (*Jost*).

Synopsis

Lyon, 1943. Fontaine, lieutenant dans la Résistance, se trouve dans une voiture de la Gestapo, en compagnie de deux autres prisonniers. On l'emmène au Fort de Montluc où les Allemands ont installé une prison. Lorsque la voiture s'arrête un instant, Fontaine tente de s'évader, mais il est immédiatement repris, remis dans la voiture et assommé à coups de crosse. Arrivé à la prison, il est battu avant d'être amené à sa cellule, ensanglanté , sur un brancard. Lorsque des soldats allemands le réveillent, il feint d'être trop faible pour se lever ; il pense que c'est peut-être grâce à cela qu'il n'a pas été fusillé sur-le-champ.

En se hissant jusqu'à un vasistas, Fontaine arrive à voir la cour intérieure de la prison. Il prend contact ainsi avec un autre détenu, Terry, qui va l'aider à communiquer avec l'extérieur. Terry lui jette un peu de ficelle, ce qui lui permettra de descendre des lettres et de remonter de petits objets, comme un rasoir et un épingle que son ami lui procure. On fait descendre Fontaine aux lavabos où il fait sa toilette, les menottes toujours aux poignets.

Avec l'épingle, et les conseils que lui donne son voisin (avec qui il communique en frappant contre le mur), Fontaine réussit à enlever ses menottes, qu'il remet lorsque les gardiens arrivent. Il subit un interrogatoire et donne sa parole de ne pas chercher à s'évader, avec toutes les restrictions mentales qu'on peut imaginer. Il est bientôt transféré dans une nouvelle cellule, où l'on lui enlève ses menottes. Il s'inquiète du silence de son nouveau voisin, qui ne répond pas lorsqu'il frappe au mur.

Fontaine apprend la routine de la prison : le repas servi dans une gamelle, la descente quotidienne dans la cour pour vider les seaux hygiéniques, suivie d'une séance de toilette dans les lavabos. C'est là où il rencontre d'autres détenus, comme Hébrard, le Pasteur et Orsini. ; ce dernier a été trahi, livré à la Gestapo, par sa propre femme. Les prisonniers arrivent à communiquer, furtivement, entre eux, malgré l'interdiction formelle de parler. Fontaine s'habitue à entendre les salves ponctuant les exécutions dans l'enceinte de la prison. Un jour, au moment de sa sortie dans la cour, il aperçoit enfin son voisin silencieux, un vieillard qui s'appelle Blanchet.

Remarquant que sa porte de cellule peut être démantelée, il façonne un ciseau en frottant le manche d'une cuillère en fer contre le plancher de sa cellule. Il commence un travail de fourmi, limant et démontant lentement la porte, dans la crainte d'être découvert à tout moment. Fontaine fait connaissance avec Blanchet en l'aidant à se relever un jour où le vieillard fait une chute dans la cour. Ils commencent à se parler par la fenêtre de leurs cellules. Blanchet demande à

Fontaine d'arrêter de limer sa porte, craignant de voir punir tout l'étage, mais une amitié se noue entre les deux hommes.

Après un mois de travail patient, Fontaine vient à bout de sa porte, ce qui lui permet de sortir dans le couloir et d'aller effacer les punitions qui sont marquées sur la porte d'un prisonnier. Il confie aux autres prisonniers son projet de s'évader, sans trop savoir comment il s'y prendra. Le Pasteur lui remet un billet sur lequel il a recopié un court dialogue où le Christ dit à Nicodème : *"Le vent souffle où il veut"*. Comme Orsini veut s'associer à la tentative d'évasion de Fontaine, celui-ci lui passe un billet où il lui explique comment démonter sa porte. Une nuit, Fontaine sort de sa cellule et se hisse sur le toit en passant par la verrière du couloir. Il commence à fabriquer une corde avec des lanières découpées dans son traversin — ensuite dans des chemises, des draps, des couvertures — corde qu'il consolide avec du fil de fer qu'il enlève du grillage de son châlit. Orsini s'impatiente et essaie de s'enfuir tout seul ; il est ramené à sa cellule et battu. Fontaine profitera de l'échec d'Orsini, qui lui apprend, avant son exécution, qu'il faut des crochets pour passer le dernier mur d'enceinte et lui explique comment les fabriquer.

Les Allemands confisquent les crayons des détenus, menaçant de fusiller ceux qui ne les rendent pas. Fontaine refuse de donner le sien, tout simplement pour ne pas céder à l'ennemi. Le jour où l'on devait fouiller sa cellule, il reçoit un colis, ce qui détourne l'attention des gardiens, qui oublient la fouille. Dans le colis se trouvent des vêtements dont il se sert pour continuer de fabriquer sa corde. Blanchet, qui finit par croire à l'évasion de Fontaine, lui donne une de ses couvertures, pour pouvoir finir la corde. Fontaine se rend compte qu'il lui faut un compagnon pour réussir son évasion, mais il a du mal à trouver quelqu'un. Les autres détenus l'encouragent à tenter son évasion le plus tôt possible ; on craint qu'il n'échoue s'il continue d'attendre.

On amène Fontaine à l'Hôtel Terminus, siège de la Gestapo à Lyon, où il apprend qu'il est condamné à mort pour ses activités de résistant (il avait essayé de faire sauter un pont). Il est soulagé, au retour, d'être remis dans la même cellule, où il avait caché tout le matériel pour son évasion, mais il comprend qu'il faut agir vite. Il doit confronter un nouveau dilemme, pourtant, quand on introduit dans sa cellule un jeune détenu français, François Jost, qui avait servi dans l'armée allemande avant de déserter. Fontaine transmet au Pasteur ses dernières volontés.

Craignant d'avoir affaire à un traître, Fontaine envisage la nécessité de tuer Jost pour l'empêcher de dénoncer sa tentative d'évasion. Il finit pourtant par se confier à lui et par lui proposer de partir avec lui ; il lui fait comprendre, d'ailleurs, qu'il n'a vraiment pas le choix. La nuit de l'évasion, Fontaine et Jost passent par la lucarne du couloir et montent sur le toit avec tout leur matériel. Le toit est couvert de gravier, qui crisse sous leurs pas, de sorte qu'ils doivent attendre le bruit du passage des trains pour avancer. Fontaine est obligé de descendre dans la cour pour étrangler une sentinelle qui fait le guet au pied du premier mur d'enceinte. Quand ils arrivent au deuxième mur, Fontaine se rend compte qu'il n'aurait pu avancer plus loin sans le concours de Jost, les deux hommes s'aidant réciproquement à monter en haut du mur. De l'autre côté, dans un fossé entre deux murs, une autre sentinelle fait sa ronde à bicyclette. A l'aide des crochets attachés à la corde, Fontaine fait un pont entre les deux murs. Après des heures d'attente, Fontaine se lance subitement. Il franchit l'espace en s'accrochant à la corde, suivi bientôt de Jost. Les deux hommes sautent en bas du mur et s'éloignent dans la nuit.

La réception

La sortie d'*Un condamné à mort s'est échappé*, comme celle de chaque nouveau film de Bresson, est ressentie par les critiques du cinéma comme un "coup d'audace", sinon un "coup de tonnerre" dans le monde du cinéma. L'accueil est généralement euphorique, comme en témoigne René Briot : "… le film fut salué à peu près unanimement par la presse. Chaque critique s'accorda à reconnaître au film une qualité exceptionnelle" (p. 92). Quelques jours après la première, François Truffaut n'hésite pas à proclamer, dans un article dithyrambique, qu'"*Un condamné à mort s'est échappé* est non seulement le plus beau film de Robert Bresson mais aussi le film français le plus décisif de ces dix dernières années" en ajoutant plus loin que c'est "le premier film de Bresson qui soit parfaitement homogène, sans un seul plan raté" (*Arts*, 593, p. 3). *Le Film français* enchaîne sur le même ton : "Un film de Bresson est toujours un événement. Celui-ci, austère, rigoureux, enclos dans un cadre nu, est la réussite d'un art dépouillé, émouvant à force d'humanité […]. Tableaux, prises de vues, sont sans reproche" (p. 9). J.-L. Tallenay renchérit en déclarant qu'il s'agit dans le nouveau film de Bresson d'une "révolution copernicienne de l'esthétique" (p. 4).

A la même époque, après avoir assisté à une seule projection du film, André Bazin se montre tant soit peu "embarrassé", trouvant plus facile de décrire ce que le film n'est pas (un film conventionnel qui "exploite les effets dramatiques du scénario", un film "vraisemblable") que ce qu'il est. Comme tout le monde, Bazin est frappé par la profonde originalité de Bresson dans *Un condamné*, "cette œuvre insolite et qui ne ressemble à rien de ce que le cinéma nous offre à longueur d'année" (*Cahiers du cinéma* 72, p. 27). Après Truffaut, qui remarque encore que le film "s'oppose radicalement à tous les styles de mise en scène" (*Arts*, 596, p. 3), Rohmer signale, comme d'autres avant lui, que "Bresson se dérobe à tout classement". Il évoque surtout les rapports entre son film et la peinture : "Une invention constante, mais nulle préciosité dans les cadrages ou les angles de prise de vue. Bresson, comme les grands peintres, a sa touche, son trait décelable à sa pureté sans sécheresse, la douceur jamais molle de ses inflexions" (pp. 42, 45). Marcel Martin, de son côté, souligne qu'il s'agit d'un cinéaste "inclassable" mais soutient que «la réalisation de Bresson est magistrale» et que «cet admirable film prouverait, s'il en était besoin, la profonde unité d'inspiration et expression» de son œuvre (pp. 110-113).

Tout le monde n'est pourtant pas séduit par le cinéma de Bresson. Il y a des voix discordantes, telles que celle d'Ado Kyrou, qui, tout en reconnaissant le talent de Bresson, estime que "ses films sont pourtant secs, collet-montés, ennuyeux". Quant à *Un condamné*, c'est "la relation d'une captivité et d'une évasion. Sujet beau entre tous, que Bresson détruit systématiquement. Il élimine un à un tous les éléments d'un drame qui pouvait être passionnant" (p. 41). Quelques mois plus tard, le jury du Festival de Cannes va pourtant plébisciter l'opinion critique générale en décernant à *Un condamné à mort s'est échappé* le Prix de la meilleure mise en scène 1957. Le film obtient également le Prix du meilleur film 1957 de l'Académie du film français, le Prix de l'Office catholique internationale du cinéma (OCIC), le Prix Victoire du cinéma français du sondage *Le Figaro/Cinémonde* et le Prix de la Critique italienne. Il est considéré, de manière générale, comme le meilleur film de Bresson ; c'est le seul, d'ailleurs, qui ait connu un grand succès auprès du public.

Avant *Un condamné à mort s'est échappe*

Né en Auvergne en 1907, Bresson fait ses études secondaires à Sceaux, près de Paris, avant de faire l'Ecole des Beaux Arts. Il s'intéresse d'abord à la peinture, se spécialisant dans les portraits, puis se tourne, à l'âge de vingt-six ans, vers le cinéma. Entre 1933 et 1939 il travaille tantôt comme dialoguiste ou scénariste, tantôt comme assistant à la réalisation, et réalise lui-même un court métrage burlesque d'environ vingt minutes, *Les Affaires publiques*, en 1934.

Quand la guerre éclate en 1939, Bresson s'engage dans l'armée. Fait prisonnier en Hollande lors de la défaite de la France en juin 1940, Bresson est rapatrié en mars 1941. De retour à Paris, il réalise un long métrage, *Les Anges du péché* (1943), où il s'agit des soeurs de Béthanie, un ordre religieux qui se consacre à la réhabilitation spirituelle et morale de femmes qui sortent de prison. Les dialogues sont écrits par l'auteur dramatique célèbre, Jean Giraudoux.

Encouragé par la réussite de ce premier film, Bresson entreprend d'adapter l'histoire de Mme de la Pommeraye, l'épisode central d'un roman du dix-huitième siècle, *Jacques le fataliste et son maître* (ca. 1770) de Diderot. Ayant recruté Jean Cocteau pour l'aider à écrire les dialogues, Bresson réalise *Les Dames du Bois de Boulogne* (1945) dans les conditions matérielles très difficiles de la fin de la guerre et de la Libération. Son film est une version modernisée du récit de Diderot, où une femme du monde se venge de son amant infidèle en lui faisant épouser une fille de mœurs faciles. *Les Dames*, malgré de grandes qualités qu'on lui reconnaîtra par la suite, est le plus grand "échec" (le seul film non primé) de la carrière de Bresson. De manière générale, les critiques de l'époque sont sévères, trouvant le film trop sec, lent et monotone, les personnages trop désincarnés, trop froids pour communiquer les passions humaines en jeu.

La sortie des *Dames* est suivie d'une ellipse de cinq ans, pendant laquelle Bresson écrit, seul cette fois, une adaptation du roman de Georges Bernanos, *Journal d'un curé de campagne* (1936), où il s'agit de l'acheminement vers la grâce, dans la solitude et l'agonie, d'un jeune prêtre dans une petite communauté rurale. Réalisé en 1950, le film du même nom est acclamé comme un chef-d'œuvre indiscutable, obtient de nombreux prix et apporte à Bresson une célébrité internationale. Après deux projets non-aboutis au début des années cinquante — une adaptation de l'histoire du chevalier Lancelot du Lac, du poète médiéval Chrétien de Troyes, et une autre du célèbre roman classique de Mme de Lafayette, *La Princesse de Clèves* (1678) — Bresson découvre en 1954 le récit d'une évasion spectaculaire d'une prison de la Gestapo pendant l'Occupation. L'adaptation au cinéma de cette histoire véritable, sous le titre même du récit, *Un condamné à mort s'est échappé*, n'est que le quatrième film de Bresson en treize ans, mais celui-ci est déjà devenu une sorte de légende dans le monde du cinéma français. Bresson a ses détracteurs et ses inconditionnels, mais ceux-ci, Janick Arbois par exemple, voient dans cette courte série de films une marche vers "le perfectionnement, l'approfondissement d'une œuvre 'extraordinaire' au sens le plus fort du mot" (p. 3). Arbois ajoute, d'ailleurs, qu'"il n'y a pas de film secondaire dans la carrière cinématographique de Bresson", ses quatre films étant "autant d'œuvres essentielles d'une richesse inépuisable et que le temps ne démodera pas" (*loc. cit.*).

La genèse et le tournage

En 1943 le lieutenant André Devigny, un résistant de la première heure, est arrêté par la Gestapo et incarcéré dans la prison du Fort de Montluc près de Lyon. Après plusieurs mois de préparatifs, et quelques heures seulement avant son exécution, il réussit une évasion qui tient tout simplement du miracle. C'est une prison dont on ne s'échappait pas, et à l'entrée de laquelle on peut lire sur une plaque, qui devient le premier plan du film de Bresson, "Ici souffrirent sous l'occupation allemande dix mille internés victimes des nazis et [de] leurs complices. Sept mille succombèrent". Parmi ces sept mille, celui qui est resté le grand martyr de la Résistance, Jean Moulin, fusillé à Montluc après avoir été torturé. Lorsque Bresson lit le récit de cette évasion par Devigny, publié par *Le Figaro littéraire* au mois de novembre 1954, il décide d'en faire son prochain film.

Bresson a réfléchi pendant six mois avant de se mettre au travail. Ensuite, tout s'est passé, selon ses critères, assez "rapidement" : environ trois mois pour écrire les dialogues, autant de temps pour mettre en place son équipe et trouver les acteurs. Par souci d'authenticité, Bresson tourne les extérieurs à Montluc même, et en présence d'André Devigny lui-même, qui lui sert de conseiller technique pour les détails matériels de l'évasion. Comme le fort sert toujours de prison militaire à l'époque, on évacue cinquante détenus vers un autre pénitencier pendant les treize jours de tournage. Pour les intérieurs, le décorateur, Pierre Charbonnier, reconstruit la cellule au millimètre près au Studio Saint-Maurice, en utilisant de vrais matériaux pour que les bruits soit identiques à ceux qui se produisaient dans la cellule originale. Bresson met deux mois et demi à tourner le film (du 15 mai au 2 août), trois mois à le monter. La première du film a lieu le 10 novembre à Paris.

Les acteurs-"modèles"

La question du choix des interprètes, comme du jeu de ceux-ci, est très particulière chez Bresson et mérite que l'on s'y arrête un moment. Comme il en a pris l'habitude depuis le tournage de son film précédent, *Le Journal d'un curé de campagne*, Bresson évite d'engager des acteurs professionnels pour *Un condamné*. Pour le rôle de Fontaine, le protagoniste, par exemple, il engage un étudiant en philosophie, François Leterrier, sans aucune expérience du cinéma. Pour le pasteur il choisit Roland Monod, un journaliste, pour Blanchet, Maurice Beerblock, un traducteur belge, pour Jost, un jeune apprenti déniché dans un orphelinat des Jésuites, et ainsi de suite. Les rôles des gardiens et des membres de la Gestapo sont tenus par des étudiants résidant à la Cité allemande. Tous des amateurs. L'attitude de Bresson à l'égard des acteurs de cinéma est passée dans la légende du réalisateur. Bresson ne supporte pas au cinéma le jeu des comédiens professionnels, qui relève, à son sens, de l'art dramatique, du théâtre. Quand on film des acteurs qui «jouent», on ne fait qu'enregistrer du théâtre, tandis que Bresson estime que le cinéma doit trouver son propre langage : "Je crois au langage très particulier du cinéma et je pense que, dès que l'on essaye de s'exprimer par la mimique, par les gestes, par des effets de voix, cela ne peut plus être du cinéma, cela devient du théâtre photographié" ("Propos de Bresson", p. 4). Pour refuser toute identification avec le cinéma conventionnel, Bresson utilise plutôt le terme de "cinématographe". Les acteurs, eux, sont formés justement pour faire partie d'un spectacle, conception du cinéma que Bresson rejette formellement : "Le cinéma n'est pas un spectacle, c'est une écriture" (p. 5). Son rejet du jeu des acteurs n'est donc qu'un élément — certes primordial — dans une prise de position théorique qui situe Bresson clairement dans la voie de la modernité cinématographique, définie quelques années plus tôt par la célèbre métaphore de la "caméra-stylo" d'Alexandre Astruc : "… j'appelle ce nouvel âge du cinéma celui de la *Caméra stylo*. Cette image a un sens bien précis. Elle veut dire que le cinéma s'arrachera peu à peu à cette tyrannie du visuel, de l'image pour l'image, de l'anecdote immédiate, du concret, pour devenir un moyen d'écriture aussi souple et aussi subtil que celui du langage écrit" (p. 39).

Il est vrai, d'ailleurs, que "le système Bresson", en ce qui concerne la direction d'acteurs, sa "mécanique", est inconciliable avec le métier de comédien. Pour commencer, Bresson ne demande pas à ses acteurs d'"incarner" un personnage, mais d'être eux-mêmes : "Mais surtout, mon système permet, en se donnant beaucoup de mal, de trouver chez l'interprète, non pas une resemblance physique et de le choisir parce qu'il est blond ou brun, grand ou petit, mais une ressemblance morale, si bien qu'à partir du moment où il prendra part au travail du film, il n'aura qu'à être lui-même" (*loc. cit.*). Contre le *paraître* du comédien, Bresson choisit donc l'*être*, plus authentique, de la personne. En parlant de François Leterrier, Jean Sémolué dira ainsi, "Ce dernier ne tient pas le rôle de Fontaine ; il *est* Fontaine" (p. 172). Une fois ses interprètes trouvés, Bresson leur interdit de "jouer". Il les appelle, d'ailleurs, non pas des acteurs mais des "modèles", ce qui correspond à sa conception de l'art qu'il pratique : "Je ne suis pas metteur en scène, je suis peintre" (Leterrier, p. 34). Sculpteur aussi, car il tient, en fait, à "modeler" ses interprètes, à les pétrir, pour obtenir les résultats qu'il désire. Sur le plateau, "il ne voit et n'entend rien d'autre que son interprète, qu'il façonne patiemment et obstinément à sa ressemblance", dit Truffaut ("Bresson tourne *Un condamné à mort s'est échappé*", p. 5). Jules Roy, qui a assisté au tournage pendant quelques jours, décrit plus précisément la méthode de Bresson : "Seulement, il faut faire parler ces amateurs. Bresson ne les envoie pas au Conservatoire. Il les flanque dans une cour de la prison, un seau de toilette à la main, et il leur fait répéter leur texte cinquante fois. Cent, si cela est nécessaire, pour leur donner le ton Bresson, qui n'est peut-être pas toujours celui de la vie, mais qui est le sien. Avant de commander "moteur", il guide leurs regards et leurs gestes" ("J'ai vu Robert Bresson tourner…", p. 4). Par ailleurs, tous ses "modèles" doivent débiter leurs phrases d'une même voix blanche, monocorde ("aplanie" dit Bresson), sans intonation ni intention évidente : "Ne pensez pas à ce que vous dites, dit-il à Monod, envoyez les mots machinalement… Lorsqu'on parle, on ne pense pas aux mots qu'on emploie, on ne pense même pas ce qu'on veut dire. Emporté par ce qu'on dit, on lâche des mots, simples, directs…" ("En travaillant avec Bresson", p. 18). Il s'agit d'atteindre dans l'expression ce que Truffaut appelle "un faux vrai qui sonne vite plus vrai que le vrai" (*Arts* 593, p. 3).

Bresson croit pouvoir surprendre, à force de faire répéter jusqu'à l'épuisement, la vérité intérieure de son interprète (et donc du personnage qu'il "joue"), qui sort à son insu. Comme Bresson lui-même ne sait pas à quel moment cette vérité va surgir, il tourne et retourne le même plan, cinq fois, dix fois, impressionnant 60 000 mètres de pellicule pour *Un condamné* pour n'en garder que 2 900. C'est au montage, ensuite, que ses dons créateurs se mettent réellement à l'œuvre. Sur les multiples prises d'un même plan, c'est au montage que Bresson sait choisir le seul où la nature de son interprète — et partant de son personnage — est mise à nu. Pour bonne mesure, non satisfait des dialogues enregistrés en direct pendant le tournage d'*Un condamné*, Bresson fait revenir tous ses interprètes pour les réenregistrer en auditorium : "Là, phrase par phrase, presque mot par mot, nous avons redit nos répliques à la suite de l'auteur, dix fois, vingt fois, trente fois, cherchant à épouser au maximum les intonations, le rythme, presque le timbre de sa voix. Tous les rôles sont désormais tenus par Bresson…" (Monod, p. 19). Et Michel Estève de s'étonner : "Cette simple phrase de Fontaine à Jost : *Couche-toi et dors* fut enregistrée soixante fois" (p. 117). Si personnelle qu'elle soit, cette méthode a donné avec *Un condamné à mort s'est échappé* d'extraordinaires résultats, tant l'interprétation y est dense et homogène.

Le mot "paradoxe" revient souvent sous la plume des commentateurs de l'oeuvre de Bresson. S'il est vrai que le comportement de Bresson avec ses interprètes a un caractère despotique — Maria Casarès, la grande actrice qui incarne l'héroïne des *Dames du Bois de Boulogne*, le traite de "véritable tyran" sur le plateau — il ne faut pas en conclure que Bresson sait exactement ce qu'il veut obtenir en tournant chaque plan. Ce que Bresson cherche, au contraire, c'est justement la "surprise", la révélation de quelque chose d'inattendu chez son interprète : "En réalité, ce qui est beau dans un film, ce que je cherche, c'est une marche vers l'inconnu. Il faut que le public sente que je vais vers l'inconnu, que je ne sais pas à l'avance ce qui va arriver […]. C'est merveilleux de découvrir un homme au fur et à mesure que l'on avance dans un film, au lieu de savoir à l'avance ce qui sera… qui, en fait, ne serait rien que la fausse personnalité d'un acteur. Dans un film, il faut avoir ce sentiment d'une découverte de l'homme, d'une découverte profonde" ("Propos de Bresson", p. 6). Malgré la rigueur de sa méthode, Bresson donne au hasard, comme Renoir avant lui, un rôle essentiel dans la réalisation. Si Bresson, comme son aîné, fait ainsi une grande part à l'"improvisation" (précédée d'une longue réflexion), il ne sollicite pas, à l'encontre de Renoir, les trouvailles de ses collaborateurs. Bresson est seul maître à bord. Comme le constate Monod, "Robert Bresson travaille seul. L'équipe qui l'entoure — techniciens et acteurs — doit accepter cet impératif 'phénoménal' de son caractère et de son talent. Tous ne sont là que comme instruments. Lui seul crée" (p. 19). Bresson est, sans contredit, l'"auteur" de son oeuvre.

L'adaptation et la structure

Au début d'*Un condamné*, il y a un carton où l'on peut lire : "*Cette histoire est véritable, je la donne comme elle est, sans ornements*". Il est vrai que l'adaptation de Bresson est extrêmement fidèle, jusque dans la reproduction précise de certaines phrases entières que l'on trouve dans le récit de Devigny. Dans celui-ci, il y a pourtant une série de rebondissements des plus rocambolesques qui ne paraissent pas dans le film de Bresson. Le lendemain de son évasion, par exemple, Devigny est repris avec son compagnon à huit kilomètres de Lyon et ramené en prison… d'où il s'échappe de nouveau, seul cette fois. Il reste caché toute une journée dans le Rhône avant de se réfugier la nuit chez des inconnus à Lyon. On s'imagine le parti qu'un autre metteur en scène aurait tiré de ces retournements dramatiques pour agrémenter son film, pour augmenter le suspense. Or, chez Bresson il n'en est rien ; celui-ci supprime tout ce qui ne concerne pas l'évasion proprement dite. Comme le dit Jean Sémolué, "Entre les causes de l'emprisonnement et les suites de l'évasion, Bresson a isolé l'évasion elle-même, moment complet et suffisant, dont il a fait une œuvre d'art" (p. 124). Tout ce qui intéresse Bresson, c'est "le drame intérieur" de son personnage, et il n'a qu'un seul dessein : "peindre la naissance et les manifestations de l'idée de l'évasion chez un prisonnier" (Briot, p. 84).

D'inspiration tout à fait classique, l'esthétique de Bresson est faite de concentration, de dépouillement et de resserrement, à tel point qu'on n'a pas hésité à traiter celui-ci de "janséniste du cinéma". Comme dans le théâtre classique, l'ellipse joue un rôle essentiel dans *Un condamné*, estompant l'espace et effaçant le temps (Estève, p. 97). Les scènes de violence (punition de Fontaine au début, le meurtre de la sentinelle) sont escamotées, reléguées aux coulisses pour ainsi dire. Ayant écarté, par ailleurs, tout ce qui était, à son sens, superflu dans le récit de Devigny, il opère de plus une condensation de certains personnages, celui d'Orsini, par exemple, résultant de la fusion de deux co-détenus de Devigny. Sans rien changer quant à leur nature, il réorganise les événements racontés par Devigny pour créer une meilleure équilibre, une alternance plus claire et simple : "Le film tout entier repose sur une alternance : Fontaine et les autres — Fontaine isolé" (Sémolué, p. 130). D'un autre point de vue, bien des critiques l'ont remarqué, le film de Bresson a la structure contrapunctique d'un morceau de musique, jouant sur les rapports entre les images et les bruits, comme entre les images et le commentaire *off* de Fontaine qui garantit, par ailleurs, l'unité rhythmique du film.

Un film ordinaire est composé de séquences qui sont autant de "chapitres" structurant l'histoire qui est racontée. Pour Bresson, qui tient à souligner l'extrême resserrement de l'action, ce n'est pas le cas d'*Un condamné* : "Le découpage compte six cents plans, mais il n'y a pas de séquence ; le film tout entier forme une séquence" (cité par Sémolué, p. 130). Malgré cela, on a pu proposer un découpage du film, telle une pièce classique, en cinq parties, à partir du moment où Fontaine est incarcéré: 1) l'adaptation du prisonnier, 2) l'idée de l'évasion, 3) la persévérance, 4) le doute ou la victoire finale sur soi, 5) l'évasion ou la conquête de la liberté (Chalonge, pp. 1-2).

La forme et le fond

S'il est un cinéaste chez qui la forme et le fond sont inséparables, c'est Robert Bresson, et nulle part plus que dans *Un condamné à mort s'est échappé* : "Jamais, peut-être, dans l'art cinématographique, le "fond" n'avait autant inspiré la "forme" et réciproquement. Ici, en effet, parler du fond c'est traiter de la forme…" (Agel, "Présentation", p. 267). Une des raisons de l'impression d'unité profonde que tant de critiques ont resssentie devant ce film, c'est la parfaite adéquation du style extrêmement dépouillé de Bresson avec le sujet qu'il traite : une action (l'évasion) réduite à ses gestes les plus essentiels dans un lieu des plus dépouillés (la prison), où des personnages dont nous ne savons que le strict minimum vivent sous un régime des plus rudimentaires. Comme le remarque Gilles Jacob, au sujet du décor : "Ces couloirs mal éclairés du *Condamné à mort*, ces murs nus […], voilà bien le décor qui plaît à Bresson dans sa quête du dépouillement le plus absolu" (p. 28). Quant au héros, Fontaine, il nous reste totalement inconnu ; son personnage, dépouillé jusqu'à l'abstraction, se réduit entièrement à sa volonté de s'évader, de retrouver la liberté.

Unité aussi, mais sur le plan métaphorique cette fois, entre la mise en forme du film, sa réalisation, et le sujet du film. Truffaut a appelé *Un condamné* "un film de l'obstination *sur* l'obstination", faisant allusion au travail de Bresson qui luttait obstinément pour faire son film, pour "s'en sortir", tout comme Fontaine luttait pour sortir de sa prison. Pour certains commentateurs du film, les deux combats, celui du cinéaste et celui du prisonnier, se reflètent réciproquement l'un l'autre : même effort "créateur", même travail patient, minutieux et solitaire, même caractère obsessionnel — avec, au bout, la "libération". Prédal considère ainsi la prison à la fois comme une métaphore pour l'existence et pour le plateau de tournage ("La Dimension plastique", p. 4). Leterrier, qui a subi deux mois et demi de "modelage" aux mains de Bresson, se montre particulièrement sensible à cette dernière analogie : "Mais l'évasion est peut-être surtout celle du cinéaste. Il faut sortir du studio, achever l'œuvre entreprise, et la patience du condamné est la meilleure arme du metteur en scène prisonnier d'une production" (p. 34). Que l'on ne s'étonne pas si Bresson s'identifie tout particulièrement à ce film : "De tous ses films, constate Jean Pélégri en 1960, Bresson ne parle jamais que d'un seul : le *Condamné*… Il semble avoir oublié les autres" (p. 38).

Les thèmes

Le premier titre du film, *Un condamné à mort s'est échappé*, établit d'emblée certains de ses thèmes essentiels : l'évasion, bien évidemment, mais aussi la prison et la mort, ces deux derniers se trouvant parmi les thèmes fondamentaux du cinéma de Bresson. En rapport avec le thème de l'évasion, Bresson développe également les thèmes de la lutte obstinée et du refus de céder à l'ennemi. Si le titre principal évoque l'exploit personnel du protagoniste, et partant le thème de la Volonté humaine, le second titre, *Le Vent souffle où il veut*, suggère le rôle non moins primordial de la Grâce dans la réussite de son entreprise. En fait, pendant le tournage du film Bresson envisage un autre titre pour son film, *Aide-toi* (forme abrégée du dicton "Aide-toi, le ciel t'aidera"), où le thème de la conjugaison des efforts de Fontaine et de l'aide du ciel ressort plus nettement. Les avis sont partagés quant à l'interprétation chrétienne du film, certains préférant voir un simple effet du hasard ou de la chance dans le concours de circonstances qui mène au succès du héros : l'arrivée du colis qui fait qu'on oublie de fouiller sa cellule, les leçons de l'échec d'Orsini, l'arrivée de Jost dont l'aide s'avère indispensable, etc. Devigny lui-même avoue, dans son récit, qu'il ne peut déterminer la part du hasard et la part de la Providence dans sa réussite. Pour d'autres, comme Henri Agel, le film est incompréhensible sans l'hypothèse chrétienne, et les longs efforts de Fontaine sont assimilés aux progrès spirituels de l'Homme vers le salut, la libération de son âme (*Le Cinéma et le sacré*, p. 114). La petite phrase, "Le Vent souffle où il veut", est tirée, d'ailleurs, d'un entretien entre Jésus et Nicodème (dans l'Evangile selon saint-Jean) que le pasteur recopie et glisse dans la main du héros, et où il s'agit de la nouvelle "naissance" (à la vie spirituelle) que représente la grâce. Personne n'ignore, au demeurant, l'intérêt que Bresson porte à la vie spirituelle, et à l'œuvre du Saint-Esprit, thème au centre des *Anges du péché* et du *Journal d'un curé de campagne*, comme en témoignent, pour ce dernier, les réflexions bien connues d'André Bazin : "Aussi pour la première fois sans doute le cinéma nous offre non point seulement un film dont les seuls événements véritables, les seuls mouvements sensibles sont ceux de la vie intérieure, mais, plus encore, une dramaturgie nouvelle spécifiquement religieuse, mieux, théologique : une phénoménologie du salut et de la grâce" ("Le Journal d'un curé de campagne », p. 15). On ne peut donc pas nier la légitimité de l'hypothèse chrétienne au sujet d'*Un condamné à mort s'est échappé*. "Il est parfaitement possible, reconnaît Briot, de donner au film une interprétation chrétienne en substituant au mot chance le mot grâce" (p. 94). L'attitude de Bresson paraît assez claire, d'ailleurs, dans sa réponse à un journaliste qui évoque le "mysticisme" que l'on ressent dans le film : "Alors, ce que vous venez d'appeler mysticisme doit venir de ce que, moi, je sens dans une prison, c'est-à-dire, comme le second titre *Le Vent souffle où il veut* l'indique, ces courants extraordinaires, la présence de quelque chose ou de quelqu'un […] qui fait qu'il y a une main qui dirige tout" ("Propos", p. 7). Mais Bresson tient à maintenir une certaine ambiguïté, et il reconnaît, par exemple, que «c'est le hasard qui amène Jost dans la cellule de Fontaine, ou ce vent qui souffle où il veut», sans trancher. Rien n'exclut donc une appréhension purement laïque du film, comme le rappelle Prédal : "Mais cette dimension chrétienne n'est pas obligatoire pour saisir le sens profond du film. On peut en rester à la notion de solidarité, donc à un certain humanisme" (p. 66). Quant au thème chrétien de la "nouvelle naissance", on peut estimer, comme Leo Murray, qu'il s'agit tout autant de la "nouvelle vie" que gagne Fontaine en retrouvant sa liberté à la veille de son exécution… (p. 78).

L'unité de forme et de fond n'est pas moins évidente dans la dualité thématique fondamentale qui met en valeur à la fois la volonté de Fontaine et la grâce de Dieu. Cette dualité s'exprime par la structure même du film, par l'alternance régulière des scènes où Fontaine oeuvre seul dans sa cellule et celles où il se trouve en compagnie des autres prisonniers et où l'idée de "communion" se développe (Murray, p. 74). C'est pendant la toilette commune, justement, que le pasteur glisse dans la main de Fontaine le verset de saint Jean et où, plus tôt, il lui avait chuchotté que Dieu le sauverait. Ce à quoi Fontaine répond, d'ailleurs, que *"ce serait trop commode si Dieu se chargeait de tout…"*. Il faut que l'homme y mette du sien. S'il est un consensus critique, c'est dans l'importance des rapports entre le héros et ses co-détenus. Fontaine, l'"élu", apporte par son exemple l'espoir du "salut" aux autres prisonniers — qui, comme le vieillard Blanchet, avaient sombré dans la résignation ou le désespoir — mais ceux-ci, à leur tour, le nourrissent et le soutiennent de leurs encouragements.

La musique

Au fur et à mesure que se construit l'œuvre cinématographique de Bresson, la musique se rarifie progressivement jusqu'à disparaître complètement de son dernier film, *L'Argent* (1983). Ce que Bresson ne supporte pas, c'est la musique d'ambiance qui joue un rôle si important dans les films conventionnels. Il écrira dans ses *Notes sur le cinématographe* (1975), "Pas de musique d'accompagnement, de soutien ou de renfort", avant de durcir le ton en ajoutant *"Pas de musique du tout"* (p. 32), en dehors de la musique diégétique (c'est-à-dire, qui se produit dans l'univers même du film). La musique *d'Un condamné à mort s'est échappé*, le début de la *Messe en ut mineur* de Mozart, qu'on n'entend qu'à sept moments, assez brièvement chaque fois, n'a rien d'une musique d'ambiance. Elle a donné lieu à des interprétations diverses qui reflètent les deux points de vue, religieux et laïc, sur le sens du film. La courte phrase musicale paraît surtout aux moments où Fontaine sort dans la cour avec les autres prisonniers, y compris au moment où Orsini tente son évasion. Dans ce dernier cas, on entend aussi le chœur chanter un *Kyrie eleison* ("Seigneur, ayez pitié"), comme à la fin du film, au moment où Fontaine et Jost retrouvent la liberté. Pour les exégètes "profanes", la musique de Mozart évoque soit la solidarité, soit la liberté, soit le destin du héros, soit la Vie tout court, "le triomphe sur la mort" (Arbois, p. 8). Truffaut est frappé de voir surgir les premiers accords de la *Messe* de Mozart au moment précis où les prisonniers, descendus dans la cour, vident leurs seaux hygiéniques, parant cette action des plus prosaïques "d'un aspect liturgique" ("Depuis Bresson…", p. 3). Pour l'abbé Amédée Ayfre, la musique de Mozart est surtout signe d'unité, de fraternité et de communion (p. 7), tandis que pour bien d'autres elle représente carrément la Providence, la grâce : "Nous sentons, soutient Agel, le cheminement obscur et patient de la musique à travers les images, c'est le cheminement de la grâce qui serpente, qui, peu à peu, va unir les hommes, va en faire un bloc d'une solidarité de diamant [...] ; c'est cette masse qui va permettre à Fontaine de se sentir porté et finalement de s'échapper" (*Le Cinéma et le sacré*, p. 116).

Gros plans et monologue intérieur

Le sujet principal du film, pour Bresson du moins, est moins l'évasion de Fontaine que le drame intérieur qu'il vit (ou l'itinéraire spirituel qu'il suit). Ceci explique la dominance de gros plans fixes, que ce soit le visage du héros, ses mains, ou les objets dont dépend son destin. En discutant avec Truffaut pendant le tournage du film, Bresson précise son projet : "Je désire tourner un film d'objets et un film d'âme ; on verra donc essentiellement des mains et des regards ; je cherche un équilibre constant entre les gros plans d'objets et les gros plans de regards..." ("Bresson tourne *Un condamné...*", p. 5). Comme d'autres commentateurs l'ont remarqué, la première séquence du film illustre parfaitement la méthode de Bresson, qu'il appliquera dans toute la suite du film. Il s'agit d'une vingtaine de plans, des gros plans pour la plupart, dans la voiture qui emmène Fontaine en prison. On voit ainsi, en rapide succession et plusieurs fois chacun, des gros plans des mains du prisonnier, de son visage, de la poignée de porte (qu'il essaie), du levier de vitesse. Le sort de Fontaine dépend ici, comme plus tard dans sa cellule, de son désir de s'évader (qu'on lit dans son regard), de l'habilité de ses mains (ses seuls moyens d'agir) et des objets qui vont servir à faciliter son évasion. Rien d'autre ne compte pour lui. Pour nous garder tout près de son héros, une fois qu'il gagne sa cellule, pour nous faire partager son incarcération, Bresson n'utilise que des gros plans et des plans rapprochés du regard de Fontaine (les yeux, on le sait, sont les "fenêtres de l'âme") et de ce qu'il peut voir autour de lui. Aucun plan d'ensemble ne nous permet de prendre nos distances par rapport au prisonnier ; le film présente un univers fragmenté, parcellaire, qui reflète la réalité subjective, le savoir limité, de celui qui l'habite. Les mouvements de caméra, principalement de légers panoramiques accompagnant discrètement les mouvements du prisonnier, sont virtuellement imperceptibles. Contrairement aux tenants de la Nouvelle Vague qui vont faire irruption dans quelques années, Bresson refuse de mettre en valeur les mouvements d'appareil, d'attirer l'attention sur autre chose que son sujet, qui est l'évolution intérieure de son personnage : "A mon avis, le film d'action, le mouvement systématique est une chose, le mouvement intérieur en est une autre que je préfère. On ne saurait concevoir dans une œuvre toute de nuances et de modulation psychologique des acrobaties de prises de vue" (Briot, p. 34). Il en est de même des raccords entre les séquences, souvent reliées par des fondus enchaînés discrets qu'on remarque à peine, de sorte qu'on a l'impression d'une action continue, sans rupture, qui fait abstraction du temps.

Les gros plans sont souvent accompagnés de la voix intérieure de Fontaine. Evitant, le plus souvent, de tomber dans le pléonasme (où le commentaire ne sert qu'à paraphraser l'image), Bresson utilise le commentaire *off* du protagoniste, d'une part, pour fournir des éclaircissements essentiels sur son comportement, mais, d'autre part, pour nous mettre en contact avec sa vie intérieure, et, tout aussi important, pour maintenir un certain ton et un certain rythme que la juxtaposition des images seule ne pouvait garantir : "Il n'y a pas divers rythmes dans ce film, mais un seul rythme soutenu par le ton monocorde de la voix qui conte l'évasion" (Agel, "Présentation de Robert Bresson", p. 269). La voix blanche de Fontaine, ne trahissant aucune émotion, permet au spectateur de s'approcher du personnage, non pas afin de s'identifier avec lui mais pour mieux sentir, pour mieux imaginer, le calvaire qu'il vit. L'art de Bresson, tout classique, est un art de la suggestion et de la litote. C'est au spectateur de déduire l'émotion, et de créer le suspense.

Les sons

"Bresson fait partie de cette infime catégorie de créateurs [...] qui considèrent la bande du son comme l'égale de l'image" (Jacob, p. 30). Ce qui compte le plus pour Bresson dans la réalisation d'un film, c'est la "composition", et celle-ci comprend la dimension sonore. Tous les commentateurs ont été frappés par le caractère "musical" du *Condamné*, caractérise par Rohmer comme "l'œuvre la plus musicale que le cinéma ait conçue" (p. 44). Le film est composé à la manière d'un morceau de musique classique où les divers bruits jouent un rôle de contrepoint : "Tous ces bruits, voix, bruits de pas, rumeurs de la ville, salves, sifflets, trains [...] jouent en contrepoint avec l'image. Il ne s'agit pas d'un contrepoint intellectuel, c'est-à-dire d'une opposition de sens entre l'image et le son, mais d'un contrepoint purement affectif et musical" (Briot, p. 90). Il est vrai, au demeurant, que Bresson souhaitait que "les bruits deviennent musique", à la place de la musique de film conventionnelle (*Notes sur le cinématographe*, p. 32), et l'un de ses assistants a pu remarquer qu'au moment de la constitution de la bande-son il "dirigeait le bruitage comme un morceau de musique, à la manière d'un chef d'orchestre" (Kébadian, p. 19). L'esthétique de Bresson, fondée sur la mise en valeur du rythme, n'est pas sans rappeler l'idée de «cinéma pur» chère à Germaine Dulac qui, dans les années vingt, insistait tout autant sur le rapport entre le cinéma et la musique : "Tous les arts sont mouvement puisqu'il y a développement, mais l'art des images est, je crois, le plus proche de la musique par le rythme qui leur est commun" (citée par Magny, p. 21).

L'ingénieur du son, Bertrand, s'étonne de voir l'intérêt que Bresson porte à la partie sonore de son film. Pour obtenir exactement l'effet sonore que désire le réalisateur, "Bertrand fut parfois obligé, pour une seule scène, d'enregistrer les sons sur vingt-deux pistes différentes qui s'éliminaient successivement en mixant ces bruits par groupes de six" (Chalonge, p. 4). C'est surtout le côté sonore du film qui produit l'impression de réalisme que recherche Bresson, et l'on sait quel fut son souci d'authenticité : c'est précisément à quatre heures du matin, l'heure où Fontaine et Jost sont censés franchir le dernier mur et disparaître dans la nuit, sur les lieux mêmes de l'action, qu'on a enregistré le sifflet des trains qu'on entend dans le film…

Pour Bresson, le cinéma est un art de la suggestion (et non de l'explication), et les bruits, par leur pouvoir évocateur, jouent un rôle primordial dans la création du monde du prisonnier. Comme les objets, qui n'ont d'importance que par rapport au héros, les bruits s'imposent uniquement à travers la sensibilité de Fontaine. Le "réalisme" des bruits, souligne Arbois, "n'est pas objectif, il est psychologique et subjectif" (p. 8), ce qui fait que certains, tel le sinistre tintement des clés du gardien-chef contre la rampe, sont plus forts que nature, voire surréalistes. Les bruits évoquent la présence du monde à l'extérieur de la cellule du protagoniste, et, surtout, de façon métonymique, celle de ses oppresseurs, de ses geôliers. Si le titre du film, en annonçant d'entrée de jeu l'évasion du héros, implique le refus du suspense dramatique, celui-ci est réintroduit par le biais de la piste sonore. Ce sont les bruits, avant tout, qui créent la tension, l'angoisse, dans *Un condamné*. Agel remarque ainsi que "chez Bresson, chaque bruit est un présage, bon ou mauvais, ou un pressentiment" ("Présentation", p. 268) et Puaux a raison de remarquer que "le suspense est sonore" dans ce film (p. 242). Martin, de son côté, insiste sur la valeur symbolique des sons : "… on sent bien qu'ils n'ont d'importance pour Bresson que dans la mesure qu'il sont symboles de danger (le claquement des clés contre les barreaux de la rampe), de mort (les fusillades) ou d'espoir (les tramways, les trains)…" (p. 112). Le meilleur exemple du rôle des sons nous est sans doute offert dans la scène de l'évasion, où le jeu entre le silence et les bruits, comme l'observe Chalonge, tient le spectateur en haleine : "Les éclats de verre, les crissements des graviers, l'horloge, le grincement de la bicyclette d'une sentinelle et, enfin, le moteur d'un 'Solex', symbolisant en un instant la liberté retrouvée, tous ces bruits donnent à chaque moment de l'évasion sa durée et son émotion" (p. 4). *Un condamné à mort s'est échappé* est sans doute la meilleure illustration de la prédominance du son sur l'image, un des principes fondamentaux du cinéma de Robert Bresson.

FICHE PÉDAGOGIQUE

Propos de Robert Bresson

"Nous poussons l'amour du style jusqu'à la manie. Le film est le type même de l'œuvre qui réclame un style. Il faut un auteur, une écriture".

"La construction elle-même a la valeur d'une idée".

"Je me veux et me fais aussi réaliste que possible, n'utilisant que des parties brutes, prises dans la vie réelle… Je prends du réel des morceaux de réel qu'ensuite je mets ensemble dans un certain ordre".

"Le metteur en scène du cinéma, comme tout artiste véritable, doit être un *metteur en ordre*, je veux dire qu'il doit ranger dans un ordre qui lui est personnel les éléments épars que lui offre la vie. Le cinéma est une machine d'une puissance prodigieuse, mais son rôle devrait moins consister à *montrer* qu'à *suggérer*, au moyen de rythmes, de rapports, de croisements des rapports…".

"C'est l'intérieur qui commande […]. Seuls les nœuds qui se nouent et se dénouent à l'intérieur des personnages donnent au film son mouvement, son vrai mouvement. C'est ce mouvement que je m'efforce de rendre apparent par quelque chose ou quelque combinaison de choses qui ne soit pas seulement un dialogue".

"Le cinéma […] doit s'exprimer non pas par des images, mais par des rapports d'images, ce qui n'est pas du tout la même chose. De même un peintre ne s'exprime pas par des couleurs, mais par des rapports de couleurs : un bleu est un bleu en lui-même, mais s'il est à côté d'un vert, ou d'un rouge, ou d'un jaune, ce n'est plus le même bleu : il change. Il faut arriver à ce qu'un film joue des rapports d'images ; il y a une image, puis une autre qui a des valeurs de rapport, c'est-à-dire que cette première image est neutre et que, tout à coup, mise en présence d'une autre, elle vibre, la vie y fait irruption : et ce n'est pas tellement la vie de l'histoire, des personnages, c'est la vie du film. A partir du moment où l'image vit, on fait du cinéma".

"La peinture m'a appris qu'il ne fallait pas faire de belles images, mais des images nécessaires. Plastiquement, il faut sculpter l'idée dans un visage par la lumière et l'ombre. Il y a échanges et contacts entre l'éclairage et l'ombre. La poésie naît de l'ellipse, dans les coupures, dans le rythme du montage".

"Dans *Un condamné à mort*, le drame naissait des rapports entre le ton du commentaire, celui des dialogues et les images. C'était comme un tableau en trois couleurs. Le drame, c'était qu'il n'y avait pas de drame. Le drame est une invention de romanciers. En prison, il n'y a pas de drame. Les choses sont ce qu'elles sont. La prison était ce qu'elle était, froide, forcément. Le ton glacé du commentaire la réchauffait par contraste".

"Je suis comme un sculpteur qui voit quelque chose et cherche à s'en approcher. Le film est un mystère".

Notes sur le cinématographe

"Deux sortes de films : ceux qui emploient les moyens du théâtre (acteurs, mise en scène, etc.) et se servent de la caméra afin de *reproduire* ; ceux qui emploient les moyens du cinématographe et se servent de la caméra afin de *créer*" (pp. 17-18).

"Lorsqu'un son peut remplacer une image, supprimer l'image ou la neutraliser. L'oreille va davantage vers le dedans, l'œil vers le dehors" (pp. 62-63).

"A tes modèles : 'Parlez comme si vous parliez à vous-mêmes.' MONOLOGUE AU LIEU DE DIALOGUE" (p. 84).

"Les *travellings* et *panoramiques* apparents ne correspondent pas aux mouvements de l'œil. C'est séparer l'œil du corps. (Ne pas se servir de la caméra comme d'un balai" (p. 99).

"J'ai rêvé de mon film se faisant au fur et à mesure sous le regard, comme une toile de peintre éternellement fraîche" (p. 125).

Extraits à discuter

Extrait 1 (2'00-4'00): Le début du film — on emmène Fontaine en prison ; sa tentative d'évasion.

Extrait 2 (16'25-18'00): Fontaine quitte le rez-de-chaussée pour occuper la cellule 107 au dernier étage ; le bruit de la clé du gardien-chef le long de la rampe.

Extrait 3 (22'50-25'00): Fontaine s'attaque à sa porte ; Terry vient lui annoncer son depart.

Extrait 4 (30'40-32'40): Fontaine aiguise la deuxième cuiller ; il fait éclater le cadre en bois qui tient les planches de sa porte.

Extrait 5 (46'50-48'55): Fontaine réveillé par une fusillade pendant la nuit (prémonition?) ; tentative d'évasion d'Orsini.

Extrait 6 (1h22'10-24'00): L'évasion — la traversée du premier toit ; les bruits.

Extrait 7 (1h28'00-31'10): La scène du meurtre de la sentinelle.

Extrait 8 (1h34'35-39'00): La traversée des derniers murs, la liberté.

Citations à commenter

Fontaine: "Le départ de Terry, et la mort de ce camarade que je n'avais jamais vu, me laissèrent désemparé. Je continuai pourtant mon travail. Il m'empêchait de penser. Il fallait que cette porte s'ouvre... Je n'avais rien prévu pour après".

* * *

Blanchet: "Pourquoi tout ça"?

Fontaine: "Pour lutter. Lutter contre les murs, lutter contre moi, lutter contre ma porte. Vous aussi, M. Blanchet, il faut lutter et espérer".

Blanchet: "Espérer quoi"?

Fontaine: "De rentrer chez vous, être libre [...] On vous attend?".

Blanchet: "Personne [...]. Moi, le vrai courage serait de me tuer. J'ai essayé. J'avais fait une boucle avec mon lacet. Le clou est tombé".

* * *

Le Pasteur (en glissant un bout de papier à Fontaine): "Lisez et priez. Dieu vous sauvera".

Fontaine: "Il nous sauvera si nous y mettons du nôtre".

Le Pasteur: "Vous ne priez jamais"?

Fontaine: "Ça m'arrive".

Le Pasteur: "Quand les choses vont mal? [...] C'est commode".

Fontaine: "Trop commode... Ce serait trop commode si Dieu se chargeait de tout..."

* * *

Fontaine (lisant le verset de l'Evangile de saint-Jean): "Nicodème lui dit : Comment un homme peut-il naître quand il est vieux? Comment peut-il rentrer dans le sein de sa mère et naître? Jésus répondit : Ne t'étonne pas de ce que je t'ai dit : il faut que vous naissiez de nouveau. Le vent soufle où il veut et tu en entends le bruit, mais tu ne sais d'où il vient ni où il va...Vous m'écoutez"?

Blanchet: "Je t'écoute".

Un soldat allemand (*off*): "Feuer!" (Bruit d'une fusillade.)

Fontaine: "C'est lui" [Orsini].

* * *

Fontaine (en refusant de donner son crayon au gardien, au risque d'être fusillé): "Quelle bêtise!... et seulement pour ne pas céder".

* * *

Blanchet: "Il a fallu qu'Orsini rate pour que tu réussisses".

Fontaine: "C'est extraordinaire".

Blanchet: "Je ne t'apprends rien".

Fontaine: "Si. L'extraordinaire, c'est que c'est vous, M. Blanchet, qui me le dites".

* * *

Fontaine: "La coïncidence de son arrivée avec la notification de ma peine [de mort] m'avait frappé. Je n'avais plus de temps à perdre. Il allait falloir choisir : ou emmener Jost avec moi ou le supprimer... Dans ce cas, le plus lourd de mes crochets serait une arme efficace. Mais tuer de sang-froid ce gosse, en aurais-je le courage"?

* * *

Fontaine: "Tu ne regretteras pas de m'avoir suivi. Une fois dehors, je m'occuperai de toi. Je te ferai profiter de ta liberté, je m'en charge".

Jost: "Tu as fait un drôle de travail... C'est tentant".

Fontaine: "Tentant?... Mais, Jost, il n'est plus question pour toi de choisir. Tu dois bien comprendre".

Jost: "Je suis libre de dire oui ou non".

Fontaine: "Maintenant que tu sais tout"?

© L'Avant-Scène Cinéma

Sujets de réflexion

1. Pourquoi Bresson a-t-il choisi une évasion de prison comme sujet? (Qu'est-ce qui l'intéresse dans cet événement, en tant que réalisateur de films?)

2. Pourquoi Bresson annonce-t-il la réussite du projet d'évasion dans le titre même du film? Pourquoi a-t-il donné deux titres à son film?

3. Qui sont les personnages principaux du film et que savons-nous d'eux? Pourquoi est-ce que nous n'apprenons presque rien sur Fontaine?

4. Discuter le rôle des gros plans par rapport au point de vue du film. Pourquoi n'y a-t-il pas de plans d'ensemble?

5. Quel est le rôle du commentaire *off* (la voix intérieure du héros) dans le film?

6. Comment est-ce que Fontaine réussit à démonter la porte de sa cellule? Quel est son projet lorsqu'il s'acharne sur sa porte?

7. Commenter le rôle des objets (et de leur transformation) dans ce film, en ce qui concerne le projet d'évasion de Fontaine.

8. Décrire les rapports entre Fontaine et les autres prisonniers. Quels sont leurs moyens de communication? Quelle influence le projet d'évasion de Fontaine exerce-t-il sur Blanchet, son voisin (comme sur les autres prisonniers)? Quel rôle jouent les autres prisonniers pour lui?

9. Discuter l'importance des bruits (leur fonction, leur signification) dans ce film.

10. Quel rôle joue la musique du film (le début de la *Messe en ut mineur* de Mozart)?

11. Commenter le rôle du hasard (de la chance) dans ce film. Quelle interprétation religieuse peut-on donner à la réussite de Fontaine?

12. Quels sont les autres thèmes qui sont développés dans ce film?

DOSSIER CRITIQUE

Marcel Marţin — "Un analyste passionné de la nature humaine"

Ce film confirme magnifiquement les qualités que nous savions être celles de Bresson et les composantes de son univers personnel : souci de l'intériorité, volonté de dépouillement, prédominance de l'analyse psychologique sur la description du monde, le décor intervenant toujours en contrepoint avec les sentiments. Bresson n'est pas un réaliste, ou plutôt il atteint au réalisme comme par surcroît et toujours par l'intérieur. Pour lui le réalisme est d'abord affaire de vérité psychologique et morale et non de ressemblance matérielle. Est-il besoin de dire que cette conception-là du réalisme est la seule authentique ?

En fait Bresson est inclassable. On a parlé de jansénisme à son propos, on lui a trouvé des inspirations raciniennes. Il est avant tout un analyste passionné de la nature humaine. Sa caméra est un microscope : elle nous introduit à un monde où des êtres encore jamais vus vivent sur un rythme différent du nôtre des aventures d'exception (*"Un condamné à mort s'est échappé"*, p. 112).

René Briot — Une esthétique du dépouillement

Fidèle à son esthétique, Bresson ne tenta pas d'exprimer les sentiments de Fontaine par les images, mais *à travers* celles-ci par le jeu de leurs rapports et de leurs correspondances [...]. Les prisonniers n'apparaissent que dans la mesure où ils déterminent le destin de Fontaine ou nous aident à en prendre conscience. Les seuls "décors" sont des objets cadrés en très gros plans et le visage de Fontaine. Il n'y aura jamais eu moins de décors, au sens propre du terme, que dans *Un condamné à mort s'est échappé*. Les trois quarts du film se passent dans la cellule du prisonnier dont nous ne voyons jamais la totalité, et pour le reste, nous ne voyons guère que quelques angles de la cour avec les lavabos, un couloir et quelques crêtes de mur. Tout est calculé de façon à ce que le héros domine toujours l'entité "prison". On peut se demander d'ailleurs si ce décor n'a pas séduit Bresson dans la mesure où il lui permettait, sans quitter le réalisme qui est le sien, d'atteindre un dépouillement maximum, et de créer un univers où tout se ramènerait à l'homme ou plutôt à sa conscience (*Robert Bresson*, p. 88).

Henri Agel — Le classicisme de l'art de Bresson

[...] Son art est celui de ce classicisme que Gide définissait comme l'art de la suggestion et de la litote. Le lyrisme est concentré dans la seule progression dramatique, et c'est à Racine qu'il faudrait le comparer pour pouvoir situer la perfection formelle de ce film. Comme l'auteur d'*Andromaque*, Bresson ne dit rien qui ne soit ressenti comme expressément nécessaire pour approcher le mystère. Chaque détail devient alors signe en transcendant toute signification directe et immédiate pour en revêtir une qui ne se livre qu'au prix d'une méditation ("Présentation", p. 267).

Henri Agel — Un travail libérateur

Ce qui est important, ce n'est pas l'issue, ce n'est pas l'aboutissement éventuel du travail de Fontaine. Peut-être ce labeur [...] est-il absolument vain, mais ce qui est essentiel, c'est qu'il développe chez lui la vertu de patience, d'obstination, d'opiniâtreté. Ce travail est en lui-même une ascèse, et, en un sens, le film reprend encore sa valeur symbolique puisque, quand nous voyons Fontaine utiliser des cordes, des épingles, le treillis d'un matelas, les objets les plus dérisoires, nous ne voyons plus, si nous savons comprendre le film, ces objets, nous ne voyons plus son activité artisanale, mais nous comprenons que ce travail libérateur provoque en lui une transformation profonde [...].

Second point : le sentiment communautaire ; interaction des hommes les uns avec les autres. Ces hommes étaient murés dans leur solitude et restent parqués dans cette sorte d'esseulement dont on ne peut sortir. Or, la patience et l'obstination du lieutenant Fontaine, son courage et son espérance ont fécondé l'âme de tous ses compagnons, même ceux qui ne voulaient plus admettre l'idée d'espoir. Mais, à leur tour, en s'associant de toute leur âme à ce travail du début, ils étaient tous convaincus que leur sort était réglé, qu'il était impossible de sortir de cette prison, mais voici qu'un homme joue le rôle de témoin. Fontaine est le témoin du pouvoir de la foi, de la croyance et de l'espoir ; c'est l'homme qui témoigne devant tous qu'il peut y avoir quelqu'un qui luttera jusqu'au bout, jusqu'à la dernière goutte de son sang, et aussitôt ce témoignage prend une sorte d'aspect rayonnant. Tout d'un coup, touchés par les traces de lumière qui se dégagent du personnage, ils se remettent eux aussi à espérer ; donc, en luttant, en se libérant lui-même spirituellement, Fontaine a libéré, a sorti du désespoir et de l'abattement tout son entourage (*Le Cinéma et le sacré*, pp. 114-115).

René Briot — Le silence

L'élément le plus important de la partition sonore du film est peut-être le silence. Cette impression de "film du silence" est probablement due pour une part à la voix intérieure de Fontaine. Fontaine commente l'action à la première personne, d'une voix neutre [...]. Il se parle à lui-même, ce qui explique que parfois la parole accompagne l'action, parfois la devance ou la double, selon la manière de Bresson. Paradoxalement, ces phrases ne semblent pas troubler le silence de la cellule. Au contraire, cette voix brève renforce l'isolement du prisonnier. A aucun moment elle n'est ressentie comme un artifice, car nous savons bien que Fontaine n'est pas de ces hommes que la prison rend semblables à des animaux en cage. Fontaine y est seul, mais seul avec lui-même (*Robert Bresson*, p. 91).

Jean Sémolué — *La messe en ut mineur de Mozart*

Fontaine est donc désigné et marqué, tandis qu'Orsini est un juste à qui la grâce a manqué. Fontaine "a la grâce" [...]. Cette conception quasi janséniste du salut, symbolisée par l'évasion du lieutenant Fontaine, implique donc que les faits sont des signes, et pas seulement des faits. Bresson dit à propos de la messe en *ut* mineur de Mozart que la "couleur" de cette œuvre lui sembla "être la couleur du film" [...].

Après les chœurs du générique, on la retrouve sept fois au cours du film ; elle rappelle que les faits les plus simples cachent et révèlent l'exécution d'un dessein secret. Elle indique sans doute que par delà les actions visibles une action se noue, dont le sens peut nous échapper, mais qui nous dirige [...].

Les trois premières fois, elle accompagne les allées et venues des prisonniers dans la cour, sans chœurs. La quatrième fois, les chœurs soutiennent le passage décisif, celui où Orsini, dans la cour, se sépare de ses compagnons pour tenter sa chance ; c'est à ce moment-là que le vent souffle, que le destin tourne. Les trois fois suivantes, sans chœurs, elle est unie au départ d'Orsini, que Fontaine voit emmener par les gardiens — à une nouvelle descente dans la cour — et au choix de Fontaine, qui se demande s'il va tuer Jost ou le prendre avec lui.

A la fin, les chœurs éclatent de nouveau, tandis que Fontaine s'éloigne dans la nuit. Les paroles des chœurs sont un *Kyrie eleison* ("*Seigneur, ayez pitié*"). Cet appel à la pitié n'est pas entendu, au milieu du film, en ce qui concerne Orsini. Après la réusssite de Fontaine, il retentit comme un remerciement, mais garde quand même sa résonance douloureuse : l'imploration persiste pour tous ceux qui restent derrière les murs franchis par Fontaine, qu'ils soient prisonniers ou geôliers ; l'appel à la miséricorde semble même alors concerner, par delà les personnages, le genre humain tout entier (*Bresson*, pp. 152-155).

Michel Estève — Les sons et les objets

Depuis *Un condamné à mort s'est échappé*, les objets et les sons jouent un rôle sans cesse plus important dans l'univers de Bresson [...]. Les sons et les objets renvoient certes au monde extérieur [...], mais aussi à un sentiment ou à une idée abstraite. Pour Bresson, le domaine auditif est plus mystérieux que le domaine visuel car il suggère davantage et, quand l'image est trop concrète, le son peut entraîner vers l'abstrait. Une image impose un point de vue, une perception de l'espace. Un son permet à chacun d'y mettre ce qu'il entend en lui-même. Quand Fontaine passe à travers la lucarne et entend le sifflement d'un train, le son évoque l'univers concret, mais aussi le désir d'évasion, la nostalgie de la liberté qui demeure à conquérir. Il s'établit ainsi un double contrepoint à l'image stylisée (et non "abstraite") : un contre-point concret au moyen du son lui-même ; un contrepoint abstrait en fonction de l'idée ou du sentiment suggérés par le son (*Robert Bresson*, p. 94).

François Truffaut — Pas d'"'école Bresson"

Les théories de Bresson ne laissent pas d'être passionnantes, mais elles sont si personnelles qu'elles ne conviennent qu'à lui seul. L'existence , dans l'avenir, d'une "école Bresson" ferait trembler les observateurs les plus optimistes. Une conception à ce point théorique, mathématique, musicale et surtout ascétique du cinéma ne saurait engendrer une "tendance"... ("Bresson tourne...", p. 5)

FILMOGRAPHIE DE ROBERT BRESSON

1934   *Les Affaires publiques* (court métrage)

1943   *Les Anges du péché*

1945   *Les Dames du Bois de Boulogne*

1950   *Journal d'un curé de campagne*

1956   *Un condamné à mort s'est échappé* ou
Le Vent souffle où il veut

1959   *Pickpocket*

1962   *Procès de Jeanne d'Arc*

1965   *Au hasard Balthazar*

1967   *Mouchette*

1969   *Une Femme douce*

1971   *Quatre nuits d'un rêveur*

1974   *Lancelot du Lac*

1977   *Le Diable probablement*

1983   *L'Argent*

OUVRAGES CONSULTÉS

Agel, Henri. *Le Cinéma et le sacré*. Paris: Editions du Cerf, 1961.

.... *Les Grands Cinéastes que je propose*. Paris: Editions du Cerf, 1967 ("Robert Bresson", pp. 212-223).

.... "Présentation de Robert Bresson", *Etudes* (mai 1957), 263-269.

Amiel, Vincent. *Le Corps au cinéma*. Paris: Presses universitaires de France, 1998 ("Bresson ou la palpitation des fragments", pp. 37-62).

Arbois, Janick. "*Un condamné à mort s'est échappé* ou *Le Vent souffle où il veut*", *Téléciné* 64 (mars 1957), Fiche 295, 2-10.

Arnauld, Philippe. *Robert Bresson*. Paris: Cahiers du cinéma, 1986.

Astruc, Alexandre. "Naissance d'une nouvelle avant-garde: la Caméra-stylo", *L'Ecran français* 144 (30 mars 1948), 39-40.

Ayfre, Amédée. "L'Univers de Robert Bresson", *Téléciné* 70-71 (nov.-déc. 1957), sans pagination.

Bazin, André. "Cannes 1957", *Cahiers du cinéma* 72 (juin 1957), 27-28.

.... "*Le Journal d'un curé de campagne* et la stylistique de Robert Bresson", *Cahiers du cinéma* 3 (juin 1951), 7-21.

.... "*Un condamné à mort s'est échappé*" dans *Robert Bresson. Eloge*. Paris: Cinémathèque française, 1997 (pp. 30-32).

Beerblock, Maurice. "Comment je suis devenu acteur de cinéma", *Les Nouvelles littéraires* (5 juillet 1956).

Bresson, Robert. *Notes sur le cinématographe*. Paris: Gallimard, 1975.

.... "Une mise en scène n'est pas un art", *Cahiers du cinéma* 543 (fév. 2000), 4-9.

Briot, René. *Robert Bresson*. Paris: Editions du Cerf, 1957.

Chalonge, Christian de. *Un condamné à mort s'est échappé* ou *Le Vent souffle ou il veut*. Fiche filmographique IDHEC, no. 146 (Revues de presse, BIFI).

Chardère, Bernard. "Robert Bresson 1901-1999. Enfin du nouveau sur Bresson", *Positif* 468 (février 2000), 61-62.

Couteau, Daniel. "Son amour du son", *Cahiers du cinéma* 543 (fév. 2000), 21-22.

Devigny, André. "Prisonnier de la Gestapo", *Le Figaro littéraire* (20 nov. 1954), 1, 7-8.

Durand, Philippe. "Dossier Robert Bresson", *Image et son* 156 (nov. 1962), 8-13.

Durand, Philippe et Guy Gauthier. "Dossier filmographique de Robert Bresson", *Image et son* 156 (nov. 1962), 14-19.

Estève, Michel. *Robert Bresson. La passion du cinématographe*. Paris: Editions Albatros, 1983.

Jacob, Gilles. *Le Cinéma moderne*. Lyon: SERDOC, 1964.

Jousse, Thierry. "Bresson souffle où il veut", *Cahiers du cinéma* 543 (fév. 2000), 30-31,

Kyros, Ado. "Le cinéma condamné à mort", *Positif* 2, no. 20 (jan. 1957), 41-42.

Leterrier, François. "Robert Bresson l'insaisissable", *Cahiers du cinéma* 75 (oct. 1957), 34-36.

Magny, Joël. "Premiers écrits : Canudo, Delluc, Epstein, Dulac", *CinémAction* 60 (juillet 1991).

Martin, Marcel. "Le Cinéma de l'après-guerre : de Duvivier à Bresson", *CinémAction* 104 (juin 2002), 20-24.

.... "*Un condamné à mort s'est échappé*", *Cinéma* 14 (jan. 1957), 110-113.   .

Mauriac, Claude. "Le Nouveau Bresson", *Le Figaro littéraire* 552 (17 nov. 1956), 14.

Monod, Roland. "En travaillant avec Robert Bresson", *Cahiers du cinéma* 64 (nov. 1956), 16-20.

Murray, Leo. "*Un condamné à mort s'est échappé*" dans *The Films of Robert Bresson*. New York: Praeger,1970 (pp. 68-81).

Prédal, René. "La Dimension plastique de l'œuvre de Bresson", *Jeune Cinéma* 201 (mai-juin 1990), 4-11.

.... "*Un condamné à mort s'est échappé* ou *Le Vent souffle où il veut*", *L'Avant-Scène Cinéma* 408-409 (janv.-fév. 1992), 63-66.

Puaux, Françoise. «Robert Bresson et la théorie du 'cinématographe'», *CinémAction* 60 (juillet 1991), 202-205.

.... "L'Evasion : du *Condamné à mort s'est échappé* de Bresson au *Trou* de Becker", *CinémAction* 105 (sept. 2002), 237-246.

"Propos de Robert Bresson" (Sténographie d'une conférence de presse). *Cahiers du cinéma* 75 (oct. 1957), 3-9.

Ranchal, Marcel. "Une leçon de morale", *Positif* 2, no. 20 (jan. 1957), 39-41.

Rohmer, Eric. "Le miracle des objets", *Cahiers du cinéma* 65 (déc. 1956), 42-45.

Roy, Jules. "J'ai vu Robert Bresson tourner au fort Montluc la plus extraordinaire évasion de la résistance", *Le Figaro littéraire*, 14 juillet 1956 (Revues de presse BIFI).

Sémolué, Jean. *Bresson*. Paris: Editions universitaires, 1959.

Sloan, Jane. *Robert Bresson. A Guide to References and Resources*. Boston: G.K. Hall, 1983.

Tallenay, J.-L. "La Force d'âme", *Radio-Cinéma-Télévision* 358 (25 nov. 1956), 4-5, 39.

Thomas, Chantal. "Les Prisons" dans *Robert Bresson*. Paris: Ramsay Poche Cinéma, 1989 (pp. 11-14).

Truffaut, François. "Bresson tourne *Un condamné à mort s'est échappé*", *Arts* 574 (27 juin-3 juillet 1956), 5.

.... "Depuis Bresson, nous savons qu'il y a quelque chose de neuf dans l'art du film", *Arts* 596 (5-11 déc. 1956), 3.

.... "Robert Bresson dirige *Un condamné à mort s'est échappé*", *Cahiers du cinéma* 60 (juin 1956), 33.

.... "*Un condamné à mort s'est échappé*", *Arts* 593 (14 nov. 1956), 3.

"*Un condamné à mort s'est échappé*", *Le Film français* 649 (16 nov. 1956), 9.

La Nouvelle Vague

Lorsqu'on arrive vers la fin des années cinquante, le cinéma français semble s'essoufler. Les grands réalisateurs de "l'âge d'or" (1930-45) sont en fin de carrière : Jean Renoir, René Clair, Sacha Guitry, Marcel Pagnol, Jean Cocteau. Max Ophuls est déjà mort, tandis que Jean Grémillon et Jacques Becker nous quitteront bientôt. Marcel Carné tourne toujours mais n'arrive pas à se renouveler. Ceux qui ont pris la relève après la guerre — Christian-Jacques, Claude Autant-Lara, Henri-Georges Clouzot, Jean Delannoy et René Clément en premier lieu—se sont révélés aptes surtout à perpétuer la tradition du bon cinéma conventionnel, ce qu'on appelle "la Qualité française". Mais d'autres attendent dans les coulisses, ruent dans les brancards, réclament leur tour : c'est la "Nouvelle Vague" qui va bientôt déferler sur la France. Mais d'abord, qu'est-ce que c'est que la Nouvelle Vague ?

C'est d'abord un terme de journaliste (Françoise Giroud de *L'Express*), inventé en octobre 1957 pour décrire la nouvelle génération de jeunes Français qui commencent, eux aussi, à ruer dans les brancards vers le milieu des années cinquante, au moment où la France s'enfonce dans la guerre d'Algérie (1956-62), la défaite cuisante en Indochine (1954) à peine digérée. L'expression sera vite empruntée pour désigner un groupe de jeunes cinéastes qui connaissent un vif succès en 1959 et 1960, tant auprès du public qu'auprès des critiques, et cela au mépris de toutes les règles, comme de l'institution cinématographique en général. Il s'agit principalement de François Truffaut (*Les Quatre Cents Coups*, 1959), d'Alain Resnais (*Hiroshima mon amour*, 1959), et de Jean-Luc Godard (*A bout de souffle*, 1960) — mais entre 1958 et 1962, non moins de 97 jeunes cinéastes français réalisent leur premier film avant que la "révolution" se calme.

Loin d'être une "école" avec un programme homogène, la Nouvelle Vague rassemble des réalisateurs qui se distinguent surtout par leurs différences. Comme le dit Truffaut, humoristiquement, "notre seul point commun est le goût des billards électriques", en ajoutant que "la nouvelle vague, ce n'est ni un mouvement, ni une école, ni un groupe, c'est [...] une appellation collective inventée par la presse pour grouper cinquante nouveaux noms qui ont surgi en deux ans dans une profession où l'on n'acceptait guère que trois ou quatre noms nouveaux chaque année" (cité par Douin, p. 14). D'où viennent ces nouveaux cinéastes? D'abord, il ne faut pas exagérer le nombre de vraies « valeurs » parmi les nouveaux réalisateurs de films. Tout au plus pourrait-on distinguer deux petits groupes, l'un sortant de l'équipe de critiques de la toute nouvelle revue de cinéma, les *Cahiers du cinéma* (fondés en 1952) — Eric Rohmer, Claude Chabrol, François Truffaut, Jean-Luc Godard, Jacques Rivette, Jacques Doniol-Valcroze, notamment — l'autre, des rangs des spécialistes de courts métrages, comme Alain Resnais, Chris Marker, Georges Franju, Pierre Kast, et Jacques Demy. Ce dernier groupe, que rejoint Agnès Varda et que l'on désigne souvent sous le nom de "Rive Gauche", se distingue du premier groupe par son orientation politique clairement de gauche, ainsi que par le caractère littéraire de ses films.

Ce que les jeunes turcs des *Cahiers du cinéma* ont en commun, c'est, d'abord, l'idée que le cinéma est une forme d' "écriture". Cette conception élevée du cinéma est formulée dans une sorte d'article-manifeste d'Alexandre Astruc qui exprime le plus clairement leurs ambitions : "Le cinéma [...] devient peu à peu un langage. Un langage, c'est-à-dire une forme dans laquelle et par laquelle un artiste peut exprimer sa pensée, aussi abstraite soit-elle, ou traduire ses obsessions exactement comme il en est aujourd'hui de l'essai ou du roman. C'est pourquoi j'appelle ce nouvel âge du cinéma celui de la *Caméra stylo*". Le cinéma, poursuit-il, est en train de devenir "un moyen d'écriture aussi souple et aussi subtil que celui du langage écrit" (p. 39). Les réalisateurs de la Nouvelle Vague vont se considérer donc comme des "auteurs" à part entière. Par ailleurs, ils ont également en commun la cinéphilie, la passion du cinéma. Ils connaissent à fond toutes les traditions cinématographiques. S'ils critiquent certains réalisateurs, ils vouent une sorte de culte à un groupe de cinéastes qu'ils considèrent comme leurs maîtres : Jean Renoir, Abel Gance, Max Ophuls, Jean Cocteau, Robert Bresson en France, Alfred Hitchcock, Howard Hawkes, John Ford, Orson Welles et Nicholas Ray aux Etats-Unis, Roberto Rossellini et Luchino Visconti en Italie. Les jeunes turcs du cinéma s'indignent de la sclérose d'un cinéma (la "Qualité française" justement) où les films des cinéastes en place, techniquement parfaits mais remplis de poncifs thématiques et stylistiques, se ressemblent tous. Ils veulent que le cinéma français se renouvelle, qu'il sorte des ornières, qu'il devienne plus personnel, plus sincère, qu'il s'ouvre à la vie.

Le grand problème des jeunes qui veulent faire des films d'une autre manière, c'est qu'il est très difficile, à l'époque, de devenir réalisateur de cinéma. Le Centre national de la cinématographie (CNC), organisme qui gère le cinéma, exigeait, par exemple, qu'on suive trois stages, qu'on travaille trois fois comme second assistant à la réalisation et trois fois comme premier assistant avant de pouvoir passer à la mise en scène d'un film. Et puis, comme tous les films sont réalisés, principalement, en studio — avec une équipe très lourde de techniciens de toutes sortes et des vedettes très chères — le coût est prohibitif pour les nouveaux. Signe avant-coureur de la révolte des jeunes : déjà, en 1955, Agnès Varda tournait son premier film (*La Pointe Courte*) sans l'autorisation du CNC, comme le feront quelques années plus tard Louis Malle (*Ascenseur pour l'échafaud*, 1957) et Claude Chabrol (*Le Beau Serge*, 1958). Le financement des films de jeunes cinéastes est facilité, d'ailleurs, par la création d'une "prime à la qualité", une avance sur recettes que le CNC, à partir de 1955, met à la disposition des nouveaux réalisateurs qui présentent des projets de films jugés valables.

La réussite de la Nouvelle Vague est donc une affaire à la fois économique et esthétique. Rejetant la lourde et coûteuse machinerie des studios et profitant d'une nouvelle technologie qui met à leur disposition des caméras légères que l'on peut porter à la main et une pellicule extra-sensible qui leur permet de se passer de projecteurs, les jeunes metteurs en scène vont pouvoir tourner en lumière naturelle, à l'extérieur comme à l'intérieur, et faire leurs travellings sans rails. A l'exception d'Alain Resnais, court-métragiste chevronné et monteur extraordinaire, la méthode est plus artisanale, les images moins léchées, les acteurs moins célèbres, mais les films ne coûtent que le quart d'un film conventionnel — et ils respirent la sincérité, l'authenticité et l'originalité. Certains, comme Godard, écrivent leurs propres scénarios et improvisent en tournant. On travaille avec quelques amis, dans la rue au milieu de passants curieux, qui regardent ouvertement la caméra (voir aussi l'introduction au film de Godard, *A bout de souffle*, pp. 274-276).

Parlant plus sérieusement cette fois, Truffaut remarque que le seul point qui rassemble vraiment les jeunes cinéastes, c'est "la liberté" (Gillain, p. 40). Les jeunes de la Nouvelle Vague ont libéré le cinéma du corporatisme (les difficultés administratives et financières, les exigences des syndicats de techniciens) et de l'académisme (les conventions techniques), mais aussi des bienséances morales qui ne correspondaient plus à l'esprit de la jeunesse en France. A l'instar de Roger Vadim, qui osa mettre en scène la sexualité féminine en tournant *Et Dieu créa la femme* (qui révéla Brigitte Bardot) en 1956, les nouveaux cinéastes débarrassent le cinéma de ses réticences en matière de mœurs, que ce soit dans *Les Amants* de Louis Malle (1958), *Les Cousins* de Claude Chabrol (1959), *Les Quatre Cents Coups*, *A bout de souffle* ou *Hiroshima mon amour*. Dans les chapitres qui suivent, nous allons regarder de près ces trois derniers films, qui ont fini par définir la Nouvelle Vague.

Le succès de la Nouvelle Vague est de courte durée. Son dernier grand triomphe sera *Les Parapluies de Cherbourg* de Jacques Demy (1964), œuvre iconoclaste dont le dialogue (tout en langage parlé, quotidien) est chanté sur une musique de jazz composée par Michel Legrand. Si la Nouvelle Vague n'aura vécu que quelques années, son influence sera durable ; tous les cinémas du monde vont s'en ressentir.

OUVRAGES CONSULTÉS

Astruc, Alexandre. "Naissance d'une nouvelle avant-garde: la Caméra-stylo", *L'Ecran français* 144 (30 mars 1948), 39-40.

Daney, Serge. « La Nouvelle Vague — essai d'approche généalogique » dans Passek, Jean-Loup, ed. *D'un cinéma l'autre* (pp. 72-74).

De Baecque, Antoine. *La Nouvelle Vague. Portrait d'une jeunesse*. Paris : Flammarion, 1998.

Douin, Jean-Luc, ed. *La Nouvelle Vague 25 ans après*. Paris: Editions du Cerf, 1983.

Gillain, Anne. *Le Cinéma selon François Truffaut*. Paris: Flammarion, 1988.

Jeancolas, Jean-Pierre. *Histoire du cinéma français*. Paris: Nathan, 1995.

Passek, Jean-Loup, ed. *D'un cinéma l'autre*. Paris : Centre Georges Pompidou, 1988.

Revault d'Allonnes, Fabrice. "Genèse d'une vague bien precise", dans Passek, Jean-Loup, ed. *D'un cinéma l'autre* (pp. 76-92).

François Truffaut

Les Quatre Cents Coups

(1959)

François Truffaut, *Les Quatre Cents Coups* : Antoine (Jean-Pierre Léaud) confronté à ses parents (Albert Rémy et Claire Maurier) après avoir mis le feu chez lui. © MK2

Réalisation	François Truffaut
Scénario original	François Truffaut
Adaptation et dialogues	François Truffaut et Marcel Moussy
Chef-Opérateur	Henri Decae
Cadreur	Jean Rabier
Prem. Assist. Mise en Scène	Philippe de Broca
Musique	Jean Constantin
Montage	Marie-Josèphe Yoyotte
Son	Jean-Claude Machetti
Décor	Bernard Evein
Scripte	Jacqueline Decae
Production	Les Films du Carrosse, SEDIF
Durée	1 h 37

Interprètes

Jean-Pierre Léaud (*Antoine Doinel*), Albert Rémy (*M. Doinel*), Claire Maurier (*Mme Doinel*), Patrick Auffray (*René Bigey*), Georges Flament (*M. Bigey*), Yvonne Claudie (*Mme Bigey*), Guy Decomble (*l'instituteur, "Petite Feuille"*), Pierre Repp (*le professeur d'anglais*), Henri Virlojeux (*le gardien de nuit*), Claude Mansard (*le juge d'instruction*), Robert Beauvais (*le directeur de l'école*), Jeanne Moreau (*la femme au chien*), Jean-Claude Brialy (*l'homme dans la rue qui suit la femme au chien*), Jean Douchet (*l'amant de Mme Doinel*). Les enfants : Richard Kanayan (*Abbou*), Daniel Couturier, François Nocher, Renaud Fontanarosa, Michel Girard, Serge Moati, Bernard Abbou, Jean-François Bergouignan, Michel Lesignor.

Synopsis

Antoine Doinel, treize ans, vit dans un petit appartement à Paris avec sa mère et son beau-père. Au début du film il se fait punir à l'école pour une histoire de photo de pin up qui circulait parmi les élèves de la classe. Mis au piquet, il exprime son sentiment d'injustice dans un poème écrit sur le mur, ce qui lui vaut un pensum pour le lendemain. Ayant oublié d'écrire sa punition, il a peur de retourner à l'école le lendemain et finit par faire l'école buissonnière avec son ami René. Ils passent la journée au café à jouer au billard électrique, au cinéma et à une fête foraine où Antoine se grise dans un Rotor. En quittant la foire, Antoine aperçoit sa mère dans la rue en train d'embrasser un homme, visiblement son amant. Les regards de la mère et du fils se croisent.

Le lendemain matin, lorsqu'Antoine retourne à l'école, il explique son absence le jour précédent en annonçant que sa mère est morte. Les parents d'Antoine, contactés par l'école, arrivent bientôt ; son beau-père lui administre une bonne gifle devant toute la classe. Comme il a peur de rentrer chez lui, il passe une partie de la nuit dans une imprimerie où René l'emmène, puis erre dans les rues de Paris jusqu'au matin. On le retrouve à l'école, où sa mère, paniquée, vient le chercher pour le ramener à la maison. Elle essaie de l'amadouer en lui faisant des confidences et lui propose de l'argent s'il réussit à avoir une bonne note au prochain devoir de français. Le jour de la composition il s'enthousiasme pour le sujet proposé par l'instituteur, en s'inspirant partiellement de sa lecture d'un roman de Balzac. A la maison il érige une espèce d'autel en hommage au romancier, devant lequel il allume une bougie. Celle-ci finira par mettre le feu au rideau qui pend devant l'alcôve ; on frise la catastrophe. Pour détendre l'ambiance, la famille passe la soirée au cinéma.

La situation d'Antoine à l'école empire lorsque le maître l'accuse d'avoir plagié Balzac et veut l'envoyer chez le directeur. Antoine se révolte, s'enfuit et se réfugie chez René, que les parents, aisés mais démissionnaires, laissent libre de faire ce qu'il veut. Les enfants s'amusent ensemble, vont au cinéma, puis assistent à un spectacle de guignol avec une foule de petits enfants fascinés. Pour se faire de l'argent, ils volent une machine à écrire dans le bureau du père d'Antoine et essaient de la vendre. Quand le projet échoue, Antoine essaie de rapporter la machine au bureau. Attrapé par le gardien de nuit, il est amené par son père au commissariat de police où il est gardé à vue, avec un malfaiteur et des prostituées, jusqu'à ce qu'on l'emmène en prison.

Dans le dernier volet du film, Antoine se trouve dans un centre d'observation pour mineurs délinquants en Normandie, où il est soumis à une discipline brutale. Interrogé par une psychologue, il s'exprime longuement sur son enfance, sur ses parents, sur ses expériences avec les filles… . On refuse à René le droit de lui rendre visite, mais sa mère arrive pour lui annoncer que désormais, à la suite d'une lettre qu'Antoine a envoyée à son père (qui contient sans doute des plaintes contre sa mère), ils se désintéressent tous deux de son sort… . Antoine profite d'une partie de football pour s'enfuir du centre. Il court jusqu'au bord de la mer où il se retourne et, dans un arrêt sur image saisissant, fixe les spectateurs du regard.

*Il faut signaler que dans les versions vidéos du film, on coupe souvent (malheureusement) quatre épisodes brefs du film : une conversation de deux femmes à l'épicerie, devant Antoine, sur des accouchements difficiles, la destruction des lunettes de plongée de l'élève délateur, Mauricet, l'irruption de M. Bigey dans la chambre de son fils, où se cache Antoine, et une scène où Antoine et René jouent à la sarbacane, bombardant les passants de boules de papier depuis le balcon des Bigey (et où l'on voit ce qu'est devenu le fameux Guide Michelin que cherche M. Doinel…).

La réception

Nous sommes au mois d'avril 1959 (en pleine guerre d'Algérie). A la grande surprise de tout le monde, *Les Quatre Cents Coups*, le premier long métrage de François Truffaut, est sélectionné par le comité du festival de Cannes pour représenter la France à côté d'*Orfeu Negro* de Marcel Camus. Si ce dernier se voit décerner la Palme d'or du meilleur film, la nouvelle qui provoque le délire chez les jeunes cinéastes et cinéphiles français, c'est le Grand Prix de la mise en scène que reçoit le film de Truffaut. Du jour au lendemain, c'est la consécration, la gloire du jeune critique du magazine *Arts* et des *Cahiers du cinéma*. Depuis des années Truffaut vilipende, couvre de mépris le cinéma de ses aînés dans des articles lapidaires où il décrie la sclérose du cinéma français, l'enlisement dans des habitudes, le manque d'inspiration, de renouvellement. L'année précédente il avait été carrément interdit de séjour au festival de Cannes (on a refusé de l'accréditer comme journaliste) à cause de ses propos insultants dans *Arts* à l'égard de l'institution. Quand il passe à la réalisation, on l'attend au tournant. Si son film ne triomphe pas, il sera livré à la haine de tous ceux que Truffaut n'a pas ménagés. Comme Renoir à la première projection de *La Grande Illusion*, Truffaut est malade d'anxiété lors de la projection des *Quatre Cents Coups* à Cannes. Voici comment De Baecque et Toubiana décrivent l'événement : "Le soir de la projection dans la salle du Palais des festivals, Truffaut est pâle, tendu. Jean-Pierre Léaud lui fait un clin d'oeil lorsque la lumière s'éteint. Le cinéaste est bientôt rassuré en entendant les applaudissements qui, avant même la fin de la projection, saluent déjà certaines scènes. Et, lorsque les lumières se rallument, c'est un véritable triomphe, chacun se tournant vers le jeune cinéaste pour en découvrir le visage. A la sortie du Palais, dans une indescriptible bousculade, Jean-Pierre Léaud est porté à bout de bras pour être présenté aux festivaliers et aux photographes agglutinés en bas des marches. Parrainé par Cocteau, Truffaut salue et serre les mains anonymes qui montent vers lui…" (pp. 197-198).

Les grands journaux et magazines du pays s'emparant du film, Truffaut devient rapidement le symbole de la percée du jeune cinéma qui essaie de se frayer un chemin depuis quelques années déjà. Les amis de Truffaut aux *Cahiers du cinéma* et aux *Arts* exultent, pavoisent : Jacques Audiberti déclare qu'"avec ses

'400 Coups' d'essai Truffaut a réussi un coup de maître" ; Doniol-Valcroze parle de "la bombe Truffaut" et compare le film à une "fusée qui éclate en plein camp ennemi et consacre sa défaite par l'intérieur" (p. 42). Au prix de la mise en scène au festival de Cannes viendront s'ajouter de nombreux prix et honneurs à travers le monde : le Prix de la Critique new-yorkaise du meilleur film étranger en 1959, le Prix Méliès 1959, le Prix Fémina belge du Cinéma, ainsi que des prix en Suisse, en Espagne, au Mexique, en Autriche, et d'autres prix en France et aux Etats-Unis (où le film a connu le plus grand succès). La même année, le film fut selectionné à Hollywood pour l'Oscar dans la catégorie des "meilleurs scénarios écrits directement pour l'écran". Sorti le 3 juin dans deux cinémas des Champs-Elysées, le film remporte un grand succès auprès du public avec près de 450 000 entrées et provoque un débat de société sur l'éducation des enfants et la responsabilité des parents.

Avant *Les Quatre Cents Coups*

Avant de passer à la réalisation de films, Truffaut fut d'abord critique de cinéma, un critique parmi les plus brillants mais aussi le critique "le plus détesté de sa génération" a-t-on dit, pour les raisons que nous avons évoquées plus haut (voir aussi plus bas). Mais avant d'être critique, Truffaut fut un cinéphile passionné, et avant cela élève insoumis, jeune délinquant, déserteur et détenu dans une prison militaire française en Allemagne. Parcours peu prometteur et qui rend d'autant plus étonnante sa carrière fulgurante dans l'univers du cinéma.

Le cinéma de Truffaut, et surtout son premier film, est inséparable de sa vie personnelle. *Les Quatre Cents Coups* évoquent, à peine stylisées, les péripéties de l'adolescence de Truffaut, à la maison comme à l'école, au moment de ses 12-13 ans. Il faut savoir que Truffaut, né à Paris en 1932, fut enfant naturel d'une fille-mère de 17 ans, pour qui il restera l'incarnation du scandale familial que provoqua son illégitimité ; il ne rencontrera jamais son père. Il vécut jusqu'à l'âge de 10 ans d'abord chez une nourrice, puis chez sa grand-mère maternelle, avant d'intégrer le petit appartement de ses parents (son beau-père lui ayant donné son nom). Sa mère, froide et distante à son égard, supportait très mal son existence, tandis qu'il entretenait de meilleurs rapports avec son beau père, individu blagueur qui aimait plaisanter à la maison avec le jeune garçon. Sa mère a des amants. Ses parents s'occupent peu de lui, l'abandonnant souvent seul à la maison pour se livrer à leur passion pour l'alpinisme. L'enfant commence à voler de petites sommes d'argent, à mentir.

D'abord très bon élève, François devient de plus en plus indiscipliné à l'école et fait souvent l'école buissonnière avec ou sans son meilleur ami, Robert Lachenay. Il fait des fugues, passant la nuit dans le métro ou chez son ami, dont les parents ne s'occupent guère (sa mère est alcoolique, son père ne pense qu'à parier sur les chevaux...). Un jour, pour justifier son absence de l'école, il dit que son père a été arrêté par les Allemands (nous sommes en 1943, en pleine Occupation). A la suite de l'échec financier d'un ciné- club, qu'il avait monté avec son ami, et une nouvelle fugue, il est livré à la police par son beau-père. Il passe deux nuits dans des cellules avec des prostituées et des petits malfrats du quartier (l'appartement familial se trouve à Pigalle) avant d'être envoyé dans un Centre d'Observation pour mineurs délinquants dans la banlieue parisienne. C'est André Bazin, le futur fondateur des *Cahiers du cinéma*, qui tirera Truffaut de ce mauvais pas en se chargeant légalement de lui (ses parents renonçant à leurs droits parentaux).

Quelques années plus tard, en 1952, c'est encore Bazin qui tirera Truffaut d'affaire en le faisant sortir d'une prison militaire où il purgeait une peine pour désertion ; cette fois Bazin le recueille chez lui (pour deux ans) et devient pour Truffaut le père qu'il n'a jamais eu.

Pour qui a vu *Les Quatre Cents Coups*, les rapports entre l'enfance de Truffaut, telle que nous venons de la décrire, et celle d'Antoine Doinel sont plus qu'évidents. Le fait que le jeune Truffaut soit sauvé par Bazin, le plus grand théoricien et critique de cinéma de son époque, a une dimension métaphorique très prononcée, car ce fut le cinéma, comme le dit Truffaut lui-même, qui lui a fait survivre à sa jeunesse : "Le cinéma m'a sauvé la vie. Si je me suis jeté dans le cinéma, c'est probablement parce que ma vie n'était pas satisfaisante pour moi dans mes années de première jeunesse, à savoir les années de l'Occupation [...]. 1941 est une date importante pour moi : c'est le moment où j'ai commencé à aller voir beaucoup de films. De dix à dix- neuf ans, je me suis jeté sur les films..." (Insdorf, p. 13). Si l'adolescent courait souvent les rues de son quartier, le cinéma et la lecture de romans furent ses passe-temps préférés ; il voit souvent trois films par jour et lit trois romans par semaine (s'il faisait l'école buissonnière, c'était souvent pour passer des journée entières à lire des romans de Balzac à la bibliothèque municipale). Il constituera des dossiers de presse pour chaque cinéaste. C'est sa cinéphilie, son immense savoir sur les films, qui attira l'attention de Bazin sur Truffaut, qu'il associera aux travaux des *Cahiers du cinéma*, avec d'autres jeunes turcs tels que Jean-Luc Godard, Jacques Rivette et Claude Chabrol, ainsi qu'Eric Rohmer, leur aîné. A partir de 1953, Bazin fait entrer Truffaut comme critique de cinéma aux *Cahiers*. L'année suivante, Truffaut publie le célèbre article, "Une certaine tendance du cinéma français", où il fustige le cinéma français des grand studios, trop conventionnel, trop littéraire, dominé depuis la Libération par un certain nombre de réalisateurs prestigieux et par quelques scénaristes qui rabâchent sans cesse les mêmes thèmes en adaptant des romans au cinéma. Son article ayant attiré l'attention des éditeurs du magazine hebdomadaire *Arts*, ceux-ci l'invitent à écrire des articles pour leur rubrique cinéma. Dès lors, justifiant sa nouvelle réputation de "fossoyeur du cinéma français", Truffaut se déchaîne contre l'ennemi dans des articles enflammés qui ne ménagent personne, tout en encensant, par contre, les réalisateurs qui sont à l'honneur chez les jeunes critiques des *Cahiers* (Renoir, Rosselini, Ophuls, Gance, Bresson, Hawkes, Hitchcock, Cocteau, Ray, en premier lieu).

Quand Truffaut tâtera de la réalisation, ce sera, comme les autres jeunes cinéastes, par le biais du court métrage. Après plusieurs projets ratés, dont un film en 16 mm de moins de 8 minutes, *Une Visite* (1954), qui ne sortira jamais sur les écrans, il réalise enfin, en 1957, *Les Mistons* (18 minutes), adaptation d'une nouvelle littéraire. Tournée à Nîmes, il s'agit d'une bande de cinq jeunes garçons, tous épris d'une belle jeune femme (Bernadette Lafont, dont c'est le premier film) qu'ils suivent partout, épiant ses sorties avec son amoureux en ville comme à la campagne et harcelant le couple par jalousie. Truffaut, qui fait le récit lui-même en voix *off*, résume le sujet du film ainsi : "*N'ayant pas l'âge d'aimer Bernadette, nous décidâmes de la haïr et de tourmenter ses amours*". L'écriture des enfants joue un rôle important dans *Les Mistons*, avant de devenir un motif principal des *Quatre Cents Coups*, et on y constate déjà les allusions à d'autres films (les "citations") et les "clins d'oeil" (*insider jokes*) qui deviendront monnaie courante chez les réalisateurs de la Nouvelle Vague. Le film est accueilli favorablement par la presse spécialisée à la fin de l'année et remporte le prix de la mise en scène au Festival du film mondial de Bruxelles en février 1958. A sa sortie en salle à Paris, en novembre

1958, la presse populaire emboîte le pas, couvrant d'éloges ce coup d'essai du jeune critique. Le moment est venu de tenter l'aventure du long métrage.

La genèse du film

Les Quatre Cents Coups seront l'incarnation d'une nouvelle conception du cinéma prônée par Truffaut dans ses articles tout au long des années cinquante : "Le film à venir m'apparaît plus personnel encore qu'un roman, individuel et autobiographique comme une confession ou comme un journal intime. Les jeunes cinéastes s'exprimeront à la première personne et nous raconteront ce qui leur est arrivé [...] et cela plaira presque forcément parce que ce sera vrai et neuf" (*Arts*, 15 mai 1957). Il s'agit, évidemment, d'un refus des adaptations de romans, qu'il critique sévèrement dans son article de 1954, et c'est précisément le programme du premier film de Truffaut.

A l'origine, en fait, ce film devait être un court métrage de vingt minutes intitulé *La Fugue d'Antoine*, destiné à faire partie d'un film à sketchs sur l'enfance. Il s'agissait de mettre en scène un épisode authentique de la vie de Truffaut, légèrement modifié. C'était l'histoire d'un enfant qui sèche la classe plusieurs jours de suite pour lire un roman à plusieurs volumes à la bibliothèque, puis, quand il rentre enfin à l'école, justifie le fait qu'il n'a pas de mot d'excuse en disant que sa mère est morte. Il est giflé devant toute la classe par son père, n'ose plus rentrer chez lui et passe la nuit dehors. C'est de ce petit sketch, considérablement étoffé, que naîtra *Les Quatre Cents Coups*. L'ensemble de l'action du film, entièrement autobiographique, est pourtant transposé de diverses manières pour en faire une "fiction". Le personnage d'Antoine Doinel est un amalgame de Truffaut, de son ami, Robert Lachenay, et de Jean-Pierre Léaud, tandis que les événements du film, qui se déroulent en quelques jours aux alentours de Noël vers la fin des années cinquante, se sont étalés, en réalité, sur cinq années à cheval sur l'Occupation et la Libération (1942-47). Les personnalités de Truffaut et de Robert Lachenay seront quelque peu inversées dans les personnages d'Antoine et de son ami René Bigey. Par ailleurs, le beau père d'Antoine sera passionné non d'alpinisme, mais d'automobile.

Confronté à une masse de matériel autobiographique, craignant, à juste titre, de manquer d'objectivité, Truffaut se documente de manière approfondie sur la psychologie adolescente, sur les difficultés de l'enfance et sur la délinquance. Il fait appel ensuite à Marcel Moussy, romancier et scénariste, qui a déjà travaillé sur les problèmes de l'enfance, pour mieux dessiner ses personnages, structurer son récit et écrire les dialogues pour les personnages adultes. On ne rédigeait pas à l'avance ceux des enfants. Comme le dit Truffaut, "on leur donnait la situation et c'était eux-mêmes qui formulaient les phrases" (Gillain, p. 44). Le choix de l'adolescent qui incarnera Antoine Doinel étant critique, Truffaut auditionne une soixantaine d'enfants avant de choisir Jean-Pierre Léaud, quatorze ans, fils d'un scénariste et d'une actrice. Truffaut se trouve rapidement des affinités avec Jean-Pierre Léaud : c'est un enfant difficile, indiscipliné à l'école, fugueur, en révolte, mais très cultivé pour son âge. Contrairement à Truffaut, pourtant, il a une personnalité très forte qui fascine le réalisateur et l'amène, comme il l'avoue, "à modifier souvent le scénario", de telle sorte qu'en fin de compte "Antoine est un personnage imaginaire qui emprunte un peu à nous deux" (De Baecque et Toubiana, p.193). La séquence au tout début du film, par exemple, où Antoine est attrapé avec une pin up entre les mains, s'inspire sans doute de la vie de Jean-

Pierre Léaud, qui a été surpris dans le dortoir, selon le directeur de son école, en train de regarder des images pornographiques... . Les parents d'Antoine seront incarnés par Albert Rémy, un acteur de cinéma bien connu depuis les années quarante, et Claire Maurier, qui vient surtout du théâtre.

Le tournage

Contrairement à certains amis des *Cahiers*, Truffaut ne produit pas seul son premier film et doit donc se soumettre à certaines pratiques corporatives. Il a une équipe entière de techniciens, bien que celle-ci soit réduite "au minimum syndical". Le tournage des *Quatre Cents Coups* commence le 10 novembre 1958 — le jour même où meurt André Bazin, le seul "père" que Truffaut ait connu. Cette circonstance malheureuse n'est pas étrangère, comme le remarquent De Baecque et Toubiana, au caractère plutôt "noir" du film (p. 193). *Les Quatre Cents Coups* seront dédiés "à la mémoire d'André Bazin".

Le tournage s'effectuera d'abord dans un appartement minuscule, à Montmartre, avant de se déplacer dans le quartier de Pigalle où Truffaut a passé son adolescence, puis à d'autres endroits dans la ville. Tourner avec un grand nombre d'enfants n'est jamais chose facile — Truffaut avait juré de ne jamais recommencer avec cinq enfants après la réalisation des *Mistons* — et les pérépities ne manquent pas. Jean-Pierre Léaud, toujours impertinent, provoque des ennuis en insultant des agents de police dans la rue, et les autres enfants ne sont pas toujours en reste : "Quelques jours plus tard, la veille de Noël, un car de police prévenu par le patron du café *Le Rendez-Vous du bâtiment* interrompt à nouveau le tournage : lors de la séquence du professeur de gymnastique, qui nécessite plusieurs prises, Jean-Pierre Léaud insultait à chaque fois le propriétaire du café tandis que deux de ses camarades chipaient des couverts et des cendriers" (p. 195)!

Au mois de décembre, peu avant ces incidents, l'équipe avait déménagé en Normandie, près de Honfleur, pour tourner les séquences du centre d'observation des délinquants et le dénouement, l'évasion d'Antoine et sa longue course jusqu'à la mer (filmée par Henri Decae à partir d'une voiture-travelling). Les scènes de classe, avec tous les enfants, sont tournées juste après Noël, dans une école fermée pour les vacances.

Les Quatre Cents Coups sont tournés en noir et blanc et en Cinémascope (l'image est déformée exprès pour convenir à l'écran large), ce qui produit des effets de stylisation qui, selon Truffaut, rendent les décors moins tristes, moins sales. En même temps, le "scope" permet de faire des plans plus longs et moins nombreux, avec un minimum de mouvements de la caméra, très utile lors des prises dans le petit appartement : "Je pouvais, rien qu'en faisant pivoter l'appareil, suivre tous les déplacements de tous les personnages" (Billard, p. 26). Le film est presque entièrement postsynchronisé, les scènes de classe et celle de la psychologue seules étant tournées en son direct. Pour l'interview avec celle-ci, Truffaut ne donne pas de dialogue écrit à Jean-Pierre Léaud, le laissant improviser ses réponses aux questions, dont il ne connaît à l'avance que la teneur générale. Le tournage, qui aura duré deux mois, est bouclé le 5 janvier 1959, suivi d'un premier montage, avec la musique de Jean Constantin, début février.

La structure

La structure des *Quatre Cents Coups* n'a rien de compliqué : c'est le récit linéaire classique, une série de jours et de nuits qui se succèdent. L'ensemble de l'action couvre une semaine environ, aux alentours de Noël, quoiqu'on ne sache pas de façon très claire combien de temps Antoine reste dans le Centre pour délinquants avant de s'évader. L'aspect le plus intéressant de l'organisation de l'action, c'est ce que Truffaut appelle "l'engrenage", l'acheminement progressif d'Antoine, par étapes, vers le drame final : "Je savais que dans chaque scène, chaque bobine, Antoine devait faire quelque chose de plus grave que dans la scène précédente" (Gillain, 1991, p. 48). A la pin up succède la punition oubliée, qui mène à l'école buissonnière, puis au mensonge sur la mort de sa mère qui provoque la première fugue, suivie par le plagiat de Balzac, une nouvelle fugue, le vol de la machine à écrire et, pour finir, l'évasion du Centre.

A chaque incartade d'Antoine, le monde adulte — l'instituteur, ses parents, le juge, le personnel du Centre — sévit en lui infligeant des sanctions sans commune mesure avec ses infractions, nourrissant chez l'enfant un sentiment d'injustice et de révolte. Antoine est pris effectivement dans un engrenage qui le mène inexorablement et fatalement à l'exclusion : de l'école, du foyer, de la société. Stylistiquement, comme l'observe Anne Gillain, le parcours d'Antoine est résumé par l'opposition entre la première et la dernière image du film : "à un plan général rempli de personnages [la classe à l'école] s'oppose le plan rapproché d'un visage seul" (p. 50).

A un autre niveau, le film est structuré par une alternance entre les séquences à l'intérieur (l'école, l'appartement) et à l'extérieur (les rues de Paris). Durant les premières Antoine souffre de l'autorité des adultes, ressentie comme une véritable oppression, tandis que dans les rues de Paris il s'éclate, jouit de sa liberté, ce que souligne la musique vive et enjouée qui accompagne le plus souvent les scènes d'extérieur. Il n'y a que dans les salles de cinéma, un espace où l'imaginaire est roi, qu'Antoine trouve le bonheur "à l'intérieur" ; au cinéma il n'est pas rejeté, réprouvé. Les scènes de cinéma trouvent un écho dans celle du Rotor, l'attraction de la fête foraine qui évoque le kinétoscope, un des ancêtres du cinématographe, et à l'intérieur duquel Antoine, aux côtés du réalisateur, se grise (voir Collet, "La scène du rotor", dans le *Dossier critique*). Le cinéma, c'est le salut, l'évasion du monde dont Antoine est exclu.

Les thèmes

Les Quatre Cents Coups sont dominés, bien évidemment, par le thème de l'adolescence malheureuse. Malgré le caractère autobiographique du film, Truffaut est soucieux, dès le départ, de ne pas avoir l'air de s'apitoyer sur lui-même, et, pour éviter de tomber dans le racolage sentimental, il interdit même à Jean-Pierre Léaud de sourire pendant le tournage, à de rares exceptions près. Il considère son film comme "une chronique de la treizième année" et cherche à représenter, comme le disent De Baecque et Toubiana, "ce qu'il y a d'universel dans l'enfance" (p. 190). Mais Antoine est indéniablement malheureux, et son comportement devient en quelque sorte un cas clinique, un portrait de l'adolescent en crise, ce qu'on n'a pas manqué de remarquer dès la sortie du film : "Il suffit, pour apprécier la justesse du film, de prendre n'importe quel manuel de psychologie ou de psychanalyse et de consulter le chapitre consacré à la description [...] de la 'crise d'adaptation ou d'originalité juvénile'. Toutes les caractéristiques de l'adolescence se retrouvent dans le personnage et dans la situation du petit Antoine Doinel" (Hoveyda, p. 53).

Sur toute la thématique du film, sur tous les contours de l'adolescence en crise, se profilent les rapports entre Antoine et sa mère. Puisqu'il s'agit d'un film éminemment autobiographique, mettant en relief les rapports entre un adolescent et ses parents, et avant tout entre lui et sa mère, il est difficile d'éviter les hypothèses psychanalytiques sur le cas d'Antoine (comme sur le cas de Truffaut). La scène du miroir, la sensualité de sa mère (qui s'exhibe en petite tenue devant lui), l'infidélité de celle-ci et le fait qu'Antoine déclare qu'elle est morte, la complicité dans le secret qui s'établit entre la mère et le fils, sont autant d'éléments qui peuvent conduire les critiques — c'est le cas d'Anne Gillain — à parler de "fixation oedipienne" (désir d'union avec la mère), à déceler tout un côté fantasmatique dans le récit et à conclure que "toutes les actions d'Antoine sont déterminées par ses pulsions" envers sa mère (Gillain, p. 84). De telles hypothèses, que l'on y souscrive ou non, ne manquent pas de renforcer et d'enrichir la texture thématique du film de Truffaut.

La plupart des autres thèmes des *Quatre Cents Coups*, sans forcément rejoindre la perspective freudienne, s'organisent clairement autour du drame de l'adolescent, que ce soit celui de l'écriture, sorte de "péché originel" de l'enfant (voir Collet, "Ecriture et révolte", dans le *Dossier critique*), les motifs du vol, du feu et du jeu, le manque de communication, l'incompréhension, la marginalisation ou l'exclusion. Le film devient un véritable réquisitoire contre le monde adulte et une mise en accusation virulente des parents de Truffaut ; pour sa mère ce sera, comme il le dit lui-même, "un coup de poignard dans le dos". Pour amortir le coup, Truffaut niera vigoureusement le caractère autobiographique du film, mais personne ne s'y trompe, et Truffaut reconnaîtra par la suite que "c'est en grande partie autobiographique" (Desjardins, p. 37).

Fidèle à l'esprit de la Nouvelle Vague, *Les Quatre Cents Coups* pratique la mise en abyme du cinéma, avec la scène du Rotor, bien sûr, et la fréquentation des salles de cinéma par Antoine et René, mais aussi avec de nombreuses citations de films précis : *Zéro de conduite* de Vigo (la promenade avec le professeur de gymnastique), *La Chienne* de Renoir (Georges Flament dans le rôle du père de René), *Monika* de Bergman (la photo volée au cinéma), *Paris nous appartient* de Jacques Rivette (la soirée au cinéma de la famille Doinel), autant de clins d'oeil aux initiés du milieu cinématographique.

Le Cycle Antoine Doinel

Antoine Doinel ne disparaît pas à la fin des *Quatre Cents Coups* ; loin s'en faut. Truffaut aura l'idée, une véritable trouvaille, de filmer Jean-Pierre Léaud à diverses époques de sa vie, au fur et à mesure qu'il grandit, toujours dans le rôle d'Antoine Doinel et toujours en tant qu'*alter-ego* du réalisateur — et cela pendant vingt ans. Ainsi, Léaud incarnera Doinel de nouveau, trois ans plus tard, dans un court métrage, *Antoine et Colette* (1962) que Truffaut tourne pour un film à sketches collectif, *L'Amour à vingt ans*. Ce petit film est basé sur une déception sentimentale que Truffaut lui-même connut à l'âge de dix-huit ans. Six ans plus tard, ce sera *Baisers volés* (1968), encore une histoire d'amour (qui se termine bien), suivis de *Domicile conjugal* (1970), qui montre l'échec du mariage d'Antoine. Le cycle se termine avec *L'Amour en fuite* (1979), film non moins pessimiste, mais oeuvre novatrice et assez singulière où des extraits des films précédents de la série Doinel servent de flash-backs, nous montrant les personnages du dernier film à différents moments de leur existence antérieure, incarnés par les acteurs à différents âges. Double du cinéaste, mais en même temps être de fiction, Antoine Doinel, comme le dit Gillain, "est devenu un mythe qui appartient aux archives du cinéma" (p. 22).

FICHE PÉDAGOGIQUE

Propos de François Truffaut

"L'idée qui nous inspira tout au long de ce travail était d'esquisser une chronique de l'adolescence considérée non avec l'habituelle nostalgie attendrie mais au contraire comme 'un mauvais moment à passer'".

"Ma mère ne supportait pas le bruit, enfin je devrais dire pour être plus précis qu'elle ne me supportait pas. En tout cas, je devais me faire oublier et rester sur une chaise à lire, je n'avais pas le droit de jouer ni de faire du bruit, il fallait que je fasse oublier que j'existais".

"Après la sortie des *400 Coups*, mes parents ont divorcé. Ils se sont sentis menacés par le film. Je ne pense même pas qu'ils l'aient vu. Leurs amis leur ont dit de ne pas y aller. Il y avait une grande ressemblance physique entre mon père et l'homme qui jouait son rôle dans le film. C'était la même chose pour l'appartement où nous l'avons filmé. C'était le même quartier où j'avais grandi. Mes parents ont ressenti le film comme une grande injustice, surtout parce qu'il a obtenu le grand prix à Cannes [...]. C'est seulement maintenant que je me rends compte à quel point leur situation était difficile. J'éprouvais sûrement beaucoup d'amertume à l'époque. On pourrait dire que le film a mis en dialogues tout ce qui n'avait jamais été dit dans nos vies".

"Le pari, donc, était d'imposer un gosse qui, toutes les cinq minutes, fait une chose clandestine. On me disait : vous êtes fou! Ce gosse va être odieux! Les gens ne vont pas le supporter! Car au tournage, cela impressionnait de voir ce gosse qui fauche à droite et à gauche. Je donnais l'impression de faire un documentaire sur la délinquance. J'ai d'ailleurs un peu subi l'influence de ces mises en garde : maintenant, je le regrette. En fait, on ignorait autour de moi, comme je l'ignorais, qu'on pardonne absolument tout à un enfant et que ce sont toujours les parents qui trinquent. Je croyais faire un équilibre, je ne savais pas qu'il y avait déséquilibre. J'étais très naïf, mais le film se trouvait être naïvement très malin".

"Il ne faut jamais oublier que l'enfant est un élément pathétique auquel le public sera, d'avance, sensibilisé. Il est donc très difficile d'éviter la mièvrerie et la complaisance. On n'y parviendra qu'à force de sécheresse voulue et calculée dans le traitement, ce qui ne veut pas dire que le style ne sera pas vibrant. Un sourire d'enfant sur un écran et la partie est gagnée. Mais justement, ce qui saute aux yeux quand on regarde la vie, c'est la gravité de l'enfant par rapport à la futilité de l'adulte. C'est pourquoi il me semble que l'on atteindra un plus haut degré de vérité en filmant non seulement les jeux des enfants, mais aussi leurs drames qui sont immenses et sans rapport avec les conflits entre adultes [...]. L'adolescence amène avec elle la découverte de l'injustice, le désir d'indépendance, le sevrage affectif, les premières curiosités sexuelles. C'est donc par excellence l'âge critique, l'âge des premiers conflits entre la morale absolue et la morale relative des adultes, entre la pureté du coeur et l'impureté de la vie, c'est enfin, du point de vue de n'importe quel artiste, l'âge le plus intéressant à mettre en lumière".

Extraits à discuter

Extrait 1 (00′10-2′45): Le générique du début : travelling dans Paris.

Extrait 2 (2′50-6′50): Début du film. Antoine mis au piquet pour la pin up, privé de récréation ; il écrit son "poème" sur le mur, puni de nouveau.

Extrait 3 (11′20-14′20): Antoine chez lui seul, alimente le feu, s'essuie les mains sur les rideaux, vole de l'argent, s'assied devant la coiffeuse de sa mère. Sa mère rentre, le gronde parce qu'il a oublié d'acheter de la farine.

Extrait 4 (20′00-24′10): Antoine et René font l'école buissonnière ; la scène du rotor à la fête foraine ; Antoine surprend sa mère en train d'embrasser son amant dans la rue.

Extrait 5 (45′10-46′40): Le "jogging" en ville avec le prof de gym ("citation" de *Zéro de conduite* de Vigo).

Extrait 6 (47′10-50′20): Antoine accroche une photo de Balzac dans une alcôve ; composition de français le lendemain ; il pose une bougie dans l'alcôve ; le rideau prend feu.

Extrait 7 (1h12′50-17′20): Antoine dans une cellule au Commissariat, transfert à la prison dans le fourgon de la police, Antoine entre dans l'univers carcéral. ***Voir le commentaire de cette séquence dans "La Lecture du film", pp. 41-43.**

Extrait 8 (1h25′30-28′55): Antoine est interviewé par la psychologue au Centre d'observation pour mineurs délinquants.

Extrait 9 (1h32′00-36′45): L'évasion du Centre ; la course d'Antoine jusqu'à la mer et l'arrêt sur image à la fin du film.

Citations à commenter

Le poème d'Antoine, écrit sur le mur de la salle de classe :
"Ici souffrit le pauvre Antoine Doinel
Puni injustement par Petite Feuille
Pour une pin up tombée du ciel...
Entre nous ce sera, dent pour dent,
Oeil pour oeil".

* * *

Antoine voit sa mère en train d'embrasser un homme dans la rue :
"Elle osera jamais le dire à mon père" (qu'il avait fait l'école buissonnière).

* * *

Le retour d'Antoine à l'école :
L'instituteur: "Je serais curieux de savoir ce que tu as soutiré comme excuse, moi... Fais voir ton mot".
Antoine: "J'en ai pas, M'sieur...M'sieur, c'était, c'était ma mère...M'sieur".
L'Instituteur: "Ta mère, ta mère, qu'est-ce qu'elle a encore"?
Antoine: "Elle est morte".

* * *

Mme Doinel: "Si à la prochaine composition française, tu es dans les...voyons, dans les cinq premiers, je te donne mille francs, mille francs."

Gros plan sur Antoine qui baisse les yeux, puis les relève sur sa mère.

Mme Doinel (off): "Mais tu ne diras rien à ton père".

* * *

La Psychologue: "Pourquoi n'aimes-tu pas ta mère"?

Antoine: "Ben! parce que d'abord, j'ai été en nourrice et puis quand ils ont plus eu d'argent, ils m'ont mis chez ma grand-mère [...]. Puis je suis venu chez mes parents [...] j'avais déjà huit ans et tout, et puis je me suis aperçu que ma mère, elle m'aimait pas tellement, elle me disputait toujours et puis, pour rien, des petites affaires insignifiantes. Alors aussi j'ai entendu, quand il y avait des scènes à la maison, j'ai entendu que...que...ma mère...elle m'avait eu quand elle était...quand elle était...elle m'avait eu fille-mère quoi! Et puis avec ma grand-mère aussi, elle s'est disputée une fois, et c'est là que j'ai su qu'elle avait voulu me faire avorter, et puis si je suis né, c'était grâce à ma grand-mère".

Sujets de réflexion

1. L'impression que font les travellings pendant le générique du début du film.
2. Le rôle de l'écriture dans la première séquence, en ce qui concerne l'opposition du monde des adultes et celui des enfants ; le rôle de l'écriture dans le reste du film, en ce qui concerne la dégradation progressive de la situation d'Antoine.
3. Antoine devant la coiffeuse de sa mère : il sent son parfum, essaie sa pince à cils, se regarde dans la glace (images multiples).
4. Les rapports entre Antoine et ses parents, et entre les parents d'Antoine. Caractère de ses parents.
5. La représentation des adultes dans ce film.
6. L'opposition entre les scènes d'intérieur et les scènes d'extérieur dans le film, en ce qui concerne Antoine.
7. La séquence du rotor à la fête foraine ; la présence de Truffaut, le metteur en scène, dans le rotor avec Antoine.
8. Le thème du "vol", son rôle dans le film.
9. Le rôle du cinéma dans le film.
10. L'incarcération d'Antoine (son point de vue, son traitement par les gardiens); la séquence du trajet dans le fourgon de la police.
11. L'interview avec la psychologue du Centre (la prise de parole d'Antoine) ; originalité du style de la séquence (fondus enchaînés, "champ-sur-champ").
12. La fuite d'Antoine : l'effet du long travelling d'accompagnement ; le regard caméra d'Antoine dans l'arrêt sur image à la fin du film.

DOSSIER CRITIQUE

Fereydoun Hoveyda — Portrait d'une adolescence difficile

Quel est le propos de Truffaut? Rendre compte d'une des périodes les plus difficiles de l'existence, que les adultes à la mémoire courte auréolent souvent d'une beauté hypocrite. *Les Quatre Cents Coups*, c'est un épisode de la difficulté d'être, du désarroi de l'individu qu'on a jeté dans le monde, sans lui demander son avis, et à qui on refuse tout moyen d'adaptation. C'est un compte rendu fidèle de l'incompréhension dont parents et éducateurs font si souvent preuve en face des problèmes qui se posent au bambin qui s'éveille à la vie adulte. Seconde naissance, mais dont personne ne veut assumer les douleurs. Force est au bambin de se forger, avec les moyens du bord, un monde acceptable. Mais comment échapperait-il au tragique quotidien alors qu'il reste tiraillé entre ses parents, idoles déchues, et un monde indifférent, sinon hostile?

Il suffit, pour apprécier la justesse du film, de prendre n'importe quel manuel de psychologie ou de psychanalyse, et de consulter le chapitre consacré à la description phénoménologique de la "crise d'adaption ou d'originalité juvénile". Tous les traits caractéristiques de l'adolescence se retrouvent dans le personnage et dans la situation du petit Antoine Doinel.

Mais Truffaut, par une retenue tout à son honneur, répugne à trop particulariser, à pousser le "cas" de son héros à l'excès. Il aurait pu, pour arracher plus facilement les pleurs du spectateur, faire de son Antoine un "cas limite". Son film aurait gagné en violence et en facilité. Mais voilà, Truffaut, par une sorte de masochisme artistique, se refuse à la facilité.

Marcel Moussy et lui ont systématiquement privé l'histoire de tout trait trop accentué. Antoine n'est ni trop gâté, ni trop malheureux. Un simple adolescent comme beaucoup d'autres. Nullement maltraité, il se heurte plutôt à l'indifférence. Enfant non désiré, il se sent en surplus, surnuméraire d'un couple aux prises avec les difficultés de l'existence. Perpétuel angoissé, il ne sort d'une situation compliquée que pour retomber dans une autre, au fil de mensonges aussi imbéciles qu'inévitables. A qui la faute? A tout le monde et à personne. Du film, il semble ressortir qu'un concours de circonstances économico-sociales (la situation financière des parents, l'appartement exigu), familiales (les relations des parents entre eux et avec l'enfant) et individuelles (l'attitude masochiste d'Antoine à l'égard de ses parents) sont à l'origine du destin du jeune garçon.

Ainsi le héros de Truffaut acquiert-il une ambiguïté qui le dote de vérité, ce dont il faut féliciter les auteurs du scénario et des dialogues. Antoine est à la fois victime et complice. Comparez les fanfaronnades du gosse à l'extérieur et son attitude soumise à la maison. Il y a dans *Les Quatre Cents Coups* une justesse de ton et une vérité de fond qui ne peuvent laisser indifférent.

On a dit que le film était autobiographique. Truffaut prétend qu'il n'en est rien. Je me sens incliné à croire qu'à l'instar d'un de ses maîtres, Hitchcock, il agite à la face du public un trousseau de fausses clés. Il emmêle à souhait les pistes. Mais n'ayant pas encore à l'anneau autant de clefs que le célèbre Anglais d'Hollywood, il ne peut entièrement cacher son jeu. D'ailleurs, tout film est en quelque sorte autobiographique. La pellicule absorbe et reflète, bon gré, mal gré, la personnalité de l'auteur. *Les Quatre Cents Coups*, c'est ce qu'on pourrait appeler une biographie imaginaire, genre aussi légitime que l'autobiographie, et en tout cas plus artistique, puisque permettant la libre transposition. On pourrait à l'instar de certains critiques littéraires essayer de faire la part du vécu et de l'inventé. Jeu vain, car, une fois de plus, qu'importe ici l'individu Truffaut? Contentons-nous de dire que la matière des *Quatre Cents Coups*, c'est l'expérience de Truffaut et de Moussy, enfants, repensée et transposée par Truffaut et Moussy, adultes.

Ce qu'il importe de souligner, ce sont les qualités du scénario et de la mise en scène : description phénoménologique de l'adolescence, personnages et action situés dès le début avec précision, liberté complète du petit héros sous nos yeux. Cette idée de "liberté" appelle une remarque importante : on a souvent l'impression que la caméra cachée suit Antoine, et que celui-ci ne sait pas qu'on le filme. Et c'est justement cette illusion de "direct", de "non élaboré", qui donne au film cette qualité émotive qui contrebalance ce que le début pouvait avoir de choquant et de désordonné. L'adoption, pour la scène de la psychologue, de l'optique télévision, loin de constituer un hiatus dans le style, vient confirmer à point nommé l'impression générale de "direct".

Truffaut atteint ainsi un sens du réel peu commun au cinéma, et que vient souligner son constant souci de référence aux détails vrais. Il n'y a pas un plan où Truffaut n'utilise un élément du décor pour faire éclater, par-delà la toile de l'écran, la vérité profonde de son sujet. Il a un sens inné des choses dans leurs rapports avec l'être humain. Comme chez les grands romanciers, les personnages se trouvent ici en butte aux objets, qui leur opposent une espèce de résistance. De là naît un sentiment de la durée auquel le cinéma nous avait peu habitué. Truffaut se passionne pour tout ce qui semblerait à première vue secondaire : papiers à brûler, poubelle à vider, rideaux auxquels le gosse s'essuie les mains, buffet dont il sort les couverts, peau de banane qu'il découpe, etc. Les choses prennent ainsi de l'importance et aident à expliquer le caractère du héros.

Me frappe encore dans le film le passage du particulier au général : la description de l'adolescence est, disais-je, conforme à celle qu'en donnent les manuels spécialisés. Antoine est à la fois Truffaut et Moussy, vous et moi. Sartre disait : "*Il faut savoir dire* nous *pour dire* je". Pour nous parler, Truffaut a choisi d'emblée la première personne du pluriel. Aussi bien son film semble-t-il parfois trop général et pas assez particularisé. Mais qu'importe puisque Truffaut ne cesse de progresser : dans *Les Mistons*, nous, c'était un groupe d'enfants, ici un seul. Ce n'est déjà pas mal. On lui reprochera peut-être un certain laisser aller dans la construction, un je ne sais quoi de non élaboré dans l'histoire. Mais y a-t-il vraiment une histoire ici? Ne s'agit-il pas plutôt, comme il l'a dit lui-même, d'une *chronique* de la treizième année?

La fin est très belle qui arrête le film sur un geste de retour du héros, laissant la porte ouverte sur l'avenir. Mais elle nous laisse aussi sur notre faim : comment Antoine sortira-t-il de l'adolescence? Nul doute que Truffaut traitera un jour cet autre sujet. Ici, son propos n'était que descriptif [...] ("La première personne du pluriel", pp. 53-55).

Jacques Doniol-Valcroze — L'inoubliable séquence finale

Les "grands moments" des *Quatre Cents Coups* sont muets comme les grandes douleurs ; c'est l'inoubliable trajet nocturne dans le fourgon cellulaire, la seule larme du film, presque invisible sur la joue d'Antoine, nous est dérobée sans cesse par le flux et le reflux du voyage ; c'est la non moins inoubliable séquence finale ; elle n'est — lui-même l'a dit — ni optimiste, ni pessimiste. Antoine s'échappe pendant une partie de football et se met à courir ; au bout de sa course, il n'y que la mer... mais la mer qu'il n'a jamais vue ; il la regarde un instant et se retourne vers l'objectif, l'image s'immobilise, le film est fini.

En dépit de cette sobriété, presque de cette sécheresse, notre gorge se noue, peu de fins de film ont été aussi émouvantes. Pourquoi? Le secret de ces derniers plans est indicible. On en comprend le mécanisme sans le percer. Il y a d'abord la "longueur" : Antoine court interminablement, suivi en travelling en un seul plan ; c'est véritablement qu'il s'essouffle, se fatigue, commence à ralentir sa foulée. C'est aussi qu'il court vers la mer, symbole pour lui de l'inconnu et de l'avenir ;

sur son visage vers nous finalement retourné on peut lire en une seconde qu'une étape est franchie, qu'un voyage au bout de la nuit se termine, que quelles que soient la suite et les angoisses de la suite, une découverte vient d'être faite et qui porte en germe la générosité et la beauté morale.

Avec une infinie tendresse, avec un amour presque sauvage, François Truffaut nous donne en épilogue ce pathétique visage de la jeunesse si démunie et si riche et ce regard sérieux qui ne s'arrête même pas sur nous (cité par Gillain, 1991, p. 120).

Jean Collet — Ecriture et révolte

Alors, l'écriture entre en scène. Avec de belles lettres à l'anglaise qui semblent posées là par un maître d'école, le générique déploie sa calligraphie. Quand ce générique sera fini, le premier plan du film nous montrera un écolier penché sur son cahier. Il s'arrête d'écrire et sort de son pupitre une photo de pin up qui va circuler, en douce.

Ecriture modèle, écriture de l'élève, images qui bougent, images interdites qui se répandent comme la peste, voici le motif dans sa pureté originelle. Au commencement, le conflit entre l'enfant et l'adulte. Pas n'importe quel conflit. Le premier de ces quatre cents coups oppose l'écrit à l'image. C'est un combat perdu d'avance. L'image est honteuse, elle se cache sous les tables, elle n'a pas droit de cité. Elle est liée au désir et à la culpabilité. C'est en suivant cette photo que nous découvrons Antoine Doinel. Antoine, c'est celui qui ne peut pas cacher la pin up. Il va se faire épingler avec elle. Juste au moment où il lui dessinait une belle moustache (façon de nier la femme, et le désir, mais surtout d'*écrire* sur la photo, de refuser l'image pour la marquer d'un signe à soi) […].

Antoine, bouclé dans la salle pendant la récréation, se venge en écrivant sur le mur une épitaphe:

> *"Ici souffrit le pauvre Antoine Doinel*
> *Puni injustement par Petite Feuille*
> *Pour une pin up tombée du ciel...*
> *Entre nous ce sera, dent pour dent,*
> *Oeil pour oeil".*

Le film va-t-il reproduire ce texte monstrueux, cette écriture dévoyée? Pendant que Petite Feuille s'affaire au tableau, la caméra s'approche d'un garçon aux cheveux en bataille, le petit Abbou (Richard Kanayan). Antoine vient de sortir du champ pour chercher une éponge — *"sinon je vais vous faire lécher vos insanités..."*. Abbou commence à écrire sur un gros cahier, mais il va faire une *tache*. Il arrache la page. Ses mains sont pleines d'encre, et il tache d'autres pages. Ainsi, peu à peu, dans un délire digne des Marx Brothers, le cahier s'effeuille jusqu'à la dernière page, tandis que la voix *off* aigrelette et claironnante de Petite Feuille poursuit son monologue [...].

[Antoine] doit nettoyer le mur pour que l'écriture du maître puisse régner sans concurrence. Au lieu de quoi, nous voyons un autre enfant, un complice, faire écho à l'inscription coupable. On dirait que les graffiti s'étendent, s'étalent dans un fleuve d'encre vengeresse [...]. Contre l'ordre du maître, contre la propreté de l'école, la seule révolte c'est de souiller, de détruire le beau cahier de récitation. Notre rire devant ce spectacle n'est pas innocent. C'est un rire complice. Avec Antoine et Abbou, c'est-à-dire avec le film, notre rire dit "merde".

Quelques instants plus tard, Antoine rentré chez ses parents, met du charbon dans un vieux poêle et s'essuie les mains aux rideaux. Même rire. *Dans le même mouvement*, Antoine va voler de l'argent caché par ses parents en haut du buffet : tache, souillure, vol, argent sont liés dans une même rêverie de vengeance.

Entre ces deux scènes la transition s'est faite sur une phrase provocante de Petite Feuille. Il lance à Antoine : "*Tant pis pour vous, vos parents paieront...Ah, elle va être un peu belle la France, dans dix ans!*" Suit un panoramique sur le bas-relief à la porte de l'école : "*Liberté, égalité, fraternité*". Voilà ce qui s'écrit sur les murs, ce qui se grave dans la pierre. Mais qui écrit, qui a le droit d'écrire ces belles devises? Faut-il donc *payer* pour pouvoir écrire? Antoine ne paiera pas. Il a relevé le défi du maître. Et la caméra qui glisse doucement depuis l'inscription jusqu'aux enfants, prend parti. Elle exprime le discours muet de la révolte" (pp. 41-44).

Jean Collet — La Scène du Rotor

Le rotor est un engin prodigieux. Il combine la vitesse et l'immobilité. Comme l'avion. Comme la bicyclette. La caméra — qui n'a pas froid aux yeux elle non plus — s'installe au milieu du rotor et fixe tranquillement le bonheur d'Antoine qui plane. Antoine collé au mur, incrusté sur cette paroi de planches, c'est une image qu'on ne saurait effacer, c'est pour la première fois dans le film, *l'inscription* d'Antoine. Mieux que l'épitaphe sauvage, mieux que les graffiti et les miroirs fugaces, le film saisit Antoine comme il nous le rendra à l'ultime seconde. Il ne bouge pas. Il défie le temps, l'espace et la pesanteur. Il n'a pas l'inquiétude que nous lirons sur ses traits dans le plan final. Il est radieux.

Le rotor ressemble à cet appareil qui fut un ancêtre du cinématographe : le praxinoscope d'Emile Reynaud [...]. Dans le rotor, on peut apercevoir François Truffaut à côté de Jean-Pierre Léaud. Le rotor est une métaphore du cinéma. Antoine n'y est plus tout a fait lui-même. Près du cinéaste, le personnage cède la place au comédien. L'ambivalence film-réalité éclate. Le bonheur d'Antoine dans le rotor est aussi le bonheur d'être plongé dans un film — comme acteur ou spectateur. Le cinéma, c'est cette machine curieuse qui fait perdre la tête, cette caverne noire où l'on descend pour mieux s'envoler. Le cinéma, c'est ce drôle de mur où se fixe pour toujours la trace de nos gestes et de notre visage.

Après, il faut retomber sur terre. A la sortie du rotor Antoine découvre sa mère avec un amant. Coïncidence? En tout cas, celle-ci rapproche la faute d'Antoine et la faute de la mère : "*Elle osera jamais le dire à mon père*". Les voici liés tous deux par un silence complice (*La Cinéma de François Truffaut* p. 47).

Gilbert Salachas — Le rythme des *Quatre Cents Coups*

Ce qui, à première vue, caractérise le style de réalisation des *400 coups*, c'est le mouvement, sous tous ses aspects. D'abord le découpage, très simple, est à l'image de la construction dramatique : les épisodes se succèdent, la plupart du temps sans transition ni liaison artificielle (visuelle ou verbale). Même le procédé du "fondu" n'est pas systématiquement utilisé […]. Le mouvement proprement dit est appréhendé à l'état naturel (lorsque par exemple, et c'est souvent, les enfants courent) ou provoqué de l'extérieur par de nombreux et larges mouvements de caméra. Ces mouvements, à l'intérieur des plans, sont des panoramiques, et le plus fréquemment des panoramiques aller-retour, qui, si l'on veut, représentent le coup d'oeil brusque du regard humain. La caméra, débarrassée de tous les préjugés du langage classique, vole à la recherche d'un personnage, d'un autre, revient au premier, etc. Cette mobilité est de rapidité variable. Pour illustrer ces changements de vitesse, prenons comme exemple la première séquence. L'objectif, lentement, passe d'un élève à l'autre, suivant l'itinéraire de la pin up qui circule dans la classe ; il s'immobilise un temps sur Antoine (qui dessine des moustaches ou autre chose) et tout à trac balaie la salle à grande allure pour cadrer le professeur au moment où celui-ci intervient. On trouvera d'autres exemples analogues lors de la séquence qui nous montre la mère de René. Là encore, la caméra fait des bonds pour l'introduire dans l'image. De même, lorsqu'Antoine s'évade, la caméra à deux reprises fait la navette de poursuivant à poursuivi. Le but avoué de cette technique nerveuse est de réduire le nombre de plans en évitant les classiques champs-contre-champs […]. L'image est avant tout dynamique et ses contours perpétuellement mouvants. Cette instabilité presque fonctionnelle de la caméra donne à la démarche du récit une vivacité peu commune, au détriment, conscient et accepté, de la netteté de l'image lors des voyages de la caméra (panoramiques "filés").

Ces procédés, parce qu'ils sont apparents, assurent le rythme original du film, sa nervosité particulière, mais les traditionnels champs-contrechamps sont également utilisés. Ils ont généralement valeur d'affrontement, d'antagonisme, de lutte (ex. "Petites [Feuilles]" contre ses élèves, Antoine contre sa mère, etc...) A noter, tout particulièrement, la scène de l'interrogatoire d'Antoine par la psychologue, scène capitale. Le contrechamp n'est que sonore, c'est la voix "off" d'Annette Wadement. Sur l'écran, nous ne voyons que le visage d'Antoine en plans fixes plus ou moins longs et séparés par des fondus rapides — assimilables à des point de suspension (*Télé-Ciné*, p. 6).

Richard Neupert — Music and "Closure" in *The 400 Blows*

The musical accompaniment ends temporarily at the soccer game so that the subdued "wild" sounds of the soccer game can prepare the slow, quiet setting from which Antoine will escape. When he does make a break under the fence, the only sound is the shrill noise of the guards' whistles. Other than these whistles, Antoine's escape is only accompanied by the diegetic sounds of his footsteps, dogs barking, and his heavy breathing. This use of wild sounds corresponds to what Gorbman defines as "diegetic silence." Here, the absence of music helps focalize the spectator's attention onto Antoine's plight, and reinforces his isolation. However, by the time Antoine first sees the ocean, the music returns for its final movement, which reassembles all the film's musical motifs and themes. By now those themes have accumulated a vast collection of textually specific connotations and representational significations.

This reprise creates a musical wrap-up or bracket to close the film by echoing or answering the film's opening overture. The strings slowly crescendo into the tragic theme and are then joined by the xylophone and piano, referring again to Antoine's ride in the paddy wagon. Then, as the shot continues, Antoine sees the ocean and runs away from the camera while there is a second crescendo, this time bringing in the full orchestra to take over from the piano music. At this point a bell tolls and the xylophone and flute parts dominate. This shift recalls for the audience the formerly playful jazz score that earlier accompanied Antoine and René on their romps through the city's movie theaters and amusement park.

As Antoine nears the water's edge, however, the diegetic sound of the waves begins to challenge the music for volume and dominance. The slow, serious repetition of the waves takes over the rhythm as the orchestra diminishes, leaving only the waves and the plucking violins. During the second half of the final shot the violins also recede until one lone violin plucks out the theme as the final shot freezes on Antoine's close-up. This lone instrument continues, along with the sound of the waves, through the fade to black leader.

Throughout the final scene of *The 400 Blows*, the point of view structures have narrowed the audience's information, moving closer and closer to Antoine and never revealing the location of the pursuing guards. While earlier in the film we were shown events that Antoine could not have known about or witnessed, his escape gradually pares down our vision of the diegesis by a decreasing focalization. While the visual track and point of view structures limit our field to Antoine's face, the musical score dwindles down to a sound track that also concentrates attention on the narrative strategies (the cyclical camera movement, the freeze-frame, and the highly overt nondiegetic musical theme).

Thus, the musical themes in *The 400 Blows* begin as culturally coded motifs, calling upon pitch, rhythm, and melody to prepare the viewer for certain emotions in the film. Hearing a mournful piano theme or a cheerful jazz piece in the beginning, the audience may anticipate the kind of scene that will follow, or at least they may refer to a handy stock of emotional responses that would accompany such culturally coded motifs. In this way, the film's music calls upon the spectator's knowledge and experience of other, pre-textual codes and contexts.

By the film's conclusion, however, these themes have accumulated additional meanings specific to the film. The jazz score, for instance, has accompanied the gym class where Antoine and René evaded the instructor, as well as the comic scene in which they addressed the priest as "Madame." Similarly, the sad plucking violin theme not only recalls Antoine's arrest, but also his wandering alone and hungry at night when he cannot return home. Therefore, the film's concluding medley carries a double significance : first, it maintains its own pretextual emotional connotations that would exist independent of the film, while second, it recalls the specific story of events that accompanied each theme earlier (pp. 28-29).

FILMOGRAPHIE DE FRANÇOIS TRUFFAUT

1958   *Les Mistons* (court métrage)

1959   *Les Quatre Cents Coups*

1960   *Tirez sur le pianiste*

1962   *Antoine et Colette* (suite du cycle Doinel ; court métrage dans *L'Amour à vingt ans*, film collectif) ; *Jules et Jim*

1964   *La Peau douce*

1966   *Fahrenheit 451*

1967   *La Mariée était en noir*

1968   *Baisers volés*

1969   *La Sirène du Mississippi*

1970   *Domicile conjugal* (suite du cycle Doinel) *L'Enfant sauvage*

1971   *Les Deux Anglaises et le continent*

1972   *Une belle fille comme moi*

1973 *La Nuit américaine* (Oscar du meilleur film étranger)

1975 *Histoire d'Adèle H.*

1976 *L'Argent de poche*

1977 *L'Homme qui aimait les femmes*

1978 *La Chambre verte*

1979 *L'Amour en fuite* (suite et fin du cycle Doinel)

1980 *Le Dernier Métro*

1981 *La Femme d'à côté*

1982 *Vivement Dimanche*

*Truffaut meurt le 21 octobre 1984, à l'âge de 52 ans, d'une tumeur au cerveau.

OUVRAGES CONSULTÉS

Aline Desjardins s'entretient avec François Truffaut. Paris: Edilig, 1988 (entretiens qui datent de décembre 1971, à Montréal).

Baby, Yvonne. "Les Quatre Cents Coups : Une chronique de l'adolescence nous dit François Truffaut", *Le Monde* (21 avril), 12 (entretien avec Truffaut).

Billard, Pierre. "Les 400 Coups du père François", *Cinéma 59* 37 (juin 1959), 25-29, 136-137 (entretien avec Truffaut).

. "Introduction à une méthode de travail", *Cinéma 60* 42 (janvier 1960), 14-22 (4 fiches écrites par Truffaut sur les personnages principaux du film, suivies du texte de l'interview avec la psychologue).

Cahoreau, Gilles. *François Truffaut 1932-1984*. Paris: Julliard, 1989.

Collet, Jean. *Le Cinéma de François Truffaut*. Paris: Lherminier, 1977 (pp. 41-55).

Collet, Jean, Michel Delahaye, Jean-André Fieschi, André S. Labarthe et Bertrand Tavernier. "François Truffaut", *Cahiers du cinéma* 138 (déc. 1962), 41-59 (entretien avec Truffaut).

De Baecque, Antoine et Serge Toubiana. *François Truffaut*. Paris: Gallimard, 1996 (pp. 187-211).

Doniol-Valcroze, Jacques. "Les Quatre Cents Coups", *Cahiers du cinéma* 96 (juin 1959), 41-42.

Gillain, Anne. *Le Cinéma selon François Truffaut*. Paris: Flammarion, 1988.

. *Les 400 Coups*. Coll. "Synopsis". Paris: Nathan, 1991.

Hoveyda, Fereydoun. "La première personne du pluriel", *Cahiers du cinéma* 97 (juillet 1959), 53-55.

Insdorf, Annette. *François Truffaut. Les Films de sa vie*. Paris: Gallimard, 1996.

Neupert, Richard. "The Musical Score As Closure Device in *The 400 Blows*", *Film Criticism* XIV, 1 (Fall 1989), 26-32.

Rivette, Jacques. "Du côté de chez Antoine", *Cahiers du cinéma* 95 (mai 1959), 37-39.

Salachas, Gilbert. "*Les Quatre Cents Coups*", *Télé-Ciné* 83 (juin-juillet 1959), 1-11.

Truffaut, François. *Le Plaisir des yeux*. Paris: Cahiers du cinéma, 1987.

.... *Les Aventures d'Antoine Doinel*. Paris: Mercure de France, 1970.

Alain Resnais

Hiroshima mon amour

(1959)

Alain Resnais, *Hiroshima mon amour* : "Elle" (Emmanuelle Riva) et "Lui" (Eiji Okada) sur les lieux du tournage du film contre la bombe atomique. © Argos Films

Réalisation...Alain Resnais
Scénario et dialogues.. Marguerite Duras
Chefs-Opérateurs...Sacha Vierny (France),
Takahashi Michio (Japon)
Musique.......................... Giovanni Fusco, Georges Delerue
Montage.....................Henri Colpi, Jasmine Chasney, Anne Sarraute
Son...P. Calvet, Yamamoto, R. Renault
Lumière ....Ito
Décors ....Esaka, Mayo, Petri, Miyakuni
Scripte .... Sylvette Baudrot
Production.............. Argos films, Como Films, Daïeï, Pathé Overseas
Durée .... 1 h 26

Interprètes

Emmanuelle Riva (*Elle*), Eiji Okada (*Lui*), Bernard Fresson (*L'amant allemand*), Stella Dassas (*La mère*), Pierre Barbaud (*Le père*).

Synopsis

Une femme française, d'une trentaine d'années ("Elle"), vient à Hiroshima en août 1959 pour jouer dans un film sur la paix. Un jour avant son départ, elle rencontre un Japonais ("Lui") avec qui elle passe une nuit d'amour dans sa chambre d'hôtel, tout en évoquant le souvenir de ses visites de Hiroshima, du musée dédié aux séquelles catastrophiques de la bombe atomique qui a détruit la ville, de l'hôpital où l'on soigne toujours les victimes, des bribes de films documentaires tournés sur ce sujet. Le lendemain, le Japonais retrouve la Française sur les lieux du tournage et l'amène chez lui, où ils font de nouveau l'amour. La liaison avec le Japonais éveille chez la femme le souvenir, profondément refoulé, d'un autre amour qu'elle a connu lorsqu'elle était jeune, à Nevers, sous l'Occupation, avec un soldat allemand. L'Allemand fut abattu au moment de la Libération ; la jeune fille, déshonorée, tondue en public, sombra dans la folie. Elle raconte toute l'histoire au Japonais, en partie chez celui-ci, en partie dans un tea-room, des images du passé alternant avec des retours au présent. Ensuite elle erre dans la ville, rentre à sa chambre, resort, marche dans la rue, sa pensée oscillant entre Nevers et Hiroshima ; elle est suivie dans la rue par le Japonais, qui tâche de la persuader de rester encore quelque temps à Hiroshima. Elle s'arrête à la gare, puis à un café — où elle est "draguée" par un autre homme — avant de rentrer de nouveau à sa chambre où le Japonais la rejoint. Le film se termine là, sur la menace de l'oubli, mais aussi sur un point d'interrogation. Lui : *"Peut-être que c'est possible que tu restes..."*. Elle : *"Tu le sais bien. Plus impossible encore que de se quitter"*.

La réception

Premier long métrage d'Alain Resnais, *Hiroshima mon amour* le rend célèbre pratiquement du jour au lendemain, en France, puis dans le monde entier. Ecarté de la sélection officielle pour le festival de Cannes en 1959 (de crainte d'offenser les Américains), mais présenté hors compétition sous la pression de l'opinion publique, le film fait sensation en obtenant le Prix de la Fédération internationale de la presse cinématographique (Fipresci) et le Prix de la Société des écrivains de cinéma et de télévision, avant de se voir attribuer, l'année suivante, le Prix Méliès. *Hiroshima* connaît, par la suite, une carrière internationale fulgurante, comme nous le raconte Frédéric de Towarnicki (en octobre 1960) : "Salué par les cinéastes et les écrivains du monde entier, ce film 'difficile' tint six mois en première exclusivité à Paris et à Londres, cinq mois à Bruxelles, couronné par le Prix de la Critique belge au meilleur film étranger. Il triomphe à Tel-Aviv, bat *La Strada*, en Allemagne, parcourt l'Europe et l'Amérique du Sud. Il est premier à Milan et à Turin, obtient un Prix à Athènes et en Suisse. Interdit d'abord au Canada, il y est primé par les cinéphiles de Montréal. Il aura sans doute rassemblé bientôt à New York le plus vaste public jamais touché en exclusivité par un film d'origine non américaine ou anglaise" ("Spécial Resnais", p. 9). Il reçoit, d'ailleurs, à New York, le Prix de la critique et le Prix des distributeurs. D'où vient ce film qui explose comme une bombe dans le monde du cinéma ?

Avant *Hiroshima*

Avant de réaliser *Hiroshima mon amour*, Alain Resnais (né en 1922, à Vannes, en Bretagne) s'était attiré beaucoup d'estime dans le milieu cinématographique comme monteur de films, à tel point que Jean-Luc Godard, en parlant des courts métrages de Resnais, affirmera que celui-ci est "le deuxième monteur du monde, derrière Eisenstein" ("Spécial Resnais", p. 40), ce qui n'est pas un mince éloge. Les premiers films de Resnais lui-même, c'est justement toute une série de courts métrages documentaires, dont, notamment, *Van Gogh* (1948), *Paul Gauguin* et *Guernica* (1950), *Les Statues meurent aussi* (1950-53), *Nuit et brouillard* (1955), *Toute la mémoire du monde* (1956), *Le Mystère de l'atelier quinze* (1957) et *Le Chant du Styrène* (1958). A peu d'exceptions près, tous les courts métrages de Resnais seront primés, à commencer par *Van Gogh* , qui lui vaudra en France le Prix du meilleur documentaire de caractère artistique, et aux Etats-Unis un Oscar. Le film qui annonce le plus clairement *Hiroshima*, c'est sans aucun doute *Nuit et brouillard* (Prix Jean Vigo), où Resnais évoque l'enfer concentrationnaire du nazisme en confrontant l'état actuel des lieux (en couleur) et les extraits de films documentaires de l'époque (en noir et blanc). La bande-son du film consiste en un texte à la fois lyrique et lugubre du romancier Jean Cayrol (lui-même ancien interné de Mauthausen), lu en voix *off* par celui-ci. Le choc des images du passé et du présent, évoquant des phénomènes traumatisants, les subtilités du montage, le rôle des travellings et de la voix *off*, le caractère "trop littéraire" du texte, tous les éléments essentiels du film se retrouveront dans *Hiroshima mon amour*.

La collaboration avec Marguerite Duras

Ce sont précisément les producteurs de *Nuit et brouillard*, devant le succès de ce film, qui décident de commander à Resnais un long métrage dans le même genre, mais qui porterait sur les effets de la bombe atomique. Resnais accepte la commande mais n'arrive pas à concevoir une oeuvre documentaire qui ne soit pas une répétition de *Nuit et brouillard*, ce qu'il ne peut pas se résoudre à faire. Par ailleurs, il n'ignore pas qu'il existe déjà de très bons documentaires sur le bombardement d'Hiroshima. C'est la rencontre avec la romancière Marguerite Duras qui lui permettra de sortir de son dilemme. Celle-ci vient de publier *Moderato cantabile* (1958), dont les thèmes principaux, l'amour et la mort, seront ceux même du film de Resnais. Remplie d'admiration pour **Nuit et brouillard**, connaissant la réputation "gauchiste" de Resnais, celle-ci accepte sans hésitation d'écrire le scénario du film. Ils se mettent tout de suite d'accord sur le principe d'éviter le documentaire et de créer une distance entre les personnages et les événements, comme le rappelle Resnais : "Nous nous étions dit que nous pouvions tenter une expérience avec un film où les personnages ne participeraient pas directement à l'action tragique, mais soit s'en souviendraient, soit l'éprouveraient pratiquement" (Delahaye, p. 154). Ils tombent d'accord également sur l'idée "de faire un film dans lequel on ne parlerait pas de la bombe atomique, mais où elle serait là quand même" (cité par Leutrat, p. 32). En neuf semaines, Duras va écrire pour Resnais, à la demande de celui-ci, une oeuvre purement littéraire, un texte tellement lyrique qu'il frise par moments l'incantation, un scénario où vont se mêler dans une dialectique subtile documentaire et fiction romanesque, le passé et le présent, le souvenir et l'oubli, l'amour et la mort. A partir du scénario de Duras, Resnais va réaliser un film où la "littérature" sera transformée en pur matériel cinématographique, intégrée dans une vaste "partition d'opéra" (c'est la métaphore préférée de Resnais) où les images, les voix, la musique, le bruitage, le passé et le présent s'interpellent et se répondent dans une cascade d'échos, de correspondances et de répétitions de toutes sortes. Le scénario de Duras, considéré à juste titre comme une oeuvre littéraire à part entière, sera publié l'année suivante, en "ciné-roman", chez Gallimard.

Pour donner de la profondeur (des "racines") à ses personnages, Resnais demande à Duras (comme il le demandera, par la suite, à tous ses scénaristes) d'écrire ce qu'ils conviennent d'appeler la "continuité souterraine" du film, c'est-à-dire, l'histoire complète des personnages. Ainsi, Duras composera, en plus du scénario et de quelques notes de tournage, un "Portrait du Japonais" et un "Portrait de la Française" (précédés d'un texte où la Française décrit sa jeunesse à Nevers). Le contenu de ces portraits ne paraîtra pas dans le film, mais il guidera l'élaboration de l'action en permettant au réalisateur, comme aux acteurs, de mieux saisir le caractère, la vie intérieure, le psychisme des personnages — de mieux les *sentir*. Bien que Duras n'assiste pas au tournage — Resnais tient, comme toujours, à garder une mainmise totale sur celui-ci, ainsi que sur le montage de ses films — elle enregistre ses dialogues, "influençant peut-être, par sa diction volontairement neutre, l'intonation des acteurs" (Carlier, p. 47).

Les acteurs, le tournage

Les Japonais, qui ont commandité le film, mettent pourtant des conditions : il faut que le film soit tourné en partie au Japon, en partie en France, avec des équipes locales et une vedette de chaque pays. Resnais choisira pour le rôle de la Française une comédienne qui n'a jamais fait de cinéma, Emmanuelle Riva, qu'il avait vue au théâtre et dont il apprécie beaucoup la qualité de diction. On en voit l'importance dans ses discours en voix *off*, dialogues ou monologues, où la parole devient récitatif, incantation, assimilant le texte littéraire de Duras à une musique de film, comme le remarque Dionys Mascolo lors d'une interview avec Marguerite Duras : "Mais c'est que le texte est ici devenu une musique faite pour être écoutée [...] comme une partition musicale" (p. 15; voir aussi Bounoure dans le *Dossier critique*). La vedette japonaise sera Eiji Okada que Resnais aurait vu dans des films japonais. Okada, qui a les qualités d'acteur que cherche Resnais, ne parle pas français ; il sera donc obligé d'apprendre son texte phonétiquement, quitte à améliorer ses prestations linguistiques lors de la postsynchronisation en France. Resnais boucle le tournage à Hiroshima et à Tokyo en dix-sept jours, en août et en septembre 1958. Il travaille avec un chef-opérateur japonais, Takahashi Michio, et toute une équipe japonaise qui ne parle pas français…mais qui connaît l'*Orphée* (1950) de Jean Cocteau, qui sert de référence lorsque Resnais doit faire comprendre quel genre de plan il veut tourner! Le tournage en France, à Nevers et Autun, ne prendra que douze jours, en décembre 1958, avec Sacha Vierny, dont c'est le premier long métrage, comme chef-opérateur. Vierny ne saura rien du tournage au Japon, pour éviter une imitation quelconque. Resnais lui fait utiliser une pellicule différente de celle dont on se servit au Japon, et lui demande d'employer des objectifs à longue focale, ce qui donne un effet de ralentissement et une impression d'immobilisme, engluant les personnages dans leur mouvement, créant ainsi une ambiance fantasmatique qui sied à la représentation des souvenirs pénibles de l'époque de Nevers: "...en somme, ce que j'ai voulu", dira Resnais, "c'est obtenir des images inconfortables ..." (Leutrat, p. 88).

La Structure et la musique

Le scénario de *Hiroshima mon amour* est divisé en cinq parties, ce qui fait ressembler le film, comme on n'a pas manqué de le remarquer, à une pièce en cinq actes. I. **Prologue** : générique et corps entrelacés ; dialogue en voix *off* ; nuit d'amour de la Française et du Japonais dans sa chambre d'hôtel ; II. **Nuit et Matinée** : dialogue entre les amants, dont on voit les visages à présent ; la chambre d'hôtel le matin, séparation ; III. **Journée** : sur les lieux du tournage — le défilé, puis la liaison reprend chez le Japonais, entraînant le récit de la liaison avec le soldat allemand ; IV. **Soirée** : le Café du Fleuve où la Française raconte la mort de son amant, son déshonneur, sa folie, sa guérison ; V. **Epilogue** : retour à l'hôtel, puis errance dans la ville la nuit, les scènes à la gare, au café "Casablanca", et dans la chambre d'hôtel de la Française. Cette référence au théâtre classique, non sans intérêt, reste pourtant superficielle, et la structure du film ressemble davantage, Resnais le voulait ainsi, à celle d'une oeuvre musicale : "Formellement, c'est un film plus proche d'une construction musicale que d'une construction dramatique" (Durand, p. XIII). Pour la musique du film, Resnais engagera le compositeur italien Giovanni Fusco qui, à la grande satisfaction du réalisateur, saisit immédiatement le sens et la structure du film : "A midi, je lui présentais une copie de travail de *Hiroshima* et le soir, à sept heures, il m'expliquait le film. Il l'avait entièrement senti, assimilé. Il avait tout compris : le jeu des contradictions, celui de l'oubli...tout! En une journée, nous nous mettions d'accord pour la musique" (Pingaud, p. 74). Resnais ne cache pas l'importance qu'il prête au rôle que joue le compositeur dans la construction d'un film, affirmant que "le compositeur peut changer complètement la valeur émotionnelle d'un film. En tout cas, c'est certainement lui qui rend un film compréhensible [...]. Sans Fusco, *Hiroshima mon amour* serait resté un film de laboratoire" (Leutrat, pp. 61-62). Cette affirmation est d'autant plus importante que nous savons que Resnais valorise avant tout le contenu affectif des films qu'il réalise, qu'il considère que la fonction primordiale du cinéma, c'est de communiquer des sentiments et de susciter des émotions, et non de transmettre des messages ou d'enseigner quoi que ce soit.

S'il est vrai que la musique de *Hiroshima mon amour* joue un rôle essentiel dans l'expression de l'émotion, comme support aux modifications de style, de ton ou de rythme, ou encore comme élément de liaison entre les séquences de Hiroshima et celles de Nevers, elle est importante aussi du point de vue de la structure de l'oeuvre. La fonction la plus frappante de la musique est, sans doute, l'évocation des thèmes principaux du film dont l'enchevêtrement se traduit autant par le jeu des motifs musicaux que par celui des images. Ainsi on peut discerner toute une série de "thèmes" qui sont véhiculés par la musique de Fusco et qui se rapportent aux thèmes exprimés soit par les voix, soit par les images : Oubli, Corps, Musée, Fleuve, Lyrique, Nevers, pour n'en évoquer que les principaux. Ces thèmes reviennent de manière obsédante, en combinaisons diverses, mais parfaitement intégrés à l'organisation des thèmes visuels du film dont ils servent de commentaire, de rappel ou de prolongement — si ce n'est de contrepoint ironique, comme dans le cas de la musique allègre qui accompagne la visite du musée. La composition musicale prend une telle importance dans *Hiroshima* qu'elle devient le modèle du film entier, comme nous le dit Resnais : "En définitive, je crois que si l'on définissait le film par un diagramme exécuté sur du papier millimétré, on aboutirait à découvrir une forme proche de la forme sonore du quatuor : thèmes, variations à partir du premier mouvement, d'où les répétitions, les retours qui peuvent être insupportables pour ceux qui n'entrent pas dans le jeu du film. Le dernier mouvement notamment est un mouvement lent, déconcertant. Il y a là un decrescendo" (Durand, XVIII).

Les thèmes

Les thèmes principaux de *Hiroshima mon amour* sont inscrits dans l'oxymore du titre même du film : l'amour et la mort, la brève liaison entre Lui et Elle juxtaposée à la tragédie d'Hiroshima, dont la population a été décimée par la bombe atomique. Cette opposition sert de paradigme, en quelque sorte, pour la structure dialectique du film, entièrement construite, ou peu s'en faut, sur des oppositions qui font écho à l'opposition fondamentale. Ainsi, à l'amour de Hiroshima avec un Japonais (l'ancien ennemi) répond l'amour de Nevers avec un soldat allemand, pendant l'Occupation, qui finira par la mort de celui-ci ; ainsi ce discours contradictoire qui reflète, dès le départ, la même opposition, reformulée en termes de plaisir et de douleur : *"Tu me tues. Tu me fais du bien. Tu me tues. Tu me fais du bien"*. D'autres oppositions thématiques viennent s'ajouter à celles-ci, telles que la mémoire et l'oubli, le passé et le présent, la guerre et la paix, la tragédie collective et le drame individuel, le public et le privé, le récit et le regard, Lui et Elle, l'Est et l'Ouest — reliées à des oppositions formelles : le son et l'image, le travelling et le plan fixe, le fondu enchaîné et le fondu au noir. Et des oppositions qui ressemblent à s'y méprendre à des parallèles : la peau des amants et la peau des victimes de Hiroshima (plaisir et douleur), une bicyclette tordue par l'explosion et la bicyclette de la Française qui va à la rencontre de son amant allemand (amour et mort), des travellings avant à Hiroshima alternés avec des travellings avant, à la même vitesse, à Nevers (passé et présent). A côté des oppositions se dresse le thème obsédant du Temps (qui s'écoule) avec son support métaphorique, le Fleuve (qui coule), l'Ota à Hiroshima, la Loire et la Nièvre en France. Le Temps et son lent travail d'oblitération des souvenirs s'opposent à la désintégration instantanée, fulgurante, que produit la conflagration nucléaire — et qui a pour réplique (et non pour équivalent), sur le plan individuel, la désintégration psychique d'une femme amoureuse, victime elle aussi de la guerre.

Le style

Le cinéma de Resnais est avant tout un univers de mouvement. On y trouve de multiples panoramiques, bien sûr, mais le trait stylistique qui définit le mieux le cinéma de Resnais, c'est le travelling, seul ou en série. Dans *Hiroshima mon amour*, il ne s'agit pas de simples travellings descriptifs ni de travellings d'accompagnement, mais de travellings à caractère métaphorique, qui prennent valeur de voyages dans l'univers du rêve ou du souvenir, voire dans l'inconscient. A propos de la série de travellings avant dans les rues de Hiroshima, au moment du premier dialogue entre Lui et Elle avant qu'on ne les voie à l'écran, Resnais explique que "c'est une espèce de grand travelling dans les nuages de l'inconscience pour arriver aux deux personnages" (Leutrat, p. 99). Durand y décèle, en plus, une analogie érotique : "Par le montage de travellings avant réalisés à la même vitesse, Resnais obtient, à travers Hiroshima, un mouvement long et uniforme qui correspond au temps réel de l'acte d'amour" (p. VIII). Ailleurs, alternant entre Hiroshima et Nevers, le travelling se conjugue avec le retour en arrière, mais avec un retour en arrière qui n'en est pas un, tant le passé est vécu intensément, à tel point que celui-ci est intégré complètement au présent de la Française. Resnais nie catégoriquement, d'ailleurs, la présence de flashbacks dans *Hiroshima*, ayant demandé à Marguerite Duras un scénario "où le passé ne serait pas exprimé par de véritables flash-backs, mais se trouverait pratiquement présent tout au long de l'histoire" (Durand, p. IX). Resnais considère que les deux histoires, Hiroshima et Nevers, ainsi que le passé et le présent, se trouvent sur le même plan et sont entièrement imbriqués les uns dans les autres ; pour faire comprendre son idée à Duras, il utilise "l'image de deux peignes entre-croisés" (Pingaud et Samson, p. 94). Au niveau de l'imaginaire, là où se situe volontiers Resnais, les temps se mêlent librement selon les jeux de la mémoire et du désir, du conscient et de l'inconscient. Si le travelling chez Resnais, comme la métaphore du fleuve, "concrétise l'écoulement horizontal du temps" (Bounoure, p. 55), il n'en évoque pas moins, par moments, l'atemporalité de la vie psychologique, si ce n'est cette "durée toute pure" de Bergson où il y a une "pénétration mutuelle" de l'état présent et des états antérieurs (pp. 76-77 ; voir Bergson dans le *Dossier critique*).

Contrairement aux habitudes de Resnais, finalement, on trouve dans *Hiroshima mon amour* une prolifération de fondus enchaînés, et cela dès la toute première séquence. Le fondu enchaîné, où une image est remplacée, plus ou moins lentement, par une autre, semble être un choix logique pour un film dominé par le va-et-vient psychologique de la protagoniste féminine, le jeu entre les images du souvenir et celles du présent que nous voyons à travers son regard. Le passé et le présent alternent sans cesse dans sa conscience, se superposant par moments à la manière d'une surimpression (qui est, on le sait, la base même du fondu enchaîné), comme dans les séquences où les amants allemand et japonais se fondent en une seule personne dans l'esprit de la Française, d'abord dans le tearoom, ensuite quand elle se promène la nuit à Hiroshima en se remémorant Nevers : "*Je te rencontre. Je me souviens de toi*". De surcroît, le fondu enchaîné, comme le remarque Leutrat, est la procédure "de l'apparition et de la disparition, celle de l'effacement, celle qui met en évidence une modification" (p. 90) : Nevers efface Hiroshima, qui, à son tour, efface Nevers — comme le passé efface le présent, et vice-versa. C'est la procédure aussi, d'ailleurs, de la transformation, de la métamorphose, comme dans la première séquence, dominée par des fondus enchaînés, où les corps des amants "sont soumis à un processus qui les minéralise, les liquéfie, les rend brillants..." (p. 90). Si Resnais emploie tant de fondus enchaînés, il transforme aussi leur utilisation ordinaire : de simple procédé de transition — d'un lieu à un autre, d'un temps à un autre — le fondu enchaîné, comme le travelling, devient métaphore.

On ne saurait discuter le style de Resnais sans parler du rôle primordial du montage. Avant de se faire connaître comme réalisateur de films, Resnais s'est distingué, nous l'avons noté plus haut, comme un des meilleurs monteurs de films de son époque. Comme Orson Welles a exploité sa maîtrise des moyens radiophoniques pour révolutionner l'utilisation du son au cinéma, Resnais, monteur professionnel, a amené l'art du montage, dans *Hiroshima*, à des sommets inconnus jusque-là. Les paroles, les images, et la musique sont savamment organisées pour conjuguer des rythmes différents, pour créer des parallèles et des oppositions, mais surtout des contrepoints visuels et auditifs, des harmonies et des dissonances. L'image (au passé ou au présent) et le son (toujours au présent : voix *off*, voix *in*, musique, bruits) se répondent, se relaient et s'entrechoquent dans un chassé-croisé onirique qui se veut, selon Resnais, une approximation de "la complexité de la pensée, de son mécanisme".

FICHE PÉDAGOGIQUE

Propos d'Alain Resnais

"Le cinéma, c'est l'art de jouer avec le temps".

"On a toujours la vieille dualité Lumière et Méliès. Entre ces deux possibilités, on oscille et on se trouve parfois coincé".

"Le film est aussi pour moi une tentative, encore très grossière et très primitive, d'approcher de la complexité de la pensée, de son mécanisme".

"J'ai essayé de trouver l'équivalent d'une lecture au cinéma et de laisser l'imagination du spectateur aussi libre que s'il était en train de lire un livre. D'où le ton de récitation, le long monologue".

"Je voudrais faire des films qui se regardent comme une sculpture et qui s'écoutent comme un opéra".

"Engluer une histoire d'amour dans un contexte qui tienne compte de la connaissance du malheur des autres et construire deux personnages pour qui le souvenir est toujours présent dans l'action".

"La grande discordance, c'est que nous avons le devoir et la volonté de nous souvenir, mais que nous sommes tenus pour vivre d'oublier".

"Nous demandons, il est vrai, de la part du spectateur, un effort de participation énorme et encore inhabituel, comparable à celui qu'un écrivain sollicite de son lecteur. Le théâtre est une manifestation collective, mais les conditions du cinéma font que l'on peut essayer de s'adresser à chacun en particulier, en lui faisant confiance, en lui laissant volontairement une marge d'imagination et le soin de compléter ce qui peut n'être qu'ébauché. Je ne crois pas beaucoup à l'efficacité des films qui soulignent chaque intention plusieurs fois".

"Nous nous étions dit que nous pouvions tenter une expérience avec un film où les personnages ne participaient pas directement à l'action tragique, mais soit s'en souviendraient, soit l'éprouveraient pratiquement. Nous voulions créer en quelque sorte des anti-héros, le mot n'est pas tout à fait exact, mais il exprime bien ce à quoi nous pensions. Ainsi, le Japonais n'a pas vécu la catastrophe d'Hiroshima, mais il en a une connaissance intellectuelle, il en a conscience, de même que tous les spectateurs du film — et nous tous — pouvons de l'intérieur ressentir ce drame, l'éprouver collectivement, même sans jamais avoir mis les pieds à Hiroshima.

"J'ai lu avec effarement que certains mettaient en balance l'explosion de la bombe et le drame de Nevers, comme si l'un avait voulu être l'équivalent de l'autre. Ce n'est pas du tout cela. Au contraire, on oppose le côté immense, énorme, fantastique de Hiroshima et la minuscule petite histoire de Nevers, qui nous est renvoyée à travers Hiroshima, comme la lueur de la bougie est renvoyée grossie et inversée par la lentille.

"L'événement lui-même d'Hiroshima, nous ne le voyons d'ailleurs pas. Il est évoqué par quelques détails comme on fait parfois pour une description romanesque où il n'est pas besoin d'énumérer toutes les caractéristiques d'un paysage ou d'un événement pour faire prendre conscience de sa totalité" (Interview avec Michel Delahaye, pp. 6,8).

Extraits à discuter

Extrait 1 (1′35-14′30): Le "prologue" du film, jusqu'à ce qu'*Elle* dise : "*C'est fou, ce que tu as une belle peau*".

Extrait 2 (17′35-18′15): Le lendemain matin dans la chambre ; la main du Japonais bouge pendant qu'il dort ; flashback rapide.

Extrait 3 (31′00-34′55): Rencontre d'*Elle* et de *Lui* sur les lieux du tournage ; le défilé (manifestation).

Extrait 4 (44′10-48′50): Au Café du Fleuve ; *Elle* raconte l'histoire de son amour avec l'Allemand (la folie, elle est enfermée dans la cave).

Extrait 5 (48′50-52′45): Suite du récit au Café du Fleuve (la tonte de la Française).

Extrait 6 (54′05-58′00): Suite et fin du récit au Café du Fleuve (l'oubli, la mort de l'amant, la guérison).

Extrait 7 (1h11′45-14′15): *Elle* erre dans la rue, images alternées de Hiroshima et de Nevers (monologue intérieur).

Extrait 8 (1h15′50-18′35): A la gare ; suite de la séquence précédente ("*Histoire de quatre sous...je te donne à l'oubli ce soir*").

Extrait 9 (1h20′25-23′35): Au café "Casablanca", le dragueur.

Citations à commenter

Lui (*off*): "Tu n'as rien vu à Hiroshima. Rien".
Elle (*off*): "J'ai tout vu...Tout".

* * *

Elle (*off*): "Comme toi, moi aussi, j'ai essayé de lutter de toutes mes forces contre l'oubli. Comme toi, j'ai oublié [...]. Pourquoi nier l'évidente nécessité de la mémoire"?

* * *

Elle (*off*): "Je te rencontre. Je me souviens de toi. Qui es-tu? Tu me tues...Tu me fais du bien... Comment me serais-je doutée que cette ville était faite à la taille de l'amour"?

* * *

Lui: "Il était français, l'homme que tu as aimé pendant la guerre"?
Elle: "Non, il n'était pas français".

* * *

Lui: "Quand tu es dans la cave, je suis mort"?
Elle: "Tu es mort..."

* * *

Elle: "Ah!...c'est horrible! Je commence à moins bien me souvenir de toi...Fais moi boire. Je commence à t'oublier. Je tremble d'avoir oublié tant d'amour".

* * *

Elle (*off*): "Histoire de quatre sous, je te donne à l'oubli...petite fille de Nevers, petite coureuse de Nevers!...Petite fille de rien, morte d'amour à Nevers! Petite tondue de Nevers, je te donne à l'oubli ce soir..."

* * *

Elle: "Hi-ro-shi-ma... Hi-ro-shi-ma...c'est ton nom."
Lui: "C'est mon nom. Oui. Ton nom à toi est Nevers. Ne-vers-en-Fran-ce".

© L'Avant-Scène Cinéma

Sujets de réflexion

1. Rapport entre le côté documentaire et le côté fictif du film.
2. Le statut "anonyme" d'*Elle* et de *Lui* . Que savons-nous de ces deux personnages?
3. L'importance de la main du Japonais qui bouge pendant qu'il dort ; le rôle de son accent étranger.
4. Le "film sur la Paix" qu'on tourne à Hiroshima, où la Française joue le rôle d'une infirmière.
5. La gifle que le Japonais donne à la Française dans la séquence du Café du Fleuve.
6. Rapport entre l'amant allemand et l'amant japonais ; le rôle "thérapeutique" de celui-ci.
7. L'opposition entre les thèmes de l'oubli et du souvenir. Quelles sont les autres dichotomies frappantes dans ce film?
8. Les rapports entre Hiroshima et Nevers, le passé et le présent.
9. Le dénouement : part-elle? reste-t-elle? Justifiez votre opinion.
10. Ce film a été considéré comme "scandaleux" par beaucoup de spectateurs à sa sortie. Pourquoi, à votre avis?

DOSSIER CRITIQUE

Philippe Durand — Une ville, une femme

Ce poème de l'éclatement *"oppose"* l'Histoire — Hiroshima que détruisit la bombe atomique — à la relation d'un amour pulvérisé par la guerre, le viol de l'humanité au crime contre la dignité de la personne humaine. Il appartient à la ville comme à la jeune femme, victimes l'une et l'autre d'une folie générale qui instaure l'enfer et le glorifie, de ne pas oublier. Certes, la ville est reconstruite, la femme a échafaudé une vie nouvelle à partir d'éléments stables : un mari, des enfants, une profession. Mais ni l'architecture agressive et glaciale [de Hiroshima], ni l'équilibre de surface de cette femme ne dissimulent le démantèlement, la déroute d'une âme (collective et individuelle), la pérennité d'une souffrance grave, commune à la ville atomisée, à la femme cassée ["Hiroshima mon amour (1959)", pp. XII-XIII].

Nathan Weinstock — La Mémoire

Le rôle de la mémoire dans ce film symbolise donc la **domination du présent** par le passé : le présent n'a de sens que par rapport au passé qui le préfigure [...]. Le mythe de Nevers est formé de la conjonction guerre-amour, retrouvée pareillement à Hiroshima. Voilà pourquoi, parmi ses nombreuses expériences amoureuses, c'est celle-ci qui déclenche chez la Française le douloureux processus d'identification. En "démystifiant" le Japonais, nous constatons qu'il n'acquiert son contenu réel que par rapport au passé. A la limite, le Japonais est véritablement une **réincarnation** de l'histoire de Nevers qu'il est amené à reproduire. Dans ce processus d'identification et de "mystification", c'est la mémoire qui apparaît sur le plan de la subjectivité, comme la médiatrice entre le passé et le présent. Nevers et Hiroshima [...], c'est le cheminement dialectique de la conscience, le processus de la subjectivité. La construction du film, loin d'être gratuite, exprime le refus de Resnais de découper la continuité de la subjectivité ("Spécial Resnais", *L'Avant-Scène Cinéma*, p. 43).

Jacques Rivette — *Elle*

Son jeu [Emmanuelle Riva] va dans le sens du film. C'est un immense effort de *composition*. Je crois que l'on retrouve le schéma que j'essayais de dégager toute à l'heure : une tentative de recoller les morceaux ; à l'intérieur de la conscience de l'héroïne, une tentative par celle-ci de regrouper les divers éléments de sa personne et de sa conscience afin de faire un tout de ces fragments, ou du moins de ce qui est devenu fragments en elle par le choc de cette rencontre à Hiroshima. On est en droit de penser que le film commence doublement après la bombe ; d'une part, sur le plan plastique et sur le plan de la pensée, puisque la première image du film est l'image abstraite du couple sur lequel retombe la pluie de cendres, et que tout le début n'est qu'une méditation sur Hiroshima après l'explosion de la bombe. Mais on peut dire aussi, d'autre part, que le film commence après l'explosion *pour Emmanuelle Riva*, puisqu'il commence après ce choc qui l'a désintégrée, qui a dispersé sa personnalité sociale et psychologique, et qui fait que l'on devine seulement après, par allusions, qu'elle est mariée, qu'elle a des enfants en France, qu'elle est une actrice, bref, qu'elle a une vie organisée. A Hiroshima, elle subit un choc, elle reçoit une "bombe" qui fait éclater sa conscience, et il s'agit pour elle, à ce moment-là, de se retrouver, de se recomposer. De même qu'Hiroshima a dû se reconstruire après la destruction atomique, de même Emmanuelle Riva, à Hiroshima, va essayer de recomposer *sa* réalité. Elle n'y arrivera qu'en opérant cette synthèse du présent et du passé, de ce qu'elle a découvert elle-même à Hiroshima, et de ce qu'elle a subi jadis à Nevers ("*Hiroshima mon amour*", *Cahiers du cinéma* 97, p. 8).

Bernard Pingaud — La Mémoire, le passé et le présent

A l'origine d'une oeuvre, il y a toujours une idée. L'idée de *Hiroshima mon amour* est celle-ci : la mémoire étant une forme de l'oubli, l'oubli ne peut s'accomplir totalement qu'une fois que la mémoire a elle-même totalement accompli son oeuvre. Vis-à-vis de son amant japonais, la jeune actrice qui tourne à Hiroshima un film sur la bombe atomique se trouve, quatorze ans plus tard, dans une situation comparable à celle qu'elle avait vécue, pendant la guerre, avec un soldat allemand. Toute la démarche du film consiste à lui faire découvrir cette similitude, la comprendre et s'en délivrer.

L'aventure ancienne, que son atrocité rendait insupportable, est oubliée. Non pas disparue, non pas liquidée, mais présente au contraire, et, comme le film le montrera, écrasante dans cet oubli même. L'oubli est donc, d'une certaine façon, mémoire. Mais une mémoire sans distance, une mémoire qui ne distingue pas et qui, pour cette raison, n'a pas la force d'*endurer* ce qui l'écrase : parce qu'elle ne peut pas l'endurer, elle le cache. C'est le premier mouvement, antérieur au film. Le deuxième mouvement sera l'apparition fascinante. Un certain présent fait ressurgir un certain passé, dont l'attraction est d'autant plus forte qu'il est resté plus longtemps couvert du voile de l'oubli. Racontant ce passé au Japonais, l'héroïne le regarde et manque de s'y perdre. L'épisode de Nevers a la même densité, il est marqué à ses yeux de la même évidence que celui de Hiroshima, avec ceci de plus qu'on ne peut rien y changer. C'est cette immutabilité qui le rend fascinant. Mais dès l'instant où elle est comprise, la mémoire retrouve ses droits. L'image obsédante devient enfin un souvenir, le passé est enfin saisi comme passé. Le troisième mouvement consiste à distinguer les deux plans que la répétition confond et à rétablir entre eux une distance. Ce qui fut n'est plus : le drame d'autrefois perd son prestige paralysant, il entre dans une histoire. Du même coup, l'aventure d'aujourd'hui, que le passé enchantait à l'insu de la jeune femme, se dépouille de sa magie. Le temps se remet à couler. La mémoire délivrée rend l'héroïne à elle-même, Hiroshima meurt avec Nevers.

On voit immédiatement que le film ne pouvait être construit que comme un immense retour en arrière. Mais l'expression est ici très impropre. Le *flash back* sert ordinairement à expliquer ce que montre l'image. Loin de mettre en cause la mémoire, il la suppose toujours active ; ou plutôt traitant cette mémoire comme une réserve dans laquelle le narrateur peut puiser à volonté, il en extrait les éléments passés qui feront comprendre le présent. Or il n'y a pas encore de passé pour l'héroïne de *Hiroshima*, et pas non plus de mémoire. La situation qu'elle a déjà vécue ne saurait être utilisée pour rendre compte d'une situation qui, purement et simplement, la répète. Elle ne peut que ressurgir dans et par cette répétition. Le film, qui commence à Hiroshima, nous donne l'impression de retourner ensuite à Nevers ; mais son déroulement véritable est inverse. Sous la poussée de Nevers, Hiroshima s'écroule, et c'est à une sorte de *retour en avant* que nous assistons, qui, d'abord, fait apparaître un épisode dans un autre, puis dissout ce second épisode dans le premier, en annonçant la disparition de Hiroshima à travers celle de Nevers […].

L'ordre dans lequel se présentent les moments du passé n'est pas l'ordre dans lequel ils ont été vécus. L'ordre du récit est linéaire, celui de la reconnaissance circulaire. Une fois le déclic initial provoqué, le travail auquel se livre la mémoire progresse par spirales. Le ton monte en même temps que le discours cerne de plus près, tel un artilleur qui, après avoir "encadré" la cible, finit par la toucher, l'événement primordial de la mort. Le récit nous montrerait cet événement avant d'en dérouler les suites. La mémoire aveugle commence par tâtonner autour de lui. Elle découvre d'abord l' "éternité", ce moment d'hébétude où la jeune fille, cloîtrée dans la cave, se trouve comme privée d'elle-même, condamnée à une immobilité pareille à la mort, mais qui n'en est que le simulacre. Ensuite seulement elle peut, elle doit s'interroger sur l'éternité, dire quand l'éternité a commencé et pourquoi. Les scènes de la cave et du réveil précèdent normalement, dans cette investigation, les scènes clefs de la tonsure et de l'assassinat de l'Allemand : les événements les plus lourds remontent les derniers ("Alain Resnais", pp. 5-9).

Marie-Claire Ropars-Wuilleumier — Cinéma, littérature, lyrisme

"Ce que j'ai voulu : réaliser l'équivalent d'une lecture, laisser au spectateur autant de liberté, d'imagination qu'en a un lecteur de roman. Qu'autour de l'image, derrière l'image, et même à l'intérieur de l'image, il puisse laisser aller son imagination, tout en subissant la fascination de l'écran". Ce commentaire de Resnais sur *Hiroshima mon amour* donne la dimension exacte de la révolution opérée par son film : certes, par sa maîtrise de l'expression temporelle, il achève une recherche ancienne étroitement liée au développement d'une écriture cinématographique ; mais en même temps, par le rapport nouveau qu'il inaugure avec le spectateur, il ouvre la dernière étape d'un rapprochement entre le cinéma et la littérature, puisque c'est au niveau de la perception même du spectateur que Resnais vient rompre les données immédiates et univoques de la communication filmique, pour susciter la liberté, et finalement l'activité créatrice, qui caractérise l'attitude du lecteur [...].

On peut se demander quel est le rôle exact que joue, dans l'oeuvre de Resnais, cet appel à l'écriture littéraire. Le plus immédiat tient à l'apparition du lyrisme que la parole ajoute à l'image, comme dans le prologue d'*Hiroshima* , ou lorsque juste avant l'épilogue la voix d'Emmanuelle Riva murmure le récitatif de l'oubli. Cette adjonction de la littérature au cinéma comporte des risques évidents lorsque ce sont les personnages eux-mêmes que le spectateur voit, au mépris de toute illusion de réalité, proférer des textes littéraires [...] : en revanche lorsque la personne qui parle n'apparaît pas sur l'écran, ou tout au moins n'y actualise pas sa parole, l'artifice s'accepte parce que la voix se trouve ainsi renvoyée à un discours intérieur dont elle serait l'émanation transposée ; et la tonalité lyrique peut alors pénétrer jusqu'à certains dialogues d'*Hiroshima*, récités en dehors de l'écran, et projetés vers une modulation poétique, qui, parce qu'elle reste soustraite aux apparences extérieures de la réalité, ne provoque chez le spectateur aucune impression de littérature. Libérée par la voix *off*, la parole devient chant et accompagne l'image, mais ne l'explique pas ; coupée de ses racines psychologiques ou de sa fonction dramatique, elle se transforme en une incantation, qui situe le récit à son niveau tragique en même temps qu'elle ouvre autour de la vision les multiples écarts de la méditation. Dans la récitation lyrique, le personnage, comme au théâtre, se détache de lui-même et se regarde ; et l'acquisition d'une langue poétique que seule la scène autorisait jusque-là libère davantage encore le cinéma de ses attaches avec l'héritage abâtardi d'un théâtre dit psychologique [...].

Cependant l'intrusion du lyrisme ne peut se soutenir tout au long d'un récit ; c'est précisément cette fonction d'intrusion qui lui donne son efficacité, et elle reste suspendue au support d'un montage également lyrique, dont *Hiroshima* offre les exemples les plus accomplis [...] (*De la littérature au cinéma*, pp. 145-151).

Henri Colpi — "Hiroshima musique"

On peut dire de *Hiroshima* que, plus qu'un film, plus qu'un poème, c'est une musique, musique d'images par la beauté photographique, plastique, par le montage, par l'interpénétration de ses thèmes visuels. C'est sans doute le caractère musical sousjacent du film qui lui assure cet intérêt soutenu, cet "envoûtement" indéfinissable que nombre de spectateurs ont ressenti [...].

Les cinq séances d'enregistrement de la musique faisaient appel à piano, flûte, piccolo, clarinette, alto, violoncelle, contrebasse, cor anglais — et une guitare pour deux numéros. Une telle formation, assez peu orthodoxe dans le monde cinématographique, exigeait que l'exécution fût précise et la musique à la fois riche et écrite.

La distribution de la musique dans *Hiroshima* démontre tout d'abord que le film est circonscrit par le thème de l'Oubli. Or l'idée d'oubli constitue une ligne de force dans l'oeuvre d'Alain Resnais à travers *Les statues meurent aussi, Nuit et brouillard, Toute la mémoire du monde*. Le générique, construit sur cet unique motif, n'est ni une ouverture ni un prétexte à déploiement orchestral. Il joue un rôle d'introduction au film en créant un climat étrange et désolé par sa répétition de groupes de six notes identiques. Quant au retour de ce thème Oubli, il se situe très loin, dans la séquence 51: le monologue intérieur est amené par le thème Nevers auquel se substitue le thème Corps pour l'ultime évocation de l'amour allemand, cet amour qui est déjà entré dans l'oubli — et alors reparaît le thème Oubli dont la monotonie inconsistante et désespérée domine la fin du film et l'achève dans un cri.

Le thème Corps, lui, présente une chaleur et une profondeur qui font contraste. Il est associé aux amants du Prologue, mais il disparaît dès l'apparition des visages et le début du dialogue proprement dit. Il ne réapparaîtra qu'à la séquence 34 pour unir dans l'esprit l'amour actuel et l'amour de jeunesse. Cette connexion est encore fortement marquée dans le passage (séquence 49) où les images de Nevers et de Hiroshima s'entrecroisent. Dans la gare, le thème Corps s'appliquera seulement à l'amour allemand. Les jeux étant faits et l'oubli devant triompher, il fera une dernière, timide et fugitive apparition devant l'entrée du Casablanca.

Le thème Nevers cerne le souvenir heureux de la jeune femme. Il est allègre, primesautier. On remarquera que la première grande évocation de Nevers est soulignée par le thème Corps qui continue logiquement sur sa lancée (jusqu'à "*et puis, il est mort*"), mais que la deuxième partie de l'évocation appelle le nouveau motif : l'héroïne a d'abord revécu sa vie antérieure à travers son amant japonais, à travers les instants où elle est amoureusement comblée, puis les heures de Nevers ont pris le dessus. Aussi bien le thème Nevers ne surgira-t-il à nouveau que lorsque la jeune Française se trouvera seule avec elle même, avec son monologue intérieur (le lavabo 46, la gare 51) [...].

La belle phrase mélodique consacrée au Fleuve apparaît dans le Prologue. Elle est liée aux vues de "l'estuaire en delta de la rivière Ota" et s'enchaîne avec le thème Corps. Elle s'élève à nouveau au matin, lorsque la jeune femme fait quelques pas sur sa terrasse : le fleuve est en arrière-plan et c'est au Café du Fleuve que les amants se sont rencontrés. Le thème Fleuve se trouve donc rattaché à l'amour, ou mieux : il concerne à la fois un objet et un sentiment qui vont de pair, l'eau et l'amour non physique. Il relaie le thème Corps sur un mode plus affectif que charnel. Ainsi encadre-t-il, en débutant dans la maison du Japonais "après l'amour", les trente minutes de la séquence du café dont les deux seules interventions musicales sont "réalistes et justifiées" (disques) [...].

Un mot encore. Les exemples de contrepoint audio-visuel ne manquent pas dans le film, notamment dans le Prologue. Mais on ne saurait dire que le thème Corps sur les passages à bicyclette (séquence 35) fasse contrepoint. Il y a plutôt continuation de l'idée de plénitude amoureuse sur des images alertes. C'est là une voix assez rarement suivie par la musique de film : ne pas souligner le rythme interne de l'image, mais prolonger en nous une impression.

Musique exemplaire en vérité [...] ; la partition "colle" extraordinairement aux séquences, les notes "suintent" de l'image même, il n'y a pas une ligne de portée à ajouter ni à retrancher, la musique "est" le film ("Hiroshima musique", pp. 18-23).

Gaston Bounoure — Le texte comme partition : 5 mouvements

Il est révélateur qu'*Hiroshima mon amour* ne puisse se raconter — du moins de façon fidèle — dramatiquement. Sans doute est-ce parce que l'amour se fait, et ne se raconte pas. Mais sans doute aussi parce que l'amour d'Hiroshima n'est qu'un pur chant intérieur. Et c'est cela que, dans mes précédentes réflexions sur ce film, je n'avais pas entièrement réalisé. L'on n'a d'ailleurs, à l'époque, que rarement entrevu cette composition purement musicale de l'oeuvre. Certes nombreux sont ceux qui ont été sensibles à la partition écrite par Giovanni Fusco, dont Henri Colpi (qui assura le montage) a, de façon très exacte, analysé les thèmes et leurs correspondances aux images. Mais ceux-là mêmes ont regretté le ton littéraire du texte, sans apercevoir que ce texte constitue la véritable partition du film, et que la musique n'est qu'un accompagnement destiné, en second plan, à donner leur "couleur" aux thèmes incantatoires dont il est uniquement composé. Ce sont ces thèmes qui déterminent la structure profonde d'une oeuvre que l'analyse filmographique traditionnelle demeure impuissante à définir. On ne peut, ici, saisir aucune division en parties, en séquences que commanderait une logique dramatique. Le film n'est qu'une suite de "mouvements". ELLE et LUI — ELLE surtout — ne sont plus des personnages, mais des "instruments" qui jouent en solo, en duo. ELLE et LUI n'ont pas de nom. Ils se connaissent, dans l'amour, mais ne peuvent se re-connaître, après l'amour. IL est Hiroshima. ELLE est Nevers. Seul l'amour un instant est unisson (thème des corps) : mais Nevers et Hiroshima, dans le temps, jouent en contrepoint l'un de l'autre, et se répondent suivant les mutations mélodiques et rythmiques qui composent les cinq mouvements du film.

Dans le premier mouvement [...], ELLE exécute un long "solo", ample et tragique, sur la mort atomique à l'intérieur duquel IL tente, en un vain leitmotiv, de se faire entendre [...]. La variation de ce thème unique se développe en trois temps : le temps du musée (avec ses photographies et ses reconstitutions parfaites mais illusoires), le temps de l'oubli [...] et le temps de l'amour présent [...].

Dans le deuxième mouvement, un seul thème : un duo d'amour au long duquel ELLE et LUI cherchent à s'identifier réciproquement, à se mêler, à se confondre. Mais vainement, car Nevers commence d'apparaître en filigrane d'Hiroshima [...].

Le troisième mouvement se développe en deux thèmes : le souvenir d'Hiroshima, et le souvenir de Nevers. Mais les "instruments" y passent au second plan. On ne les entend plus qu'à peine, comme en sourdine, derrière la réalité à laquelle ils font place. Derrière les images du film (que Resnais aurait dû tourner, s'il avait répondu à la commande) qu'ELLE tourne à Hiroshima [...].

Dans le quatrième mouvement, à nouveau un seul thème : la mort à Nevers. ELLE joue en solo, dans un grand dépouillement décoratif — ils sont assis dans la pénombre d'un café presque vide — et sonore : la musique a disparu, et seul un juke-box réel égrène un air japonais ou une valse grêle. LUI n'intervient que sur le mode interrogatif, rythmant ainsi le long récitatif qui la conduit jusqu'au cri :

ELLE: *"Je peux dire que je n'arrivais pas à trouver la moindre différence entre ce corps mort et le mien. Je ne pouvais trouver entre ce corps et le mien que des ressemblances... hurlantes. (Elle crie.) Tu comprends? C'était mon premier amour"*.

A ce moment, la gifle d'Hiroshima — comme la petite bille de Nevers — agit et la réveille. Et les deux voix à nouveau se mêlent un instant pour conclure le thème [...].

Le cinquième et dernier mouvement, reprenant le rythme du premier, se compose de trois variations qui correspondent à celles du début : ELLE reprend possession d'elle-même devant une glace (comme si elle sortait de son musée intérieur, de sa mémoire) [...], puis, en une même marche confondue ici et là, Nevers mort et oublié prend possession d'Hiroshima vivant (avec des modulations du premier mouvement qui reviennent : *"Tu me tues. Tu me fais du bien."*) et impose le noeud tragique de leur histoire [...].

       LUI: *"Peut-être que c'est possible que tu restes..."*

       ELLE: *"Tu le sais bien. Plus impossible encore que de se quitter".*

       ...et enfin éclate, en un final sublime, le thème de l'oubli : oubli de Nevers (*"Peupliers charmants de la Nièvre, je vous donne à l'oubli. Histoire de quatre sous, je te donne à l'oubli"*) ; oubli de l'amour imposé par l'irruption insolite et déplacée d'une voix anglaise, qui apparaît comme la tentation de recommencer une autre histoire (*"It is very late to be lonely"*) ; et oubli de soi-même [...] (*Alain Resnais*, pp. 47-51).

Henri Bergson — Le Temps dans l'espace

       Il y a [...] deux conceptions possibles de la durée, l'une pure de tout mélange, l'autre où intervient subrepticement l'idée d'espace. La durée toute pure est la forme que prend la succession de nos états de conscience quand notre moi se laisse vivre, quand il s'abstient d'établir une séparation entre l'état présent et les états antérieurs. Il n'a pas besoin, pour cela, de s'absorber tout entier dans la sensation ou l'idée qui passe, car alors, au contraire, il cesserait de durer. Il n'a pas besoin non plus d'oublier les états antérieurs : il suffit qu'en se rappelant ces états il ne les juxtapose pas à l'état actuel comme un point à un autre point, mais les organise avec lui, comme il arrive quand nous nous rappelons, fondues pour ainsi dire ensemble, les notes d'une mélodie. Ne pourrait-on pas dire que, si ces notes se succèdent, nous les apercevons néanmoins les unes dans les autres, et que leur ensemble est comparable à un être vivant, dont les parties, quoique distinctes, se pénétrent par l'effet même de leur solidarité? [...] Telle est sans aucun doute la représentation que se ferait de la durée un être à la fois identique et changeant, qui n'aurait aucune idée de l'espace. Mais familiarisés avec cette dernière idée, obsédés même par elle, nous l'introduisons à notre insu dans notre représentation de la succession pure ; nous juxtaposons nos états de conscience de manière à les apercevoir simultanément, non plus l'un dans l'autre, mais l'un à côté de l'autre ; bref, nous projetons le temps dans l'espace, nous exprimons la durée en étendue, et la succession prend pour nous la forme d'une ligne continue ou d'une chaîne dont les parties se touchent sans se pénétrer [...]. Il y a un espace réel, sans durée, mais où des phénomènes apparaissent et disparaissent simultanément avec nos états de conscience. Il y a une durée réelle, dont les moments hétérogènes se pénètrent, mais dont chaque moment peut être rapproché d'un état du monde extérieur qui en est contemporain, et se séparer des autres moments par l'effet de ce rapprochement même. De la comparaison de ces deux réalités naît une représentation symbolique de la durée, tirée de l'espace. La durée prend ainsi la forme illusoire d'un milieu homogène, et le trait d'union entre ces deux termes, espace et durée, est la simultanéité, qu'on pourrait définir l'intersection du temps avec l'espace (*Essai sur les données immédiates de la conscience, Œuvres*, pp. 67-68, 73-74).

FILMOGRAPHIE D'ALAIN RESNAIS
(LONGS MÉTRAGES)

1959   *Hiroshima mon amour*

1961   *L'Année dernière à Marienbad*

1963   *Muriel, ou le temps d'un retour*

1966   *La Guerre est finie*

1968-69   *Je t'aime, je t'aime*

1973-74   *Stavisky*

1976   *Providence*

1980   *Mon oncle d'Amérique*

1983   *La Vie est un roman*

1984   *L'Amour à mort*

1986   *Mélo*

1989   *I Want To Go Home*

1993   *Smoking No Smoking*

1997   *On connaît la chanson*

2003   *Pas sur la bouche*

OUVRAGES CONSULTÉS

Bergson, Henri. *Essai sur les données immédiates de la conscience* dans *Œuvres*, 4e édition. Paris: Presses universitaires de France, 1984 [edit. orig. 1959].

Bounoure, Gaston. *Alain Resnais*. Paris: Seghers,1962.

Carlier, Christophe. *Marguerite Duras. Alain Resnais. Hiroshima mon amour*. Paris: Presses universitaires de France, 1994.

Colpi, Henri. "Hiroshima musique", *Premier Plan* 4 (dec. 1959), 18-24.

Cuvillier, Armand. *Textes choisis des auteurs philosophiques*. Paris: Armand Colin, 1967.

Delahaye, Michel. "Un entretien avec Alain Resnais", *Cinéma 59* 38 (juillet 1959), 4-14.

Durand, Philippe. "Hiroshima mon amour (1959)," *Image et Son* 128 (fév. 1960), I-XXII.

Duras, Marguerite. *Hiroshima mon amour, scénario et dialogues*. Paris: Gallimard, 1960.

"Hiroshima mon amour", *Cahiers du cinéma* 97 (juillet 1959), 1-18 (table ronde avec Rivette, Godard, Doniol-Valcroze, Kast, Rohmer, Domarchi).

Leutrat, Jean-Louis. *Hiroshima mon amour*. Paris: Nathan, 1994.

Mascolo, Dionys. "Les Impressions de Marguerite Duras" (interview), *Cinéma 59* 38 (juillet 1959), 14-15.

Pingaud, Bernard. "Alain Resnais", *Premier Plan* 18 (oct. 1961), 3-24.

Pingaud, Bernard et Pierre Samson. "Alain Resnais ou la création au cinéma". *L'Arc* 31 (1967), 1-124.

Prédal, René. *L'Itinéraire d'Alain Resnais*. Paris : Lettres modernes, 1996.

Ropars-Wuilleumier, Marie-Claire. *De la littérature au cinéma*. Collection "U".
    Paris: Armand Colin, 1970.

"Spécial Resnais" (découpage d'*Hiroshima mon amour*), *L'Avant-Scène Cinéma* 61-
    62 (juillet-sept. 1966), 5- 82.

Jean-Luc Godard

A bout de souffle

(1960)

Jean-Luc Godard, *A bout de souffle* : Patricia (Jean Seberg) embrasse
Michel (Jean-Paul Belmondo) dans la rue. © Raymond Cauchetier-Paris

Réalisation.. Jean-Luc Godard

Scénario et dialogues............................Jean-Luc Godard, d'après une
ébauche de François Truffaut

Chef-Opérateur ....Raoul Coutard

Musique.. Martial Solal

Montage................................ Cécile Decugis, assistée de Lila Herman

Son...Jacques Maumont

Scripte .... Suzanne Faye

Conseiller technique ....Claude Chabrol

Production................................... Les Films de Georges de Beauregard

Durée .... 1 h 30

Interprètes

Jean-Paul Belmondo (*Michel Poiccard*), Jean Seberg (*Patricia Franchini*), Van Doude (*le journaliste franco-américain*), Daniel Boulanger (*l'inspecteur Vital*), Henry-Jacques Huet (*Antonio Berruti*), Jean-Pierre Melville (*le romancier Parvulesco*), Richard Balducci (*Tolmatchoff*), Roger Hanin (*Zumbart*), Claude Mansard (*le garagiste receleur*), Liliane David (*ancienne maîtresse de Michel Poiccard*), Michel Fabre (*l'adjoint de Vital*), Jean-Luc Godard (*le mouchard*).

*Le film lui-même ne contient pas de générique.

Synopsis

Un jeune voyou, Michel Poiccard, vole à Marseille une voiture pour monter à Paris où l'on lui doit de l'argent pour sa participation dans une affaire louche. Il espère y retrouver une jeune Américaine, Patricia Franchini, dont il est tombé amoureux pendant une brève liaison à Nice et qu'il voudrait persuader de partir avec lui en Italie. Poursuivi par un motard de la gendarmerie parce qu'il a doublé en côte malgré la ligne continue, il abat celui-ci d'un coup de revolver et s'enfuit à pied à travers champs. Il se trouve le lendemain matin à Paris où il vole de l'argent dans le sac à main d'une ancienne amie, puis va retrouver Patricia qui vend le *New York Herald Tribune* sur les Champs-Elysées. Plus tard il réussit à rejoindre dans une agence de voyages l'ami qui a son argent (Tolmatchoff), mais il ne peut pas toucher le chèque parce que celui-ci est barré (à déposer sur un compte en banque) ; il faudra qu'il arrive à se mettre en contact avec un autre ami, Antonio Berruti, qui pourra encaisser le chèque pour lui.

En attendant, il retrouve Patricia avec qui il veut passer la nuit. Elle le quitte pour un rendez-vous avec un journaliste qui doit l'aider dans sa carrière. Le lendemain matin, lorsque Patricia rentre chez elle, elle découvre Michel dans son lit, où il a passé la nuit. Suit une longue scène à la fin de laquelle ils font l'amour. L'après-midi Michel accompagne Patricia à Orly, où elle participe à l'interview d'un romancier, Parvulesco.

Pendant ce temps, l'inspecteur Vital de la police parisienne est aux trousses de Michel, qu'on a vite identifié comme l'assassin du motard, ce que Michel apprend en lisant les gros titres des journaux. La police interroge Patricia et menace de lui faire des ennuis avec ses papiers si elle ne coopère pas, puis la file sur les Champs-Elysées au milieu d'une grande foule rassemblée pour un défilé présidentiel. Michel et Patricia réussissent à semer les policiers, décident d'aller au cinéma voir un western, volent une voiture ensemble et retrouvent enfin Berruti le soir à Montparnasse. Ils passent la nuit dans le studio de la maîtresse d'un ami en attendant que Berruti apporte l'argent le lendemain matin. Au petit matin, Patricia téléphone à la police pour dénoncer Michel. Celui-ci est abattu en pleine rue d'une balle dans le dos tirée par l'inspecteur Vital.

La Réception

Comme le démontre Michel Marie, *A bout de souffle* bénéficie d'une campagne de promotion "magistrale" (1999, p. 115) : des articles de presse nombreux (avec des avis contradictoires), de multiples photos du tournage dans les journaux, des affiches, un disque avec la musique du film — et même un roman basé sur le film, qui paraît au mois de février 1960. Quand le film (interdit aux moins de dix-huit ans) sort à Paris, le 16 mars 1960, son succès est immédiat, grâce en partie, certes, à la promotion commerciale, mais surtout par son adéquation à l'esprit de toute une nouvelle génération qui reconnaît dans le style des personnages — leurs habitudes vestimentaires, leur langage argotique, leurs rapports libres — ainsi que dans les lieux qu'il habitent et fréquentent, leur propre monde, et non le monde artificiel créé par les scénaristes et les grands studios de la tradition de la "Qualité française". L'engouement du public rejoint celui de la critique qui crie au génie devant l'audacité stylistique, l'iconoclasme, dont fait preuve Godard dès son premier long métrage. L'estime critique est confirmée par l'attribution du très prestigieux prix Jean Vigo en février, puis encore, plus tard la même année, par l'Ours d'argent (prix de la mise en scène) au festival de Berlin, ainsi que le prix de la critique allemande pour la photographie de Raoul Coutard.

A bout de souffle devient rapidement le film-manifeste de la "Nouvelle Vague", incarnant à la fois la révolte de celle-ci contre l'académisme de l'institution cinématographique en France et une déclaration de nouveaux principes. C'est aujourd'hui le film français "Nouvelle Vague" le plus diffusé dans les universités américaines. Sa popularité aux Etats-Unis est démontrée, au demeurant, par le "remake" de Jim MacBride, *Breathless* (1982), avec Richard Gere et Valérie Kaprisky.

Avant *A bout de souffle*

Né à Paris le 3 décembre 1930, Jean-Luc Godard fera ses études en Suisse, puis à Paris et à Grenoble avant de préparer un certificat d'ethnologie à la Sorbonne au début des années cinquante. Se passionnant pour le cinéma, il fait partie du groupe de jeunes critiques des *Cahiers du cinéma*, où il publie des articles à partir de 1952. Il passe bientôt à la réalisation avec cinq courts métrages : *Opération béton* (1954), un documentaire assez classique sur la construction d'un barrage hydroélectrique en Suisse ; *Une femme coquette* (1955, 16 mm), son premier film de fiction, basé sur un conte de Maupassant (*Le Signe*) mais jamais distribué ; *Charlotte et Véronique* ou *Tous les garçons s'appellent Patrick* (1957), son premier succès public ; *Une histoire d'eau* (1958), et, le plus intéressant de tous, *Charlotte et son Jules* (1959). Ce dernier, où Jean-Paul Belmondo tient le rôle principal, ressemble de certains côtés à une esquisse de la longue séquence dans la chambre de Patricia dans *A bout de souffle*. En plus des courts métrages, Godard travaille comme monteur et comme dialoguiste pour des films d'autres metteurs en scène, ce qui lui donne une formation dont on verra les fruits dans *A bout de souffle*. Godard est tout de même le seul membre du groupe des critiques des *Cahiers* qui n'a toujours pas, en 1959, réalisé son premier long métrage. Il se rattrapera vite.

La genèse du film et les interprètes

A bout de souffle est basé sur un fait divers de novembre 1952 qui a fait beaucoup de bruit à l'époque. Il s'agissait d'un jeune homme de caractère louche mais charmeur, Michel Portail, qui était tombé amoureux d'une jeune journaliste Américaine à Paris, avait volé une voiture et tué le motocycliste de la gendarmerie qui l'avait pris en chasse pour une banale histoire de phares. François Truffaut en tire un bref scénario, en quatre pages, vers la fin de 1956, scénario qu'il confiera par la suite à Godard. Celui-ci remanie complètement le scénario, ne gardant que l'histoire de base telle qu'elle est adaptée par Truffaut — le vol de la voiture, le meurtre du policier, la liaison avec l'Américaine, la dénonciation par celle-ci. Tout le reste est inventé par Godard : le développement de la personnalité du héros et de l'héroïne, leurs rapports complexes, les thèmes principaux, la mise à mort de Michel Poiccard à la fin du film. Dans une lettre à Truffaut, Godard résume son scénario ainsi : "le sujet sera l'histoire d'un garçon qui pense à la mort et celle d'une fille qui n'y pense pas. Les péripéties seront celles d'un voleur d'auto [...] amoureux d'une fille qui vend le *New York Herald* et suit des cours de civilisation française". Tous les dialogues sont également de Godard.

A l'origine Godard voulait faire un film dans le genre du film noir américain, tel *Scarface* de Howard Hawks (1932) ou *Fallen Angel* d'Otto Preminger (1945), ou encore, dans la série B, *Gun Crazy* de J.H. Lewis (1949). Il n'en sera rien ; le génie personnel de Godard, nourri d'une grande culture littéraire et cinématographique, produira un film d'un genre tout à fait nouveau : c'est l'avènement du style "Nouvelle Vague".

Les deux vedettes d'*A bout de souffle*, Jean-Paul Belmondo and Jean Seberg, jouent un rôle déterminant dans la réussite du film. Godard avait déjà remarqué Belmondo, un élève du Conservatoire d'art dramatique, dans d'autres films, où il tenait des rôles mineurs, et le considérait comme un acteur génial, "le Michel Simon et le Jules Berry de demain". Comme nous l'avons remarqué ci-dessus, Godard donnera à Belmondo le rôle principal de son court métrage, *Charlotte et son Jules*, réalisé quelques mois avant *A bout de souffle*. Jean Seberg, jeune actrice américaine de vingt et un ans, est déjà une star internationale, ayant joué le rôle de Jeanne d'Arc dans le film de Preminger, *Saint-Joan* (1956), et celui de la jeune lycéenne américaine, Cécile, dans un autre film du même réalisateur, l'adaptation du roman de Françoise Sagan, *Bonjour Tristesse*, avec des superstars de Hollywood, David Niven et Deborah Kerr (1957). La présence de Seberg dans le film de Godard ne sera pas étrangère au succès commercial de celui-ci.

Le tournage, le montage, le style

Le propos de Godard est désormais célèbre : "Ce que je voulais, c'était partir d'une histoire conventionnelle et refaire, mais différemment, tout le cinéma qui avait déjà été fait" (*Collet et al.*, p. 22). On ne peut accuser Godard d'un excès de modestie, et il n'a certainement pas réinventé de fond en comble le cinéma mondial, mais d'un seul coup il a réussi à bouleverser les habitudes établies depuis des lustres dans la réalisation de films de fiction. A tel point qu'on n'hésite pas à parler de la création, dans *A bout de souffle*, d'une nouvelle esthétique du cinéma. De quoi s'agit-il?

Sur le plan du tournage, il s'agit, tout d'abord, d'aller vite : Godard boucle le tournage de son film en un mois, entre le 17 août et le 19 septembre 1959, à Paris et à Marseille principalement, en travaillant avec une équipe très réduite, à l'encontre des studios avec leurs foules de techniciens de toutes sortes. Pour pouvoir se passer de pieds et de grues, Raoul Coutard, le chef-opérateur, prend la caméra en main. Pour les travellings, pas de rails : il se cale dans un fauteuil roulant, poussé ou tiré par Godard ; pour tourner en pleine rue, dans la foule, même méthode, mais c'est dans un triporteur des postes que se cache le caméraman. Pour qu'on n'ait pas besoin de projecteurs encombrants, et tout le personnel que cela comporte, on tourne en lumière naturelle, à l'intérieur comme à l'extérieur, en se servant d'une pellicule spéciale, très sensible, normalement réservée pour la photo. On supprime également les prises (et les preneurs) de son, Godard préférant tourner en muet, quitte à faire les frais d'une post-synchronisation difficile mais moins longue que le tournage en son témoin (direct). Cela lui permet aussi de souffler le dialogue aux acteurs (dialogue qu'il rédige au dernier moment, chaque jour, au fur et à mesure du tournage) — ce qui constitue une innovation frappante et réduit au minimum le temps de la répétition. Et finalement, pas même de maquillage des acteurs, ce qui supprime les maquilleuses qui hantent les plateaux des studios. D'ailleurs, Godard évite même les plateaux en tournant en intérieurs et extérieurs réels. Résultat : non seulement le film de Godard est réalisé en un temps record, mais il coûte trois fois moins cher (45 millions seulement) qu'un long métrage ordinaire... .

Par ailleurs, Godard intègre dans son film, de manière inédite, le style du reportage télévisuel. A la technique de la caméra cachée évoquée plus haut, il ajoute le style des interviews à la télévision (le romancier Parvulesco à l'aéroport) et celui des actualités (tournage sur la foule des gens venus voir De Gaulle et Eisenhower défiler sur les Champs-Elysées). Et finalement, Godard refuse le champ-contrechamp classique en filmant les dialogues. Il cadre Michel et Patricia ensemble, en un long plan-séquence, par exemple, pendant qu'ils descendent les Champs-Elysées, ou il permet à Patricia de sortir hors-champ, puis de revenir dans le champ, pendant son dialogue avec Michel dans sa chambre, au lieu d'alterner des plans sur l'un et sur l'autre, selon les usages. Bref, Godard refuse de suivre les usages, de faire comme les autres.

C'est au moment du montage du film, d'ailleurs, que l'originalité de Godard, son mépris des conventions, se déclare le plus clairement (voir l'analyse de la séquence de la Nationale 7 par Michel Marie dans le *Dossier critique*). A l'instar du tournage, c'est le principe de la rapidité qui domine le style du montage. Godard alterne, en fait, de longs plans-séquences avec des montages de plans très courts, mais il reste une impression dominante de rythme rapide et nerveux qui sous-tend et rejoint le comportement du héros : "A chaque raccord le film procède par saccades avec une impatience syncopée qui suggère et souligne avec justesse l'allure impulsive du héros dans sa descente vers le destin" (cité par Bordwell, p. 90). L'impression de rapidité est due, certes, au montage "court", mais aussi à la pratique, assez révolutionnaire, de "sautes" (*jump cuts*), qui fait qu'on "saute" brusquement d'un plan au suivant, brisant la continuité de l'action. On a souvent parlé de "faux raccords" dans *A bout de souffle*, et Georges Sadoul déclarera, à la sortie du film, qu' "une monteuse qualifiée ne voit pas *A bout de souffle* sans frémir : un raccord sur deux est incorrect" — en ajoutant toutefois, car Sadoul voyait juste, "Qu'importe, ce ne sont pas là fautes d'orthographe, mais tournures de style". En effet, il ne s'agit pas, dans la plupart des cas, de "vrais" faux raccords. Les sautes sont la conséquence d'une décision délibérée de la part de Godard de raccourcir son film, trop long de quarante-cinq minutes, en supprimant des fragments à l'intérieur même des prises de vues, au lieu de supprimer des plans (ou des séquences) entiers. On a compté jusqu'à 75 sautes dans le film, certaines séquences contenant des sautes multiples, telles que celle de Michel dans la voiture volée au début du film, celle du récit du journaliste au café avec Patricia (une série de raccords "plan sur plan"), ou encore la longue scène dans la chambre de Patricia. Le cas le plus frappant est sans doute la séquence dans la décapotable où l'on voit onze sautes successives sur des plans de la tête de Patricia, vue de derrière, pendant son dialogue avec Michel (qu'on ne voit pas à l'image). Godard lui-même explique son procédé : "...il y avait une séquence entre Belmondo et Seberg dans la voiture, et c'était fait un plan sur l'un, un plan sur l'autre, ils se répondaient. Là, plutôt que de raccourcir un peu des deux, on a tiré à pile ou face pour raccourcir tout l'un ou tout l'autre. C'est Seberg qui est restée".

L'utilisation des sautes n'est pas nouvelle dans l'histoire du cinéma, comme le démontre David Bordwell ("La saute et l'ellipse"), mais l'emploi systématique de Godard — les séries de sautes successives — en fait une véritable figure de style à la base d'une conception originale de la forme du cinéma. Godard crée, en fait, une nouvelle esthétique du film basée sur le principe de la discontinuité, tout à l'opposé des pratiques conventionnelles qui aspirent, depuis l'enfance du film de fiction, à créer en gommant les raccords une impression de continuité spatio-temporelle, de "transparence", de "réalité". Les sautes dans *A bout de souffle* détruisent sciemment cette impression, attirant l'attention sur le moyen d'expression lui-même, ainsi que sur l'intervention du réalisateur. En même temps, le style de Godard constitue un acte de provocation, un défi insolent, voire un pied de nez à l'institution cinématographique entière. C'est un geste de révolte qui incarne l'esprit de la Nouvelle Vague et qui résonnera au plus profond de la génération des années soixante qui commencent.

La bande-son, le langage

La bande sonore d'*A bout de souffle* contribue d'une manière non négligeable au rythme et au style du film, à commencer par la musique composée par Martial Solal. Bien que l'utilisation du jazz ne soit pas une trouvaille de Godard — Marcel Carné s'en était servi déjà dans *Les Tricheurs* en 1955, par exemple, ainsi que Roger Vadim dans *Les Liaisons dangereuses 1960* en 1959 — elle rejoint le montage rapide des images, ainsi que les sautes, pour renforcer cette impression de vitesse, de nervosité, de course effrénée évoquée dans le titre du film. Par ailleurs, le style "improvisé" du jazz convient parfaitement au comportement désinvolte du héros, qui improvise sans arrêt pour survivre, ainsi qu'à la technique même du réalisateur, qui donne l'impression (sans que ce soit toujours le cas) d'improviser en tournant son film.

Le bruitage, post-synchronisé comme les dialogues, relève d'un parti-pris évident de réalisme en évoquant la vie ambiante : coups de klaxon, sirènes, bruit de moteurs, bribes d'émissions radiophoniques, et ainsi de suite. Ce souci de vérisme se retrouve dans le style de langage du héros, style "parlé", spontané, avant tout, mais bourré aussi d'argot populaire assez cru ("*Ah merde, la flicaille!*", "*Piège à con*", "*Ça me fait chier*", "*Fous l'camp, dégueulasse*"!) qui n'avait pas droit de cité dans le cinéma avant Godard. Celui-ci doit beaucoup, pourtant, au film de l'ethnologue Jean Rouch, *Moi un noir* (1958), dont le style "cinéma vérité", le langage parlé, l'emploi du monologue spontané, la parole adressée directement au spectateur et l'originalité de la bande-son ont exercé une influence profonde sur la réalisation d'*A bout de souffle*. D'un autre côté, le texte du film est parsemé de citations littéraires, de références culturelles (peinture, musique), de réflexions philosophiques, faisant de l'incongruité une donnée fondamentale du film.

Les thèmes

François Truffaut nous raconte que Godard "était vraiment désespéré quand il a fait ce film. Il avait besoin de filmer la mort..." (Collet, p. 172). La mort est, évidemment, un thème majeur d'*A bout de souffle*, qui commence par le meurtre du motard et se termine par la mort du héros, en passant par la mort du scooteriste accidenté. Par ailleurs, les allusions à la mort s'accumulent à travers le film entier, tantôt de manière évidente (Michel : *"Est-ce que tu penses à la mort quelquefois? Moi, j'y pense sans arrêt"* ou le mot de Lénine : *"Nous sommes tous des morts en permission"*), tantôt sur un mode plus subtil, comme le rôle des motards qui rappellent les messagers de la mort dans l'*Orphée* de Jean Cocteau (Marie, 1999, p. 84), ou encore le choix du Concerto pour clarinette de Mozart, dans le studio de la Suédoise vers la fin du film, morceau écrit peu de temps avant la mort du musicien et qui présage celle de Michel.

Ainsi que dans *Le Jour se lève*, le chef-d'oeuvre de Marcel Carné (1939), le thème de la mort est étroitement lié à celui de la fatalité. Le "destin" de Michel s'impose, comme celui de François, au début du film ; le sort en est jeté dès le meurtre du motard de la gendarmerie, et cet acte n'est sans doute pas étranger à l'obsession de la mort chez Michel. La fatalité qui le traque est inscrite tout au long du film dans les photos et les gros titres de *France-Soir* qui annoncent les progrès de l'enquête sur le meurtre du gendarme, avant que le grand néon lumineux ne prenne le relais dans la dernière étape du film en annonçant que *"Le filet se resserre autour de Michel Poiccard"*, puis *"Michel Poiccard : Arrestation imminente"*.

Au thème de la mort se joignent ceux de la vitesse (par exemple, le rôle des automobiles) et de l'amour, évoquant la "fureur de vivre", une poursuite folle de la jouissance. Le thème de la liberté vient s'opposer à celui de l'amour ; d'une part chez Michel où l'amour entrave sa liberté de partir, de fuir, d'autre part chez Patricia où c'est le besoin de liberté qui semble être à la base de l'ambivalence profonde qui caractérise ses sentiments envers Michel. Un certain pessimisme quant aux rapports entre les sexes se manifeste, d'ailleurs, dans le manque de communication qui empêche le héros et l'héroïne de se rencontrer véritablement. Le langage est thématisé en tant qu'obstacle : Michel et Patricia ne parlent pas — au sens littéral comme au sens figuré — le même langage ; ils ne vivent pas dans le même ordre de réalité. Comme le dit Godard, "L'Américaine Patricia se situe sur un plan psychologique, le garçon Michel sur un plan poétique. Ils emploient des mots — les mêmes — qui n'ont pas le même sens".

Le cinéma lui-même, finalement, se mue en thème dans *A bout de souffle* par ses multiples évocations explicites dans le film. Outre les films particuliers qui y jouent un rôle (et que nous évoquons ci-dessous), on constate, par exemple, son rôle de moyen d'évasion (Patricia réussit à semer le policier qui la file en entrant dans un cinéma ; Michel et Patricia se réfugient au cinéma pour éluder les recherches de la police), le numéro des *Cahiers du cinéma* que la jeune fille vend dans la rue, la présence de cinéastes dans le film (Jean-Pierre Melville dans le rôle du romancier Parvulesco, Godard lui-même dans celui du mouchard), et même les techniques vieillottes comme l'emploi de la fermeture et de l'ouverture en iris, qui évoquent le cinéma des premiers temps. Et il n'est pas exclu qu'il y ait un rapport voulu, ce qui fait référence aussi au cinéma, entre le personnage de Michel, qui se moque des interdits de la société, et le réalisateur du film, qui fait fi des interdits du monde du cinéma. On ne peut pas nier, du reste, que Godard et Poiccard, qui se ressemblent, comme nous l'avons noté plus haut, par leur style "improvisé", soient tous deux menacés par le manque d'argent et qu'ils doivent tous deux faire vite s'ils veulent tirer leur épingle du jeu…. Truffaut remarquera : "En tournant *A bout de souffle*, Godard n'avait pas en poche de quoi s'offrir un ticket de métro, il était aussi démuni — à vrai dire davantage — que le personnage qu'il filmait" (cité par Marie, 1989, p. 54). Le personnnage de Michel, qui s'identifie à un héros de cinéma, semble donc évoquer le thème du cinéma sur plusieurs registres.

Citations cinématographiques, intertextualité

Godard avoue ouvertement son "goût de la citation" (des références à d'autres films dans ses films à lui), un goût qu'il partage, d'ailleurs, avec toute la bande des *Cahiers du cinéma*. La mise en abyme (inscription) du cinéma dans *A bout de souffle* produit un réseau intertextuel qui enrichit le film pour tout le monde et fait le bonheur des cinéphiles qui sont à même de reconnaître les références subtiles. Les allusions évidentes sont déjà nombreuses, à commencer par les affiches de cinéma qui évoquent des films américains récents, tels que *The Harder They Fall* de Mark Robson (1956), avec Humphrey Bogart (le modèle de Michel), *Ten Seconds To Hell* de Robert Aldrich (1959), avec sa légende, "*Vivre dangereusement jusqu'au bout*", ou encore, *Westbound* de Budd Boeticher (1959). D'autres citations sont plus raffinées, plus "obliques", comme le démontre Dudley Andrew (pp. 14-18) : la scène où Michel assomme un quidam dans les toilettes pour lui prendre son portefeuille vient tout droit de *The Enforcer* de Raoul Walsh (1951) ; celle où Patricia regarde Michel à travers une affiche enroulée évoque une scène semblable de *Forty Guns* de Samuel Fuller (1957) où l'on regarde dans le canon d'un fusil ; l'ours en peluche que manipule Michel dans la chambre de Patricia, ainsi que la cigarette omniprésente, rappellent le personnage de Jean Gabin dans *Le Jour se lève* ; l'épisode où Michel tire trois coups de révolver sur le soleil évoque le geste du héros du *Tigre du Bengale* de Fritz Lang (1959) ; l'homme allongé dans la rue, victime d'un accident de voiture, est un hommage à *Moi un noir* de Jean Rouch, où le personnage principal fait preuve de la même nonchalence envers la mort que celui de Godard. Et on n'oublie pas la deuxième identité de Michel, "Laszlo Kovacs", emprunté au héros de la Résistance aux Nazis dans le film célèbre de Michael Curtiz, *Casablanca*, dont le héros est incarné par…Humphrey Bogart. *A bout de souffle* est donc imprégné de liens intertextuels qui rendent l'oeuvre plus dense, plus complexe que ne le laisse soupçonner son premier abord.

FICHE PÉDAGOGIQUE

Propos de Jean-Luc Godard

"Nos premiers films ont été purement des films de cinéphiles. On peut se servir même de ce qu'on a déjà vu au cinéma pour faire délibérément des références. Ça a été le cas surtout pour moi. Je raisonnais en fonction d'attitudes purement cinématographiques. Je faisais certains plans par rapport à d'autres que je connaissais, de Preminger, Cukor, etc. [...]. C'est à rapprocher de mon goût de la citation, que j'ai toujours gardé.

De plus, *A bout de souffle* était le genre de film où tout était permis, c'était dans sa nature. Quoi que fassent les gens, tout pouvait s'intégrer au film. J'étais même parti de là. Je me disais : il y a déjà eu Bresson, il vient d'y avoir *Hiroshima*, un certain cinéma vient de se clore, il est peut-être fini, alors mettons le point final, montrons que tout est permis. Ce que je voulais, c'était partir d'une histoire conventionnelle et refaire, mais différemment, tout le cinéma qui avait déjà été fait. Je voulais rendre aussi l'impression qu'on vient de trouver ou de ressentir les procédés du cinéma pour la première fois. L'ouverture à l'iris montrait qu'il était permis de retourner aux sources du cinéma et l'enchaîné venait là, tout seul, comme si on venait de l'inventer [...}.

Si nous avons pris la caméra à la main, c'était pour aller vite, tout simplement. Je ne pouvais pas me permettre un matériel normal qui aurait allongé le tournage de trois semaines. Mais cela non plus ne doit pas être une règle : le mode de tournage doit être en accord avec le sujet [...].

Ce qui m'a demandé du mal, c'est la fin. Le héros allait-il mourir? Au début, je pensais faire le contraire de, par exemple, *The Killing* : le gangster réussissait et partait pour l'Italie avec son argent [...]. Je me suis dit à la fin que, puisque après tout mes ambitions avouées étaient de faire un film de gangsters normal, je n'avais pas à contredire systématiquement le genre : le type devait mourir. Si les Atrides ne se massacrent plus entre eux, ce ne sont plus les Atrides" (Collet et al., "J.-L. Godard", p. 22).

"*A bout de souffle* est un film à moi mais non de moi. C'est seulement une variation sur un thème de Truffaut, qui a eu l'idée du scénario.

Sur ce thème de Truffaut j'ai raconté l'histoire d'une Américaine et d'un Français. Ça ne peut pas aller entre eux parce que lui pense à la mort et qu'elle n'y pense pas. Je me suis dit que si je n'ajoutais pas cette idée au scénario le film ne serait pas intéressant. Depuis longtemps le garçon est obsédé par la mort, il a des pressentiments. Pour cette raison j'ai tourné cette scène de l'accident où il voit un type mourir dans la rue. J'ai cité cette phrase de Lénine : "Nous sommes tous des morts en permission", et j'ai choisi le Concerto pour clarinette que Mozart écrivit peu de temps avant de mourir [...].

L'Américaine Patricia se situe sur un plan psychologique, le garçon Michel sur un plan poétique. Ils emploient des mots — les mêmes — qui n'ont pas le même sens. Ça arrive...

Quand elle dénonce son amant à la police Patricia va jusqu'au bout d'elle-même, et c'est en ce sens que je la trouve touchante. On ne voit pas dans le film la nuit qui précède la dénonciation. Je préfère montrer le moment où la fille agit [...].

Je n'ai rien improvisé. J'avais pris une multitude de notes inorganisées et écrit des scènes et des dialogues. Avant de commencer le film j'ai classé ces notes et j'avais un plan général. Cette armature m'a permis ensuite de rédiger, chaque matin, les huit pages correspondant à la séquence que je devais tourner dans la journée. A l'exception de certaines scènes déjà élaborées, je me suis tenu à ce plan de travail et j'ai écrit mes quelques minutes de film par jour. L'opérateur Raoul Coutard a tourné, la caméra sur l'épaule, sans lumière artificielle et en décors naturels. Les prises de vues ont duré quatre semaines. Comment je dirige les acteurs? Je donne beaucoup de petites indications de détail et j'essaie de retrouver les gestes essentiels..." (Interview avec Yvonne Baby, *Le Monde*, 18 janvier 1960).

Extraits à discuter

Extrait 1 (00'10-1'40): Le début du film, au Vieux-Port de Marseille (personnage de Michel).

Extrait 2 (3'55-5'20): Michel au volant de la voiture volée ; le meurtre du motard (montage rapide, faux raccord). ***Voir le commentaire de cette séquence dans "La Lecture du film," pp. 39-41.**

Extrait 3 (9'40-13'30): Michel et Patricia sur les Champs-Elysées ; Patricia traverse la rue en courant pour embrasser Michel (plan général en plongée) ; gros plan de l'affiche de cinéma ("Vivre dangereusement jusqu'au bout") ; jeune fille qui vend les *Cahiers du Cinéma* ; mort d'un piéton dans la rue ; le journal.

Extrait 4 (13'30-16'05): Michel retrouve Tolmatchoff à l'agence de voyages (long plan-séquence).

Extrait 5 (18'10-19'00): Michel devant l'affiche du film où joue Bogart ; le geste du pouce sur les lèvres ; fermeture, puis ouverture en iris.

Extrait 6 (21'45-23'10): Patricia dans la décapotable avec Michel : voix *off* de Michel et série de sautes (*jump cuts*) sur la nuque de Patricia.

Extrait 7 (24'15-25'15): Idées noires de Patricia ; le journaliste lui raconte son histoire de la fille avec qui il devait coucher (série de sautes).

Extrait 8 (34'20-38'10): Michel et Patricia dans la chambre de celle-ci (travail de la caméra, affiches, dialogue) ; thème de la mort.

Extrait 9 (44'20-47'05): Gros plans, l'amour, Faulkner (le chagrin ou le néant).

Extrait 10 (54'30-55'40): Michel et le mouchard devant les bureaux du Herald-Tribune, les titres du journal ; le role de Godard dans le film.

Extrait 11 (1h09'00-10'55): Le défilé sur les Champs-Elysées ; Patricia filée par un policier, filé à son tour par Michel ; évasion par le cinéma.

Extrait 12 (1h25'50-29'15): Le dénouement rue Campagne-Première ; la mort de Michel.

Citations à commenter

Michel: "Est-ce que tu penses à la mort quelquefois? Moi, j'y pense tout le temps".

* * *

Patricia (citant Faulkner): "Entre le chagrin et le néant, je choisis le chagrin".
Michel: "Moi, je choisis le néant".

* * *

Patricia: "Dénoncer, c'est mal".
Michel: "Non, c'est normal. Les dénonciateurs dénoncent, les cambrioleurs cambriolent, les assassins assassinent, les amoureux s'aiment...".

* * *

Michel: "Quand on parlait, je parlais de moi, et toi de toi...Alors que tu aurais dû parler de moi et moi de toi".

* * *

Patricia: "Je ne veux pas être amoureuse de toi...J'ai téléphoné à la police pour cela...Puisque je suis méchante avec toi, c'est la preuve que je ne suis pas amoureuse de toi...maintenant tu es forcé de partir".

© L'Avant-Scène Cinéma

Sujets de réflexion

1.   Le caractère de Michel Poiccard. Que cherche-t-il dans la vie?
2.   Le thème de la mort (évocations dans le film).
3.   Comment Godard insiste-t-il sur la notion de "fatalité" dans son film?
4.   Le caractère de Patricia Franchini, son ambivalence. Que cherche-t-elle dans la vie?

5.   Le rôle de l'amour (ou du désir) dans le film.

6.   Le problème de la communication entre Michel et Patricia ; la question du langage.

7.   Le thème de la vitesse ; le rôle des automobiles.

8.   Le dénouement du film.

9.   Les références au cinéma dans *A bout de souffle* ; le "rôle" du cinéma.

10. La nouveauté du style de montage de ce film.

DOSSIER CRITIQUE

Louis Séguin — "Un piège à cons"

… *A bout de souffle* n'en reste pas moins le plus fabriqué, le plus truqué des films et les recettes en sont des plus simplistes. Vous faites dire une chose à vos héros puis, un peu plus tard, le contraire et vous n'avez plus qu'à présenter ce mauvais paradoxe comme l'ambiguïté même de la vie. De même pour le style. Vous suivez "objectivement" vos personnages par de "vertigineux" mouvements d'appareil tout en vous gardant soigneusement de raccorder les diverses étapes de leurs parcours. Le film prend un aspect chaotique que vous présentez comme la vivacité même du génie.

Assurer enfin, comme le metteur en scène et le critique "communiste" plus haut cité [Georges Sadoul], que le héros de ce film est, amélioré et mis au goût du jour, le hors-la-loi de *Quai des brumes* est une aberration. Le déserteur des années trente participait à une mythologie peut-être factice mais recommandable puisque de gauche. Le voyou de 1960, qui dit aimer la police, et sa petite amie qui, selon Godard, accomplit sa personnalité en le dénonçant aux flics, participent d'une autre mythologie, au moins aussi artificielle et parfaitement haïssable puisque de droite. L'anarchiste Gabin était du bois dont se faisaient les combattants des Brigades Internationales ; l'anarchiste Belmondo est de ceux qui écrivent : "Mort aux Juifs!" dans les couloirs du Métro, en faisant des fautes d'orthographe ("Quoi de Neuf", p. 49).

Marcel Martin — Godard

En attendant, ce farceur a bien du talent. Peu importe que le style de son film soit fondé, comme on l'a dit, sur des impuissances : le cinéma ne se définit pas par des raccords grammaticalement corrects. En se moquant de toutes les règles admises, il est parvenu à créer un style neuf, même si les références en sont claires. Et je ne parle pas, bien sûr, du mépris de la grammaire : cela n'est qu'un détail. Ce qui importe, c'est la vigueur et la hardiesse d'un récit qui se rit de toute continuité logique ou chronologique, la création d'un univers spatio-temporel spécifiquement cinématographique parce que délibérément non-réaliste et absolument subjectif : cette fluidité de la caméra, cette liberté du montage, ce bouleversement des perspectives sonores habituelles participent à la création d'un univers quasi-surréel où le fantastique ne naît pas de l'étrangeté des choses, mais de l'étrangeté de leur vision (*"A bout de souffle"*, p. 118).

Luc Moullet — "Une tentative de libération par le film"

[...] l'association Godard-Seberg donna des résultats magnifiques, sans doute parce que nous retrouvons chez Seberg cette dialectique chère à Godard. Elle est d'autant plus féminine que par sa façon de vivre, par ses cheveux à la garçonne, elle affecte d'être masculine. C'est bien connu, une femme est beaucoup plus sexy en pantalons et en cheveux courts, car cela lui permet d'épurer sa féminité de tout ce qu'elle a de superficiel.

Patricia devient cependant plus estimable lorsqu'elle téléphone à la police. C'est un geste de courage. Elle se décide enfin à sortir de ce terrible imbroglio où elle se cantonne. Mais, comme tout fait de courage, c'est une solution de facilité. Michel le lui reprochera amèrement. Car lui, il assume entièrement la charge de son personnage : il joue le jeu, il n'aime pas [...] les demi-mesures, et il va au bout de son dilemme perpétuel. Mais il joue trop bien le jeu : sa mort sera la sanction naturelle exigée à la fois par la logique, le spectateur et la morale. Il est allé trop loin... .

C'est là que nous nous apercevons que Godard, tout en collant littéralement à son héros, s'en détache très légèrement, grâce à sa deuxième personnalité de cinéaste objectif, cruel et entomologiste. Godard est Michel et n'est pas Michel, puisqu'il n'est ni assassin, ni décédé, bien au contraire. Pourquoi cette légère supériorité de l'auteur sur le personnage, qui me gêne un peu? Parce que Michel n'est que le double virtuel de Godard. Il réalise ce que pense Godard. Une scène comme celle où Michel s'en va soulever les jupes des Parisiennes montre bien cette différence. On a reproché à *A bout de souffle* d'avoir une justification essentiellement psychanalytique. Il est bien certain que le cinéma commence où finit la psychanalyse, mais lorsque le cinéaste est conscient des bizarreries de son âme et de leur vanité, elles peuvent devenir source de beauté. *A bout de souffle* est une tentative de libération par le film : Godard n'est pas, n'est plus Michel parce qu'il a fait *A bout de souffle* et que Michel ne l'a pas fait ("Jean-Luc Godard", pp. 32-33).

Jean-Luc Douin — Michel et Patricia

[...] A l'image de Jean Seberg, elle est charmante, Patricia. Elle trébuche sur les mots, marche en équilibre sur les ronds metalliques des passages cloutés, s'inscrit à la Sorbonne et se compare de profil à un modèle de Renoir, parle toute seule devant la glace, remonte publiquement la bretelle de son pull rayé sexy. A l'image de Belmondo, Poiccard est un fier-à-bras séduisant, amoral, puéril, qui s'amuse comme un gosse à chanter faux, entre dans le lit avec ses socquettes blanches, se pâme devant la campagne et la Concorde la nuit, met son chapeau pour téléphoner. Et pourtant, c'est une tragédie.

Ils s'aiment mais ils ont peur de s'aimer. Patricia voudrait savoir ce qu'il y a derrière le visage de Michel, elle le regarde depuis dix minutes mais elle ne sait rien, rien, rien. Elle voudrait qu'on l'aime, et puis voudrait qu'on ne l'aime plus. Michel ne peut pas se passer de Patricia, ou peut-être le pourrait-il, mais il ne le veut pas, il veut coucher avec elle mais elle ne veut pas, elle attend un enfant de lui mais il n'en veut pas, il en a marre de ne s'intéresser qu'aux filles qui ne sont pas faites pour lui, il voudrait qu'elle lui fasse un sourire car sinon il va l'étrangler, et peut-être que si elle lui accorde son sourire c'est par lâcheté.

Lâcheté. *A bout de souffle* est un film sur le pressentiment, la trahison, la mort qui rôde et qui vient comme un soulagement. Il y a un type qui meurt écrasé sur les Champs. Il y a cette affiche : *"Vivre dangereusement jusqu'au bout"*. Il y a cette phrase de Lénine : *"Nous sommes tous des morts en permission"*. Il y a ce concerto pour clarinette que Mozart écrivit peu de temps avant de mourir. Il y a la lassitude et le désarroi. *"J'en ai marre, j'suis fatigué, en prison personne ne me parlera"*, l'obsession : *"Est-ce que tu penses à la mort quelquefois? – Moi, j'y pense tout l'temps"*.

A bout de souffle est un film sur l'opacité, la difficulté des gens qui vivent dans cette société à être ce qu'ils prétendent, à savoir ce qu'ils sont, à admettre l'ambiguïté des personnes et des sentiments. *"Je ne sais pas si je suis malheureuse parce que je ne suis pas libre, ou si je ne suis pas libre parce que je suis malheureuse"*. Patricia est libre et malheureuse [...].

Godard, lui, veut s'engager pour l'Amour. Parce que c'est la seule solution de rechange au Néant. Le néant de Patricia qui, les yeux fermés, cherche à se plonger dans le noir, et, la tête dans les mains, voudrait *"penser à quelque chose, mais je ne sais pas à quoi, je n'arrive pas à penser"*. Le néant de Poiccard qui se conduit en rebelle, en précontestataire de Mai 68, en grand frère des casseurs de demain, en censeur d'un monde "dégueulasse". Poiccard qui, *"entre le chagrin et le néant"*, à la différence de Faulkner choisit le néant, parce que *"le chagrin, c'est un compromis"*. Poiccard qui, en fait, n'a pas choisi le néant: il y est [...] (*Jean-Luc Godard*, pp. 122-123).

David Bordwell — Les sautes dans *A bout de souffle*

Si maintenant nous passons en 1960, le troisième moment de l'usage de la "saute" dans le cinéma commercial de fiction, nous pouvons voir quelques circonstances formelles particulières qui régissent la perception. Considérons la façon dont *A bout de souffle* recourt au montage en tant que technique. Tandis que les films de montage soviétiques comprenaient un grand nombre de types de continuité temporelle (ellipse, chevauchement, répétition), le film de Godard n'utilise que l'ellipse. Ici un raccord qui introduit une discontinuité signifie toujours que dans la "bande-images" on a sauté un laps de temps : parfois long, parfois court. Dans ce film, le temps visuel avance toujours, quoique par bonds. *A bout de souffle* fournit en outre une continuité beaucoup plus spatiale que ses prédécesseurs soviétiques : nous avons suffisamment de repères pour nous orienter dans l'espace global de l'action. Ajoutons à ceci que les prises de vues sont en moyenne bien plus longues (plus de 11 secondes) et que les "sautes" ont tendance à survenir par groupe de deux ou plus, et nous pouvons voir comment, pour des motifs purement inhérents au film, la "saute" est mise en évidence dans *A bout de souffle* [...].

Avec *A bout de souffle*, l'auteur "Godard" devient un personnage dans l'institution cinématographique et les critiques emboîtèrent le pas. *A bout de souffle* "prouve qu'il a un style et un point de vue qui lui sont propres". "Ce qui est particulièrement intéressant, c'est l'originalité du style imaginé par Godard pour raconter son histoire". La "saute" faisait partie de ce style et dès lors les critiques y prêtaient attention. "Le montage sautille souvent tel un saphir sur un disque". "Les raccords sont souvent faits à l'intérieur de la même prise de vues". Certains critiques appelèrent même ces disjonctions des "sautes" (l'usage le plus ancien du terme semble remonter à *Variety* de 1960, critique d'*A bout de souffle*). Ce qui apparaît plus important, c'est le fait que les "sautes" furent interprétées selon des modes qui nous sont aujourd'hui familiers. Il y avait, par exemple, l'appel à la psychologie des personnages. "A chaque raccord, le film procède par saccades avec une impatience syncopée qui suggère et souligne avec justesse l'allure impulsive du héros dans sa descente vers le destin. Ces raccords brisent notre attention aussi brusquement que le jeune homme perd son intérêt pour une affaire et qu'il passe à la suivante". Le style du film est donc aussi celui cultivé par Michel comme une expression de la virtuosité masculine. Les "sautes" furent également considérées comme réalistes : il n'y a pas une histoire mais une sensation ou une expérience avec le genre de chance et de hasard qui interviennent dans la vie. Ou bien les "sautes" furent interprétées comme la propre présence de Godard, le ton spécifique de sa voix, sa signature particulière, un signe de sa modernité ou de son absolue virtuosité : "Godard essaye plus de trucs cinématographiques que ne le risquent la plupart des cinéastes dans toute une carrière". Les critères de la subjectivité des personnages, de la vraisemblance, de la présence de l'auteur et du style personnel dans le cinéma d'art engendrèrent une critique prête à voir les films en ces termes. La "saute" dans *A bout de souffle* convenait à toutes ces fonctions. De même que le cinéma hollywoodien fut capable d'apprivoiser à la longue le montage soviétique, de même les normes du cinéma narratif classique absorbèrent à certains égards la "saute" [...].

Quand il voulait faire passer Belmondo de sa chambre à la rue où, de l'autre côté de la ville, Jean Seberg colportait l'*Herald Tribune*, il passait simplement de la chambre à la rue. Les "sautes" telles que je les ai considérées ici sont bien sûr des anathèmes pour le courant cinématographique dominant, mais [...] le film de Godard a ouvert la porte à un élargissement "en douceur" de la portée des discontinuités permises... ("La Saute et l'ellipse", pp. 88-90).

Michel Marie — La Séquence de la Nationale 7

Cette seconde séquence du film dure 3 minutes et 40 secondes environ et comprend 41 plans. Et elle est particulièrement délicate à découper plan par plan, tant ceux-ci sont souvent brefs, s'enchaînant parfois par des raccords que l'on ne peut repérer qu'au ralenti, image par image.

Elle est extrêmement brillante sur le plan rythmique. C'est une véritable démonstration des pouvoirs du montage et une réfutation par la pratique du caractère sclérosé du système conventionnel des raccords... . [Le spectateur] doit être subjugué par la rapidité des plans, le traitement elliptique de l'action et la liberté de ton du personnage. Ce rapport est explicité par la célèbre réplique de Poiccard : "*Si vous n'aimez pas la mer, si vous n'aimez pas la montagne, si vous n'aimez pas la ville...allez vous faire foutre*"! D'emblée, *A bout de souffle* agresse le spectateur pour le déstabiliser, l'abasourdir et le séduire. La stratégie godardienne se montre brutale. C'est à prendre ou à laisser. Cette attitude radicale conserve quarante ans plus tard la même force innovante. C'est elle qui affiche l'oeuvre comme manifeste, littéralement jeté au visage du spectateur directement interpellé, comme s'il était assis à l'arrière de la voiture américaine que pilote Poiccard [...].

Le long fondu enchaîné entre la séquence 1 et la séquence 2 laisse apparaître la route vue par le chauffeur. Le premier plan de cette séquence 2 est aussi relativement long (18 secondes). La caméra épouse le regard du chauffeur. Tout est fait pour provoquer l'identification au point de vue de Michel. Le spectateur conduit avec lui. Il est euphorique et chantonne joyeusement "*La la lala...la la lala...*" sur l'air de la chanson dont il entonne le refrain bien connu : "*Buenas noches, mi amor...*" Il n'a pas encore prononcé le prénom de Patricia, mais la chansonette anticipe celui-ci.

Godard restitue ici avec une extraordinaire authenticité, encore inédite au cinéma, le monologue type de tout automobiliste solitaire pressé d'atteindre son but. Simultanément, et avec beaucoup d'adresse, il dévoile les intentions de son personnage par le monologue : "*Alors, je vais chercher l'argent, je demande à Patricia oui ou non, et après...Buenas noches, mi amor... Milano! Genova! Roma*"!

[...] Le montage alterne des plans serrés du chauffeur et de brefs plans de la route. Les trois premières sautes [pendant que Michel chante "*Pa...pa...papapapa... Patricia!*"] sont en raccord dans le même axe ; elles offrent une dynamique évidente au trajet dont les mouvements sont accompagnés par le rythme musical et verbal. Des panoramiques filés très rapides décrivent la course du véhicule (avec un fort bruit de klaxon).

Le monologue [...] nous permet d'apprécier le comportement de Michel : sa fascination pour la vitesse, son arrogance, sa misogynie agressive et ostentatoire, allant de pair avec son sentimentalisme (il est amoureux de Patricia dont le prénom l'obsède).

Le plan 33 [où Michel arrive sur les travaux] est le plus long de la séquence : 22 secondes qui matérialisent un temps d'arrêt, une rupture de rythme : "*il ne faut jamais freiner...*". A partir du plan 34 et jusqu'à la fin, les plans mobiles d'une à quelques secondes s'enchaînent en faux raccords et en sautes. C'est la logique de la poursuite et de l'engrenage. Michel en tirant sur le soleil, comme le héros architecte du *Tigre du Bengale*, de Fritz Lang, a défié le destin. Les motards, messagers de la mort chers à l'*Orphée* de Jean Cocteau, viennent le provoquer dans toutes les directions (les deux motards qui poursuivent la voiture filent tout à coup de droite à gauche, en raccord de direction inversé). L'absurdité du geste de Michel [en tuant le policier] est signifiée par la rapidité de l'enchaînement des images et la décomposition anti-réaliste du moment du tir. Lorsque Michel s'apprête à tirer sur le motard, il est d'abord cadré en très gros plan de profil et la caméra va de son chapeau à son avant-bras puis sa main. Un premier raccord dans le mouvement passe du bras à la main. Un second raccord enchaîne sur un travelling latéral en très gros plan sur le barillet et le canon de l'arme et accompagne le coup de feu. On peut y voir deux sautes. La durée de ces plans est inférieure à la seconde.

[...] Le seul faux raccord concerne la représentation de la mort du motard car [...] le montage contredit la logique de direction : le tir part vers la droite et le motard s'écroule vers la gauche (*A bout de souffle*, 1999, pp. 69, 79-84).

FILMOGRAPHIE DE JEAN-LUC GODARD
(LONGS MÉTRAGES)

1959 *A bout de souffle*

1960 *Le Petit Soldat*

1961 *Une femme est une femme*

1962 *Vivre sa vie*

1963 *Les Carabiniers, Le Mépris*

1964 *Bande à part, Une femme mariée*

1965 *Alphaville, Pierrot le fou*

1966 *Masculin-féminin, Made in U.S.A., Deux ou trois choses que je sais d'elle*

1967 *La Chinoise, Weekend*

1968 *Le Gai savoir, One plus One*

1972 *Tout va bien*

1979 *Sauve qui peut (la vie)*

1981 *Passion*

1982 *Prénom Carmen* (Lion d'Or du Festival de Venise 1983)

1983 *Je vous salue Marie*

1984 *Détective*

1986 *Grandeur et décadence d'un petit commerce de cinéma*

1987 *Soigne ta droite* (Prix Louis Delluc 1987), *King Lear*

1990 *Nouvelle Vague*

1993 *Hélas pour moi*

1996 *For Ever Mozart*

2001 *Eloge de l'amour*

OUVRAGES CONSULTÉS

A bout de souffle. Bibliothèque des Classiques du cinéma. [Paris]: Balland, 1974.

Andrew, Dudley. "Au Début du Souffle : le culte et la culture d'*A bout de souffle*", *Revue belge du cinéma*, 16 (été 1986), 11-24.

Baby, Yvonne. Interview avec J.-L. Godard dans *Le Monde*, 18 janvier 1960.

Bordwell, David. "La saute et l'ellipse", *Revue belge du cinéma*, 16 (été 1986), 85-90.

Cerisuelo, Marc. *Jean-Luc Godard*. Paris: Lherminier, 1989.

Collet, Jean, Michel Delahaye, Jean-André Fieschi, André S. Labarthe et Bertrand Tavernier. "J.-L. Godard", *Cahiers du cinéma*, 138 (déc. 1962), 21-39 (interview avec Godard).

Douin, Jean-Luc. *Jean-Luc Godard*. Paris: Rivages, 1994 [éd. orig. 1989].

Godard, Jean-Luc. *A bout de souffle* (découpage). *L'Avant-Scène Cinéma* 79 (mars 1968).

Lefevre, Raymond. *Jean-Luc Godard*. Paris: Edilig, 1983.

Marie, Michel. "*A bout de souffle*: une tragédie du langage et de la communication impossible", *Le Cinéma selon Godard*, *CinémAction*, 52 (juillet 1989), 53-63.

. . . . . *A bout de souffle*. Coll. "Synopsis". Paris: Nathan, 1999.

Martin, Marcel. "A bout de souffle", *Cinéma 60*, 46 (mai 1960), 117-119.

Moullet, Luc. "Jean-Luc Godard", *Cahiers du cinéma* 106 (avril 1960), 25-36.

Ropars-Wuilleumier, Marie-Claire. "L'Instance graphique dans l'écriture du film", *Littérature* 46 (mai 1982), 59-81.

Séguin, Louis. "Quoi de Neuf (suite)", *Positif* 33 (avril 1960), 49.

Villain, Dominique. "*A bout de souffle*, film "in-montable" in *Le Montage au cinéma*. Paris: Cahiers du cinéma, 1991 (pp. 133-142).

François Truffaut

Jules et Jim

(1962)

François Truffaut, *Jules et Jim* : Catherine (Jeanne Moreau) fait des "têtes" pour Jules (Oscar Werner) et Jim (Henri Serre). © Raymond Cauchetier-Paris

Réalisation..François Truffaut
Scénario et dialogues.......................... François Truffaut, Jean Gruault
Chef-Opérateur ....Raoul Coutard
Musique...........Georges Delerue; "Le Tourbillon" par Cyrus Bassiak
Montage.. Claudine Bouché
Décors et costumes .... Fred Capel
Scripte ....Suzanne Schiffman
Production.. Les Films du Carrosse, SEDIF
Durée .... 1 h 44

Interprètes principaux

Jeanne Moreau (*Catherine*), Oscar Werner (*Jules*), Henri Serre (*Jim*), Cyrus (Boris) Bassiak (*Albert*), Marie Dubois (*Thérèse*), Vanna Urbino (*Gilberte*), Sabine Haudepin (*Sabine*), Michel Subor (voix du narrateur).

Synopsis

L'histoire commence vers 1912 à Paris, où Jules, allemand, et Jim, français, se rencontrent et se lient d'amitié, une amitié qui va se montrer des plus durables. Très différents l'un de l'autre, ils vont pourtant se trouver des affinités profondes, partageant le goût de la littérature, du théâtre, du sport et des femmes. Jim a beaucoup de succès avec les femmes, qu'il passe souvent à Jules, les unes après les autres, mais celui-ci a moins de chance que son ami — jusqu'à l'arrivée de Catherine.

Catherine a le sourire mystérieux et séduisant d'une statue que Jules et Jim étaient allés voir sur une île de l'Adriatique. C'est le coup de foudre pour Jules, qui fait comprendre à son ami que ce n'est pas une femme qu'il souhaite partager : "*Pas celle-là, Jim*"! Jules et Catherine, devenus un couple, invitent Jim à sortir avec eux, Catherine se déguisant en homme. Ils font la course et Catherine gagne, en trichant, puis propose à Jules et Jim de partir tous deux avec elle au bord de la mer. Ayant demandé à Jim de passer chez elle pour l'aider avec ses bagages, elle brûle devant lui des lettres d'amour, mettant le feu à sa robe de chambre. L'intervention rapide de Jim évite la catastrophe.

Partis le lendemain, ils passent les vacances ensemble à la plage, à se promener dans les bois et à vélo, à jouer aux dominos. Jules demande à Catherine de l'épouser, mais celle-ci est indécise. De retour à Paris, Jim emmène ses amis au théâtre pour fêter une bonne nouvelle : son roman autobiographique vient d'être accepté par un éditeur. En sortant, Jules a quelques propos malencontreux envers les femmes ; Catherine se venge en sautant dans la Seine. Dans le fiacre qui les ramène, devant les deux hommes médusés, elle demande à Jim un entretien pour le lendemain soir. Arrivant très en retard au café où ils avaient rendez-vous, elle manque de justesse Jim, qui avait fini par partir. Le lendemain matin, Jules et Catherine téléphonent à Jim pour lui annoncer qu'ils vont se marier. Quelques jours plus tard (nous sommes en 1914), la Première Guerre mondiale éclate.

S'ensuivent des images de guerre, avec bombardements, combats de tranchées, morts. Mobilisés tous les deux, Jules et Jim vivent chacun dans la peur de tuer l'autre. Après la guerre, Jules invite son ami (devenu journaliste) à lui rendre visite en Allemagne, où il vit dans un chalet rustique avec Catherine et leur petite fille, Sabine. Jules apprend à Jim que, malgré les apparences, ça va mal entre lui et Catherine : celle-ci a eu des amants, elle est même partie six mois avec un homme. Il a peur qu'elle ne parte pour de bon, avec Albert, un ancien ami de Jules et Jim, qui vit dans les environs. Jules n'est pas jaloux, mais il ne veut pas perdre Catherine. Un soir, Catherine entraîne Jim dans les prés, où ils passent la nuit à parler. Elle lui avoue que son mariage avec Jules est un échec et qu'ils ne vivent plus en mari et femme. Le lendemain Albert arrive pour répéter une chanson, *Le Tourbillon de la vie*, avec Catherine, qu'il accompagne à la guitare.

S'apercevant du désir qui commence à naître entre Catherine et Jim, Jules encourage les sentiments de son ami, lui faisant comprendre qu'il préfère les voir ensemble, même mariés, du moment qu'il pourra continuer de voir Catherine. Jim quitte l'auberge pour s'installer au chalet où il devient l'amant de Catherine. Les trois amis connaissent un mois de bonheur sans failles avant que Jim ne soit obligé de regagner Paris pour son travail. Il y retrouve son ancienne maîtresse, Gilberte, mais lui annonce son intention d'épouser Catherine. Grièvement offensée par l'infidélité de Jim, Catherine se venge en reprenant Albert comme amant : "*Albert égale Gilberte*". Jim et Catherine se racommodent et essaient de faire un enfant ensemble pour consacrer leur union. Devant leur échec, Catherine s'exaspère, décide d'éloigner Jim pour quelques mois ; celui-ci repart à Paris où il retrouve encore une fois Gilberte. Peu de temps après, Catherine, exaltée, écrit à Jim pour lui annoncer qu'elle est enceinte de lui. Jim se montre sceptique quant à la paternité de l'enfant attendu, puis apprend par Jules que Catherine a fait une fausse couche et ne veut plus le voir.

Après un laps de temps indéterminé, Jules et Jim se rencontrent par hasard à Paris. Invités à une promenade en voiture par Catherine, les deux hommes se voient abandonnés au milieu de la soirée par celle-ci, qui les quitte devant une auberge pour y passer la nuit avec Albert. Au petit matin, Catherine téléphone à Jim pour le supplier de la rejoindre. Il se rend chez elle mais lui déclare son intention d'épouser Gilberte et de fonder une famille. Effondrée, puis furieuse, Catherine sort un revolver et menace de tuer Jim, qui s'enfuit par la fenêtre.

La dernière rencontre de Jules, Catherine et Jim se fait par hasard, quelque temps plus tard — au début des années trente, au moment de la montée au pouvoir des Nazis en Allemagne — dans un cinéma parisien. Catherine propose une promenade en voiture ; les trois amis descendent près d'une guinguette au bord de l'eau. Ayant demandé à Jules de "bien regarder", Catherine fait remonter Jim dans la voiture avec elle, démarre, s'engage sur un pont en ruines et se lance dans le vide : la voiture bascule dans l'eau. Jules accompagne tout seul les deux cercueils, puis assiste à l'incinération des corps.

La réception

L'accueil critique de *Jules et Jim* est presque unanimement favorable. Jean Renoir, bouleversé par le film, écrit à Truffaut : "Je voulais vous dire que *Jules et Jim* me paraît la plus précise expression de la société française contemporaine que j'aie vue à l'écran" (De Baecque et Toubiana, p. 263). La presse ne tarit pas d'éloges, parlant, par exemple, d'"une fête de tendresse et d'intelligence" et du "premier film attachant de la Nouvelle Vague". Sorti le 24 janvier 1962 à Paris, *Jules et Jim* va tenir l'affiche pendant trois mois. Son caractère "indécent" lui vaut une interdiction aux moins de dix-huit ans en France, ce qui constitue un handicap commercial certain mais n'empêche pas un succès populaire honnête du film : plus de 320 000 entrées en six mois (comparées aux 450 000 des *Quatre Cents Coups*). Il sera considéré, en fait, comme faisant partie des *best-sellers* de l'année en France (Le Berre, p. 16). En Italie, le film est tout bonnement interdit par les pouvoirs publics, jusqu'à ce que les intellectuels se mobilisent et fassent reculer la censure. Le film ne sortira à Rome qu'au mois de septembre. Entretemps, Truffaut parcourt l'Europe, puis voyage en Amérique du Nord et du Sud pour soutenir la promotion de *Jules et Jim*, qui rencontre partout un accueil enthousiaste (sauf dans la province d'Alberta, au Canada, où il est interdit parce que "moralement condamnable, dégradant et offensant"). A New York, où le film sort au mois d'avril, les journaux chantent ses louanges, le consacrant "l'une des oeuvres les plus originales et les plus attachantes du cinéma français". "Tous pays confondus, remarque Gilles Cahoreau, le film glana huit récompenses et prix" (p. 207), y compris le Prix de la Mise en scène en Argentine et au Mexique, un Prix de la Critique en Espagne, l'Oscar du meilleur film européen de l'année au Danemark, et le prix du meilleur film de l'année décerné par les journalistes de cinéma italiens.

La genèse, l'adaptation

(Pour un compte rendu de la vie et de l'œuvre de Truffaut avant *Jules et Jim*, se référer au chapitre sur *Les Quatre Cents Coups*, pp. 236-238.) Entre *Les Quatre Cents Coups* et *Jules et Jim*, Truffaut tourne *Tirez sur le pianiste*, une sorte de parodie du film noir, un mélange de tragédie et de comédie qui sera boudé par le public en dépit du succès d'estime dont il jouit auprès de la critique. Outre cet échec, le climat dans lequel Truffaut aborde son nouveau projet est extrêmement difficile. La côte de la Nouvelle Vague est déjà à la baisse, un an après sa consécration à Cannes, et les victimes des jeunes turcs des *Cahiers du cinéma*, tel le scénariste Michel Audiard, triomphent à leur tour, prennent leur revanche : "La Nouvelle Vague est morte. Et l'on s'aperçoit qu'elle était, au fond, beaucoup plus vague que nouvelle" (De Baecque et Toubiana, p. 251). Sur le plan politique, Truffaut s'engage du côté de ceux qui s'opposent à la guerre d'Algérie et court le risque de se compromettre gravement en encourageant, avec d'autres personnalités, l'insoumission dans les rangs des soldats. Dans la crainte d'être arrêté pour actions subversives, Truffaut se terre en province pour se consacrer à la rédaction du scénario de *Jules et Jim*.

Comme nous l'avons souligné dans le chapitre sur *Les Quatre Cents Coups* (p. 237), à propos du célèbre article de Truffaut, "Une Certaine Tendance du cinéma français" (1954), le "cheval de bataille" de Truffaut est l'adaptation au cinéma d'oeuvres littéraires, dont il dénonce la platitude dans le cinéma français de l'époque (voir Gillain, dans le *Dossier critique*). En entreprenant l'adaptation de *Jules et Jim* (1953), le premier roman d'un septuagénaire, Henri-Pierre Roché, Truffaut n'a pas droit à l'erreur. S'il ne se montre pas novateur dans ce domaine, si son film ne réussit pas, il s'expose à des attaques sans merci. Aussi s'applique-t-il longuement, en collaboration avec un scénariste de génie, Jean Gruault, à la rédaction du scénario, en se servant à la fois du roman et des *Carnets* de Roché, sorte de journal intime où l'écrivain avait transcrit le récit de ses nombreuses aventures avec des femmes et de son amitié avec un écrivain allemand, Franz Hessel. Dans son journal se trouve surtout l'histoire de la liaison à trois que lui et son ami avaient entretenue pendant près de soixante ans avec une jeune femme allemande, Helen Grund, histoire qu'il avait transposée (si peu...) dans son roman, où il se peint sous les traits de Jim, Franz devenant Jules. Le récit de Roché est scrupuleusement autobiographique, à l'exception du dénouement ; le ménage à trois ne se termine pas, bien évidemment, par la mort de Roché et d'Helen... . Le scénario de Truffaut et de Gruault restera fidèle au roman de Roché, malgré l'ajout de quelques épisodes neufs, tout en simplifiant, en concentrant, et en accélérant l'intrigue. Quelques épisodes sont supprimés, et de nombreux personnages féminins présents dans l'oeuvre de Roché disparaissent du film. Catherine se voit dotée de certaines caractéristiques empruntées aux personnages féminins éliminés, tandis que celui de Thérèse est carrément emprunté au deuxième roman de Roché, *Deux Anglaises et le continent* (1956). Le récit en voix *off*, qui souligne l'origine littéraire du film, est un texte travaillé et retravaillé sans cesse, utilisant principalement des phrases du roman, mais parfois remaniées et pas toujours dans l'ordre où elles paraissent chez Roché. Certains éléments de la voix *off*, comme du dialogue, sont également empruntés aux *Deux Anglaises*. Le scénario ne cessera, d'ailleurs, de subir des modifications, jusque sur les lieux du tournage.

La distribution

Comme le remarque Le Berre, "Gagner et conserver à ses personnages la sympathie du spectateur malgré le caractère scabreux des situations est pour Truffaut une préoccupation constante..." (p. 29). Il faudra surtout que l'actrice qui incarnera Catherine séduise le spectateur par son charme et son intelligence malgré son comportement moralement équivoque. Truffaut s'en rend compte : "Comme on était en plein scabreux, qu'on pouvait frôler le mauvais goût, il fallait une actrice très intelligente pour faire passer certaines choses..." (Cukier et Gryn, p. 10). Il choisira Jeanne Moreau, dont le charisme naturel est crucial pour le succès du film. Certains commentateurs, tel Gilles Cahoreau, prêtent à l'actrice un rôle primordial dans la conception même du film : "Au bout du compte, le film de Truffaut fut autant inspiré par la vitalité de Jeanne Moreau, la richesse de son univers personnel que par le roman de Roché" (p. 201). En pleine gloire, jouissant d'une grande popularité auprès du public, l'actrice exerce une véritable fascination sur Truffaut, qui l'assimile carrément au personnage de Catherine : "A travers le personnage de Catherine, Jeanne Moreau va incarner pour Truffaut la femme suprême, fragile et fatale, intelligente et vive, drôle et tragique, libre, souveraine, suivant jusqu'au bout les pulsions du désir" (De Baeque et Toubiana, p. 257). Du coup, la jeune femme allemande du roman de Roché, Kathe, devient dans le film de Truffaut une jeune femme française s'appelant Catherine. Le côté intellectuel que Truffaut prise chez Jeanne Moreau, et qu'il estime essentiel au personnage, ne va pas sans modifier considérablement son modèle chez Roché, comme le remarque Garrigou-Lagrange : "...ce qu'elle y gagne en intelligence ou, plus exactement, en cérébralité, elle le perd en spontanéité et, le mot n'est pas trop fort, en innocence. Kathe buvait à la vie par grandes gorgées gloutonnes ; Catherine, plus introvertie, plus raffinée, choisit ses expériences et les médite" (pp. 4-5).

Jim sera interprété par un acteur inconnu au cinéma, Henri Serre, choisi en partie pour sa ressemblance physique, grand et maigre, avec Henri-Pierre Roché jeune, tandis que Jules sera incarné par un acteur de théâtre autrichien, Oscar Werner, déjà célèbre en Allemagne et en Autriche mais très peu connu du public français. Truffaut fait exprès de choisir des interprètes inconnus pour encadrer sa vedette : "J'aime bien cette idée d'avoir un acteur connu, mais je crois que le film a plus de force si la vedette est entourée d'acteurs inconnus [...], de façon à ce que le public n'aille pas voir un *match*, mais un *film*" (Billard, pp. 7-8). Marie Dubois, qui a tenu le rôle féminin principal dans *Tirez sur le pianiste*, est choisie pour incarner Thérèse. Albert sera joué par un jeune compositeur, Cyrus Bassiak, l'auteur même de la chanson, *Le Tourbillon de la vie*, chantée dans le film par Jeanne Moreau, accompagnée à la guitare par Bassiak. La voix *off* sera lue par Michel Subor, un acteur de cinéma.

Le tournage

Le tournage s'étend du 10 avril au 28 juin 1961, soit onze semaines, avec une équipe réduite au strict minimum, vu les difficultés de financement du projet (le sujet fait peur aux producteurs...). Le film exige de nombreux changements de lieux de tournage : on tourne en Normandie, puis en région parisienne, à Paris même et ensuite dans le Midi. Les scènes les plus critiques du film, celles du chalet en Allemagne, sont tournées pendant trois semaines en Alsace, dans les Vosges. Truffaut loue un hélicoptère pour les scènes aériennes et tourne en "nuit américaine" (un filtre spécial transformant le jour en nuit) le long plan-séquence de l'entretien nocturne de Catherine et Jim. Comme pour ses deux premiers films, il choisit le "scope" (cinémascope) noir et blanc, avec son effet d'embellissement et l'écran large qui produit tantôt des gros plans frappants, tantôt des images aérées, souvent avec de grands pans vides. La caméra de Raoul Coutard, "le meilleur opérateur français" selon Truffaut, est extrêmement "mobile, fluide, et virevoltante" dans *Jules et Jim*, exécutant aussi bien des panoramiques à 360° que des panoramiques filés, accentuant l'impression de vitesse qui domine une grande partie du film (Le Berre, p. 19).

Le montage et le style

Le montage et la postsynchronisation de *Jules et Jim* s'avèrent longs et difficiles, durant quatre mois entiers. Au mixage, on se rend compte, par exemple, que la voix *off* est parfois recouverte par les moments forts de la musique de Delerue. Comme Truffaut ne veut sacrifier ni l'une ni l'autre, il est obligé de récrire et de réenregistrer de nombreuses phrases du commentaire, en les déplaçant parfois par rapport à l'image pour améliorer l'effet.

Le style du film se résume dans la métaphore du "tourbillon de la vie", la chanson que chante Catherine au chalet, traduisant le rythme à la fois infernal et entrecoupé de l'engrenage où sont pris les trois personnages : "Le style de Truffaut, le style de vie de ses personnages, sont faits d'une suite d'élans, de reculs, de courses coupées d'arrêts, de sauts dans la vie ou dans le vide qui sont chutes ou envols, ou les deux, et qui tissent la trame d'un itinéraire heurté, mais profondément cohérent" (Delahaye, p. 39). Comme dans *Hiroshima mon amour*, le style du réalisateur ressort le plus clairement au montage, qui est marqué par l'alternance entre les ellipses — des séries de plans courts, traduisant la durée et accompagnés par la voix *off* — et les moments intenses, des séquences dialoguées, composées de plans plus longs, en temps réel. La voix *off*, qui est, selon le voeu de Truffaut, "très neutre et très rapide, sans intonations", traduit le style "invisible", "télégraphique", de Roché. Elle souligne, avec le montage "court" (séries de plans courts), réuni aux mouvements d'appareil accompagnant les personnages, le rythme rapide du film. En même temps, elle aide à concentrer l'action et à combler les ellipses, fonction importante dans une histoire qui s'étend sur plus de vingt ans et qu'on ne peut donc pas mettre entièrement en images. La voix *off* sert également de monologue intérieur, nous livrant les pensées de Jim surtout, dont nous épousons la perspective, et nous donne un complément d'informations sur les trois personnages et l'aventure qu'ils vivent (Le Berre, p. 67). De manière générale, la voix *off* fait partie intégrante d'une esthétique particulière de l'adaptation que Truffaut met en pratique dans *Jules et Jim*, où la lecture du récit alterne avec les séquences dialoguées de manière à ce que les plus beaux passages en prose puissent être conservés intacts, inscrivant le roman dans le film (au lieu de l'escamoter). Truffaut considère *Jules et Jim*, d'ailleurs, comme un "livre cinématographique" plutôt qu'un "film littéraire".

La structure

Commençant "vers 1912", l'histoire racontée dans *Jules et Jim* se termine au début des années trente avec la montée du pouvoir nazi, évoquée par les actualités au cinéma où l'on voit des gens en train de brûler des livres dans la rue. A part la coupure de la Grande Guerre (1914-1918), le passage du temps dans le film est indiqué par de petites touches : Jim et Albert se rasent les moustaches après la guerre, Catherine commence à porter des lunettes, les hommes changent de chapeau. Plus subtilement, les tableaux de Picasso sur les murs, représentant différentes périodes de son oeuvre, suggèrent l'écoulement du temps (bien que le temps écoulé entre les peintures, de 1900 à 1921, ne corresponde pas tout à fait à la chronologie du roman). Les trois personnages, par contre — c'est un choix conscient, anti-réaliste, de Truffaut — ne vieillissent pas physiquement pendant les vingt ans de leur histoire (voir Salis, *Dossier critique*). La structure du film est surtout cyclique, rythmée par les ruptures et les reconstitutions du trio, malgré l'inversion des situations de Jules et de Jim par rapport à Catherine.

Le film se répartit nettement, comme le remarque Le Berre (pp. 60-61), en cinq parties, en dehors de la parenthèse de la guerre : 1) un "prologue" montrant la vie des deux hommes à Paris avant l'arrivée de Catherine, 2) l'irruption de Catherine dans leur vie jusqu'à la déclaration de guerre, 3) le premier séjour de Jim au chalet en Allemagne, 4) le retour à Paris, le deuxième séjour de Jim au chalet suivi du nouveau retour à Paris, 5) un "épilogue" qui va de la rencontre fortuite de Jules et Jim devant le gymnase parisien jusqu'à la fin du film. A l'intérieur de chaque partie, le film est comme fragmenté, organisé en segments quasi-autonomes, chacun se présentant comme un petit épisode à part, avec son début, son milieu et sa fin. Il en résulte un effet d'intensification : "Chaque scène vaut pratiquement par elle-même, tant elle semble densifiée à l'extrême, chargée d'un parfum unique comme si l'auteur n'avait voulu retenir de l'existence que ces moments intenses [...] les instants de particulière jouissance et de tristesse contenue se suivent et se chassent l'un et l'autre sans qu'il soit possible de faire durer leur parfum violent et momentané" (Salis, pp. 20-21). Globalement, les trois premières parties mettent en scène le bonheur de l'amitié et de l'amour, mais la menace s'installe déjà dans la troisième partie avec l'échec du mariage de Jules et de Catherine et la présence d'Albert. Les dernières parties sont marquées du sceau du malheur, rythmées par des ruptures et des retrouvailles douloureuses jusqu'à la tragédie finale.

Les thèmes

Dans une interview accordée par Truffaut juste avant la sortie de *Jules et Jim*, le cinéaste résume ainsi les thèmes principaux de son film (en faisant allusion au ménage à trois) : "Finalement, il y a deux thèmes : le thème de leur amitié à eux deux qui essaie de surnager à cette situation et le thème de l'impossibilité de vivre à trois. L'idée du film est que le couple n'est pas une notion satisfaisante, mais qu'au fond il n'y a pas d'autres solutions, ou que toutes les autres solutions sont vouées à l'échec" (Billard, p. 7). Par delà l'amitié et l'amour, les thèmes principaux, on peut déceler, évidemment, d'autres thèmes importants dans le film de Truffaut. *Jules et Jim* fait une large place au thème de l'émancipation de la femme (bien que Truffaut rejette toute identification avec le mouvement féministe de la decennie suivante), ainsi qu'à celui de la liberté sexuelle. Catherine refuse le fameux "double standard", exigeant les mêmes droits que les hommes et n'hésitant pas à se servir de l'infidélité pour se venger quand elle s'estime offensée. La revendication d'égalité chez Catherine s'exprime d'abord dans la scène où elle se travestit, se métamorphose en garçon, qui introduit en même temps le thème de l'inversion, figure qui reviendra sous de multiples formes à travers tout le film (voir Delahaye, dans le *Dossier critique*).

Comme dans *Les Quatre Cents Coups*, le feu s'impose comme un motif majeur dans *Jules et Jim*. C'est la métaphore principale du caractère de Catherine, cette "femme fatale" qui brûle dans le coeur des hommes, et brûle d'une ardeur pour la vie qui finira par la consumer, elle aussi. Le feu est étroitement lié ici à son contraire, l'eau : les deux éléments, qui s'unissent dans le vitriol, ce "feu liquide", se conjuguent pour évoquer le danger que représente l'amour-passion, le risque mortel que courent ceux qui "jouent avec les sources de la vie", comme le dit Jim, et veulent réinventer l'amour en faisant abstraction des conventions sociales. C'est sous le signe de l'eau (le fleuve où plonge la voiture) et du feu (le four crématoire) que Catherine et Jim subissent leur sort.

La chanson de Catherine, finalement, "Le Tourbillon de la vie", que nous donnons en entier ci-dessous, est placée stratégiquement au milieu du film, dont elle résume en quelque sorte la thématique principale, les rapports tourmentés des trois personnages, le va-et-vient de Catherine entre les deux (trois) hommes. Catherine, de surcroît, assume le rôle du personnage masculin qui est censé chanter — encore un exemple de l'inversion sexuelle chez l'héroïne — réunissant en elle-même les trois partenaires, faisant ressortir ainsi sa domination absolue. Le thème de l'"enlacement", sur lequel se termine la chanson, est repris par le tableau de Picasso, "L'Etreinte", qui se retrouve sur le mur de la chambre de Jules au chalet, après avoir décoré sa chambre à Paris au début du film. Les autres toiles de Picasso, outre leur fonction de repères temporels, semblent aussi faire écho aux thèmes du film, et notamment la dernière, "Mère et enfant", accrochée au mur de la chambre de Catherine au moulin où Jim annonce son intention d'épouser Gilberte et d'avoir des enfants avec elle, après avoir échoué avec Catherine (Coffey, pp. 2-7).

"Le Tourbillon de la vie"

Elle avait des bagues à chaque doigt,
Des tas de bracelets autour des poignets,
Et puis elle chantait avec une voix
Qui sitôt m'enjola.
Elle avait des yeux, des yeux d'opale,
Qui me fascinaient, qui me fascinaient.
Y avait l'ovale de son visage pâle
De femme fatale qui m'fut fatale (bis).
On s'est connu, on s'est reconnu,
On s'est perdu de vue, on s'est r'perdu de vue,
On s'est retrouvé, on s'est réchauffé,
Puis on s'est séparé.
Chacun pour soi est reparti
Dans l'tourbillon de la vie.
Je l'ai revue un soir, haie, haie, haie
Ça fait déjà un fameux bail (bis).
Au son des banjos je l'ai reconnue.
Ce curieux sourire qui m'avait tant plu.
Sa voix si fatale, son beau visage pâle

M'émurent plus que jamais.
Je me suis saoûlé en l'écoutant,
L'alcool fait oublier le temps.
Je me suis réveillé en sentant
Des baisers sur mon front brûlant (bis).
On s'est connu, on s'est reconnu.
On s'est perdu de vue, on s'est r'perdu de vue,
On s'est retrouvé, on s'est séparé.
Puis on s'est réchauffé.
Chacun pour soi est reparti
Dans l'tourbillon de la vie.
Je l'ai revue un soir à là là
Elle est retombée dans mes bras.
Quand on s'est connu,
Quand on s'est reconnu,
Pourquoi se perdre de vue,
Se reperdre de vue.
Pourquoi se séparer?
Alors tous deux on est reparti
Dans le tourbillon de la vie.
On a continué à tourner
Tous les deux enlacés
Tous les deux enlacés.

(© Cyril Bassiak, used by permission, *L'Avant-Scène Cinéma*)

FICHE PÉDAGOGIQUE

Propos de François Truffaut

"J'ai conservé au long du film un commentaire *off* chaque fois que le texte me paraissait impossible à transformer en dialogues ou trop beau pour se laisser amputer. Je préfère à l'adaptation classique, transformant de gré ou de force un livre en pièce de théâtre, une forme intermédiaire qui fait alterner dialogues et lecture à haute voix, qui correspond en quelque sorte au roman filmé".

"Il fallait, en partant de la situation la plus scabreuse qui soit — deux hommes et une femme vivant ensemble pendant toute une vie — réussir un film d'amour le plus "pur" possible et cela grâce à l'innocence des trois personnages, leur intégrité morale, leur tendresse et surtout leur pudeur, grâce encore à la forme de l'amitié entre les deux personnages masculins".

"C'est par leur vie que les personnages s'imposent au spectateur. Il faut que cette vie échappe à toutes les idées qu'a pu s'en faire le spectateur. Il faut arriver a rendre naturel ce qui peut paraître exceptionnel. Il faut que les gens n'aient plus envie de juger les personnages selon leur morale. Il faut empêcher le spectateur et donc s'empêcher soi-même d'abord de dominer les personnages. On doit laisser aux personnages toutes leurs chances de salut et leurs contradictions".

"L'amant est toujours le personnage prestigieux, le mari le personnage ingrat. J'ai fixé dans l'autre sens à tel point que le spectateur qui confond le personnage et l'acteur préfère Oscar Werner à Henri Serre".

"...j'ai voulu égaliser les personnages afin qu'ils inspirent la même sympathie et que l'on soit tenté de les aimer pareillement".

"Cependant, en dépit de son apparence 'moderne', ce film n'a pas de caractère polémique. Sans doute la jeune femme de *Jules et Jim* veut-elle vivre de la même manière qu'un homme, mais c'est là seulement une particularité de son caractère et non une attitude féministe et revendicative".

Extraits à discuter

Extrait 1 (10'10-11'00): L'arrivée de Catherine chez Jules ; le visage de Catherine.

Extrait 2 (11'50-14'00): Jules et Jim arrivent chez Catherine, qui se travestit en "Thomas" ; course de vitesse, que Catherine gagne en trichant.

Extrait 3 (14'25-16'35): Jim chez Catherine ; les lettres d'amour, le feu, le vitriol.

Extrait 4 (21'50-23'05): A la campagne, Jules et Jim jouent aux dominos ; Catherine donne une gifle à Jules, puis fait des "têtes" différentes (avec arrêts sur image).

Extrait 5 (24'35-27'40): Après le théâtre, Jules tient des propos désobligeants sur les femmes ; Catherine saute dans la Seine.

Extrait 6 (37'00-38'40): Jim chez Jules et Catherine après la guerre (champ-contre-champ, puis panoramiques filés (*swish pans*) entre les visages en gros plan).

Extrait 7 (56'30-58'50): Chanson de Catherine et Albert, "Le Tourbillon de la vie".

Extrait 8 (1h15'05-16'35): Jim et Catherine au lit, "*Ils planèrent très haut...*" (travelling aérien) ; "*La terre promise recula d'un bond*" (zoom arrière aérien).

Extrait 9 (1h38'10-41'00): Jules, Jim et Catherine à la guinguette ; la voiture plonge dans le fleuve ; incinération des corps de Jim et de Catherine.

Citations à commenter

Catherine (*off*):

"Tu m'as dit : Je t'aime.

Je t'ai dit : Attends.

J'allais dire : Prends-moi.

Tu m'as dit : Va-t-en".

* * *

Jules: "M'approuvez-vous de vouloir épouser Catherine?" (Un temps.) Répondez-moi franchement".

Jim: "Est-elle faite pour avoir un mari et des enfants? Je crains qu'elle ne soit jamais heureuse sur cette terre. Elle est une apparition pour tous, peut-être pas une femme pour soi tout seul".

* * *

Voix *off*: "De sa chambre d'auberge, Jim pouvait voir le chalet. Ainsi Catherine était là-bas, reine radieuse du foyer, prête à s'envoler. Jim ne fut pas surpris : il se rappela les erreurs de Jules avec Thérèse, avec Lucie, avec toutes. Il savait Catherine terriblement précise. Jim eut une grande tristesse pour Jules. Pourtant, il ne pouvait juger Catherine. Elle avait pu sauter dans les hommes comme elle avait sauté dans la Seine... . Une menace planait sur la maison".

* * *

Jules: "Jim, Catherine ne veut plus de moi. J'ai la terreur de la perdre et qu'elle sorte tout à fait de ma vie. La dernière fois que je vous ai vu côte à côte avec Catherine, vous avez été comme un couple. (Un temps.) Jim, aimez-la, épousez-la et laissez-moi la voir. Je veux dire : si vous l'aimez, cessez de penser que je suis un obstacle".

* * *

Voix *off:* "Catherine avait dit : 'On n'aime tout à fait qu'un moment', mais pour elle, ce moment revenait toujours".

* * *

Jules: "Non, non, Jim...vous le savez : Catherine fait toutes les choses à fond, une par une. Elle est une force de la nature qui s'exprime par des cataclysmes. Elle vit dans toutes les circonstances au milieu de sa clarté et de son harmonie, guidée par le sentiment de son innocence".
Jim: "Vous parlez d'elle comme d'une reine"!
Jules: "Mais c'est une reine, Jim! [...] Catherine n'est pas spécialement belle, ni intelligente, ni sincère, mais c'est une vraie femme...et c'est une femme que nous aimons...et que tous les hommes désirent. Pourquoi Catherine, si réclamée, a-t-elle, malgré tout, fait à nous deux le cadeau de sa présence? Parce que nous lui prêtions une complète attention, comme à une reine".

* * *

Catherine: "Oui, Jim, crois-moi, c'est la seule façon d'installer quelque chose de bien entre nous. Albert égale Gilberte. (Un silence.) Tu ne dis rien? Nous devons repartir de zéro".

* * *

Voix *off* (à propos des rapports entre Catherine et Jim, lorsqu'ils se séparent pour trois mois): "Ainsi pour Jules, leur amour entrait dans le relatif, tandis que le sien à lui était absolu".

* * *

Catherine à Jim: "Je suis enfin féconde [...]. Je suis sûre, absolument sûre que c'est toi le père. Je te supplie de me croire. Ton amour est une partie de ma vie. Tu vis en moi. Crois-moi, Jim, crois-moi. Ce papier est ta peau, cette encre est mon sang. J'appuie fort pour qu'il entre. Réponds-moi vite".

* * *

Voix *off* (après les fausses couches de Catherine): "Ainsi, à eux deux, ils n'avaient rien créé. Jim pensait : 'C'est beau de vouloir redécouvrir les lois humaines, mais que cela doit être pratique de se conformer aux règles existantes. Nous avons joué avec les sources de la vie et nous avons perdu'".

* * *

Jim à Catherine : "Je pense, comme toi, qu'en amour le couple n'est pas l'idéal. Il suffit de regarder autour de nous. Tu as voulu construire quelque chose de mieux, en refusant l'hypocrisie, la résignation. Tu as voulu inventer l'amour...mais les pionniers doivent être humbles et sans égoïsme. Non, il faut regarder les choses en face, Catherine, nous avons échoué, nous avons tout raté

[...]. Je n'ai plus d'espoir de mariage avec toi. Il faut que tu le saches, Catherine : je vais épouser Gilberte. Elle et moi, nous pouvons encore avoir des enfants".

© *L'Avant-Scène Cinéma*

Sujets de réflexion

1. Les rapports entre Jules et Jim ; les femmes dans leur vie.
2. Le caractère "littéraire" du film (rôle de la voix *off*, allusions à l'écriture).
3. Catherine se déguise en homme ("Thomas") et sort avec Jules et Jim ; course de vitesse que Catherine gagne en trichant.
4. Après la soirée au théâtre, Jules et Jim discutent des femmes. Catherine, qui marche sur le parapet, se jette soudain dans la Seine.
5. Le rôle du feu et de l'eau dans le film.
6. Le "ménage à trois" (comportement de Catherine, attitudes de Jules et de Jim).
7. Echec du couple Jim-Catherine. L'importance de l'enfant désiré.
8. La scène du revolver et le dénouement.
9. Rapport entre le style de Truffaut (montage, mouvements de la caméra) et la vie de ses personnages.
10. Truffaut a-t-il réussi, comme il le voulait, à "égaliser les personnages afin qu'ils inspirent la même sympathie et que l'on soit tenté de les aimer pareillement"?

DOSSIER CRITIQUE

Anne Gillain — L'adaptation littéraire

Le problème de l'adaptation littéraire a été, pendant ses années de critique, le cheval de bataille de Truffaut qui ne tolérait pas la coutume alors prévalente de réduire les romans, par exemple *Le Diable au corps*, à l'illustration de grands moments dialogués à la sauce cinéma, c'est-à-dire sans aucun respect pour le style de l'écrivain. A ce procédé, Truffaut substituera ce qu'il appelle une "lecture filmée" dont le modèle restera pour lui l'adaptation du *Journal d'un curé de campagne* de Bernanos par Robert Bresson. Pour cela, il faut faire alterner "les scènes construites non pas comme des scènes de théâtre, mais des scènes jouées et dialoguées et puis des choses carrément narratives, le commentaire". Le texte du romancier accompagne ainsi en voix *off* le film. Ce sera la formule retenue pour l'adaptation de *Jules et Jim* (*Les 400 Coups*, p. 27).

Pierre Billard — *Jules et Jim* et la morale

Je crois que *Jules et Jim* est l'un des films les plus audacieux, sur le plan moral, que nous ayons vu depuis longtemps. En témoigne la réaction des censures (interdiction au moins de dix-huit ans, après que le représentant des associations familiales eut demandé avec acharnement une interdiction totale [...]). En témoignent surtout les réactions d'une partie du public que j'ai vue à différentes reprises secouée par ce rire nerveux qui le libère de la gêne. Ces censeurs, et ces spectateurs, ce qui les gêne, évidemment, c'est la franchise de la pureté des protagonistes [...]. Les héros de *Jules et Jim* ne sont pas des êtres de bonne société, ce ne sont pas des petits jouisseurs hypocrites [...] qui trouvent dans leurs pauvres mensonges l'indispensable piment de leurs pauvres débauches. Ce sont des êtres purs, épris de sincérité, de vérité, des êtres supérieurs (moralement) pour qui le bonheur de l'autre importe autant que le sien propre, et qui ne peuvent accéder au bonheur qu'en vivant profondément, dans leurs contradictions mêmes, les sentiments puissants et authentiques qui les animent ("Jules et Jim", pp. 103-104).

Jean Rochereau — *Jules et Jim* et les moralisateurs

Encore la nouvelle vague! De nouveau l'équivoque et le malentendu. Ces gens-là emploient les mêmes mots que nous : tendresse, amour. Mais leur donnent des sens à nos yeux aberrants. C'est ce qu'ils appellent bâtir une nouvelle morale. Ce serait risible, si ce n'était odieux. Si, surtout, leur obstination dans l'erreur ne finissait par entraîner les faibles et leur rallier des voix, pour le moins inattendues. Le troisième long métrage de François Truffaut reçoit ainsi les bénédictions enflammées des esthètes de tout bord. C'est normal. Et même justifié. Techniquement, le film est très réussi. Mais que *Jules et Jim* passe, au regard de certains moralistes, pour un film moral, voilà qui déconcerte, navre et stupéfie (*La Croix du Nord*, 21 février 1962).

Carole Le Berre — Les Femmes dans *Jules et Jim*

Insaisissable, changeante, énigmatique, Catherine est toutes les femmes en une. Jusqu'à l'androgynie, puisqu'elle devient Thomas dès sa seconde apparition, se transformant en garçon pour la première vraie réunion du trio, après que Jules, dans l'escalier, l'a interdite à Jim. Elle est surtout l'énergie même, une force ("une force de la nature, dira Jules, qui s'exprime par des cataclysmes") qui traverse le film et entraîne les deux hommes à sa suite. Surgissant dans leur vie bien réglée, elle est, comme, avant elle, la statue au sourire, ouverture au mouvement, à l'espace, à la lumière. Passage de l'intérieur vers l'extérieur (vers "l'épreuve de la rue" à laquelle veut aussitôt se soumettre Catherine déguisée en Thomas), vitesse de la course sur la passerelle, invitation au voyage : le départ pour le Midi dont la lumière vive (la maison "blanche dehors et dedans") répète la pleine lumière, succédant brusquement à l'obscurité de l'appartement parisien où Albert projette ses plaques, de l'île de l'Adriatique où ils vont voir la statue. Catherine la lumineuse, toute de blanc vêtue lorsqu'elle apparaît pour la première fois en haut de l'escalier du jardin de Jules, Catherine l'imprévisible, qui reste difficilement en place, veut tout aussi soudainement partir et revenir du Midi, et supporte mal l'immobilité et la routine de sa vie d'après-guerre au chalet (*"Notre vie est réglée comme celle d'un couvent"*, dira-t-elle alors à Jim). C'est elle qui toujours initie le mouvement, propose course, voyage, promenade, elle qui roule en tête à vélo offrant sa nuque au regard de Jim, elle encore qui possède et conduit la voiture, restant jusqu'au terme du film maîtresse du parcours.

A l'apparition de Catherine est bientôt associé le plan d'un train traversant la campagne. Catherine est une femme-locomotive comme Thérèse, qui est en quelque sorte son double incomplet. Thérèse, que l'on aperçoit d'abord emprisonnée dans les bras de Merlin, puis libre, courant, rejoignant puis entraînant dans sa course joyeuse Jules et Jim, comme plus tard les entraînera Catherine. Thérèse, feu follet qui commence par décrire un cercle endiablé autour de Jules et incarne la gaieté, la vitesse et le mouvement perpétuel. Collectionneuse comme Catherine et peut-être plus encore qu'elle [...], elle n'a pas sa profondeur ni sa force d'attraction [...].

Inversement, la stable et patiente Gilberte est l'exact opposé de Catherine : *"raisonnable et patiente, elle m'attendra toujours"* dit Jim. Gilberte, toujours mesurée quand Catherine est toujours dans l'excès, se contentant de traiter Jim de fripouille lorsqu'il la quitte de bon matin par refus de se sentir lié, ou préférant lui cacher son chagrin lorsqu'il lui apprend qu'il va épouser Catherine. L'opposition est travaillée au long du film jusque dans les espaces dévolus à chacune des deux femmes : Gilberte est associée à l'intérieur, à la ville, aux espaces confinés des appartements ou du café (on ne la voit qu'une seule fois à l'extérieur, et encore, marchant pendant la guerre avec Jim en permission, le long de l'horizon bouché d'une palissade couverte d'affiches militaires), quand Catherine est reliée, dès sa première apparition dans le jardin de Jules, à l'extérieur, à la nature, aux espaces largement ouverts du séjour dans le Midi ou du chalet (et c'est un moulin en bord de Seine qui remplace le chalet quand elle et Jules reviennent vivre en France) [...].

"Je crains qu'elle ne soit jamais heureuse sur cette terre. Elle est une apparition pour tous, peut-être pas une femme pour soi tout seul", dit prophétiquement Jim à Jules. Incarnation de la vitalité, Catherine est aussi porteuse d'une violence qui couve et se révèle par accès. Catherine excessive et parfois cassante, abusive et tyrannique, souvent comparée à Napoléon (*"Je l'ai toujours pensé : c'est aussi Napoléon"*, dit Jim à Jules qui lui confie les écarts de Catherine : la voix *off* la décrit après le saut dans la Seine comme *"un jeune général modeste après sa campagne d'Italie"* ; elle raconte dans le Midi son rêve de rencontre avec Napoléon dans un ascenseur ; et l'on distingue un petit portrait de Napoléon au mur de sa chambre à Paris). Impatiente, tricheuse (la course sur la passerelle), manipulatrice à l'occasion (l'épisode du pyjama blanc), douée pour le spectaculaire et les mises en scènes (les lettres d'amour qu'elle brûle devant Jim ou le double plongeon : *"Regarde-nous bien"*, lance-t-elle à Jules qu'elle institue spectateur de leur mort avant d'entraîner Jim sur le pont en ruines) [...] .

Ignorant la moyenne, incapable de supporter l'échec, préférant [...] la mort dans laquelle elle entraîne son amant à la résignation et à la dégradation de l'amour, Catherine est éprise d'absolu. Femme avide de vivre et d'aimer, femme libre surtout, lucide et en avance sur son temps — bien que Truffaut, répétons-le, se soit défendu de toute caractérisation féministe du personnage — dont la morale personnelle, à la fois régressive et moderne (rétablir l'équilibre, payer comptant afin d'être quitte et de repartir de zéro), témoigne d'un désir d'égalité, qui, refusant l'hypocrisie, cherche à renouveler, à réinventer l'amour. Brûlée d'une insatisfaction essentielle (*"Quand tout va trop bien*, dira Jules, *il lui arrive d'être mécontente ; elle change d'allure et cravache tout en gestes et en paroles"*), confrontée peut-être aussi, de la douceur de Jules à l'indécision de Jim, à des hommes trop faibles qui ne parviennent pas à répondre à la hauteur de son exigence, Catherine se brise ; femme qui souffre, pathétique et sincère quand elle demande instamment à Jules *"Crois-tu que Jim m'aime?"*, ravagée, infiniment touchante quand Jim lui apprend qu'il souhaite avoir des enfants avec une autre. Mais aussitôt elle se redresse, son visage se durcit, elle sort son revolver et menace Jim. Le rapport du spectateur à Catherine qu'installe Truffaut n'est jamais simple ni univoque (*Jules et Jim*, pp. 84-87).

Madeleine Garrigou-Lagrange — Jules

Sa chaleur rayonne sur tout ce qui l'entoure. S'il n'a pas la vitalité de Catherine, ni sa passion de vivre, il possède une autonomie, une intégrité qui sont inconnues de la jeune femme. Et cependant, il est maladroit à vivre, à s'exprimer, à aimer. Avant de rencontrer Catherine, il a connu, nous le savons, bon nombre d'échecs amoureux. *"C'est la générosité, l'innocence, la vulnérabilité de Jules qui m'ont conquise"*, précisera Catherine à Jim. Pourtant, il n'a pas su la retenir : le caprice de Catherine y est pour quelque chose, mais aussi je ne sais quelle impuissance de Jules à comprendre et à satisfaire les exigences profondes de la femme qu'il aime. Somme toute, il est mieux doué pour l'amitié que pour l'amour ; son don de compréhension, son absence totale d'égoïsme lui attirent et lui gardent les cœurs : Catherine ne cessera jamais de recourir à lui comme au plus attentif des confidents.

Jim le compare à un moine bouddhique et il a effectivement acquis la sérénité calme d'un homme que les passions des autres continuent à émouvoir sans ébranler son équilibre profond. Il a acquis, dis-je, car, entre le Jules de Paris et celui du chalet suisse, le mariage, la guerre et la souffrance ont fait leur oeuvre. L'insouciant jeune homme qui pérorait sur les bords de la Seine, déclarant que, dans un couple, seule importe la fidélité de la femme, celle de l'homme étant secondaire, voici qu'il accepte, en toute lucidité, de devenir le spectateur, voire le confident, d'un amour scandaleux : celui de sa femme et de son meilleur ami. Non qu'il se conduise en mari complaisant d'une épouse infidèle, mais il ne se reconnaît ni le droit, ni le pouvoir de la contraindre [...].

L'Autrichien Oscar Werner, blond, court et trapu, interprète Jules. Grâce à lui, à sa simplicité souriante qui masque parfois l'impatience ou la peine, ce personnage d'homme tranquille, d'ami fidèle et de mari trompé, non seulement ne frôle jamais le ridicule mais gagne le respect du spectateur. Werner s'acquitte de ce rôle difficile avec une réserve et une délicatesse qui préservent le mystère de Jules en découvrant tous ses trésors d'humanité ("Jules et Jim", pp. 5-6).

Michel Delahaye — L'inversion dans *Jules et Jim*

Pour rendre compte de ce qui représente une négation, subversion ou inversion des normes sociales, ce film, où il n'y a pas d'homosexualité, se trouve avoir recours à des motifs qui, dans un autre contexte, rendraient compte de l'inversion sexuelle proprement dite. Catherine, au début, change de sexe et devient Thomas. Après son premier plongeon, Jules lui dit par deux fois : *"Tu es fou"*, pur accident de langage, peut-être, mais significatif. Toujours sur le plan du langage, Jules fera remarquer à Jim l'inversion des genres qui s'opère quand on passe du français à l'allemand. De plus, la chanson qu'interprète Catherine est écrite pour un homme, et la Gilberte de Jim, l'Albert de Catherine ne sont pas sans évoquer de curieux accords ("Les Tourbillons élémentaires", p. 42).

Carole Le Berre — Catherine et le feu

La séquence pose les éléments qui, tissant d'incessantes correspondances, reviendront au long du film. Ainsi Jim approche-t-il pour la première fois la nuque de Catherine, objet par excellence de son désir, qu'il ne pourra ensuite longtemps regarder qu'à distance, avant d'être enfin admis à la toucher. Et il y a surtout le feu, avec lequel Catherine joue aussi bien métaphoriquement que littéralement, feu de l'amour à naître entre Jim et Catherine, ce feu apparemment prosaïque, mais chargé depuis longtemps de séduction par le cinéma, qui se passe de fumeur à fumeur, que Jim lui a déjà donné après lui avoir dessiné une moustache en lui offrant un cigare qu'il lui allume sous le regard de Jules, et qu'il lui donne à nouveau ici, lui passant sa boîte d'allumettes pour son autodafé intime (et la caméra de Coutard accompagne prestement le geste de Jim pour isoler l'instant fugitif où la boîte passe d'une main à l'autre, ainsi réunies au centre de l'écran). Feu mortel aussi, qui dévore les papiers comme celui, qui, vu aux actualités, dévorera plus tard des livres. Feu dangereux, qui lèche la chemise de nuit de Catherine à l'image de celui qui la consume intérieurement, à l'instar aussi de celui qui réduira leurs corps en cendres après le plongeon final de la voiture. Feu, qui, aussitôt éteint, réapparaît lié à l'eau sous la forme du vitriol, feu liquide, qui, versé, se métamorphose instantanément en fumée. Sous toutes ses formes, le feu est indissolublement attaché à Catherine, femme ardente et pétillante, vive comme la flamme, destructrice aussi, elle-même brûlée ou rongée en retour par ce qu'elle a allumé. Une des grandes forces de la séquence vient de ce que Truffaut la charge d'éléments qui éveillent de multiples échos dans notre imaginaire (le feu, le vitriol, ou ces "mensonges" que Catherine veut brûler, qui ne sont rien d'autre à l'image que des papiers froissés, et que nous assimilons immédiatement à des lettres d'amour).

[…] La séquence est dépourvue de voix *off*, et les pensées des personnages restent secrètes, singulièrement celles de Jim, tandis qu'aucune interprétation n'est donnée à la scène. Impossible de savoir quelle est chez Catherine se mettant en scène devant Jim la part de calcul et celle d'innocence ou de décision impulsive. Et c'est l'acte manqué du feu qui prend à la chemise, accident qui donne une fragilité à Catherine et la rend accessible et attirante pour Jim, tout en révélant en elle une femme avec qui l'on risque de se brûler les doigts, qui permet le premier rapprochement des corps (pour éteindre le feu), fonctionnant comme un précédent qui conduit naturellement au second (l'aide demandée par Catherine pour fermer sa robe) (*Jules et Jim*, pp. 106-108).

René Salis — "Poésie de l'instant"

Il reste [dans *Jules et Jim*] une succession de séquences qui se présentent chacune comme un petit film à part où viennent s'inscrire les moments les plus révélateurs de l'existence intérieur des trois héros. Truffaut capte l'instant privilégié d'une vie à trois et le reproduit avec toute sa vérité passagère, avec son éclatante et éphémère richesse. Il fait se succéder sur le même ton détaché des fragments apparemment insignifiants où se nouent les accords les plus intimes et se révèlent les inclinations les plus secrètes. Chaque scène vaut pratiquement par elle-même, tant elle semble densifiée à l'extrême, chargée d'un parfum unique comme si l'auteur n'avait voulu retenir de l'existence que ces moments intenses ; ceux, amers ou joyeux, qui dégagent un flux débordant d'impressions fuyantes, ceux où les enchantements et les amertunes de l'amitié et de l'amour viennent s'agglutiner délicatement. Ainsi, la vie se trouve-t-elle reconstituée avec son va-et-vient d'ombres et de lumières ; les instants de particulière jouissance et de tristesse contenue se suivent et se chassent l'un et l'autre sans qu'il soit possible de faire durer leur parfum violent et momentané. Parfois, l'artiste fige brusquement le cours du temps afin de goûter à fond la dense et discrète saveur d'une seconde privilégiée. Cette façon de dilater des fragments de vie et d'en capter les impondérables et fragiles impulsions leur donne un caractère éphémère incisif. Les personnages et leur environnement semblent intégrés dans l'écoulement irréversible du temps. Les mouvements du coeur et les actes des héros poursuivent irrésistiblement leur cheminement, et le commentaire par son aspect neutre et sec ne fait qu'accentuer la présence imprégnante du temps. S'emboîtant sur la fin d'une séquence et conduisant directement à la suivante, le texte de liaison arrache brutalement chaque scène des yeux du spectateur, lui imposant la fuite irrépressible des événements [...].

Les images finales (l'incinération des deux héros) à nouveau intensifiées viennent marteler le cours inexorable de la vie et mettre comme un point final à cette histoire marquée par le sceau du temps qui passe. La mort de Jim et Catherine survient subitement ; elle apporte une note tragique et presque inattendue dans le flux désinvolte des événements [...]. Dans *Jules et Jim*, cette mort vient aussi, comme dans les oeuvres précédentes, dessiner l'impossibilité pour les héros de Truffaut d'accéder à un bonheur prolongé ; les événements les reprennent toujours pour les replonger dans leur solitude [...].

Le temps de l'action fuit inéluctablement, le temps des personnages reste fixe : de cette opposition naît en partie l'émouvante beauté de *Jules et Jim*. Chaque scène semble exister au-delà du moment présent, comme figée dans l'éternité. Les personnages évoluent dans un monde quasi immatériel d'où ont été exclus toutes les apparitions possibles des contingences extérieures et de la trivialité quotidienne. L'Histoire ne pénètre jamais dans la vie des trois amis isolés du reste de l'univers. Dès la première intervention de Catherine, tout arrière-fond humain ou social disparaît, les héros restent seuls avec la nature pour décor. Le passage d'une époque à une autre est suggéré par les affiches des expositions Picasso. Truffaut a délibérément choisi de ne pas faire vieillir ses personnages physiquement ; ainsi la présence matérielle du monde extérieur s'estompe-t-elle. Tout concourt d'ailleurs à éterniser les personnages, à les soustraire des frottements avec le quotidien. La parfaite sincérité et la grande pureté des sentiments qui courent à travers le film trouvent ainsi un terrain adéquat pour s'exprimer [...].

Au bout de l'harmonie exemplaire des différentes composantes se trouve la justesse du ton et de la délicatesse des propos qui confèrent à l'oeuvre sa signification la plus éclatante. Avec *Jules et Jim* se confirme l'inspiration poétique profonde et sensible de François Truffaut ("Poésie de l'instant", pp. 19-25).

FILMOGRAPHIE DE FRANÇOIS TRUFFAUT

1958 *Les Mistons* (court métrage)

1959 *Les Quatre Cents Coups* (début du cycle Doinel)

1960 *Tirez sur le pianiste*

1962 *Jules et Jim, Antoine et Colette* (suite du cycle Doinel ;
      court métrage dans *L'Amour à vingt ans,* film collectif)

1964 *La Peau douce*

1966 *Fahrenheit 451*

1967 *La Mariée était en noir*

1968 *Baisers volés* (suite du cycle Doinel)

1969 *La Sirène du Mississippi*

1970 *Domicile conjugal* (suite du cycle Doinel)
      L'Enfant sauvage

1971 *Les Deux Anglaises et le continent*

1972 *Une belle fille comme moi*

1973 *La Nuit américaine* (Oscar du meilleur film étranger)

1975 *Histoire d'Adèle H.*

1976 *L'Argent de poche*

1977   *L'Homme qui aimait les femmes*
1978   *La Chambre verte*
1979   *L'Amour en fuite* (suite et fin du cycle Doinel)
1980   *Le Dernier Métro*
1981   *La Femme d'à côté*
1982   *Vivement Dimanche*

*Truffaut meurt le 21 octobre 1984, à l'âge de 52 ans, d'une tumeur au cerveau.

OUVRAGES CONSULTÉS

Auzel, Dominique. *Truffaut. Les Mille et Une nuits américaines*. Paris: Henri Veyrier, 1990 (pp. 52-58).

Baby, Yvonne, "Entretien avec François Truffaut sur *Jules et Jim*", *Le Monde*, 24 janvier 1962.

Billard, Pierre. "En attendant Jules et Jim", *Cinéma 62*, 62 (jan. 1962), 4- 13.

.... "Jules et Jim", *Cinéma 62*, 64 (mars 1962), 103-105.

Cahoreau, Gilles. *François Truffaut 1932-1984*. Paris: Julliard, 1989 (pp. 197-208).

Coffee, Barbara. "Art and Film in François Truffaut's *Jules and Jim* and *Two English Girls*", *Film Heritage*, 9, no. iii (spring 1974), 1-11.

Collet, Jean. *Le Cinéma de François Truffaut*. Paris: Lherminier, 1977 (pp. 69-80).

Cukier, Dan A. et Jo Gryn. "Entretien avec François Truffaut", *Script*, 5 (avril 1962), 5-17.

De Baecque, Antoine et Serge Toubiana. *François Truffaut*. Paris: Gallimard, 1996 (pp. 255-267).

Delahaye, Michel. "Les Tourbillons élémentaires", *Les Cahiers du cinéma*, 129 (mars 1962), 39-44.

Garrigou-Lagrange, Madeleine. "Jules et Jim", *TéléCiné*, 105 (juin-juillet 1962), 1-11.

Gillain, Anne. *Les 400 Coups*. Paris : Nathan, 1991.

Insdorf, Annette. *François Truffaut. Les Films de sa vie*. Paris: Gallimard, 1996 (pp. 118-127).

Le Berre, Carole. *Jules et Jim*. Paris: Nathan, 1995.

Salis, René. "Poésie de l'instant", *Script*, 5 (avril 1962), 19-25.

Rabourdin, Dominique, ed. *Truffaut par Truffaut*. Paris: Editions du Chêne, 1985 (pp. 73-76).

Truffaut, François. *Jules et Jim* (découpage). *L'Avant-Scène Cinéma* 16 (juin 1962).

.... *Le Plaisir des yeux*. Paris: Cahiers du cinéma, 1987.

Eric Rohmer

Ma nuit chez Maud

(1969)

Eric Rohmer, *Ma nuit chez Maud* : Jean-Louis (Jean-Louis Trintignant) rejoint Maud (Françoise Fabian) sur son lit. © Les Films du Losange

Réalisation..Eric Rohmer
Scénario et dialogues.......................................Eric Rohmer
Chef-Opérateur ....Nestor Almendros
Caméraman...Emmanuel Machuel
Musique...Mozart
Son...Jean-Pierre Ruh
Montage...Cécile Decugis
Décors ....Nicole Rachline
Mixage ....Jacques Maumont
Production........................ Barbet Schroeder, Pierre Cottrell
(Les Films du Losange)
Durée .... 1 h 50

Interprètes principaux

Jean-Louis Trintignant (*le narrateur, le personnage principal*), Françoise Fabian (*Maud*), Marie-Christine Barrault (*Françoise*), Antoine Vitez (*Vidal*), Père Guy Léger (*le prédicateur*).

Synopsis

Le narrateur du film, qui est aussi le protagoniste, est ingénieur aux usines Michelin à Clermont-Ferrand. (Comme son nom n'est jamais prononcé dans le film, il est généralement convenu de lui donner le prénom de l'acteur, "Jean-Louis".) Ayant travaillé pendant plusieurs années au Canada et en Amérique du Sud, Jean-Louis n'est revenu que depuis deux mois dans la région où il a grandi. Aux alentours de Noël, on le voit un dimanche à la messe, où il aperçoit une jeune femme blonde qu'il ne connaît pas mais dont il décide soudainement de faire son épouse. Il a du mal, pourtant, à la rencontrer pour se faire connaître d'elle.

Jean-Louis est amateur de mathématiques et s'intéresse en particulier au calcul des probabilités. En traînant dans une librairie de Clermont après la messe, il tombe sur un exemplaire des *Pensées* de Pascal, qu'il achète. Plus tard, en entrant dans une brasserie, il rencontre un ancien ami de lycée, Vidal, devenu marxiste et professeur de philosophie à l'Université de Clermont. En dînant ensemble, ils discutent de probabilités (la probabilité statistique de leur rencontre, par exemple) et, dans ce contexte, du fameux "pari" de Pascal, où il s'agit de parier pour ou contre l'existence de Dieu. Le lendemain soir, Vidal emmène Jean-Louis dîner chez une amie, Maud, dont il est visiblement épris mais avec qui il ne s'entend pas assez bien, explique-t-il, pour songer à l'épouser. Celle-ci, pédiatre, divorcée depuis peu et mère d'une petite fille, appartient à une vieille famille de libres-penseurs. Athée, Maud prend visiblement plaisir à engager la conversation avec un catholique pratiquant comme Jean-Louis. Au dîner, on parle de religion et surtout de Pascal, dont Jean-Louis n'apprécie pas la morale janséniste tellement rigoriste qu'elle rejette la bonne chère.

Après dîner, Maud et Vidal s'amusent à interroger Jean-Louis sur sa vie amoureuse, persuadés qu'il y a une femme dans sa vie. Celui-ci nie vigoureusement. Vidal trouve un prétexte pour rentrer chez lui, laissant Jean-Louis seul avec Maud, qui le retient comme malgré lui. Dans la conversation qui suit, Maud révèle que son mari et elle avait eu tous deux des liaisons amoureuses, son mari avec une jeune femme catholique que Maud l'a obligé à laisser tomber. L'amant de Maud, lui, est mort dans un accident de voiture. Lorsque Maud se couche, Jean-Louis, ayant compris qu'il n'y avait qu'un seul lit dans l'appartement, se roule dans une couverture et s'installe dans un fauteuil, résistant à la tentative évidente de séduction de la part de son hôte. Au petit matin, il s'allonge pourtant à côté d'elle sur le lit et, enlacé par la jeune femme, commence à l'embrasser avant de se maîtriser et de se dégager de ses bras. Maud s'échappe du lit, offusquée, ce qui précipite le départ de Jean-Louis.

Dehors, Jean-Louis voit passer la jeune femme blonde à vélo-solex, court après elle et se présente. La jeune femme, qui s'appelle Françoise, accepte un rendez-vous pour le lendemain. Pendant la journée, Jean-Louis fait une randonnée dans la neige, avec Maud et Vidal, puis, le soir, rencontre par hasard Françoise en ville. Comme il neige et que les routes sont dangereuses, Jean-Louis persuade Françoise de monter dans sa voiture et de se laisser raccompagner chez elle, en banlieue, où elle vit dans un foyer d'étudiants. Quand la voiture de Jean-Louis est immobilisée par le verglas, Françoise l'invite à passer la nuit dans une chambre libre dans son foyer. Le lendemain matin, Jean-Louis lui fait la cour, mais elle se montre réticente ; elle finira par lui avouer, quelque temps après, qu'elle venait de rompre avec un homme marié dont elle avait été très amoureuse. Elle ne se sent pas digne de l'amour de Jean-Louis. Celui-ci, pour calmer les scrupules de la jeune femme, lui dit qu'il venait de passer la nuit avec une femme le matin même où ils ont fait connaissance. Ayant essayé de reprendre contact avec Maud, avec qui il avait noué des rapports de sympathie, Jean-Louis apprend qu'elle a quitté Clermont pour ouvrir un nouveau cabinet de pédiatre à Toulouse.

Cinq ans plus tard, Jean-Louis et Françoise, en vacances au bord de la mer avec leur petit garçon, rencontrent Maud, qui est remariée. Jean-Louis est surpris de constater que les deux femmes se connaissent déjà — et que Françoise paraît très gênée par la rencontre. Ayant avoué à sa femme que c'était avec Maud qu'il avait passée la nuit avant de la rencontrer, et sur le point de révéler qu'il ne s'est rien passé entre eux, il comprend subitement que la jeune femme catholique avec laquelle l'ex-mari de Maud avait eu une liaison, c'était Françoise elle-même. Il ne lui révèle donc pas que Maud n'avait pas été sa maîtresse.

La réception

Lorsque *Ma nuit chez Maud* paraît au Festival de Cannes le 16 mai 1969 l'accueil est pour le moins tiède. Comme le dira plus tard Michel Ciment, "Les jeux de l'amour et de l'esprit qu'il déployait, s'ils eurent l'heur de plaire à certains, laissèrent le jury dans l'indifférence" (p. 42). Chez beaucoup de critiques, c'est l'ambivalence qui frappe. Henry Chapier, par exemple, prend ses distances par rapport à ce "cinéma de chambre ultra-civilisé", mais ne peut s'empêcher d'admirer cette "merveilleuse chronique pénétrante et fine, admirable restitution d'un milieu qui résiste à la pression du temps" (p. 13). Même son de cloche chez Jacqueline Lajeunesse, qui, tout en considérant le film comme du "marivaudage" et d'intérêt très limité, remarque qu'"Eric Rohmer a réalisé une oeuvre fine et brillante" (p. 186). Jean de Baroncelli, par contre, est beaucoup moins ambivalent, parlant de "feu d'artifice verbal" et de film "merveilleusement démodé", prenant le contre-pied d'une des critiques principales du film (p. 11). Comme le dit Jean Collet, "Tout le monde est au moins d'accord là-dessus : *Ma nuit chez Maud* n'est pas à la mode" (p. 182). Allant à l'encontre du type de cinéma mis, effectivement, à la mode en France par la Nouvelle Vague, le film de Rohmer revient à la narration classique, avec son idéal de "transparence". Le film ne met pas en avant ses propres moyens ; il n'attire pas l'attention sur la création cinématographique en tant que telle : il raconte une histoire tout simplement. De surcroît, il se caractérise par de longs dialogues véhiculés par des plans plutôt fixes. Il n'y a pas d'effets spéciaux de montage, et, comble de l'anachronisme, le film est en noir et blanc. Quelques critiques seulement, tels que Gilles Jacob, tout en constatant le caractère traditionnel du film, voient tout de suite les qualités qui vont séduire, un mois plus tard, le public parisien : "*Ma nuit chez Maud* d'Eric Rohmer est tout le contraire d'un cri révolutionnaire. Il nous touche par les qualités les plus classiques : l'analyse psychologique, la finesse, la sensibilité, la rigueur [...]. Rohmer prouve avec éclat la stature d'un cinéaste quand l'intelligence prend le pouvoir [...]. Ici, c'est la délicatesse, la spontanéité et la justesse de ton qui triomphent" (*Nouvelles littéraires*, p. 14).

L'appréciation de Jacob sera ratifiée par le public, à la barbe du jury de Cannes, quand *Ma nuit chez Maud* sortira à Paris, à partir du 13 juin. Le film connaît un franc succès, faisant de Rohmer un cinéaste connu du grand public en France et bientôt à l'étranger. De nombreux critiques partagent désormais l'opinion publique. Ciment, dans le compte rendu cité plus haut, décrit le film de Rohmer comme "un produit rare, d'une intelligence aiguë", en notant plus loin, comme beaucoup de critiques, la beauté des images produites par le chef-opérateur, Nestor Almendros. Franz Gévaudan, parmi d'autres, relève "la grande justesse des dialogues" et "l'interprétation éblouissante" des quatre comédiens principaux, ainsi que "la mise en scène d'une rare limpidité" (p. 26). Janick Arbois est frappé par une "malice" et "une qualité d'humeur" dans le film de Rohmer qui sont tout à fait inhabituelles dans le cinéma français (p. 38), tandis que Gaston Haustrate évoque "l'étonnante originalité de *Maud*", qu'il traite de "chef-d'oeuvre d'intelligence". Le film ne continue pas moins d'attirer le feu des détracteurs, tel que Pascal Bonitzer, qui le trouve "délibérément idéologique", promouvant une prise de position "de droite" qui glorifie la fonction conjugale et maternelle de la femme (p. 59). Faisant partie de la sélection française pour le festival de Cannes en 1969, *Ma nuit chez Maud* obtient la même année le Prix Max Ophuls. A Londres, comme à New York, la critique et le public réservent au film un accueil des plus chaleureux. En 1970 *Ma nuit chez Maud* est nominé aux Academy Awards pour l'Oscar du meilleur film étranger, et son réalisateur est nominé pour celui du meilleur scénario original et de la meilleure histoire. Rohmer rejoint enfin ses anciens condisciples des *Cahiers du cinéma* sur la scène du cinéma international.

Avant *Ma nuit chez Maud*

Né Jean-Marie Maurice Schérer à Tulle, en Corrèze (centre de la France), en 1920, Eric Rohmer est le plus "secret" des cinéastes français célèbres. Pour ce qui concerne sa vie personnelle, en dehors du cinéma, on sait tout juste qu'il s'est marié en 1957, qu'il a deux fils et qu'il fut professeur de lettres dans des lycées parisiens. Comme le signale Magny, Rohmer a même refusé, pendant longtemps, de laisser paraître sa photo dans la presse, s'exclamant un jour, devant un photographe : "Ah non, je ne veux pas! Jamais de photo . Je suis contre le vedettariat. Je veux rester tout à fait dans l'ombre [...] l'auteur n'existe que par son oeuvre" (p. 7). Il paraît, par ailleurs, qu'en adoptant un pseudonyme et en évitant la notoriété Rohmer voulait cacher son existence de cinéaste à une mère qui aurait trouvé scandaleux que son fils, un professeur respectable, "se fourvoie dans la profession cinématographique" (Magny, p. 9)! Si Rohmer reste, effectivement, "dans l'ombre" pendant la première partie de sa carrière, il ne joue pas moins un rôle important dans le monde du cinéma, comme le démontre amplement la chronologie présentée par Molinier (pp. 29-32), et que nous résumons ci-dessous.

Dix ans plus âgé que les jeunes Turcs — Truffaut, Godard, Chabrol, et Rivette, notamment — qu'il rejoindra aux *Cahiers du cinéma*, Rohmer commence une carrière de critique de cinéma dès la fin des années 40. Entre 1948 et 1963, il publie une centaine d'articles dans les revues de cinéma parisiennes et, en 1950, crée même sa propre revue, *La Gazette du cinéma*, qui disparaît après cinq numéros, faute d'argent. Il fait partie de la rédaction des *Cahiers du cinéma* dès leur création en 1951 et devient rédacteur en chef en 1958, à la mort d'André Bazin. (C'est à cette époque seulement que Rohmer met fin à sa carrière de professeur de lycée.) Dès 1950, il commence à tourner des courts métrages de fiction, dont il ne reste de traces que dans la série *Charlotte et Véronique*, pour laquelle il a tourné *Charlotte et son steak* (1951, 1961) suivie de *Véronique et son cancre* (1958), après avoir écrit le scénario du court métrage de J.-L. Godard, *Tous les garçons s'appellent Patrick* (1957).

Ce n'est qu'en 1959 (la même année que paraissent *Les Quatre Cents Coups* de Truffaut et *Hiroshima mon amour* d'Alain Resnais) que Rohmer réalisera son premier long métrage, *Le Signe du Lion*. Contrairement aux premiers films de Truffaut et de Resnais, tous deux couronnés de succès, *Le Signe du Lion*, qui ne sort qu'en 1962 (Rohmer ayant eu beaucoup de mal à trouver un distributeur), est un échec commercial très net, malgré son succès auprès de la critique. Sans se décourager, Rohmer se lance dans la réalisation d'une série de films qu'il bâptise *Six contes moraux* (voir plus bas), faisant d'abord, dans des conditions plutôt artisanales, *La Boulangère de Monceau* (1962, 26 mins.) et *La Carrière de Suzanne* (1963, 52 mins.), des films tournés en 16 mm. qui n'auront pas de carrière commerciale. En 1963, drame aux *Cahiers* : Rohmer n'étant pas d'accord avec l'orientation (plus politisée) que les autres critiques souhaitent donner à la revue, il est remplacé comme rédacteur en chef par Jacques Rivette.

Pour vivre, et pour pouvoir continuer de tourner, Rohmer se fait engager par les services de la télévision scolaire pour faire des films didactiques. Il réalise ainsi, entre 1964 et 1970, une vingtaine de films destinés aux écoles, tels que, à titre d'exemple, *Les Salons de Diderot*, *"Don Quichotte" de Cervantes*, *"Les Caractères" de La Bruyère*, et — à retenir par rapport à *Ma nuit chez Maud* — *Entretien sur Pascal* (ce dernier en 1965). En 1965 il fait également un court métrage, *La Place de l'Etoile*, pour un film à sketchs qui s'intitule *Paris, vu par …*, travaillant pour la première fois avec le chef-opérateur de génie qui deviendra son collaborateur sur tout le reste de ses films, Nestor Almendros.

En 1966 Rohmer connaît son premier succès, à la fois critique et commercial, avec son troisième "conte moral", *La Collectionneuse*, un long métrage qui obtient l'Ours d'argent (meilleur film) au Festival du film de Berlin. Cette réussite, en plus de l'aide financière que lui procure Truffaut, lui permet de réaliser, en 1969, *Ma nuit chez Maud*.

Six contes moraux

Ma nuit chez Maud est le troisième film dans la série de films que Rohmer intitule *Six contes moraux* (qui sera suivie par deux autres séries de films, *Comédies et proverbes* dans les années quatre-vingts et *Contes des quatre saisons* dans les années quatre-vingt-dix — voir la *Filmographie* à la fin du chapitre). Le "conte moral" est un genre littéraire qui remonte au 18ème siècle, où il fut illustré par J.-F. Marmontel dans ses *Contes moraux* (1755-59). Comme l'explique Rohmer, il a d'abord écrit ses contes (ils seront publiés ultérieurement dans un recueil en 1974) à une époque où il ne pensait pas encore au cinéma. Insatisfait des versions littéraires, peu réussies à son avis, il décide plus tard d'en faire des films.

Avant de discuter les contes moraux de Rohmer, il faut s'entendre sur le sens du mot "moral". Les contes de Rohmer relèvent d'une longue tradition littéraire en France dite "moraliste", qui remonte surtout aux grands écrivains de l'époque classique tels que Pascal, Molière, Racine, La Rochefoucauld, La Fontaine et La Bruyère. Tous ces auteurs s'intéressent soit à l'analyse de la psychologie et du comportement humain, soit à l'étude des mœurs de leur temps, sinon à toutes les deux. C'est à cette tradition, et surtout au côté psychologique, que se rattachent les *Contes moraux* de Rohmer ; ceux-ci n'ont aucune intention *moralisatrice*, ce qui correspond à une autre acception du mot. Comme il l'explique lui-même : "Ce que j'appelle 'conte moral' est non pas un conte avec une morale, mais une histoire qui décrit moins ce que font les gens que ce qui se passe dans leur esprit quand ils le font. Un cinéma qui peint les états d'âmes, les pensées tout autant que les actions" (Nogueira, p. 45). Rohmer ajoute, ailleurs, qu'il emploie le mot "moral" par opposition au mot "physique" "simplement pour annoncer que toute la trame dramatique reposait sur l'évolution des personnages, non sur des pérépities extérieures […] Seule la pensée des héros donne un sens à leurs actes" (Simsolo, p. 88).

La série des six contes moraux est conçue comme une suite de variations sur le même motif, où il s'agit tout simplement, selon Rohmer, "de montrer un homme sollicité par une femme au moment même où il va se lier avec une autre" ("Lettre à un critique", p. 90). Si cette description ne s'applique que de manière très générale aux six films, il est certain que, dans chaque cas, il s'agit d'un homme qui est tenté par une femme qui n'est pas celle à qui il se destine ou avec laquelle il est déjà lié, mais qui revient chaque fois à la première femme. Dans *Le Genou de Claire* (1970), par exemple, Jérôme, un homme mûr, fiancé, est tenté successivement par deux adolescentes lorsqu'il est séparé pendant quelques jours de la femme qu'il doit épouser bientôt. Il part rejoindre celle-ci à la fin du film. Le narrateur du dernier film de la série, *L'Amour, l'après-midi* (1972), est un homme marié qui se laisse tenter longuement par une ancienne connaissance qui essaie de le séduire, avant de se sauver *in extremis* un après-midi, en rentrant chez lui pour faire l'amour…à sa femme.

Les acteurs, la genèse et le tournage

Si *Ma nuit chez Maud*, le "troisième" conte moral dans l'ordre établi par Rohmer, est en fait tournée après *La Collectionneuse*, c'est que Jean-Louis Trintignant n'étant pas libre, Rohmer préfère attendre deux ans plutôt que d'engager un autre interprète pour le rôle du narrateur. Il tenait absolument à ce que ce rôle difficile soit tenu par Trintignant, et la participation de celui-ci n'est pas étranger, loin s'en faut, à la réussite du film. Connu du grand public depuis son rôle dans le film le plus important de Roger Vadim, *Et Dieu créa la femme* (1957), où il tient la vedette aux côtés de Brigitte Bardot, c'est sans conteste l'un des acteurs de cinéma les plus célèbres en France à la fin des années soixante (24 films entre 1965 et 1969). En 1969 il jouera le rôle principal non seulement dans le film de Rohmer mais aussi dans Z de Costa-Gavras, selectionné également pour le Festival de Cannes 1969, rôle pour lequel Trintignant recevra un César, le prix d'interprétation.

Les autres interprètes principaux, dont la critique relève unanimément le jeu remarquable, sont également tous des comédiens professionnels, à l'encontre de la pratique de Rohmer dans les contes précédents, où des considérations financières l'obligeaient à recourir aux amateurs. Ils sont, d'ailleurs, tous les trois assez peu connus du grand public de l'époque, bien que Françoise Fabian, qui tient le rôle de Maud, venait de paraître dans *Belle de jour* de Luis Buñuel (1967). Antoine Vitez est surtout connu comme metteur en scène de théâtre, tandis que Marie-Christine Barrault (la nièce du grand comédien-mime, Jean-Louis Barrault), jeune actrice de thèâtre, tient ici son premier rôle dans un film. Elle fera, par la suite, une brillante carrière au cinéma.

Ma nuit chez Maud a connu une longue gestation chez Rohmer : "*Ma nuit chez Maud* est un sujet que je portais en moi depuis 1945. Depuis, il a subi des modifications énormes. Un personnage enfermé avec une femme par une circonstance extérieure, c'est l'idée première" (Bonitzer et al., 1970, p. 49). Seulement, précise-t-il, cette "circonstance", à l'origine, était "le couvre-feu, pendant la guerre, et non pas de la neige". Rohmer a finalement opté, selon son habitude, de situer l'action de son film à l'époque actuelle, ce qui est lié au "réalisme de [son] propos" ; il évite de "montrer des choses qui se démodent trop" (*ibid.*). Le choix de la neige, d'ailleurs, comme il l'explique, n'est pas fortuit : "La neige, c'est pour moi le passage du 'conte' à la mise en scène. La neige a pour moi une très grande importance cinématographique. Elle rend la situation plus forte au cinéma, plus universelle que la circonstance extérieure, historique, de l'occupation" (*ibid.*).

Le dialogue de *Ma nuit chez Maud* a été écrit deux ans avant le tournage du film — à l'exception, comme l'explique Rohmer, du texte "marxiste" prononcé par Vidal (Nogueira, p. 47). Marxiste lui-même, Vitez collabore avec Rohmer, peu avant le tournage du film, sur la rédaction du discours de Vidal, le personnage qu'il incarne, au moment où celui-ci se sert du pari de Pascal (voir plus loin) pour affirmer sa foi marxiste dans le sens de l'histoire. Comme pour chacun de ses films, Rohmer exige que les comédiens respectent le texte à la virgule près, même des acteurs chevronnés comme Trintignant. A quelques exceptions près, il refuse l'improvisation en cours de tournage, en partie, sans doute, parce qu'il a pris l'habitude dans ses films antérieurs de ne faire qu'une prise par plan, par souci d'économie. Rohmer estime, par ailleurs, "qu'il est plus facile de trouver la perfection d'un coup que petit à petit" (Nogueira, p. 46) et que les prises multiples nuisent à la spontanéité du jeu des acteurs. Il procédera donc de la même manière pour le tournage de *Maud*, à l'exception, principalement, de la grande sequence du dîner chez Maud, qui a exigé plusieurs prises. Quant à son équipe technique, Rohmer travaille sans scripte et, toujours "par économie", ne se sert ni de costumes ni de maquillage. Qui plus est, Rohmer ne met pas de musique d'ambiance dans ses films ; à part la voix *off* du narrateur, quand narrateur il y a, il n'y a ni bruits ni musique non-diégétiques (qui ne font pas partie de l'univers du film). Rohmer accorde ainsi une grande importance aux intonations des acteurs, à la modulation de la voix. Le "côté musical" des films de Rohmer, comme il le dit, c'est "la musique de la voix" (Nogueira, p. 48), et nous parlerons plus loin de l'importance de la parole dans le cinéma de Rohmer.

Rohmer tourne ses films, dans la mesure du possible, sur les lieux mêmes où se passe l'action. Il tourne donc *Maud* à Clermont-Ferrand, choisi sans doute non seulement parce que c'est le type même de la ville provinciale, mais aussi parce que c'est la ville de Pascal. Très attaché au réalisme, Rohmer met en valeur la topographie précise de la ville de Clermont. Comme il le dit : "Le cinema montre des choses réelles. Si je montre une maison, c'est une maison réelle, cohérente, qui n'est pas en carton-pâte. Quand je montre la circulation des voitures dans la rue, c'est la circulation qu'il y a dans telle ville, à telle époque" (Bonitzer et al., 1970, p. 49). On reconnaît, effectivement, la place de Jaude au centre-ville de Clermont, le café *Le Suffren*, l'église Notre-Dame du Port et, en dehors de la ville, le Puy de Pariou dont le narrateur fait l'ascension, dans la neige, avec Maud. Seule exception, la longue séquence du dîner chez Maud, tournée en studio dans un décor construit — une première pour Rohmer, qui avait toujours tourné ses scènes intérieures, jusque-là, dans des appartements. Mais c'est aussi la première fois que Rohmer adopte le son direct, "plus conforme à son goût du réalisme et de l'instantané" (Magny, p. 132), au lieu de recourir à la post-synchronisation.

Comme pour les deux premiers contes, Rohmer revient au noir et blanc pour le tournage de *Maud* (à la consternation générale, tout le monde tournant en couleur à cette époque), et ceci malgré son expérience heureuse avec la couleur dans *La Collectionneuse*. Ceci peut s'expliquer par son habitude de faire des economies, mais aussi par le symbolisme auquel se prêtent l'austérité du noir et blanc et l'opposition du clair et du foncé, que nous évoquerons plus loin.

Pascal et le jansénisme ; le jésuitisme

Avant de faire des films, Rohmer a, pendant longtemps, fait des cours de littérature au lycée. Il connaît bien les grands auteurs de l'époque classique, comme ceux du siècle des Lumières, et on voit des évocations de Rousseau dans *La Collectionneuse* et dans *Le Genou de Claire*, comme de Diderot dans *L'Amour, l'après-midi*. Mais aucun auteur classique ne joue un rôle aussi primordial que celui de Pascal, le célèbre mathématicien et auteur des *Pensées* (1657), dans *Ma nuit chez Maud*. Comme nous le savons, vers le début du film, le narrateur se met à une relecture de Pascal, qu'il avait lu au lycée. Or, Pascal était janséniste, un mouvement catholique fondé sur une morale très rigoriste qui a sévi en France entre 1640 et 1715 environ, avant d'être banni pour hérésie. Les Jansénistes, dont le centre se trouvait à Port-Royal, sous la direction des théologiens Arnauld et Nicole, souscrivaient à la morale de la doctrine augustinienne, qui condamnait sous le nom de "concupiscences" les trois grandes "passions" qui attachent l'homme à ce monde : les plaisirs de la chair, la curiosité scientifique, et l'ambition. Si Pascal refusait d'attacher de l'importance à la nourriture et au bon vin local (le Chanturgues), comme le lui reproche Jean-Louis, c'est donc parce que ce sont des "plaisirs de la chair". Si Pascal condamne les mathématiques et la science à la fin de sa vie (ce qui "choque" le narrateur), après avoir été un des plus grands mathématiciens de son époque, c'est parce que le goût de la science n'est, pour les Augustiniens, que de la "vaine curiosité", un divertissement profane qui nous détourne de Dieu.

Les allusions aux *Pensées* dans *Ma nuit chez Maud* évoquent quelques-unes des réflexions les plus célèbres de l'oeuvre de Pascal, telles que :

"L'homme n'est qu'un roseau, le plus faible de la nature ; mais c'est un roseau pensant […]. Toute notre dignité consiste donc en la pensée".

Les deux infinis : "Car enfin, qu'est-ce que l'homme dans la nature? Un néant à l'égard de l'infini, un tout à l'égard du néant, un milieu entre rien et tout".

La partie du texte des *Pensées* que regarde le narrateur quand il feuillète le livre dans la librairie avant de l'acheter (où il s'agit de diminuer les passions en faisant les gestes de la foi) se trouve vers la fin du célèbre passage sur le "pari". L'argument du pari est un stratagème pour amener des amis, passionnés des jeux de hasard, à la foi chrétienne. Il leur propose le raisonnement suivant : "Examinons donc ce point, et disons : 'Dieu est, ou il n'est pas.' Mais de quel côté pencherons-nous? La raison n'y peut rien déterminer […]. Alors, on est obligé de parier. Pesons le gain et la perte, en prenant croix [en pariant] que Dieu est. Estimons ces deux cas : si vous gagnez, vous gagnez tout ; si vous perdez, vous ne perdez rien. Gagez donc qu'il est, sans hésiter […] il y a une infinité de vie infiniment heureuse à gagner, un hasard de gain contre un nombre fini de hasards de perte…" (*Les Pensées*, pp. 127-128). C'est ce raisonnement que Vidal détourne pour l'appliquer à sa "foi" dans l'interprétation marxiste de l'histoire. C'est aussi le côté "loterie" du pari qui chiffonne Jean-Louis en tant que chrétien : "Non, ce que je n'aime pas dans le pari, c'est l'idée de donner en échange, d'acheter son billet comme à la loterie".

Les grands ennemis des Jansénistes au 17ème siècle étaient les Jésuites (membres de la Société de Jésus, fondée au 16ème siècle par Ignace de Loyola). Pour provoquer Jean-Louis, Vidal l'accuse, pendant le dîner, de "jésuitisme". La création du mouvement des Jansénistes (comme celle de l'Eglise réformée au 16ème siècle) est principalement une réaction contre le laxisme moral de l'Eglise catholique, dont témoigne, justement, la "casuistique" des moralistes jésuites. La casuistique est une forme de raisonnement subtil (la "ratiocination") qui a pour but de permettre au pécheur de se dérober à son devoir moral. On n'a pas hésité, par exemple, à parler du "discours casuistique du Jean-Louis de *Ma nuit chez Maud*", en ce qui concerne le mariage (Serceau, *Eric Rohmer*, p. 111). Accuser quelqu'un de "jésuitisme", c'est en fait le taxer à la fois de laxisme moral et d'hypocrisie.

Il faut mentionner, pour finir, que *Les Pensées* de Pascal ont un statut très particulier dans la tradition moraliste en France. Inachevées, *Les Pensées* devaient être une vaste apologie du christianisme, ce qui les rattache à la réflexion qui entoure la morale chrétienne. En même temps Pascal se livre à une étude du caractère et de la condition humaine qui le situe dans la droite lignée des moralistes mondains (laïcs) qui va des *Essais de* Montaigne (1588) aux *Maximes* de La Rochefoucauld (1665), aux *Fables de* La Fontaine (1668-1694) et aux *Caractères* de La Bruyère (1688). Si Rohmer a choisi de mettre *Les Pensées* au centre de *Ma nuit chez Maud*, c'est sans doute pour jouer sur les deux registres en même temps — ce qui explique peut-être l'accueil surprenant du public, qui a dépassé de loin l'attente même du réalisateur. Les laïcs ont été sans doute attirés par l'étude de mœurs et l'analyse psychologique du héros (sa mauvaise foi, notamment), tandis que les croyants y ont sûrement apprécié la réflexion sur le dilemme moral du chrétien devant la tentation dans le monde actuel, ainsi que le choix "vertueux" du héros. De surcroît, le choix des *Pensées* comme point de mire du film semble refléter, par une sorte de mise en abyme, l'importance que Rohmer attache, comme il le dit souvent, à l'étude de la pensée chez ses personnages, le côté "moral" de ses contes. Cette parenthèse sur Pascal, le jansénisme et le jésuitisme nous ayant permis déjà d'aborder certaines idées importantes du film, regardons maintenant de plus près le côté thématique de *Ma nuit chez Maud*.

Les thèmes

"*Ma nuit chez Maud* peut être considéré, remarque Vidal, comme le plus représentatif des Contes moraux. Le schéma traditionnel y est illlustré de façon exemplaire : la rencontre de l'élue, sa recherche, l'intervention de la séductrice, puis le retour de l'élue..." (p. 85). "L'élue" et la "séductrice" (la "tentatrice", si l'on veut), ces deux figures féminines qui tournent autour du narrateur des Contes moraux, trouvent leur incarnation parfaite dans l'opposition de "Maud la noire" et "Françoise la blanche" (*ibid.*). Le narrateur aime la catholique blonde, pourtant inconnue, est tenté un instant par la beauté, l'intelligence, et la sensualité de Maud, mais résiste à la tentation et réussit à épouser Françoise, comme il l'avait décidé. Histoire apparemment simple et édifiante, mais à regarder de plus près, elle n'est pas si simple...ni si édifiante. Caractéristique de tous ses films, c'est pourtant dans *Ma nuit chez Maud* que Rohmer développe le plus profondément l'ambiguïté des caractères, "ce contraste [...] entre le comportement des personnages et tout un arrière-plan d'intentions ténébreuses et de mobiles inavoués que nous soupçonnons" (Vidal, pp. 98-99). A commencer par le témoignage du narrateur lui-même, dont nous partageons le point de vue et que nous soupçonnons, de plus en plus, de mauvaise foi — ce qui constitue l'un des thèmes principaux du film. Mais commençons par le début.

Le film est dominé, dès le départ, par les thèmes du hasard et de la probabilité. Les rencontres du héros, que ce soit avec Françoise (et cela trois fois) ou avec Vidal, sont strictement dues au hasard. Le calcul des probabilités (passe-temps préféré du héros) mène à l'évocation du "pari" de Pascal, d'abord par Vidal, qui le détourne de son sens pascalien pour justifier sa foi marxiste dans l'histoire, comme nous l'avons signalé ci-dessus. Le thème du pari refait surface dans le dîner chez Maud, où Jean-Louis exprime sa répugnance : *"Non, ce que je n'aime pas dans le pari, c'est l'idée de donner en échange, d'acheter son billet comme à la loterie"*. Et pourtant, son projet de se marier avec Françoise, qu'il ne connaît pas encore — il ne sait même pas s'il va la revoir — ressemble étrangement au pari pascalien : malgré la faible probabilité qu'il l'épouse, s'il y arrive il y a un gain infini qui l'attend. Ainsi, lorsqu'il descend de voiture pour aborder la jeune fille dans la rue, la nuit, sans savoir si c'est elle, lui dit-il : *"Même s'il n'y avait eu que dix chances sur cent que ce soit vous, je me serais arrêté"*. Le gain potentiel compensait la minceur de la probabilité.

Pour important que soit le pari, le thème pascalien déborde largement celui-ci, enchaînant sur la condamnation des "divertissements" de ce monde, de toutes les passions mondaines, y compris la science, qui détournent notre attention de nos intérêts supérieurs, du salut de notre âme. Jean-Louis, chrétien pratiquant qui aime la bonne chère et le bon vin, qui aime aussi les autres "plaisirs de la chair" (ayant vécu avec plusieurs femmes différentes, en dehors du mariage), et qui est, par-dessus le marché, amateur de mathématiques, s'insurge contre la morale janséniste de Pascal : *"Dans la mesure où je suis catholique, ou tout au moins j'essaie de l'être, ça ne va pas du tout dans le sens de mon catholicisme actuel. C'est justement parce que je suis chrétien que je m'insurge contre ce rigorisme"*. Vidal, qui soupçonne la mauvaise foi de Jean-Louis, déclare à Maud : *"Il hait Pascal, parce que Pascal est sa mauvaise conscience...parce que Pascal le vise, lui, faux chrétien"*, en précisant, pour bonne mesure, que *"c'est le jésuitisme incarné"* — c'est-à-dire, un hypocrite consommé. Le thème sera repris, ultérieurement, par Maud elle-même, qui, malgré sa mentalité de libre-penseur, se dira, par deux fois, "choquée" par l'attitude du héros, qui semble concilier un peu trop facilement sa vie amoureuse de célibataire, son manque de chasteté, et son christianisme. Constatant la contradiction entre ses convictions morales et son comportement, elle finit par lui reprocher d'être "un chrétien honteux doublé d'un Don Juan honteux".

Les rapports entre l'amour (profane) et la morale chrétienne sont ainsi au cœur du débat qui se développe dans ce film, et le narrateur insistera sur leur complémentarité en soutenant que *"la religion ajoute à l'amour, mais l'amour ajoute à la religion"*. Sur un autre registre, mais non sans rapport avec le christianisme, Rohmer développe le thème de la "chance", auquel le narrateur revient plusieurs fois en se félicitant d'avoir toujours "eu de la chance" dans sa vie. Le thème de la chance est relié à la fois à ceux du destin et du christianisme : croyant visiblement à la Providence, le narrateur semble persuadé, sans oser le dire clairement, qu'il a un destin privilégié, que Dieu veille sur lui en particulier : "il estime en toute simplicité avoir la grâce" (Vidal, p. 90). Maud, de son côté, se plaint de ne pas avoir de chance avec les hommes, ayant été déçue (à deux reprises) dans sa vie conjugale, et ayant perdu son amant dans un accident de voiture.

Parmi les autres thèmes "profanes" du film, on constate surtout celui du libertinage, ou tout simplement de la "drague", ce qui est une constante dans les Contes moraux. Incarné par Vidal surtout, le goût de la drague, comme des "amours de congrès", sert ici de repoussoir à la morale du narrateur, à la conception chrétienne de l'amour qu'il essaie de défendre. Ironiquement, Vidal parle d'"aller à la messe pour chercher des filles", ce qui évoque, sans qu'il le sache, la manière dont Jean-Louis a remarqué Françoise. Autre thème profane, peut-être le plus important du film : le mensonge. Pour le dire franchement, le narrateur ment. Il ment pour les petites choses, sans conséquence, mais aussi pour les grandes, comme lorsqu'il dit à Françoise qu'il avait "couché" avec une fille juste avant de la rencontrer. Et comme il mentira par omission quand il comprendra, à la fin du film, que Françoise était la maîtresse du mari de Maud.

Symboles et métaphores

Comme on n'a pas manqué de le remarquer, le choix du noir et blanc pour *Ma nuit chez Maud* convient particulièrement bien à ce film. Le noir et blanc est "en accord avec l'austérité du sujet et des personages", comme "avec la saison (l'hiver, la neige)" (Magny, p. 132). Pour Vidal, l'emploi du noir et blanc souligne le fait que *Maud* est "une œuvre de neige et de nuit" (p. 85). La neige elle-même a une valeur thématique particulière dans le film, servant d'"instrument du destin" (*ibid.*), dans la mesure où c'est elle qui oblige Jean-Louis à passer la nuit chez Maud, comme plus tard chez Françoise. Par ailleurs, le froid qu'évoque la neige sert explicitement de métaphore, et cela à plusieurs égards. D'une part, le froid et la neige sont assimilés à la lucidité, comme à une sorte de force de caractère (qui manque d'ailleurs au narrateur). En sortant de chez Maud, au petit matin, il nous confie (version écrite) ses sentiments désemparés : *"Dehors, le froid, la blancheur de la neige, loin de me réconforter, me rendirent à moi-même et à ma honte d'avoir manqué du courage soit de refuser franchement l'occasion, soit, ayant commmencé, d'aller jusqu'au bout"* (*Six contes moraux*, p. 107). Par ailleurs, la froideur de l'hiver évoque la "froideur des sentiments" du narrateur envers Maud. Lorsque Jean-Louis l'embrasse, lors de la randonnée au Puy de Pariou, en remarquant qu'il aime ses lèvres froides, celle-ci lui répond : *"C'est dans le ton de vos sentiments"*. Le thème de la "froideur" est étroitement lié, d'ailleurs, à celui du mariage, qui revient constamment dans le film, et surtout par rapport au thème de l'amour. Dans *Ma nuit chez Maud*, comme dans les autres Contes moraux, le mariage semble être mis en opposition, voire inconciliable, avec l'amour. Le sentiment amoureux n'entre pas dans la "decision" du narrateur d'épouser Françoise ; sa décision est dictée par ses goûts (elle est blonde) et ses principes (elle est catholique). La tiédeur de la vie sentimentale de Jean-Louis, sinon sa froideur, n'échappe ni à Maud ni à Françoise, qui reconnaissent que sa conduite envers les femmes est calquée sur des "principes". Mais Françoise, dont la froideur de caractère peut faire soupçonner la "frigidité", le lui rend bien, et en cela elle est tout à fait caractéristique des "élues" (la femme qu'on épouse) dans les Contes moraux : "… l'élue est un personnage fade, souvent froid, peu sensuel, qui ne provoque pas le désir érotique du héros […]. L'épouse est avant tout une idée, un élément du projet intellectuel et moral du narrateur, son pont d'ancrage et sa bouée de sauvetage" (Magny, p. 69). Image peu reluisante du mariage, comme de la vie conjugale à venir.

Et pour conclure, un autre élément de l'hiver, le verglas — qui est responsable de la mort de l'amant de Maud (dont la voiture a dérapé) — a aussi des contours métaphoriques. Il peut évoquer, comme le suggère Molinier, le risque de "dérapage" moral que court le narrateur pendant sa nuit chez Maud (p. 78) ; celle-ci le retient chez elle, c'est peut-être ironique, précisément à cause du danger du dérapage. Ironiquement, encore, c'est justement le dérapage sur le verglas qui permet à Jean-Louis de passer la nuit chez Françoise, où il ne court aucun danger de dérapage, d'aucune sorte, étant donné le manque de passion dans leurs rapports.

La forme du récit, le style cinématographique

Dans les trois premiers contes (selon l'ordre de leur réalisation, malgré le numérotage ultérieur), le narrateur raconte son aventure, du début à la fin, en voix *off*, ce qui représente une sorte de monologue intérieur rétrospectif, un commentaire donc, auquel assiste le spectateur, ainsi qu'aux dialogues des personnages. Dans *Ma nuit chez Maud*, tout au contraire, on n'entend la voix intérieure du narrateur que deux fois : une fois vers le début, lorsqu'il a la "revelation" subite que Françoise deviendra sa femme, une deuxième fois tout à la fin quand il comprend tout à coup que l'amante du mari de Maud, c'était Françoise. Rohmer explique ce changement d'approche narrative par l'amplitude des discours du personnage dans les dialogues : "Dans *Ma nuit chez Maud* [...] le protagoniste s'expliquait trop longuement sur lui-même, en présence de ses différents partenaires, pour qu'on pût supporter, en aparté, de plus amples confidences. Il ne s'affirmait donc narrateur que par le titre du film et par deux brèves phrases simplement destinées à nous garder des fausses pistes" ("Lettre à un critique", pp. 90-91). Rohmer ajoute, par ailleurs, qu'il avait conclu que la voix intérieure du narrateur pouvait nuire à son personnage : "D'ailleurs, une des raisons pour lesquelles je n'ai pas développé le commentaire de Trintignant, c'est justement à cause de ça : le personnage serait devenu plus lointain, antipathique" (Bonitzer et al., p. 54).

Comme nous l'avons indiqué au début de ce chapitre, le cinéma de Rohmer est aux antipodes du cinéma à la mode, et cela grâce à la domination de la parole, des dialogues, dans ses films. A l'encontre du style mis à la mode par la Nouvelle Vague, Rohmer ne met pas en valeur le travail de la caméra, les techniques diverses liées aux prises de vues (gros plans, travellings, angles inhabituels), et encore moins les effets spéciaux de montage. Dans *Ma nuit chez Maud*, par exemple, il n'y a aucun travelling (en dehors des séquences filmées dans la voiture de Jean-Louis) et seulement quatre zooms optiques (rapprochant chaque fois de Françoise). Le mouvement d'appareil qui domine, c'est le panoramique, utilisé de manière subtile dans le jeu qui s'établit entre les personnages, et sans attirer l'attention sur lui. L'idéal de Rohmer, tout à fait classique, c'est la "transparence", l'absence totale de la caméra. Ce que Rohmer refuse, c'est la tendance dans le cinéma français "moderne", de mettre en relief le travail du cinéaste, de faire du cinéma le sujet même du cinéma : "La trace du travail de l'artiste, au cinéma, est quelque chose de *choquant*. Bien plus choquant que dans les autres domaines de l'art [...]. Le plus grand danger du cinéma, c'est précisément cet orgueil du cinéaste qui dit : j'ai un style et je veux le mettre en evidence" (Bonitzer et al., p. 53). Comme le remarque Magny, "la mise en scène de Rohmer travaille à partir d'une saisie immédiate et sans afféterie du réel : loin de toute volonté de style, chaque plan semble avoir pour seul but de nous montrer le plus clairement et le plus simplement possible ce que le cinéaste a choisi d'offrir à notre regard, à notre jugement" (p. 19). Le souci principal de Rohmer en tournant un film, c'est "la restitution la plus précise de la réalité" (p. 21), ce qui explique pourquoi il tourne presque toujours en son direct et en décors naturels, en intérieur comme en extérieur, et pourquoi il tient absolument à utiliser la lumière naturelle, quitte à attendre des heures pour avoir la lumière qui correspond précisément au moment de la journée qu'il veut filmer.

Rohmer, dont le cinéma est dominé par des conversations, refuse la notion que le dialogue n'est pas "cinématographique". Il insiste sur le fait que la parole fait partie intégrante de la vie humaine, et que c'est cette vie qu'il veut filmer. La communication verbale entre les gens n'est pas moins un sujet de cinéma que la représentation de leurs actions, "et à ceux qui me disent que ce n'est pas du cinéma, dit-il, j'ai souvent répondu que les situations que je connais dans la vie sont des situations *où l'on parle*. Celles où on ne parle pas sont exceptionnelles" (Séailles, p. 15). Ce n'est pas à dire, pourtant, que la technique mise en œuvre par Rohmer dans ses films est sans intérêt. Loin s'en faut. La longue séquence de la soirée chez Maud, qui occupe presque la moité du film, est un des meilleurs exemples de la subtilité de la technique qu'utilise Rohmer en filmant de longues conversations. Il s'agit d'un jeu très calculé entre l'image et la voix *off* où le champ-contrechamp traditionnel des dialogues, sans être abandonné pour autant, est souvent remplacé par des mouvements de caméra très sobres et souples qui conservent l'intégrité de l'espace, son "réalisme", tout en insistant sur les rapports entre les personnages. Comme le signale Vidal, "la caméra est souvent sur celui qui écoute et non sur celui qui parle" (p. 101), de manière à ce que le spectateur puisse être témoin des réactions, les gestes et les jeux de physionomie, de l'interlocuteur. Lorsque Rohmer fait un changement de plan pour marquer le passage à une nouvelle phase de la conversation, ce passage est d'autant plus frappant qu'il contraste fortement avec le style "coulé" du dialogue qui le précède. Rohmer joue également de manière subtile sur la grandeur des plans. Si les plans généraux ou américains sont fréquents dans la première partie de la soirée chez Maud (là où il ne s'agit pas du couple Maud-Jean-Louis), ce sont les plans rapprochés qui s'imposent de plus en plus dès le départ de Vidal, "soulignant l'"intimité accrue" entre le narrateur et Maud (Vidal, p. 103).

Tout concourt finalement, chez Rohmer, à la création d'une impression d'authenticité. C'est une véritable obsession du cinéaste, "le fondement même du cinéma de Rohmer", selon Magny, qui ajoute, et nous terminerons là-dessus : "Au réalisme qui préside au choix de tout ce qui se présente devant l'objectif, répond le réalisme de la prise de vue : angles, focales, lumières, tout est mis en œuvre pour que la caméra s'efface, que l'écran soit une fenêtre ouverte sur le monde, que rien ne s'interpose entre le spectateur et l'univers du film. Ce que vise d'abord Rohmer, c'est la transparence des images, et la force de son cinéma tient à la radicalité de cette approche" (p. 22). Malgré tous les poncifs du cinéma dit "moderne", Rohmer gagne son pari. Si Maud n'arrive pas à séduire le narrateur, le cinéaste, lui, réussit bien à séduire son public. Croyant, agnostique ou athée, on le suit, tant soit peu mystifié, dans cette longue réflexion sur les rapports ambigus entre la morale et le comportement humain.

FICHE PÉDAGOGIQUE

Propos d'Eric Rohmer

"Mon intention n'était pas de filmer des événements bruts, mais le récit que quelqu'un faisait d'eux. L'histoire, le choix des faits, leur organisation, la façon de les appréhender se trouvaient être "du côté" du sujet même, non du traitement que je pouvais faire subir à celui-ci. Une des raisons pour lesquelles ces Contes se disent "moraux", c'est qu'ils sont quasiment dénués d'actions physiques : tout se passe dans la tête du narrateur. Racontée par quelqu'un d'autre, l'histoire eût été différente, ou n'eût pas été du tout. Mes héros, un peu comme Don Quichotte, se prennent pour des personnages de roman, mais peut-être n'y a-t-il pas de roman" (*Six Contes moraux*, p. 12).

"Où trouvé-je mes sujets? Je les trouve dans mon imagination […]. Je ne fais pas de portraits d'après nature : je présente, dans les limites restreintes que je m'impose, différents types humains possibles, tant du côté des femmes que de celui de l'homme".

"Il s'agit de savoir ce que je *dis*. Le discours de mes personnages n'est pas forcément celui de mon film […] ni le texte du commentaire, ni celui des dialogues ne sont mon film : ils sont chose que je filme, au même titre que les paysages, les visages, les démarches, les gestes […]. La parole fait partie, tout comme l'image, de cette vie que je filme […]. Au fond, je ne *dis* pas, je montre. Je montre des gens qui agissent et parlent" (Prédal, p. 34).

"Le personnage central de mes films est, avant tout, complaisant envers lui-mme. Il est constamment dupe […] de sa propre philosophie qui le justifie… Mon point de vue sur lui est assez critique. Sa complaisance est toujours dénoncée par ses partenaires. En revanche, mes personnages féminins sont sinon plus sympathiques, du moins plus lucides. Il ne faut jamais croire que je fais l'apologie du personnage masculin, même et surtout lorsqu'il la fait lui-même. Pas du tout. C'est tout à fait l'inverse. Mes personnages masculins sont voulus déplaisants" (Nogueira, p. 53).

"Tous les personnages sont présentés comme des dogmatiques hésitants ; d'une part le catholique, d'autre part le marxiste, mais également Maud qui s'accroche à son education de libre-penseuse, radical-socialiste. La fidélité est l'un des thèmes majeurs de mes 'Contes moraux', avec la trahison en contre-sujet" (Bonitzer et al., "Nouvel Entretien avec Eric Rohmer", p. 50).

"Je reproche à beaucoup de films, surtout des films "poétiques", d'être gâtés par la musique, souvent très banale, et pas du tout nécessaire. Je ne vois pas à quoi la musique peut servir, si ce n'est à arranger un film qui est mauvais. Mais un bon film peut s'en passer. Et puis, ce n'est pas moderne, c'est une convention qui date du muet, quand on pianotait dans la salle. Le fait d'associer une musique quelconque à des feuilles d'arbres, des nuages qui passent, ou même à quelqu'un qui ouvre sa porte, est la pire des conventions, un stade tout à fait dépassé. Dans mes *Contes moraux*, il n'y a que de la musique réelle : lorsque les personnages écoutent des disques ou la radio. Il n'y a absolument aucune autre musique : même pas au générique" (Biette et al., p. 56).

Extraits à discuter

Extrait 1 (6′00-8′20): Après la messe, Jean-Louis (en voiture) poursuit la jeune fille blonde (à vélo-solex) dans les rues du vieux Clermont-Ferrand.

Extrait 2 (37′50-39′40): La soirée chez Maud. Vidal demande à Jean-Louis ce qu'il ferait si Maud lui faisait sentir…qu'elle voulait faire l'amour avec lui ; Maud et Vidal interroge Jean-Louis sur la fille dont ils soupçonnent qu'il est amoureux. (Jean-Louis: "*Non !…Je parlais pour autrefois*" jusqu'à Jean-Louis: "*Non…non, ça m'amuse…ça m'amuse même beaucoup plus que vous ne pensez*".)

Extrait 3 (1h03′50-7′20): La scène de "seduction". Jean-Louis vient d'éteindre les lumières, il se retourne et aperçoit que Maud est nue sous les couvertures. Ils dorment "ensemble". Au petit matin, Maud enlace Jean-Louis, qui se dégage brusquement ; Maud jaillit du lit…

Extrait 4 (1′10′30-12′35): Jean-Louis aborde Françoise dans la rue.

Extrait 5 (1h39′30-40′25): Jean-Louis et Françoise rencontrent Vidal au centreville de Clermont ; Jean-Louis remarque que Françoise connaît Vidal déjà. Vidal fait savoir à Jean-Louis que Maud va partir à Toulouse le lendemain (style de Rohmer dans les scènes de conversation).

Extrait 6 (1h45′40-49′50): L'Epilogue, dernière séquence. Jean-Louis rencontre Maud au bord de la mer ; il rejoint Françoise et leur enfant sur la plage, lui parle de Maud ; le couple court vers la mer avec leur enfant.

Citations à commenter

Jean-Louis (voix intérieure): "Ce jour-là, le lundi 21 décembre, l'idée m'est venue, brusque, précise, définitive…que Françoise serait ma femme".

* * *

Vidal: "Il hait Pascal, parce que Pascal est sa mauvaise conscience… parce que Pascal le vise, lui, faux chrétien".
Maud: "C'est vrai"?
Vidal: "C'est le jésuitisme incarné".
Jean-Louis: "Non… je disais que je n'aimais pas Pascal, parce que Pascal a une conception du christianisme… très… très particulière".

* * *

Jean-Louis: "J'ai eu des liaisons avec des filles que j'aimais et que je songeais à épouser, mais je n'ai jamais couché avec une fille comme ça… . Si je ne l'ai pas fait, ce n'est pas pour des raisons morales, c'est parce que je n'en vois pas l'intérêt".
Vidal: "Oui…mais supposons que tu te sois trouvé en voyage avec une fille ravissante et que tu savais ne plus revoir… Il y a des circonstances dans lesquelles il est difficile de resister".
Jean-Louis: "Le destin, je ne veux pas dire Dieu, m'a toujours évité ce genre de circonstance".

* * *

Maud: "Vous savez que vous me choquez beaucoup".
Jean-Louis: "Moi! C'est lui! Il n'arrête pas de dire des horreurs sur moi".
Vidal: "Dis que je mens".
Jean-Louis: "Non, tu ne mens pas, mais…".

Maud: "Je croyais qu'un chrétien devait rester chaste jusqu'au marriage".
Jean-Louis: "Je ne me pose pas en exemple, je vous dis".

* * *

Jean-Louis: "…je vais peut-être vous scandaliser encore une fois, tant pis. Courir les filles, ça ne vous éloigne pas plus de Dieu que… je ne sais pas, moi…faire des mathématiques".

* * *

Maud: "Vous savez, ce qui me chiffonne le plus en vous, c'est que vous vous dérobez. Vous ne prenez pas vos responsabilités. Vous êtes un chrétien honteux… doublé d'un Don Juan honteux. C'est bien le comble"!

* * *

Jean-Louis: "Chaque fois que j'ai connu une fille […], cela m'a découvert un problème moral que j'ignorais, auquel je n'avais pas eu à faire face concrètement. J'ai eu à prendre une attitude qui…pour moi, a été bénéfique, qui m'a sorti de ma léthargie morale".
Maud: "Mais vous pouviez très bien assumer le côté moral et laisser la chose physique".
Jean-Louis: "Oui mais le moral n'apparaissait…n'existait même…Ah oui, bien sûr, je sais, on peut toujours tout !…Mais physique et moral sont indissociables. Faut quand même voir les choses comme elles sont".

* * *

Maud: "…Mais, quand même, vous me paraissez terriblement tortueux".
Jean-Louis: "Tortueux"?
Maud: "Oui. Je croyais que, pour un chrétien, on était jugé selon ses actes…et vous n'avez pas l'air d'y attacher beaucoup d'importance".
Jean-Louis: "Aux actes ?…Oh, si. Enormément. Mais pour moi, ce n'est pas un acte particulier qui compte, c'est la vie dans son ensemble".

* * *

Jean-Louis: "Ce qu'il faut, c'est la pureté du cœur. Quand on aime vraiment une fille, on n'a pas envie de coucher avec une autre".

* * *

Maud (chez elle) : "Non, vous voyez, ce que je vous reproche, c'est…votre manque de spontanéité".
Jean-Louis: "Mais je vous ouvre mon cœur…qu'est-ce qu'il vous faut de plus"!
[…]
Maud: "Je parle de votre façon de calculer, de prévoir, de classer : la condition sine qua non, c'est que ma femme soit catholique. L'amour vient après".

* * *

Prêtre (à l'église) : "Mais au-delà de nos peurs, nous devons avoir une Foi […] qui nous rappelle, simplement, que Dieu nous aime…et que sans cesse cet homme, ce Saint que nous sommes appelés à être…cet homme est un homme…qui, d'une part est dominé par une certaine difficulté à vivre, à être…à vivre avec son existence d'homme, avec ses passions, ses faiblesses, ses tendresses…mais aussi à vivre en tant qu'il *veut* être disciple de Jésus-Christ".

* * *

Jean-Louis (après l'aveu de Françoise): "Je vais te faire une confidence. Le matin même où nous sous sommes rencontrés… je sortais de chez une fille. J'avais couché avec elle".

Françoise: "Si on ne parlait jamais de tout cela. Tu veux bien, n'en parler jamais"?

* * *

Jean-Louis (voix intérieure, à la plage, au sujet de sa nuit chez Maud): "J'allais dire : il ne s'est rien passé, quand, tout à coup, je compris que la confusion de Françoise ne venait pas de ce qu'elle apprenait de moi... mais de ce qu'elle devinait que j'apprenais d'elle, et que je découvrais, en fait, en ce moment, et seulement en ce moment... Et je dis, tout au contraire : 'Oui, ce fut ma dernière escapade'"!

© *L'Avant-Scène Cinéma*

Sujets de réflexion

1. La situation personnelle des personnages principaux : Jean-Louis, Maud, Vidal, Françoise.
2. Les circonstances de la rencontre de Françoise ; le début des rapports entre elle et Jean Louis.
3. Les thèmes du hasard, de la probabilité et du pari de Pascal.
4. Les thèmes de la chance et du destin.
5. Le catholicisme de Jean-Louis et sa vie passée (ses aventures) ; le problème de la mauvaise foi.
6. Les rapports entre Jean-Louis et Maud.
7. Les rapports entre Jean-Louis et Françoise.
8. Le sens du dénouement (l'épilogue au bord de la mer).
9. L'importance thématique de la saison (l'hiver) et du lieu de l'action du film (Clermont-Ferrand).
10. Le style de Rohmer et le rôle de la parole.

DOSSIER CRITIQUE

René Prédal — Le style "classique" de Rohmer

Rohmer pratique une mise en scène de l'*évidence* et si la solution adoptée est chaque fois la plus simple, ce n'est pas parce que c'est la première qui est venue à l'esprit du cinéaste, mais bien au contraire parce que celle qui est finalement retenue l'a été après que toutes les autres se soient trouvées écartées. C'est donc toujours la plus dense, celle qui en dit le plus avec la plus grande économie de moyens, le plan fixe choisi après avoir envisagé les travellings peut-être les plus fous, la vision frontale qui s'impose parce que tous les cadrages ont été essayés, la solution [Howard] Hawks préférée aux trouvailles de [Orson] Welles.

Car si Rohmer veut communiquer, il tient à le faire avec les instruments inverses de ceux de la facilité, c'est-à-dire par la pureté de son écriture et non par le baroque de sa mise en scène, par une imbrication subtile de micro-séquences tenant un compte précis de la chronologie et de la topographie et non pas agencées dans le but d'obtenir un montage brillant ou inattendu. Mais pureté n'est pas pauvreté et son langage cinématographique peut transmettre les impressions les plus ténues, exprimer les sentiments les plus fugaces, teinter d'humour les maximes les plus sérieuses en s'adressant à l'intelligence d'un spectateur gagné d'avance au charme de son discours mesuré [...].

Aussi qualifie-t-on son écriture de classique puisqu'elle privilégie des valeurs qui ne sont pas celles que l'on voit triompher en cette fin de siècle. De fait, son expression tend à la limpidité de l'exposé et impose une unité d'action rigoureuse, le narrateur ne racontant que ce qui est en rapport direct avec la situation psychologique envisagée. Rohmer marque peu d'intérêt pour le contexte. Il concentre son récit linéaire sur un sujet limité, éliminant de sa narration tout thème accessoire, personnages secondaires ou épisodes annexes. Ses anecdotes se déroulant, en outre, en peu de temps et dans un nombre de lieux restreint, l'analyste retrouvera, en effet, les caractères principaux qui servent généralement à définir un style classique ("Les Ecritures d'Eric Rohmer", pp. 47-48).

Marion Vidal — Filmer les scènes de conversation

La séquence du repas est un jeu de cache-cache où Vidal, Maud et Jean-Louis s'observent et cherchent à se démasquer sans se trahir eux-mêmes. La façon dont le cinéaste cadre le personnage qui parle, passe à celui qui écoute, reste sur lui tandis qu'il répond et encore lorsque le premier a repris la parole, puis revient sur le premier afin d'enregistrer la fin de son intervention et reste sur lui, tandis que l'on entend en *off* le second reprendre la parole, ce décalage fréquent de la caméra par rapport au locuteur et ce lent glissement vers l'auditeur donnent aux scènes de conversation un liant incomparable, qu'il serait difficile d'obtenir par un découpage classique où l'on passe de façon plus automatique à chaque replique, du champ au contrechamp et inversement (*Les Contes moraux d'Eric Rohmer*, p. 101).

Joël Magny — Le héros rohmérien

Tel le libertin, le héros rohmérien tient à conserver l'initiative du choix, quitte à justifier après coup son penchant irrationnel par un choix vertueux. D'ailleurs, même ceux qui choisissent, par un acte qu'ils voudraient de volonté pure, l'unique, l'élue, l'épouse à qui ils jureront fidélité, ne semblent jamais le faire dans un élan passionné du cœur : la raison l'emporte sur le sentiment immédiat. Le narrateur de *Ma nuit chez Maud* passe tout le film à justifier une décision intellectuelle destinée à le protéger d'une vie dissolue (*Eric Rohmer*, p. 59).

Michel Serceau — Jean-Louis et l'amour

Son discours et sa conduite, durant toute cette longue soirée chez Maud, donnent l'image d'un individu qui [...] prétend avoir eu une vie amoureuse où la chair et le plaisir étaient toujours subordonnés à l'union des cœurs, à des projets de mariage. Sans nous étendre ici sur le "jésuitisme" du personnage (manifeste lorsque Maud le met en contradiction avec lui-même à propos de ces problèmes moraux en dehors desquels il prétendait avoir été placé), notons que la fonction de Maud et Vidal est de faire avouer ou faire manifester au héros que son prétendu refus de la chair pour la chair, du plaisir sans amour ne répond à rien d'autre qu'à une détermination idéologique, au projet de vie qu'il est en train de former, au pari qu'il est en train de faire sur Françoise.

Ce qui se passera au terme de cette nuit montrera la fausseté de la proposition faite la veille, selon laquelle "quand on aime vraiment une fille, on n'a pas envie de coucher avec une autre". Comme l'indique l'extrait des *Pensées* sur lequel est fait, dans la librairie, un insert, nous avons affaire à un individu qui veut croire à un amour subsumant les impératifs de la chair, veut se convertir à une forme d'amour diminuant les passions, qui sont, pour paraphraser la fin du texte de Pascal en question, "les grands obstacles" ("Mythes et masques de l'amour", p. 72).

Marion Vidal — "Maud la noire, Françoise la blanche"

Ma nuit chez Maud peut être considéré comme le plus représentatif des Contes moraux. Le schéma traditionnel y est illustré de façon exemplaire : la rencontre de l'élue, sa recherche, l'intervention de la séductrice, puis le retour de l'élue [...]. Pas d'hésitation, ici, ni d'ambiguïté. Françoise est d'emblée pressentie par le narrateur comme *"l'Unique, l'Introuvable, la Somme de toutes les perfections jamais imaginées et souhaitées"*. Maud, première séductrice de type actif est par sa beauté, son intelligence et sa distinction, la tentatrice rêvée. Maud la noire, Françoise la blanche, opposées en tout point dans un combat pour une fois égal, où l'incontestable supériorité de la séductrice compense efficacement le handicap que consitue pour elle la prévention du narrateur en faveur de l'élue. Enfin, le rôle du destin et du hasard dans la vie du héros, les implications morales de ses actes sont étudiées en profondeur. La réflexion, située sur un plan métaphysique et religieux, atteint un niveau jusque-là inégalé [dans les Contes moraux] (*Les Contes moraux d'Eric Rohmer*, p. 85).

Marion Vidal (suite) — Maud et la séduction

... Maud peut apparaître comme une vamp sans scrupules, une veuve noire tissant implacablement la toile où viendra se prendre Jean-Louis [...]. Il est vrai qu'elle n'hésite pas à mentir sur l'existence de la chambre d'amis, et que venant d'un être aussi loyal ce mensonge dérange. La façon dont elle se débarrasse cavalièrement d'un Vidal malade de jalousie sous ses airs fanfarons peut également sembler cruelle [...].

La manière dont Maud circonvient le narrateur est sans doute un chef-d'œuvre de stratégie. S'étant volontairement immobilisée au lit, elle se fait servir par lui, lui demandant tantôt des cigarettes, tantôt un verre d'eau, et ainsi l'apprivoise et le domestique. Elle retourne contre lui les arguments qu'il invoque pour la quitter : il dit devoir partir pour des raisons de politesse et de savoir-vivre, elle lui prouve qu'il n'est soucieux que de respectabilité, et qu'il doit lui tenir compagnie, ne serait-ce que par compassion et charité chrétienne. Mais veut-elle vraiment le séduire? N'a-t-elle pas simplement besoin d'un peu de compagnie et de chaleur humaine en ces jours difficiles qui suivent son divorce? [...]. Alors, que faut-il penser de cette ébauche de flirt? Est-ce la réaction naturelle d'une femme sensuelle et sans inhibitions répondant dans les brumes d'un demi-sommeil, à l'attirance d'un corps masculin? Ou est-ce l'aboutissement d'un plan concerté de séduction? Maud voulait-elle séduire Jean-Louis? Et si oui, pourquoi? Par amour? Pour se venger de Vidal? Par défi, pour prouver que le charme de l'athée peut venir à bout des scrupules du croyant? Par revanche sur la mystérieuse jeune fille blonde qui lui rappelle, à juste titre, sa rivale auprès de son ex-mari? Comme toujours, le mystère est loin d'être élucidé (*Les Contes moraux d'Eric Rohmer*, pp. 97-98).

Maria Tortajada — La drague en filigrane…

Mais est-ce qu'on épouse une fille qu'on drague? Les analyses qui font du mariage le renoncement à la séduction oublient que la femme soi-disant idéale est une fille accostée dans la rue : en principe, elle en vaut bien une autre. Dans *Ma nuit chez Maud*, le personnage narrateur, catholique pratiquant affirmé, n'hésite pas à suivre la jeune femme aperçue à l'église, et à l'aborder dans la rue. Bien sûr, il peut se prévaloir de l'alibi du mariage, puisqu'il y pense avant même de lui avoir parlé. Il n'en reste pas moins que, dans les formes, sa démarche ressemble à celle de la drague. Le héros effectivement accoste Françoise, alors même qu'il vient de passer la nuit dans le lit de Maud […]. La différence entre la blonde catholique et la brune athée n'apparaît pas de manière éclatante. Qu'est-ce qui distinguera finalement l'amour sérieux de l'aventure? […] Bien sûr, ces représentations de la drague chez Rohmer n'ont plus exactement le même ton que dans les courts métrages des débuts de la Nouvelle Vague. La drague est devenue plus ambiguë en se confondant au ton sérieux que tentent de lui imposer certains personnages. Mais l'ombre portée de cette séduction prosaïque baigne les films les plus tardifs du cinéaste et enveloppe d'ambiguïté, si ce n'est d'ironie, les tentatives de séduction données pour "honorables" (*Le Spectateur séduit*, pp. 71-74).

Pascal Bonitzer — Un récit sous le signe du mensonge

Je vais vous raconter les choses à ma façon, comme je les vois — semble dire le narrateur de *Maud* — *mais soyez avertis qu'une autre façon de voir est possible, qui réduirait mon récit à néant*. Ainsi Rohmer — dans ce texte du moins [le texte littéraire du conte] qui est comme le reflet décalé, diffracté du film — fait-il implicitement appel au sens critique des lecteurs, qui sont aussi les spectateurs : nous ne devons pas prendre cette histoire pour ce qu'elle se donne, mais aussi pour ce qu'elle tait, pour ce qu'elle dissimule. Dans le texte manifeste du récit qui se déroule, se cache peut-être un autre texte, un autre récit, un récit latent, un récit virtuel, tout différent de celui qui nous est proposé […]. Rohmer est un cinéaste du récit, un conteur ; mais tout récit, dans son cinéma, selon un programme dès longtemps annoncé, s'inscrit sous le signe du mensonge — un certain mensonge (*Eric Rohmer*, pp. 13-14).

Pascal Bonitzer (suite) — Bonheur conjugal et illusion

[Vidal] en ressort radicalement diminué, pitoyable, au profit de Jean-Louis dont le charme, par opposition, opère sans effort. Mais Maud aussi est esseulée, et si elle est plus digne, elle n'en paraît pas moins triste à la fin du film, par contraste avec le bonheur familial manifeste de Jean-Louis et de Françoise.

Pour autant, le film nous dit-il qu'il faut être heureux avec (comme) Jean-Louis et Françoise, et non malheureux avec les autres? Faut-il réduire l'œuvre à une apologie du mariage catholique et bourgeois, voire à un film de propagande familialiste? En d'autres termes, le narrateur ici exprime-t-il le point de vue de l'auteur (*Eric Rohmer*, p. 59) ? […]

Reste alors cette autre morale, que si tout n'est qu'illusion et mensonge, une illusion au moins, un mensonge au moins, portent en eux-mêmes leur récompense, la paix du cœur et de l'esprit, le bonheur en un mot : c'est l'illusion conjugale, à condition qu'elle soit choisie et voulue pour elle-même. Le mal du monde moderne, c'est au contraire de ne pas vouloir se faire d'illusions, en amour notamment — de ne plus croire au destin, et moins encore aux *happy ends*. Et c'est peut-être en quoi les personnages de Rohmer [...] sont tout de même en un certain sens des héros : en tant doublement qu'ils s'opposent, guidés les yeux bandés, par la boussole du bonheur à deux, aux commandements barbares du monde moderne, aux relations éphémères, hasardeuses, chaotiques, sans issue et sans perspective, et que par cette aspiration même ils se fassent sujets d'un récit classique (*Eric Rohmer*, p. 123).

FILMOGRAPHIE D'ERIC ROHMER
(FILMS PRINCIPAUX)

1959 *Le Signe du lion*

1962 *La Boulangère de Monceau* (court métrage, *Six contes moraux I*)

1963 *La Carrière de Suzanne* (moyen métrage, *Six contes moraux II*)

1965 *Place de l'Etoile* (dans le film à sketchs, *Paris vu par...*)

1967 *La Collectionneuse* (*Six contes moraux IV*)

1969 *Ma nuit chez Maud* (*Six contes moraux III*)

1970 *Le Genou de Claire* (*Six contes moraux V*)

1972 *L'Amour l'après-midi* (*Six contes moraux VI*)

1975 *La Marquise d'O.*

1978 *Perceval le Gallois*

1980 *La Femme de l'aviateur ou On ne saurait penser à rien* (*Comédies et proverbes*).

1981 *Le beau mariage* (*Comédies et proverbes*).

1982 *Pauline à la plage* (*Comédies et proverbes*).

1984 *Les Nuits de la pleine lune* (*Comédies et proverbes*).

1985 *Le Rayon vert* (*Comédies et proverbes*).

1986 *Quatre aventures de Reinette et Mirabelle* (*Comédies et proverbes*).

1987 *L'Ami de mon amie* (*Comédies et proverbes*).

1989 *Conte de printemps* (*Contes des quatre saisons*).

1991 *Conte d'hiver* (*Contes des quatre saisons*).

1992 *L'Arbre, le maire et la médiathèque.*

1995 *Les Rendez-vous de Paris.*

1996 *Conte d'été* (*Contes des quatre saisons*).

1998 *Conte d'automne* (*Contes des quatre saisons*).

OUVRAGES CONSULTÉS

Allombert, Guy. "Ma nuit chez Maud", *Image et son : Revue du cinéma* 232 (nov. 1969), 128-130.

Arbois, Janick. "Ma nuit chez Maud". *Téléciné* 154 (juillet 1969), 38.

Baroncelli, Jean de. "Ma nuit chez Maud". *Le Monde*, 7 juin 1969, p. 11.

Biette, J.-C., Jacques Bontemps et Jean-Louis Comolli, "L'Ancien et le nouveau", *Cahiers du cinéma* 172 (nov. 1965), 33-42, 56-59.

Billard, Pierre. "Sous le signe de Pascal". *L'Express*, 9-15 juin 1969, p. 90.

Bonitzer, Pascal. *Eric Rohmer*. Paris: Editions de l'Etoile/Cahiers du cinéma, 1999.

.... "Maud et les phagocytes". *Cahiers du cinéma* 214 (juillet-août 1969), 59.

Bonizer, Pascal et Jean-Louis Comolli, Serge Daney, Jean Narboni. "Nouvel Entretien avec Eric Rohmer". *Cahiers du cinéma* 219 (avril 1970), 46-55.

Bonitzer, Pascal et Serge Daney. "Entretien avec Eric Rohmer". *Cahiers du cinéma* 323-324 (mai 1981), 29-39.

Bory, Jean-Louis. "Cinéma : Un film-torche". *Le Nouvel Observateur*, 30 juin 1969, pp. 44-45.

Chapier, Henri. "Du beau 'cinéma de chambre' d'Eric Rohmer". *Combat*, 16 mai 1969, p. 13.

Ciment, Michel. "*Ma nuit chez Maud*, d'Eric Rohmer". *Positif* 107 (été 1969), 42.

Collet, Jean. *Le Cinéma en question*. Paris: Editions du Cerf, 1972.

Estève, Michel, ed. *Eric Rohmer 1. Etudes cinématographiques* 146-148. Paris: Minard, 1985.

Gévaudan, Franz. "*Ma nuit chez Maud* d'Eric Rohmer". *Cinéma 69* 138 (juillet-août 1969), 26.

Haustrate, Gaston. "Ma nuit chez Maud". *Témoignage chrétien* 138 (3 juillet 1969).

Jacob, Gilles. "Cannes". *Nouvelles littéraires* (22 mai 1959), 14.

Lajeunesse, Jacqueline. "Ma nuit chez Maud". *Image et son* 230-231 (sept.-oct. 1969), 186.

Magny, Joël. *Eric Rohmer*. Paris: Payot & Rivages, 1995 (éd. originale, Rivages, 1986).

Molinier, Philippe. *Ma nuit chez Maud*. Clefs Concours. Paris: Atlande, 2001.

Nogueira, Rui. "Entretien avec Eric Rohmer". *Cinéma* 153 (fév. 1971), 43-58.

Pascal, *Pensées*. Paris: Garnier-Flammarion, 1973.

Prédal, René. "Les Ecritures d'Eric Rohmer". *Eric Rohmer 1* (voir ci-dessus Estève), pp.19-50.

Rohmer, Eric. *Le Goût de la beauté*. Paris: Editions de l'Etoile, 1984.

.... "Lettre à un critique (*à propos des Contes moraux*)", *Le Goût de la beauté*, pp. 89-91.

.... *Ma nuit chez Maud* (découpage). *L'Avant-Scène Cinéma* 98 (déc. 1969), 7-40.

.... "Pour un cinéma parlant". *Le Goût de la beauté*, pp. 37-40.

.... *Six Contes moraux*. Paris: Editions de l'Herne, 1974.

Serceau, Michel. *Les Jeux de l'amour, du hasard et du discours*. Paris: Editions du Cerf, 2000.

.... "Mythes et masques de l'amour". *Eric Rohmer 1* (voir ci-dessus Estève), pp. 63-103.

Séailles, André. "Entretien avec Eric Rohmer". *Eric Rohmer 1* (voir ci-dessus Estève), pp. 5-17.

Showalter, English, ed. *My Night at Maud's*. New Brunswick, NJ: Rutgers University Press, 1993.

Simsolo, Noël. "Entretien avec Eric Rohmer". *Le Revue du cinéma* 235 (jan. 1970), 88-92.

Tortajada, Maria. *Le Spectateur séduit. Le Libertinage dans le cinéma d'Eric Rohmer et sa fonction dans une théorie de la représentation filmique*. Paris: Kimé, 1999.

Vidal, Marion. *Les Contes moraux d'Eric Rohmer*. Paris: Pierre Lherminier, 1977.

Alain Resnais

Mon oncle d'Amérique

(1980)

Alain Resnais, *Mon oncle d'Amérique* : René Ragueneau et
Veestrate se battent au bureau (métaphoriquement). © MK2

Réalisation	Alain Resnais
Scénario et dialogues	Jean Gruault
Inspiré par les travaux de	Henri Laborit
Assistants réalisateurs	Florence Malraux, Jean Léon
Chef-Opérateur	Sacha Vierny
Caméraman	Philippe Brun
Musique	Arié Dzierlatka
Son	Jean-Pierre Ruh
Montage	Albert Jurgenson
Décors	Jacques Saulnier
Costumes	Catherine Leterrier
Scripte	Hélène Sébillotte
Production	Philippe Dussart, Andréa Films et T.F. 1
Durée	2 h 00

Interprètes principaux

Gérard Depardieu (*René Ragueneau*), Nicole Garcia (*Janine Garnier*), Roger-Pierre (*Jean Le Gall*), Marie Dubois (*Thérèse Ragueneau*), Nelly Borgeaud (*Arlette Le Gall*), Pierre Arditi (*Zambeaux*), Gérard Darrieu (*Veestrate*), Philippe Laudenbach (*Michel Aubert, l'ami de Jean*), Henri Laborit (*lui-même*), et avec Max Vialle (*Laugier, le metteur en scène*), Jean Dasté (*M. Louis*), Alexandre Rignault (*le grand-père de Jean*), Gaston Vacchia (*l'oncle de René*), Véronique Silver (*la mère de Janine*), Laurence Badie (*Mme Veestrate*), Jacques Rispal (*l'homme bousculé*), Héléna Manson (*la logeuse de René*).

Synopsis

En entrelaçant trois discours séparés, *Mon Oncle d'Amérique* raconte l'histoire de trois vies, de trois personnes de milieux sociaux différents dont les destinées se rencontrent à un moment donné, tout à fait par hasard. Jean Le Gall est un fils de famille breton qui réussit ses études brillamment et rêve d'être écrivain. Il se marie, a des enfants et se contente de devenir professeur dans un lycée parisien. En jouant sur ses relations, il est pourtant chargé de divers travaux pour le Ministère de l'Education et se retrouve, une vingtaine d'années plus tard, directeur des informations à la Radiodiffusion. Janine Garnier, de son côté, parisienne et fille d'ouvriers militants communistes, est passionnée pour le théâtre et ne rêve que de devenir actrice. Brimée par ses parents, pour qui le théâtre n'est pas "sérieux", elle quitte le foyer familial et, par un coup de hasard, se voit confier le rôle principal dans un spectacle d'avant-garde de la rive gauche qui connaît un certain succès. René Ragueneau, fils d'agriculteurs, catholique pratiquant, s'accroche pour obtenir son certificat d'études primaires, puis fait des études par correspondance. Son rêve, c'est d'échapper au monde paysan en faisant carrière dans une entreprise. A force de travailler, de faire des études, il parvient à gravir les échelons d'une entreprise familiale de textile jusqu'au poste de directeur technique, tout en devenant — c'est sans doute sa seule distraction — un maître cuisinier.

Nous apprenons, par ailleurs, que chacun de ces trois personnages nourrit une fascination pour une grande vedette française, un personnage mythique du cinéma qui apparaît épisodiquement, dans des inserts (toujours en noir et blanc), juxtaposé au personnage concerné. Pour Jean, c'est Danielle Darrieux, pour Janine, Jean Marais et pour René, Jean Gabin.

Parallèle aux trois discours qui construisent le parcours des trois personnages principaux (fictifs) du film, il y a un quatrième discours qui émane d'un personnage non-fictif, le professeur Henri Laborit. Homme de sciences, évoluant dans son laboratoire, Laborit intervient de manière ponctuelle pour développer des hypothèses sur la biologie et la psychologie du comportement humain qui éclairent, dans une certaine mesure, les actions et réactions des personnages fictifs.

C'est au moment (1975) où chacun des trois personnages semble être en train de réussir sa vie professionnelle que l'action commence véritablement ; c'est-à-dire, que les trois destinées commencent à converger. Venu avec sa femme, Arlette, voir le spectacle où triomphe Jeanine, Jean tombe amoureux de celle-ci et finit par quitter femme et enfants pour s'installer chez elle. Quant à René, il apprend que l'usine pour laquelle il travaille va bientôt être achetée par une entreprise concurrente et qu'il va devoir supporter dans son bureau la présence d'un rival pour son poste, Veestrate. Des deux côtés, les choses se gâtent. Ayant encouru le déplaisir du ministre, Jean se trouve brusquement déchu de ses fonctions et souffre, par-dessus le marché, de coliques néphrétiques (calculs rénaux). Angoissé par la crainte de perdre son poste, René somatise et souffre d'un ulcère à l'estomac. Ses peurs se réalisent, d'ailleurs : on accorde son poste à Veestrate, plus au courant des techniques de production modernes. On lui propose, par contre, le poste de directeur d'une nouvelle usine de vêtements à Cholet, à 600 kilomètres de Roubaix où il vit actuellement. Contraint d'accepter, il part seul, sa femme, Thérèse, ayant refusé de quitter son poste d'institutrice et de déraciner les enfants pour le suivre. La femme de Jean, elle, réussit à récupérer son mari en faisant croire à Janine qu'elle est très malade et qu'elle va mourir bientôt. Tombant dans le piège, Janine cherche querelle à Jean pour avoir un prétexte pour rompre.

Deux ans plus tard, Jean et Jeanine se retrouvent, par hasard, dans la petite île bretonne qui appartient à la famille de Jean. Jeanine, qui a dû abandonner le théâtre, est devenue styliste dans une entreprise de textile, celle justement pour laquelle travaille René Ragueneau. Jean, lui, qui avait été réintégré à l'enseignement après sa chute, vient de publier un livre polémique sur son expérience à la Radio et va se présenter comme candidat aux prochaines élections législatives. Au cours de leur conversation, Janine comprend qu'Arlette, la femme de Jean, n'avait jamais été malade et qu'elle lui avait joué la comédie pour reprendre son mari. Catastrophée, elle se rend quand même à un rendez-vous d'affaires à Cholet avec le patron de son entreprise et … René, dont l'usine connaît des ennuis financiers. On lui propose le poste inférieur de directeur technique de son usine, sous l'autorité d'un nouveau directeur général. Indigné, René quitte brusquement le restaurant où se tient la réunion, mais revient bientôt s'excuser. Lorsqu'on lui propose, connaissant ses talents de cuisinier, un poste de cadre dans une chaîne de magasins d'alimentation de luxe, il n'en peut plus. Profondément humilié, il rentre chez lui et se pend. Sauvé *in extremis* par sa logeuse, il est conduit à l'hôpital où l'on le réanime. Pendant ce temps, Janine se rend chez Jean pour tirer leur situation au clair. Après une confrontation avec sa femme, Arlette, qui la nargue carrément, elle rejoint Jean qui participe à une partie de chasse. Il lui apprend que sa femme a tout avoué et lui fait comprendre qu'en définitive c'est à celle-ci qu'il donne raison. Suffoquant d'indignation, Janine gifle violemment Jean, qui se protège comme il peut. A l'hôpital René reprend connaissance pour trouver à ses côtés sa femme, éplorée. Dans leur champ Janine et Jean continuent de lutter, juxtaposés aux images d'un sanglier qui tourne sur lui-même, sur le point de s'effondrer. Le film se termine sur des prises de vue d'un quartier délabré de la ville de New York.

La réception

Mon Oncle d'Amérique sort le 21 mai 1980 à Paris et dans la périphérie. Il connaît un succès commercial immédiat que même son Prix spécial du jury au festival de Cannes 1980 ne laissait prévoir : plus de 400 000 entrées en dix semaines d'exclusivité. A l'étranger il se voit attribuer le Prix du Meilleur Film étranger 1980 par les New York Film Critics. Quoique le film fasse à peu près l'unanimité en ce qui concerne ses qualités formelles, il suscite chez les critiques de cinéma des réactions très diverses, voire contradictoires, quant au fond du propos de Resnais, ce que démontrent clairement les échantillons d'articles dans *L'Avant-Scène Cinéma* (Resnais, pp. 71-72). Pour certains c'est une analyse juste et percutante de notre comportement social, comme de la société contemporaine : "Aucun film n'analyse mieux l'air de notre temps que *Mon oncle d'Amérique*" déclare Michel Perez le jour même de la sortie du film, opinion à laquelle se rallie Philippe Pilard : "Ce film traduit cette espèce d'impasse, ce malaise, qui est celui de la société française à la fin des années soixante-dix". Marcel Martin, lui, apprécie "cette intelligente tentative de sortir des sentiers battus du réalisme psychologique français" (p. 24). Ce point de vue approbateur n'est pas partagé, pourtant, par la critique du quotidien communiste, *L'Humanité* : Françoise Lazard-Levaillant accuse Resnais de faire le jeu du pouvoir politique (de droite) en illustrant dans son film "des thèses réactionnaires" selon lesquelles "les hommes et les phénomènes sociaux sont biologiquement déterminés". Christian Zimmer, de son côté, plusieurs mois plus tard, soutient dans *Le Monde* que *Mon oncle d'Amérique* est "scientifiquement une imposture" et "le pire des films didactiques". Les commentateurs ne sont même pas d'accord sur le rapport entre les deux discours du film, celui de Resnais et celui de Laborit : les uns estiment, comme Albert Jacquard, que "chaque scène présentée par le cinéaste illustre un propos du biologiste", tandis que d'autres, tel Michel Delain, affirment avec autant de certitude que Resnais "ne s'applique surtout pas à illustrer les thèses du biologiste". La vérité est, sans doute, entre les deux.

Avant *Mon oncle d'Amérique*

Comme on peut le lire ci-dessus, dans le chapitre sur *Hiroshima mon amour* (p. 255), Resnais débute dans le monde cinématographique comme monteur de films, avant de réaliser une série de courts métrages documentaires dont le génie évident a tout simplement révolutionné le genre. Son premier long métrage, *Hiroshima mon amour* (1959), où l'on trouve déjà les thèmes obsédants d'une bonne partie de son œuvre — l'amour et la mort, le souvenir et l'oubli, l'enchevêtrement du passé et du présent (si ce n'est l'avenir) — gagne de multiples prix et lui donne, presque du jour au lendemain, une célébrité mondiale. Son film suivant, *L'Année dernière à Marienbad* (1961), qui obtient le Lion d'Or au festival de Venise et le prestigieux Prix Méliès en France, fascine et déroute le public par ses personnages mystérieux et une intrigue plus qu'énigmatique. Une banale histoire d'adultère (un homme tente de prendre une femme à son mari) est transformée en une cérémonie onirique, voire cauchemardesque, une succession de fantasmes dont le sens précis nous échappe le plus souvent. Puis, dans *Muriel, ou le temps d'un retour* (1963), Resnais reprend ses méditations sur le problème du temps dans les relations humaines, ainsi que sur celui de la guerre, thèmes qu'il avait déjà abordés dans *Hiroshima*. A Boulogne, une femme qui reçoit la visite d'un ancien amant (leur liaison remonte à l'époque de la Deuxième Guerre mondiale) constate que l'œuvre du temps les a séparés irrémédiablement. Par ailleurs, le beau-fils de cette femme, qui vient de rentrer de son service militaire en Algérie, essaie de faire face aux angoisses nées des actes commis par les soldats français au cours du conflit. *La Guerre est finie* (1966), le film suivant de Resnais, met en scène, comme le dit Marcel Ohms, "les problèmes existentiels de la lutte politique" (p. 104). Le héros, militant clandestin du Parti Communiste espagnol vivant en exil en France, vit une crise d'identité où il met en question le bien-fondé de la lutte qu'il mène contre le pouvoir franquiste. Ici encore, le passé et le présent se confrontent, le militant se rendant compte qu'il continue de vivre dans un passé dont les réalités ne correspondent plus à celles du présent. Dans *Je t'aime, je t'aime* (1968), Resnais traite de sujets familiers dans un nouveau genre : la science-fiction. Reprenant les thèmes de la mort et de la mémoire en crise, ainsi que son climat onirique habituel, il nous présente le cas d'un homme qui, à la suite d'une tentative de suicide manquée, devient l'objet d'une expérience scientifique où il est renvoyé dans son passé. Lorsque la machine se dérègle, la chronologie de ses souvenirs, dont nous suivons les péripéties, est bouleversée… . *Stavisky* (1974), ensuite, est sûrement le plus atypique des films de Resnais par son réalisme et son aspect apparemment conventionnel, malgré un certain onirisme né de la représentation d'un monde d'extrême opulence. C'est également un de ses films les plus "politisés". Resnais y présente une version mi-historique, mi-fictive de "l'affaire Stavisky", une histoire d'escroquerie monumentale qui a défrayé la chronique au début de l'année 1934, et qui a eu de profondes répercussions sur la classe politique en France. *Providence* (1976), enfin, qui obtient le César de la mise en scène à Cannes en 1978, traite à la fois du problème du vieillissement, donc de la mort, et du processus de création. Nous assistons aux fantasmes angoissés du personnage principal, un vieil écrivain, qui entremêle dans ses cauchemars les membres de sa famille et les personnages de son prochain roman, le tout fortement influencé par ses remords de conscience, sa peur de vieillir et son obsession de la mort.

La genèse, les acteurs

Selon Resnais, *Mon oncle d'Amérique* trouve son origine dans un projet raté de court métrage. Un laboratoire pharmaceutique ayant demandé à Henri Laborit de faire un petit film sur "un produit qui favorise la mémoire", le biologiste, qui avait été épaté par la représentation des "mécanismes qui à partir du cerveau structurent les comportements humains" dans *L'Année dernière à Marienbad*, ne voulait le faire qu'à condition que ce soit avec Resnais (Chapsal, p. 22). Le court métrage ne s'est pas fait, mais le projet a permis à Resnais et à Laborit de faire connaissance. Cette rencontre portera ses fruits deux ans plus tard, après que Resnais aura commencé à bien connaître l'oeuvre du savant. Avec la collaboration de Laborit et du scénariste Jean Gruault, il se met au travail sur un long métrage lié aux travaux du biologiste. Comme il nous le dit, il voulait "raconter une histoire d'un côté, et de l'autre avoir un savant — en l'espèce Henri Laborit — qui exposerait le résultat de ses travaux. Faire coexister l'un à côté de l'autre, ça serait plus drôle, c'est une construction dramatique qui serait amusante à chercher" (Decaux et al., p. 15). En ce qui concerne l'histoire, c'est Gruault qui trouve l'idée des trois vies parallèles, tandis que Resnais conçoit le projet d'utiliser des extraits de films où des acteurs très célèbres, quasi-mythiques, fourniraient des exemples de comportement. A un certain moment, Resnais a même envisagé la possibilité de faire un film de montage composé entièrement d'extraits de films avec de grandes vedettes de tous les pays : "Le cinéma représente bien tous nos comportements. On pourrait faire, avec tous les films qui existent, une illustration de Laborit" (Decaux et al., p. 15). Démentiel, Resnais en convient lui-même, le projet est vite abandonné, mais l'idée des inserts est retenue pour le film en cours d'élaboration.

Quant aux interprètes, Resnais explique qu'il choisit toujours les uns en fonction des autres, avec l'idée de "provoquer des rencontres" qui pourraient donner des résultats intéressants : "Ici c'est la combinaison Garcia/Depardieu/ Roger-Pierre qui m'a amusé. Si j'avais dû changer un des acteurs, je les aurais peut-être changés tous les trois" Chapsal, p. 15). Le choix de Nicole Garcia et de Gérard Depardieu, tous deux des vedettes bien connues du public, pour les rôles de Janine Garnier et de René Ragueneau n'a pas besoin de commentaire. Ce n'est pas le cas de Roger-Pierre, dont le choix pour le rôle de Jean Le Gall peut surprendre. Comédien de music-hall parisien, habitué des théâtres du Boulevard, Roger-Pierre a peu d'expérience des plateaux de studios. La décision de Resnais de lui confier ce rôle vient, nous dit-il, "du désir de le faire jouer dramatiquement mais qu'il puisse faire usage de ses dons de fantaisiste" (Benayoun, *Arpenteur*, pp. 250-251). Le cinéaste ne cache pas qu'il souhaite que le public trouve *Mon oncle d'Amérique* "drôle", et la manière de jouer de Roger-Pierre, un tant soit peu cabotine, contribue effectivement à faire ressortir l'humour discret que Resnais développe dans son film — humour auquel la critique ne se montre pas toujours sensible mais qui joue un rôle important en atténuant le caractère didactique du film. Le choix de Laborit, finalement, pour incarner son propre personnage dans le film, souligne le côté volontairement didactique de l'oeuvre, certes, mais ce n'est pas tout. Comme le dit Resnais, Laborit "se trouve à cheval sur la réalité et la fiction" (p. 6) ; la mise en scène de son personnage est une manière ingénieuse de jouer avec la frontière entre la réalité et la fiction, tout en suggérant les rapports intimes que celle-ci entretient avec celle-là.

Dans le domaine de la genèse de *Mon oncle d'Amérique*, comme de tous les films de Resnais, il faut rappeler l'habitude du réalisateur de demander à ses scénaristes des "biographies imaginaires" de tous les personnages, jusqu'aux rôles les plus mineurs. A titre d'exemple, voici la "fiche signalétique" d'Arlette Le Gall, la femme de Jean (Resnais, p. 8) :

> Arlette est fille du plus gros boucher de la ville. Un peu plus jeune que Jean : pour ce dernier c'est, malgré tout, une mésalliance. Une des raisons pour laquelle il ne l'épousera qu'à Paris, de façon discrète (1958). Mais l'évolution des moeurs fera qu'il pourra plus tard revenir vivre dans sa province avec elle (1979). Son beau-père, devenu gros propriétaire et radical de gauche, pourra même l'aider dans sa carrière politique après son éloignement de la radio.

Ou, encore, la fiche d'Anne Guesdon, la jeune actrice qui refuse de se plier aux exigences du metteur de scène et dont le départ permet à Janine de faire ses débuts au théâtre dans le rôle de Julie de Lespinasse (p. 9) :

> Née le 14 mai 1953 à Grenoble d'un père magistrat. Milieu "éclairé". Lycée Fénelon à Paris. Son désir de devenir comédienne est encouragé par ses parents. Cours Simon. Débute très tôt au cinéma, dans des petits rôles sur les boulevards. Elle veut tâter de l'avant-garde mais y renoncera vite par horreur de l'amateurisme. Rôle important dans un triomphe de Marcel Achard, puis c'est un [...] nouveau triomphe dans la dernière comédie de Françoise Dorin. Carrière brillante au cinéma (à l'inverse de son amie Janine Garnier). Lectures : Derrida, Barthes, Lacan, Lévi-Strauss. Ecrira ses mémoires.

Comme nous l'avons constaté dans le chapitre consacré à *Hiroshima mon amour*, ces biographies, sans avoir forcément de lien direct avec l'action du film, aident les acteurs à construire le personnage qu'ils incarnent et à lui donner plus de profondeur.

Les inserts

Les grandes vedettes, Jean Marais, Danielle Darrieux et Jean Gabin, qui paraissent dans les inserts, les courts extraits de vieux films, ont été choisies en fonction de leurs affinités avec les personnages principaux, c'est-à-dire, comme l'explique Resnais, "parce que c'était le choix le plus vraisemblable pour chacun de nos trois héros". Par ailleurs, précise-t-il, il fallait des stars — et elles ne sont pas légions — dont les carrières s'étalaient sur plusieurs générations, "ce qui leur donnait un aspect immortel" (Benayoun, p. 249). Danielle Darrieux, dont la carrière d'actrice s'étend de 1931 à nos jours et comprend une cinquantaine de films avant la sortie de *Mon oncle d'Amérique*, est un choix logique pour Jean Le Gall de par son élégance naturelle et de nombreuses incarnations de personnages des classes supérieures, comme, par exemple, dans *Mayerling* d'Anatole Litvak (1936), *Ruy Blas* de Pierre Billon (1948), ou *Madame de…* de Max Ophuls (1953). Jean Marais, dont la carrière recouvre à peu près la même période que celle de Darrieux, est devenu célèbre en France dès son incarnation d'un Tristan moderne dans le film de Jean Delannoy et Jean Cocteau, *L'Eternel Retour* (1943). Considéré par certains comme "le plus bel homme du monde", il est devenu l'acteur fétiche de Cocteau, jouant dans ses films les plus célèbres, *La Belle et la bête* (1946), *Ruy Blas* (adaptation de Jean Cocteau), *Les Parents terribles* (1948), et *Orphée* (1950). Il n'en sera pas moins le héros romantique de multiples films d'aventure, comme *Le comte de Monte-Cristo* (1955), *Le capitaine Fracasse* (1961), ou *Le Masque de fer* (1962), ce qui correspond bien à l'esprit romanesque de Janine Garnier qui "ne manque jamais les films de cape et d'épée à la télévision" (*L'Avant-Scène Cinéma*, p. 12). Jean Gabin, finalement, un des plus grands mythes du cinéma français, jouera dans plus de quatre-vingt-dix films répartis sur six décennies jusqu'à sa mort en 1976. Homme du peuple et héros romantique tragique par excellence dans les années trente, puis patriarche et anti-héros (genre "Parrain") dans les années soixante, le personnage de Gabin convient parfaitement à celui de René Ragueneau à la fois par son identification aux classes populaires et par la force de volonté qui caractérise souvent les rôles qu'il incarne.

La structure

Comme *Hiroshima mon amour*, qui prend la forme d'une pièce de théâtre en cinq actes, avec prologue et épilogue, le scénario de *Mon oncle d'Amérique* est divisé en quatre actes distincts, encadrés, eux aussi, par une sorte de "prologue" et d'"épilogue", très courts. Le prologue consiste en un plan sur un coeur en plastique rouge dont on entend les battements, suivi d'une série rapide d'images fixes évoquant surtout les environnements naturel et culturel de l'homme, le tout accompagné d'un discours scientifique en voix *off* par Henri Laborit et, pendant un moment, les voix des trois personnages principaux, enchevêtrées, qui évoquent leur naissance respective.

Dans le premier "acte", nous apprenons les origines sociales des trois personnages principaux, ainsi que leur éducation, leurs études et leurs ambitions dans la vie. Ces biographies succinctes commencent par les voix entremêlées, à peine intelligibles, des trois personnages ; elles sont évoquées ensuite par la bande-images, accompagnée au début de la voix *off* d'une speakerine, jusqu'à ce que chaque personnage prenne le relais, toujours en *off*. Dès le début, le récit de la vie des trois personnages est entrelacé avec un discours scientifique du professeur Henri Laborit, également *off* (le plus souvent) sur la biologie du comportement des êtres humains, le tout parsemé d'inserts de films anciens avec les trois grandes vedettes françaises qu'on sait. Les trois personnages prennent la parole à l'écran, enfin — mais progressivement, intervenant en *off* pendant un moment encore — lorsque chacun d'eux, devenu adulte, quitte son milieu familial et s'installe dans sa vie personnelle. Quand le premier acte se termine, en 1975, les trois protagonistes du film ont tous atteint la réussite professionnelle, chacun à sa manière.

Au deuxième acte l'évolution de la vie des trois personnages se poursuit, mais nous avons rejoint le présent. Les discours *off* disparaissent, y compris celui de Laborit, remplacés par l'action à l'écran, mais les inserts avec les trois vedettes continuent d'intervenir sporadiquement. La vie de Janine rejoint celle de Jean, qui quitte sa femme pour s'installer chez elle. Le déroulement de leur existence s'enchevêtre toujours avec celui de René. Des deux côtés, les choses se gâtent bientôt, créant des situations de stress aigu qui produisent chez René un ulcère à l'estomac et chez Jean des coliques néphrétiques. Cédant à un chantage de la part d'Arlette, la femme de Jean, Janine oblige celui-ci à la quitter ; René, lui, est contraint d'abandonner le foyer familial pour assumer un poste dans une autre ville. Nous sommes en 1977.

L'action reprend, au troisième acte, deux ans plus tard. S'étant rendu dans une petite île qui lui appartient, Jean découvre que Janine s'y trouve aussi. La conduite de Jean, lorsqu'il fait cette découverte, est mise en parallèle avec celle d'un rat de laboratoire, dont le comportement est commenté par Henri Laborit, qui fait sa réapparition dans le fllm. Les retrouvailles de Jean et de Janine, où celle-ci comprend que la femme de Jean l'a bernée pour reprendre son mari, s'entrelacent avec le discours de Laborit qui fait le rapport entre le comportement du rat dans une situation de stress et celui des hommes dans une situation semblable. L'action dans l'île et les images des rats alternent, de surcroît, avec des plans brefs (certains déjà vus dans la première partie du film, sous un autre angle) qui évoquent soit l'éducation qu'ont reçue les trois personnages, soit des moments critiques de leur vie d'adulte. Dans cette partie du film, consacrée surtout au développement et à l'illustration des théories de Laborit, les inserts de vieux films ont disparu.

Le quatrième acte, dominé par des confrontations et des crises, enchaîne immédiatement après l'épisode de l'île. Janine, qui fait le trait d'union entre Jean et René, dont les vies ne se touchent pas, se rend à une réunion avec René et Zambeaux, le patron du conglomérat pour lequel ils travaillent tous deux à présent. Il s'agit de rétrograder René, qui ne réussit pas dans la gestion de son usine. Désespéré par son échec professionnel, René fait une tentative de suicide, tandis que Janine retrouve Jean pour une explication qui tourne au désavantage de la jeune femme et la laisse dans un état de frustration. Comme aux deux premiers actes, les vedettes de films anciens viennent ponctuer l'action — mais seulement celles que René et Janine affectionnent. A la fin du film Laborit fait une dernière apparition (comme le rat, d'ailleurs), prenant la parole à l'écran pour nous livrer ses conclusions, entrecoupées de quelques plans qui évoquent, encore une fois, les vies et les théories développées dans le film. Le film se termine par un court "épilogue", une série de travellings dans les rues d'un quartier dévasté de la ville de New York. Les travellings s'arrêtent sur un immeuble dont un des murs est couvert d'une peinture représentant une forêt, cédant la place à une succession de plans brefs (sur le mur) dont la taille diminue progressivement jusqu'au très gros plan sur quelques briques.

Les thèmes

Un premier thème de *Mon oncle d'Amérique* est annoncé d'emblée par le titre du film. Comme l'explique Resnais, "l'oncle d'Amérique, c'est [...] l'attente d'un événement heureux qui va résoudre tous nos problèmes" (p. 7). Ce "mythe européen", qui nourrit l'imagination de chacun des trois personnages principaux, est exprimé le plus clairement par Janine, qui confie à son patron, Zambeaux : "J'étais comme la plupart des gens qui passent la vie à attendre le bonheur comme on attend un héritage, quelque chose qui vous est dû. L'héritage d'un oncle d'Amérique". Le mythe de l'oncle d'Amérique est emblématique, d'ailleurs, de l'ensemble des mythes qui habitent la vie, tant consciente qu'inconsciente, de tout le monde, ce qui est illustré par les inserts de films dans *Mon oncle d'Amérique*. Les vedettes "mythiques", comme Gabin, Darrieux et Marais, servent de modèles de comportement qui informent les actions et réactions des hommes et femmes en société ; leur influence semble liée à ce que Laborit appelle le "cerveau associatif", celui des trois cerveaux superposés dont relève la faculté d'imaginer chez l'homme (voir à la fin de l'introduction, "Les Théories d'Henri Laborit"). Le cinéma, d'ailleurs, comme le roman et le théâtre, fournit tous les modèles imaginables, car, comme le remarque toujours Resnais, les trois genres "illustrent tous les comportements possibles" (p. 7). Comme les personnages "imitent", sans s'en rendre compte, le comportement de leur vedette préférée, leur modèle imaginaire, Resnais glisse dans son film le thème de la vie qui imite l'art, qui va donc de pair avec la théorie traditionnelle selon laquelle l'art imite la vie.

De manière générale, l'ensemble des thèmes du film sont liés, comme celui de l'oncle d'Amérique, aux théories de Laborit sur les bases biologiques du comportement humain. Cela est dû au fait que Resnais a "plaqué" un documentaire, comme il le dit, sur une fiction (et vice-versa). Les deux discours, celui du biologiste et celui du cinéaste, s'enchevêtrent et se reflètent, le comportement des personnages fictifs créés par Resnais évoquant, pour l'essentiel, les théories de Laborit — bien que le cinéaste affirme que ce que font les personnages "ne démontre pas forcément ce que dit le biologiste" (Chapsal, p. 8). Sans suggérer un rapport trop étroit, il y a une association très claire, comme le dit Michel Delain, entre "l'homme à la caméra" et "l'homme au microscope" (Resnais, p. 71), et le projet de Resnais et de Gruault pour leurs personnages est sans ambiguïté à cet égard : "Nous les mettons dans des situations où ils vont devoir agir ou s'inhiber. C'est le sujet du film" (Resnais, p. 6). Ainsi, les notions primordiales de Laborit sur le comportement humain, à savoir la gratification, la fuite, la lutte, et l'inhibition, figurent forcément parmi les thèmes principaux du film.

Resnais s'efforce, dans son montage d'images dans le "prologue" du film, et à certains moments ultérieurs, d'évoquer à la fois le thème de la nature et celui de la culture, les deux grandes forces qui façonnent, selon Laborit, le caractère de l'être humain et influent sur son comportement. En mettant en scène la vie de personnes venant de strates sociales différentes — la bourgeoisie, le milieu ouvrier, le monde rural — Resnais suggère l'universalité des schémas principaux de comportement établis par Laborit, basés sur des constantes dans la nature et dans l'éducation qu'on donne aux enfants. Les parallèles entre les personnages, malgré les différences de classes sociales, sont mis en relief explicitement par des similarités de comportement indéniables. Cela commence par le "comportement de fuite" exhibé par chaque personnage à certains moments de sa vie et va jusqu'aux "maladies de civilisation" dont souffrent Jean et René, coliques néphrétiques chez l'un, ulcère à l'estomac chez l'autre, séquelles de l'angoisse somatisée, c'est-à-dire, du "comportement d'inhibition" qui fait partie des hypothèses de Laborit. Certains propos des personnages soulignent, d'ailleurs, ces parallèles, comme la question posée à la fois par Jean et par René, "Qu'est-ce que c'est que ce bordel"? ou le "Qui ça, 'ils'"? de Jean, qui fait écho à une parole de la femme de René.

On n'oublie pas, évidemment, les thèmes du théâtre et du cinéma. Comme le film de Resnais se présente carrément comme une pièce en quatre actes, le théâtre, la passion de Janine, est mis en abyme par rapport à cette "pièce" — comme les extraits de films le sont par rapport au film qui les englobe. La mise en abyme étant une forme de thématisation, il est facile de voir ici le thème du rapport entre le cinéma et la vie, c'est-à-dire l'influence du cinéma sur le comportement, comme le thème du rapport entre le théâtre et la vie, ou plutôt celui, bien connu, de la théâtralité de la vie. Resnais observe, en effet, au sujet de ses personnages, qu'"ils sont en représentation permanente", tout en ajoutant, "mais nous aussi, dans notre vie de tous les jours, dès lors que nous sommes en société" (p. 7). Comme le montre on ne peut plus clairement la "comédie" d'Arlette, chez qui le théâtre devient un "comportement de lutte" dont le but est de récupérer son mari, le thème du théâtre s'intègre, lui aussi, aux théories d'Henri Laborit illustrées par *Mon oncle d'Amérique*.

En dehors de toute théorie scientifique, pourtant, *Mon oncle d'Amérique* présente aussi une thématique sociale importante. On n'a pas manqué d'observer, comme Marcel Oms, que ce film est un "reflet de société", "un film dans lequel on retrouve, au niveau des classes moyennes, toutes les mutations socio-économiques de la France de 1980" (p. 138). Decaux renchérit, traitant le film de Resnais de "cruelle satire de la société libérale avancée" (p. 23), et Bonnet abonde dans le même sens, trouvant dans le film "une satire très forte de la société française de compétition […] qui repose presque entièrement sur la peur du licenciement" (p. 24). D'autres vont plus loin encore, escamotant l'humour évident du film pour y voir "un film profondément désespéré" par son manque d'espoir de progrès pour l'homme.

Le style

Contrairement à l'image de marque de Resnais, son style dans *Mon oncle d'Amérique* n'est pas caractérisé par des séries de travellings, à l'exception du court "épilogue" dans le quartier désert de New York. On est frappé par le montage rapide d'images fixes dès le début du film. Celui-ci commence par un gros plan sur un coeur en plastique qui clignote, accompagné par la voix *off* de Laborit. Lui succède un faisceau lumineux qui se promène, à la manière de l'objectif d'une caméra filmant en gros plan, ou d'un microscope, sur un montage de photos représentant des objets, des personnages, et des habitats humains, accompagnés par les voix *off* superposées, à peine intelligibles, des trois personnages. Au plan suivant, le commentaire *off* de Laborit reprend, accompagnant des inserts d'objets faisant partie soit du monde naturel, soit du milieu culturel, pour laisser la place encore une fois, sur le même fond d'images fixes, aux voix *off* entrelacées, de plus en plus distinctes, des trois personnages. La voix de Laborit, accompagnée d'images de divers animaux et de Jean enfant, cède la place bientôt à la voix *off* d'une narratrice qui commence la biographie des trois personnages.

Resnais nous explique : "J'avais envie de commencer par une sorte de marmelade, qu'on ait l'impression de s'approcher petit à petit des personnages principaux…" (Decaux, p. 20). "Marmelade" qui évoque, peut-être, le chaos originel qui a précédé l'organisation du monde naturel. Quoi qu'il en soit, on ne peut nier le rapport qui s'établit d'emblée entre l'homme de science et le réalisateur de films, comme le signale d'ailleurs Bonnet : "Le panneau de photos fixes sur lequel s'ouvre et se ferme l'oeuvre, est comme la métaphore du système du film […]. Par là s'indique le laboratoire du cinéaste expérimentateur qui vient doubler celui d'Henri Laborit" (p. 24).

Le style de *Mon oncle d'Amérique* est défini, effectivement, par l'"expérience" que tentent Resnais et Gruault, c'est-à-dire, le projet de faire coexister la théorie et la fiction dans un film "un peu comme dans un jeu de miroirs ou des fils d'origine différente tressés dans un tapis" (Chapsal, p. 7). Le jeu de miroirs, le tressage, ne peuvent s'effectuer que par le montage, et c'est, effectivement, la technique du montage qui domine sur le plan du style. Comme on le sait, Resnais n'a pas d'égal, à l'époque moderne, dans l'art du montage. Dans le film que nous sommes en train d'étudier, il utilise surtout le montage parallèle, ou ce que Benayoun appelle un "montage de juxtaposition", pour relier d'une part le documentaire et la fiction, d'autre part les trois biographies qui constituent la fiction et dont font partie les inserts de films "mythiques", ajoutés en dernier, qui ponctuent le film de Resnais à des moments stratégiques.

Si le montage parallèle du discours scientifique de Laborit et du discours fictif de Resnais donne un caractère pédagogique, donc sérieux, au film, le réalisateur s'efforce d'adoucir, sinon d'effacer, à l'aide de l'humour, l'impression de didactisme ou de pédanterie. Resnais insiste, d'ailleurs, sur le côté volontairement comique de son film, un côté qui ne déplaît pas non plus à Laborit : "Ce que je trouve très bien, dit-il, c'est le côté ludique du film. A chaque instant on rejoint le comique" (Chapsal, p. 23). Le comique est produit surtout par des effets de montage, à commencer par la juxtaposition des rats de laboratoire et des personnages du film — si ce n'est tout bonnement par la transformation d'hommes en rats. L'épisode des hommes à tête de rat, que Resnais traite de "plaisanterie d'un goût douteux", tourne en ridicule la rivalité entre René et Veestrate. Le comique relève aussi, d'ailleurs, des inserts de films en noir et blanc avec leurs vedettes mythiques. Montés au ralenti, ces courts plans servent de commentaire plutôt ironique sur le rôle des stéréotypes dans la vie imaginaire des trois personnages. Comme les scènes comiques avec les rats, les inserts font partie de ce que Bonnet appelle "l'art de la mise à distance" chez Renais ; ce sont des techniques qui nous donnent du recul à la fois par rapport aux personnages et par rapport aux théories du comportement qui sont présentées dans le film. La musique du film, que Resnais voulait "parfois ironique, parfois dérisoire", concourt également à cette mise à distance par l'humour.

FICHE PÉDAGOGIQUE

Les théories d'Henri Laborit dans *Mon oncle d'Amérique*

"La seule raison d'être d'un être, c'est d'être […]. C'est de se maintenir en vie".

"On peut donc distinguer quatre types principaux de comportements. Le premier est le comportement de consommation qui assouvit les besoins fondamentaux [boire, manger, copuler]. Le second est un comportement de gratification. Quand on a l'expérience d'une action qui aboutit au plaisir, on essaie de la renouveler. Le troisième est un comportement qui répond à la punition, soit par la fuite qui l'évite, soit par la lutte qui détruit le sujet de l'agression. Le dernier est un comportement d'inhibition. On ne bouge plus. On attend en tension et on débouche sur l'angoisse. L'angoisse, c'est l'impossibilité de dominer une situation".

"Dans le cerveau des animaux, on trouve des formes très primitives. Il y a un premier cerveau [...] le cerveau reptilien [...] qui declenche les comportements de survie immédiate sans quoi l'animal ne pourrait pas survivre. Boire, manger, qui lui permet de maintenir sa structure, et copuler, qui lui permet de se reproduire. Et puis, dès qu'on arrive aux mammifères,un second cerveau s'ajoute au premier et [...] c'est le cerveau de l'affectivité. Je préfère dire que c'est le cerveau de la mémoire. Sans mémoire de ce qui est agréable ou de ce qui est désagréable, il n'est pas question d'être heureux, triste, angoissé. Il n'est pas question d'être en colère ou d'être amoureux. Et on pourrait presque dire qu'un être vivant est une mémoire qui agit [...]. Et puis un troisième cerveau s'ajoute aux deux premiers qu'on appelle le cortex cérébral. Chez l'homme il a pris un développement considérable. On l'appelle un cortex associatif [...]. Ça veut dire qu'il associe. Il associe les voies nerveuses sous-jacentes qui ont gardé la trace des expériences passées [...], c'est-à-dire qu'il va pouvoir créer, réaliser un processus imaginaire [...]. Dans le cerveau de l'homme, ces trois cerveaux superposés existent toujours. Nos pulsions sont toujours celles, très primitives, du cerveau reptilien".

"Ces trois étages de cerveau devront fonctionner ensemble, et pour ce faire, ils vont être reliés par des faisceaux. L'un, on peut l'appeler le faisceau de la récompense. L'autre, on peut l'appeler celui de la punition. C'est lui qui va déboucher sur la fuite ou sur la lutte. Un autre encore est celui qui va aboutir à l'inhibition de l'action. Par exemple, la caresse d'une mère à son enfant [...], les applaudissements qui vont accompagner la tirade d'un acteur, eh bien, tout cela libère des substances chimiques dans le faisceau de la récompense et aboutira au plaisir de celui qui en est l'objet".

"Ce qui est facile pour un rat en cage est beaucoup plus difficile pour un homme en société [...] ; il est rare qu'il puisse, pour assouvir ses besoins, aboutir à la lutte lorsque sa fuite n'est pas efficace".

"Le rat ne peut pas fuir. Il va donc être soumis à la punition à laquelle il ne peut pas échapper. Cette punition va provoquer chez lui un comportement d'inhibition. Il apprend que toute action est inefficace, qu'il ne peut ni fuir, ni lutter. Il s'inhibe, et cette inhibition, qui s'accompagne d'ailleurs chez l'homme de ce qu'on appelle l'angoisse, s'accompagne aussi dans son organisme de perturbations biologiques extrêmement profondes [...]. Ses troubles biologiques aboutissent à tout ce qu'on appelle les maladies de civilisation, ou psychosomatiques, les ulcères de l'estomac, les hypertensions artérielles, ils aboutissent à l'insomnie, à la fatigue, au mal-être".

"Quand son agressivité ne peut plus s'exprimer chez les autres, sur les autres, elle peut encore s'exprimer sur lui-même [...]. Il peut se suicider".

"La recherche de la dominance [...] est la base fondamentale de tous les comportements humains, et ceci en pleine inconscience des motivations".

Propos d'Alain Resnais

"J'ai voulu savoir si on pouvait porter sur un écran un raisonnement scientifique de type déductif (dans le même sens d'ailleurs qu'il s'en trouve dans les romans de détective) et une fiction, en mêlant ces deux types de récit, le scientifique et le romanesque, et si ce mélange pouvait créer un univers dramatique intéressant".

"Ça m'a paru drôle, dramatiquement, d'interrompre l'histoire et de redonner des morceaux de l'histoire avec tout à coup un autre point de vue. C'est ça qui m'excitait : reprendre, éclairés autrement, des événements d'abord aperçus sans esprit d'analyse. J'ai voulu savoir si dramatiquement ça fonctionnait".

Cinématographe: "Dans le film, les personnages vous ont surpris"?

Resnais: "Oui, on ne s'attendait pas à ce que Nelly Borgeaud (Arlette) vienne faire toute cette histoire. On était un peu étonné! On ne s'attendait pas du tout à la fin. On pensait que cela allait peut-être s'arranger entre Jean et Janine. Quand Jean Gruault m'a remis les feuilles de l'aveu de Jean Le Gall, il y a une surprise. Lui non plus ne le savait pas la veille" (Decaux et al., p. 20).

Cinématographe: "Que représente alors la première image"?

Resnais: "A l'origine, c'est un pendentif de Hong-Kong! Un coeur dans lequel il y a une pile électrique et qu'on porte sur un tee-shirt. Quand il est branché, il bat, il s'allume et s'éteint régulièrement. J'avais ça qui traînait chez moi, je l'ai emporté un matin au studio… Ce n'est pas scientifique du tout"! (p. 21).

M. Chapsal: "Pourquoi introduisez-vous dans *Mon oncle d'Amérique* des images en noir et blanc extraites d'anciens films"?

Resnais: "On admet volontiers que nous sommes influencés par nos rencontres, nos lectures, et par toutes les oeuvres d'art vues au cours de notre vie. Pourquoi pas par les films? Il n'y a qu'à voir l'émotion que soulève la mort des acteurs célèbres. En même temps, c'est un hommage que je rends à de grands comédiens comme Danielle Darrieux, Jean Gabin, Jean Marais" (p. 18).

Extraits à discuter

<u>Extrait 1</u> (2'05-4'00): Le début du film (coeur en plastique, images de l'environnement naturel et socioculturel, début des biographies).

<u>Extrait 2</u> (21'10-21'40): Jean et Arlette dans l'île ; extrait de film avec Danielle Darrieux.

<u>Extrait 3</u> (31'10-32'35): Janine furieuse contre le metteur en scène (extrait de film avec Jean Marais) ; la rencontre avec Jean (extrait de film avec Jean Marais et Danielle Darrieux).

<u>Extrait 4</u> (59'35-1h02'00): Arlette fait du chantage émotionnel à Jeanine pour récupérer son mari.

<u>Extrait 5</u> (1h07'10-7'55): Comportement de Jean dans l'île quand il voit Janine ; le rat de laboratoire.

<u>Extrait 6</u> (1h09'20-10'30): Jean avec une tête de rat ; comportements de fuite des trois personnages.

<u>Extrait 7</u> (1h20'30-25'00): Janine apprend que la femme de Jean n'est pas malade ; rats de laboratoire ; interdictions de la société et inhibition.

<u>Extrait 8</u> (1h39'30-41'35): On propose un nouvel emploi à René.

Extrait 9 (1h53'20-54'55): Janine retrouve Jean à la chasse au sanglier ; le comportement de Jeanine devant l'attitude de Jean.

Extrait 10 (1h58'10-59'15): Dénouement : travelling dans un quartier dévasté de New York.

Citations à commenter

René (souffrant de l'estomac): "C'est rien… c'est nerveux. C'est ce type, ce Veestrate… je l'ai sur le dos à longueur de journée… j'ai l'impression de passer un examen.

Thérèse: "Ça ne durera pas éternellement".

René: Ben, justement… Il faudra qu'ils prennent une décision…"

Thérèse: "Qui ça, 'ils'"?

René: "Oh! Pas Monsieur Louis, ni Monsieur Paul… mais la Direction Générale à Paris… Des gens que je n'ai jamais vus…".

* * *

René: "Ah! Tiens, tu me rappelles mon père! Chaque fois qu'on parlait d'un changement dans nos méthodes ou d'aller travailler en ville, il nous sortait son oncle d'Amérique…

Thérèse: "…qui a fini chochard à Chicago"!

René: "Ça, c'est ce que disait mon père, mais c'est pas prouvé"!

* * *

Arlette: "Voilà… Je voudrais que vous laissiez Jean revenir à la maison avec moi et les enfants… Oh, pas pour toujours… pour quelques mois seulement".

Janine: "Je ne comprends pas".

Arlette: Vous allez comprendre. Mais promettez-moi de ne rien répéter à Jean. Que cela reste entre nous. Moi aussi je suis malade. Bien plus gravement que Jean… Je viens de l'apprendre. Je ne me fais pas d'illusions. Mademoiselle… je vais mourir".

* * *

Janine: "… une chaîne d'une quarantaine de magasins d'alimentation […] où on vendrait des produits cuisinés qui sortiraient vraiment des cuisines des plus grands chefs…"

René: "Je ne vois pas ce que je viens faire là-dedans…"

Zambeaux: "On va avoir besoin de gens compétents pour diriger ces magasins…"

René: "En quoi ça consisterait"?

Janine: "Contrôle dans la qualité des produits, conseils aux clients… les aider à composer un menu, à choisir un vin… goûter les plats…"

René (offensé, ironique): "Est-ce que vous fournissez le tablier et la toque blanche? Décidément…".

* * *

Janine: "Non, non, il fallait absolument que je te voie! On peut pas rester toute notre vie sur ce mensonge… C'est trop stupide à la fin"!

Jean: Mais écoute-moi! Je crois que je sais pourquoi tu es là. Arlette, quand je lui ai dit que je t'avais revue, elle m'a tout raconté… tout avoué… ça m'a bouleversé… Tu as été merveilleuse… et je te demande pardon pour elle…

Mais Arlette a été merveilleuse, elle aussi… Avoir le courage de faire un tel mensonge… Qu'est-ce qu'elle a dû souffrir! D'abord, j'ai piqué une colère terrible contre Arlette. J'en ai pas dormi de la nuit. Et puis, au matin, j'ai compris… Je suis sûr que ça vaut mieux ainsi. Arlette et moi, nous avons pleuré…"

(Janine, souffoquée, gifle Jean, qui lui attrappe les poignets ; ils se battent.)

© *L'Avant-Scène Cinéma*

Sujets de réflexion

1. Quel rapport voyez-vous, au début du film, entre les images de rochers, de buissons, d'algues, etc. et les images de la petite cuillère, d'une bouteille d'encre, d'une paire de ciseaux, d'un pédalier de bicyclette, etc.?

2. Qu'est-ce que nous apprenons sur les origines sociales et les ambitions des trois personnages principaux (Jean, Janine et René)?

3. Quel rôle jouent dans ce film les vedettes de cinéma préférées des personnages principaux?

4. Le professeur Laborit distingue plusieurs comportements de base chez les êtres humains. Donnez des exemples de comportements de fuite, de lutte et d'inhibition dans ce film.

5. Comment Arlette réussit-elle à récupérer son mari, Jean, qui vit avec Janine? De quel instinct son action relève-t-elle (selon les théories de Laborit)?

6. Quelle différence Laborit établit-il entre le comportement d'un rat en cage, soumis à l'angoisse, et celui d'un homme en société? Comment est-ce que la situation de René, menacé par la rivalité de Veestrate, illustre cette différence? Quelles en sont les conséquences (somatiques) pour René?

7. Laborit prétend que l'agressivité est toujours une réponse à l'inhibition, l'impossibilité d'action, et quand elle ne peut pas s'exprimer sur les autres, elle peut encore s'exprimer sur soi-même. Quelle est la meilleure illustration de cette thèse dans le film?

8. Que signifie le titre du film, *"Mon oncle d'Amérique"*?

9. Que pensez-vous des trois personnages principaux du film? (Lequel est le plus fort? le plus faible?). Expliquez votre opinion.

10. Trouvez-vous ce film plutôt optimiste ou plutôt pessimiste? Expliquez votre opinion.

DOSSIER CRITIQUE

Henri Laborit — René et Janine

Dans *Mon oncle d'Amérique*, mes idées ne sont pas là pour expiquer les comportements des personnages auxquels elles ne s'appliquent pas directement, mais servent à les décoder.

On s'aperçoit, par exemple que si le personnage joué par Depardieu ne parvient pas à monter dans l'échelle sociale, c'est que par son éducation il manque d'accès à l'imaginaire, aux idées abstraites, au maniement de l'information et de la mise en forme d'idées nouvelles. Du coup il va s'inhiber, tomber malade, aller jusqu'au suicide.[…].

En revanche, Janine, la femme, est la moins "névrosée". Pourquoi? Parce qu'elle est capable de fuir […]. Elle bouge, quitte sa famille, son amant, change de milieu, se lance dans un travail formel, le design… C'est peut-être la seule qui va s'en sortir et parvenir à inventer une vie nouvelle… (Resnais, *Mon oncle d'Amérique*, pp. 25-26).

Jean-Pierre Oudart — René, Jean, Arlette

Reste la machine du film, ses espaces, ses durées et ses personnages qui apportent avec eux autre chose que leurs destinées individuelles. René Ragueneau déplace avec lui, de la campagne à la ville, de l'entreprise patriarcale au néo-capitalisme, une population rurale qui ne cesse d'émigrer, des habitudes, des croyances, des préjugés que le film heurte, effondre, mais surtout distribue dans une pluralité de situations qui font qu'à chaque fois, ce n'est pas un type social, une position de classe, ni tout à fait un acquis, ou une mémoire, qui se confirment, mais une étoffe plus subtile. Il n'est pas le même, par exemple, quand il parle au jeune qu'il embauche et à ses patrons. Il n'est pas assez loin de son origine, de son enfance, pour être identifié à sa fonction. Il est tantôt trop proche d'un reste de fraternité, tantôt trop pris dans un impératif d'obéissance, et en même temps, il s'en veut, il voudrait se rebeller […].

Cet homme de média provincial, arriviste, cet écrivain raté qui finit dans la politique, Jean Le Gall, n'habite pas un vaudeville à trois, entre Janine et sa femme, il n'habite pas son être de classe, son déterminisme, sa position, sa situation […]. Il erre, dans un paysage mouvant, une île minuscule qui, avec le temps, s'est aggrandie aux proportions d'un désert, partagé entre cette actrice, moderne, gaie, qu'il aimerait aimer, et sa femme […]. Arlette Le Gall est le personnage du film à vouloir absolument quelque chose, et sait le moyen de l'obtenir. Lui, il est perdu dans le cours incertain du temps, entre cette île de l'enfance, du grand-père, et ces foyers déserts, cet appartement et cette villa où aucune famille n'est imaginable. Et cette femme terriblement fidèle, criminelle, est toujours là, elle ne bouge pas ("*Mon oncle d'Amérique*", pp. 49-50).

Marcel Oms — L'île de Jean

Tous, d'une certaine manière, ont au fond d'eux-mêmes la nostalgie d'un univers d'enfance qui a nourri leurs illusions et que symbolise le titre du film : l'Oncle d'Amérique, c'est ce personnage fabuleux qui n'arrive jamais, qui n'existe peut-être plus et qui, de toute façon, relève des contes de fées ou des îles au trésor légendaires, à vocation initiatique et à ne prendre ni au mot à mot ni au pied de la lettre.

Telle est la fonction dans le film de l'île de Jean. Elle est pratiquement présente dès les premières scènes d'exposition, revient en leit-motiv comme un ensemble de souvenirs heureux, puis comme la promesse non tenue d'un amour caché et solitaire, enfin comme un lieu d'enlisement, de menaces, puis de rupture et de désillusion. Au-delà de l'île se déroule le dernier acte du film jusqu'à ce plan ultime d'un mur new-yorkais, dans un décor délabré, ruiniforme et désolé, désert, aussi vide que l'espoir du retour de l'Oncle d'Amérique […].

L'île de Jean, qui fut le lieu de sa naissance, c'est une métaphore du paradis terrestre et du paradis perdu, dont le souvenir se modifie au fur et à mesure que les exigences, les nécessités, les accommodements et les renoncements du monde adulte transforment la conscience (*Alain Resnais*, pp. 140-142).

Jacques Chevallier — Les extraits de films

Oui, mais la présence dans le film des images de Gabin, Danielle Darrieux ou Jean Marais, ce n'est pas seulement plaisir de cinéphile ; ce ne sont pas de simples citations. Il s'agit, cela va de soi, de "modèles", de points d'ancrage pour l'imaginaire des personnages dans un imaginaire socioculturel — le plus fort, celui qu'impose le cinéma. Mais il s'agit de modèles français, bourrés de connotations, liées aux mythes et à l'idéologie […]. Ce ne sont pas des repères précis, mais ce sont des repères extrêmement forts […]. Plus souterrainement, les collages de Gabin-Darrieux-Marais renvoient aussi à un certain cinéma français auquel le film lui-même rend hommage à sa manière. Si l'on fait abstraction du tissu d'images qui les entoure, on trouve les personnages réunis, assemblés, dans des situations parfaitement conventionnelles, des situations de répertoire, liées par exemple aux codes du mélodrame, voire du vaudeville […]. Resnais, de toute évidence, a voulu renouer avec un cinéma populaire, se réapproprier les situations de ce cinéma, ses ressorts dramatiques et — ne l'oublions pas car c'est bigrement important — ses ressorts comiques (Chevallier et al., Table ronde sur *"Mon oncle d'Amérique"*, p. 60).

Daniel Sauvaget — Stéréotypes de comportement

La portée du film se trouve dans ce que Resnais dit lui-même des modèles de comportement et de la codification des réactions, des attitudes et même de la mise en scène que les individus font d'eux-mêmes. Voilà un cinéma qui fait la *mise en scène* de la mise en scène qu'on donne de soi-même. Laborit lui-même donne de lui une certaine image et en cela il fonctionne comme un acteur dans une fiction. L'intérêt des séquences des vieux films français insérés dans le film est aussi à ce niveau, c'est-à-dire qu'ils fonctionnent comme traits d'humour ayant valeur d'observations et qu'ils mettent en évidence des stéréotypes de comportement. Le cinéma, en effet, approvisionne constamment en stéréotypes de comportement ; mais le cinéma travaille sur des stéréotypes de comportement, et le cinéma et la vie reposent sur des stéréotypes de comportement. C'est là l'essentiel des mécanismes de la dramaturgie de Resnais (Chevallier et al., Table ronde sur *"Mon oncle d'Amérique"*, p. 62).

Jacques Zimmer — La dernière image du film

A mon avis, le dernier plan referme complètement la porte. L'issue que propose Laborit, c'est "connais-toi toi-même". La dernière image du film nous montre un bâtiment sur lequel est peint un magnifique paysage. En s'approchant de celui-ci, la caméra le rend illisible. Le dernier gros plan nous révèle la brique. On croyait comprendre la structurale globale : en s'en approchant on s'aperçoit qu'une fois au coeur des choses on n'a toujours rien compris. Pour moi, *Mon oncle d'Amérique* est un film complètement désespéré (Chevallier et al., Table ronde sur *"Mon oncle d'Amérique"*, p. 62).

FILMOGRAPHIE D'ALAIN RESNAIS
(LONGS MÉTRAGES)

1959   *Hiroshima mon amour*
1961   *L'Année dernière à Marienbad*
1963   *Muriel, ou le temps d'un retour*
1966   *La Guerre est finie*
1968-69   *Je t'aime, je t'aime*
1973-74   *Stavisky*
1976   *Providence*
1980   *Mon oncle d'Amérique*
1983   *La Vie est un roman*
1984   *L'Amour à mort*
1986   *Mélo*
1989   *I Want To Go Home*
1993   *Smoking No Smoking*
1997   *On connaît la chanson*
2003   *Pas sur la bouche*

OUVRAGES CONSULTÉS

Benayoun, Robert. Entretien avec Alain Resnais sur *Mon oncle d'Amérique* dans *Alain Resnais. Arpenteur de l'imaginaire : de Hiroshima à Mélo*. Paris: Stock, 1980.

.... "Le retour au pays natal. Sur *Mon oncle d'Amérique* d'Alain Resnais". "*Positif*, 231 (juin 1980), 33-40.

Chapsal, Madeleine. "Entretien avec Alain Resnais" in Gruault, *Mon oncle d'Amérique* (scénario), pp. 7-19.

.... "Entretien avec Henri Laborit" in Gruault, *Mon oncle d'Amérique* (scénario), pp. 21-32.

Chevallier, Jacques et Olivier Gillisen, Robert Grelier, Jacqueline Lajeunesse, Marcel Martin, Philippe Pilard, Daniel Sauvaget, Jacques Zimmer. Table ronde sur "*Mon oncle d'Amérique*". *La Revue du cinéma*, 352 (juillet-août 1980), 57-62.

Decaux, Emmanuel et Jean-Claude Bonnet, Bruno Villien. "Entretien avec Alain Resnais". *Cinématographe*, 58 (juin 1980), 15-22.

Gruault, Jean. *Mon oncle d'Amérique* (scénario). Paris: Albatros, 1980.

Martin, Marcel. "*Mon oncle d'Amérique*", *La Revue du cinéma*, 351 (juin 1980), 23-24.

Oms, Marcel. *Alain Resnais*. Paris: Rivages, 1988.

Oudart, Jean-Pierre. "*Mon oncle d'Amérique*", *Cahiers du cinéma*, 314 (juillet-août 1980), 48-51.

Resnais, Alain. *Mon oncle d'Amérique* (découpage). *L'Avant-Scène Cinéma*, 263 (mars 1981), 1-72.

Agnès Varda

Sans toit ni loi

(1985)

Agnès Varda, *Sans toit ni loi* : Mona, la vagabonde (Sandrine Bonnaire), fait la route. © Ciné-Tamaris

Réalisation..Agnès Varda
Scénario et dialogues..Agnès Varda
Assistants réalisateurs..................Jacques Royer, Jacques Deschamps
Chef-Opérateur .... Patrick Blossier
Musique... Joanna Bruzdowicz
Son.. Jean-Paul Mugel
Montage...Agnès Varda, Patricia Mazuy
Décors ....Jean Bauer, Anne Violet
Scripte ....Chantal Desanges
Production..Ciné-Tamaris, Films A2
Durée .... 1 h 45

Interprètes principaux

Sandrine Bonnaire (*Mona Bergeron, la vagabonde*), Macha Méril (*Madame Landier, la "platanologue"*), Stéphane Freiss (*Jean-Pierre, l'agronome*), Yolande Moreau (*Yolande, la bonne de tante Lydie*), Patrick Lepczynski (*David, le "juif errant"*), Yahiaoui Assouna (*Assoun, l'ouvrier viticole*), Joël Fosse (*Paulo, l'amant de Yolande*), Marthe Jarnias (*la vieille tante Lydie*), Laurence Cortadellas (*Eliane*).

Synopsis

Un matin d'hiver, dans le Midi de la France; un ouvrier agricole découvre dans un fossé le cadavre d'une jeune femme crasseuse, apparemment morte de froid pendant la nuit précédente. La voix *off* d'une narratrice, vraisemblablement la réalisatrice du film, nous explique que le corps, que personne n'a réclamé, a été enterré dans la fosse commune. Elle s'intéresse à cette jeune femme, qui s'appelait Mona Bergeron, et mène une enquête auprès de ceux qui l'avaient rencontrée pendant les dernières semaines de sa vie, qu'elle avait passées à vagabonder dans la région de Nîmes. Le film est constitué surtout de leurs souvenirs de Mona, qui se transforment le plus souvent en flashbacks. Leurs témoignages, face à la caméra ou filmés à leur insu, ponctuent l'errance de la jeune femme.

Au début du film, Mona sort nue de la mer. Deux types à moto la regardent de loin pendant qu'elle s'habille mais finissent par s'en aller : ce sont les premiers témoins, suivis bientôt par un camionneur qui la prend en stop (mais la fait descendre lorsqu'elle se montre désagréable) et un ouvrier qui l'avait découverte endormie dans une vieille cabane qu'on détruisait. Mona frappe à la porte d'une maison pour demander de l'eau, à une autre porte pour quémander des allumettes ; elle fume sans arrêt. Dans la première maison, elle provoque la jalousie d'une jeune fille qui aimerait bien être "libre" comme elle.

Elle est réveillée le lendemain matin par un fossoyeur : elle avait dressé sa tente dans un cimetière. N'ayant que du pain rassis à manger, elle se fait offrir un sandwich dans un café, reprend la route, s'esquive quand une voiture de police passe. Elle trouve du travail dans un garage, où elle lave des voitures, puis dresse sa tente derrière le poste d'essence et paresse le reste de la journée. Le patron nous parle d'elle, disant qu'il ne lui faisait pas confiance (mais on le voit sortir de sa tente en relevant son pantalon au petit matin…).

Face à la caméra, Yolande, la bonne, donne son témoignage. Elle avait aperçu la jeune femme dans le château dont son oncle est le gardien, endormie enlacée avec un jeune homme. Elle les envie, voudrait avoir les mêmes rapports sentimentaux avec son petit ami, Paulo, qui se fiche visiblement d'elle. Mona vit une petite "idylle" au château avec un autre vagabond, David, qui se dit le "juif errant" ; ils passent la journée à fumer de l'herbe, à boire du vin, à faire l'amour. L'idylle se termine brusquement quand Paulo et ses amis voyous viennent cambrioler le château, assommant David au passage. Celui-ci nous offre son témoignage, exprimant sa déception devant le départ précipité de Mona.

Mona reprend son vagabondage, se réfugie chez des bergers post-soixante-huitards (un ancien étudiant en philosophie et sa compagne) qui acceptent de l'héberger. Comme ils ne supportent pas longtemps ni son inactivité ni sa saleté, la jeune femme est contrainte de repartir. Elle emporte quelques fromages de chèvre qu'elle vend à une prostituée qui racole le long de la route.

Suit le long témoignage de Madame Landier, une universitaire spécialisée dans les maladies de platanes, qui prend Mona en stop. Elle raconte l'aventure à une amie, par téléphone, s'étonnant de la mauvaise odeur qui émanait de la jeune femme, avant que l'on voie l'épisode en flashback. Elle donne à boire et à manger à la jeune femme, lui explique son travail, la laisse dormir dans sa voiture pendant la nuit et l'emmène avec elle le lendemain sur ses lieux de travail, où elle lui présente un de ses collaborateurs, Jean-Pierre, ingénieur agronome. On voit celui-ci avec sa femme, Eliane, qui convoîte le grand appartement de la vieille tante de Jean-Pierre — et qui se désintéresse complètement de la jeune vagabonde dont son mari lui parle.

On retrouve Mona dans un camion de collecte de sang, en train de donner du sang, avant qu'elle ne reprenne la route. Elle trouve un job où elle charge des caisses sur un camion. Jean-Pierre arrive chez Mme Landier, qu'il sauve *in extremis* de l'électrocution. Celle-ci se fait du souci pour la jeune vagabonde, qui était partie dans les bois quand elle l'avait fait descendre. En effet, dans l'épisode suivant, Mona, qui campait dans un bois, est violée par un homme qui rodait autour d'elle.

Mona est hébergée ensuite par Assoun, un ouvrier viticole tunisien dont elle partage le logement et le travail pendant quelques jours, jusqu'à ce que ses compagnons de travail, des Marocains, reviennent et refusent la présence de Mona parmi eux. Elle est prise en stop par Yolande, qui l'installe dans une chambre chez la vieille tante Lydie (la tante de Jean-Pierre) où elle travaille comme bonne. Mona sympathise avec la vieille dame, qu'elle fait boire ; elles s'enivrent ensemble, rient aux éclats. Yolande chasse Mona de l'appartement, en lui donnant de l'argent, avant d'être chassée elle-même par Eliane ; la police soupçonne son petit ami, Paulo, d'avoir participé au cambriolage du château.

Mona se retrouve parmi des zonards, de jeunes drogués clochardisés qui passent la journée dans le hall de la gare, la nuit dans un "squat" (un bâtiment désaffecté). C'est Jean-Pierre qui en témoigne, horrifié quand il aperçoit la jeune femme, dans un état lamentable, alors qu'il accompagne Yolande à la gare. Plus tard (on ne sait quel jour), David, le "juif errant", arrive et se bagarre avec un autre zonard pour une question d'argent. Ils réussissent à mettre le feu à l'immeuble, provoquant le départ de Mona. Témoignage, face à la caméra, d'un des zonards qui regrette son départ : il aurait bien aimé être son maquereau.

Mona se retrouve dehors, dans le froid. Elle essaie de dormir dans une grande serre à radis en plastique, mais elle a trop froid. Le lendemain, elle est agressée, maculée de lie de vin, par des participants à une fête du vin (des "Paillasses") dans un village où elle était allée chercher du pain. Terrifiée, elle se réfugie dans une cabine téléphonique, puis se sauve. On la retrouve en rase-campagne, enveloppée d'une couverture crasseuse, traînant les pieds dans ses bottes usées. Elle traverse la vigne vers la caméra, trébuche et tombe dans un fossé. Elle essaie de se relever, retombe sur le dos, reste immobile. Fondu au noir.

La réception

L'opinion de Ginette Delmas traduit bien l'enthousiasme de l'accueil critique accordé à *Sans toit ni loi* : "Film admirable, sans bavures […], le plus beau film français que nous avons vu depuis des années" (p. 39). Pour Alain Bergala, c'est "sans aucun doute un des meilleurs films de Varda, sinon pour moi le meilleur" (p. 6), avis qui est ratifié par Claudine Delvaux : ce film est "comme le second souffle non seulement du cinéma d'Agnès Varda, mais aussi du cinéma français. Tout neuf dans sa facture et par la force qui en émane, *Sans toit ni loi* est comme l'aboutissement de toute une oeuvre" (p. 33). "Film limpide et fort" selon l'un, "film émouvant" ou "grand et beau film" selon d'autres, la communauté critique est d'accord avec Claude-Marie Trémois de *Télérama*, pour qui "*Sans toit ni loi* est un chef-d'oeuvre qui n'a pas volé son Lion d'or au dernier Festival de Venise" (4 déc. 1985). Les critiques ne se sont pas trompés, et le prix obtenu à Venise au mois de septembre 1985 n'est que le commencement. Le film de Varda va rafler le Prix de la Critique internationale 1985, le Prix Georges Méliès 1985, le Prix de l'Organisation catholique internationale du Cinéma 1985, le Prix du Meilleur Film Etranger 1986 à Los Angeles, le prix du Meilleur film et de la Meilleure Réalisatrice au Festival de Bruxelles 1986, et le Prix du Meilleur Film au Festival International de Durban 1987 (Afrique du Sud). Pour son jeu dans *Sans toit ni loi* (où elle « atteint au sublime » selon un critique), Sandrine Bonnaire se verra décerner le César 1985 de la meilleure interprète féminine.

L'accueil critique est plébiscité par l'opinion publique. Le film rencontre, comme le dit Varda, un public "vaste et vibrant", tant à l'étranger qu'en France, y compris la France profonde : "Le film alla partout, y compris dans les campagnes, projeté entre autres par les cinéphiles dévoués d'Ardèche-Images, dans un autocar transformé en cinéma à quarante places. Ils faisaient une séance dans chaque village. (Dans la région ils ont ainsi montré le film à trente mille spectateurs)" (*Varda par Agnès*, p. 181). Si ce n'est pas le premier film de Varda à être primé (voir ci-dessous), *Sans toit ni loi*, comme elle le prévoit, est "le premier de mes films qui va avoir un énorme succès en termes commerciaux" (Roumette, p. 35), après plus de trente ans de carrière.

Avant *Sans toit ni loi*

Après des études d'histoire de l'art, Varda s'est passionnée pour la photographie. C'est par ce biais qu'elle entre dans le monde du spectacle, étant devenue photographe officielle du Théâtre National Populaire de Jean Vilar au Festival d'Avignon et au Palais de Chaillot à Paris. Quand Varda entreprend de faire son premier film, *La Pointe Courte* (1954), elle ignore tout du cinéma ; elle n'a vu, de son propre aveu, qu'une demi-douzaine de films dans sa vie. C'est en discutant avec Alain Resnais, qui fera le montage du film, qu'elle commence son apprentissage du septième art. Dans *La Pointe Courte*, le nom d'un petit village de pêcheurs près de Sète, il s'agit d'un mélange du film documentaire et du film de fiction, la crise d'un couple fictif juxtaposée à la lutte réelle d'un village dont la survie économique est menacée par les grands industriels. Ce film annonce bien la carrière de cinéaste de Varda, qui s'intéresse autant au documentaire qu'aux histoires inventées — et n'hésite pas à faire chevaucher les deux genres dans ses films. Comme elle le dit elle-même, "J'ai tendance à sentir de la même façon l'envie de faire du documentaire et l'envie de faire de la fiction et de mêler les techniques et les styles. J'aime bien mélanger tout cela" ("Agnès Varda", *Séquences*, p. 35).

Cela commence plutôt bien : *La Pointe Courte* obtient le Grand Prix du film d'avant-garde 1955 à Paris et, la même année, le Prix de l'Age d'or à Bruxelles. Rétrospectivement, à la lumière des premiers longs métrages des jeunes réalisateurs de la Nouvelle Vague — Truffaut, Godard, Chabrol, Resnais, et j'en passe — on reconnaîtra en Varda un des précurseurs du "mouvement", ou, comme le disent certains, la "grand-mère de la Nouvelle Vague". Avant d'abandonner définitivement sa carrière de photographe, en 1960, elle fera trois court métrages documentaires, dont deux films de commande, *O saisons, ô châteaux* (1957), sur les châteaux de la Loire, et *Du côté de la côte* (1958), sur les touristes de la Côte d'Azur, ainsi que *L'Opéra-mouffe* (1958), où l'on voit, à travers les yeux d'une femme enceinte, les gens du marché de la rue Mouffetard à Paris. Si Varda n'est plus photographe professionnelle, elle ne délaisse pas la photographie pour autant : ses films, qui frappent toujours par leur beauté plastique, sont parsemés de photos et d'images fixes de toutes sortes qui enrichissent leur fond thématique. *Salut les Cubains* (voir plus bas) sera composé entièrement d'un montage de 1 500 photographies.

Pendant les vingt-cinq années suivantes, avant de tourner *Sans toit ni loi*, Varda réalisera sept longs métrages, dont quatre films de fiction : *Cléo de 5 à 7* (1961), *Le Bonheur* (1964), *Les Créatures* (1965), et *L'une chante, l'autre pas* (1976). *Cléo de 5 à 7*, son deuxième long métrage, la fait assimiler carrément à la Nouvelle Vague (du moins à son aile politisée, littéraire et esthétisante connue sous le nom du groupe "Rive Gauche", qui comprend aussi Resnais et Chris Marker). Dans ce film, elle met en scène, quasiment en temps réel (de cinq heures à six heures et demie), un moment critique dans la vie d'une petite chanteuse parisienne qui attend dans l'angoisse les résultats d'une analyse médicale qui va déterminer si elle a un cancer ou non. Le film est selectionné pour le Festival de Cannes et le Festival de Venise en 1962, avant d'être couronné, la même année, par le Prix Méliès. Dans *Le Bonheur*, il s'agit d'une réflexion sur la nature même du bonheur, ainsi que sur le droit au bonheur à travers l'amour, indépendamment de la morale conventionnelle. Film "scandaleux", *Le Bonheur* obtient néanmoins le Prix Louis Delluc 1965 et l'Ours d'argent au Festival de Berlin 1965. Le film suivant, *Les Créatures*, qui juxtapose la vie d'un couple à la genèse d'un roman — "oeuvre froide et cérébrale" (Ford, 114) — est généralement boudé par les critiques et par le public, malgré sa sélection officielle au Festival de Venise 1966. *L'une chante, l'autre pas*, consacré aux questions sur le droit des femmes de décider de faire des enfants ou pas (la contraception et l'avortement), raconte le combat personnel de deux jeunes femmes. C'est un hommage de Varda au mouvement féministe, dont elle se réclame sans ambages. Son film obtient le Grand Prix du Festival de Taormina 1977, en Italie.

A mi-chemin entre le documentaire et la fiction, *Lions Love and Lies* (1969), un long métrage tourné à Los Angeles, dépeint le milieu "hippie" des acteurs avant-gardistes d'Hollywood, tout en s'articulant autour de la campagne présidentielle et de l'assassinat de Robert Kennedy. Par ailleurs, Varda se consacre surtout aux films documentaires, une longue série de courts métrages dont certains reliés clairement à la gauche politique : *Salut les Cubains* (1963) et *Black Panthers* (1968). Les mieux connus, et certains des plus longs de ses documentaires comprennent *Daguerréotypes* (1974-75), sur les habitants de la rue Daguerre à Paris, où habite Varda, et *Mur murs* (1980), une réflexion sur les gens de Los Angeles à partir de peintures murales. *Documenteur* (1980-81), un moyen métrage de fiction, est le portrait d'une jeune femme et de son fils, vivant en exil à Los Angeles, et de ses rapports avec les autres et avec la ville, dont les éléments pauvres — les clochards, les solitaires, les ivrognes — sont mis en relief. En 1982 elle reçoit le César du meilleur court métrage pour *Ulysse*, un film qui explore une image du passé, une photo composée (sur une plage de galets on voit un homme nu, debout, qui regarde la mer, un enfant nu assis et une chèvre morte) qu'elle avait prise presque trente ans auparavant.

La genèse de *Sans toit ni loi*

"Le premier désir qui a mis le film en chantier a été mon désarroi devant les gens qui meurent de froid, vagabonds dans les champs, clochards dans les rues et vieilles femmes abandonnées dans les logements non chauffés" (*Varda par Agnès*, p. 40). Mais "il faut être proche de ce monde de marginaux, au moins pour un temps, pour oser parler d'eux comme si on les comprenait" (p. 168). Varda passera donc quelques semaines à "se balader" dans la région de Nîmes, à rencontrer des gens, surtout des marginaux, qu'elle trouve dans des asiles de nuit, dans les gares la nuit. Elle entre dans un camion de collecte de sang à Nîmes et donne un peu de sang à côté d'un "chômeur-zonard (ex-routard)" qui lui raconte des anecdotes. Elle rencontre "un certain berger avec béret, femme, enfant, chèvres et fromages assortis" (p. 166). Un jour elle prend en stop une fille qui voyage seule, une "routarde" avec un énorme sac à dos : "Ça m'a encore plus impressionnée que des garçons. Voilà, c'est aussi simple que ça, le film : une fille seule, sur la route, seule dans un bois, seule la nuit, dehors. J'en ai vraiment vue une qui campait tout près d'un cimetière, par grand froid. J'ai mis ça dans le film" (Carbonnier et Revault d'Allonnes, p. 2).

Quand elle rentre à Paris, fin novembre, elle refuse d'écrire un scénario, sous prétexte que "cette rédaction fige l'imagination et détourne inutilement de l'énergie" (*loc. cit.*). Elle ne présente aux financiers éventuels que deux pages de synopsis qui révèlent le sujet de base : "Une fille rebelle et solitaire marche sur les routes jusqu'à mourir de froid". C'est par la suite que Varda trouvera l'idée de placer la mort de Mona au début du film. On connaîtra la jeune fille rétrospectivement, à travers les témoignages des gens qui l'auront rencontrée. Elle rejette pourtant la notion d'enquête policière ; la police ne s'intéresse pas à cette vagabonde sans identité : "Mais moi, Varda, moi, auteur, je m'y intéresse" (*loc. cit.*). C'est la réalisatrice qui mènera donc l'enquête, en inventant des gens de toute sorte et en étudiant sur eux, comme elle le dit, "l'effet Mona".

Sans toit ni loi est ainsi profondément ancré dans la réalité, à une exception près : l'histoire de Jean-Pierre, l'assistant de Mme Verdier qui convoite l'appartement de sa vieille tante, est inspirée par un des personnages du *Planétarium*, un roman de Nathalie Sarraute (1959), écrivain très admiré de Varda et à qui elle dédie son film.

Les acteurs, le tournage

Varda avait vu la prestation remarquable de Sandrine Bonnaire, âgée de 15 ans à l'époque, dans un film-choc de Maurice Pialat, *A nos amours* (1983, César du meilleur film 1984). C'est elle que Varda choisit pour le rôle de Mona. "Ce qui m'a intéressée, explique Bonnaire, qui a accepté aussitôt, c'est de jouer quelqu'un de très différent de moi. Ce jour-là, elle m'a dit qu'elle voulait que ce soit quelqu'un d'antipathique, et cette idée m'a plu, de casser une image, de donner autre chose" (Bergala et le Roux, p. 9). Varda avait eu des idées et des informations par une jeune routarde qu'elle avait prise en stop (Setina, d'origine kabyle) et qu'elle avait hébergée chez elle quelque temps. Elle laisse Bonnaire seule avec celle-ci, pendant deux jours, dehors dans un bois, "avec des patates crues et des allumettes dans le sac de Setina" (*Varda par Agnès*, p. 168), pour que l'actrice "apprenne des choses d'elle", sa manière d'être.

Varda engage d'autres acteurs professionnels pour des rôles où il s'agit de "jouer" : Macha Méril, notamment, pour incarner la "prof de fac", spécialiste de platanes malades, Stéphane Freiss pour jouer son assistant Jean-Pierre, l'ingénieur agronome, et Yolande Moreau, une comédienne belge, pour le rôle de la bonne, Yolande. Le reste de la distribution, à quelques exceptions près, est composé de non-professionnels recrutés dans la région de Nîmes, sur les lieux mêmes du tournage : la vieille tante Lydie, le garagiste, Assoun le Tunisien, qui joue son propre personnage, ainsi que le berger philosophe et sa famille, parmi d'autres. Varda aime filmer les "vrais gens", pour leur authenticité, comme pour leur côté souvent pittoresque, mais dans *Sans toit ni loi* elle leur fait apprendre des dialogues écrits, elle leur fait répéter leur rôle comme les autres et supporter parfois de nombreuses prises (Arbaudie, p. 18). Comme elle a souvent affaire à des non-professionnels, elle doit faire face à des problèmes parfois très inhabituels, comme dans le tournage de la fin de l'épisode du séjour chez Assoun, où les Marocains se montrent authentiquement hostiles non seulement à la présence de "Mona" parmi eux, mais à celle de toute l'équipe de Varda! Leur faire tenir leur rôle ne fut pas chose facile.

Le tournage prend deux mois, du 8 mars au 6 mai 1985, dans des conditions des plus artisanales. Toute l'équipe loge dans un foyer prêté par la ville de Nîmes, prenant leurs petits déjeuners ensemble dans la cuisine commune. Huit jours avant, Varda écrit enfin le scénario de son film, dont le titre provisoire est *A saisir* : "Je me lance dans l'écriture d'une structure de vingt pages, un découpage par séquences (à peine dialogué : je ferai les dialogues au fil du tournage)" (Carbonnier et Revault d'Allonnes, p. 3). En effet, tous les matins vers 5 heures Varda écrit au lit les dialogues de la journée, qu'elle photocopie ensuite pour les interprètes — à moins qu'elle ne les écrive juste avant les prises, comme le remarque Bonnaire : "J'attendais dans la voiture, elle écrivait les dialogues sur le capot et on tournait" (Bergala et le Roux, p. 9). Bonnaire signale, toutefois, la rigueur de l'approche de la cinéaste, qui ne permet pas qu'on remplace un mot par un autre : "Si Varda écrit les dialogues au dernier moment, elle tient à ce qu'ils soient scrupuleusement respectés" (Dazat, p. 14). Pour aider la jeune actrice à mieux s'imprégner de son personnage, et par souci de vérisme, elle lui fait même porter les vêtements usés de la routarde pendant le tournage (*loc. cit.*).

Grâce à son statut de productrice indépendante, Varda jouit d'une grande liberté dans la réalisation de son film, ce qui lui permet aussi de prendre des risques et de profiter de l'inattendu : "Le tournage se décidait au jour le jour, remarque Bergala, et parfois au gré des hasards et des rencontres [...]. Ce qui n'a nullement empêché Agnès Varda, comme à son habitude, de soigner avec une précision méticuleuse les cadres et les mouvements de caméra" ("La Repousse", p. 6). Varda n'est pas moins méticuleuse lorsqu'il s'agit de la direction des acteurs, donnant "un tas d'indications précises" quant aux petits détails, aux moindres gestes des personnages — au risque, comme elle le reconnaît, de passer pour une maniaque.

Après de longs mois de montage et la présentation au Festival de Venise, suivis de deux avant-premières, le 25 novembre à Paris et le 2 décembre à Nîmes, *Sans toit ni loi* sort sur les écrans du grand public le 4 décembre 1985.

La structure, le style

Varda appelle *Sans toit ni loi* "le film le plus rigoureux, le plus structuré" de son oeuvre (Roumette, p. 35). Souvent comparé à *Citizen Kane* (1940 d'Orson Welles), le film de Varda commence par la mort du personnage principal, dont la vie est ensuite reconstituée par des témoignages de gens qui l'ont connu. Dans les deux films on mène une "enquête", mais il n'y a pas de journaliste dans *Sans toit ni loi* qui pose des questions ; c'est Varda, la cinéaste, qui se charge de l'enquête. Egalement à l'encontre du film de Welles, il s'agit chez Varda d'une série de flashbacks à partir de témoignages de gens ayant fréquenté très momentanément, sinon tout simplement croisé, l'héroïne. La juxtaposition des témoignages divers portant sur le comportement et le caractère de Mona fait qu'on parle souvent de la "construction en puzzle" du film. Le portrait de Mona reste pourtant fragmentaire. Varda voulait ce puzzle, et qu'il y manque "une ou deux pièces". Son enquête restera donc, comme le puzzle, inachevée.

Les retours en arrière du film de Varda sont présentés comme des "interludes" qui viennent ponctuer le fil conducteur du récit, c'est-à-dire, l'errance de Mona, documentée par une douzaine de grands travellings d'une minute environ — bâptisés les "travellings de la Grande Série" — qui accompagnent l'héroïne qui marche. Varda conçoit l'ensemble de ces prises de vue comme un seul travelling, qui est interrompu régulièrement par les témoignages, qui se muent souvent en flashbacks : "Tout le film est un long travelling ; on le coupe en morceaux, on écarte les morceaux et là se placent les 'aventures'" (Dazat et Horvilleur, p. 19). Dans une tentative de rendre la continuité des travellings plus tangible, Varda les fait s'arrêter souvent, en fin de course, sur un élément dont on retrouve l'écho au début du travelling suivant, ici une machine agricole, là des pneus, un pan de mur, ou tout simplement une couleur (*Varda par Agnès*, p. 174). L'impression de continuité entre les travellings (qui n'est pas forcément perçue par le spectateur) est renforcée par la musique originale, réservée à ces grands travellings, qui non seulement supplée au mutisme de Mona mais "paraphrase la solitude de la vagabonde, qui va en s'accentuant" (p. 209). Par ailleurs, l'orientation de ces travellings prend une valeur métaphorique pour Varda, qui signale que tous les travellings "de la Grande Série" vont de droite à gauche, accompagnant la fille, qui marche ainsi "à contre-courant" (de la société) : "… dans notre culture on lit de gauche à droite et tout mouvement de droite à gauche est un peu contrarié, contraignant" (*loc. cit.*).

Sur le plan du style, Varda se soucie particulièrement de la qualité esthétique des images, dont la composition et l'éclairage sont très soignés par son chef-opérateur, Patrick Blossier. La cinéaste insiste surtout sur la question de la luminosité des images, qui varie savamment selon le moment de la journée ou le milieu où se passe l'action : "Blossier, à l'image, à su retrouver dans les éclairages le naturel de la lumière du jour, une certaine tristesse de la lumière chez les pauvres, et chez les riches une lumière égale, régulière ou alors pleine de reliefs et de détails comme chez la vieille" (Dazat et Horvilleur, p. 21). Quant au style des prises de vues, Varda fait alterner une caméra extrêmement mobile, pour raconter les "aventures" de Mona, avec des plans fixes au moment des témoignages. Malgré le dialogue entièrement écrit par Varda dans ces "interviews" (et les prises multiples), l'utilisation de personnes existant réellement et du "face-caméra" sert à donner un style documentaire à son film, ce qui correspond au projet le plus constant de Varda, évoqué plus haut : "faire du cinéma de fiction à texture documentaire".

Les thèmes

Agnès Varda a le goût des jeux de mots. *Sans toit ni loi*, dit-elle, est un "fait d'hiver", ce qui fait allusion à la mort de son héroïne pendant l'hiver, drame qui sera réduit à un simple "fait divers" dans le journal du coin. De même, le titre du film évoque l'expression "sans foi ni loi", qui s'applique à une personne qui n'a ni religion ni morale, ce qui est sans doute le cas de Mona ; mais Mona la routarde n'a non plus ni foyer ("toit") ni respect des conventions sociales ("loi"). Le titre reflète ainsi l'antinomie fondamentale du vagabondage : le manque de "toit" — un abri (le confort matériel) ou un foyer (la compagnie des autres) — est l'envers de la liberté dont jouit le vagabond. Le prénom de l'héroïne, "Mona", semble être aussi un jeu de mots, évoquant à la fois les mots "nomade" et "monade", qui vient du grec *monos* ou "seul" (Revault D'Allonnes, p. 5). Varda soutient, quant à elle, qu'elle avait choisi tout simplement un prénom populaire, Monique, avec son surnom, Mona—tout en reconnaissant que l'inconscient peut jouer un rôle dans ce genre de choix…. Jeux de mots aussi dans le titre de tournage du film, *A saisir*, qui rappelle le titre du film précédent, *7 P., cuis., s. de b… A saisir* (1984), mais qui fait allusion aussi au caractère de l'héroïne de *Sans toit ni loi*, qui est *insaisissable*. C'est le mot qui revient le plus souvent, d'ailleurs, sous la plume des critiques (ainsi qu'"opaque", "insondable" et "impénétrable") en parlant de l'héroïne. "Insaisissable", selon Bérubé, "parce que personne parmi ceux qui l'ont connue n'a su la comprendre ni la retenir" (p. 56). "Opaque du début à la fin", selon Prédal, qui en voit la preuve dans les douze grandes séquences de marche "où la caméra avance en travelling, parallèlement à la jeune fille : heureuse ou triste, révoltée ou résignée, elle peut être accompagnée mais jamais vraiment rencontrée au sens fort du terme" (p. 25). Ce n'est que vers la fin, dans la scène de la gare où l'appareil exécute un travelling avant jusqu'au plan rapproché serré de Mona, qui se réveille sur un banc, que la caméra commence vraiment à la "saisir". Le terme de l'errance de Mona, couchée sur le dos dans le fossé où elle est tombée, est filmé d'ailleurs en un plan fixe, rapproché, en plongée raide, ce qui rappelle le plan fixe du début où les policiers photographient le cadavre de Mona. La boucle est fermée. Comme la jeune fille ne bouge plus, elle est enfin "saisissable", mais uniquement de l'extérieur ; à la fin du film, comme le remarque Varda, "le mystère de Mona reste entier".

A la vérité, Varda ne tente même pas d'analyser le personnage de Mona, ne s'intéressant pas plus à la psychologie de son héroïne qu'aux questions morales que son comportement pourrait soulever. Elle ne cherche pas d'explication à sa condition de marginale ; elle la représente, un point c'est tout. A la limite, Varda s'intéresse moins à Mona elle-même qu'à la réaction qu'elle suscite chez les autres, ce qu'elle appelle "l'effet Mona" : "Moi, auteure, j'ai inventé une Mona énigmatique qui ne répond pas à mes questions […]. On ne sait pas très bien pourquoi elle est sur la route, on ne sait pas d'ailleurs ce qui l'a amenée là. C'est donc son passage qui est intéressant. J'irai plus loin : c'est l'effet de son passage sur nous tous qui m'intéresse. Donc le sujet n'est pas tellement le portrait de Mona que l'effet Mona" ("Agnès Varda", p. 35). Ainsi, la brève rencontre avec la jeune fille qui aide Mona à prendre de l'eau à la pompe provoque chez cette jeune fille une prise de conscience du manque de liberté dans sa vie, comme Yolande, la bonne, prend conscience du manque de tendresse dans ses rapports avec son petit ami en voyant Mona et son ami du moment (bien que cette réaction soit basée sur une fausse impression, très romantisée, des rapports entre les deux jeunes gens …). L'effet le plus profond, c'est sans doute celui que produit Mona sur l'universitaire, Mme Landier, à qui le confort bourgeois donne mauvaise conscience devant la condition démunie de la jeune vagabonde. Cet effet est représenté métaphoriquement par la décharge électrique qu'elle subit dans sa salle de bains et qui manque l'électrocuter. Comme l'explique Varda, "J'avais besoin que Mme Landier ait un petit choc, pour se lâcher, pour pleurer un peu pour exprimer sa mauvaise conscience" (Dazat et Horvilleur, p. 22).

Sans toit ni loi est un film sans concessions, sans "romantisme". L'idéal de la liberté, la grande attraction du vagabondage, est contredit, métaphoriquement, par la chaîne et le cadenas porté autour du cou du copain routard de Mona, David. La soi-disante "liberté" de Mona est circonscrite en fait par des contraintes matérielles de toutes sortes (la faim, le froid, la solitude) et des dangers (la police, le vol, le viol) qui font de son existence une lutte quotidienne pour survivre. Une lutte qu'elle va perdre, inéluctablement, et Dazat a raison de parler d'"un film sur la dégradation physique" (p. 11), thème qui est exprimé à la fois par la saleté grandissante de Mona, qui dégage une odeur nauséabonde, et, métaphoriquement encore, par la détérioration progressive de ses bottes tout au long du film et par la perte de ses affaires (tente, manteau, duvet) vers la fin.

Si, pour Mona, le contraire du vagabondange est un esclavage insupportable (figuré par la chèvre attachée à l'arbre et tourmentée par le chien dans la cour du viticulteur), l'errance de l'héroïne n'en est pas moins une lente marche vers le terme de la dégénérescence physique, vers la mort. La mort est d'ailleurs un des thèmes principaux du film. Le début du film, où l'on découvre le cadavre de Mona, établit d'emblée le "destin" de la jeune fille, tout comme le meurtre commis par François scelle son destin au début du film de Marcel Carné, *Le Jour se lève* (1939). Seulement, à l'encontre du film de Carné, les retours en arrière ne fournissent pas d'explications psychologiques ; ils ne sont ici que la chronique des dernières semaines d'errance de Mona, vues de l'extérieur. Sa route est jalonnée de "signes mortuaires" (Picant, p. 146), à commencer par le cimetière où elle dresse sa tente un soir ; sont des signes aussi l'état de ses bottes, les paroles du berger philosophe (qui lui signale que tous ses anciens amis routards sont morts) et la maladie mortelle qui ronge les platanes. Comme le dit Mona, à l'homme pour qui elle charge des caisses, "moi, je m'en fous de vos platanes ; au moins s'ils crèvent vous penserez à moi".

A première vue, Mona semble incarner le monde des marginaux. Mais on se rend compte bientôt qu'elle vit "à la marge des marginaux" typiques (Toubiana, p. 11), tel ce berger philosophe qui vit son rêve du retour à la terre et se plaint de ce que Mona n'ait aucun désir, aucune envie : "… *ce n'est pas marginal, c'est* out". On peut considérer pourtant que Mona représente un cas-limite de la marginalité. Elle incarne la marginalité dans ce qu'elle peut avoir d'absolument incompréhensible, et même de répugnant, pour ceux, y compris les marginaux "productifs", qui sont attachés aux valeurs sociales traditionnelles, telles que le travail, l'intégrité, la famille et la propreté. Varda insiste, justement, sur la saleté de Mona, sachant que c'est ce qui dégoûte le plus les gens "bien" : "Si nous sommes tolérants à la misère, remarque-t-elle, nous le sommes beaucoup moins à la saleté" (Arbaudie, p. 18). Elle veut que son héroïne soit antipathique au maximum (ce que Sandrine Bonnaire réussit admirablement), qu'elle ne fasse aucun effort pour plaire aux autres, même à ceux qui l'aident. Ce faisant, tout en nous sensibilisant au mode d'existence de certain(e)s routard(e)s, Varda met à l'épreuve notre capacité d'accepter l'existence parmi nous de gens que non seulement nous ne comprenons pas, mais que nous pouvons trouver repoussants — comme Jean-Pierre, l'ingénieur agronome, est révolté par Mona. En un mot, Varda met à l'épreuve, durement, notre humanité.

Dans un film qui, au dire de Varda, ne veut pas donner de leçons, la cinéaste nous en donne pourtant une, et de taille : "Même antipathique, dit-elle, Mona a le droit d'exister" (Picant, p. 148).

   *Je remercie vivement Agnès Varda d'avoir revu soigneusement cette introduction et d'y avoir apporté des précisions et des rectifications précieuses. La réalisatrice tient à signaler, par ailleurs, la parution d'un DVD français de *Sans toit ni loi* (décembre 2003) qui contient un « bonus » entièrement consacré aux "travellings de la Grande Série" et à la musique du film créée par Joanna Bruzdowicz. D'autres boni de ce DVD donnent des clés pour faciliter la lecture de la "cinécriture" du film.

FICHE PÉDAGOGIQUE

Propos d'Agnès Varda

   "Ce qui me motive ce sont les émotions fortes qui mettent en route le processus et ensuite avec ces émotions faire du cinéma. Mais ce qui me passionne c'est l'écriture, plutôt la 'cinécriture'. Comment dans un film je vais raconter mes émotions, toucher les gens, faire un spectacle qui soit recevable par des millions de gens et non par deux ou trois seulement? […] Je fais du cinéma d'auteur et je n'en fais pas d'autre. Pour moi, cela signifie que j'écris les scénarios et que je les réalise" ("Agnès Varda", *Séquences*, p. 36).

   "Un jour j'ai ramassé une fille brune, très jeune, avec un énorme sac à dos. Elle puait avec intensité. Après une heure de silence, elle m'a parlé. Puis j'ai cherché un restaurant. Deux nous ont refusé l'entrée, vu son allure. On en a trouvé un, très modeste. On parle, elle m'épate. Elle a beaucoup d'allure et des yeux assez émouvants. Seule, sale et rebelle. Farouche en tout cas. On repart. Il fait très froid et l'idée qu'elle va dormir dehors m'affole. Je l'amène dans plusieurs foyers où l'on ne veut pas d'elle. Il n'y a pas de place ou pas pour une fille. Dans la voiture, ayant passé le mur de son odeur nauséabonde, je suis avec elle qui se raconte : Setina, d'origine kabyle, elle a coupé les ponts derrière elle, elle dit un peu pourquoi, parle surtout de sa vie quotidienne en pouffant de rire de temps en temps. Quand il lui faut un peu d'argent (500 francs lui suffisent par mois, pour du pain, des fayots en boîte, des patates et des cigarettes), elle accepte des petits boulots, ramassage des fraises ou vendanges, désherbage des serres, nettoyage des cours. L'essentiel est de laisser tomber ces boulots très vite, de ne pas s'installer. Je lui donne quelques adresses, des points de chute en cas…, un peu d'argent et la laisse là où elle le demande, à l'orée d'un bois qu'elle connaît. Il fait encore jour. Salut! Salut!" (Varda, *Varda par Agnès*, p. 167).

   "Je veux que le spectateur réagisse face à cette fille qui est vagabonde, routarde, sale. La saleté est un sujet qui me passionne, alors que nous vivons dans un monde pasteurisé, aseptisé, à l'heure du déodorant. Vous savez, les gens comprennent qu'il faut aller vers les autres, mais il y a toujours des conditions. Ils veulent bien essayer d'aider les chômeurs, mais à condition qu'ils aient envie de travailler. Si un type est chômeur et flémard, là ça ne va plus. Ils veulent bien faire quelque chose pour les pauvres, mais il faut qu'ils soient propres. Un pauvre qui pue, il n'a pas la côte. Des trous, débraillé, d'accord puisqu'il est pauvre. Mais il doit être digne. Eh bien, Mona est digne. Mais elle est sale et elle n'en a rien à foutre" (Jean Roy, p. 19).

"Mona est belle car elle n'est pas victime. Belle car fière. Elle ne dit pas merci. Elle a la fierté des Touaregs, des Gitans, le port altier des nomades. Mona la nomade. Et puis elle n'est pas trop sympathique. Elle fait l'amour facilement mais sans tendresse. Sandrine voulait même que Mona ne rencontre sexuellement personne. Moi j'ai voulu qu'elle couche avec un routard, au château, et avec d'autres, c'est suggéré. Parce que quand même elle n'est pas Jeanne d'Arc. Les routards ont une vie sexuelle, même décousue. Sandrine, toute contente de jouer un rôle où l'on verrait plus son talent que ses fesses, avait envie de gommer toute sexualité de ce rôle. Mais je l'ai convaincue que Mona n'est pas une sainte. Mona couche mais s'en fout" (Carbonnier et Revault d'Allonnes, p. 3).

"Ceux qui font la route ne font ni du camping ni du tourisme. Ils sont mal équipés, avec souliers non prévus pour marcher et couteau de cuisine plutôt que couteau suisse. Ils vivent en pleine nature mais ne la commentent pas. Il n'y a ni beau paysage ni coucher de soleil dans leurs propos. La plupart, de plus, sont décrochés de la réalité et ils s'ennuient. J'allais presque dire ils sont à l'intérieur de l'ennui et s'y trouvent bien. Sandrine, elle, le découvrait en deux jours de mi-conversation, mi-silence. Faire la route c'est aussi, à part survivre, ne presque rien faire, et savoir faire avec" (Varda, *Varda par Agnès*, p. 168).

"*Sans toit si loi* est une fiction, une fiction méchamment réelle, où j'ai utilisé de façon faussement documentaire des vrais gens. Mona est un personnage magistralement senti et joué par Sandrine Bonnaire, mais elle est "documentée" par des gens que j'avais croisés, pris en stop, ramenés à la maison (et plus particulièrement une fille que nous avions rencontrée alors que nous tournions presque déjà).

Mona qui, finalement, meurt de froid, est décrite par ceux qui l'ont vue passer. Ce personnage de fiction devient réel parce qu'il est décrit par de 'vrai gens' : un berger, un garagiste, un cantonnier, un plâtrier, un paysan, un travailleur tunisien… Ils n'ont pas inventé leur texte, puisque leur témoignage était écrit par moi, mais je ne l'ai écrit qu'après avoir imaginé que je ferais un documentaire sur eux et sur ce qu'ils auraient eux-même pensé ou dit, comment ils parlent, comment ils se tiennent, comment ils sont […].

Dans *Sans toit ni loi*, ils ont "fait l'acteur" mais comme si c'était un documentaire. Mes méthodes se mélangent tout le temps. Je pense avoir réussi *Sans toit ni loi*. Je le dis sans fausse modestie parce qu'après trente de cinéma c'est le film où s'exécute le mieux mon projet de faire du cinéma de fiction à texture documentaire. Surtout aussi mon projet de 'cinécriture' avec des plans structurés dans l'espace, sans psychologie, par exemple les travellings de la 'marche' de Mona, en tant que sujet" ("Agnès Varda" dans Devarrieux et De Navacelle, pp. 48-49).

Extraits à discuter

Extrait 1 (2'10-5'05): La première séquence du film : la découverte du cadavre de Mona, "l'enquête" des policiers, la voix *off* de la narratrice ; Mona sort de la mer.

Extrait 2 (6'00-7'45): Le camionneur prend Mona en stop ; il la fait descendre, raconte l'épisode à son ami.

Extrait 3 (14'15-14'50): "Travelling de la Grande Série" accompagnant la marche (l'errance) de Mona (juste avant la séquence du garagiste) : démarrage sur le tracteur, arrivée de Mona découverte par le travelling, la voiture de police passe (Mona s'éclipse), Mona rattrape et dépasse le travelling, qui s'arrête sur l'enseigne de la station service.

Extrait 4 (14'50-18'05): La séquence du garagiste (1er témoignage, flashback, 2ème témoignage).

Extrait 5 (37'50-41'25): Mona chez les bergers ; installation dans la roulotte, la brouille.

Extrait 6 (59'40-1h00'50): L'"électrocution" de Mme Landier.

Extrait 7 (1h02'20-03'20): Le viol de Mona.

Extrait 8 (1h40'00-43'25): Episode de la fête du vin (les Paillasses et les Blancs), dernier "Travelling de la Grande Série", la fin.

Citations à commenter

Voix *off* (Varda): "Personne ne réclama le corps : il passa du fossé à la fosse commune. Cette morte de mort naturelle ne laissait pas de traces. Je me demande qui pensait encore à elle parmi ceux qui l'avaient connue petite. Mais les gens qu'elle avait rencontrés récemment se souvenaient d'elle. Ces témoins m'ont permis de raconter ces dernières semaines de son dernier hiver. Elle les avait impressionnés. Il parlaient d'elle sans savoir qu'elle était morte. Je n'ai pas cru bon de le leur dire, ni qu'elle s'appelait Mona Bergeron. Moi-même je sais peu de choses d'elle, mais il me semble qu'elle venait de la mer".

* * *

La jeune fille à la pompe: "J'aimerais mieux m'en aller. Cette fille qui est venue chercher de l'eau, elle est libre, elle va où elle veut".
Sa mère: "Peut-être qu'elle ne mange pas à sa faim tous les jours, servie par sa mère…".
La jeune fille: "Des fois ce serait mieux de ne pas manger. Moi, j'aimerais être libre … j'aimerais être libre".

* * *

Le garagiste: "Ces rodeuses, toutes les mêmes, des dragueuses, des feignantes. [*On le voit ensuite sortir de la tente de Mona au petit matin, en relevant son pantalon.*] Un peu plus elle me reprochait les mains sales. Non, c'est pas ça qu'elle m'a dit. Elle m'a dit, 'Tu es sale dans ta tête'. Quel culot"!

* * *

Yolande: "Paulo, pourquoi tu n'es pas gentil avec moi? […] Je connais deux amoureux qui font tout ensemble : manger, fumer, dormir ; ils écoutent la musique".

* * *

Le berger: "Peut-être que tu es plus libre que moi. Tant mieux pour toi. J'ai choisi un milieu, un moyen terme entre la solitude et la liberté".
Mona: "Moi, on m'a emmerdée pas mal de temps. Maintenant, c'est fini".
Le berger: "Toi, c'est la liberté totale que tu as choisie, mais tu as la solitude totale. Il vient un moment où si on continue, je pense qu'on se détruit. On va à la destruction. Si on veut vivre, on arrête. D'ailleurs tous mes amis qui ont fait la route et qui ont continué sont morts … ou ils sont devenus des loques … alcooliques, drogués … parce que la solitude les a bouffés complètement".

* * *

Le berger (à Mona dans la caravane): "Sors! Sors, sors, qu'on s'explique".
Mona: "Mais qu'est-ce qu'il y a? Qu'est-ce que tu veux"?
Le berger: "C'est toi qui veux rien. On t'a donné un bout de terre, tu n'en as rien fait. Tu as rien dans la tête".
Mona: "Pourquoi? Il faut absolument avoir quelque chose? Il faut être absolument berger comme toi? Il n'y a pas que ta façon d'être marginal".
Le berger: "T'es pas marginale, t'es *out*. Tu n'existes pas".[…]
Mona: "Moi, ça m'a fait chier d'être secrétaire. J'ai quitté tous les petits chefs de bureau, alors ce n'est pas pour en retrouver un à la campagne".
Le berger: "Tu as trop lu de romans feuilletons, je crois. Tu planes".

* * *

La vieille femme (à son mari): "Elle a du caractère, elle sait ce qu'elle veut. Moi, si à son âge je t'avais envoyé balader, j'aurais mieux fait. Parce que quand on est mal marié, on est coincé pour la vie … Elle m'a plu, cette hippie".

* * *

Mme Landier: "Vous avez fait de l'anglais"?
Mona: "Ben, oui … jusqu'au bac".
Mme Landier: "Vous avez le bac"?
Mona: "Oui, le Bac G1. Sténo-dactylo, sténotypie".[…]
Mme Landier: "Et pourquoi vous avez tout quitté"?
Mona: "La route et le champagne, c'est mieux".

* * *

Eliane: "Quand je pense que ta tante a un sept pièces pour elle toute seule! Ce n'est pas juste! […]
Jean-Pierre: "Mais tante Lydie n'est pas éternelle"!
Eliane: "Oui, mais nous, on gâche nos plus belles années! Faute de fric … et d'espace".
Jean-Pierre: "Ecoute, arrête de te plaindre, hein? Si tu avais vu cette routarde … elle, elle n'a rien. Mais rien, pas d'abri, pas d'argent, je t'assure…".
Eliane: "Tu ne vas pas me casser les pieds avec une crasseuse, qui vous a blousé, toi et ta Landier, cette prof, toujours en transe de quelque chose. Arrêtez de vous apitoyer sur une fille en cavale. C'est peut-être une criminelle en fuite, une malade mentale, une droguée…"

* * *

Mme Landier (à Jean-Pierre): "J'ai failli mourir … électrocutée … J'ai failli mourir … C'est vrai ce qu'on dit. J'ai vu défiler un tas d'instants de ma vie … très vite, des images. Ça m'a semblé long […] Oh, c'est bizarre. Cette fille que j'avais prise en stop, elle revenait plusieurs fois, comme un reproche. [*Flashback: Mme Landier fait descendre Mona à l'orée d'un bois, lui donne quelques provisions, de l'argent. Retour au présent.*] On peut pas la laisser comme ça. C'est trop risqué dans les bois. Jean-Pierre, il faut m'aider. Partez la chercher. C'est dans un bois, je vous montrerai sur la carte […]. Je m'inquiète pour elle, tellement seule. J'aurais dû faire quelque chose. Je ne sais même pas son nom".

* * *

Le berger: "Elle est passée comme un coup de vent. Pas de projet, pas de but … pas de désir, pas d'envie. On a essayé de lui proposer des choses … rien, rien envie de faire… c'est pas l'errance, c'est l'erreur. Elle est inutile, et en prouvant qu'elle est inutile, elle fait le jeu d'un système qu'elle refuse. C'est l'erreur, c'est pas l'errance".

* * *

Jean-Pierre (au téléphone): "Je suis à la gare, elle est là. Ah, si tu la voyais. C'est une horreur, un déchêt. J'en suis malade [...]. Remarque, ce désarroi, on peut le comprendre. Moi-même, je suis si paumé des fois. Mais en arriver là [...]. Elle m'avait dit, 'Je te fais peur'? Oui, elle me fait peur, elle me fait peur parce qu'elle me dégoûte".

Sujets de réflexion

1. Commenter la première séquence du film (découverte du cadavre, "enquête" de la police, voix *off* de la narratrice, Mona et la mer). Quelle est son importance pour le film en général, sur le plan thématique?

2. La manière de vivre de Mona. Comment survit-elle? L'importance de la saison où se passe l'action du film.

3. Le caractère de Mona, son comportement envers les autres (par exemple : le camionneur au début, le jeune homme qui lui offre un sandwich dans le café).

4. Le rôle des "témoins" dans ce film ; la manière dont ils sont filmés ; le mélange du film de fiction et du documentaire.

5. Discuter la notion de l'"effet Mona" sur les témoins ; par exemple, la fille à la pompe, Yolande, le garagiste, le berger, la vieille femme, Mme Landier, Eliane et Jean-Pierre, le zonard.

6. Commenter le conflit entre Mona et le berger "philosophe" et son rapport avec la question de la "marginalité".

7. Le personnage de Mme Landier. Pourquoi s'intéresse-t-elle à Mona? Y a-t-il un rapport entre Mona et les platanes? Le rôle de l'"électrocution" de Mme Landier.

8. Après son entente avec Assoun, l'expulsion de Mona par le groupe des travailleurs immigrés (leur hostilité).

9. Le rapport (thématique) entre Mona et tante Lydie.

10. Le sens de l'épisode de la fête du village où Mona est maculée de lie de vin.

11. L'évolution de Mona à partir de sa baignade dans la mer au début du film. Quels sont les signes qui indiquent cette progression?

12. Les "travellings de la Grande Série" par rapport aux épisodes de la vie de Mona (la structure du film).

DOSSIER CRITIQUE

Alain Bergala — L'altérité de Mona

Quel est le vrai sujet de ce film? Ce n'est pas tout à fait le personnage de Mona, sinon le film serait tout autre et nous "raconterait" Mona, réussirait à la cadrer et à l'accompagner, bref à la comprendre et à l'aimer. Le vrai sujet du film, c'est la relation de la cinéaste à son personnage. Cette relation repose sur une ambivalence fondamentale : Agnès Varda est attirée par le personnage de Mona en tant qu'elle la refuse dans cette volonté de la comprendre et de l'aimer. C'est d'ailleurs la constante la plus sûre de Mona : son refus absolu d'aller dans le sens de la demande de l'autre, dès que cela excède ses propres besoins ou son propre désir […]. Ce refus obstiné de répondre par sympathie à la demande de l'autre, quel qu'il soit, y compris Varda qui la filme, fait que l'altérité de ce personnage restera radicale, aussi bien par rapport aux petits-bourgeois qu'elle rencontre sur la route que par rapport à ceux qui pourraient être ses semblables dans une partition qui ne serait que sociale, David, Assoun ou les zonards de la gare. Elle restera jusqu'au bout "l'autre de l'autre", qu'il soit juif errant ou marocain, puisque tel est le sens de son existence de personnage. Varda est donc aux prises avec ce dilemme : filmer un personnage qui la repousse autant qu'elle l'attire, qui la menace autant qu'elle la fascine" ("La Repousse", p. 5).

Serge Toubiana — "Un être imprenable"

Mona, cette fille qui fait la route, à la marge des marginaux, cette fille qui va au-delà des limites, il est impossible de lui tirer le moindre discours, d'en saisir le moindre affect. Le film bute sur elle, il y a comme un *hiatus* entre le cinéma de Varda et ce personnage froid, irréductible, qui ne joue le jeu d'aucune fiction : lorsque Mona rencontre le personnage joué par Macha Méril, qui s'occupe de sauver les platanes, elle reste cloîtrée dans la voiture, indifférente au monde. C'est ce refus buté de Mona de jouer le jeu de la fiction qui rend le film émouvant. Plus le film avance, plus Mona s'enfonce dans son irréductibilité face au monde, et plus se fait lourd, angoissant, le silence de la cinéaste, incapable de commenter son personnage, de le ramener à la dimension humaine.

L'histoire de Mona, cela pourrait donner quelques lignes à peine dans les pages faits divers des quotidiens. Ce qui émeut, c'est la ténacité que déploie Varda à tirer matière à fiction d'un sujet et d'un personnage impossibles […]. Autour de Mona, Varda fait pourtant venir témoigner face à la caméra plusieurs personnages qui l'ont rencontrée incidemment aux détours de son parcours, ou d'autres qui ont partagé un bout de chemin avec elle. Ils ont droit à la parole mais leur discours est vide : pure illusion documentaire. Mona est un être imprenable qui ne laisse prise à aucun discours. C'est par cette manière qu'elle a d'échapper à la compréhension des autres que Mona est bouleversante, telle qu'en elle-même, autistique, à la fois hors du monde et partie prenante de l'univers […] ("L'Ombre d'un doute", pp. 11-12).

Raymond Lefèvre — "Du voyeurisme ordinaire"

Film des regards, *Sans toit ni loi* est une brillante variation sur le thème du voyeurisme ordinaire. L'errance de Mona prend une tonalité différente selon qu'elle affronte l'indifférence, la convoitise, les bons sentiments, l'envie, l'agressivité, la violence, les petites lâchetés, c'est-à-dire toute une gamme d'émotions qui s'identifient aux regards posés et qui servent d'itinéraire, avec quelques sommets comme l'extraordinaire ivresse à fous rires d'une aïeule provisoirement libérée de sa morne condition d'assistée. Les témoignages sont autant d'étapes au cours desquelles Mona affirme son identité personnelle dans des refus successifs. En une sorte de réhabilitation de l'insolence originelle, Agnès Varda crée un personnage qui a délibérément rejeté les tabous élémentaires de l'éducation enfantine. Le mot "merci" lui écorcherait la bouche et elle n'éprouve guère le besoin de se laver, même si elle sent la sardine. Elle ne veut pas être prise en charge, elle repousse toute directive et ne sait que faire des conseils aliénants. Refusant les toits pour mieux vivre sans lois, Mona rompt tout contact qui annonce une limite à son indépendance. Même les longs travellings qui l'accompagnent dans sa marche sans but et qui s'arrêtent pile sur un objet agricole ou sur une souche d'arbre, n'ont pas de prise sur ce personnage aussi déconcertant qu'émouvant, magnifiquement servi par la performance d'actrice de la jeune Sandrine Bonnaire.

Un tel parti pris de style exclut tout jugement moral. Agnès Varda n'accuse pas, ou n'excuse pas. L'errance de son personnage n'est pas une fuite, mais tout simplement l'expression d'une liberté extrême qui conduit à l'absolu d'une solitude sur laquelle il ne faut pas s'apitoyer, même si Mona essuie quelques larmes furtives (*"Sans toit ni loi"*, p. 26).

Fabrice Revault d'Allonnes — "Prénom Mona"

Tout d'abord, seule et n'ayant besoin d'aucun autre, Mona est *monade*. Alors même que le nomadisme est plutôt communautaire, elle traverse, solitairement la "communauté" sédentarisée. C'est cela que fixe Varda, en déplaçant Mona ; et qui en fait, comme elle le dit, une rebelle [...]. Au total, Mona désignerait bien *l'absolue liberté*. Etre une monade nomade, dans un monde saturé et uniformisé, être loup dans un monde moutonnier : si cela implique le risque d'être un "sous-homme" social (y compris le risque de la famine), c'est du même fait acquérir cette puissance proprement "divine", car sur-humaine, de s'abstraire des autres, de ne pas (se) vivre comme eux [...]. Elle représente notre fantasme, notre image commune, première et dernière, de la liberté. Et l'étrange force qu'il faut pour prendre cette liberté, à nos yeux d'animaux sociaux enchaînés. Le prix qu'il faut même payer pour "avoir *sa* liberté" (ce prix, on le sait, c'est la solitude... jusque dans la mort) ["Prénom : Mona...", p. 5].

Jérôme Picant — Le viol de Mona

Le personnage de Mona ne laisse [...] aucune prise à la fiction, c'est un personnage sur lequel tout événement, même *a priori* "dramatique", semble glisser sans laisser de traces. L'épisode du viol de Mona dans les sous-bois, après sa rencontre avec Mme Landier, l'illustre parfaitement : la séquence est filmée par une caméra toujours en mouvement qui cadre l'homme aux aguets, puis Mona, avant de s'écarter lors de l'attaque. La cinéaste n'utilise aucun plan rapproché ou gros plan capable d'augmenter la charge émotionnelle de la séquence, le seul élément de tension est la musique qui augmente jusqu'à la saturation. Cet épisode, dont Mme Landier a eu la prémonition, ne sera plus jamais évoqué. Le drame glisse sur Mona et il semble donc normal qu'il glisse sur les témoins et que nul, hormis Mme Landier quand elle est face à la mort, n'ait conscience de l'extrême détresse de la jeune femme. Le personnage de Mona n'est d'ailleurs pas construit pour susciter la sympathie : sa rencontre avec David illustre son égoïsme profond et son indifférence au sort des autres : ne cédant en rien aux lois de la fiction, Agnès Varda ne tente pas de rendre son héroïne sympathique ; Mona est sans doute rejetée, mais elle rejette les autres ("Sans toit ni loi ou La boucle imparfaite". p. 147).

Bernard Bastide — D'Aphrodite à Dionysos

Cette fois encore, comme *Cléo de 5 à 7*, vingt-cinq ans plus tôt, *Sans toit ni loi* est un trajet ; ici un déplacement de la mer vers la terre, de la propreté vers la putrescence, ponctué de souillures graduelles. La vie de Mona, comme celle de tout être humain, n'est qu'un (lent) processus d'autodestruction.

"Depuis le début du projet, j'avais cette image en tête : Mona, sans famille, sortant de la mer ", confesse Agnès Varda. Pareille à Aphrodite (Vénus) qui naquit de la vague et de l'écume près de Cythère, Mona naît des flots : propre, pas encore souillée par le regard ou le contact avec autrui. Ce premier plan où elle apparaît est en fait une double naissance : sa venue au monde et son apparition à l'écran semblent se superposer, gommant d'entrée toute allusion à un passé (social, culturel) de Mona. Elle existe, un point c'est tout. Par la suite, Agnès Varda ne se départira pas de ce point de vue : montrer en se gardant bien d'expliquer et encore plus de juger. Avec un mélange d'attirance et de répulsion matérialisé par ces travellings latéraux qui suivent Mona sans l'approcher, la cinéaste fournit simplement une grille de situations, un éventail de rencontres où, comme dans *Cléo*, Eros et Thanatos s'enlacent constamment.

Chez Mona, les relations amoureuses sont certes nombreuses (le garagiste, le squatter…), mais elles sont dénuées de tendresse, accomplies mécaniquement comme un tribut à payer en échange de sa liberté. Quant à Thanatos, il est présent à de multiples niveaux, la mort apparaissant de façon symbolique […].

Le registre symbolique, on le trouve dans le cimetière — celui devant lequel campe Mona, celui devant lequel travaille la prostituée —par le biais de la chanson de Rita Mitsuko évoquant "le cancer qui t'a assassiné", ce même cancer qui, sous le nom de chancre coloré, est en train de gangrener la sève des platanes […].

Mais la mort, dans *Sans toit ni loi*, c'est surtout celle — inscrite dès le prologue — de Mona, la nomade solitaire. Celle-là est présentée en plusieurs phases, avec une minutie d'entomologiste, et se transmet non seulement par le visuel et le sonore, mais, pourrait-on presque dire, par le tactile et l'olfactif. Le froid qui engourdit Mona, le pain trop dur pour être mangé, l'eau transformée en glace appartiennent à ce registre. Cette mort au travail est aussi intimement liée aux individus qui croisent la routarde, activant ou constatant ce processus de dégradation. Il y a d'abord le violeur, sorte de satyre à la fois mythologique et bien réel, qu'elle rencontre dans les bois. Il y a ensuite, de Mme Landier au berger philosophe, tous ceux qui témoignent de sa crasse et de sa puanteur, de ses vomissures (voir scène de la gare). Enfin, il y a cette ultime souillure, celle subie lors de la Fête des Paillasses et sur laquelle nous souhaiterions nous arrêter plus longuement.

Hérité des Dionysies, fêtes antiques en l'honneur de Dionysos (Bacchus), cette sorte de carnaval se déroule chaque mercredi des Cendres à Cournonterral, petit village de l'Hérault. Les participants, presque tous natifs du hameau, se scindent en deux clans : *les Paillasses* et les *Blancs*, les seconds étant poursuivis par les premiers afin d'être, par tous les moyens, maculés de lie de vin. Découverte par Agnès Varda lors de ses repérages, il est troublant de voir comment le goût de la cinéaste pour la mythologie s'est téléscopé avec cette tradition encore vivace, comment le documentaire a su s'engouffrer dans le cadre étroit d'une oeuvre de fiction. A y regarder de plus près, on s'aperçoit que cette scène des Paillasses, véritable film dans le film, possède une double logique, l'une "scénaristique", l'autre symbolique. Au niveau du scénario, c'est parce que le village est en fête que Mona ne pourra trouver la nourriture nécessaire, perdra sa couverture (*sic*) et mourra, tant de faim que de froid. Quant à l'analyse symbolique, elle se révèle riche d'enseignement. En effet, faisant suite à d'autres souillures, la lie est, par excellence, "la part excrémentielle du vin". Ainsi Mona, comme toutes les victimes de la fête, marche vers *"cette part de soi qu'au temps banal on évacue, ou rejette, ou refuse. Sa part de merde. Sa part de mort. Sa part pourrie ou promise à la pourriture"* (Charles Camberoque et Yves Rouquette, *Les Paillasses* [Paris: Verdier, 1985], p. 8). Echappée de la fête, Mona est déjà morte. Morte socialement parce qu'exclue d'un rituel dont elle ne possède pas les règles. Morte physiquement parce que son corps maculé a déjà pris la teinte d'un cadavre en putréfaction. Sa chute dans un fossé — image opposée à son jaillissement des vagues — ne sera que l'aboutissement logique de ce lent processus de dégradation ("Mythes cachés, mythes dévoilés dans l'oeuvre d'Agnès Varda", pp. 78-80).

Jerôme Picant — L'Image et ses commentateurs

La construction en forme de puzzle de ce film souligne dans les propos d'Agnès Varda le rôle fondamental dévolu à l'image dans son oeuvre : même inachevé et inachevable, le puzzle est une image [...].

Ce pouvoir de représentation et non d'explication de l'image, qui postule un rôle actif de tous les commentateurs de l'image aussi bien dans le film (les témoins) que hors du film (les spectateurs) apparaît comme la clé de voûte de ce film. Les épisodes de la vie de Mona abondent en présence de photos dont seul le pouvoir de représentation paraît explicite : le corps de Mona photographié par les gendarmes n'apporte aucune explication sur sa vie et sa mort. Plus avant dans le film, Mona assise, filmée de dos puis en plongée, regarde une série de sept cartes postales : une photo de jeune fille, une d'un masque antique qu'elle prend, un paysage d'arbre, une toile de Van Gogh, une série de paysages. Ces photos, apparemment dénuées de caractère personnel, ne fournissent aucune explication sur l'itinéraire et le passé de Mona. Lors de son passage dans la maison de la Tante Lydie, Mona feuillette l'album de photos de la vieille dame, mais son contenu ne prend un sens que lorsque celle-ci les commente, détaillant chaque personnage. C'est donc par le commentaire que l'image prend un sens. Le projet du film illustre cette idée : les témoignages interviennent comme autant de commentaires sur les images des séquences du récit. Ces témoignages n'ont pas de valeur documentaire, ils participent aussi à la fiction et le sens de leurs commentaires peut être parfaitement en contradiction avec ce que l'image montre. Deux épisodes le démontrent particulièrement. Lors du constat du décès de Mona, les gendarmes émettent le jugement de "mort naturelle vu la position du corps", ce qui est contradictoire avec la position détendue du corps (le bras relevé) peu en accord avec l'idée que l'on peut avoir d'une mort liée au froid. Lors de la rencontre de Mona avec le garagiste, celui-ci commente par la calomnie le séjour de la vagabonde durant lequel il a récupéré "en nature" l'argent versé pour son travail.

[...] le spectateur se trouve ainsi pris dans un jeu de mise en abyme : il est appelé à commenter tout à la fois les images des épisodes de la vie de Mona et les images des témoignages ("Sans toit ni loi ou La boucle imparfaite". pp. 152-154).

FILMOGRAPHIE D'AGNÈS VARDA (LONGS MÉTRAGES)

1954 *La Pointe Courte*

1961 *Cléo de 5 à 7*

1964 *Le Bonheur*

1965 *Les Créatures*

1969 *Lions Love and Lies* (en anglais)

1974-75 *Daguerréotypes* (documentaire)

1980 *Mur murs* (documentaire)

1981 *Documenteur*

1985 *Sans toit ni loi*

1986-87 *Jane B. par Agnès V.*

1987 *Kung-Fu Master*

1990 *Jacquot de Nantes, L'Univers de Jacques Demy* (documentaire)

1995 *Les Cent et une nuits*

2000 *Les Glaneurs et la Glaneuse* (documentaire)

OUVRAGES CONSULTÉS

"Agnès Varda" (interview), *Séquences* 126 (oct. 1986), 33-37.

Arbaudie, Marie-Claude. "Faits d'hiver", *Le Film français* 2064 (22 nov. 1985), 18.

Audé, Françoise. "*Sans toit ni loi*. La Zone", *Positif* 299 (jan. 1985), 64-65.

Bastide, Bernard. "Agnès Varda photographe ou L'apprentissage du regard", *Etudes cinématographiques* 179-186. Paris: Minard, 1991 (pp. 5-11).

… … … . . "Mythes cachés, mythes dévoilés dans l'oeuvre d'Agnès Varda", *Etudes cinématographiques* 179-186. Paris: Minard, 1991 (pp. 71-83).

Bergala, Alain. "La Repousse", *Cahiers du cinéma* 378 (déc. 1985), 4-8.

Bérubé, Robert-Claude. "*Sans toit ni loi:*, *Séquences* 123 (jan. 1986), 55-57.

Billard, Ginette. "Venise : La Sélection française", *Le Film français* 2051 (23 août 1985), 3-4.

Bonnaire, Sandrine. "Au risque du tournage", *Cahiers du cinéma* 378 (déc. 1985), 9-10.

Carbonnier, Alain. "*Sans toit ni loi*", *Cinéma 85* 322 (4 déc. 1985), 5.

Carbonnier, Alain et Fabrice Revault d'Allonnes. "Mona, nomade" (interview), *Cinéma 85* 322 (4 déc. 1985), 2-3, 11.

Dazat, Olivier. "Marche funèbre", *Cinématographe* 114 (déc. 1985), 11.

… … … . "Jouer à la belle étoile" (entretien avec Sandrine Bonnaire). *Cinématographe* 114 (déc. 1985), 13-15.

Dazat, Olivier et Gilles Horvilleur. "Agnès Varda de 5 à 7", *Cinématographe* 114 (déc. 1985), 18-22.

Delmas, Ginette. "*Sans toit ni loi*", *Jeune Cinéma* 171 (déc.-jan. 1985-86), 38-39.

Delvaux, Claudine. "Varda, *Sans toit ni loi*... Nouvelles Vagues", *Revue belge du cinéma* 20 (été 1987), 32-34.

Devarrieux, Claire et Marie-Christine De Navacelle. *Cinéma du réel*. Paris: Editions Autrement, 1988 (chapitre écrit par Varda, pp. 46-52).

D'Yvoire, Christophe. "A saisir", *Première* 100 (juillet 1985), 50.

Fieschi, Jean-André et Claude Ollier. "La grâce laïque", *Cahiers du cinéma* 165 (avril 1965), 42-50.

Ford, Charles. *Femmes cinéastes*. Paris: Denoël/Gonthier, 1972 (surtout pp. 110-116).

Flitterman-Lewis, Sandy. "*Sans toit ni loi* : le 'portrait impossible' de la féminité", *Cinémaction* 67 (mars 1993), 171-176 (extrait de son livre, *To Desire Differently. Feminism and the French Cinema* [New York: Columbia University Press, 1996]).

Lefèvre, Raymond. "*Sans toit ni loi*", *La Revue du cinéma* 411 (déc. 1985), 25-26.

Picant, Jérôme. "Sans toit ni loi ou La boucle imparfaite". *Etudes cinématographiques* 179-186. Paris: Minard, 1991 (pp. 141-154).

Prédal, René. "Agnès Varda. Une oeuvre en marge du cinéma français", *Etudes cinématographiques* 179-186. Paris: Minard, 1991 (pp. 13-33).

Revault d'Allonnes, Fabrice. "Prénom : Mona...", *Cinéma 85* 322 (4 déc. 1985), 5.

Roud, Richard. "The Left Bank", *Sight and Sound* 32, no. 1 (hiver 1962-63), 24-27.

Roumette, Sylvain. "Portrait d'Agnès Varda (1986)", *Revue belge du cinéma* 20 (été 1987), 35.

Roy, Jean. "La Routarde qui monte au nez", *L'Humanité* 12842 (4 déc. 1985), 19.

Smith, Alison. *Agnès Varda*. Manchester : Manchester University Press, 1998.

Toubiana, Serge. "L'Ombre d'un doute", *Cahiers du cinéma* 376 (oct. 1985), 8-17 (surtout pp. 10-12).

Varda, Agnès, "Entretien avec Agnès Varda". *Sans toit ni loi. L'Avant-Scène Cinéma* 526 (nov. 2003), 3-17.

.... *Sans toit ni loi* (découpage). *L'Avant-Scène Cinéma* 526 (nov. 2003), 3-70.

.... Varda par Agnès. Paris: Cahiers du cinéma. 1994.

.... "Un jour sous le ciel", *Cahiers du cinéma* 378 (déc. 1985), 11-15.

Contexte historique des films

	1928 Buñuel et Dalí, *Un chien andalou*.
1929 Krach à la Bourse américaine et crise économique en Europe.	
1933 Adolf Hitler Chancellier de l'Allemagne ; le parti national -socialiste au pouvoir.	*1933* Jean Vigo, *Zéro de conduite*.
1936 Guerre civile en Espagne ; le général Franco au pouvoir.	*1936* Jean Renoir, *Partie de campagne* (monté et sorti en 1946).
1936-37 Le Front populaire (gouvernement de gauche) au pouvoir en France.	*1937* Jean Renoir, *La Grande Illusion*.
1939 (1er septembre) L'Allemagne nazie envahit la Pologne ; la France déclare la guerre à l'Allemagne. La "Drôle de guerre" (les troupes françaises attendent derrière la Ligne Maginot).	*1939* Jean Renoir, *La Règle du jeu*. *1939* Marcel Carné, *Le Jour se lève*.
1940-44 Occupation de la France.	
1941 (7 déc.) Les Japonais attaquent Pearl Harbor : entrée en guerre des Etats-Unis.	
1944 (6 juin) Le Jour "J" : les forces alliées débarquent en Normandie et en Provence.	
1945 (8 mai) Capitulation allemande.	*1945* Marcel Carné, *Les Enfants du paradis*.
1945 (6 août) Bombe atomique sur Hiroshima ; capitulation du Japon.	
1946 Début de la IVe République.	*1946* Jean Cocteau, *La Belle et la Bête*.
1946-54 Guerre d'Indochine.	
1948 Plan Marshall adopté.	
1950-53 La guerre de Corée.	

1951 Début de la Communauté européenne.	*1951* René Clément, *Jeux interdits*.
	1953 Jacques Tati, *Les Vacances de M. Hulot*.
1954 L'Indochine devient indépendante.	
1956-62 Guerre d'Algérie.	*1956* Robert Bresson, *Un condamné à mort s'est échappé*.
1958 Le général De Gaulle Président de la République ; début de la Cinquième République.	*1959* François Truffaut, *Les 400 Coups*. *1959* Alain Resnais, *Hiroshima mon amour*.
	1960 Jean-Luc Godard, *A bout de souffle*.
1962 L'Algérie devient indépendante.	*1962* François Truffaut, *Jules et Jim*.
1964-1972 Guerre du Vietnam (entre les Etats-Unis et le Vietnam du Nord).	
1968 "Les Evénements de mai" (révolte étudiante et ouvrière).	
1969 Démission du général De Gaulle ; Georges Pompidou Président de la République.	*1969* Eric Rohmer, *Ma Nuit chez Maud*.
1973 Guerre du Kippour (entre Israël et les pays arabes).	
1974 Mort de Pompidou ; Valéry Giscard d'Estaing Président de la République. Crise économique et montée du chômage.	
	1980 Alain Resnais, *Mon oncle d'Amérique*.
1981 François Mitterrand Président de la République.	
	1985 Agnès Varda, *Sans toit ni loi*.

Pour vos recherches personnelles sur les films français

(les astérisques indiquent les meilleures sources d'articles en français)

Banques de données (sources électroniques)

Academic Search Elite

*Art Abstracts (avant 1984, Art Index)

*Arts and Humanities Citation Index (depuis 1980)

Expanded Academic ASAP (Infotrac)

*FIAF International Filmarchive Database (sur CD-ROM et en ligne)

J Stor (certaines revues en ligne, articles entiers disponibles)

*Lexis Nexis (critiques et articles en français)

MLA Bibliography

Project Muse (certaines revues en ligne, articles entiers disponibles)

Quelques Sites WWW actuels (renseignements rapides)

The Internet Movie Database : **http://www.us.imdb.com** (grande variété de fiches sur des films internationaux)

*Bibliothèque du Film (BIFI : **http://www.bifi.fr** (renseignements bibliographiques)

Cinefil : **http://www.cinefil.com** (films récents surtout)

Monsieur Cinéma : **http://www.mcinema.com** (films récents, vidéo clips)

Forum des Images : **http://www.forumdesimages.net** (fiches brèves)

Bibliographies, encyclopédies, dictionnaires, etc. :

Alternative Press Index (entrées par rubriques : "Film and Literature", "Film and Politics", "Filmmakers", etc ; les "Film Reviews" se trouvent en fin de volume).

*L'Avant-Scène Cinéma (un numéro par film, en général, avec introduction, scénario, et revue de presse)

*Bibliographie des Französischen Literaturwissenschaft (fondée par Otto Klapp, 1956 — présent, l vol. par an ; livres parus sur le cinéma français suivis d'entrées par réalisateur ; articles en français, anglais, et allemand)

Dictionnaire du cinéma. Passek, Jean-Loup, éd. Nouvelle édition mise à jour. Paris: Larousse-Bordas, 1998 (biographies sommaires : réalisateurs, interprètes, techniciens, etc. ; palmarès des grands prix du cinéma, par année)

Dictionnaire mondial des films. Rapp, Bernard et Jean-Claude Lamy, éds. Paris: Larousse, 2000

L'Encyclopédie du cinéma. Boussinot, Roger, éd. Paris: Bordas, 1980.

*Film Literature Index (entrées par sujet, depuis 1973)

Film Review Index (vol. 1 1882-1949, vol. 2 1950-1985 ; entrées par film et par ordre chronologique, sources anglophones uniquement)

Film Study : An Analytical Bibliography. 4 vols. Manchel, Frank, ed. Rotherford, N.J.: Fairleigh Dickinson UP, 1990 (entrées par période historique et par pays)

Pallister, Janis L. *French-Speaking Women Film Directors : A Guide*. Madison, N.J.: Fairleigh Dickinson University Press

*International Directory of Films and Filmmakers. 4 vols. Pendergast, Tom et Sara Pendergast, éds. ("Films", "Directors", "Actors and Actresses", "Writers and Production Artists" ; pour le volume "Films" : entrées par film, avec générique, livres et articles pertinents — source bibliographique très riche).

International Index to Film Periodicals

*MLA Bibliography

New York Times Film Reviews (revues de films sortis depuis 1913, en anglais)

New York Times Index (voir "Motion Pictures" : articles parus dans le *New York Times* sur tous les aspects du cinéma)

Oxford Guide to Film Studies (survol historique et théorique du cinéma mondial : approches critiques, genres, mouvements, cinémas nationaux, réalisateurs, etc.)

Reader's Guide to Periodical Literature (voir "Motion Pictures", "Motion Picture Reviews", etc. : entrées par réalisateur, par film, par genre, par pays, etc.)

Variety International Film Guide, 1990-1996 ; a pris la suite de *International Film Guide*, 1964-1989 (un vol. par année : entrées par pays, avec une introduction pour chaque pays, chiffres sur la production et sur la fréquentation des salles de cinéma)

World Encyclopedia of Film. Smith, John and Tim Cawkwell, eds. New York: Galahad Books, 1974 (entrées biographiques très brèves)

Pour approfondir vos connaissances sur le cinema français

(films non évoqués dans les chapitres précédents)

1931   Alexandre Korda, *Marius*

1932   Marc Allégret, *Fanny*

1933   Jean Benoît-Lévy, *La Maternelle*

1934   Marcel Pagnol, *Angèle*

1935   Jacques Feyder, *La Kermesse héroïque*, *Pension Mimosas*

1936   Julien Duvivier, *La Belle Equipe*
Sacha Guitry, *Le Roman d'un tricheur*
Marcel Pagnol, *César*

1937   Julien Duvivier, *Pépé le Moko*
Jean Grémillon, *Gueule d'amour*

1938   Marcel Pagnol, *La Femme du boulanger*

1941   Jean Grémillon, *Remorques*

1942   Henri-Georges Clouzot, *Le Corbeau*

1943   Jean Grémillon, *Lumière d'été*

1944   Jean Grémillon, *Le Ciel est à vous*

1945   Jean Dréville, *La Cage aux rossignols*

1946   Jean Delannoy, *La Symphonie pastorale*
Juien Duviver, *Panique*

1947   Claude Autant-Lara, *Le Diable au corps*
Henri-Georges Clouzot, *Quai des Orfèvres*
Georges Rouquier, *Farrebique*

1948   André Zwobada, *Noces de sable* (Maroc)

1949   Yves Allégret, *Une si jolie petite plage*
Jean-Pierre Melville, *Le Silence de la mer*

1950   Max Ophuls, *La Ronde*

1951   Jacques Pottier, *Caroline chérie*

1952   Jacques Becker, *Casque d'or*
André Cayatte, *Nous sommes tous des assassins*
Christian–Jacque, *Fanfan-la-Tulipe*
Max Ophuls, *Le Plaisir*

1953   Henri-Georges Clouzot, *Le Salaire de la peur*

1954   Jacques Becker, *Touchez pas au grisbi*
       Sacha Guitry, *Si Versailles m'était conté*

1955   Alexandre Astruc, *Les Mauvaises Rencontres*
       Henri-Georges Clouzot, *Les Diaboliques*
       Jean-Pierre Melville, *Bob le flambeur*
       Max Ophuls, *Lola Montès*

1956   Claude Autant-Lara, *La Traversée de Paris*
       Roger Vadim, *Et Dieu créa la femme*

1957   Louis Malle, *L'Ascenseur pour l'échafaud*

1958   Claude Chabrol, *Le Beau Serge*
       Louis Malle, *Les Amants*

1959   Marcel Camus, *Orfeu negro*
       Georges Franju, *La Tête contre les murs*
       Jean Rouch, *Moi, un Noir*
       Roger Vadim, *Les Liaisons dangereuses 1960*
       Henri Verneuil, *La Vache et le prisonnier*

1960   Jacques Becker, *Le Trou*
       Louis Malle, *Zazie dans le metro*

1961   Jacques Demy, *Lola*

1962   Serge Bourguignon, *Les Dimanches de Ville-d'Avray*
       Robert Enrico, *La Belle Vie*
       Chris Marker, *Le Joli Mai*
       Yves Robert, *La Guerre des boutons*

1963   Phillipe de Broca, *L'Homme de Rio*
       Louis Malle, *Le Feu follet*
       Jacques Rozier, *Adieu Philippine*

1964   Alain Cavalier, *L'Insoumis*
       Jacques Demy, *Les Parapluies de Cherbourg*

1965   René Allio, *La Vieille Dame indigne*
       Phillipe de Broca, *Les Tribulations d'un Chinois en Chine*
       Luis Buñuel, *Le Journal d'une femme de chambre*
       Gérard Oury, *Le Corniaud*
       Pierre Schoendoerffer, *La 317e Section*

1966   Claude Lelouch, *Un homme et une femme*
       Jean-Pierre Melville, *Le Deuxieme Souffle*
       Gérard Oury, *La Grande Vadrouille*
       Jacques Rivette, *Suzanne Simonin, la Religieuse de Diderot*

1967   Claude Berri, *Le Vieil Homme et l'enfant*
       Luis Buñuel, *Belle de jour*
       Jean-Pierre Melville, *Le Samouraï*
       Edouard Molinaro, *Oscar*

1968   Costa Gavras, *Z*

1969   René Allio, *Pierre et Paul*
       Jean-Pierre Melville, *L'Armée des ombres*

Marcel Olphus, *Le Chagrin et la pitié*
Maurice Pialat, *L'Enfance nue*
Claude Sautet, *Les Choses de la vie*
Henri Verneuil, *Le Clan des Siciliens*

1970   Marcel Camus, *Le Mur de l'Atlantique*
Jean Girault, *Le Gendarme en balade*

1971   Louis Malle, *Le Souffle au coeur*

1972   Luis Buñuel, *Le Charme discret de la bourgeoisie*
Claude Sautet, *César et Rosalie*

1973   René Allio, *Rude Journée pour la reine*
Yves Boisset, *R.A.S.*
Jean Eustache, *La Maman et la putain*
Gérard Oury, *Les Aventures de Rabbi Jacob*
Bertrand Tavernier, *L'Horloger de Saint-Paul*

1974   Chantal Akerman, *Je, Tu, Il, Elle*
Bertrand Blier, *Les Valseuses*
Yves Boisset, *Dupont Lajoie*
Louis Malle, *Lacombe Lucien*
Claude Pinoteau, *La Gifle*
Jacques Rivette, *Céline et Julie vont en bateau*
Claude Sautet, *Vincent, François, Paul… et les autres*

1975   Chantal Akerman, *Jeanne Dielman, 23 Quai du Commerce, 1080 Bruxelles*
Marguerite Duras, *India Song*
Bertrand Tavernier, *Le Juge et l'assassin*
André Téchiné, *Souvenirs d'en France*

1976   Robert Enrico, *Le Vieux Fusil*
Bertrand Tavernier, *Que la fête commence*

1977   Diane Kurys, *Diabolo menthe*

1978   Bertrand Blier, *Préparez vos mouchoirs*
Claude Chabrol, *Violette Nozière*
Edouard Molinaro, *La Cage aux folles*

1979   Bertrand Blier, *Buffet froid*
Christian de Chalonge, *L'Argent des autres*
Maurice Pialat, *Passe ton bac d'abord*

1980   Maurice Pialat, *Loulou*
Claude Pinoteau, *La Boum*
Claude Zidi, *L' Inspecteur la bavure*

1981   Jean-Jacques Beinex, *Diva*
Alain Corneau, *Le Choix des armes*
Bertrand Tavernier, *Coup de torchon*
Daniel Vigne, *Le Retour de Martin Guerre*

1982   Claude Miller, *Garde à vue*
Jean-Marie Poiret, *Le Père Noël est une ordure*
Ettore Scola, *La Nuit de Varennes*
Andrzej Wajda, *Danton*

1983   Jean-Jacques Beinex, *La Lune dans le caniveau*
          Claude Berri, *Tchao Pantin!*
          Diane Kurys, *Entre nous* (*Coup de foudre*)
          Maurice Pialat, *A nos amours*
          Francis Veber, *Les Compères*

1984   Luc Besson, *Subway*
          Michel Deville, *Péril en la demeure*
          Bertrand Tavernier, *Un dimanche à la campagne*

1985   Coline Serreau, *Trois hommes et un couffin*
          Claude Zidi, *Les Ripoux*

1986   Jean-Jacques Beinex, *37,2° le matin*
          Claude Berri, *Jean de Florette, Manon des Sources*
          Bertrand Tavernier, *Autour de minuit*

1987   Alain Cavalier, *Thérèse*
          Louis Malle, *Au revoir les enfants*
          Maurice Pialat, *Sous le soleil de Satan*

1988   Jean-Jacques Annaud, *L'Ours*
          Luc Besson, *Le Grand Bleu*
          Claire Denis, *Chocolat*
          Jean-Loup Hubert, *Le Grand Chemin*
          Patrice Leconte, *Monsieur Hire*
          Claude Miller, *La Petite Voleuse*
          Bruno Nuytten, *Camille Claudel*

1989   Bertrand Blier, *Trop belle pour toi*
          Louis Malle, *Milou en mai*
          Bertrand Tavernier, *La Vie et rien d'autre*

1990   Claude Berri, *Uranus*
          Luc Besson, *La Femme Nikita*
          Jacques Doillon, *Le Petit Criminel*
          Jean-Paul Rappeneau, *Cyrano de Bergerac*
          Brigitte Rouan, *Outremer*

1991   Alain Corneau, *Tous les matins du monde*
          Jean-Pierre Jeunet, *Delicatessen*

1992   Jean-Jacques Annaud, *L'Amant*
          Cyril Collard, *Les Nuits fauves*
          Claude Miller, *L'Accompagnatrice*
          Claude Sautet, *Un coeur en hiver*
          Régis Wargnier, *Indochine*

1993   Claude Berri, *Germinal*
          Krzysztof Kieslowski, *Trois Couleurs: Bleu*
          Jean-Marie Poiré, *Les Visiteurs*

1994   Patrice Chéreau, *La Reine Margot*
          Jean-Pierre Jeunet et Marc Caro, *La Cité des enfants perdus*
          Krzysztof Kieslowski, *Trois Couleurs: Blanc, Trois Couleurs: Rouge*
          Hervé Palud, *Un Indien dans la ville*

1995   Josiane Balasko, *Gazon maudit*

Karim Dridri, *Bye-Bye*
Mathieu Kassovitz, *La Haine*
Jean-Paul Rappeneau, *Le Hussard sur le toit*
Claude Sautet, *Nelly et Monsieur Arnaud*
André Téchiné, *Les Roseaux sauvages*

1996   Patrice Leconte, *Ridicule*

1997   Claire Denis, *Nénette et Boni*
Benoît Jacquot, *Le Septième Ciel*
Bertrand Tavernier, *Capitaine Conan*

1998   Benoît Jacquot, *L'Ecole de la chair*
Francis Veber, *Le dîner de cons*
Eric Zonca, *La Vie rêvée des anges*

1999   Régis Wargnier, *Est-Ouest*

2000   Francis Veber, *Le Placard*

2001   Agnès Jaoui, *Le Goût des autres*
Jean-Pierre Jeunet, *Le Fabuleux Destin d'Amélie Poulain*

Index des noms

Légende

ABS *A bout de souffle*
BB *La Belle et la Bête*
CME *Un condamné à mort s'est échappé*
EP *Les Enfants du paradis*
GI *La Grande Illusion*
HC1 Histoire du cinéma I : les débuts
HC2 Histoire du cinéma II: les années vingt
HMA *Hiroshima mon amour*
JI *Jeux interdits*
JSL *Le Jour se lève*
JJ *Jules et Jim*
LF Lecture du film
MOA *Mon oncle d'Amérique*
MNM *Ma nuit chez Maud*
NV Nouvelle Vague (introduction)
PC *Partie de campagne*
QCC *Les Quatre Cents Coups*
RJ *La Règle du jeu*
RP Réalisme poétique (introduction)
STL *Sans toit ni loi*
VMH *Les Vacances de Monsieur Hulot*
ZC *Zéro de conduite*

Histoire et théorie du cinéma

Autant-Lara, Claude *NV* 229
Astruc, Alexandre *LF* 31 *NV* 230
Barthes, Roland *LF* 35
Bazin, André *LF* 27, 30, 35-36
Becker, Jacques *NV* 229 *RP* 45
Bresson, Robert *NV* 230
Buñuel, Luis *HC2* 19-24
Carné, Marcel *HC2* 24 *LF* 30, 36 *NV* 229 *RP* 45-46
Chabrol, Claude *NV* 229-231
Chaplin, Charles *HC1* 13-14 *HC2* 15 *LF* 36
Christian-Jaque *NV* 229
Clément, René *NV* 229
Clair, René *HC2* 17-19 *LF* 31 *NV* 229 *RP* 45
Clouzot, Henri-Georges *NV* 229
Cocteau, Jean *NV* 229-230 *RP* 46
Dalí, Salvador *HC2* 19-24
De Mille, Cecil B. *HC2* 15
Delannoy, Jean *NV* 229 *RP* 46

Demy, Jacques *LF* 43 *NV* 229, 231
Doniol-Valcroze, Jacques *NV* 229
Delluc, Louis *HC2* 17
Dovjenko, A. *HC2* 15
Dulac, Germaine *HC2* 17
Duvivier, Julien *RP* 45
Eastman, George *HC1* 9, 14
Edison, Thomas *HC1* 9-10
Eisenstein, Sergei *HC2* 15-16 *LF* 33-36
Epstein, Jean *HC2* 17
Feuillade, Louis *HC1* 13
Feyder, Jacques *HC2* 16-17 *RP* 45
Flaherty, Robert *HC2* 15
Ford, John *HC2* 15 *NV* 230
Franju, Georges *NV* 229
Freud, Sigmund *HC2* 19, 22-23
Gance, Abel *LF* 31 *HC1* 14 *HC2* 16-17 *NV* 230
Gaumont Léon *HC1* 13
Giroud, Françoise *NV* 229
Godard, Jean-Luc *LF* 34, 37, 40 *NV* 229-230
Grémillon, Jean *HC2* 17 *NV* 229 *RP* 45
Guitry, Sacha *NV* 229 *RP* 45
Griffith, D.W. *HC2* 15-16 *HC1* 12-14 *LF* 33
Hawkes, Howard *NV* 230
Hitchcock, Alfred *LF* 30 *NV* 230
Hoerner *HC1* 9
Ince, Thomas *HC1* 12, 14
Kast, Pierre *NV* 229
Keaton, Buster *HC2* 15
Koulechov, Lev *HC2* 15 *LF* 33
L'Herbier, Marcel *HC2* 17
Lang, Fritz *HC2* 15
Langdon, Harry *HC2* 15
Legrand, Michel *NV* 231
Linder, Max *HC1* 13
Lloyd. Harold *HC2* 15
Lubitsch, Ernst *HC2* 16
Lumière, Auguste *HC1* 10
Lumière, Louis *HC1* 10-12
Malle, Louis *NV* 230-231
Marey, Etienne-Jules *HC1* 9-10
Marker, Chris *NV* 229
Martin, Marcel *LF* 27-28, 30-32, 35-36
Méliès, Georges *HC1* 11-12
Metz, Christian *LF* 28-29
Murnau, F.W. *HC2* 15-16
Muybridge, Edward *HC1* 9
Ophuls, Max *NV* 229-230
Pagnol, Marcel *NV* 229 *RP* 45
Pathé, Charles *HC1* 12-14
Plateau, Joseph *HC1* 9

Prévert, Jacques *RP* 45-46
Poudovkine, V. *HC2* 15
Ray, Nicholas *NV* 230
Renoir, Jean *HC2* 17, 24 *LF* 29-30, 32, 35-39, 43 *NV* 229-230 *RP* 45
Resnais, Alain *LF* 30, 36 *NV* 229-230
Reynaud, Emile *HC1* 10
Rivette, Jacques *NV* 229
Rohmer, Eric *NV* 229
Rossellini, Roberto *NV* 230
Sennett Mack *HC1* 12, 14
Sjöstrom, Viktor *HC2* 16
Truffaut, François *LF* 31, 37, 43 *NV* 229, 231
Stroheim, Erich von *HC2* 16
Vadim, Roger *NV* 231
Varda, Agnès *NV* 229-230
Vertov, Dziga *HC2* 15
Vigo, Jean *HC2* 23-24 *LF* 31, 36 *RP* 45
Visconti, Luchino *NV* 230
Welles, Orson *LF* 35 *NV* 230
Wiene, Robert *HC2* 15

Réalisateurs et équipes techniques

Agostini, Philippe *EP* 141 *JSL* 123
Alekan, Henri *BB* 163, 167, 170
Almendros, Nestor *MNM* 305, 308-309
Aubert, Pierre *VMH* 191
Aurenche, Jean *JI* 179, 182
Auric, Georges *BB* 163, 167, 171
Bachelet, Jean *RJ* 101
Barsacq, Léon *EP* 141, 146
Bassiak, Cyrus *JJ* 287, 291, 295
Baudrot, Sylvette *HMA* 253
Bauer, Jean *STL* 347
Beauregard, Georges de *ABS* 271
Becker, Jacques *EP* 145 *GI* 81, 86 *PC* 63
Bérard, Christian *BB* 163, 167, 170-171
Bertrand, Paul *JI* 179
Bertrand, Pierre-André *CME* 207, 219
Bilinsky, Boris *JSL* 123
Blossier, Patrick *STL* 347, 354
Bocquet *ZC* 47
Bost, Pierre *JI* 179, 182
Bouché, Claudine *JJ* 287
Boyer, François *JI* 179, 182
Braunberger, Pierre *PC* 63, 66, 69
Bresson, Robert *ABS* 278 *BB* 166 *CME* 207-228 *EP* 145 *JJ* 298 *QCC* 237
Bretagne, Joseph de *GI* 81 *PC* 63 *RJ* 101
Briaucourt, Roger *VMH* 191
Brun, Philippe *MOA* 329
Bruzdowicz, Joanna *STL* 347, 357
Burel, Léonce-Henry *CME* 207

Calvet, P. *HMA* 253

Capel, Fred *JJ* 287

Carné, Marcel *ABS* 276-277 *EP* 141-161 *JSL* 123-139 *STL* 356

Carrère, Jacques *BB* 163

Carrère, Jacques *VMH* 191

Cartier-Bresson, Henri *PC* 63 *RJ* 101, 106

Chabrol, Claude *ABS* 271 *MNM* 308 *QCC* 237 *STL* 350

Chanel, Coco *RJ* 101

Charbonnier, Pierre *CME* 207, 212

Goldblatt, Charles *ZC* 47

Clément, Claude *JI* 179

Clément, Jean-Paul *CME* 207

Clément, René *BB* 163, 167, 172 *EP* 145 *JI* 179-189 *VMH* 194, 204

Cocteau, Jean *ABS* 277, 285 *BB* 163-177 *CME* 211 *EP* 145 *HMA* 256 *JI* 182
   MOA 335 *QCC* 235, 237

Colpi, Henri *HMA* 253, 265, 266

Constantin, Jean, *QCC* 233, 239

Cosson, Roger *VMH* 191

Costa, Lucile *BB* 163

Cottrell, Pierre *MNM* 305

Courant, Curt *JSL* 123

Coutard, Raoul *ABS* 271, 273-274, 279 *JJ* 287, 292, 302

De Broca, Philippe *QCC* 233

Decae, Henri *QCC* 233, 239

Decae, Jacqueline *QCC* 233

Decrais, René *GI* 81

Decugis, Cécile *ABS* 271 *MNM* 305

Delerue, Georges *HMA* 253

Delerue, Georges *JJ* 287, 292

Desanges, Chantal *STL* 347

Deschamps, Jacques *STL* 347

Desormières, Roger *RJ* 101

Devigny, André *CME* 207, 212, 214-216

Dorfmann, Robert *JI* 179

Dubouillon, Annie *CME* 208

Duras, Marguerite *HMA* 253, 255-256, 258

Dussart, Philippe *MOA* 329

Duyre, Roger *JI* 179

Dzierlatka, Arié *MOA* 329

Esaka *HMA* 253

Escoffier, Marcel *BB* 163

Evein, Bernard *QCC* 233

Faye, Suzanne *ABS* 271

Freire, Dido *RJ* 101

Fusco, Giovanni *HMA* 253, 257, 266

Gabutti, Raymond *EP* 141

Giroud, Françoise (Gourdji) *GI* 81, 86

Godard, Jean-Luc *ABS* 271-286 *HMA* 255 *MNM* 308-309 *QCC* 237 *RJ* 119
   STL 350 *ZC* 50

Grassi, Jacques *VMH* 191

Gruault, Jean *JJ* 287, 290 *MOA* 329, 333, 337, 339, 341

Gys, Robert *PC* 63
Houllé-Renoir, Marguerite *GI* 81 *PC* 64-66 *RJ* 101
Hubert, Roger *EP* 141
Ibéria, Claude *BB* 163
Ito *HMA* 253
Jacques Saulnier *MOA*
Jaubert, Maurice *JSL* 123, 130, 137 *ZC* 47, 52, 54-55, 59-60
Juillard, Robert *JI* 179, 181
Jurgenson, Albert *MOA* 329
Kaufman, Boris *ZC* 47, 51
Koch, Carl *GI* 81, 86
Kosma, Joseph *EP* 141, 146, 154 *GI* 81 *PC* 63, 66, 69-70
Laborit, Henri *MOA* 329-346
Lagrange, Jacques *VMH* 191
Lamy, Raymond *CME* 208
Le Henaff, René *JSL* 123
Lebreton, Jacques *BB* 163
Lebreton, Jacques *JI* 179
Léon, Jean *MOA* 329
Leterrier, Catherine *MOA* 329
Lourié, Eugène *GI* 81, 86 *RJ* 101
Machetti, Jean-Claude *QCC* 233
Machuel, Emmanuel *MNM* 305
Malle, Louis *CME* 207
Malraux, Florence *MOA* 329
Marquet, Henri *VMH* 191
Matras, Christian *GI* 81
Maumont, Jacques *ABS* 271 *MNM* 305
Mayo, Antoine *EP* 141 *HMA* 253
Mazuy, Patricia *STL* 347
Mercanton, Jacques *VMH* 191
Méresse, Raymond *BB* 163
Michel-Ange *VMH* 191
Michio, Takahashi *HMA* 253, 256
Miyakuni *HMA* 253
Mouqué, Georges *EP* 141
Mousselle, Jean *VMH* 191
Moussy, Marcel *QCC* 233, 238, 245-246
Mozart, Amadeus *ABS* 277, 279, 283, 286 *CME* 207, 217, 223, 225 *MNM* 305
    RJ 117
Mugel, Jean-Paul *STL* 347
Orain, Fred *VMH* 191
Paulvé, André *BB* 163 *EP* 141, 146-147
Petitjean, Armand *JSL* 123
Pinkévitch, Albert *GI* 81
Petri *HMA* 253
Prévert, Jacques *EP* 141-161 *GI* 85 *JSL* 123, 126-128, 131, 134-136 *PC* 66
Rabier, Jean *QCC* 233
Rachline, Nicole *MNM* 305
Raichi, Henri *CME* 207
Renault, R. *HMA* 253

Renoir, Claude *GI* 81, 86, 92 *PC* 63, 75, 78
Renoir, Jean *ABS* 282 *BB* 167 *CME* 214 *EP* 145 *GI* 81-100 *JSL* 125-126 *JJ* 289
    JSL 125-126 *PC* 63-80 *QCC* 235, 237, 241 *RJ* 101-122 *VMH* 195 *ZC* 52, 54
Resnais, Alain *HMA* 253-269 *MNM* 309 *MOA* 329-346 *STL* 350-351 *ZC* 52
Rohmer, Eric *CME* 210, 219 *MNM* 305-327 *QCC* 237
Rollmer, Frank *GI* 81
Romans, Alain *VMH* 191
Royer, Jacques *STL* 347
Royné *ZC* 47
Ruh, Jean-Pierre *MNM* 305 *MOA* 329
Rust, Henry *EP* 141
Saint-Saëns, Camille de *RJ* 103, 110
Saulnier, Jacques *MOA* 329
Schiffman, Suzanne *JJ* 287
Schmitt, Henri *VMH* 191
Schroeder, Barbet *MNM* 305
Sébillotte, Hélène *MOA* 329
Solal, Martial *ABS* 271, 276
Spaak, Charles *GI* 81, 84-86, 91
Tati, Jacques *VMH* 191-205
Teisseire, Robert *EP* 141
Thiriet, Maurice *EP* 141, 146
Trauner, Alexandre *EP* 141, 146, 154 *JSL* 123, 127, 129, 131
Truffaut, François *ABS* 271, 273-274, 276-277, 279 *GI* 87 *JJ* 287-304 *MNM*
    308-309 *QCC* 233-252 *STL* 350 *ZC* 50
Varda, Agnès *STL* 347-367
Vérité, Yvette *JI* 179
Vierny, Sacha *HMA* 253, 256 *MOA* 329
Vigo, Jean *ABS* 273 *GI* 85 *HMA* 255 *QCC* 241, 243 *ZC* 47-62
Violet, Anne *STL* 347
Viot, Jacques *JSL* 123, 127, 131
Visconti, Luchino *PC* 63
Witta, Jeanne *JSL* 123
Yamamoto *HMA* 253
Yepes, Narcisco *JI* 179, 184
Yoyotte, Marie-Josèphe *QCC* 233
Zwobada, André *RJ* 101

Interprètes principaux

Adlin, Georges *VMH* 192
Amédée *JI* 180
André, Marcel *BB* 164
Arditi, Pierre *MOA* 330
Arletty *EP* 142, 146, 148, 154 *JSL* 124, 127
Assouna, Yahiaoui *STL* 348
Auclair, Michel *BB* 164, 167, 171
Auffray, Patrick *QCC* 234
Badie, Laurence *JI* 180 *MOA* 330
Balducci, Richard *ABS* 272
Barbaud, Pierre *HMA* 254
Barrault, Jean-Louis *EP* 142, 145-146, 151, 154 *MNM* 310

Barrault, Marie-Christine *MNM* 306, 310
Batcheff, Pierre *HC2* 20
Bassiak, Cyrus *JJ* 287, 291, 295
Bataille, Sylvia *PC* 64-66, 69, 71, 74-75
Baumer, Jacques *JSL* 124
Bedarieux, Gérard de *ZC* 48
Beerblock, Maurice *CME* 208, 212
Belmondo, Jean-Paul *ABS* 272-275, 281-282, 284 *JSL* 127
Berry, Jules *ABS* 274 *JSL* 124, 127-129, 131, 135, 137
Berry, Mady *JSL* 124
Blanchar *ZC* 48, 51
Blier, Bernard *JSL* 124
Bonnaire, Sandrine *STL* 348, 350, 352-353, 356, 358, 363
Borgeaud, Nelly *MOA* 330, 341
Boulanger, Daniel *ABS* 272
Boverio, Auguste *EP* 142
Brasseur, Pierre *EP* 142, 146, 154, 160
Brialy, Jean-Claude *QCC* 234
Brunius, Jacques B. *JSL* 127, 130 *PC* 64-65
Camax, Valentine *VMH* 192
Carette, Julien *GI* 82, 85-86, 95, 97 *RJ* 102, 117
Carl, Raymond *VMH* 192
Casarès, Maria *CME* 214 *EP* 142, 147
Cortadellas, Laurence *STL* 348
Courtal, Suzanne *JI* 180
Dalio, Marcel *GI* 82, 85-86, 97 *RJ* 102, 105-106, 117, 120
Darnoux, Georges *PC* 64-66
Darrieu, Gérard *MOA* 330
Dassas, Stella *HMA* 254
Dasté, Jean *GI* 82, 85 **MOA** 330 *RJ* ? *ZC* 48, 51
David, Liliane *ABS* 272
Day, Josette *BB* 164, 167
Debray, Eddy *RJ* 102
Decomble, Guy *QCC* 234
Decroux, Etienne *EP* 142
Delhumeau, Jean-Paul *CME* 208
Demange, Paul *EP* 142
Delphin *ZC* 48
Depardieu, Gérard *MOA* 330, 333, 343
Diener, Jean *EP* 142
Doude, Van *ABS* 272, 275, 280
Douking, Georges *JSL* 124
Dubois, André *VMH* 192
Dubois, Marie *JJ* 287, 291 *MOA* 330
Dubost, Paulette *RJ* 102, 106
Duverger, Albert *HC2* 21
Emile, Mme *ZC* 48, 51
Ertaud, Jacques *CME* 208
Fabian, Françoise *MNM* 306, 310
Fabre, Michel *ABS* 272
Flament, Georges *QCC* 234, 241

Florencie, Louis *EP* 142

Fontan, Gabrielle *JSL* 124 *PC* 64-65

Fosse, Joël *STL* 348

Fossey, Brigitte *JI* 180, 182

Francoeur, Richard *RJ* 102

Frankeur, Paul *EP* 142

Frégis, Lucien *VMH* 192

Freiss, Stéphane *STL* 348, 353

Fresnay, Pierre *GI* 82, 85-86, 92, 95, 97

Fressson, Bernard *HMA* 254

Gabin, Jean *ABS* 278, 281 *EP* 153 *GI* 82, 84-86, 92, 95, 97 *JI* 182 *JSL* 124-125, 127, 129, 131-132, 135-138 *MOA* 330, 335, 337, 341, 345

Gabriello, André *PC* 64-65

Garcia, Nicole *MOA* 330, 333

Gérard, Claire *RJ* 102

Gérard, Marguerite *VMH* 192

Germon, Nane *BB* 164

Godard, Jean-Luc *ABS* 272

Golstein, Coco *ZC* 48

Grégor, Nora *RJ* 102, 105-106

Hanin, Roger *ABS* 272

Haudepin, Sabine *JJ* 287

Heil, Carl *GI* 82

Herrand, Marcel *EP* 142, 147, 154

Houllé-Renoir, Marguerite *GI* 81 *PC* 64-66 *RJ* 101

Hubert, Lucien *JI* 180

Huet, Henri-Jacques *ABS* 272

Itkine, Sylvain *GI* 82

Jarnias, Marthe *STL* 348

Kanayan, Richard *QCC* 234, 247

Laborit, Henri *MOA* 329-346

Lacourt, René *VMH* 192

Larive, Léon *RJ* 102 *ZC* 48

Laudenbach, Philippe *MOA* 330

Laurent, Jacqueline *JSL* 124, 127

Le Flon, Robert *ZC* 48

Léaud, Jean-Pierre *QCC* 234, 235, 238, 239, 240, 241, 248

LeClainche, Charles *CME* 208

Lefèbvre, Louis *ZC* 48

Léger, Père Guy *MNM* 306

Lepczynski, Patrick *STL* 348

Leterrier, François *CME* 208, 212-213

Loris, Fabien *EP* 142

Magnier, Pierre *RJ* 102

Mansard, Claude *ABS* 272 *QCC* 234

Manson, Héléna *MOA* 330

Marais, Jean *BB* 164, 166-168, 171-172 *JI* 182 *MOA* 330, 335, 337, 341, 345

Marco, Raoul *BB* 164

Mareuil, Simone *HC2* 20

Marin, Jacques *JI* 180

Marken, Jane *EP* 142 *PC* 64-65

Maurier, Claire *QCC* 234, 239
Mayen, Anne *RJ* 102
Melville, Jean-Pierre *ABS* 272, 277 *BB* 175
Méril, Macha *STL* 348, 353, 362
Mérovée, P. *JI* 180
Modot, Gaston *EP* 142 *GI* 82, 85-86 *RJ* 102
Monod, Roland *CME* 208, 212-214
Montero, Germaine *PC* 70
Moreau, Jeanne *JJ* 287, 291 *QCC* 234
Moreau, Yolande *STL* 348, 353
Nay, Pierre *RJ* 102
Okada, Eiji *HMA* 254, 256
Parély, Mila *BB* 164, 167-168 *RJ* 102, 106
Parlo, Dita *GI* 82, 86, 97
Pascaud, Mr *VMH* 192
Pascaud, Nathalie *VMH* 192, 195
Pérès, Marcel *EP* 142
Perronne, Denise *JI* 180
Peters (la petite) *GI* 82
Pierre, Roger *MOA* 330, 333-334
Poujouly, Georges *JI* 180, 182
Pruchon, Gilbert *ZC* 48
Rémy, Albert *QCC* 234, 239
Renoir, Alain *PC* 64, 66
Renoir, Jean *PC* 64, 66 *RJ* 102 ?
Renoir, Pierre *EP* 142, 147, 148
Repp, Pierre *QCC* 234
Rignault, Alexandre *MOA* 330
Rispal, Jacques *MOA* 330
Rognoni *EP* 142
Riva, Emmanuelle *HMA* 254, 256, 262-264
Rolla, Michèle *VMH* 192
Saintève, Louis *JI* 180
Salou, Louis *EP* 142, 147, 154
Seberg, Jean *ABS* 272, 274-276, 282, 284
Serre, Henri *JJ* 287, 291, 296
Silver, Véronique *MOA* 330
Stroheim, Eric von *GI* 82, 86, 92, 95, 97
Subor, Michel *JJ* 287, 291
Talazac, Odette *RJ* 102
Tati, Jacques *VMH* 191-205
Temps, Paul *PC* 64-65
Toutain, Roland *RJ* 102
Tréherne, Roger *CME* 208
Trintignant, Jean-Louis *MNM* 306, 310-311, 316
Urbino, Vanna *JJ* 287
Vacchia, Gaston *MOA* 330
Vialle, Max *MOA* 330
Virlogeux, Henri *QCC* 234
Vitez, Antoine *MNM* 306, 310-311
Wasley, André *JI* 180
Werner, Oscar *JJ* 287, 291, 296, 301

Credits

Illustrations

Museum of Modern Art Film Stills Archive: pp. 8, 11.
Les Grands Films Classiques F-Paris: p. 20.
Les Grands Films Classiques F-Paris et Janus Films N.Y.: p. 101.
Gaumont: pp. 47, 207.
Films du jeudi: p. 63.
Studio Canal Image: p. 81, 179.
Collection André Heinrich: pp. 123, 141.
Société Nouvelle de Cinématographie: p. 163.
Les Films de Mon Oncle: p. 191.
MK2: pp. 233, 329.
Argos Films: p. 253.
Raymond Cauchetier-Paris: Photo de couverture, pp. 271, 287.
Les Films du Losange: p. 305.
Ciné-Tamaris: p. 347.

Extraits d'articles et de livres

L'Avant-Scène Cinéma: pp. 56, 72-73, 93-94, 115, 132-134, 156-157, 160, 173-174, 176, 185-186, 221-222, 260-261, 262, 280, 296-298, 319-321, 334, 342-343, 343-344.
Cahiers du cinema: pp. 112-113, 118, 135-138, 188, 199-201, 244-246, 262-263, 278-279, 282, 301, 318, 324-325, 344, 357, 358, 361-362,
Cinématographe: p. 341.
Editions Albatros: pp. 225-226, 341.
Editions de l'Archipel: pp. 131-132, 153-155
Editions Armand Colin: pp. 267-268.
Editions Autrement: p. 358.
Editions du Cerf: pp. 203-204, 223-224, 225.
Editions Flammarion: pp. 91-92, 112, 113, 158.
Editions Gallimard: p. 221.
Editions Hatier: pp. 76-77.
Editions Henri Veyrier: p. 158.
Editions de l'Herne: p. 318.
Editions Ivrea: pp. 75, 95-97.
Editions J.-C. Lattès: p. 120.
Editions Jean-Pierre Delarge: p. 159.
Editions Kimé: p. 324.
Editions Méridiens-Klincksieck: p.p. 78-79.
Editions Pierre Belfond: pp. 113-114.
Editions Pierre Lherminier: pp. 57-58, 60, 247-248, 322, 323.
Editions Pierre Waleffe: pp. 135-136.
Editions Minard: pp. 321-322, 322-323, 363-365.
Editions Nathan: pp. 78, 97-98, 246, 264-265, 284-285, 298, 299-300, 301-302.

Editions Ramsey: pp. 158-159, 202.
Editions Rivages: pp. 282-283, 322, 344.
Editions du Rocher: pp. 171-172.
Editions Seghers: pp. 117, 118-119, 131, 175, 187, 266-267.
Editions du Seuil: pp. 59-60.
Editions Temps Libres (Cinéma): pp. 203, 223, 260, 281, 298-299, 318, 341, 358, 363.
Editions universitaires: p. 225.
Etudes: p. 224.
Film Criticism: pp. 249-250.
Guislain, Pierre: pp. 119-120
Hammond, Robert: pp. 172-173.
Le Monde: p. 279.
Literature/Film Quarterly: p. 176.
Positif: pp. 55, 281, 112-113, 135.
Premier Plan: pp. 57. 58. 59, 60-61, 90-91, 97, 112, 263-264, 265-266.
Revue belge du cinéma: pp. 283-284.
La Revue du cinéma: pp. 74-75, 75-76, 120-121, 186, 187-188, 202-203, 262, 345, 362-363.
Roy, Jean: p. 357.
Script: pp. 302-303.
Séquences: p. 357.
Télé-Ciné: pp. 248-249, 300-301.